"十二五"江苏省高等学校重点教材　（编号：2015-1-124）

21世纪经济管理精品教材

工商管理系列

创新创业战略规划
实训教程

奚国泉　徐国华◎主编

汪 争　徐林海　印文郁　林振洲◎副主编

清华大学出版社
北京

内 容 简 介

本书是高等院校创新创业教育的一本理论与实训教材。首先重点介绍了战略的理论,包括战略的起源与发展、概念、内容和方法等。其次介绍了战略规划的分析工具。在宏观产业环境分析上,本书从 PEST 模型进行定性分析和量化分析的理论与训练引导。在中观行业环境分析上,采用波特"五力"模型分析了企业面临的行业竞争态势,对行业现有的竞争状况、供应商的议价能力、客户的议价能力、替代产品或服务的威胁、新进入者的威胁进行定性分析和量化分析的理论与训练引导。在新创企业微观环境分析中,本书使用 SWOT 分析模型分别对创新创业总战略、财务战略、研发战略、生产运作战略、营销战略、人力资源战略进行分析,以满足各类学生的创新创业能力培养需要。通过案例分析的方式引导学生如何做具体的战略规划。最后,还对近年来创新创业企业面临的新问题进行了梳理,为同学们提供了新的解决问题的思路。

本书是我校创新创业教育的系列教材之一,旨在解决大学生创新创业的发展方向问题。本书可用作高等院校创新创业教育类的实训课程教材,也可作为工商管理类专业的战略管理课程的实训教材或参考书。

"十二五"江苏省高等学校重点教材(编号:2015-1-124)

图书在版编目(CIP)数据

创新创业战略规划实训教程/奚国泉,徐国华主编. —北京:清华大学出版社,2018(2025.2重印)
(21世纪经济管理精品教材·工商管理系列)
ISBN 978-7-302-50052-0

Ⅰ.①创… Ⅱ.①奚… ②徐… Ⅲ.①大学生-创业-教材 Ⅳ.①G647.38

中国版本图书馆CIP数据核字(2018)第086904号

责任编辑:杜 星
封面设计:李召霞
责任校对:宋玉莲
责任印制:杨 艳

出版发行:清华大学出版社
　　　　网　　　址:https://www.tup.com.cn, https://www.wqxuetang.com
　　　　地　　　址:北京清华大学学研大厦 A 座　　　邮　　编:100084
　　　　社 总 机:010-83470000　　　　　　　　　邮　　购:010-62786544
　　　　投稿与读者服务:010-62776969,c-service@tup.tsinghua.edu.cn
　　　　质量反馈:010-62772015,zhiliang@tup.tsinghua.edu.cn
　　　　课件下载:https://www.tup.com.cn, 010-83470332
印 装 者:三河市少明印务有限公司
经　　销:全国新华书店
开　　本:185mm×260mm　　　印　　张:26　　　字　　数:593 千字
版　　次:2018 年 9 月第 1 版　　　　　　　印　　次:2025 年 2 月第 5 次印刷
定　　价:55.00 元

产品编号:079044-02

前言

　　人类迈入 21 世纪后，现代科技突飞猛进，世界各国经济竞争和综合国力竞争更加激烈。随着信息经济、知识经济向智慧经济的转型，创新创业也在不断地转型和变化，我国要在 21 世纪的国际社会占有一定的地位和具有较强的竞争实力，就必须有大批具有创新意识和创新能力的人才。习近平总书记在党的十九大报告中指出：“加快建设创新型国家。创新是引领发展的第一动力，是建设现代化经济体系的战略支撑”，要“培养造就一大批具有国际水平的战略科技人才、科技领军人才、青年科技人才和高水平创新团队”。李克强总理也说：“打造大众创业、万众创新和增加公共产品、公共服务‘双引擎’，推动发展调速不减势、量增质更优，实现中国经济提质增效升级。”一方面，只有通过万众创新，才能创造出更多的新技术、新产品和新市场，才能提高经济发展的质量和效益；另一方面，只有通过大众创业，才能增加更多的市场主体，才能增加市场的动力、活力和竞争力，从而成为经济发展的内在原动力引擎。

　　从某种意义上讲，只有包含“创新”的创业才算真正的“创业”。也就是说，在创新基础上的创业才有潜力和希望。作为我国数量庞大和充满活力的知识群体与年轻群体，在实现“双创”的国家战略中，大学生是极其重要的天然参与者，也有一定的优势。创新创业教育是历史赋予每一所高校的新要求和新任务，大学生创新能力与创业能力的培养应该成为高等院校人才培养的两大基本目标，高等院校应成为培养创新创业人才的摇篮。

　　我国高等院校要承担创新创业教育新的历史使命，就必须不断加强创业教育体系的探索，特别是创业教育课程体系的研究。根据我国大学生现有的知识结构和创业者胜任力之间的差异，我们认为，大学生创新创业能力的培养必须包含对新创企业三大纲领性质管理文件的设计与决策能力，即创新创业战略规划能力、创新创业投资项目分析能力和创新创业资源配置能力。首先是创新创业战略规划能力的培养，要求学生具有一定的对宏观环境、微观环境的分析能力和企业战略规划能力，这样才能把握商机进而赢得市场。课程的重点是培养学生把握创业的发展大方向。其次是创新创业投资项目分析技能的培养，要求学生能够进行各类创业项目的经济性分析和投资项目的选择。课程重点是培养学生寻找适宜的创业项目平台。最后是创新创业资源配置能力的培养，要求学生能够充分发掘各种经济资源并有效整合和合理运用各类创业资源以获得最高产出。课程重点是培养学生具备创业企业的经营管理能力。根据上述要求，我校建立了从理论到实训的课程体系，即"创新创业战略规划课程模块""创业投资项目分析与管理模块"和"创业计划模块"三个教学维度。其核心教材包括《创新创业战略规划实训教程》《创业投资项目分析理论与实训教程》和《创业计划实训教程》。其中，《创业投资项目分析理论与实训教程》已先期出版，并被评为江苏省省级重点教材。这次《创新创业战略规划实训教程》的修订出版，也通过了江苏省省级重点教材的评定。

创新创业战略规划是指导学生创新创业行动的纲领，是大学生创新创业实践活动的指南针。只有选择了创新创业的正确方向，才能避免失败、少走弯路。《创新创业战略规划实训教程》系统介绍了新创企业的内外部环境的定性分析方法和量化分析方法，使用PEST 分析模型、"五力"分析模型和 SWOT 分析模型进行各类发展战略与竞争战略的选择，并依据战略选择的结果进行创新创业战略规划的设计与制定。

PEST 分析模型是用来帮助企业检阅其外部宏观环境的一种方法。不同的产业环境其分析的具体内容会有所差异，但一般都包含了政治因素（political factors）、经济因素（economic factors）、社会因素（social factors）和技术因素（technological factors）四大类。这四类是影响新创企业外部的主要产业环境因素，是新创企业战略选择和决策的基本依据。

"五力"分析模型是由迈克尔·波特（Michael Porter）于 20 世纪 80 年代初提出的，对公司战略制定产生了深远影响。"五力"模型作为中观行业的分析工具，可以有效地分析客户的竞争环境，应用于竞争战略的决策。"五力"模型包括行业现有的竞争状况（rivalry）、供应商的议价能力（bargaining power of suppliers）、客户的议价能力（bargaining power of buyers）、替代产品或服务的威胁（threat of substitutes）、新进入者的威胁（threat of new entrants）。通过"五力"模型分析，有利于新创企业把握竞争优势，提升竞争力。

SWOT 分析模型是企业战略规划报告里一个众所周知的工具，包括企业的优势分析（strengths）、劣势分析（weaknesses）、机会分析（opportunities）和威胁分析（threats）。因此，SWOT 分析模型实际上是对企业内外部条件各方面内容进行综合和概括，进而分析组织的优劣势、面临的机会和威胁的一种方法。通过上述训练，可以帮助学生把资源和行动聚集在自己的强项与有最多机会的地方，提高其创新创业成功率。

通过《创新创业战略规划实训教程》的课程学习和实训，学生可以较好地掌握宏观经济的 PEST 模型分析方法、中观产业"五力"模型分析方法和微观企业的 SWOT 模型分析方法。通过大量创新创业案例资源的实训，学生可以深刻了解和学习新创企业的总发展战略、财务战略、研发战略、生产运作战略、营销战略、人力资源战略的运行现状和实践经验，并在学习的基础上有所创新。同时，通过课程学习，学生可以掌握创新创业战略规划的设计思路和撰写能力，在新的创业就业岗位上有效具备调查能力、创新创业决策能力，将创新创业应用型人才的培养落到实处。

《创新创业战略规划实训教程》经过南京财经大学数年建设，逐步形成了系统科学、特色鲜明的创新创业理论与实训教材。本书旨在提高高等学校各类专业人才的创新创业能力，坚持以培养基本认知能力为基础，以专业运作能力为阶梯，以综合运用能力和创新创业能力为核心，实现各类专业人才的复合应用型、创新创业型人才培养的教学理念。

《创新创业战略规划实训教程》是我国高等院校创新创业教育课程改革的新的实践，遵循了客观的教育规律，循序渐进，由浅入深。本书综合了经济学、管理学、政策学、社会学和科技知识的基本理论、原理和方法，利用了南京奥派公司开发的经济管理大型案例教学资源库平台，通过理论联系实际的案例学习和创新创业战略规划设计训练，深度挖掘了学生的创新创业潜能。在本书的编写过程中得到了王瑛、张文勤、秦伟平、牟永红、周敏、蒋旭东、朱凌玲、吴海兵、任梦霞、吴圆圆与杨超群等同志的参与和帮助，在此一并感谢。

南京财经大学
奚国泉
2017-06-09

第一章

创新创业战略规划导论

第一节 战略理论的起源与发展

一、以传统经济学为基础的战略研究

传统经济学强调产业结构是企业战略形成及其表现的主要原因，它更关注的是产业结构、市场竞争等。换言之，它致力分析企业生存发展所面临的外部环境特征。以经济学为基础的战略研究又可以进一步从不同的角度来研究战略形成的理论问题。不同学者的观点尤其是理论基础存在根本的差异，主要观点有以下三个：产业（市场）地位观点、以博弈论为基础的观点、网络优势观点等。

（一）产业（市场）地位观点

波特（1980）的产业（市场）地位说在众流派中最有影响。波特指出，形成竞争战略的实质就是将一个公司与其环境建立联系，公司环境的最关键部分就是公司投入竞争的一个或几个产业，产业结构强烈地影响竞争规则的确立以及潜在的可供公司选择的战略。波特提出了著名的五种竞争作用力——现有竞争对手的竞争、新进入者的威胁、替代品的威胁、购买者的议价能力、供应商的议价能力，并提出，一个企业的竞争战略目标在于使公司在产业内部处于最佳地位。"因此战略制定的关键就是要深入表面现象之后分析竞争压力的来源。对于表象之后的压力来源的认识可使公司的关键优势与劣势凸显出来，使产业发展中最具机遇和危险的领域显露出来。"由此不难看出，波特的理论与早期战略研究成果间的联系。波特详细地分析了决定竞争强度的结构因素，以此为基础，在最广泛的意义上归纳了三种具有内部一致性的基本战略——总成本领先战略、差异化战略、目标积聚战略，仔细识别了五种不同类型的基本产业环境——零散型产业、新兴产业、向成熟中转化的产业、衰退产业和全球性产业，分析了在这些具体类型的产业状况中，如何将上述基本战略转变为具体的战略。

（二）以博弈论为基础的观点

博弈论是指研究决策主体的行为发生直接相互作用时的决策，以及这种决策的均衡问题。也就是说，当一个主体，如一个人或一个企业的选择受到其他人、其他企业的影响，并且反过来也会影响其他人、其他企业的选择时的决策和均衡问题。博弈论的基本概念包括参与人、行动、信息、战略、结果、均衡等。可以说，博弈论与战略决策问题有着天然的联系。

以博弈论为基础来研究战略问题（Dixit and Naleduff，1991；Saloner，1991），特别强调对竞争对手的行动的研究，强调企业的战略制定要考虑对手的可能反应，要根

据对手的反应或可能的反应不断调整自己的战略和行动，以达到击败对手或至少领先对手的目标。

在传统经济学所谓的寡头垄断产业中，博弈论的思想在战略制定中的运用已很广泛。随着信息技术的迅猛发展，企业经营环境变化的日益迅速，以及竞争的日趋激烈，博弈论的运用将更广泛。最近，一些中国学者提出的柔性战略的思想，在相当程度上即是以博弈论为基础的（李垣，汪应洛，刘益，1997）。

（三）网络优势观点

战略网络的概念最早是由美国管理学家 Jarillo（1988）提出的，并引起了管理学界和企业界的广泛关注。在过去的十几年里，战略网络作为网络经济时代企业新的战略管理模式，已被国内外学者和实践者关注，并逐渐成为广泛使用的战略理论。

网络优势观点是从关系的维度，强调企业在一个个不同的组织中所构成的网络的定位。这些组织包括与企业有直接或间接关系的公共部门、政府、大学、公共实验室、图书馆和其他信息中介机构，以及私人部门、独立科研机构、供应商、客户、竞争对手等。任何一个企业总是位于一个由这些组织构成的网络之中。成功的企业往往位于一个有效的良好网络之中，并拥有一个有效的网络，且在其中居于优势地位。

战略网络产生于环境的相互依赖，这些相互依赖来自诸多方面，例如，产品标准化协议的需要、市场开发渠道方式的共享、制定标准和倡导兼容技术的努力等（Bolton，1993）。相互依赖的意识可能来源于国家、区域和企业集群面临的外部威胁，这些威胁既可以来自某一产业内部的竞争本性，也可以来自某一特殊产业共同面对的具体环境。然而，战略网络相互依赖关系的基础是网络主体间的相似利益。战略网络的形成需要在合作原因上达成一致，在同一时期建立、根植于同样的区域文化的相似产业的企业会发现它们有相似的利益，它们在产品、标准制定和行为规范上利益共享。

通过合作努力创建的网络，可以创造使合作者共同受益的价值，这种价值是任何一方单独所无法达到的。战略网络允许企业接近其网络之中的关键资源，由于企业网络的优势具有异质性和路径的依赖性，而且资源的通道本身也是异质的，嵌入企业网络之中的包括个人及组织之间的社会关系也是因人、组织而异的（Gulati，1999）。因此，这种网络是很难被竞争对手模仿或替代的，即只有特定企业的网络与特定的资源、知识有机地融合，才能产生网络租金，企业战略网络本身被看成保持企业竞争优势的一种不可模仿的资源和能力。

二、以组织理论为基础的战略研究

与传统经济学强调产业结构和市场竞争不同，以组织理论为基础的战略研究偏重于强调组织内部的因素，如能力、资源、属性、组织的结构、制度因素等。以组织理论为基础的战略研究，根据其考虑的角度与重点不同，又可以进一步分为以下几类：以交易费用理论为基础的观点，以资源（及以核心能力）为基础的观点，以新制度主义理论为基础的观点，以演进（evolution）理论为基础的观点。需要说明的是，上述分类所用的术语不是非常严格的，就广泛的经济学意义而言，一些术语间存在交叉甚至包容的关系，但是，当我们只是识别战略研究的不同类型时，上述分类还是有效的，后文的分析将说明这一点。

（一）以交易费用理论为基础的观点

我们知道，交易费用理论最早诞生于企业为什么会存在的命题（R.H.Coaes，1937），它认为企业的存在是因为企业可以节约交易费用。而战略研究所关心的也是关于一个组织的存亡问题，因此从这个简单的意义来讲，以交易费用理论为基础来研究企业战略尤其是组织战略问题是一件很容易理解的事情。以交易费用经济学为基础的观点强调战略的设计与制定应当能减少企业的交易成本。不难想象，那些有助于企业减少不确定性、降低企业交易成本的许多战略措施都能在这里找到根据，如波特所谓的纵向整合的战略、通过战略购并或内部发展进入新领域的战略，以及战略联盟等。

（二）以资源（及以核心能力）为基础的观点

以能力或核心能力为基础的观点，通常认为被包容在以资源为基础的理论之中。以资源为基础的战略管理分析了使企业获得超出一般水平的利润回报及可持续的竞争优势的资源及能力。按照这个观点，企业能够获得和有效配置其资源与能力是其经济租金的来源。企业间利润的差异来源于它们利用不完善、不完全的要素市场以获得和发展战略资产的能力不同。以资源为基础的方法将目标集中在资源的特性和战略要素市场上，并以此来解释企业的可持续优势和相互间的差异。企业关于资源选择和积累的决策被认为是一种经济理性，它受制于有限信息、认知偏差和偶然不确定性。按照这种观点，正是对那些有价值的、稀缺的、难以复制的、不可替代的资源的有效利用和理性识别，才导致了企业的超额利润及其相互间的差异。

资源的选择和配置能否导致企业间的差异取决于要素市场的不完善性。这种不完善性是指关键资源的获取、模仿及替代的障碍。这些障碍阻止了竞争者获得或复制关键资源的能力，从而导致企业间盈利能力的长期差异。如果战略要素市场是不完善的或不完全的，它们就形成了阻碍资源流动的边界，以及竞争企业间资源分配的不对称。资源市场的特性形成了资源的特性和资源的盈利潜能。这些特性包括资源的稀缺性、独一无二性、难以模仿性 、持久性、不可交易性、难以描述性、不可替代性。资源盈利的特性不仅来源于要素市场的不完善，还来源于独特的历史环境和特殊能力的积累。

（三）以演进（evolution）理论为基础的观点

现代经济学演进的思想来源于纳尔森（Nelosn）和温特（Winter）的论著，后在创新学派的著作里得到进一步的发扬光大。以演进理论为基础的观点重点探讨的是，企业是如何建立自己的独特的资源与能力的？也即组织学习的过程和机制是怎样的？组织是如何"搜寻"新的战略的企业选择程序与战略变化的路径、步调的？是如何相互影响的？以演进理论为基础的观点认为，组织追寻的战略是在一个可能的范围内不断地变化的。它认为，对存在组织间与组织内部的创新路径和创新速度的研究，对战略的成长非常重要。

第二节　创新创业战略规划的概念和特征

一、创新创业

1. 创新

熊彼特作为"创新理论"和"商业史研究"的奠基人，认为创新就是建立一种新的生产函数。也就是说，把一种从来没有出现的关于生产要素和生产条件的"新组合"引入生产体系。这种新组合包括五种情况：①采用一种新产品或一种产品的新特征；②采用一种新的生产方法；③开辟一个新市场；④掠取或控制原材料或半制成品的一种新的供应来源；⑤实现任何一种工业的新的组织。

2. 创业

创业是指通过发现与把握商业机会，通过创建企业或企业组织结构创新，筹集并配置各种资源，将新颖的产品或服务推向市场，从而最终实现企业经济价值和社会价值的过程（李时椿，刘冠，2007）。创业是创新的载体，创新是创业的动力，从创业和经济学的角度来看，创新的目的是支持企业能生产消费者愿意购买的商品，因此，如果创新离开了创业企业这个载体，创新的成果就是闭门造车，最终落得被束之高阁的结果。而创业企业在创业的过程中，不思进取，不锐意创新，最终也会被市场和消费者抛弃，破产关门。

3. 创新创业

彼得·德鲁克在其《创新与创业精神》一书中指出："创新是企业家的特定工具。他们利用创新改变现实，作为开创其他不同企业或服务项目的机遇。"创新是建立一种新的生产函数，引进生产要素的"新组合"；而创业则是这种"新组合"的市场化或产业化的实现过程。创业使创新的经济价值、社会价值得以实现。创新和创业相辅相成，两者的交集表现为相互交叉、渗透与集成融合。

新创企业和创新企业是经济发展中至关重要的一部分，创业活动可以反映一个国家和地区的经济活跃程度。现在，"创业"不再仅仅局限于指创办新企业，越来越多的公司也都在采用创业战略，如结构重组、流程再造、动态网络和细胞组织等，使现存的组织更具有灵活性和创新能力。这样，创业研究也随之从早先仅关注小企业管理和创办新企业发展到将大型企业包括在内。

二、创新创业战略规划

（一）创新创业型企业的特点及其战略规划的必要性

1. 创新创业型企业的特点

进入 21 世纪以来，随着经济全球化的发展，企业界和学术界对创新创业活动的认识提升到了一个前所未有的高度，创新创业活动作为经济发展的一支重要力量，在科学技术转化为现实生产力方面起着重要的作用。各界对创业企业的重视和研究不断深入。相比处于成熟阶段的企业而言，创业企业体现了以下显著特点。

一是创新性。公司通过创新发掘其他人或其他公司没有发现或开发的机会，进入新市场，获得新客户，或用新的方式配置资源。创新性体现了公司参与新的想法、实验、创造性过程的倾向，并由此产生了新的产品、服务或技术过程。

二是机会导向性。是指创业活动表现出的识别机会、利用机会、开发机会并产生经济成果的行为的特点，或者将好的创意迅速变成现实。

三是创业活动的动态性。一方面，企业的创业精神会促使创业行为随着企业的成长而延续并强化；另一方面，机会发现和利用是一个动态的过程。

四是与成熟企业相比，创业型企业体现了积极主动承担风险，并寻找市场生存发展空间的特点。

2. 创新创业型企业战略规划的必要性

1）缺乏战略规划，创新创业型企业经营缺乏必要的规则

战略规划是企业的经营规划，也是公司经营的一种内在模式。这种特定的模式为企业的经营提供了一种存在的规则，有明确经营模式的企业可以依据这种规则有效地应对市场环境的变化，及时制订行之有效的应对措施，从而使战略行动具有时效性。Ansoff 认为，"对一般的企业来说，缺乏这种战略规则，公司的研究及发展部门对于如何为公司的多元化营运贡献一份力也将没有指导的准则，同样地，负责对外收购的部门，也将缺乏工作重心"。相应地，创新创业型企业缺乏战略规划所带来的问题是：一方面在制定经营决策前，尽管创业者可能对市场环境的变化已有认识，但是如何根据这些变化制订相应的措施，企业并没有一个明确的规则予以指导，只能守株待兔，或者只能等到时过境迁，再做出判断，因此在市场竞争上将失去先机；另一方面则在经营措施执行之后，企业也无法依据一个明确的评价系统检讨上一阶段的经营措施是否得当，资源分配是否有效，因而也无法在下一阶段的企业经营中做出有明确方向的改进和调整。

2）缺乏战略规划，创新创业型企业经营缺乏稳定性

创新创业型企业的经营方向往往更依赖创业者的个人性格。如果创业者性格保守，就很可能错过许多富有潜在价值的产品或者项目，而实际上这些产品或者项目很可能是企业应当尝试的合理风险。即使创业者本身具备很强的进取精神，也可能因为未能及时了解并且分析市场机会的成本和风险，而做出错误的决定。因此，在缺乏战略规划的情况下，创业者很可能因此不敢有所作为，也很可能因此而做孤注一掷的冒险。如果创业领导者进行了更换，这种不稳定的经营策略甚至会表现得更加明显。尽管许多研究也一直在强调创业领导者，以及创业团队对创业成长的关键作用，但是显然，一套良好的战略规划机制对拥有优良素质创业团队的企业来说或许意义不甚重大，但是对创业团队整体素质尚存不足的企业来说则是企业稳定经营的有力保障。

3）缺乏战略规划，创新创业型企业经营中出现的分歧无法妥善解决

从整体上说，战略规划是整个企业的行动方向，对创业型企业来说尤其如此，创业型企业本身资源匮乏而且社会关系稀缺，打开市场能力较弱，因而更需要整个企业上下同心协力开拓某一特定市场，经营方向也应当较一致。如果缺乏战略规划，创业团队之间一旦出现不同的意见，例如，两位团队主要成员对下一步企业应当主要开展什么业务存在不同见解，那么，合理有效的战略规划就可以帮助他们权衡整合各个方面的不同情

况，从而做出正确的判断。而缺乏战略规划的企业内部，很可能对这种分歧束手无策，因此损害企业的发展，这种情况对创业型企业发展而言将是致命的。

（二）创新创业企业战略规划的特征

创新创业企业具有创新性、机会导向性、创新创业活动的动态性及积极承担风险性的特点。创新性是指公司通过创新发掘其他人或其他公司没有发现或开发的机会，进入新市场，获得新客户，或采用新的方式配置资源。创新性体现了公司参与新的想法、实验、创造性过程的倾向，并由此产生了新的产品、服务或技术过程。机会导向性是指创业活动表现出的识别机会、利用机会、开发机会并产生经济成果的行为的特点，或者将好的创意迅速变成现实。创业活动的动态性：一方面，企业的创业精神会促使创业行为随着企业的成长而延续并强化；另一方面，机会发现和利用是一个动态的过程。积极承担风险性是指与成熟企业相比，创新创业企业体现了积极主动承担风险，并寻找市场生存发展空间的特点。

创新创业企业战略规划与成熟企业的一般规划相比，具有下列特征。

1. 创新创业企业战略规划内容的差异性

创新创业战略规划的重点侧重于获得生存和发展的市场空间。成熟企业因其经营的稳定性，有条件进行详细的战略分析，在战略选择活动中，无论是在公司总体战略还是在经营单位竞争战略选择上都可以进行详细的思考，整体战略规划完整而全面。相比而言，创新创业企业面临的最严峻问题是生存，因此创业企业战略规划的重点更侧重于获得企业发展所必需的资源，侧重于获得市场立足的空间。

2. 创新创业企业战略规划的动态性

创新创业企业的战略规划是一个动态过程。创业者往往因为拥有某种优势资源或机遇而创建企业，在成立之初根据其拥有的技术资源、吸引的人员、资金等资源条件制定战略，企业战略规划涉及的期限通常较短，也相对比较具体。随着企业的发展，内部资源条件发生变化，外界产业环境也发生了变化，企业必须结合内外部条件的变化进行发展战略的调整，以适应发展的需要并及时地把握商业机会。

3. 创新创业企业战略规划的复杂性

创新创业企业战略规划的难度和复杂性较大。一般而言，成熟企业的战略规划可以依靠传统路径从其战略分析、选择、制定到实施进行严格的控制，而创新创业企业战略规划的难度和复杂性要大大提高。一方面，因为创新创业企业产品开发和市场开拓行为处于摸索阶段，企业从事各项活动的不确定性程度都较高，因此，企业制定完整的战略规划难度较大；另一方面，市场机会稍纵即逝，很多创业企业的成功在于迅速把握了一个市场机会，在此之前并没有时间和精力进行详细的市场调查，更不用说对整个行业的竞争结构进行分析。所以，创新创业企业的战略规划的基础环境较弱。

三、创新创业战略规划的发展模式

（一）创新创业战略规划的概念

创新创业战略是基于产生创业意识之后的，一种人为性的，基于目前资源形势的判定之后对远景的布置以及大体行动方法总纲。创业战略直接决定了创业者以后所成长的空间。

创新创业战略是指为了提升竞争优势和实现财富创造,将战略和创新创业观点相结合,同时注重机会寻求与优势寻求的整合性行为和策略。

创新创业战略是创新创业和战略管理相结合的产物,创新创业活动和战略行为的互补有利于企业实现财富最大化。战略研究与创业研究的结合,有利于更好地分析企业是如何识别开发创业机会,建立和保持竞争优势能力,以及是如何动态运作战略创业以创造财富的。

(二)创新创业战略规划的模式

在创业活动中,为了促进企业成长,创业者应当根据实际情况灵活采用适当的战略方案促进企业发展。多层次、多角度的创业战略概念也提供了更灵活的分析视角,在不同层次、不同维度上的适当选择,都可以带来不同的实施效果,这就意味着创业者应当积极分析当前的实际情况,根据市场环境的特征以及企业目前的资源和能力,选择最适宜的战略实施力度,使战略成为企业发展的推动力。创业战略的这一发展模式实际上与创业过程的特征密不可分。

创业本质上是一个不断向外开拓的过程,在这一过程中,创业者所面临的管理环境在不断复杂化。相较而言,创业者在决定创业时所设想的创业机会和创业模式就略显单薄了。因此,在创业活动的不断推进过程中,创业者需要不断调整对外部经营环境的感知,联系和协调企业内外部情况,以动态的方式来决策创业方案。

1. 从单一某项战略方案向多样的战略方案发展模式

在创业者开始创业的时候,往往会侧重于某一方面的竞争优势,实施单一的竞争性战略方案,在不断打开市场赢得成长的同时,旧有的竞争优势也在不断发生变化,这将不断刺激创业者调整竞争方案,选择更适宜的成长路径。这种调整的一个基本特征是从原来的单一的竞争方案向多样的竞争方案发展。因此,这一发展方向是外部成长的客观需要,同时也是创业者以及新创企业自身能力不断发展的结果。

2. 从侧重于产品开发方面的战略方案向市场和产品开发并重的发展模式

国内的创业者,尤其是高科技创业者在最初的创业阶段,特别关注自身所能推出的产品特征,希望能够通过产品品质的不断开发,依靠相对同类产品的竞争优势来发展企业。随着企业的发展,很多创业者发现单纯的产品开发难以应对市场的变化。在此情况下,市场开发的战略方案应当适时地成为企业战略方案中的一环,通过市场开发和产品开发的综合利用,共同推动企业发展。

3. 从超前行动向着积极竞争和向外拓展的方向发展模式

在很多创业活动的案例中,在最初的创业活动中,创业者是那些积极创新、大力推行全新商业模式的人,他们的创业行动实质上都是相对于竞争对手或潜在的可能竞争者的超前行动。伴随企业的发展,市场中逐渐出现了追随者,超前行动的优势在不断削弱,此时,创业者可能进一步通过积极而广泛的竞争策略来控制市场地位,甚至进而通过向外的拓展来提升企业获取资源和信息的能力,促进企业成长。

因此,从创业活动的推进过程来看,如果我们把创新创业战略的具体竞争方案按照市场—产品开发、创业行动属性特征两种维度划分而组成一个竞争方案矩阵的话,就可以看到，创业战略方案的发展模式是从左下角往右上方不断演进的（见图1-1）。距离右上方越近，说明创业者的战略模式越趋于成熟化和多样化，创业活动也开始逐渐步入稳定发展的阶段。

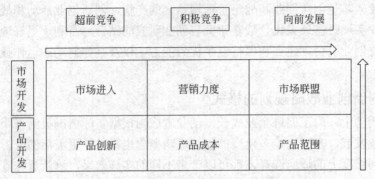

图1-1　创新创业战略方案的发展模式

这一发展模式意味着创业者在决定选择何种战略方案的时候，应当结合创业过程的特征及自身的发展阶段，确定企业在竞争方案矩阵中的位置，进而寻求向右上方发展的可能。当然，这一发展思路并非绝对和一成不变的，创业者仍需要审慎地分析市场环境。当前企业所具备的能力与资源，使战略模式的推进具备充分的可行性。同时，创业战略的发展模式也为创业过程的推进和发展提供了一条线索。

战略是企业的整体经营方案，战略服从于企业的发展目标，同时又积极地统领企业发展。创业者应当积极利用战略的这一特点，通过不断把新的竞争方案纳入战略的整体体系中，拓展企业的发展空间，使企业的成长不断借助新的驱动力，从而提升企业的发展效率。因此，创业战略的发展模式应当成为创业者实施创业机会开发和发展的积极工具。

四、创新创业战略的选择原则

公司为何选择创新创业，从本质上看，是对企业发展状况和生存环境变化发展的反应。来自行业内部的竞争压力使公司领导人不得不思考公司的战略更新问题。对公司的发展来说，创新创业化幅度高低对企业经营效果的影响显然是一种复杂的作用机制。高度创新创业化的公司可能获得发展的先机，但是，同时也可能承担更多的战略风险。而低度创新创业化的公司战略则更稳健，虽然并非全面突破性的战略更新，但是，却能够保障公司的稳健持续发展。因此，在公司创新创业战略的实践中，公司需要具备更开放的视野，基于公司的经营背景和经营目的，探索适合本公司实际情况的创业战略模式，使公司在平稳成长的基础上拓展新的业务领域。

与成熟企业的战略规划不同，新创企业的战略主要集中在竞争战略领域。这是因为作为依托一定创业机会而创立的企业，其主要成长方向已经基本确定，不大可能发生较大调整。同时，由于资源和能力所限，新创企业主要的经营重点是在市场实际经营中迅速打开局面，获得企业成长所必需的各类资源。因此，在创新创业战略的相关研究中，对新创企业的战略研究主要是分析其竞争性战略，同时，充分考虑创新创业战略模式选择的几个基本依据。

（一）创新创业战略需要与创业行动的整体经营环境相匹配

创新创业战略并非独立的事务。脱离了创业活动的实际情况空谈战略的实施可能和实施效果毫无意义。在创业活动的推进过程中，创业者首先必须关注当前创业活动的竞争环境。尽管作为刚刚进入市场的初生者，新创企业还无法引领整个市场发展的趋势和潮流，但是新创企业至少应当做到的是对市场环境的变化做出积极的反应。这种反应主要体现在战略方案的灵活性和及时性上。

（二）创新创业战略需要与创业者的资源禀赋相匹配

除了经营环境以外，创业者还需要重点关注目前企业自身的资源状况，也就是企业是否拥有或能否获得有效执行战略所需的资源和能力。如果现有资源尚无法提供充分的战略支持，那么创业者的首选行动方向应当是资源拓展，这是具体的竞争性战略方案所要解决的核心问题，以及所要树立的核心竞争优势，可以说这是创业战略的内在属性。

在各类企业的公司创业活动中，它们可能拥有类似的资源，但它们成功的关键战略因素是各不相同的，总结起来有很多，例如，企业的创业文化、支持创业的领导方式、人力资源管理模式、激励机制、收益分配机制等不计其数。但怎样确定公司创业的关键战略因素，以及哪些因素是支撑战略规划平台的核心因素？这是实践中公司创业者普遍关注的问题。

（三）创新创业战略需要与创业者的动态环境相匹配

创业过程的推进所涉及的要素数目众多，创业活动所面临的经营环境也处于高度动荡变化之中。就某个单一的创业活动而言，在一定时期它的主要经营方向和竞争模式可能是单一的，创业者可能仅仅依托于单方面的优势就能获得一定的市场份额，甚至与市场上的在位者获得一争长短的实力。但是就一个发展的创业活动而言，创业者所主导的创业活动的竞争重点和实施方案应当是不断变化的。这种动态性的发展本质上根源于创业活动的经营环境和内在资源禀赋所体现出来的不断变化。因此，创业者在不同的发展阶段可以充分结合自身实际情况，选择适宜的战略行动重点，推进创新创业活动。

第三节　创新创业战略规划的类型

一、总体战略

企业总体战略是指为实现企业总体目标，对企业未来发展方向做出的长期性和总体性战略。它是统筹各项分战略的全局性指导纲领。规定企业的使命和目标，定义企业的价值；关注全部商业机遇，决定主要的业务范围和发展方向；确定需要获取的资源和形成的能力，在不同业务之间分配资源；确定各种业务之间的配合，保障企业总体的优化；确定公司的组织结构，保障业务层战略符合股东财富最大化的要求。企业总体战略的内容包括：①经营范围的选择；②为经营范围服务的特异优势；③战略推移和可能的时间策略；④追求的目标结果。

（一）进攻型战略

进攻型战略（attack strategy），又称增长型战略（growth strategies）、扩张型战略（expansion strategies）、发展型战略（growth strategies，或译为成长战略）。从企业发展的角度来看，任何成功的企业都应当经历长短不一的增长型战略实施期，因为从本质上说，只有增长型战略才能不断地扩大企业规模，使企业从竞争力弱小的小企业发展成实力雄厚的大企业。与其他类型的战略态势相比，进攻型战略具有以下特征。

（1）实施进攻型战略的企业不一定比整个经济增长速度快，但它们往往比其产品所在的市场增长得快。市场占有率的增长可以说是衡量增长的一个重要指标，进攻型战略的体现不仅应有绝对市场份额的增加，更应有在市场总容量增长的基础上相对份额的增加。

（2）实施进攻型战略的企业往往取得大大超过社会平均利润率的利润水平。由于发展速度较快，这些企业更容易获得较好的规模经济效益，从而降低生产成本，获得超额的利润率。

（3）采用进攻型战略的企业倾向于采用非价格的手段同竞争对手抗衡。由于采用了进攻型战略的企业不仅在开发市场上下功夫，而且在新产品开发、管理模式上都力求具有竞争优势，因而其赖以作为竞争优势的并不是损伤自己的价格战，而是以相对更加创新的产品和劳务及管理上的高效率作为竞争手段。

（4）进攻型战略鼓励企业的发展立足于创新。这些企业常常开发新产品、新市场、新工艺和就产品的新用途，以把握更多的发展机会，谋求更大的风险回报。

（5）与简单的适应外部条件不同，采用进攻型战略的企业倾向欲通过创造以前本身并不存在的某物或对某物的需求来改变外部环境并使之适合自身。这种引导或创造合适的环境是由其发展的特性决定的：要真正实现既定的发展目标，势必要有特定的合适的外部环境，被动适应环境显然不一定有帮助。

进攻型战略的类型可分为一体化扩张和多样化扩张。一体化扩张又可分为横向一体化（水平一体化）和纵向一体化（垂直一体化）。实现这些扩张的方法包括内部发展和外部发展。内部发展是现有企业（公司）通过新股票发放或自身资金积累，而扩大现有生产规模，或建立新厂、新的部门、新的子公司等；外部发展包括合并和合资等，合并是指一企业获取另一企业的资源且无人抗争的过程。如果被合并的企业进行抗争，则称此过程为兼并。

1. 横向一体化

横向一体化是指企业现有生产活动的扩展并由此导致现有产品市场份额的扩大。该类增长可以从三个方向进行：①扩大原有产品的生产和销售；②向与原产品有关的功能或技术方向扩展；③与上述两个方向有关的向国际市场扩展或向新的客户类别扩展。

横向一体化，可以带来企业同类生产规模的扩大，实现规模经济。由于该类增长与原有生产活动有关，相比其他类型增长更易于实现，故一般来说，企业早期的增长多以此为主，且实现的方式以内部增长为主。据对美国1895—1972年的公司增长战略分析，1895年至21世纪初的公司增长主要以横向一体化为主。我国工业企业的增长在相当长的时期内也以横向一体化为主，自20世纪80年代以来，其他形式的扩张才较多出现。

2. 纵向一体化

纵向一体化是指企业向原生产活动的上游和下游生产阶段扩展。在现实中，多数大型企业均有一定程度的纵向一体化。该类扩张使企业通过内部的组织和交易方式将不同生产阶段联结起来，以实现交易内部化。纵向一体化包括后向一体化和前向一体化。后向一体化（backward integration）是指企业介入原供应商的生产活动；前向一体化（forward integration）是指企业控制其原属客户公司的生产经营活动。如化学工业公司可向石油冶炼、采油方向扩展，以实现后向一体化；也可向塑料制品、人造纤维等方向扩展，以实现其前向一体化。

纵向一体化是指公司增长到一定阶段的主要扩张战略。据班诺克的观点，公司通过横向一体化打败竞争对手，达到市场多头垄断地位后，便会进入纵向一体化扩张，以占领其供应市场领域。一旦公司在一生产部门占领重要地位之后，向多种部门扩张便成为其唯一的增长战略。

3. 多样化

多样化是既有横向一体化又有纵向一体化的战略性选择。由于横向一体化已涉及同类产品的多样化，纵向一体化已涉及相关但不同生产阶段的产品多样化，所以这里的多样化仅指相关产品的多样化。

（二）多元型战略

多元型战略又称多元化战略、多角化战略，是指企业同时经营两种以上基本经济用途不同的产品或服务的一种发展战略。

多元型战略是相对企业专业化经营而言的，其内容包括产品的多元化、市场的多元化、投资区域的多元化和资本的多元化。所谓产品的多元化，是指企业新生产的产品跨越了并不一定相关的多种行业，且生产多为系列化的产品；所谓市场的多元化，是指企业的产品在多个市场，包括国内市场和国际区域市场，甚至是全球市场；所谓投资区域的多元化，是指企业的投资不仅集中在一个区域，而且分散在多个区域甚至世界各国；所谓资本的多元化，是指企业资本来源及构成的多种形式，包括有形资本和无形资本，如证券、股票、知识产权、商标和企业声誉等。

多元型经营是指同一企业的产品进入了异质市场，是增加新产品的种类和进入新市场两者同时发生的。多元化经营属于经营战略中的产品与市场战略范畴，同时，对企业的多元化经营战略的界定，必须是企业异质的主导产品低于企业产品销售总额的70%。

多元型战略的模式主要分为以下两类。

1. 多向多元化

这是指虽然与现有的产品、市场领域有些关系，但是通过开发完全异质的产品、市场来使事业领域多样化。这种多向多样化包括三种类型：①技术关系多元化。这是指以现有事业领域中的研究技术或生产技术为基础，以异质的市场为对象，开发异质产品。由于这种多样化利用了研究开发能力的相似性、原材料的共同性、设备的类似性，能够获得技术上的相乘效果，因而有利于大量生产，在产品质量、生产成本方面也有竞争力。

而且，各种产品之间的用途越是不同，多样化的效果就越明显。但是一般来说，在技术多样化的情况下，销售渠道和促销方式是不同的。这对于市场营销的竞争是不利的。这种类型的多样化一般适合技术密集度较高的行业中的大型企业。②市场营销关系的多元化。这是指以现有市场领域的营销活动为基础，打入不同的产品市场。市场营销多样化利用共同的销售渠道、共同的顾客、共同的促销方法，共同的企业形象和知名度，因而具有销售相乘的效果。但是，由于没有生产技术、设备和原材料等方面的相乘效果，不易适应企业的变化，也不易应付全体产品同时老化的风险。这种类型的多样化适合技术密度不高、市场营销能力较强的企业。③资源多元化。这是指以现有事业所拥有的物质基础为基础，打入异质产品、市场领域，求得资源的充分利用。

2. 复合多元化

这是从与现有的事业领域没有明显关系的产品、市场中寻求成长机会的策略，即企业所开拓的新事业与原有的产品、市场毫无相关之处，所需要的技术、经营方法、销售渠道等必须重新取得。复合多样化可以划分为以下四种类型：①资金关系多元化。这是指一般关系的资金往来单位随着融资或增资的发展，上升为协作单位。②人才关系多元化。当发现企业内部具有专利或特殊人才时，就可以利用这种专利或技术向新的事业发展。③信用关系多元化。这是指接受金融机关的委托，重建由于资本亏本濒临破产的企业或其他经营不力的企业。④联合多元化。这是指为了从现在的事业领域中撤退或者为了发展大型的事业，采用资本联合的方式进行多样化经营。

（三）扭转型战略

企业外部环境变化和内部管理需求的不同导致企业多方面的变革，并将重新定位核心竞争力和适合企业发展的新战略，这就需要将企业主要业务调整或改变。扭转型战略内涵广泛，除了重新设计和改造企业，还包括企业核心竞争力、组织架构、企业战略、产品开发及企业文化等多方面的重塑和变革。可以说，转型战略展现了企业的战略层面、产品层面，以及组织管理层面等全面、系统、多元化及非连续的转变。

扭转型战略类型可以从转型对象来划分，企业转型类型可以分为产品转型、市场转型、多元化转型、技术转型和组织转型五大类。转型战略的关键在于企业对外部环境的准确把握能力和企业内部要有与外部环境匹配的关键资源的取得的能力。

（1）产品转型。包括大幅度提升产品线结构、提高产品附加值、提高产品质量和开发新产品。

（2）市场转型。包括企业在品牌、销售渠道、目标市场、目标顾客、销售方法上的提升与转变。

（3）多元化转型。是指购并及重整的转型、能力的移转与重组、范畴经济的实现等。

（4）技术转型。是指投资技术资源用以发展及运用技术和管理所需的知识能力，以达成目标、创造竞争优势的途径。

（5）组织转型。是指企业对组织结构、组织形式、组织核心价值等方面的转变。

（四）防御型战略

由于宏观经济严重不景气、通胀严重、消费者购买力很弱，或由于企业的产品已进入衰退期，市场需求大幅度下降，企业没有做好新产品的投入准备，或企业受到强有力的竞争对手的挑战时企业常采取防御战略。

防御型战略是指企业在某个有限的市场中，采用竞争性定价或高质量产品等经济活动来阻止竞争对手进入自己的经营领域，以此来保持企业的稳定。防御型战略的目的是降低被攻击的风险，减弱任何已有的竞争性行动所产生的影响。

一般来说，技术效率是防御型战略组织获得成功的关键。通过纵向整合，可以提高防御型组织的技术效率，也就是将从原材料供应到最终产品销售的整个过程合并到一个组织系统中来。在行政管理上，防御型组织常常采取"机械式"结构机制，这样有利于产生并保持高效率，最终形成明显的稳定性。防御型组织适合较为稳定的行业。

防御型组织是指为了适应一种更加动态的环境，将其能力表现在探索和发现新产品、新市场的机会上，其根本目的就是寻求和开发产品与市场，这就要求企业具有较强的从整体上把握环境变化的能力，在技术和行政管理上具有很大的灵活性。防御型战略的目的是追求一种稳定的环境，试图通过创造一个稳定的经营领域，占领一部分市场，实现自己的稳定性。

防御性战略的类型有两种：一种是尽力堵住挑战者采取进攻性行动的一些途径；另一种是要求向挑战者发出这种信号，如果挑战者发起进攻的话，他们将遭受报复。

（1）尽力堵住挑战者采取进攻性行动的战略。包括：招聘额外的职员以扩大或者加深公司在关键领域内的核心能力，从而战胜那些模仿公司技巧和资源的竞争对手。提高公司的资源资产和能力的灵活性，以便公司可以很好很快地进行资源再分配，或者根据变化的市场环境进行调整，从而使公司适应新的发展态势的敏捷性比竞争对手相应的敏捷性要强。扩大公司的产品线，堵住挑战者可能进入的市场点和市场缺口。推出新的模型或者品牌，做到与挑战者的模型一有或者可能将要有的特色相匹配。对于那些能够同竞争对手相匹配的模型要保持较低的价格。同特约经销商和分销商签订排他性合同，使竞争对手不能运用这些渠道。授予特约经销商和分销商一定的销量折让利益，以阻止他们对其他供应商的产品进行试销。给产品用户提供免费的或者低成本的培训。通过下列方式尽量阻止购买者使用竞争对手的品牌，例如，向那些容易受试用产品诱惑的购买者提供彩票和样品免费馈赠，或对即将推出的新产品或者价格变动提前宣布，以拉拢潜在购买者，并使他们推迟品牌的转换；提高提供给特约经销商和分销商的融资服务；降低备用零配件的送货时间；延长保险覆盖的时间和范围；参与替代技术。保护产品设计、产品生产技术及其他价值链活动中的专有诀窍；对最优供应商提供的绝大部分或者全部产品，签订合同，增加竞争对手获得同等质量零部件的难度。避免同那些同样服务于竞争对手的供应商打交道。在现实需求之前购买自然资源，使它不易为竞争对手所得。在管理程序方面，对竞争对手的产品或者惯例提出挑战。

上述这些行动不仅可以为公司的现有地位构筑一个坚强的堡垒，而且可以使自己成为竞争对手的一个"移动靶"。但保持现状是不够的，还必须做到对变化的行业环境做出快速的调整，同时在某些情况下首先采取行动阻止可能的挑战者或者先于挑战者采取行动。流动的防卫要优于固定的防卫。

（2）劝说挑战者根本不要进攻或少进攻。应至少使挑战者采取那些对防卫者来说威胁性更小的行动，否则，他们将受到强烈报复。一些行动可以看作对挑战者发出的信号，公开宣告公司的管理层将维持公司现有的市场份额。公开宣告公司将计划兴建足够的生产能力来满足而且可能超过行业容量的预计增长。提前发布有关新产品、技术突破及计划推出的重要新品牌或者模型的有关信息。其中，公司计划推出重要的新品牌或者模型的目的在于希望挑战者会将他们的行动推迟到他们看到这些被宣告的行动是否真的会发生为止。公开宣告公司将执行能够与竞争对手的条件或者价格相匹配的政策。保持一定"战略储备性"的现金和可转换债券。偶尔对弱小的竞争对手所采取的行动予以强烈的反击，从而提高公司坚强的防卫者的形象。

阻止竞争对手的另一个途径是尽力降低挑战者发起进攻性行动的利润诱惑。如果一个厂商或者行业的盈利能力足够高的话，挑战者就会不惜跨越很高的防卫障碍，接受很强烈的报复性行动。防卫者可以转移进攻，特别是来自新进入者的进攻，利用会计手段遮掩一些盈利能力。

二、创新创业竞争战略

（一）创新创业低成本竞争战略

低成本竞争战略是指通过有效途径，实现成本降低，以建立一种不败的竞争优势。这种战略要求企业努力取得规模经济，以经验曲线为基础，严格控制生产成本和间接费用，以使企业的产品总成本降至最低水平。处于成本低位的战略经营单位能够防御竞争对手的进攻，因为较低的成本可使其通过削价与对手进行激烈竞争后，仍然能够获得盈利，从而在市场竞争中站稳脚跟。

企业及其所属事业部可以通过各种方式实施低成本竞争战略，如简化产品、改进设计、节约原材料、降低工资费用、实行生产革新和自动化、降低管理费用等。

低成本竞争战略是一种重要的竞争战略，但是，它也有一定的适用范围。当具备下列条件时，采用低成本竞争战略会更有效力。

（1）市场需求具有价格弹性。

（2）所处行业的企业都生产标准化产品，从而使价格竞争决定了企业的市场地位。

（3）实现产品差异化的途径很少。

（4）多数客户以相同的方式使用产品。

（5）用户购物从一个销售商改变为另一个销售商时，不会发生转换成本，因而特别倾向于购买价格最优惠的产品。

采用低成本竞争战略也会带来一定的风险。例如，技术变革和技术进步会使以往的投资与效率变得无效；竞争对手通过模仿或向高技术装备进行投资，也可以做到低成本；只注意生产成本的降低，而忽略服务、技术开发、市场营销等方面的成本，以及忽略产品或市场的变化等。因此，运用低成本竞争战略，一定要考虑技术革新和技术进步的影响，注意竞争对手的战略反应和产品、市场的变化。

（二）创新创业差异化战略

差异化战略又称别具一格战略，是指为使企业产品、服务、企业形象等与竞争对手有明显的区别，以获得竞争优势而采取的战略。这种战略的重点是创造被全行业和顾客都视为独特的产品和服务。差异化战略的方法多种多样，如产品的差异化、服务差异化和形象差异化等。实现差异化战略，可以培养用户对品牌的忠诚。因此，差异化战略是使企业获得高于同行业平均利润水平的一种有效的竞争战略。

产品差异化战略的主要因素有产品特征、工作性能、一致性、耐用性、可靠性、易修理性、式样和设计。服务的差异化主要包括送货、安装、顾客培训、咨询服务等因素。形象差异化主要包括品牌、企业形象和企业文化等。可以赢得顾客忠诚的公司在面对替代品威胁时，其所处地位比其他竞争对手也更有利，可以缓解买方压力。当客户选择商品时，其价格敏感性也不高。

如果成功地实施了差异化战略，它就会成为在一个产业中赢得高水平收益的积极战略，因为它建立了防御阵地来对付五种竞争力量，尽管其防御的形式与成本领先有所不同。波特认为，推行差异化战略有时会与争取占有更大的市场份额的活动相矛盾。推行差异化战略往往要求公司对于这一战略的排他性有思想准备。这一战略与提高市场份额两者不可兼顾。在建立公司的差异化战略的活动中总是伴随很高的成本代价，有时即便全产业范围的顾客都了解公司的独特优点，也并不是所有顾客都将愿意或有能力支付公司要求的高价格。

差异化战略是增强企业竞争优势的有效手段。产品差异化对市场价格、市场竞争、市场集中度、市场进入壁垒、市场绩效均有不同程度的影响。差异化的产品或服务能够满足某些消费群体的特殊需要，这种差异化是其他竞争对手所不能提供的，可以与竞争对手相抗衡；产品或服务差异化也将降低顾客对价格的敏感性，不大可能转而购买其他的产品和服务，从而使企业避开价格竞争。具体可从以下几个方面来看。

（1）差异化本身可以给企业产品带来较高的溢价。这种溢价应当补偿因差异化所增加的成本，并且可以给企业带来较高的利润。产品的差异化程度越高，所具有的特性或功能就越难以替代和模仿，顾客就越愿意为这种差异化支付较高的费用，企业获得的差异化优势也就越大。

（2）由于差异化产品和服务是竞争对手不能以同样的价格提供的，因而明显地削弱了顾客的讨价还价能力。

（3）采用差异化战略的企业在应对替代品竞争时将比其竞争对手处于更有利的地位。因为购买差异化产品的顾客不愿意接受替代品。

（4）产品差异化会形成一定的壁垒，在产品差异化越明显的行业，因产品差别化所形成的进入壁垒就越高。

（三）创新创业集中化战略

集中化战略，也称专一化战略、目标集中战略、目标聚集战略、目标聚集性战略。集中化战略是指企业以某个特殊的顾客群、某产品线的一个细分区段或某一个地区市场为主攻目标的战略思想。这一战略整体是围绕为某一特殊目标服务，通过满足特殊对象的需要而实现差别化，或者实现低成本的。集中化战略常常是总成本领先战略和差别化战略在具体特殊顾客群范围内的体现。或者说，集中化战略是以高效率、更好的效果为某一特殊对象服务，从而超过面对广泛市场的竞争对手，或实现差别化，或实现低成本，或二者兼得。

集中化战略本质上是公司业务的专一化能够以较高的效率、更好的效果为某一狭窄的战略对象服务，从而超过在较广阔范围内竞争的对手。波特认为，这样做的结果是，公司或者通过满足特殊对象的需要而实现了差别化，或者在为这一对象服务时实现了低成本，或者二者兼得。这样的公司可以使其盈利的潜力超过产业的普遍水平。这些优势有助于公司抵御各种竞争力量的威胁。

这种战略的核心是取得某种对特定顾客有价值的专一性服务，侧重于从企业内部建立竞争优势。专一化战略的实施首先表现在提供咨询服务上，要做到人无我有、人有我精、人精我专，掌握主动权。集中化战略优势如下。

（1）以特殊的服务范围来抵御竞争压力。集中化战略往往利用地点、时间、对象等多种特殊性来形成企业的专门服务范围，以更高的专业化程度构成强于竞争对手的优势。例如，位于交通要道或人口密集地区的超级商场具有销售优势；口腔医院因其专门的口腔医疗保健服务而比普通医院更吸引口腔病特别是牙病患者。企业选择适当的产品线区段或专门市场是集中化战略成功的基础。如果选择广泛市场的产品或服务而进行专门化经营，反而可能导致企业失败。例如，口腔、牙齿每天都直接影响人们的生活，但口腔、牙齿的毛病一般不至于造成生命危险，患者愿意接受这种专门化服务；而人体其他系统互相牵连，治疗中往往需要全面诊断，专门化的治疗就不再具有优势。又如，肯德基、麦克唐纳汉堡包快餐连锁店满足了工作节奏快、休息时间短的职员或家庭以及旅游者的饮食需要，而迅速发展这一专门市场。

（2）以低成本的特殊产品形成优势。例如，可口可乐就是利用其特殊配方而构成的低成本，在饮料市场长期保持其竞争优势的。这一优势的实质是差别化优势，能同时拥有产品差别化和低成本优势并获得超出产业平均水平的高额利润。

（3）以攻代守。当企业受到强大的竞争对手全面压迫时，采取专一化战略以攻代守，往往能形成一种竞争优势，特别是对于抵抗拥有系列化产品或广泛市场的竞争对手明显有效。例如，挪威的造船业难以在整体上与欧、美、日等实力强大的造船企业匹敌，则集中选择制造破冰船而大获成功。另外，针对多品种糕点企业的广泛市场，专营的蛋糕店常能成功并占有一席之地。

三、创新创业发展战略

（一）创新创业并购战略

企业并购战略是指一个企业购买另一个企业的全部或部分资产或产权，从而影响、控制被收购的企业，以增强企业的竞争优势，实现企业经营目标的行为。并购战略包括确定并购目的、选择并购对象等。并购目的直接影响文化整合模式的选择。并购战略类型对文化整合模式有影响力。在横向兼并战略中，并购方往往会将自己部分或全部的文化注入被兼并企业以寻求经营协同效应；而在纵向一体化兼并战略和多元化兼并战略下，兼并方对被兼并方的干涉大为减少。因此，在横向兼并时，兼并方常常会选择替代式或融合式文化整合模式，而在纵向兼并和多元化兼并时，选择促进式或隔离式文化整合模式的可能性较大。

1. 企业并购的类型

企业的并购有多种类型，从不同的角度有不同的分类方法。以下分别从并购双方所处的行业状况、并购的方式、并购的动机、并购的支付方式进行分类。

（1）从并购双方所处的行业状况来看，企业并购可以分为横向并购、纵向并购和混合并购。

① 横向并购。横向并购是指处于同行业生产同类产品或生产工艺相似的企业间的并购。这种并购实质上是资本在同一产业和部门内集中，迅速扩大生产规模，提高市场份额，增强企业的竞争能力和盈利能力。

② 纵向并购。纵向并购是指试制生产和经营过程相互衔接、紧密联系的企业之间的并购。其实质是通过处于生产同一产品的不同阶段的企业之间的并购，从而实现纵向一体化。纵向并购除了可以扩大生产规模，节约共同费用之外，还可以促进生产过程的各个环节的密切配合，加速生产流程，缩短生产周期，节约运输、仓储费用和能源。

③ 混合并购。是指处于不同产业部门、不同市场，且这些产业部门之间没有特别的生产技术联系的企业之间的并购。包括三种形态：其一，产品扩张性并购，即生产相关产品的企业间的并购；其二，市场扩张性并购，即一个企业为了扩大竞争地盘而对其他地区的生产同类产品的企业进行的并购；其三，纯粹的并购，即生产和经营彼此毫无关系的产品或服务的若干企业之间的并购。

混合并购可以降低一个企业长期从事一个行业所带来的经营风险。另外，通过这种方式可以使企业的技术、原材料等各种资源得到充分利用。

（2）从是否通过中介机构进行企业并购来看，企业并购可以分直接收购和间接收购。

① 直接收购。直接收购是指收购公司直接向目标公司提出并购要求，双方经过磋商，达成协议，从而完成收购活动。如果收购公司对目标公司的部分所有权提要求，目标公司可能会允许收购公司取得目标公司的新发行的股票；如果是全部产权的要求，双方可以通过协商，确定所有权的转移方式。由于在直接收购的条件下，双方可以密切配合，因此相对成本较低，成功的可能性较大。

② 间接收购。间接收购是指收购公司直接在证券市场上收购目标公司的股票，从而控制目标公司。由于间接收购方式很容易引起股价的剧烈上涨，同时可能会引起目标公司的激烈反应，因此会提高收购的成本，增加收购的难度。

（3）从收购公司的动机来划分，企业并购可以分为善意并购和恶意并购。

① 善意并购。收购公司提出收购条件以后，如果目标公司接受收购条件，这种并购称为善意并购。在善意并购下，收购条件、价格、方式等可以由双方高层管理者协商进行并经董事会批准。由于双方都有合并的愿望，因此，这种方式的成功率较高。

② 恶意并购。如果收购公司提出收购要求和条件后，目标公司不同意，收购公司只在证券市场上强行收购，这种方式称为恶意收购。在恶意收购下，目标公司通常会采取各种措施对收购进行抵制，证券市场也会迅速做出反应，股价迅速提高，因此在恶意收购中，除非收购公司有雄厚的实力，否则很难成功。

（4）按支付方式的不同，企业并购可以分为现金收购、股票收购、综合证券收购。

① 现金收购。现金收购是指收购公司向目标公司的股东支付一定数量的现金而获得目标公司的所有权。现金收购存在资本所得税的问题，这可能会增加收购公司的成本，因此在采用这一方式时，必须考虑这项收购是否免税。另外，现金收购会对收购公司的流动性、资产结构、负债等产生影响，所以应该综合进行权衡。

② 股票收购。股票收购是指收购公司通过增发股票的方式获得目标公司的所有权。这种方式，公司不需要对外支付现金，因此不至于对公司的财务状况产生影响，但是增发股票会影响公司的股权结构，使原有股东的控制权受到冲击。

③ 综合证券收购。综合证券收购是指在收购过程中，收购公司支付的不仅有现金、股票，还有认股权证、可转换债券等多种方式的混合。这种兼并方式具有现金收购和股票收购的特点，收购公司既可以避免支付过多的现金，保持良好的财务状况，又可以防止控制权的转移。

2. 企业创新创业并购战略的主要特点

企业创新创业并购战略的主要特点如下。

（1）发挥协同效应。并购后两个企业的协同效应主要体现在生产协同、经营协同、财务协同、人才和技术协同方面。

① 生产协同。企业并购后的生产协同主要通过工厂规模经济取得。并购后，企业可以对原有企业之间的资产即规模进行调整，使其实现最佳规模，降低生产成本；原有企业间相同的产品可以由专门的生产部门进行生产，从而提高生产和设备的专业化，提高生产效率；原有企业间相互衔接的生产过程或工序，并购后可以加强生产的协作，使生产得以流畅进行，还可以降低中间环节的运输、储存成本。

② 经营协同。经营协同可以通过企业的规模经济来实现。企业并购后，管理机构和人员可以精简，使管理费用由更多的产品进行分担，从而节省管理费用；原来企业的营销网络、营销活动可以进行合并，以节约营销费用；研究与开发费用可以由更多的产品进行分担，从而可以迅速采用新技术，推出新产品。并购后，由于企业规模的扩大，还可以增强企业抵御风险的能力。

③ 财务协同。并购后的企业可以对资金统一调度，增强企业资金的利用效果，由于规模和实力的扩大，企业筹资能力可以大大增强，满足企业发展过程中对资金的需求。另外，并购后的企业由于在会计上统一处理，可以在企业中互相弥补产生的亏损，从而达到避税的效果。

④ 人才和技术协同。并购后，原有企业的人才、技术可以共享，可以充分发挥人才、技术的作用，增强企业的竞争力，尤其是一些专有技术，企业通过其他方法很难获得，通过并购，因为获取了对该企业的控制，从而获得该项专利或技术，促进企业的发展。

（2）加强对市场的控制能力。在横向并购中，通过并购可以获取竞争对手的市场份额，迅速扩大市场占有率，增强企业在市场上的竞争能力。另外，由于减少了一个竞争对手，尤其是在市场竞争者不多的情况下，可以增加讨价还价的能力，因此企业可以更低的价格获取原材料，以更高的价格向市场出售产品，从而扩大企业的盈利水平。

（3）获取价值被低估的公司。在证券市场中，从理论上讲，公司的股票市价总额应当等同于公司的实际价值，但是由于环境的影响，以及信息不对称和未来的不确定性等方面的影响，上市公司的价值经常被低估。如果企业认为自己可以比原来的经营者做得更好，那么该企业可以收购这家公司，通过对其经营获取更多的收益，该企业也可以将目标公司收购后重新出售，从而在短期内获得巨额收益。

（4）避税。各国公司法中一般都有规定，一个企业的亏损可以用今后若干年度的利润进行抵补，抵补后再缴纳所得税。因此，如果一个企业历史上存在未抵补完的正额亏损，而收购企业每年生产大量的利润，则收购企业可以低价获取这一公司的控制权，利用其亏损进行避税。

（二）创新创业战略联盟

战略联盟的概念最早由美国 DEC 公司总裁简·霍普兰德（J. Hopland）和管理学家罗杰·奈格尔（R. Nigel）提出。他们认为，战略联盟指的是由两个或两个以上有着共同战略利益和对等经营实力的企业，为达到共同拥有市场、共同使用资源等战略目标，通过各种协议、契约而结成的优势互补或优势相长、风险共担、生产要素水平式双向或多向流动的一种松散的合作模式。因此，战略联盟要求共同承担责任，相互协调，精心谋求各类活动的相互合作，因而模糊了公司的界限，使各个公司为了实现联盟的共同目标而采取一致或协同的行动。但有一点是清楚的，联盟伙伴保持既合作义竞争的关系。联盟伙伴虽然在部分领域中进行合作，但在协议之外的领域以及在公司活动的整体态势上仍然保持经营管理的独立自主，相互间可能是竞争对手的关系。

创新创业企业战略联盟的出现绝不是偶然的，它是时代发展的产物。究其原因，战略联盟产生的大背景主要有以下两个。①世界经济一体化。全球经济一体化为跨国公司的经营提供了很好的机会，因为只有全球的市场才能满足它们的巨大胃口。不过更激烈的国际竞争也给跨国公司的经营带来了困难，迫使它们不得不寻找新的、更有效的竞争武器。尽管各跨国公司在调整过程中的具体目标各不相同或各有侧重，但多数都采取了战略联盟作为实现战略调整的手段和方法。②科学技术的飞速发展。近50年来，科学技术的发展速度超过了有史以来的任何时期，而科技革命所带来的影响也是前所未有的，科研成果不断地将产品推向高科技化和复杂化，一种新产品的问世往往涉及越来越多的技术领域，需要越来越多的生产和经营环节。因此，无论是从技术上还是从成本上讲，单个公司依靠自身的有限能力无法面对当今科技发展的要求。战略联盟可以把各种研究机构和企业联成一体，为共同的战略目标组成灵活直辖式的网络，效果要大于各简单成员相加之和。

战略联盟组织具备网络组织的特点。①边界模糊。战略联盟并不像传统的企业那样具有明确的层级和边界，而是一种你中有我、我中有你的局面。②关系松散。战略联盟主要是契约式或联结起来的，因此合作各方之间的关系十分松散，兼具了市场机制与行政管理的特点，合作各方主要通过协商的方式解决各种问题。③机动灵活。战略联盟组建过程也十分简单，无须大量附加投资。而且合作者之间的关系十分松散，战略联盟存在时间不长，解散十分方便；所以在战略联盟还适应变化的环境时可迅速将其解散。④动作高效。合作各方将核心资源加入联盟中，联盟的各方面都是一流的；在这种条件下，联盟可以高效运作，完成一些企业很难完成的任务。

战略联盟的主要分类按合作的正式程度分为实体联盟和虚拟联盟。实体联盟是指主要靠股权、合作协议等具有法律效力的契约约束组成的联盟。虚拟联盟是指不涉及所有权的和以法律作约束力的、彼此相互依存的联盟关系。维系虚拟联盟更多的是靠对行业法规的塑造、对知识产权的控制，以及对产品或技术标准的掌握和控制实现的，通过这些"软约束"协调联盟各方的产品和服务。

战略联盟按治理结构分为股权式联盟（合资、相互持股）、契约式联盟（生产、研发、销售等环节）。其主要形式如下。

（1）合资。由两家或两家以上的企业共同出资、共担风险、共享收益而形成，是目前发展中国家尤其是亚非国家或地区普遍采用的形式。合作各方将各自的优势资源投入合资企业中，从而使其发挥单独一家企业所不能发挥的效益。

（2）研发协议。为了某种新产品或新技术，合作各方鉴定一个联发协议。这样可以汇集各方的优势，大大提高成功的可能性，加快开发速度，各方共担开发费用，降低各方开发费用与风险。

（3）定牌生产。如果一方有知名品牌但生产力不足，另一方只有剩余生产能力，则另一方可以为对方定牌生产。一方可充分利用闲置生产能力，谋取一定利益。对于拥有品牌的一方，还可以降低投资或购并所产生的风险。

（4）特许经营。通过特许的方式组成战略联盟，其中一方具有重要无形资产，可以与其他各方签署特许协议，允许其使用自身品牌、专利或专用技术，从而形成一种战略联盟。拥有方不仅可获取收益，并可利用规模优势加强无形资产的维护，且利于受许方扩大销售、谋取收益。

（5）相互持股。合作各方为加强相互联系而持有对方一定数量的股份；这种战略联盟中各方的关系相对更加紧密，而双方的人员、资产无须全并。

当然，组建战略联盟一定要慎重选择合作伙伴，并建立合理的组织关系；合作各方应加强沟通。战略联盟的主要特点如下。

（1）提升企业的竞争力。在产品技术日益分散化的今天，已经没有哪个企业能够长期拥有生产某种产品的全部最新技术，企业单纯依靠自己的能力已经很难掌握竞争的主动权。为此，大多数企业的对策是尽量采用外部资源并积极创造条件以实现内外资源的优势相长。其中一个比较典型的做法是与其他企业结成战略联盟，并将企业的信息网扩大到整个联盟范围。借助与联盟内企业的合作，相互传递技术，加快研究与开发的进程，获取本企业缺乏的信息和知识，并带来不同企业文化的协同创造效应。战略联盟与传统的全球一体化内部生产战略、金字塔式传统的全球一体化内部生产战略、金字塔式管理组织相比，除了具有更活跃的创新机制和更经济的创新成本外，还能照顾不同国家、地区、社会团体甚至单个消费者的偏好和差异性。这有利于开辟新市场或进入新行业，因而具有更强的竞争力。

（2）获得规模经济的同时分担风险与成本。激烈变动的外部环境对企业的研究开发提出了如下三点基本要求：不断缩短开发时间、降低研究开发成本、分散研究开发风险。对任何一个企业来说，研究和开发一项新产品、新技术常常要受自身能力、信息不完全、消费者态度等因素的制约，需要付出很高的代价。而且随着技术的日益复杂化，开发的成本也越来越高。这些因素决定了新产品、新技术的研究和开发需要很大的投入，具有很高的风险。在这种情况下，企业自然要从技术自给转向技术合作，通过建立战略联盟、扩大信息传递的密度与速度的方式，以避免单个企业在研究开发中的盲目性和因孤军作战引起的全社会范围内的重复劳动和资源浪费，从而降低风险。与此同时，市场和技术的全球化，提出了在相当大的规模和多个行业进行全球生产的要求，以实现最大的规模和范围经济，从而能在以单位成本为基础的全球竞争中赢得优势。虽然柔性制造系统可以将新技术运用到小批量生产中，但规模和范围经济的重要性对企业的全球竞争力来说仍具有决定意义。建立战略联盟是实现规模经营并产生范围经济效果的重要途径。

（3）低成本进入新市场。战略联盟是以低成本克服新市场进入壁垒的有效途径。例如，在 20 世纪 80 年代中期，摩托罗拉开始进入日本的移动电话市场时，日本市场存在大量正式、非正式的贸易壁垒，使摩托罗拉公司举步维艰。1987 年，摩托罗拉与东芝结盟制造微处理器，并由东芝提供市场营销帮助，此举大大提高了摩托罗拉与日本政府谈判的地位，最终获准进入日本的移动通信市场，成功地克服了日本市场的进入壁垒。1984 年，美国的长途电话业解除管制后，美国电报电话公司（AT&T）获得了产品经营的自由，进入了个人电脑市场。IBM 采取的反击措施是与 AT&T 在长途电话行业的主要竞争对手 MCI 结成联盟，并收购了 MCI 20%的股份，通过 MCI 在长途电话行业的低价战略来钳制 AT&T。与此类似，日本的几家规模较小的汽车公司，如马自达、铃木和五十铃在进入美国市场时都采取与美国汽车企业联营的办法，来克服进入壁垒。

（4）挑战"大企业病"。单个企业为了尽可能地控制企业的环境，必然致力企业内部化边界的扩大，这一努力过程不仅伴随巨大的投入成本，为企业的战略转移筑起难以逾越的退出壁垒，甚至将企业引入骑虎难下的尴尬境地，而且容易出现组织膨胀带来内耗过大的所谓"大企业病"现象：企业规模的扩大、管理层次的增加、协调成本的上升，使一些大企业的行政效率向官僚式的低效率迈进，致使企业决策缓慢，难以对瞬息万变的市场做出敏锐的反应。而战略联盟的经济性在于企业对自身资源配置机制的战略性革新，不涉及组织的膨胀，因而可以避免带来企业组织的过大及僵化，使企业保持灵活的经营机制并与迅速发展的技术和市场保持同步。与此同时，战略联盟还可避免反垄断法对企业规模过大的制裁。

（三）创新创业产业集群战略

1990 年，迈克尔·波特在《国家竞争优势》一书中首先提出用产业集群（industrial cluster）一词对集群现象进行分析。区域的竞争力对企业的竞争力有很大的影响，波特通过对 10 个工业化国家的考察发现，产业集群是工业化过程中的普遍现象，在所有发达的经济体中，都可以明显看到各种产业集群。

产业集群是指在特定区域中，具有竞争与合作关系，且在地理上集中，有交互关联性的企业、专业化供应商、服务供应商、金融机构、相关产业的厂商及其他相关机构等组成的群体。不同产业集群的纵深程度和复杂性相异，代表着介于市场和等级制之间的一种新的空间经济组织形式。许多产业集群还包括由于延伸而涉及的销售渠道、顾客、辅助产品制造商、专业化基础设施供应商等，政府及其他提供专业化培训、信息、研究开发、标准制定等的机构，以及同业公会和其他相关的民间团体。

因此，产业集群超越了一般产业范围，形成特定地理范围内多个产业相互融合、众多类型机构相互联结的共生体，构成这一区域特色的竞争优势。产业集群发展状况已经成为考察一个经济体，或其中某个区域和地区发展水平的重要指标。从产业结构和产品结构的角度来看，产业集群实际上是某种产品的加工深度和产业链的延伸，从一定意义上讲，是产业结构的调整和优化升级。从产业组织的角度来看，产业群实际上是在一定区域内某个企业或大公司、大企业集团的纵向一体化的发展。如果将产业结构和产业组织二者结合起来看，产业集群实际上是指产业成群、围成一圈集聚发展的意思。也就是说，产业集群是在一定的地区内或地区间形成的某种产业链或某些产业链。

产业集群战略就是在一定空间范围内提高产业的高集中度，这有利于降低企业的制度成本（包括生产成本、交换成本），提高规模经济效益和范围经济效益，提高产业和企业的市场竞争力。从单个企业或产业组织的角度分析，通过产业集群战略，可以用费用较低的企业内交易替代费用较高的市场交易，达到降低交易成本的目的；可以增强企业生产和销售的稳定性；可以在生产成本、原材料供应、产品销售渠道和价格等方面形成一定的竞争优势，提高企业进入壁垒；可以提高企业对市场信息的灵敏度；可以使企业进入高新技术产业和高利润产业等。

产业集群可以从不同角度进行分类，如按形成机制可分为市场主导型产业集群和政府主导型产业集群。按要素配置可分为劳动密集型产业集群、资源密集型产业集群、技术密集型产业集群。按照集群的产业性质，可以将产业集群分为以下三种类型。

（1）传统产业集群。它以传统的手工业或劳动密集型的传统工业部门为主，如发展纺织、服装、制鞋、家具和五金制品等行业，大量的中小企业在空间上相互集中，形成一个有机联系的市场组织网络。在这种产业集群内，劳动分工比较精细，专业化程度较高，市场组织网络发达。典型的例子是意大利的特色产业区、中国浙江嵊州的领带集群等。

（2）高新技术产业集群。它主要依托当地的科研力量，如著名大学和科研机构，发展高新技术产业，企业间相互密切合作，具有强烈的创新氛围。美国的硅谷和印度班加罗尔软件产业集群是这方面的典型代表。

（3）资本与技术结合型产业集群。如日本的大田、德国南部的巴登——符腾堡等。一般说来，由于存在不确定性，以及研发与生产的日益分离，高新技术企业比传统产业企业更倾向于集聚。据研究表明，在美国像电脑、制药等高新技术产业的创新活动明显比传统产业要多，与此相对应，高新技术产业的企业更加倾向于以集群的形式存在。目前，世界各地的高新技术产业集群如雨后春笋般涌现。各国政府也往往对这种基于知识或创新的高新技术产业集群给予大力支持。

产业集群战略对区域企业竞争力的提升具有非常重要的意义，主要特点表现在以下七个方面。

（1）资源集聚效应。集群具有专业化的特征，其成员企业通常包括上游的零部件、机械和服务等专业供应商，下游的客商。向侧面延伸到互补产品的制造商，或由于共同投入培训技能和技术而相联系的公司，以及专门的基础设施供应者。因此，同一个产业的企业在地理上的集中，能够使厂商更有效率地得到供应商的服务，能够招聘到更合适的员工，能够及时得到本行业竞争所需要的信息，能够比较容易地获得配套的产品和服务。这些都使群聚区内的企业能以更高的生产率来生产产品或提供服务，有利于其获得相对于群聚区域以外的企业更多的竞争优势。

（2）分工效应。由于集群企业的联合需求可形成规模性、专业化的生产和服务，又为每个企业提供了丰富的外部规模经济。集群的企业可以通过分工的外部化而负责部分任务，节省生产成本，从而使生产更加专业化。例如，小小一个打火机，在浙江温州就集中了300多家规模生产企业和更多的配套企业，每一个细小的零部件都有专门的生产企业，有的企业甚至专注于生产某个零件的部分型号。

（3）空间交易成本的节约。空间交易成本包括运输成本、信息成本、寻找成本，以及合约的谈判成本与执行成本。集群内企业地理邻近，容易建立信誉机制和相互依赖的关系，从而大大减少机会主义行为；区内拥有专业化的人才库，还能吸引最优秀的人才，这就减少了雇用专业人才方面的交易成本；集群内有大量的专业信息，个人关系及种种社区联系网络使信息流动很快，可以节省运输成本和库存成本，还能享受供应商提供的辅助服务。因此，集群内企业之间保持一种充满活力和灵活性的正式与非正式关系，构成了一种柔性生产综合体。

（4）学习与创新效应。企业集群是培育企业学习与创新能力的温床。企业彼此接近，会形成竞争的隐形压力，迫使企业不断进行技术创新和组织管理创新；一家企业的知识创新很容易外溢到区内的其他企业；集群对创新的贡献还在于同行业之间的非正式交流。此外，由于在产业集聚的地方工作，创业者能更容易发现产品或服务的缺口，受到启发建立新的企业。再加上产业集聚区域的进入障碍低于其他地区，所需要的设备、技术、投入品及员工都能在区域内解决，因而开办新的企业要比其他地区容易得多。

（5）竞争与合作效应。同行业企业的聚集会导致激烈的竞争，会为企业带来竞争的压力，但是不断的比较也会产生不断的激励。竞争对手的存在，迫使企业不断降低成本，改进产品及服务，追赶技术变革的浪潮。同时，激烈的竞争和不断细化的分工也促使产业链上的企业之间会加强合作，产生协同效应，从而提高整体的效率和竞争力。

（6）品牌与广告效应。在国际化发展过程中，中小企业集群可以通过统一对外促销、规范品质标准、认同专项技术、推广共同商标、共享集群信誉等"集群效应"谋取单个中小企业很难具有的差异化优势。

（7）协同与溢出效应。协同和溢出效应产生于集群内的企业之间，通过对诸如专业人才市场、专业性服务机构的共享，以及知识与技术的溢出与扩散，集群内每个企业既为外部经济性的供给者，又是外部经济性的受益者。产业集群的外部经济性具有很强的隔离性，集群外部企业几乎难以成为此外部经济性的获益者。

第二章

创新创业战略规划的设计

第一节 创新创业战略规划的程序

公司创新创业成功的关键在于创业者的战略头脑，即形成自己的公司创新创业战略规划设计逻辑思考。在实际中，一个"完美"的战略规划设计是不存在的，要建立竞争的绝对优势也是不可能的。创业者追求的应该是一个满意的战略，是在本企业可以接受的代价下，尽力获得并保持相对于竞争对手优势的方案。因而，必须以下述四个方面的基础构造公司创新创业战略规划设计的逻辑思考（见图 2-1）。

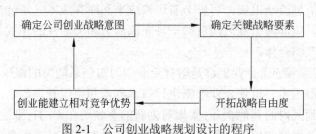

图 2-1　公司创业战略规划设计的程序

一、创新创业战略意图

创新创业战略意图是指既有公司为满足消费者不断变化的价值需求，通过公司内创新创业而期望达到的目标，并建立为达到目标所要依循的准则。

创新创业战略意图包括了企业渴望通过创业取得在某领域领先地位的雄心及雄心的释放，同时还包括如下积极的创业管理过程：将企业的注意力集中于成功的本质；激发员工认同企业的使命，从而激发员工创业的潜能和热情，让员工个人和企业团队都能为创业做出贡献；当环境发生变化时，战略意图不随时间的推移而变化，公司决策者必须提出创业的新含义以保持对战略的热情；利用创业战略意图并始终如一地指导资源整合，最大限度地利用有限的资源，并不断创造新的资源；展示公司为夺取与较强对手竞争的主动权所需的全新技能，利用挑战创造新竞争优势；建立战略清晰的路标指示机制，使公司的每个员工都置身于挑战之中，以比竞争对手模仿你现在的优势速度更快的进展去创建可持续的竞争优势。

创新创业战略意图是战略思考的起点，无论问题多么复杂，或毫无先例，只要根据事物的实际本质即战略意图进行合理分析，就一定会有所突破；而要找到满意的解答，其间最重要的是通过关键战略因素的分析，找到战略重点问题。

在创新创业战略规划设计中，创新创业战略意图是连接企业外部市场和企业内部经营活动目标的桥梁，是引导企业的外部市场需求与企业生产供给平衡的稳定器。

二、创新创业的关键战略因素

在创新创业活动中，同行业内的企业尽管可能通过获得类似的资源，进行类似的创新创业活动，但它们成功的关键战略因素所依存的功能是不完全相同的。创新创业的关键战略因素除了包括创业商机、创业资源、创业团队三种因素外，还有其他因素，最终显示出不同的竞争地位，而导致先进与落后之别。确定公司创业的关键战略因素的方法有以下三个。

（1）尽可能富有想象力地剖析本企业的目标市场，确定目标市场的关键区隔。具体可将整个目标市场细分成小区隔，识别具有战略性的市场区隔；然后为关键的市场区隔制定产品——市场战略，并制定战略实施细则，调整资源配置，集中资源于具有战略影响的功能中。

（2）找出先进与落后之间的差别。识别具有战略性的市场区隔；然后为关键的市场区隔制定产品——市场战略，并制定战略实施细则，调整资源配置，集中资源于具有战略影响的功能中。

（3）找出先进与落后之间的差别原因。寻找差别的问题，似乎不是什么创新之见，但要确定什么是差别，为什么有差别，不能不说是战略家的高明之处。当然，不同的行业其成功的关键战略因素位于不同的功能、不同的领域和不同的销售渠道等。

确定关键战略因素，需要研究外部环境的商机与威胁，具体分析内部环境的优劣势，并对从原材料到产品售后服务的经营活动全过程做评估。当然对战略家来说，并不要求面面俱到，只需控制几个关键环节，分析确定其关键战略因素，抓住时机，果断地、较早地将有限的资源集中到一个具有战略影响的因素中，从而迅速跃入一流的企业，然后利用这种一流的地位所产生的效应，加强其他功能，使之领先于其他企业，而成为行业的主导企业。

三、创新创业的战略自由度

确定公司创新创业的关键战略因素为制定战略抓住了主要战略问题，据此就可以集中有限资源建立竞争优势。但是，在实际中，关键战略因素有时是指某一战略领域，范围比较广泛，概念也较笼统。因此，创业者还应围绕一个特定的关键战略因素所在的领域，采用战略自由度的思维方式进行思考，以选择一个特殊的方向来寻求成功的战略。

战略自由度的基本要素是目标，即创业者期望关键战略要素所能获得的最大的值或变量。战略自由度的基本功能是在关键战略因素领域内，为保持竞争优势所能采取的战略行动的自由程度，即可行的主要战略行动。战略自由度的战略方向线，提醒创业者竞争不是单方向的，可能来自多个方向。但是，竞争对手同时从所有的方向发起进攻的可能性是不大的。因此，创业者只要着重考虑在哪一个或哪几个战略方向做好保护的准备，就能赢得竞争的胜利。在某些情况下，每一条战略方向线上的竞争对手可能都不相同，即可能有多个竞争对手向多条战略方向线发起进攻的可能性也应在战略设计思考之例。随着市场竞争环境的变化，竞争对手的战略、竞争手段也在不断地改变，创业者只有不断开拓新的战略自由度，满足新的战略目标的需要，才能保持竞争优势。

开拓战略自由度的程序如下。

第一，确定企业在竞争中的经营或战略发展的主攻方向。

第二，在主攻方向内画出几条主要轴线，即战略自由度方向线。

第三，沿着每一条战略自由度方向线分布一系列点，这些点表示企业在经营中努力保持竞争优势所可能采取的主要行动。

第四，对每个点进行投资——收益分析。

第五，对竞争对手可能在每一条战略自由度方向线上的活动及活动顺序进行预测，形成完整的企业战略自由度选择分析图，作为确定企业最终战略方案决策的依据。图2-2为企业构建核心竞争力的战略自由度的思考。

一般而言，竞争中的企业都有可能同时在为争夺成功的关键战略因素开拓战略自由做出努力。然而，由于企业内部条件上的差距，多

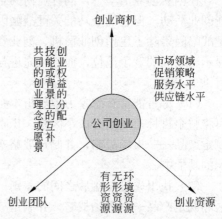

图2-2　构建公司创业的战略自由度分析

数企业都不能与强大的竞争对手进行持久的对抗。此时，明智的创业者会避开正面竞争，创新思考，另辟蹊径，建立相对的竞争优势。

例如，在产品战略上可将本企业的产品与每一个竞争对手的产品系统地进行比较，分析不同之后，以便确定哪些地方或在性能上或在质量上能够建立相对竞争优势。在价格战略上，可思考与主要竞争对手在服务的经济性方面根本不同的、成功的价格战略。某企业通过售后服务获得大量利润，这使它降低产品售价，从而扩大市场份额；而它的竞争对手要集中力量在新产品的推销上，以提高新产品价格盈利的服务工作。一般来说，在这种竞争情况下，两家企业的利润结构不同，会形成各自的竞争优势。

四、创新创业的相对竞争优势

面对公司创新创业的战略规划，创业者总是先将创业过程分解成若干组成部分，努力弄清每一阶段核心要素的特征，然后进行归类，在发现各阶段意义的基础上，尽最大可能利用知识、智力的灵活性，按照设想中的、有利于战略的最优方式重新把各个要素组合起来，形成战略重点问题，使之能对环境的变化做出适宜的实际反应，以求得商机、创业团队、创业资源三要素的动态平衡。这就是公司创业的战略规划设计思考，它具有创造性，是在一个共同遵循的准则与逻辑的过程框架下完成的过程，它为战略制定与执行奠定了良好的基础，如图2-3所示。

（一）选择优势技术作为创新创业战略的重要变量

从竞争优势导向的战略角度来看，企业产品开发和流程再造的技术能力水平越发重要，它一直被视作企业绩效最重要的要素之一。创业者创造新的技术知识，并使本企业对产品和流程的设计成为行业标准与主导设计而被广泛接受。尤其是数字革命导致了企业对新技术的信任，而正是这种信任对企业的成长大有裨益。技术变迁使越来越多的企业开始先行一步，在拥抱新技术的同时也获取了成长的商机。摩尔定律就是一个具有影

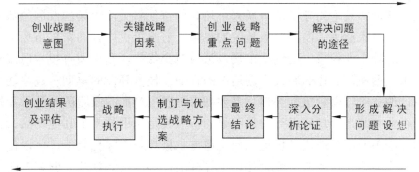

图 2-3　创新创业战略规划制订的流程

响力的佐证。优势技术虽然是中国企业的软肋，但更是中国企业必须要啃的硬骨头。全球技术创新的加快和技术竞争的日趋激烈，企业技术问题的复杂性、综合性和系统性日益突出，依靠劳动力来推动企业的成长越来越困难。所以，选择技术跟进和技术先导是获取竞争优势的重要途径。

（二）选择商机市场作为创新创业的核心要素

从商机导向的创业角度来看，在企业成长选择相应的战略时，还需要相应的市场商机来实施战略。许多企业很难筹划大规模生产和进行大额先期投资，更难轻松抵挡来自成熟企业的竞争，如果试图在相同市场上夺取相当大的市场份额，极有可能遭遇激烈的竞争。而且，优势技术的革新会使产品和市场生命周期大大缩短，这也对商机市场产生了影响。因此，在超强竞争的时代，不论是中小企业还是大企业都在努力从商机市场着手创业，创业不再只是新建企业的"专利"，也是大企业重新构造企业资源基础的重要手段。尤其对中国企业来说，由于信息不对称、市场缺口、市场细分和竞争对手缺陷等状况的存在，因而识别并捕捉市场商机，不仅可以限制它们面临的来自资金充裕的对手的竞争，获取可观利润，而且也可以为以后的企业成长建立一个跳板或基础。

（三）创新创业竞争优势的确定

商机市场可以分为新兴的市场和成熟的市场两个方面，前者对应于产品生命周期中的引进阶段和成长阶段，后者则对应成熟阶段和衰退阶段。优势技术按照从跟进到先导，商机市场按照从成熟到新兴分布在连续体上，以优势技术和商机市场作为分类维度，可构建 2×2 的矩阵，以区分四种不同的创新创业企业，如图 2-4 所示。

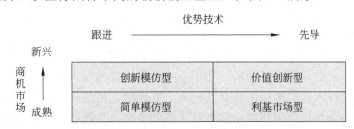

图 2-4　创新创业战略规划制订矩阵

1. 价值创新型企业

价值创新型即技术先导者从事新兴市场。价值创新关注市场的发展趋势，不拘泥于目前已有的技术能力，而是突破传统的界限，着眼于更广阔的新兴市场，使成长空间足够大。这种企业积极主动创造市场，形成自身优势，利用现有技术研制新产品或者利用技术发明和商业化的新技术创造新的行业。技术开发的早期阶段往往存在不同技术和设计的竞争，而竞争的关键就是要拥有可以生产产品或服务的技术和知识。技术密集型行业尤其是信息技术行业最明显的特点就是先进技术于其他产品、企业或者研发机构竞争中的重要地位。价值创新者通过积极参与国际化竞争，可以使它们独一无二的技术成为新兴行业的主流设计、主导标准，甚至行业规范。创新者的成功不仅需要企业保持其行业先入者优势，而且要具备竞争性强的新技术，同时还要与竞争对手的进入时期相关联。

2. 利基市场型企业

利基市场型即技术先导者从事成熟的市场。由于标准化产品和大规模生产与竞争程度的加剧，典型的竞争已经转变成以价格为基础的方式。市场新进者可能具有充足的资本和完备的设备，而只有少数企业能够以低成本和大规模的生产占据市场的主导地位，并能够设置较高的进入障碍来维持自身的地位。但是这些企业并不能够用大规模标准化生产的产品和服务来满足所有消费者的需求。如果企业在某一方面具有专长，就可以运用技术的差异性，紧紧瞄准非常小的、细分的利基市场，在独特的产品和服务方面寻求较高收益。因为市场领先企业没有动力关注那些成长慢、规模小和吸引力低的市场，而且也没有技术能力提供特殊的产品来满足消费者特殊的需求，加之市场竞争提升了为某些领域提供产品的技术能力，因而那些具有独特技术的企业就具有了商机。

3. 创新模仿型企业

创新模仿型即技术跟进者从事新兴的市场。对所有企业而言，在开发新产品和进入新市场的过程中，技术和市场的不确定性普遍存在，并会带来不可避免的风险。如果企业能够减少这两个风险中的一个，那么它就拥有比其他企业更诱人的市场商机。当企业学习模仿先导者的方法，运用已经被其他企业论证和广泛使用的技术而且以其为基础进行改进，它就能够减少在研究开发投资中技术的不确定性，并可以运用其他企业的产品和技术在国内形成一个新的市场或者产业。市场领袖大多并非原来的率先创新者，而更多的恰恰是创新模仿者，它们可以通过利用或者调整在全球处于先进水平的技术和产品而获益。

4. 简单模仿型企业

简单模仿型即技术跟进者从事成熟市场。这种类型代表了一些传统企业进入现有的处于成熟期甚至衰退期的产品市场，它们并不愿意把资源投入研发活动中，而是模仿竞争者的产品或者技术。简单模仿具有低投入、低风险、市场适应性强的特点，但是技术开发的被动模仿会在自主创新的高潮中处于不利地位，长此以往使自身丧失有利于创新的技术能力。

第二节 创新创业企业战略环境分析

一、创新创业宏观环境分析

宏观环境也称为一般环境，是指对所有企业都产生影响的各种因素和力量的总和。一般来讲，宏观环境对企业产生影响的持续时间较长。宏观环境主要包括政治环境、经济环境、社会文化环境、技术环境四个方面。以下将分别阐述宏观环境的四个方面。

1. 政治环境

政治环境是指企业所处国家和地区的环境，一般包括企业所在国家和地区的法律法规和法律体系的完备情况，所在国家和地区加入的政治联盟及政治联盟中约定的对相关企业所处行业产生影响的条款，以及政府的宏观产业政策等。一般来讲，企业所处的政治环境是稳定的，但由于有些国家可能处于政治过渡阶段，政治环境会表现较大的不稳定性，甚至会出现宏观产业制度的空缺，从而使政治环境的复杂性大大提高。

2. 经济环境

经济环境是对企业产生最直接影响的宏观环境构成要素。经济环境对企业产生的影响可以分为两类：一是对企业发展空间和发展速度的影响；二是对企业经营成本和盈利水平的影响。一般来讲，政府对企业所处行业的宏观管理程度越深，管理手段越行政化，经济环境对企业的影响也就越大。企业的经济环境是一个动态系统，其构成要素包括经济结构、经济发展水平、经济体制和经济政策。

3. 社会文化环境

社会文化环境主要通过两个方面影响企业：一是企业产品消费者的总数和分布、消费者的价值观和生活方式，这些会影响他们对企业的态度；二是企业内部员工的价值观和工作态度，这些会影响企业的士气。社会文化环境的变化往往不易被企业察觉，但是现代社会文化环境的概念已经提出了对企业社会责任的要求，企业不再仅仅作为营利性经济组织而存在，而是对自然、社会、经济协调、持续发展负有重大责任的组织。企业的社会责任主要包括国民教育、环境保护、提供就业机会和消费者利益保护等社会问题。

4. 技术环境

技术环境对企业的影响有直接影响和间接影响。技术环境对企业的直接影响主要表现在技术进步对企业生产力、产品发展速度等企业经营要素的改变上；技术环境对企业的间接影响则表现在由技术对个人消费观念和消费习惯的影响所引起的对企业产品要求的改变上。一般来讲，技术环境对企业的影响是有一个累积过程的，但是企业所处行业以及相关上下游企业的重大技术突破会对企业产生全面的、巨大的影响，从而从根本上改变企业的活动方式。例如，近年来信息技术的发展和产业化，不但促使形成了一批新的高科技产业，改变了传统制造业与服务业的概念，还促进了传统企业的改造和技术革新，引起了企业价值链结构的根本性调整。技术环境的构成要素包括技术水平、技术发展趋势、技术对所处产业的影响以及技术对企业信息化的影响四个方面。

二、创新创业行业环境分析

行业环境是指对处于同一产业内的企业产生影响的外部环境因素。行业环境只对处于该产业内的企业，以及与该产业存在业务关系的企业产生影响。行业环境的主要构成要素包括产业寿命、市场结构、市场需求和产业中的战略群体四个方面。

（一）产业寿命

产业寿命是指产业从诞生到完全退出社会活动所经历的时间。产业寿命周期主要分为四个阶段：投入期、成长期、成熟期和衰退期。只有了解产业目前所处的寿命周期阶段，才能决定企业在某一产业中是进入、维持还是退出。

一项新的决策必须准确把握产业的寿命周期，才能最大限度地指导企业生产经营。产业寿命周期的构成要素主要包括市场增长率、产品品种、竞争者数量，以及进入与退出壁垒、用户购买行为等。

（二）市场结构

在不同的市场结构中，企业的竞争具有不同的特征，而同样的竞争手段在不同的市场结构中也会产生不同的反应，获得不同的效果。因此，企业必须分析所在市场属于何种结构，并有针对性地采取有效的竞争手段。市场结构问题从本质上说是反映一个市场中各个企业之间的竞争关系，其划分标准包括市场中买卖者的数量、产品的同质性、市场进入的难易程度、信息的完全性等。

（三）市场需求

市场需求状况是企业进行市场分析的重要要素，之前介绍的关于产品寿命要素中已经涉及在产品寿命周期的不同阶段中产品需求的大小，但是研究市场需求还应当考虑更多的层面。影响市场需求的主要因素有产品价格、消费者收入水平、相关产品价格、消费者偏好等。此外，消费者的产品需求总量还取决于市场上消费者的数量。

（四）战略群体

行业环境的最后一个重要方面是确定产业内所有主要竞争对手的战略各方面的特征。一个战略群体是指某一产业在某一战略方面由采用相同或相似战略的各公司组成的集团。如果产业中所有公司基本上认同了相同的战略，则该产业中就只有一个战略群体。一般来说，在一个产业中仅有几个群体，它们采用特征完全不同的战略。

三、创新创业企业内部环境分析

所谓企业内部环境要素，是指企业能够加以控制的因素。内部环境要素是最能反映企业的基本能力和约束条件的，它能使本企业区别于其他企业，能影响企业的战略决策。

提斯（Teece）等人在 1997 年提出了动力能力理论，该理论把企业内部要素分为四个层次：①企业购买生产要素和获得公共知识；②企业的专有资产，如商业秘方、特殊工艺，融入了企业的无形知识，难以复制模仿；③企业的能力，将企业的生产要素和专有资产有机整合起来的组织管理和管理活动，这些是企业在长期生产经营中形成并固定下来的专有活动；④对激烈变化的外部环境，企业必须具备不断创新的能力。依据该理论的基本思想，本书将从企业资源和企业能力两个视角来阐述企业的内部环境要素。

（一）企业资源

企业目标的实现以企业所支配的资源为基础，扩大企业所能够支配的资源是所有企业的一个重要战略目标，因此，我们首先应从企业资源的视角出发来研究企业的内部环境要素。本书给出的企业资源的定义是：企业资源是指企业可以全部或者部分利用的，能对企业生产经营产生作用的要素的集合。按照企业资源存在的形态，我们可以把企业资源划分为有形资源和无形资源。

1. 有形资源

有形资源是指可见的、能量化的资产。有形资源容易被识别，而且容易估计其价值。有形资源主要包括四类：财务资源、组织资源、物质资源和人力资源。以下将分别探讨各类资源的构成要素。

1）财务资源

财务资源是指企业生产经营所需的各类资金，包括资本金、留存利润、盈余公积金和借入资金等。企业财务管理的主要任务是管理资金，即保证企业有效的资金来源、资金运用和资金控制，因此财务资源中的战略要素就必须反映以上主要任务。这样，财务资源的主要要素就包括企业的现金流动、债务水平及盈利状况、企业资本结构的状态、企业与银行的信贷关系等。

2）组织资源

企业的组织资源是指企业的组织结构，以及企业的计划、控制和协调系统。组织资源主要包含以下要素：企业管理组织的结构、企业管理组织的效率和企业管理组织的合理性。

3）物质资源

企业的物质资源是企业生产经营的物质基础，主要包括企业设备与设备的规模、维修状况，企业土地和建筑物，原材料与能源的供应情况等。物质资源决定了企业的生产成本、产品质量和生产能力，其构成要素主要有企业的固定资产价值、设备寿命、设备的先进程度、企业规模等。

4）人力资源

现代管理学认为，人力资源是企业最重要的资源，它同时具备了有形资源与无形资源的特性：一方面作为生物体的人是有形的；另一方面蕴含于人身上的知识、智慧、技能、感染和号召力是无形的。本书将其划入有形资源。企业的人力资源能够反映员工的专业知识、员工接受培训的程度、员工的适应能力与忠诚度、员工的学习能力等，其构成要素主要包括员工的数量、知识结构、平均技术等级、专业资格与培训情况等。

2. 无形资源

无形资源是指那些不容易辨识和量化，且不易被竞争对手模仿的企业资源。企业员工所掌握的知识技能、企业的专利和商标、管理制度、产品和服务的声誉、客户关系、企业文化等都可以归为企业的无形资源。企业的成功越来越依赖于企业所具有的无形资源，无形资源的价值尤其体现在产品质量和服务对潜在利益的影响并不明显的行业。这种无形资源不仅使企业的产品和服务容易被消费者接受，在同样的质量下可以卖出较高的价格，获得较高的利润，而且会使企业在融资和一些对外活动中得到方便和优惠。

（二）企业能力

企业能力是指企业整合资源的技能。一般而言，资源本身并不能产生竞争能力和竞争优势，竞争能力和竞争优势源于企业对自身资源的整合。明确企业能力，可以识别企业的优势和劣势，从而使企业制定的战略建立在切实可靠的基础上。企业能力可以划分为基本能力和综合能力。

企业的基本能力包括其生产经营所必需的各项职能：营销能力、财务能力、管理组织能力、研发能力、制造和生产能力等。企业的综合能力包括学习能力、创新能力、战略整合能力等跨职能部门的能力。企业能力的类型与要素如表 2-1 所示。

表 2-1　企业能力的类型与要素

项　目	企业能力类型	企业能力所包含的要素
基本能力	营销能力	市场意识 市场定位 分销物流体系
	财务能力	财务管理体制 现金流 偿付能力
	人力资源	员工培训 激励体制
	管理组织能力	管理气氛 组织运行 战略管理水平
	研发能力	产品革新 工艺技术改进
	制造和生产能力	制造速度 制造精密性 制造的复杂程度
综合能力	学习能力	商务电子化 鼓励个人学习的氛围 作为整体的企业能够通过实践进行学习的能力
	创新能力	创新的氛围 创新的方法
	战略整合能力	市场驱动与顾客和供应商的关系 战略氛围 组织结构 企业文化与在恰当的时候企业文化变革的能力

四、战略环境构成要素的特征

构建企业的战略环境分析结构模型就要认识战略环境构成要素的特征，以下将分别讨论外部环境和内部环境构成要素的特征。

（一）外部环境构成要素的特征

能正确地认识环境特征和发展规律，战略能适应环境要求的企业，就有可能更多地利用环境中的机会，更好地规避环境中的威胁。宏观环境要素的特征如下。

（1）不确定性。一切战略环境要素的最基本特征就是具有不确定性，这种不确定性表现在变化性和复杂性两个方面。外部环境要素的复杂程度，可以用环境要素数量的多少和企业决策者对环境要素认识的好坏程度来衡量。环境要素越多，企业决策者对外部环境要素的认识程度越差，外部环境的复杂程度就越高，不确定性程度也就越高。

（2）不可控制性。不可控制性是指单个企业对宏观环境无法产生影响，企业是宏观环境的被动接受体。例如，政府出台的法律法规与产业政策、新技术的产生、经济持续稳步的发展、消费者购买力的增强等因素都不会受来自某一企业的影响。此外，企业对于宏观环境预测的精确度受环境变化速度和复杂性程度的影响，而可供预测的环境条件很少，企业的行动最终还是受宏观环境的支配。因此，企业在制定战略决策时需要尽可能准确地估计宏观环境的变化规律，从而使选定的战略方案能够适应企业所处环境的要求。

（3）宏观环境要素的变动对处于该环境中企业的影响是不尽相同的。虽然其提供的机会和设置的约束将作用于所有企业，但是由于企业间资源和能力的差距使同一环境要素的变化对不同企业会产生不同的影响。例如，政府出台相应法律法规加大对企业知识产权的保护力度，这样那些原本具有自主知识产权的企业就可能从中受益，而不具有自主知识产权的企业将受到一定的威胁。此外，同样的机会对不同规模的企业来讲，机会的大小也是不同的。例如，政府出台产业政策推动企业所处行业的发展，这样原始规模大的企业对于机会的把握程度就要更大一些，在这种情况下，原有规模小的企业所占的市场份额则有可能进一步缩减。

（4）宏观环境要素间是互相关联的，某一外部环境要素的变动，往往会引起其他的环境要素的一系列反应。例如，在企业所处的宏观环境中，政府重视企业所处行业的发展，可能通过出台相关促进产业发展的政策或者通过直接加大政府采购等手段，这一政治环境要素的变动会加速企业原有技术水平的提高和技术革新的速度，而技术水平的提高可以使产品质量得到提高，同时也可以提升企业的社会形象，诸如此类的要素之间的关联广泛存在宏观环境各个要素之间。

产业环境具备宏观环境要素的特征，但是产业环境只对处于某一特定产业内的企业，以及与该产业存在业务关系的企业发生影响。这样产业环境与企业之间存在的相互影响、相互依赖的关系使产业环境在影响企业的同时，也不断地、明显地受企业的影响。

（二）内部环境构成要素的特征

对企业内部环境进行分析的主要目的不是列出企业内部环境中各个要素的数目、种类和品质清单，而是分析和判定企业的资源与能力优势及劣势所在，进而确定形成企业核心能力和竞争优势的关键内部要素。企业的内部环境要素具有自身的特征。

（1）企业内部环境构成要素具有的最基本的特性就是不确定性。内部环境要素数量越多，关系越复杂，内部环境要素的不确定性也就越高。这种不确定性主要反映在评价企业内部各个要素对于抓住外部机会，规避外部威胁的贡献值的过程中。

（2）企业内部环境要素的另一个基本特征就是，内部要素对企业而言是企业可控制的。无论是有形的资源，还是无形的资源，企业都可以对其控制的资源进行合理配置，也可以根据需要来拓展其自身某方面的能力。这样我们就可以通过分析企业的资源和能力，明确企业的优势和劣势。

（3）从企业内部的角度出发，企业所控制的资源和所具备的能力是一个系统的有机整体，各种内部环境要素相互关联、相互影响。例如，企业在财务资源和人力资源方面的优势，会给其提高生产能力提供有利条件。企业内部环境要素间的相互关联与影响使其不确定性大大提高。

第三节　创新创业战略规划的内容

一、愿景、使命和价值观

（一）企业愿景

1. 企业愿景的概念

企业愿景是企业战略发展的重要组成部分。顾名思义，企业愿景是指：根据企业现有阶段经营与管理发展的需要，对企业未来发展方向的一种期望、一种预测、一种定位，并通过市场的效应，及时有效地整合企业内外信息渠道和资源渠道，以此来规划和制定企业未来的发展方向、企业的核心价值、企业的原则、企业的精神、企业的信条等抽象的观念或姿态，以及企业的使命、存在意义、经营方针、事业领域、核心竞争力、行为方针、执行力度等细微的工作，从而让企业的全体员工及时有效地通晓企业愿景赋予的使命和责任，使企业在计划—实行—评价—反馈的循环过程中，不断地增强自身解决问题的力度和强度。

愿景是描绘企业期望成为什么样子的一幅图景，从广义上讲，就是企业最终想实现什么。因此，愿景清晰地描述了企业的理想状况，使企业的未来更加具体化。换言之，愿景指明了企业在未来想要前进的方向。愿景是一幅充满激情的"巨大的画面"，帮助企业员工意识到在企业中他们应该去做的事情。如果企业的愿景简单、积极并充满感情，人们就能够意识到他们将要做什么，但是一个好的愿景也会给人以压力和挑战。

2. 企业愿景的内容

企业愿景是企业未来的目标、存在的意义，也是企业之根本所在。它回答的是企业为什么要存在，对社会有何贡献，它未来的发展是个什么样子等根本性的问题。一般来讲，企业的愿景通常包含四个方面的内容：①使整个人类社会受惠受益。例如，有些企业的愿景就表达出企业的存在就是要为社会创造某种价值。②实现企业的繁荣昌盛。例如，美国航空公司提出要做"全球的领导者"，这就是谋求企业的繁荣昌盛。③员工能够敬业乐业。④使客户心满意足。客户满意是最基础的愿景，因为客户是企业成功最重要的因素，如果客户对企业的愿景不能认同，那么愿景也就失去了意义。

3. 企业愿景的效用

科林斯和帕里斯在其著作中将企业划分为两种类型：一种是有明确的企业愿景，并成功地将它扎根于员工之中的企业，这些大多是排在世界前列的广受尊敬的企业；另一种类型的企业认为只要增加销售额便万事大吉，而没有明确的企业愿景，或企业愿景没有扩散到整个企业，这些企业绝不可能位居世界前列。只有具备全体员工共同拥有的企业愿景，这个企业才有了成长为优秀企业的基础。在当今的企业活动中，企业愿景的效用主要体现在以下六个方面。

1）提升企业的存在价值

企业愿景的终极目标就是将企业的存在价值提升到极限。企业的存在价值是企业本质的存在理由和信念。这不同于财务报表上的利润或"近视"（Myopia）的期望值。传统观念认为，企业的存在价值在于，它是实现人类社会幸福的手段与工具，是在促进全社会幸福和寻找新的财富来源的过程中创造出来的。近来由于企业价值观经历全球化和信息时代的变革，企业愿景的概念范围也随之扩大。在以往那些企业活动的基础上增加了与全球自然环境共生和对国际社会的责任与贡献等内容，使企业存在价值这一概念更加完整。在先进企业的经营活动中，我们很容易发现优秀企业愿景的例子。如"重视实际和价值"的 GE 的理念，"强调人类健康信条"的 J&J 公司的理念，"尊重革新和创意"的 3M 公司的理念，"强调持续革新和改善"的摩托罗拉公司理念等。

企业愿景涵盖的意义分为三个不同层次：企业对社会的价值处在愿景的最高层，中层是企业的经营领域和目标，下层是员工的行动准则或实务指南。企业对人类社会的贡献和价值是企业赖以存在的根本理由，也是其奋斗的方向，它是最高层次的企业愿景，具有最高的效力；企业的经营领域和目标是低一层次的概念，是指企业实现价值的途径和方式；行为准则和实务指南是在这个过程中应该遵循的经济和道德准则。愿景所处的层次越高，具有的效力就更大，延续的时间就更长。

2）协调利害关系者

对一个特定的组织来说，利害关系者通常是指那些与组织有利益关系的个人或者群体。弗里曼认为，利害关系者就是指"能够影响组织任务的完成或者受组织任务的实现影响的群体或者个人"。如果组织忽略了某个或者某些能够对组织产生影响的群体或者个人，就有可能导致经营失败。

正像利害关系者会受企业的决策、行动的影响一样，这些利害关系者也会影响该企业的决策、行动，两者之间存在双向的影响和作用力。实质上，企业与利害关系者之间是一种互动的共生关系。企业在制定企业愿景时，必须界定利害关系者的类型、它们的利益诉求以及相应的策略。如何识别各种各样的利害关系者，并通过企业愿景加以反映和协调，是企业高层管理人员的重要任务。如果利害关系者的利益不能在愿景中得到尊重和体现，就无法使他们对企业的主张和做法产生认同，企业也无法找到能对他们施加有效影响的方式。比如，一家化工企业如果只是以盈利为目标而没有将环保责任融入愿景，必将遭到环保组织、当地社区甚至消费者的抵制。

3）整合个人愿景

现代社会的员工特别是知识员工非常注重个人的职业生涯规划，都会描述自己未来的个人愿景。要使企业员工都自觉、积极地投入企业活动中，就需要有企业愿景来整合员工的个人愿景。

一般而言，与西方的先进企业相比，中国企业很少用明确的企业愿景或行动指南指导员工并贯彻到实践当中。这是因为中国企业往往把企业愿景理解为企业宗旨、企业文化、企业精神、信条等抽象的概念或形态，并不明确企业的使命、存在意义、经营方针、事业领域、行动指南，并且看重"人和""诚实"等过于含蓄的、非规定性的潜意识力量。

而国外企业极其重视企业愿景的具体化、明确化，强调对个人愿景的引导和融合。因为它们要融合不同民族、文化等异质要素去完成共同的目标。

在现代社会，企业不能仅仅从经济代价或交换的角度去理解个人和企业的关系。相对于经济利益，员工往往更加重视自我价值的实现和个人能力的提升。企业在制定愿景的时候，应当激发员工的自觉参与意识，理解和尊重员工的个人愿景并将他们恰当地融入企业共同愿景当中。通过这种方式产生的企业愿景能够获得员工的认同和响应，因为他们在充分发挥个人能力达成企业共同愿景的同时能够实现自我。

企业愿景还能收到软约束的效果。众多的中国企业由于治理制度的缺陷，无法对其经理人形成有效的制约，经理人经常利用制度的缺陷牟取个人私利。但如果企业愿景融合了经理人的个人愿景，个人利益和企业利益之间就能形成长期意义上的一致性，企业变成了帮助他们实现自我价值的平台，企业愿景就能对经理人员发挥无形的制约作用。

4）应对企业危机

在动态竞争条件下，环境的关键要素复杂多变且具有很大的随机性。企业的生存时刻面临极大挑战，处理不慎就可能演变为致命危机。

企业应对危机、摆脱困境迫切需要愿景，明确的企业愿景是动态竞争条件下企业应对危机的必要条件和准则。一方面，企业不能停留于简单的刺激—反应模式，只顾着埋头救火而忘记了抽出时间进行长远规划的必要。如果以未来的不可预测性或情况紧急为托词而不去明确企业愿景，只是在危机到来时被动应付，那么即使能勉强渡过难关，最终也会因迷失方向而无所适从。另一方面，已经拥有愿景的企业在制订危机处理方案时，必须努力遵循源于经济理论、社会道德的企业愿景。必须从企业愿景出发寻找行动方案，考虑所采取的行动是不是与企业一贯的方针和自身承担的使命与社会责任相一致。以愿景为危机处理的基准才能保证企业的长远利益和社会认同。

企业愿景还有可能将危机转化为机遇。本质上，所谓机遇，是指同企业环境建立良好的、建设性的互动关系；而危机常以某种方式出现，迫使企业必须处理环境的问题，否则就会在财务、公众形象或者社会地位方面受到损害。但是危机如果处理得当，就可能转变为企业的机遇。世界上成功的企业在面对危机时，往往为了保证愿景的贯彻而不惜牺牲巨大的当前利益，这些负责任的举动为它们赢得了广泛的尊重，无形中提升了企业形象，提高了在消费者心目中的地位，这些都为以后的市场开拓提供了便利。

5）累积企业的努力

企业的现状是日积月累努力的最终结果，而企业愿景就是有选择地、高效地累积这些努力的关键手段。愿景是企业有能力实现的梦想，也是全体员工共同的梦想。愿景能描绘企业将来的形态，引导企业资源投入的方向。企业如果有愿景，就可以一直朝相同的方向前进，在追求短期目标的同时，也可以为中、长期目标的实现奠定基础。共同愿景还能让每一个人的努力产生累积的效果。

企业没有愿景，就会分散力量，也会导致经营上的问题，即使短期内有不错的业绩，也会因为与长期目标不够一致，使各种力量互相抵消。不论是现在的事业还是新事业，都是为了达成企业愿景，反过来说，企业有了愿景，才有新事业诞生。在动态竞争中，环境要素复杂多变，拥有愿景的企业可以在别人还未看见、尚无感觉的时候，开始对未来做规划和准备。经过长时间努力，当市场机会出现时，企业已经备妥所有的竞争力，从而占据竞争的主动，赢得先动者优势。相反，企业如果没有愿景，只是看着别人的做法亦步亦趋，终究要因为累积的时滞而被淘汰。

6）增强知识竞争力

当前企业愿景受重视的另一个理由是组织知识、应变能力等"知识竞争力"作为企业竞争力要素开始受到广泛关注。这些要素的作用发挥取决于企业愿景这种基于知识资源的管理体系的建立。

传统观念的企业竞争力是由产品或服务的生产能力、销售能力、资本的调配和运营能力等与企业利润直接相关的要素决定的。但随着近来企业活动领域的巨大变化，企业开始重新审视竞争力的来源，组织知识和应变能力受到广泛关注。而企业愿景有助于知识和能力的获取及其作用的发挥。

许多学者把企业组织看作知识主体，而把它的知识创造力看作企业应当追求的竞争力要素。组织知识是企业多年以来周而复始地开发、应用、总结而形成的，是以往采取的众多战略步骤的结果，存在一种路径依赖性。路径依赖性越高，越不易被对手所模仿，企业的竞争优势就能更长久。企业如能制定明确的、长期的愿景，保持战略的稳定性和连续性，并保证一切战略战术行动均围绕愿景而展开，就能使组织拥有长期的战略积淀和深厚的文化底蕴，提高其路径依赖性，增强对手模仿的难度。

在动态竞争条件下，如果不能创造性地、柔韧地应对环境变化，企业本身的生存发展就会出现问题。一般认为，组织取决于战略，战略的张力和柔性决定着组织的灵活程度与应变能力。而企业愿景是战略规划的最终目的和根本依据，其长期性和预见性提供了规避风险的线索。科学明确的愿景决定企业战略的选择范围，在保证战略方向正确性的同时留有回旋的余地，提升企业的应变能力。

（二）企业使命

1. 企业使命的概念

所谓企业使命，是指企业在社会经济发展中所应担当的角色和责任，是指企业的根本性质和存在的理由。它说明企业的经营领域，表达企业的经营思想，为企业目标的确立与战略的制定提供依据。

简单地理解，企业使命应该包含以下含义。

（1）企业的使命实际上就是企业存在的原因或者理由，也就是说，是企业生存的目的定位。不论这种原因或者理由是"提供某种产品或者服务"，还是"满足某种需要"或者"承担某个不可或缺的责任"，如果一个企业找不到合理的原因或者存在的原因连自己都不明确，或者连自己都不能有效说服，企业的经营问题就大了，也许可以说这个企业"已经没有存在的必要了"。就像人一样，经常问问自己"我为什么活着"的道理一样，企业的经营者更应该对此了然于胸。

（2）企业使命是企业生产经营的哲学定位，也就是经营观念。企业确定的使命为企业确立了一个经营的基本指导思想、原则、方向、经营哲学等，它不是企业具体的战略目标，或者是抽象地存在，不一定表述为文字，但影响经营者的决策和思维。这中间包含了企业经营的哲学定位、价值观凸显及企业的形象定位：我们经营的指导思想是什么？我们如何认识我们的事业？我们如何看待和评价市场、顾客、员工、伙伴与对手？等等。

（3）企业使命是企业生产经营的形象定位。它反映了企业试图为自己树立的形象，诸如"我们是一个愿意承担责任的企业""我们是一个健康成长的企业""我们是一个在技术上卓有成就的企业"等，在明确的形象定位指导下，企业的经营活动就会始终向公众昭示这一点，而不会"朝三暮四"。

2. 企业使命的内容

使命就是公司存在的理由。使命是公司事业的价值取向和事业定位，它指明了公司对经济和社会应做出什么贡献。使命代表公司的目的、方向、责任，规定公司的发展目的、发展方向、奋斗目标、基本任务和指导原则。

（1）关于企业性质的确定。这是指企业从事何种经营事业，在哪一个或哪几个经营事业领域从事经营活动所做出的选择，实际上就是对企业的行业和为之服务的市场定位进行决策。

（2）关于企业成长方向的选择。企业因种种因素须考虑研究进入新的经营领域和新的市场，究竟进入哪个或哪些新的领域，进入哪个或哪些新的市场，这就应做出决策。

（3）关于经营目的的确定。企业作为一个经济组织，一般有三个经济性目的，即长期生存、持续发展、获得盈利。这三个目的有时会发生矛盾，所以，企业对这三个目的的关系需要妥善地安排和恰当地处理。

（4）关于企业经营哲学的选择。企业经营哲学是指企业在从事生产经营活动中所特有的基本信念、价值观念和行为准则。其内涵就是企业经营者有广大员工的世界观和方法论。

（5）关于企业经营方针的选择。企业经营方针是指企业为贯彻战略思想和实现战略目	标，突出战略重点所确定的基本原则、指导方略和行动指针。经营方针是企业经营哲学的具体反映，是企业宗旨的表达方式。

（6）关于企业社会责任的确定。企业向市场、顾客提供产品和服务，这是企业应对社会承担的首要责任；同时企业还承担着保护消费者权益，保护生态环境，治理"三废"，提供新的就业机会的职责，从而为社区的公益事业在力所能及的条件下做出一定的贡献。

3. 企业使命的制定

使命感和责任感是个人与组织建功立业的强大动力，也是古往今来能成就伟大事业的共同特征。很多公司都有自己的使命，可同样很多公司的使命都没有转化为公司的自觉行为，没有成为凝聚公司全体成员的感召和动力。原因是多方面的，其中有两个主要方面：一个是公司使命的合理性；另一个是公司的使命是否真诚。

（1）公司使命的合理性问题。使命不是随便任意写的，看看大多数公司的使命，大部分都是些主观口号性的东西。使命的确立有其方法，但现在的管理教材在谈到公司使命的重要性时，都只谈使命的重要性，或用一些公司的使命陈述作为案例，没有讲述如何去确定适合公司的正确而合理的使命。

使命的形成是在主体和环境之间展开的，目的是要解决主体意愿和环境可能之间的矛盾，解决其可能性的问题，包括机会利用的可能性和机会实现的可能性。机会利用的可能涉及环境的供需情况，机会实现的可能性涉及主体的利益包容情况。通过对各类信息的综合分析，了解需求的容许范畴，并对其做出可用与否和能用与否的检验，明确什么时间、什么空间、哪部分人群、干什么事最有意义、最符合客观环境的核心条件。只有既可用（物质性）又能用（能动性）的机会，才是切实的。由此形成的客体使命可能，才有实际意义。使命反映的是组织应当而且可以负有的重大社会责任。只有是组织能胜任而又能被环境所接纳的重大社会责任才形成组织的使命可能。使命要有针对性。使命不是一成不变的，它是一个历史的范畴、动态的概念，在不同时期有不同的内涵。

（2）使命是否真诚的问题。使命是发自组织内心的，是一种自觉的意识。而现在很多公司的使命是写给客户、员工和社会看的，只是为了装饰，不是老板或高层自觉的意识和行为，是虚假的使命，所以起不到应有的作用。

一个公司的使命必须是组织能胜任而又能被环境所接纳的，这样的使命才是合理的，使命要符合所选择事业发展的趋势，而且使命的确立本身是自觉的、真诚的，并且公司所有的行为都是围绕公司的使命进行的，这样才能被客户、员工和社会所认可接纳，才能激励公司的员工为实现其使命而奋斗。

（三）企业价值观

1. 企业价值观的概念

企业价值观是指企业及其员工的价值取向，是指企业在追求经营成功过程中所推崇的基本信念和奉行的目标。从哲学上说，价值观是关于对象对主体有用性的一种观念。而企业价值观是企业全体或多数员工一致赞同的关于企业意义的终极判断。简言之，企业的价值观就是企业决策者对企业性质、目标、经营方式的取向所做出的选择，是被员工所能接受的共同观念。

价值观是企业文化的核心。菲利浦·塞尔日利克说："一个组织的建立，是靠决策者对价值观念的执着，也就是决策者在决定企业的性质、特殊目标、经营方式和角色时所做的选择。通常这些价值观并没有形成文字，也可能不是有意形成的。不论如何，组织中的领导者，必须善于推动、保护这些价值，若是只注意守成，那是会失败的。总之，组织的生存，其实就是价值观的维系，以及大家对价值观的认同。"所以，企业价值观包含四个方面的内涵：①它是判断善恶的标准；②核心价值观是这个群体对事业和目标的认同，尤其是认同企业的追求和愿景；③在这种认同的基础上形成对目标的追求；④形成一种共同的境界。企业价值观建设的成败，决定着企业的生死存亡。因而，成功的企业都很注重企业价值观的建设，并要求员工自觉推崇与传播本企业的价值观。为了让企业员工了解企业的价值观，价值观应该用具体的语言表示出来，而不应该用抽象难懂、过于一般化的语言来表示。

在西方企业的发展过程中，企业价值观经历了多种形态的演变，其中最大利润价值观、经营管理价值观和社会互利价值观是比较典型的企业价值观，分别代表了三个不同历史时期西方企业的基本信念和价值取向。最大利润价值观，是指企业全部管理决策和行动都围绕获取最大利润这一标准来评价企业经营的好坏。经营管理价值观，是指企业在规模扩大、组织复杂、投资巨额而投资者分散的条件下，管理者受投资者的委托，从事经营管理而形成的价值观。一般地说，除了尽可能地为投资者获利以外，经营管理价值观还非常注重企业人员的自身价值的实现。社会互利价值观，是 20 世纪 70 年代兴起的一种西方社会的企业价值观，它要求在确定企业利润水平的时候，把员工、企业、社会的利益统筹起来考虑，不能失之偏颇。当代企业价值观的一个最突出的特征就是以人为中心，以关心人、爱护人的人本主义思想为导向。

2. 企业价值观的作用

（1）企业价值观为企业的生存与发展确立了精神支柱。企业价值观是企业领导者与员工据以判断事物的标准，一经确立并成为全体成员的共识，就具有长期的稳定性，甚至成为几代人共同信奉的信念，具有持久的精神支撑力。当个体的价值观与企业价值观一致时，员工就会把为企业工作看作为自己的理想奋斗。企业的发展总会遭遇顺境和坎坷，一个企业如果能使其价值观为全体员工接受，并为之自豪，那么企业就具有了克服各种困难的强大的精神支柱。

（2）企业价值观决定了企业的基本特性。在不同的社会条件或时期，会存在一种被人们认为是最根本、最重要的价值，并以此作为价值判断的基础，其他价值可以通过一定的标准和方法"折算"成这种价值。这种价值被称为"本位价值"。企业作为独立的经济实体和文化共同体，在其内部必然会形成具有本企业特点的本位价值观。这种本位价值观决定着企业的个性，规定着企业的发展方向。例如，一个把利润作为本位价值观的企业，当利润和创新、信誉发生矛盾与冲突时，它会自然地选择前者，使创新和信誉服从利润的需要。

（3）企业价值观对企业及员工行为起到导向和规范作用。企业价值观是企业中占主导地位的管理意识，能够规范企业领导者及员工的行为，使企业员工很容易在具体问题上达成共识，从而大大节省企业运营成本，提高企业的经营效率。企业价值观对企业和员工行为的导向与规范作用，不是通过制度、规章等硬性管理手段实现的，而是通过群体氛围和共同意识引导来实现的。

（4）企业价值观能产生凝聚力，激励员工释放潜能。企业的活力是企业整体力(合力)作用的结果。企业合力越强，所引发的活力也就越强。

3. 企业价值观制定的原则

不同的企业，其价值观最好尽可能使用不同的语言来表示，避免雷同，要做到这点虽然很难，但应努力去做，使价值观能够反映一个企业的基本特征，能够把一个企业的对内对外态度和另一个企业区别开来。企业价值观制定的原则如下。

（1）利益共同体共同参与制定，价值理念应该激励人心。

（2）确保价值理念确实反映了公司的长远目标，注重价值观的关键驱动因素。

（3）在企业价值观中采用能被管理运用的概念和术语，确保使用简单易懂的语言。

（4）找出那些会引起企业价值观朝理想方向转变的行为和惯例，确保企业价值观的各要素能明白无误地转换成行为。

例如，海尔公司把价值观表示为"真诚到永远"，IBM 提出"最佳服务精神"，即把为顾客提供世界上第一流的服务作为最高的价值信念等。

二、战略目标与衡量指标

（一）战略目标

1. 企业战略目标的概念

企业战略目标（strategic objectives），是企业使命和宗旨的具体化与定量化，是企业的奋斗纲领，是衡量企业一切工作是否实现其企业使命的标准，是企业经营战略的核心。

战略目标是对企业战略经营活动预期取得的主要成果的期望值。战略目标是企业宗旨的展开和具体化，是企业宗旨中确认的企业经营目的、社会使命的进一步阐明和界定，也是企业在既定的战略经营领域展开战略经营活动所要达到的水平的具体规定。战略目标与企业其他目标相比，具有以下一些特点。

（1）宏观性。战略目标是一种宏观目标，是对企业全局的一种总体设想，它的着眼点是整体而不是局部。它是从宏观角度对企业未来的一种较为理想的设定。它所提出的是企业整体发展的总任务和总要求。它所规定的是整体发展的根本方向。因此，人们所提出的企业战略目标总是高度概括的。

（2）长期性。战略目标是一种长期目标。它的着眼点是未来和长远。战略目标是关于未来的设想。它所设定的是企业职工通过自己的长期努力奋斗而达到的对现实的一种根本性的改造。战略目标所规定的，是一种长期的发展方向，它所提出的是一种长期的任务，绝不是一蹴而就的，而是要经过企业职工相当长的努力才能够实现的。

（3）相对稳定性。战略目标既然是一种长期目标，那么在其所规定的时间内就应该是相对稳定的。战略目标既然是总方向、总任务，那么它就应该是相对不变的。这样，企业职工的行动才会有一个明确的方向，大家对目标的实现才会树立坚定的信念。当然，强调战略目标的稳定性并不排斥根据客观需要和情况的发展而对战略目标做必要的修正。

（4）全面性。战略目标是一种整体性要求。它虽着眼于未来，但并没有抛弃现在；它虽着眼于全局，但又不排斥局部。科学的战略目标，总是对现实利益与长远利益、局部利益与整体利益的综合反映。科学的战略目标虽然是概括的，但它对人们行动的要求，却是全面的，甚至是相当具体的。

（5）可分性。战略目标具有宏观性、全面性的特点本身就说明它是不可分的。战略目标作为一种总目标、总任务和总要求，是可以分解成某些具体目标、具体任务和具体要求的。这种分解既可以在空间上把总目标分解成一个方面又一个方面的具体目标和具体任务，又可以在时间上把长期目标分解成一个阶段又一个阶段的具体目标和具体任务。人们只有把战略目标分解，才能使其成为可操作性的东西。可以这样说，因为战略目标是可分的，因此才是可实现的。

（6）可接受性。企业战略的实施和评价主要是通过企业内部人员和外部公众来实现的，因此，战略目标必须被他们理解并符合他们的利益。但是，不同的利益集团有着不同的甚至是相互冲突的目标，因此，企业在制定战略时一定要注意协调。一般地，能反映企业使命和功能的战略易于为企业成员所接受。另外，企业的战略表述必须明确。有实际的含义，不至于产生误解，易于被企业成员理解的目标也易于被接受。

（7）可检验性。为了对企业管理的活动进行准确的衡量，战略目标应该是具体的和可以检验的。目标必须明确,应具体地说明将在何时达到何种结果。目标的定量化是使目标具有可检验性的最有效的方法。但是,由于许多目标难以数量化,时间跨度越长、战略层次越高的目标越具有模糊性。此时,应当用定性化的术语来表达其达到的程度,一方面须明确战略目标实现的时间;另一方面须详细说明工作的特点。

(8)可挑战性。目标本身是一种激励力量,特别是当企业目标充分地体现了企业成员的共同利益,使战略大目标和个人小目标很好地结合在一起的时候,就会极大地激发组织成员的工作热情和献身精神。

2. 企业战略目标的内容

战略目标是企业使命和功能的具体化:一方面,有关企业生存的各个部门都需要有目标;另一方面,目标还取决于个别企业的不同战略。因此,企业的战略目标是多元化的,既包括经济目标,又包括非经济目标;既包括定性目标,又包括定量目标。尽管如此,各个企业需要制订目标的领域却是相同的,所有企业的生存都取决于同样的一些因素。德鲁克在《管理实践》一书中提出了八个关键领域的目标。

(1)市场方面的目标。应表明本公司希望达到的市场占有率或在竞争中达到的地位。

(2)技术改进和发展方面的目标。对改进和发展新产品,提供新型服务内容的认知及措施。

(3)提高生产力方面的目标。有效地衡量原材料的利用,最大限度地提高产品的数量和质量。

(4)物资和金融资源方面的目标。获得物质和金融资源的渠道及其有效的利用。

(5)利润方面的目标。用一个或几个经济目标表明希望达到的利润率。

(6)人力资源方面的目标。人力资源的获得、培训和发展,管理人员的培养及其个人才能的发挥。

(7)职工积极性发挥方面的目标。职工激励、报酬等措施。

(8)社会责任方面的目标。注意公司对社会产生的影响。

在企业使命和企业功能定位的基础上,企业战略目标可以按四大内容展开:市场目标、创新目标、盈利目标和社会目标。并且,每一个目标又可以做如下分解。

(1)市场目标。一个企业在制订战略目标时最重要的依据是企业在市场上的相对地位,它常常反映了企业的竞争地位。企业所预期达到的市场地位应该是最优的市场份额,这就要求对顾客、目标市场、产品或服务、销售渠道等做仔细的分析。

① 产品目标。包括产品组合、产品线、产品销量和销售额等。

② 渠道目标。包括纵向渠道目标,即渠道的层次及横向渠道目标,即同一渠道成员的数量和质量目标。

③ 沟通目标。包括广告、营业推广等活动的预算和预算效果。

(2)创新目标。在环境变化加剧、市场竞争激烈的社会里,创新概念受到重视是必然的。创新作为企业的战略目标之一,是使企业获得生存和发展的生机和活力。每一个企业基本上存在三种创新:技术创新、制度创新和管理创新。为树立创新目标,战略制定者一方面必须预计达到市场目标所需的各项创新;另一方面必须对技术进步在企业的各个领域中引起的发展做出评价。

① 制度创新目标。生产的不断发展引起新的企业组织形式的出现。制度创新目标即对企业资源配置方式的改变与创新，使企业适应不断变化的环境和市场。

② 技术创新目标。这一目标将导致新的生产方式的引入，既包括原材料、能源、设备、产品等有形的创新目标，也包括工艺程序的设计、操作方法的改进等无形目标。制订技术创新目标将推动企业乃至整个经济广泛和深刻的发展。

③ 管理创新目标。管理创新涉及经营思路、组织结构、管理风格和手段、管理模式等多方面的内容。管理创新的主要目标是试图设计一套规则和程序以降低交易费用，这一目标的建立是企业不断发展的动力。

（3）盈利目标。这是企业的一个基本目标，企业必须获得经济效益。作为企业生存和发展的必要条件与限制因素，利润既是对企业经营成果的检验，又是企业的风险报酬，也是整个企业乃至整个社会发展的资金来源。盈利目标的达成取决于企业的资源配置效率及利用效率，包括人力资源、生产资源、资本资源的投入—产出目标。

① 生产资源目标。在通常情况下，企业通过改进投入与产出的关系就可以获利。一方面，提高每个投入单位的产量；另一方面，在单位产量不变的情况下，成本的降低同时也意味着利润降增加。

② 人力资源目标。人力资源素质的提高能使企业的生产率得以提高，同时还能减少由于人员流动造成的成本开文。因此，企业的战略目标应包括人力资源素质的提高、良好的人际关系的建立等目标。

③ 资本资源目标。达成企业盈利目标同样还需要在资金的来源及运用方面制订各种目标：一方面，确定合理的资本结构并尽量减少资本成本；另一方面，则通过资金、资产的运作来获得利润。

（4）社会目标。现代企业越来越认识到了自己对用户及社会的责任，一方面，企业必须对本组织造成的社会影响负责；另一方面，企业还必须承担解决社会问题的部分责任。企业日益关心并注意良好的社会形象，既为自己的产品或服务争得信誉，又促进组织本身获得认同。企业的社会目标反映了企业对社会的贡献程度，如环境保护、节约能源、参与社会活动、支持社会福利事业和地区建设活动等。

① 公共关系目标。这一目标的着眼点在于企业形象。企业文化的建设通常以公众满意度和社会知名度为保证。

② 社会责任目标。常常是指企业在处理和解决社会问题时应该或可能做什么，如在对待环境保护、社区问题、公益事业时所扮演的角色和所发挥的作用。

③ 政府关系目标。企业作为纳税人支持政府机构的运作；同时，政府对企业的制约和指导作用也是显而易见的。这一目标的达成往往会给企业带来无形的竞争优势。

在实际中，由于企业性质的不同，企业发展阶段的不同，战略目标体系中的重点目标也大相径庭。同一层次战略目标之间必然有先导目标。

（二）战略目标的衡量指标

企业战略目标的指标体系大致可以分成两类。第一类是用来满足企业生存和发展所需要的项目目标，这些目标项目又可以分解成业绩目标和能力目标两类。业绩目标主要包括收益性、成长性和稳定性指标三类定量指标。能力目标主要包括企业综合能力、研究开发能力指标、生产制造能力指标、市场营销能力指标、人事组织能力指标和财务管理能力指标等一些定性指标和定量指标。第二类是用来满足与企业有利益关系的各个社会群体所要求的目标。与企业利益关系的社会群体主要有顾客、股东、企业职工、所在社区及其他社会群体。具体如表 2-2 所示。

表 2-2   企业战略目标衡量指标体系

分 类	目 标 项 目	指 标 构 成
业绩目标	收益性	资本利润率、销售利润率、资本周转率
	成长性	销售额成长率、市场占有率、利润增长率
	稳定性	自有资本率、附加价值增长率、盈亏平衡点
能力目标	综合能力	战略决策能力、集团组织能力、企业文化、商标品牌
	研究开发能力	新产品比率、技术创新能力、专利数量
	生产制造能力	生产能力、质量水平、合同执行率、成本降低率
	市场营销能力	推销能力、市场开发能力、服务水平
	人事组织能力	职工稳定率、员工学历、技术水平、职位合理配置
	财务管理能力	资金筹集能力、资金运用效率
社会贡献目标	顾客	产品质量、产品价格、服务水平
	股东	分红率、股票价格、股票收益率
	企业职工	工资水平、职工福利、能力开发
	社区及其他社会群体	公害防治、利益返还率、就业机会、企业形象

企业战略目标体系常用的指标一般包括以下内容。

（1）盈利能力。用利润、投资收益率、每股平均受益、销售利润等来表示。

（2）市场。用市场占有率、销售额或销售量来表示。

（3）生产率。用投入产出比率或单位产品成本来表示。

（4）产品。用产品线或产品的销售额和盈利能力、开发新产品的完成期来表示。

（5）资金。用资本构成、新增普通股、现金流量、流动资本、回收期来表示。

（6）生产。用工作面积、固定费用或生产量来表示。

（7）研究与开发。用花费的货币量或完成的项目来表示。

（8）组织。用将实行变革获奖承担的项目来表示。

（9）人力资源。用缺勤率、迟到率、人员流动率、培训人数或将实施的培训计划数来表示。

（10）社会责任。用活动的类型、服务天数或财政资助来表示。

三、创新创业战略规划的制订

（一）创新创业战略制定的概念

战略制定是指确定企业任务，认定企业的外部机会与威胁，认定企业内部优势与弱点，建立长期目标，制定供选择战略，以及选择特定的实施战略。战略制定是企业基础管理的一个组成部分，是科学化加艺术化的产物，需要不断完善。在战略制定过程中必须考虑技术因素带来的机会与威胁。技术的进步可以极大地影响企业的产品、服务、市场、供应商、竞争者和竞争地位。

在战略方向没有确定之前，任何战术都无所谓好坏。正如一句英国谚语："对一艘盲目航行的船来说，任何方向的风都是逆风。"可见，正确的战略对企业发展是何等重要。那么，企业要建立科学的发展战略得修炼什么呢？一是会领先半步，练就一双火眼金睛，灵光闪现就有战略眼光；二是找准自己的战略高地即位置；三是要善于把握自己相对优于对手的核心能力；四是通过"有所为有所不为"建立核心竞争优势；五是制定战略时要有危机意识、风险意识，可以借用外脑避免决策失误。

（二）创新创业战略制定的体系

战略制定的体系可以包含四个层面：基础分析、企业战略、业务战略及职能战略。这四个层面并未脱离经典的战略制定框架。基础分析是指内外部环境分析，企业战略是指企业层面的整体战略，业务战略是指业务层面的总体战略和进一步细分层面的战略，职能战略是指职能管理层面的战略。这四个层面相互关联，自成逻辑体系。

1. 基础分析

基础分析的内容是战略制定的基石。在基础分析中，需要对企业的内、外部环境进行必要的、详略得当的研究和阐述。对基础分析中的内部分析、外部分析两部分而言，同样也有研究层面的划分及内在逻辑体系的考虑。这里尤其需要消除一种误解，即认为基础分析只是"分析员层次的工作"。基础分析（哪怕是其中的行业分析）的所有内容还需要考虑与整个战略制定体系后三个层面的逻辑联系，这其实是一个相当高的要求。内外部环境分析的框架和方法也是相当定制化的，虽然有共通之处，但是务必要根据客户的特定需求来设定，从来没有一成不变的分析思路和模式。需要强调，切勿将一堆资料和数据进行堆砌，这样导致的结果是基础分析没有逻辑或逻辑混乱，并且与后面的其他内容形成"两张皮"，互不关联。

2. 企业战略

完成基础分析之后，接着进行企业战略的制定，这里是指"企业层面"的战略。它包括了传统的战略框架中的愿景、使命、目标，以及在行业中的地位等因素，同时也可以考虑企业自身的运营模式、经营领域的选择等。这些都是对整个企业的通盘考虑，是董事长或总经理层面真正需要考虑的问题，当然这些内容之间也需要极强的逻辑性，并且要以基础分析为依托。在具体的内容安排上，结合客户实际需要可简可繁，可多可少。另外，要慎重对待国内外各咨询公司的战略培训教材、战略咨询报告，更要慎重对待战略相关的各指标和概念的范围及界定。既不要望文生义地理解，更不要僵化地去记忆和搬用。事实上，战略管理的理论及实践经验本来就在不断推进和变革，千万不要做"枷锁"的奴役者。

3. 业务战略

业务战略的制定涵盖了企业选定业务领域的战略。毋庸置疑，业务战略既要依托于基础分析，同时又要基于企业层面的战略来进行制定。它需要进一步切实明晰企业战略所确立的竞争优势是什么，这是企业战略和业务战略之间的一座桥梁。以实现这些竞争优势为目的，接着引出业务的总体战略和各业务的具体战略（注意，除非是业务单一的情况，业务战略也有总体战略和各业务具体战略两部分的内容）。业务的总体战略绝不是业务选择和组合的代名词，它包含了更多的内容，如业务协同的分析。另外，业务的总体战略和各业务的具体战略之间存在紧密的逻辑联系，它们也同样构成一个系统的体系，并且内部还分别自成体系。这里并非刻意追求"体系"，而是因为业务战略的体系化不仅能够确保整个战略制定的逻辑严谨，而且对挑剔求细的客户而言也有说服力。很多时候，对在某些行业沉浸几十年的客户而言，它可以容忍咨询师在对客户的业务或行业知识上存在一定的偏差甚至误解，但是客户对于业务战略分析框架的不完备会非常愤怒。

4. 职能战略

职能战略的制定强调从"战略"来围绕职能层面分析需要做什么，不能和所谓的"管理提升"或"组织架构调整"等混同在一起。在企业层面、业务层面的战略确定之后，职能层面要相应进行重新设计和调整。这里同样也自成一个内在的分析体系，同时职能战略所涉及的范围、重点及内容深度都需要结合前面企业层面、业务层面的战略内容，以及客户的需要加以细致考量。制定职能战略时，需要不断地追问：这样的职能战略是否有助于实现企业层面的战略目标，是否有助于促进业务层面的战略施行。

（三）创新创业战略制定的设计思路

1. 与时俱进——练就战略眼光

这种战略眼光除了智慧灵机般地闪现外，还展现出这些领导人坚定的决心和企业上下因此而形成的强大凝聚力。从他们身上不难看出，任何一个成功的企业要么有最出色的产品，要么采用了最恰当的生产、销售方式。随后，为抢占市场而采取攻击性营销策略；为保住市场而对顾客"甜言蜜语"；为了保持活力而不间断地对内部整顿；为取得社会认可而对外展现自身的文化和价值观。而中国的企业家不缺少智慧和足够的战略头脑，但要想摆脱企业因人而盛，因人而衰的怪圈：第一要做的是让企业也具备智慧的头脑；第二要做的是让企业的头脑学会不断学习和更新。

2. 深谋远虑——寻找战略高地

什么是具有"远虑"的企业发展战略呢？一家企业就像一个人在整个社会环境中寻找自己的位置一样：其一，要看清楚自己所处的市场环境。其二，要弄明白眼下消费潮流的走向，其中还包括某些产品的特殊的市场规律。例如，饮料等一次性消耗品的市场优势在于，人们前一次的消费几乎不影响后来的消费，市场时时存在，并随着收入水平的增长而逐步扩大，该行业的企业不愁没饭吃，只不过受制于"恩格尔定律"，即"食物支出在总支出中的比重呈下降趋势，市场的发展不如总体市场容量的发展快"而已。而像家电类等耐用品就比前者呈市场劣势，在激烈的市场竞争中，耐用品的耐用性成为必然的要求，而一旦产品耐用，在人口没有重大增长的相对静态的条件下，在产品日益占据市场的同时，其市场容量则日益变小，不过它属于需求价格弹性小和需求收入弹性大的商品，能够从价格上涨和收入增长中获得更大的利润，这在一定程度上弥补了市场容量的不足。但耐用品市场容量日益饱和，市场开拓日益艰难的压力却是客观存在的。其三，要预测未来 5 年自己行业的发展趋势。也就是说，在分析了以上三者后，并找到自己的企业什么事能做，什么事不能做；什么事擅长，什么事不擅长；什么事有利，什么事不利，这些带有方向性，能改变决策和未来发展的走势。并以此来充实、规范自己，才能使自己的企业朝着可持续、稳健性的良性循环的方向发展。而只有制定这种具有超前、长期、创新的发展战略，企业才不会因"逞一时之能而盲目扩张；遇少许风险会迷失方向，贪眼前暴利就偏离主业"。

同时，企业的战略决策也应当是针对目标的。如果目标定错了，经营战略决策也不会正确。我们许多国有企业曾经把产量作为第一目标，结果造成库存积压，卖不出去；后来一些企业又把销量作为第一指标，结果产品是卖出去了，但钱却收不回来，导致巨额应收账款被拖欠的"负增长"。当投资资本回报高于资本成本时，企业才是真正意义上的"赚钱"。例如，当你的企业提出了"力争使顾客满意"的 CS 经营作为一个核心战略时，就要在制订任何计划，采取任何行动之前先回答这个问题：这是否有助于提高顾客的满意度？能，你就大力推行；不能，你就赶快打住，但要做到这一点并不容易。

3. 核心能力——抢占战略制高点

企业还有一个通病：核心能力缺乏症。一些大公司资金雄厚，却往往同时向十几个领域发展，都铺开但都不深入。市场一旦发生变化，最先倒闭的正是那些四处撒网的公司，这是因缺乏核心能力所致。何为核心能力？它是一个企业的产品创新能力，尤其是小型化的能力，有没有它是一个企业是否健康的标志。这一理论，是欧美20世纪70年代开始，对"大就是好"理论的反驳。以德国学者西蒙的《潜在的冠军》一书为代表。它认为"人无我有，人有我优，人优我转"，后一句"转"错了。核心能力正是要强化自己的绝对优势，达到竞争中抢占战略制高点的目的。

一个企业要善于把握自己相对优于对手的核心能力。也就是说，要建立"人无我有"的核心竞争力。因为在无界限的经济竞争下，市场越大就越需要特定的顾客，即要"专"，否则你永远无法满足顾客真正的需要，你也就无法实现可持续的经营发展。而且，这个"专"还要与众不同，核心竞争力的"核心"是必须专注于你能够使顾客满意的领域。因为没有人能满足所有人在所有领域的需求，核心竞争力就是提供给顾客他人无法提供的特殊价值的能力。但核心竞争力的价值是会随时间而消失的——尤其是当别人也拥有它时。比如，索尼的核心竞争力是微型化，可当所有厂商都会做微型产品时，索尼就出现了赤字，因为核心竞争力变弱了。

而要营造核心竞争力，就要在这几方面强化：首先，在于组织中的人，而不在技术或产品；其次，最赚钱的是人的想象力，获得它取决于员工快速学习的能力；再次，提供他人无法模仿的独占性产品或服务，是今后竞争的最有效武器；最后，要从过去的"因为我看见，所以我相信"的思维转为"相信它，就看得见它"，重设新的游戏规则，使自己成为一个"新思维模式的拓荒者"。所以，致力专业化经营，强化企业核心竞争能力在市场不景气时正是规避风险的一种有效的方法。从顾客角度来看，他们认为企业应专一于窄小的领域，尤其当你从中取得一定知名度时，更应如此，一旦你拓宽领域顾客即会产生疑虑。

4. 扬长避短——建立竞争优势

如今的供求关系变了，这是一个以买方市场为标志的过剩时代。你必须创造能比别人提供更多有价值的东西，才能生存。这就要求你必须比别人强。要实现这一点，你就必须很专业。而企业只有专注于从内部发展自身的核心能力，方能扬长避短，在市场上为顾客创造价值。同时，一个企业独特的核心能力往往是竞争者难以模仿的，也叫作"核心竞争力"。这有利于企业在激烈的市场竞争中建立持久的竞争优势，保证企业的可持续发展。即"有所不为方可有所为"：有所不为是为了保证企业各项业务间的关联和资源共享，应放弃进入与公司核心能力相背离的业务领域；而有所为即集中公司的各项资源，建立企业的核心竞争能力。如果置核心能力于不顾，盲目地进行多元化经营，必然会分散企业资源，失去发展重点，耗散竞争优势。

5. 投石问路——避免决策失误

有关调查表明，中国诸多行业都呈现出"三三制"特征，即 1/3 盈利，1/3 持平，1/3 亏损。而在一些过度竞争的行业里，企业亏损面还远远超出"三三制"的比例。造成上述国内企业亏损的深层原因，用美国顾问业霸主兰德公司的警言来概括也许颇为贴切："分析表明，世界上 1000 家倒闭的大企业中，85% 是因企业管理者决策不慎造成的。"而决策失误的问题企业却"错在其中"不知错，与问题企业恰恰相反的是，优秀企业反而拥有更多的危机意识。如深圳华侨城的主题公园群是国内同业的领导者，只因华侨城借用外脑由来已久。它们长达 11 年高薪聘请新加坡规划大师孟大强先生为规划顾问。

一流企业的危机意识、风险意识，使他们在重大决策前，借用外脑，慎之又慎，往往能避免兰德公司的警言：决策失误。美国顾问业有一个说法，几乎每一家著名跨国公司的幕后都有顾问公司。岂止是跨国公司，历届美国政府、美国总统都有聘用顾问的传统。

（四）创新创业战略的制定

1. 企业创新创业发展战略的制定

基于企业商业环境和资源能力的洞察，同时服从于企业愿景、使命和价值观，制订企业发展的战略规划。

制定企业创新创业发展战略时应注重以下几方面。

（1）企业总体战略要和商业环境紧密结合。商业环境和竞争状况将在很大程度上影响企业战略规划的制订和执行，未来的商业发展趋势也会影响企业的战略制定；商业分析宜以外部环境分析和预判为重，内部盘点侧重资料分析和能力洞察。

（2）企业战略规划要考虑区域局势。企业所处的区域、核心市场所在地、生产基地所在地及周边，无不是企业经营的重要区域，而这些区域的局势在很大程度上也会影响企业发展，影响企业的战略规划制订。战略规划要兼顾这些方面，考虑区域局势的可能性演变。

（3）企业资源和能力与战略规划的匹配度是重要的参照值。企业战略规划可能会有很多种，战略假设也可以做很多种，但企业的资源和能力是有限的，与其相匹配的战略规划其实并不多，战略选择的价值就在于从假设中选出正确的路径并矢志行之。

2. 企业创新创业竞争战略的制定

企业创新创业发展战略既定后，为了应对市场竞争，我们需要制定企业创新创业竞争战略，其实质就是在"低成本竞争、差异化竞争、聚焦化竞争"中做出选择。

企业创新创业竞争战略选择时应注意以下三方面。

（1）企业竞争战略可以按业务单元进行制定，确定其具体要求操作策略，针对各业务层面的区别加以选择：加大投入、维持现状、清算出局等。

（2）企业竞争战略具有区域差异性，可分区域制定不同的竞争战略，对核心区域、重点区域竞争战略进行重点关注，差异化操作以实现利润最大化。

（3）分不同子公司制定，对各公司制定不同的竞争战略，确保其资源能力得到充分发挥，并将不同子公司差异性制定战略和总部主导统筹相结合。

3. 企业创新创业业务战略的制定

创新创业业务战略是企业发展战略和竞争战略的具体体现。业务战略制定时应注意以下四方面。

（1）公司发展战略是公司业务战略制定的基调。如增长型发展战略体现在业务战略上就是侧重于业务增长，稳定性战略侧重于业务结构优化，紧密性战略则侧重于业务取舍。业务战略制定须以公司发展战略规划为前提和基调。

（2）竞争战略是业务战略制定的方向。竞争战略已经制定了企业的竞争方式、竞争路径，业务规划就是竞争战略的具体体现，业务的增长、维持、淘汰等操作的推进都源于竞争战略的制定。

（3）业务战略侧重于业务层面的结构优化、发展提升。对业务进行系统的盘点，此处可以和上述的内部资源盘整相结合，关于业务的销售比重、毛利比重、地区构成、物流配比、生产支持状况等进行系统化分析，依据竞争战略进行相关操作。

（4）业务战略规划实际上是对业务的销售额、毛利贡献、销售比重、区域构成、层次安排等做出量化规定，是对公司发展战略和竞争战略的落地承接。

4. 企业创新创业职能战略的制定

为了落实公司业务战略的发展需要，需要对职能部门战略做出清晰界定，明确各部门职能，对生产、物流、财务等部门为保障体系强化运作。

企业创新创业职能战略在制定时应注意以下三方面。

（1）要紧密围绕企业总体战略展开职能战略设计，要与总体战略目标和战略体系保持一致，不可相互排斥。

（2）对企业各部门给予清晰界定，明确部门战略指导思想、战略目标。

（3）清晰提出职能部门的战略体系和战略内容。例如销售部门，要明确销售部门的市场开发战略、产品包装战略、品牌管理方略、渠道建设方略、客户管理方略，聚焦资源、强化产出。

四、创新创业战略规划的实施

（一）创新创业战略实施的概念

在创新创业战略管理中，战略实施是战略制定的继续，即企业制订目标和战略以后，必须将战略的构想转化成战略的行动。在这个转化过程中，企业首先要考虑战略制定与战略实施的关系，两者配合得越好，战略管理越容易获得成功。企业为了实现自己的目标，不仅要有效地制定战略，而且要有效地实施战略。不管哪一方面出现了问题，都会影响整个战略的成败。

例如，企业已制定了良好的战略，并且能够有效地实施这一战略。在这种情况下，尽管企业仍旧不能控制企业外部的环境因素，但由于企业能够成功地制定与实施战略，企业的目标便能够顺利地实现。再如，企业已制定了很好的战略但贯彻实施得很差。这种情况往往是企业管理人员过分注重战略制定，忽视战略的实施的缘故。一旦问题发生，管理人员的反应常常是重新制定战略，而不是去检查实施过程是否出了问题。然而，重新制定出来的战略仍按照老办法去实行，其结果只能失败。

还有一种情况是，企业制定的战略本身不完善又没有很好地执行。在这种情况下，企业管理人员很难把战略扭转到正确的轨道上来。因为，企业如果保留原来的战略而改变实施的方式，或者改变战略而保留原有的实施方式，都不会产生好的结果，仍旧是要失败的。

如果企业没能完善地制定自己的战略，但执行这种战略时却一丝不苟，在这种情况下，企业就会产生两种不同的结果。一种结果是，由于企业能够很好地执行战略而克服了原有战略的不足之处，或者至少为管理人员提出了可能失败的警告，企业的销售人员发现企业战略在市场营销方面存在问题，便将战略的重点放在促进企业成功的销售方面，企业就有可能成功。而另一种结果是，企业认真地执行了这个不完善的战略，结果加速了企业的失败。如企业对一个尚有许多问题的新产品所制定的战略是迅速扩大生产和加强市场营销，如果在执行过程中企业不加任何变动而认真执行的话，则只会加速企业的失败。面对这两种情况，企业要及时准确地判断在这种情况下，战略会造成什么结局，并采取主动措施加以改进。

因此，战略实施是一个自上而下的动态管理过程。所谓"自上而下"主要是指，战略目标在公司高层达成一致后，再向中下层传达，并在各项工作中得以分解、落实。所谓"动态"主要是指在战略实施的过程中，常常需要在"分析—决策—执行—反馈—再分析—再决策—再执行"的不断循环中达成战略目标。

（二）创新创业战略实施的模式

在企业创新创业战略经营实践中，战略实施有五种不同的模式。

1. 指挥型模式

这种模式的特点是企业总经理要考虑如何制定最佳战略。在实践中，计划人员要向总经理提交企业经营战略的报告，总经理看后做出结论，确定了战略之后，向高层管理人员宣布企业战略，然后强制下层管理人员执行。

这种模式的运用要有以下约束条件。

（1）总经理要有较高的权威，并靠其权威通过发布各种指令来推动战略实施。

（2）本模式只能在战略比较容易实施的条件下运用。这就要求战略制定者与战略执行者的目标比较一致，战略对企业现行运作系统不会构成威胁；企业组织结构一般都是高度集权制的体制，企业环境稳定，能够集中大量的信息，多种经营程度较低，企业处于强有力的竞争地位，资源较为宽松。

（3）本模式要求企业能够准确、有效地收集信息并能将其及时汇总到总经理的手中。因此，它对信息条件要求较高。这种模式不适应高速变化的环境。

（4）本模式要有较为客观的规划人员。因为在权力分散的企业中，各事业部常常因为强调自身的利益而影响了企业总体战略的合理性。因此，企业需要配备一定数量的、有全局眼光的规划人员来协调各事业部的计划，使其更加符合企业的总体要求。

这种模式的缺点是把战略制定者与执行者分开，即高层管理者制定战略，强制下层管理者执行战略，因此，下层管理者缺少了执行战略的动力和创造精神，甚至会拒绝执行战略。

2. 变革型模式

这种模式的特点是企业经理要考虑如何实施企业战略。在战略实施中，总经理本人或在其他方面的帮助下，需要对企业进行一系列的变革，如建立新的组织机构、新的信息系统，变更人事，甚至是兼并或合并经营范围，采用激励手段和控制系统以促进战略的实施，为进一步增强战略成功的机会，企业战略领导者往往采用以下三种方法。

（1）利用新的组织机构和参谋人员向全体员工传递新战略优先考虑的战略重点是什么，将企业的注意力集中于战略重点所需的领域中。

（2）建立战略规划系统、效益评价系统，采用各项激励政策以便支持战略的实施。

（3）充分调动企业内部人员的积极性，争取各部分人对战略的支持，以此来保证企业战略的实施。

这种模式在许多企业中比指挥型模式更加有效，但这种模式并没有解决指挥型模式存在的如何获得准确信息的问题，各事业单位及个人利益对战略计划的影响问题，以及战略实施的动力问题，并且还产生了新的问题，即企业通过建立新的组织机构及控制系统来支持战略实施的同时，也失去了战略的灵活性，在外界环境变化时使战略的变化更为困难。从长远观点来看，在环境不确定性的企业，应该避免采用不利于战略灵活性的措施。

3. 合作型模式

这种模式的特点是企业的总经理应考虑如何让其他高层管理人员从战略实施一开始就承担有关的战略责任。为发挥集体的智慧，企业总经理要和企业其他高层管理人员一起对企业战略问题进行充分的讨论，形成较为一致的意见，制定出战略，再进一步落实和贯彻战略，使每个高层管理者都能够在战略制定及实施的过程中做出各自的贡献。

协调高层管理人员的形式有多种多样，如有的企业成立有各职能部门领导参加的"战略研究小组"，专门收集在战略问题上的不同观点，并进行研究分析，在统一认识的基础上制订出战略实施的具体措施等。总经理的任务是要组织好一支合格胜任的制定及实施战略管理人员队伍，并使他们能够很好地合作。

合作型的模式克服了指挥型模式即变革模式存在的两大局限性，使总经理接近一线管理人员，获得比较准确的信息。同时，战略的制定是建立在集体考虑的基础上的，从而提高了战略实施成功的可能性。

该模式的缺点是，由于战略是不同观点、不同目的的参与者相互协商折中的产物，可能会使战略的经济合理性有所降低，同时仍然存在谋略者与执行者的区别，仍未能充分调动全体管理人员的积极性。

4. 文化型模式

这种模式的特点是企业总经理应考虑如何动员全体员工都参与战略实施活动，即企业总经理运用企业文化的手段，不断向企业全体成员灌输战略思想，建立共同的价值观和行为准则，使所有成员在共同的文化基础上参与战略的实施活动。由于这种模式打破了战略制定者与执行者的界限，力图使每一个员工都参与制定实施企业战略，因此使企业各部分人员都在共同的战略目标下工作，使企业战略实施迅速，风险小，最终使企业发展迅速。

文化型模式也有局限性，具体表现如下。

（1）这种模式是建立在企业职工都是有学识的假设基础上的，在实践中职工很难达到这种学识程度。受文化程度及素质的限制，一般职工（尤其在劳动密集型企业中的职工）对企业战略制定的参与程度也受到限制。

（2）极强烈的企业文化，可能会掩饰企业存在的某些问题，企业也要为此付出代价。

（3）采用这种模式要耗费较多的人力和时间，而且还可能因为企业的高层不愿意放弃控制权，从而使职工参与战略制定及实施流于形式。

5. 激励型模式

这种模式的特点是企业总经理要考虑如何激励下层管理人员制定实施战略的积极性及主动性，为企业效益的增长而奋斗。即总经理要认真对待下层管理人员提出的一切有利企业发展的方案，只要方案基本可行，符合企业战略发展方向，在与管理人员探讨了解决方案中的具体问题的措施以后，应及时批准这些方案，以鼓励员工的首创精神。采用这种模式，企业战略不是自上而下的推行，而是自下而上的产生，因此，总经理应该具有以下认识。

（1）总经理不可能控制所有的重大机会和威胁，有必要给下层管理人员以宽松的环境，激励他们集中精力从事有利于企业发展的经营决策。

（2）总经理的权力是有限的，不可能在任何方面都可以把自己的愿望强加于组织成员。

（3）总经理只有在充分调动及发挥下层管理者的积极性的情况下，才能正确地制定和实施战略，一个稍微逊色的但能够得到人们广泛支持的战略，要比那种"最佳"的却根本得不到人们的热心支持的战略有价值得多。

（4）企业战略是集体智慧的结晶，靠一个人很难做出正确的战略。因此，总经理应该坚持发挥集体智慧的作用，并努力减少集体决策的各种不利因素。

在20世纪60年代以前，企业界认为管理需要绝对的权威，在这种情况下，指挥型模式是必要的。60年代，钱德勒的研究结果指出，为了有效地实施战略，需要调整企业组织结构，这样就出现了变革型模式。合作型、文化型及增长型三种模式出现较晚，但从这三种模式中可以看出，战略的实施充满了矛盾和问题，在战略实施过程中只有调动各种积极因素，才能使战略获得成功。上述五种战略实施模式在制定和实施战略上的侧重点不同，指挥型和合作型更侧重于战略的制定，而把战略实施作为事后行为，而文化型及增长型则更多的是考虑战略实施问题。实际上，在企业中上述五种模式往往是交叉或交错使用的。

（三）创新创业战略实施的设计

战略描述、战略制定是企业战略执行力提升的基本要求，但是根据经验，企业的战略管控往往遭遇尴尬，数百页的战略规划常常沦落为务虚的、难以阅读的、经常锁在文件柜的文件，战略设计得不到落实。

平衡计分卡战略管理系统能够为上述问题提供完善的解决方案，它主要通过图、卡、表体系来实现企业战略落地，把以往务虚的战略口号转化为具体的战略行动计划；一般数百页的、难以阅读的战略规划可以压缩为几张简洁的"战略地图""平衡计分卡""战略行动计划表"实现集团、子公司之间的战略协同；有一些集团在战略规划实践中还利用这些简单、直观的图、卡、表推行集团战略的可视化管理，进而改造战略管理部，把整个集团打造成真正的战略中心组织。

运用平衡计分卡体系规划企业战略是企业管控变革的前奏，完成战略规划制定后则要对企业管控模式进行设计，设计过程中需要考虑产权关系、战略业务相关性、战略资源整合、集团企业文化、母子公司发展成熟度、行业特点等多方面因素的影响；管控模式选择在实战中的关键需要把握好两个核心：一是企业部门的功能界面划分，包括权责、资源配置、能力培育等多方面要素；二是管控运作体系规划，如治理模式规划、管控流程规划、组织架构规划等。

五、创新创业战略规划的评估

（一）创新创业战略规划评估的概念

战略制定、战略实施、战略评估共同构成战略管理的全过程。企业所在的内外部环境的变动性，决定了要保证战略管理过程的顺利实现，必须通过战略评估体系对制定并实施的战略效果进行评价，以便采取相应的完善措施。可见战略评估决定战略管理的成败。

创新创业战略规划的评估是指检测战略实施进展，评价战略执行业绩，不断修正战略决策，以期达到预期目标。"战略评估"一词外延十分丰富，不同的人从不同的角度对其可能有不同的理解。但从战略评估总是贯穿创新创业战略管理的全过程的角度出发，大体上可把战略评估概括为战略分析评估、战略选择评估和战略绩效评估三个环节。创新创业战略评估包括三项基本活动：考察企业战略的内在基础；将预期结果与实际结果进行比较；采取纠正措施以保证行动与计划的一致。

（二）创新创业战略规划评估的体系

1. 评估动机

在评估之前，作为企业主管，必须首先有评估本身目前的工作表现或评估今后实施的战略的愿望。这种动机取决于你认为有必要使拟进行的战略与企业能互相配合。另外，如果你认为你为实现企业目标所费的心力会得到报酬，那么，这本身就是一种潜在的动机。

2. 评估所需要的信息

进行有效的评估需要大量可以使用的信息。只有这样，才能分析拟进行的战略及其实施时带来的影响。要提供有效的信息，企业除了要有一个高效率的管理信息系统外，还必须本着实事求是的精神对战略的可能结果和实施后的结果做一个完整的报告。

3. 评估标准

战略评估必须有一定的标准, 即

(1) 一致性。有关战略的目标和政策必须一致。

(2) 和谐与适合性。战略必须适合外部环境, 尤其是环境之中的关键性变化。

(3) 可行性。战略不可过多地耗费资源, 也不可带来解决不了的后遗症。

(4) 可接受性。战略应符合主要利益相关者的期望。

(5) 优势性。战略必须能为企业在所选择的领域创造出或维持竞争优势。

4. 战略评估结果的决策与调整

企业并非为评估而评估, 评估的目的在于指导战略的选择, 此外, 战略评估要有助于战略效益的评价, 企业应根据战略效益的评估采取适当的修正行动。

创新创业战略规划的宏观环境分析

第一节 宏观环境分析原理

任何创新创业企业的经营活动，都是在市场中进行的，而市场又受国家的政治、经济、技术、社会文化的限定与影响。所以，企业从事生产经营活动，必须从环境的研究与分析开始。

企业环境是指与企业生产经营有关的所有因素的总和。可以分为外部环境和内部环境两大类。企业外部环境是影响企业生存和发展各种外部因素的总和；企业内部环境又称企业内部条件，是企业内部物质和文化因素的总和。

企业与环境之间存在密切的联系。一方面，环境是企业赖以生存的基础。企业经营的一切要素都要从外部环境中获取，如人力、材料、能源、资金、技术、信息等，没有这些要素，企业就无法进行生产经营活动。同时，企业的产品也必须通过外部市场进行营销，没有市场，企业的产品就无法得到社会承认，企业也就无法生存和发展。同时，环境既会给企业带来机遇，也会造成威胁。问题在于企业如何去认识环境、把握机遇、避开威胁。另一方面，企业是一种具有活力的社会组织，它并不是只能被动地为环境所支配，而是在适应环境的同时也对环境产生影响，推动社会进步和经济繁荣。企业与环境之间的基本关系，是在局部与整体的基本架构之下的相互依存和互动的动态平衡关系。因此，企业必须研究环境，主动适应环境，在环境中求得生存和发展。

企业外部环境有三个显著的特征：①波动性，即外部环境经常发生变化而且难以预测；②不可控性，即外部环境的变化不受单个企业的控制；③差异性，即外部环境对不同类型的企业影响各不相同。

企业外部环境又分为宏观环境和中观环境两个层次。宏观环境因素包括政治环境、经济环境、技术环境、社会文化环境等，这些因素对企业的影响力比较持久深远。中观环境因素主要是指企业的竞争环境，涉及行业性质、竞争者状况、消费者、供应商、中间商及其他社会利益集团等多种因素，这些因素会在一定的时间区段直接影响企业的生产经营活动。

一、PEST 分析模型简介

（一）PEST 分析模型

PEST 分析是战略咨询顾问用来帮助企业检阅其外部宏观环境的一种方法，是指宏观环境的分析。宏观环境又称一般环境，是指影响一切行业和企业的各种宏观力量。对宏观环境因素做分析，不同行业和企业根据自身特点与经营需要，分析的具体内容会有差异，但一般都应对政治（political）、经济（economic）、技术（technological）和社会（social）这四大类影响企业的主要外部环境因素进行分析（见图 3-1）。简单而言，称为 PEST 分析法。

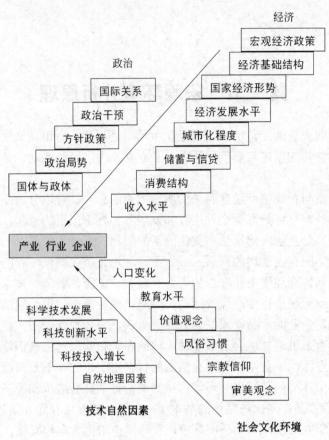

图 3-1　影响企业的主要外部环境因素

（二）PEST 模型的发展

1. PESTEL 分析

PESTEL 分析模型又称大环境分析，是分析宏观环境的有效工具，不仅能够分析外部环境，而且能够识别一切对组织有冲击作用的力量。它是调查组织外部影响因素的方法，其每一个字母代表一个因素：政治因素（political）、经济因素（economic）、社会因素（social）、技术要素（technological）、环境因素（environmental）和法律因素（legal）。

环境因素包括企业概况（数量、规模、结构、分布）、该行业与相关行业发展趋势（起步、摸索、落后）、对相关行业影响、对其他行业影响、对非产业环境影响（自然环境、道德标准）媒体关注程度、持续发展空间（气候、能源、资源、循环）、全球相关行业发展（模式、趋势、影响）。

2. PESTLIED 分析

PESTLIED 分析模型是以下英文单词的缩写，政治因素（political）、经济因素

（economic）、社会因素（social）、技术要素（technological）、法律因素（legal）、国际环境（international）、环境因素（environmental）、人口因素（demographic）。

3. STEEPLE 分析

STEEPLE 是以下英文单词的缩写，社会/人口（social/demographic）、科技（technological）、经济（economic）、环境/自然（environmental/natural）、政治（political）、法律（legal）、道德（ethical）。相对于 PESTEL 模型而言，增加了道德因素。

企业道德责任是指企业在生产经营活动中自觉履行伦理准则和道德规范。企业道德责任是较高层次的社会责任，分为内、外两个方面：从企业内部来讲，主要包括善待员工，关注职工生命安全和身体健康，改善工作环境，保障职工合法权益，注重职工事业成长，让职工分享企业发展的成果；从企业外部来讲，包括遵守商业道德、平等交易、诚实守信，以及尊重自然、保护环境、珍惜节约资源能源等。企业道德责任的含义大体有广义和狭义两个方面，从较为广泛和普遍的意义上，企业的道德责任是体现在企业的经济责任、法律责任和精神文化责任之中的，同时又是同企业伦理建设密切相关的诸种责任的有机统一。而从狭义的视角来看，企业的道德责任是企业所肩负的对自己、对同道和对社会的道德义务的自觉承担和精神担纲，它在其精神实质上可以用"敬业求精、贵和乐群"来概括。企业道德责任的内化即为企业良心。企业良心就是企业道德责任的自我意识和自我评价。它由企业爱心、企业诚心和企业义心或公正之心所构成。

二、PEST 分析的内容和指标体系

PEST 分析的内容如图 3-2 所示。

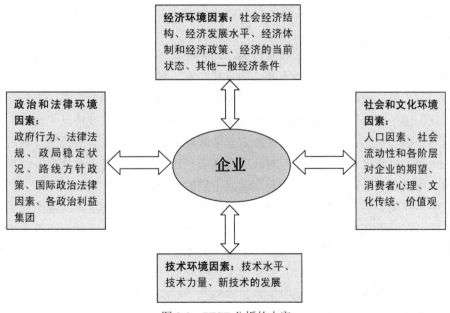

图 3-2　PEST 分析的内容

（一）政治因素（political factors）

1. 政治因素的概念

政治因素是指对组织经营活动具有实际与潜在影响的政治力量和有关的政策、法律及法规等因素。

政治环境主要包括宏观和微观两个方面的内容。宏观政治环境包括一个国家的社会制度，执政党的性质，政府的方针、政策、法令等。不同的国家有着不同的社会性质，不同的社会制度对组织活动有着不同的限制和要求。微观政治环境是指企业所在国家或地区政府的具体政治法律环境，主要包括以下四个方面。

（1）企业所在地区和国家的政局稳定状况。

（2）政府行为对企业的影响。政府如何拥有国家土地、自然资源（如森林、矿山、土地等）及其储备都会影响企业战略。

（3）政策的连续性和稳定性。即执政党所持的态度和推行的基本政策，如产业政策、税收政策、进出口限制等的连续性和稳定性。政府要通过各种法律、政策及其他一些旨在保护消费者、保护环境、调整产业结构与引导投资方向等措施来推行政策。

（4）各政治利益集团对企业活动产生的影响。一方面，这些集团通过议员或代表来发挥自己的影响，政府的决策会去适应这些力量；另一方面，这些集团也可以对企业施加影响，如诉诸法律、利用传播媒介等。

2. 政治环境的影响

政治环境是制约和影响企业的各种政治要素及其运行所形成的环境系统。政治是一种重要的社会现象，考察企业面临的政治因素及其运行状况是企业宏观环境分析的重要组成部分，这是因为政治因素给企业带来的影响异常巨大和明显，同时影响企业生存和发展的其他社会因素也都会因为政治条件及状况的不同而对企业产生不同的影响。

政府的政策广泛影响企业的经营行为，即使在市场经济中较为发达的国家，政府对市场和企业的干预似乎也是有增无减，如反托拉斯、最低工资限制、劳动保护、社会福利等方面。当然，政府的很多干预往往是间接的，常以税率、利率汇率、银行存款准备金为杠杆，运用财政政策和货币政策来实现宏观经济的调控，以及通过干预外汇汇率来确保国际金融与贸易秩序。因此，在制定企业战略时，对政府政策的长期性和短期性的判断与预测十分重要，企业战略应对政府发挥长期作用的政策有必要的准备；对短期性的政策则可视其有效时间或有效周期而做出不同的反应。

市场运作需要有一套能够保证市场秩序的游戏规则和奖惩制度，这就形成了市场的法律系统。作为国家意志的强制表现，法律法规对于规范市场和企业行为有着直接作用。立法在经济上的作用主要体现在维护公平竞争、维护消费者利益、维护社会最大利益三个方面，因此企业在制定战略时，要充分了解既有的法律规定，特别要关注那些正在酝酿之中的法律，这是企业在市场中生存、参与竞争的重要前提。

政治法律环境作为影响企业战略决策的因素，有其自身的特点。

（1）不可预测性。企业很难预测国家政治环境的变化。

（2）直接性。国家政治环境直接影响企业的经营状况。

（3）不可逆转性。政治法律环境一旦影响企业，就会发生十分迅速和明显的变化，而企业是无法推卸和转移这种变化的。

3. 政治环境的分析要素

政治环境分析主要分析国内的政治环境和国际的政治环境。国内的政治环境包括以下一些要素：①政治制度；②政党和政党制度；③政治性团体；④党和国家的方针政策；⑤政治气氛。国际政治环境主要包括：①国际政治局势；②国际关系；③目标国的国内政治环境。

法律环境的分析要素有：①法律规范，特别是和企业经营密切相关的经济法律法规，如《中华人民共和国公司法》《中外合资经营企业法》《中华人民共和国合同法》《中华人民共和国专利法》《中华人民共和国商标法》《中华人民共和国税法》《企业破产法》等。②国家司法执法机关。在我国主要有法院、检察院、公安机关以及各种行政执法机关。与企业关系较为密切的行政执法机关有工商行政管理机关、税务机关、物价机关、计量管理机关、技术质量管理机关、专利机关、环境保护管理机关、政府审计机关。此外，还有一些临时性的行政执法机关，如各级政府的财政、税收、物价检查组织等。③企业的法律意识。企业的法律意识是法律观、法律感和法律思想的总称，是企业对法律制度的认识和评价。企业的法律意识，最终都会物化为一定性质的法律行为，并造成一定的行为后果，从而构成每个企业不得不面对的法律环境。④国际法所规定的国际法律环境和目标国的国内法律环境。

4. 政治环境的分析指标

在企业战略宏观环境分析中，常用的重要政治法律指标体系包括以下方面。

（1）执政党性质。

（2）政治体制。

（3）经济体制。

（4）政府的管制。

（5）税法的改变。

（6）各种政治行动委员会。

（7）专利数量。

（8）民众参与政治行为。

（9）专利法的修改。

（10）环境保护法。

（11）产业政策。

（12）投资政策。

（13）国防开支水平。

（14）政府补贴水平。

（15）反垄断法规。

（16）与重要大国关系。

（17）地区关系。

（二）经济因素（economic factors）

1. 经济因素的概念

经济因素是指组织外部的经济结构、产业布局、资源状况、经济发展水平及未来的经济走势等。

经济环境主要包括宏观和微观两个方面的内容。宏观经济环境主要是指一个国家的人口数量及其增长趋势，国民收入、国民生产总值及其变化情况，以及通过这些指标能够反映的国民经济发展水平和发展速度。微观经济环境主要是指企业所在地区或所服务地区的消费者的收入水平、消费偏好、储蓄情况、就业程度等因素。这些因素直接决定企业目前及未来的市场大小。

2. 经济环境的影响

企业的经济环境是指企业面临的社会经济条件及其运行状况、发展趋势、产业结构、交通运输、资源等情况，是制约企业生存和发展的重要因素，主要包括社会经济状况的影响和国家经济政策的影响。

社会经济状况影响经济要素的性质、水平、结构、变动趋势等多方面的内容，涉及国家、社会、市场及自然等多个领域。企业的经营活动要受一个国家或地区的整个经济发展水平的制约。市场不仅是由人口构成的，这些人还必须具备一定的购买力。而一定的购买力水平则是市场形成并影响其规模大小的决定因素，也是影响企业经营活动的直接经济环境。经济发展阶段不同，居民的收入不同，顾客对产品的需求也不一样，从而会在一定程度上影响企业的经营。例如，以消费者市场来说，经济发展水平比较高的地区，在市场方面，强调产品款式、性能及特色，品质竞争多于价格竞争。而在经济发展水平低的地区，则较侧重产品的功能及实用性，价格因素比产品品质更为重要。在生产方面，经济发展水平高的地区着重投资较大且能节省劳动力的先进、精密、自动化程度高、性能好的生产设备。在经济发展水平低的地区，其机器设备大多是一些投资少而耗劳动力多、简单易操作、较为落后的设备。

国家经济政策影响国家履行经济管理职能，影响国家宏观经济水平、结构调控和国家经济发展战略的指导方针的实施，对企业经济环境有着重要的影响。不同的经济体制对企业经营活动的制约和影响不同。例如，在计划经济体制下，企业是行政机关的附属物，没有生产经营自主权，企业的产、供、销都由国家计划统一安排，企业生产什么，生产多少，如何销售，都不是企业自己的事情。在这种经济体制下，企业不能独立地开展生产经营活动，因而，也就谈不上开展市场经营活动。而在市场经济体制下，企业的一切活动都以市场为中心，市场是其价值实现的场所，因而企业必须特别重视经营活动，通过经营实现自己的利益目标。现阶段，我国正处于计划经济体制向社会主义市场经济体制的过渡时期，两种体制并存，两种机制并存，市场情况十分复杂。一方面，通过改革，企业正在逐步摆脱行政附属物的地位，具有了一定的生产经营自主权，开始真正走向市场并以市场为目标开展自己的营销活动；另一方面，企业经营机制还没有完全转变过来，政府的直接干预还严重存在，企业的生产经营活动还受到较强的控制，因而企业的经营活动在一定程度上受到制约。

另外，市场发育不完善，市场秩序混乱，行业垄断和地方保护主义盛行，极不利于企业开展经营活动。因此，企业要尽量适应这种"双轨"并存的局面，注意选择不同的经营策略。例如，可以运用"大营销"策略打破地区封锁，通过横向联合进入对方市场等，从而开拓自己的市场。

3. 经济环境的分析要素

1）宏观经济环境的分析要素

宏观经济环境的分析要素是指一个国家的经济制度、经济结构、产业布局、资源状况、经济发展水平及未来的经济走势等。企业的经济环境主要由社会经济结构、经济发展水平、经济体制、宏观经济政策、当前经济状况和其他一般经济条件六要素构成。

（1）社会经济结构。社会经济结构，是指国民经济中不同的经济成分、不同的产业部门及社会在生产各方面在组成国民经济整体时相互适应性、量的比例及排列关联的状况。社会经济结构主要包括五个方面的内容：产业结构、分配结构、交换结构、消费结构和技术结构。其中，重要的是产业结构。

（2）经济发展水平。经济发展水平，是指一个国家发展的规模、速度和所要达到的水平。反映一个国家的发展水平的常用指标有国内生产总值、国民收入、人均国民收入和经济增长速度。

（3）经济体制。经济体制，是指国家经济组织的形式，它规定了国家与企业、企业与企业、企业与各经济部门之间的关系，并通过一定的管理手段与方法来调控或影响社会流动的范围、内容和方式等。

（4）宏观经济政策。宏观经济政策，是指实现国家经济发展目标的战略与策略，包括综合性的全国发展战略和产业政策、国民收入分配政策、价格政策、物资流通政策等。

（5）当前经济状况。当前经济状况会影响一个企业的财务业绩。经济的增长率取决于商品和服务的总体变化。其他经济影响因素包括税收水平、通货膨胀率、贸易差额和汇率、失业率、利率、信贷投放及政府补助等。

（6）其他一般经济条件。其他一般经济条件和趋势对一个企业的成功也很重要。工资、供应商及竞争对手的价格变化及其政府政策，会影响产品生产成本和服务的提供成本及它们被出售的市场情况。这些经济因素可能会导致行业内产生竞争，或将公司从市场中淘汰出去，也可能会延长产品寿命，鼓励企业用自动化取代人工，促进外商投资或引入本土投资，使强劲的市场变弱或使安全的市场变得有风险。

2）微观经济环境的分析要素

微观经济环境分析要素，主要包括市场需求、竞争和资源环境，以及直接有关的政策、法律、法令等方面。

（1）市场需求。在商品经济条件下，环境向企业提出的需求主要表现为市场需求。市场需求包括现实需求和潜在需求。现实需求是指顾客有支付能力的需求，潜在需求是指处于潜伏状态的、用于某些原因不能马上实现的需求。现实需求决定企业目前的市场销量，而潜在需求则决定企业未来的市场。

（2）竞争环境。包括竞争规模、竞争对手实力与数目、竞争激烈化程度等。具体竞争包括同行竞争、替代产品行业竞争、购买者竞争、供应者竞争等。

（3）资源环境。资源环境是指企业从事生产经营活动应投入的所有资源，包括人、财、物、技术、信息等。资源环境包括各种资源开发利用状况、资源的供应状况、资源的发展变化情况等。

4. 经济环境的分析指标

在企业战略宏观环境分析中，常用的重要经济指标体系包括以下方面。

（1）GDP 及其增长率。

（2）中国向工业经济转变。

（3）贷款的可得性。

（4）可支配收入水平。

（5）居民消费（储蓄）倾向。

（6）利率。

（7）通货膨胀率。

（8）规模经济。

（9）政府预算赤字。

（10）消费模式。

（11）失业趋势。

（12）劳动生产率水平。

（13）汇率。

（14）证券市场状况。

（15）外国经济状况。

（16）进出口因素。

（17）不同地区和消费群体间的收入差别。

（18）价格波动。

（19）货币与财政政策。

（三）社会文化因素（sociocultural factors）

1. 社会文化因素的概念

社会文化因素，是指组织所在社会中成员的民族特征、文化传统、价值观念、宗教信仰、教育水平及风俗习惯等因素。

社会文化环境主要包括宏观和微观两个方面的内容。宏观社会文化环境包括一个国家或地区的居民教育程度和文化水平、宗教信仰、风俗习惯、审美观点、价值观念等。微观社会文化环境是指与相关行业有关的消费倾向、消费结构、消费习惯和消费价值观等方面。

2. 社会文化环境的影响

价值观念是指人们对社会生活中各种事物的态度和看法。在不同文化背景下，人们的价值观念往往有很大的差异，消费者对商品的色彩、标识、式样及促销方式都有自己褒贬不同的意见和态度。每一个社会都有其核心价值观，价值观念会影响居民对组织目标、组织活动及组织存在本身的认可与否。它们常常具有高度的持续性，这些价值观和文化传统是历史的沉淀，通过家庭繁衍和社会教育而传播延续的，因此具有相当的稳定性。而一些次价值观是比较容易改变的。每一种文化都是由许多亚文化组成的，它们由共同语言、共同价值观念体系及共同生活经验或生活环境的群体所构成，不同的群体有不同的社会态度、爱好和行为，从而表现出不同的市场需求和不同的消费行为。

宗教是构成社会文化的重要因素，宗教对人们消费需求和购买行为的影响很大。不同的宗教有自己独特的对节日礼仪、商品使用的要求和禁忌。某些宗教组织甚至在教徒购买决策中有决定性的影响。宗教信仰会禁止或抵制某些活动的进行。不同的国家之间有人文的差异，不同的民族之间同样有差异，我国有众多民族，虽同是中华民族但却存在较大的人文差异，如藏族的生活方式和藏传佛教的宗教色彩联系紧密，牛是藏族的吉祥动物，在西藏地区的越野车辆市场中，日本丰田越野车占据着绝对的市场份额，原因是其标识形似牛头，因此广受藏族人民的欢迎。可见文化对战略的影响有时是巨大的。

文化水平会影响居民的需求层次。受教育程度的高低，影响消费者对商品功能、款式、包装和服务要求的差异性。通常文化教育水平高的国家或地区的消费者要求商品包装典雅华贵、对附加功能也有一定的要求。另外，审美观点则会影响人们对组织活动内容、活动方式及活动成果的态度。

消费习俗是指人们在长期经济与社会活动中所形成的一种消费方式与习惯。不同的消费习俗，具有不同的商品要求。研究消费习俗，不但有利于组织好消费用品的生产与销售，而且有利于正确、主动地引导健康的消费。

3. 社会文化环境的分析要素

从影响企业战略制定的角度来看，社会文化环境包括人口因素、居民消费心理、价值观、文化传统和宗教文化等方面。

1）人口因素

例如，人口总数直接影响社会生产总规模；人口的地理分布影响企业的厂址选择；人口的性别比例和年龄结构在一定程度上决定了社会需求结构，进而影响社会供给结构和企业生产；人口的教育文化水平直接影响企业的人力资源状况；家庭户数及其结构的变化与耐用消费品的需求和变化趋势密切相关，因而也就影响耐用消费品的生产规模等。对人口因素的分析可以使用以下一些变量：离婚率、出生和死亡率、人口的平均寿命、人口的年龄和地区分布、人口在民族和性别上的比例变化、人口和地区在教育水平和生活方式上的差异等。

目前世界上人口变化的主要趋向有以下方面。

（1）世界人口迅速增长，早已突破50亿大关，世界人口的增长意味着消费将继续增长，世界市场将继续扩大。在我国，劳动就业压力将长期存在，同时，随着人口的增长，耕地减少，我国农村剩余劳动力将向非农产业转移。

（2）发达资本主义国家的出生率开始下降，儿童减少，这种趋向一方面对以儿童为目标市场的企业是一种环境威胁；另一方面年轻夫妇可以有更多的闲暇和收入用于旅游，在外用餐、文体活动等，因此可为相应的企业带来市场机会。

（3）许多国家人口趋于老龄化，在我国也有这种趋向，老年人市场正在逐步扩大，老年人的消费能力也在逐渐增强，因此，企业应当认真研究老年人市场的问题。

（4）许多东方国家的家庭状况正在发生变化：家庭规模向小型化方向发展，几世同堂的大家庭大为减少。

（5）在西方国家，非家庭住户也在迅速增加，非家庭住户包括单身成年人住户，暂时同居户和集体住户。

2）居民消费心理

消费者心理是指消费者在购买和消费商品过程中的心理活动。一般活动过程是：消费者先通过接触商品注意产品，然后了解其他相关产品的质量、价格等因素，进而将之进行比较，产生兴趣和偏爱，而后出现购买欲望，等条件成熟时，消费者会做出购买决定。买回的商品经过使用，消费者得到实际感受，并由此做出今后是否再次购买的决定。

3）价值观

价值观是指一个人对周围的客观事物（包括人、事、物）的意义、重要性的总评价和总看法。这种对诸事物的看法和评价在心目中的主次、轻重的排列次序，就是价值观体系。价值观和价值观体系是决定人的行为的心理基础。价值观是人们对社会存在的反映，是社会成员用来评价行为、事物，以及从各种可能的目标中选择自己合意目标的准则。价值观通过人们的行为取向及对事物的评价、态度反映出来，是世界观的核心，是驱使人们行为的内部动力。它支配和调节一切社会行为，涉及社会生活的各个领域。

价值观一方面表现为价值取向、价值追求，凝结为一定的价值目标；另一方面表现为价值尺度和准则，成为人们判断价值事物有无价值及价值大小、是光荣还是可耻的评价标准。不同的社会环境和文化背景使人们形成了截然不同的价值观，因此价值观总是对时代精神的反映。

4）文化传统和宗教文化

文化是一个群体（可以是国家，也可以是民族、企业、家庭）在一定时期内形成的思想、理念、行为、风俗、习惯、代表人物，以及由这个群体整体意识所辐射出来的一切活动。

文化有两种：一种是生产文化；另一种是精神文化。科技文化是生产文化，生活思想文化是精神文化。任何文化都是为生活所用，没有不为生活所用的文化。任何一种文化都包含了一种生活生存的理论和方式、理念和认识。

中国传统文化的基本精神，从实质上看，就是中华民族的民族精神。关于中国传统文化的基本精神，有的学者认为，中国传统文化长期发展的思想基础，可以叫作中国传统文化的基本精神，文化的基本精神是文化发展过程中的精微的内在动力，是指导民族文化不断前进的基本思想。中国传统文化的基本精神就是中华民族在精神形态上的基本特点。

文化传统是一个国家或地区在较长历史时期内所形成的一种社会习惯。文化环境对企业的影响是间接、潜在和持久的。文化的基本要素包括哲学、宗教、语言与文字、文学艺术等，它们共同构成文化系统，对企业文化有重大的影响。宗教作为文化的一个侧面，在长期发展过程中与传统文化有着密切联系；语言文字和文化艺术是文化的具体表现，是社会现实生活的反映，它对企业职工的心理、人生观、价值观、性格、道德及审美观点的影响和导向作用不容忽视。

宗教作为文化的一个侧面，在长期发展过程中与传统文化有密切的联系。

4. 社会文化环境的分析指标

在企业战略宏观环境分析中，常用的社会文化指标体系包括以下方面。

（1）妇女生育率。

（2）人口结构比例。

（3）性别比例。

（4）特殊利益集团数量。

（5）结婚数、离婚数。

（6）人口出生率、死亡率、移进移出率。

（7）社会保障计划。

（8）人口预期寿命。

（9）人均收入、平均可支配收入。

（10）生活方式、宗教信仰状况。

（11）对政府的信任度、政府的态度、工作的态度。

（12）购买习惯、储蓄倾向、投资倾向。

（13）对道德的关切。

（14）对退休的态度、质量的态度、服务的态度。

（15）污染控制、对能源的节约。

（16）社会责任、对职业的态度、对权威的态度。

（17）城市、城镇和农村的人口变化。

（四）技术因素（technological factors）

1. 技术因素的概念

技术因素是指那些引起革命性变化的发明，以及与企业生产有关的新技术、新工艺、新材料的出现和发展趋势及应用前景。在过去的半个世纪里，最迅速的变化就发生在技术领域，像微软、惠普、通用电气等高技术公司的崛起改变着世界和人类的生活方式。同样，技术领先的医院、大学等非营利性组织，也比没有采用先进技术的同类组织具有更强的竞争力。

技术环境主要包括宏观和微观两个方面的内容。宏观技术环境是指一个国家或地区的科技体制、科技政策、科技研究的领域、科技成果的门类分布及先进程度、科技研究与开发的实力等。微观技术环境是指与本企业有关的科学技术现有水平、发展趋势和发展速度等。在知识经济兴起和科技迅速发展的情况下，技术环境对企业的影响可能是创造性的，也可能是破坏性的，企业必须预见这些新技术带来的变化，并采取相应的措施予以应对。

2. 技术环境的影响

变革性的技术正对企业的经营活动产生重大的影响。企业要密切关注与本企业产品有关的科学技术的现有水平、发展趋势及发展速度，对于新的硬技术，如新材料、新工艺、新设备，企业必须随时跟踪掌握，对于新的软技术，如现代管理思想、管理方法、管理技术等，企业要特别重视。

公司在进行科学技术环境分析时需要回答的有关技术的关键性问题包括：

（1）公司拥有的主要技术是什么？

（2）公司在业务活动及产品和零部件生产中采用了何种技术？

（3）这些技术对各种业务活动及产品和零部件生产的重要程度如何？

（4）外购的零件及原材料中包含哪些技术？

（5）上述外部技术中哪些是至关重要的？为什么？

（6）公司是否能持续地利用这些外部技术？

（7）这些技术曾经发生过何种变革？是哪些公司开创了这种变革？

（8）这些技术在未来可能会发生何种变化？

（9）公司在以往对关键技术进行了哪些投资？

（10）公司在技术上的主要竞争对手以往的和计划的投资内容与投资如何？

（11）公司及其竞争对手在产品的研制与设计、工艺进行了哪些投资？

（12）人们对各公司的技术水平的主观排序如何？

（13）公司的业务和产品是什么？

（14）公司的产品包含哪些零部件？

（15）这些零部件、产品和业务的成本及价值增值结构是什么？

（16）公司以往的财务及战略实施绩效如何？

（17）这些绩效对现金增值和盈利、投资需求的影响如何？

（18）公司现有技术可以有哪些应用？

（19）公司实施了哪些应用？没有实施哪些应用？为什么？

（20）在这些技术应用方面的投资会在多大程度上扩大公司的产品市场，增加企业盈利，增强公司的技术领先优势，这里应当考虑的因素包括用户需求的变化、当前与正在出现中的细分市场、各细分市场的增长速度、公司竞争地位及主要竞争对手可能会采取的经营战略。

（21）公司技术对于各种应用的重要程度如何？

（22）对这些应用至关重要的其他技术有哪些？

（23）在各种应用中，不同的技术有哪些区别？

（24）在各种应用中，相互竞争的技术有哪些？决定各种技术各自替代的要素是什么？

（25）这些技术目前正在发生和将要发生哪些变化？

（26）公司应当考虑实施哪些技术应用？

（27）公司进行技术资源投资的优先顺序是什么？

（28）公司为实现目前的经营目标需要哪些技术资源？

（29）公司技术投资的水平及增长速度应如何？

（30）哪些技术投资应当予以削减或取消？

（31）为实现公司目前经营目标需要增加哪些新技术？

（32）公司的技术及业务组合对公司经营战略的影响如何？

对此，首先，企业要重视技术水平和技术寿命周期的变化。其次，一种新技术的发明及应用同时又意味着"破坏"。因为它既会促进一些新行业的兴起，同时也会伤害乃至消灭另外一些旧行业。所以企业在进行战略决策时必须考虑技术因素,否则就会给企业带来灭顶之灾。

3. 技术环境的分析要素

科技既是全球化的驱动力,也是企业的竞争优势所在。科技要素的基本特征是:① 科技是否降低了产品和服务的成本,并提高了质量。②科技是否为消费者和企业提供了更多的创新产品与服务,如网上银行、新一代手机等。③科技是如何改变分销渠道的,如网络书店、机票、拍卖等。④科技是否为企业提供了一种全新的与消费者进行沟通的渠道,如 Banner 广告条、CRM 软件等。粗略地划分企业的科技环境,大体上包括四个基本要素:社会科技水平、社会科技力量、国家科技体制,以及国家科技政策和科技立法。

（1）社会科技水平是构成科技环境的首要因素,它包括科技研究的领域、科技研究成果门类分布和先进程度,以及科技成果的推广和应用等方面。

（2）社会科技力量是指一个国家或地区的科技研究与开发的实力。

（3）国家科技体制是指一个国家社会科技系统的结构、运行方式及其与国民经济其他部门的关系状态的总称,主要包括科技事业与科技人员的社会地位、科技机构的设置原则与运行方式、科技管理制度、科技推广渠道等。

（4）国家科技政策和科技立法是指国家凭借行政权力与立法权力对科技事业履行管理、指导职能的途径。

4. 技术环境的分析指标

技术环境的分析指标包括以下方面。

（1）国家对科技开发的投资。

（2）国家对科技开发支持的重点。

（3）该领域技术发展动态和水平。

（4）研究开发费用总额或增长额。

（5）技术转移和技术商品化速度。

（6）核心技术的发展或突破。

（7）专利数量的增长。

（8）重要的工艺技术革新。

（9）重要的设备革新。

（10）重要的商业模式创新。

第二节　宏观环境分析实训材料

一、基于 PEST 模型的通信电子产业宏观环境分析

我国通信电子产业宏观环境分析是以魅族企业智能手机产业作为实训案例的。

（一）政治法律环境分析（political）

近几年中国政府正在加强深化改革,在与通信相关的政策和法律方面有新的变动。魅族应该时刻关注国家相关的政策,了解和遵守清远市政府所颁布的各项法规、法令和

条例，保证企业经营的合法性，依法进行有效的营销活动，及时做出符合实际的判断和战略计划的调整。

1. 三网融合政策

2010 年 1 月 31 日，国务院常务会议决定加快推进电信网、广播电视网、互联网三网融合，并审议通过了推进三网融合的总体方案。三网融合的表现为三大网络在技术上趋向一致，网络层上可以实现互联互通，形成无缝覆盖，业务层上互相渗透和交叉，应用层上趋向使用统一的 IP（Internet Protocol，网络之间的互联的协议），使提供多样化、多媒体化、个性化话服务的同一目标逐渐交汇在一起，行业管制和政策方面也逐渐趋向统一，三大网络通过技术改造，能够提供包括语音、数据、图像等综合多媒体的通信业务。

三网融合符合发展趋势，在发达国家市场上，电信和有线电视企业互相进入对方领域已是趋势。国内三网融合可以使消费者获得更多、更全面的服务，而原来没有的移动媒体广播电视、手机电视等新型增值业务市场也会被开发出来，从而使市场的整体蛋糕做大。同时三网融合可以促进适度竞争，有利于服务质量的提高。

2. 关于加快我国手机行业品牌建设的指导意见政策

工信部 2010 年 3 月正式印发由电子信息司起草编写的《关于加快我国手机行业品牌建设的指导意见》，提出，支持运营商强化与自主品牌手机企业的合作，加强对优势品牌和高端机型的宣传推广。这对魅族手机是有益的，魅族拥有自己的工厂和生产线，不论是生产 MP3，还是生产智能手机，魅族始终坚持自足创新的发展战略，立足于产品本身，不断加强技术创新，力求产品做到最好、最专业。在这样的政策下，能获得政府的支持是有利于魅族企业长远发展的。

3. 关于将电信业纳入营业税改征增值税试点的通知文件

2014 年 4 月 30 日，财政部、国家税务总局发布《关于将电信业纳入营业税改征增值税试点的通知》。目前国内电信业缴纳营业税时税率是 3%，改为增值税后，提供基础电信服务，税率为 11%。提供增值电信服务，税率为 6%。"营改增"开始实施后，电信运营商纷纷逐步取消送手机，转为用户购买手机获得话费补贴，而销售模式也将向以裸机销售为主、合约为辅转变。以裸机销售为主的销售模式对手机的性能、硬件、外观、价格等方面有了更为严厉的要求。魅族在坚持追求极致的过程中，对手机的配置、外形，手感的要求应更加精细，用户体验也要同步提升，以便吸引更多消费者的兴趣，在裸机销售中占领优势。

4. 国资委下发通知降低运营商营销费用

2014 年 7 月 18 日，国资委已于近日向三大运营商下发通知，明确要求在未来三年内，连续每年降低 20%的营销费用。预计中国移动 3 年中将减少营销费用 240 亿元，而三大运营商 3 年总计需要减少营销费用 400 多亿元。运营商连续三年大幅降低营销费用，预计将对运营商手机补贴方式、宣传策略，以及国内手机市场产生重大影响。三大运营商营销费用的大幅削减，将使运营商手机销售的宣传受到一定的影响，同时会刺激新的销售模式的出现。未来捆绑市场还将会进一步下滑，开发市场将会迎来新的机会。魅族可以借机扩大宣传力度，进一步提高品牌知名度，在新一轮的手机销售模式中占领优势。

（二）经济环境分析（economic）

1. GDP 发展持续增高

近几年，我国 GDP 增长速度虽然有所下降，但总额还在稳步增长和持续发展，这推动了我国移动通信产业的高速发展。但是也有一些问题，如企业产权不明晰、经济结构不合理、失业保障制度不完善和经济基础薄弱等。这些问题解决不好会影响和制约我国经济的健康持续发展，从而影响移动通信产业的发展。

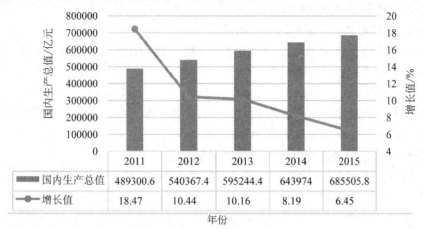

	2011	2012	2013	2014	2015
国内生产总值	489300.6	540367.4	595244.4	643974	685505.8
增长值	18.47	10.44	10.16	8.19	6.45

年份

图 3-3　2011—2015 年国内生产总值及增长值

2. 国民收入水平不断提高

收入水平是决定居民消费水平的根本因素。收入水平提高了，居民消费能力便增强了。2013 年，农村居民收入实际增长达 9.3%，可支配现金快速增长。魅族不仅要巩固一线城市的竞争力，还要加速二、三线城市的宣传与扩张，针对性地加大手机性能的优化力度，从而使魅族手机消费者的范围扩大。

3. 人民币汇率的变动

魅族已经进入部分中东国家和法国，开始进军国际的征途。近年来人民币不断升值，可以降低魅族海外扩展的成本，加快海外扩张的进程。但同时会使魅族产品在价格上的优势逐步丧失，利润被吞噬。尽管升值将降低设备商海外收购及海外本地化的成本，但在近期负面因素将占主要地位。这对魅族是个挑战也是机遇，魅族可以加大生产设备的科学更新，降低生产成本，继续努力研发，提高创新能力。

（三）社会环境（social）

社会文化环境包括一个国家或地区的居民教育程度与文化水平、宗教信仰、风俗习惯和审美观点等。随着科技的进步，人们对电子产品的要求越来越高，新产品、新功能收到人们的重视。受教育程度的高低，影响消费者对商品功能、款式、包装和服务要求的差异性。企业开展的营销活动应考虑消费者所受教育程度的高低，并采取不同的策略。魅族手机的功能、款式、包装，都拥有独特魅力。

1. 低碳理念增强推进通信产业节能减排

在全球气候变暖的背景下，以低能耗、低污染为基础的"低碳理念"已经成为全球热点。我国政府庄重承诺，到 2020 年，我国单位国内生产总值二氧化碳排放要比 2005 年下降 40%~50%。围绕如何大力发展低碳经济，减少污染物排放，社会各界纷纷建言献策，而通信产业作为国民经济发展的基础性、先导性和战略性产业，承担调整经济结构、转变发展方式和建设低碳社会的重要责任，因此，通信业的节能减排具有重要的现实意义。所以对于通信产品，应具备节能的特点。魅族手机应该以客户的需求为出发点，不断为客户提供更为优良快捷的产品。除了产品包装及材质方面可以做到环保以外，太阳能电池也可作为重点研究的项目。

2. 全方面的信息化促进及时通信的发展

随着生活节奏日益加快，人们每天都会接收大量的信息，同时因为生活、学习和工作的需要，人们会对通信设备及服务产生一种依赖性。在信息化时代，即时通信的功能日益丰富，逐渐集成了电子邮件、博客、音乐、电视、游戏和搜索等多种功能。魅族需要在未来开发功能更多、更全面的手机，增加支持音频、视频等多媒体的服务平台，使魅族手机功能更加齐全，用起来更加便捷。

3. 隐私观念增强要求提升通信产品的保密性能

在经济与技术高速发展的时代，人们的思想也发生了巨大的改变，人们保护隐私的意识加强了。通信内容的保密问题，直接关系到公民个人隐私和人身权利等问题的保障。2013 年 6 月 17 日颁发的《关于加强移动智能终端进网管理的通知》（以下简称《通知》）将于 2013 年 11 月 1 日实施，《通知》规定移动通信终端生产企业在申请入网许可时，要对预装应用软件及提供者进行说明，而且生产企业不得在移动终端中预置含有恶意代码和未经用户同意擅自收集和修改用户个人信息的软件，也不得预置未经用户同意擅自调动终端通信功能、造成流量耗费、费用损失和信息泄露的软件。因此，魅族在手机研发中要考虑隐私保护这一重要因素，积极遵守相关政策，开发自身的保密性系统和软件，为消费者提供安全的产品和使用环境。

（四）技术环境（technological）

1. 相关专利爆发式的发展态势

2011 年以后，我国专利公开数量呈现快速发展趋势。2011 年为 190 个，2012 年为 620 个，2013 年达到 816 个，呈现爆发式的发展态势。中国智能手机专利主要分布在 H04M1/00，H04L29/00，即主要是电话通信的分局设备技术、无线通信技术。其中关于 H04M1/00 专利共有 599 项，占比 39%，说明该细分领域的专利竞争最为激烈，很多企业在寻找新的技术突破口。

2. 手机软件成为竞争制高点

智能手机市场的竞争已经从以往品牌竞争转向操作系统阵营间的分庭抗礼，除了主流操作系统之间的竞争外，还不断涌现出新的操作系统加入竞争行列。应用服务成为竞争制高点，打电话、发信息已经不再是智能手机的核心功能，应用软件数量的多少成为影响智能手机销量高低的一大因素，同时也成为智能手机厂商及运营商的竞争制高点。触摸化、大屏化趋势增强触摸技术成为智能手机领域的热点技术之一，支持触摸屏操作的智能手机产品数量快速增长。另外，大屏、横屏也日趋流行。统计数据显示，在 2010 年中国智能手机市场新品中，支持触摸屏操作的产品比例高达 81.2%，2.8 英寸以上大屏产品比例超过七成。

二、基于 PEST 模型的饮料产业宏观环境分析

我国饮料产业宏观环境分析是以星巴克企业饮料产业作为实训案例。

（一）政治法律环境（political）

1. 促进经济增长及促进咖啡行业转型

咖啡、可可、茶并称为世界三大饮料，咖啡是世界三大饮料之首。随着近几年中国经济的发展，国家在推动咖啡行业的发展、促进世界文化与中国文化更好融合、吸引外资拉动经济增长，以及促进中国咖啡行业转型上提供了良好的政治环境。

2. 我国政治环境波动小，星巴克不涉及垄断行业

星巴克经营的是咖啡服务，并不涉及国家的垄断行业和稀缺资源，加之我国的政治环境在未来很长一段时间都不会出现大的波动，随着改革开放的加快，中国鼓励外资企业的进入，星巴克在中国的发展会面临比较稳定的政治环境。

（二）经济环境（economic）

1. 世界经济的不断增长，国际咖啡消费需求增加

经济的全球化和世界经济的不断增长，喝咖啡的人群在扩大。据国际咖啡组织统计，全世界每年消耗咖啡约 540 万吨，咖啡消耗量每年不断增长。随着发展中国家的经济发展，咖啡消费需求会持续增加。

2. 中国经济的快速发展，咖啡消费增长迅速

中国的咖啡市场还很年轻，但随着中国经济的快速发展，在未来很长一段时间都会处于上升阶段。中国城市居民的人均咖啡消费量是每年 8 杯。有数据显示，目前中国内地年消费量在 3 万～4 万吨，但咖啡消费的增长速度相当快，每年在 10%～15%。潜在的咖啡消费者为 2 亿～3 亿人，这已与目前世界第一大咖啡消费国美国的市场不相上下。中国咖啡消费会不断增加，发展前景良好。目前中国经济处于高速发展的阶段，在这一阶段居民的收入增长得很快。居民收入的提高为星巴克的发展提供了稳定的经济环境，这有益于星巴克咖啡进行稳步的市场开拓。

根据图 3-4 可知，咖啡的消费场所主要集中在咖啡馆和酒店等较高消费场所，这与中国的人均收入和消费水平密切相关。

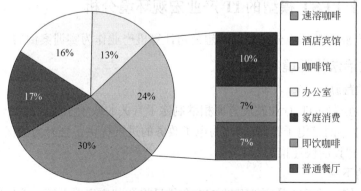

图 3-4　2009 年市场咖啡总消耗量

3. 国际经济交流的增加，咖啡消费辐射带动效果显著

出国旅游、留学、工作回国的人数在增加，他们及周边朋友的生活习惯在改变，这带动了喝咖啡人群的扩张。中国咖啡消费量将继续以每年 15%～20%的幅度增长，有望成为世界上最具潜力的咖啡消费大国。

大型咖啡连锁机构纷纷进入中国，如星巴克、上岛、两岸等，国内本土的咖啡店也在崛起之中，咖啡店在国内大部分城市得到了发展，各种促销、广告、公关传播活动的开展，使咖啡消费的人群在增多，地域在扩大。

（三）社会人文环境（social）

1. 越来越多的人接受咖啡、喜欢咖啡，潜在消费群增多

根据一项在 12 个内陆城市的调查，32%的城市居民喝咖啡。其中年轻人多在咖啡馆消费。一些消费者虽然不喜欢喝咖啡，但普遍喜欢咖啡厅的氛围和环境，他们会在咖啡馆里消费一些其他附属产品，因此咖啡厅潜在的消费群还是很多的。

2. 消费习惯的变化改变了人们的饮食文化

随着人们对咖啡的认识、咖啡文化的普及，消费者开始认知咖啡的品牌、风格和纯正，知道如何享受咖啡带来的乐趣，"文化咖啡"的趋势发展迅速，是现在整个咖啡产业的主流。

3. 中青年将成为主流消费群体

咖啡属于一种外来文化，从人口年龄结构来看，年轻人更容易接受，所以年轻人是星巴克的主要顾客群体。就经济实力而言，他们对这一部分的消费压力较小。

（四）技术环境（technological）

1. 技术环境

顶级咖啡豆、手工制作的浓缩咖啡，以及丰富多样的咖啡机的原料与技术储备，加上咖啡豆现磨现煮，味道醇正，口感润滑，且由于咖啡的口味固定，星巴克内部生产技术的变动相对较小，而外部的技术竞争也相对稳定。

2. 信息技术的影响

信息技术的进步会增强星巴克连锁经营的管理效率，这样星巴克总部可以在短时间内迅速掌握世界上所有分店的管理现状，并加以有效的指导。

三、基于 PEST 模型的 IT 产业宏观环境分析

我国 IT 产业宏观环境分析是以联想公司计算机产业作为实训案例的。

（一）政治法律环境

1. 政策的鼓励

中国政府在鼓励 IT 行业发展方面相继制定了有关的政策法规。2003 年的《政府采购法》及 2004 年的《电子签名法》，为电子政务的进展提供了强有力的保障，也必将带动政府信息化建设的快速推进。

2. 关税的下降

2005 年，信息技术产品所涉及的 251 个税目将全部实现零关税，这给国内计算机产

业既带来机遇同时也带来了严峻的挑战。信息产品全面实现零关税将进一步降低依赖进口的部分核心元件的成本，从而使计算机产品具有新的降价空间，并可能获得因降价而扩大的市场空间。

3. 产业政策的支持

2011 年作为中国"十二五"规划的起点，中国政府在规划中强调的重点战略将推动整个 PC 市场的发展。例如，加快医疗行业信息化发展速度、加大交通行业信息化建设投入、促进能源与公共事业行业信息产业升级等措施，将给商用台式电脑市场带来新的发展机遇。中国笔记本电脑市场出货量在 2010 年保持较高的增长速度，用户对笔记本电脑的需求依然呈现不断增长的趋势。而伴随家电下乡等政策落在实处，农村和乡镇市场逐渐被开拓出来。

（二）经济环境分析

1. 信息经济的发展带动了全球的电脑产业技术和市场高速发展

2009 年，全球电脑市场的销售额大约为 1150 亿美元，销量大约为 1.51 亿台。2010 年，全球电脑出货量将达 3.678 亿台，较 2009 年的 3.083 亿台增长 19.2%，2011 年，全球 PC 出货量增长 13.8%，到 2014 年，全球包括平板电脑、上网本、智能本和笔记本电脑的移动计算设备出货保持 19.1%的年复合增长率。其中，笔记本电脑出货在 2014 年达到 2.91 亿台。

2. 中国经济的高速增长促使我国 PC 市场快速发展

2005—2010 年，中国电脑市场的 CAGR 已达 19%，远高于全球电脑产业的 7%。由于美国市场增长变缓，2010 年，中国已经超过美国成为世界最大的个人电脑市场。2010 年，亚太区个人电脑出货量预计将增长 20.3%，达到 1.146 亿台，其中，中国将占亚太区个人电脑整体出货量的 60%。2010 年，中国的计算机销量将在 2009 年 5400 万台的基础上增长 21%，远高于全球 14%的增长速度。

（三）社会环境分析

1. 固有的品牌知名度和美誉度固化了市场

国内电脑行业的品牌机厂商主要分为两类：一类是以联想、方正、清华同方为代表的国内品牌厂商，另一类是以戴尔、IBM、惠普、康柏为代表的已实现本地化生产的国外品牌厂商。随着信息技术应用的普及和共享性的增强，单纯依据技术构成很难区分品牌的差异，固有的品牌知名度和美誉度在一定程度上固化了电脑的市场格局。其中国内品牌在家用电脑市场上居于领先地位，而国外品牌在商用电脑高端市场上有一定的优势。各厂商为了保持或扩大份额，在各自的细分市场上进行激烈的竞争。现在各 PC 厂商处境艰难，急于寻找新的市场增长点。

2. 农村电脑市场呈现巨大潜力

目前农村网民已经达 11508 万人，占全国网民近三分之一。其中，由于电脑设备的缺乏，有 23%的人借助手机上网，但费用昂贵，没有相应的上网设备已成为农民不上网的首要原因。据估算，我国农村电脑市场规模为 100 亿～120 亿人。尽管迅速增长的农村市场已成为众 PC 厂商眼中的"肥肉"，但要抢得到，吞得下，还需克服三大难题，即渠道建设、电脑配套服务和针对农村市场特点的功能设计。尽管面临困难，但众 PC 厂商仍然把战略重点投向了农村市场。在农村市场上，海尔、联想等国产品牌的优势更为明显。未来五年，中国个人电脑市场销量仍将保持增长态势，但是增长速度将进一步减缓。

（四）技术环境分析

1. 国内 IT 企业在核心技术能力不足

国内 IT 企业在核心技术能力上呈现两个特点：一是计算机的生产基本采用代工生产的方式，国内 IT 企业缺乏对计算机产品的研发和设计能力；二是在关键技术、专利和标准方面受制于美、日、欧盟等发达国家和地区的大企业，对全球 IT 产业巨头的依赖程度非常高。

2. 关联应用标准的制定领先

可喜的是，国内的 IT 企业正在为打造自己的核心技术进行努力。2004 年 3 月，闪联标准《信息设备资源共享协调服务协议标准 1.0 版》正式提交到信息产业部，行业标准即将出台。"闪联"标准组成立的目的，就是希望通过"关联应用"等技术，整合消费者所拥有的各种电子设备，实现广电网、因特网和移动网的三网协同应用，"闪联"的出现，依托学术界和产业界共同打造的核心技术基础，为中国的企业研发推广下一代家电 IT 设备抢先占领了一块重要阵地。

第三节 宏观环境分析实验操作

一、注册与登录

（一）注册

（1）任课教师或实验管理员通过教师平台对选课学生统一注册并确认（见图 3-5）。

（2）选课学生打开实验网址，单击【注册】，任课教师通过教师平台确认即可。

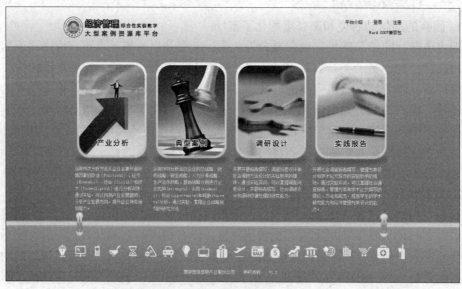

图 3-5 经济管理大型案例库平台

（二）登录

（1）选课学生打开网址，单击【登录】。

（2）选课学生进入【登录】窗口，选择【学生】，输入事先注册的用户名和密码，单击【登录】后进入主界面，如图 3-6 所示。

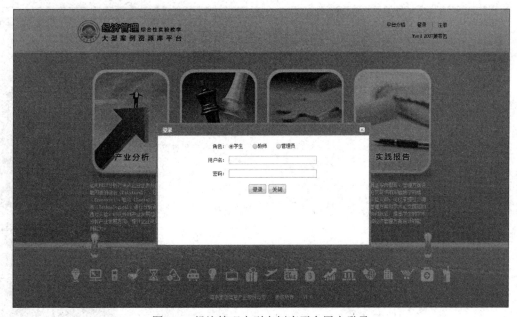

图 3-6　经济管理大型案例库平台用户登录

二、学习与实验

（1）登录进入后，选择要学习和实训的【产业分析】模块，单击【产业分析】图标进入各类产业的宏观分析实训平台，如图 3-7 所示。

图 3-7　【产业分析】模块

（2）进入【产业分析】模块后，如图 3-8 所示，浏览【实验资源】。根据专业特征或创业兴趣在左边选择学习的相关产业。同时，了解【实验内容】，做好案例分析与讨论作业。单击【V1.0】图标进入相关产业的宏观分析实训平台，如图 3-8 和图 3-9 所示。

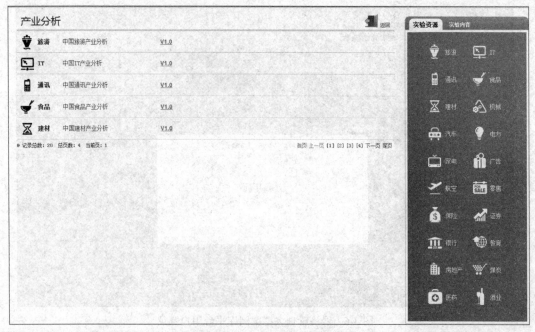

图 3-8　产业实训模块的选择

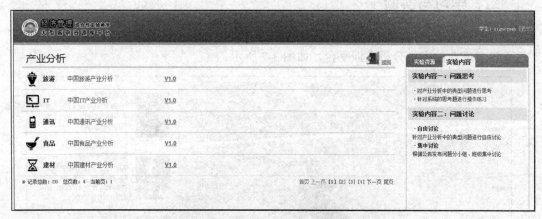

图 3-9　产业实训模块的实验内容与方法

（3）进入某【产业分析】模块后，如图 3-9 所示，在左边目录中有 PEST 模型学习、政治法律因素分析、经济因素分析、社会文化因素分析和技术因素分析，依次选择进行学习，并回答右侧的实验实践模块中的问题，再加以保存，如图 3-10 所示。

图 3-10　产业 PEST 宏观环境分析界面

图 3-11　产业 PEST 宏观环境分析实验

第三章　创新创业战略规划的宏观环境分析

习　题

1. 创新创业企业的经营与外部环境的关系。

2. PEST 宏观环境分析模型的指标类型有几种？如何注意选择使用？

3. 讨论 PEST 宏观环境分析模型中四个方面各五个常用指标的定性分析方法和量化分析方法。

4. 以我国某产业为例，写一份产业宏观环境分析报告。

第四章

创新创业战略规划的中观环境分析

第一节 中观环境分析原理

一、波特"五力"分析模型简介

（一）波特"五力"分析模型的概念

20 世纪 80 年代，迈克尔·波特（Michael E. Porter）出版了《竞争战略》（1980）、《竞争优势》（1985)和《国家竞争优势》（1990），这就是著名的"波特三部曲"。这套理论将产业组织分析法引入战略管理领域，形成独特的企业竞争战略理论，在全球范围内产生了深远的影响。迈克尔·波特的理论建立在产业组织经济学的"结构—行为—绩效（SCP）"这一范式上，认为企业竞争优势是出产业结构决定的，是由一个产业中的五种竞争力量即进入威胁、替代品威胁、购买者的议价能力、供应商的议价能力和现有竞争者的竞争所决定的（见图 4-1），这五种基本竞争力量的状况及其综合强度，决定了行业的竞争激烈程度，从而决定了产业最终的获利潜力。若要对抗这些竞争力量，企业就要采取相应的发展策略， 建立自己的竞争优势。

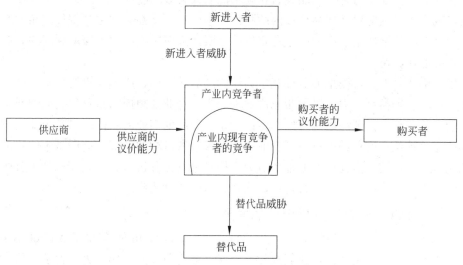

图 4-1 波特"五力"分析模型

从一定意义上来说，隶属外部环境分析方法中的中观环境分析的波特"五力"模型，用于竞争战略的分析可以有效地分析客户的竞争环境。波特的"五力"分析法是对一个产业盈利能力和吸引力的静态断面扫描，说明的是该产业中的企业平均具有的盈利空间，所以这是一个产业形势的衡量指标，而非企业能力的衡量指标。通常，这种分析法也可用于创业能力分析，以揭示本企业在本产业或行业中具有何种盈利空间。

1. 产业内现有竞争者的竞争（rivalry）

产业内竞争者是相互依存的，某个企业的竞争行为会对其竞争对手产生显著影响。现有竞争者争夺消费者以及争取在市场上占据有利地位，而引发的激烈竞争对整个产业利润造成了极大威胁。行业现有竞争状况主要分析在同一个竞争市场上的主要竞争者的竞争优劣势情况，特别是有竞争关系的领导型企业的比较优势的分析。

2. 供应商的议价能力（bargaining power of suppliers）

供应商主要以抬高价格或降低所提供产品或服务质量的方式，对产业中的企业施压，这可能会导致该产业的产品价格无法跟上成本的增加，而因此产业利润受到损害。

3. 购买者的议价能力（bargaining power of buyers）

购买者对行业营利性的影响表现在，购买者能够强行压低价格，或要求更高的质量或更多的服务，使产业内竞争加剧而从中获利。但这一切均以牺牲产业利润为代价。

4. 新进入者的威胁（threat of new entrants）

一个行业的新进入者的到来必然引发与产业内现有企业的激烈竞争，通常会带来大量的资源和额外的生产能力，并且要求获得市场份额，除了完全竞争的市场以外，行业的新进入者可能使整个市场发生动摇，并可能导致产业内产品价格的上升或是现有企业成本的提高。

新进入者威胁大小的主要决定因素为进入壁垒的高低。进入壁垒越高，新进入者威胁越小；反之，亦然。

5. 替代品的威胁（threat of substitutes）

替代品是指那些与客户产品具有相同功能的或类似功能的产品，行业中的每一个企业或多或少都必须应付替代品构成的威胁。几乎所有产业都会与生产替代产品的产业竞争，而替代品价格决定了产业中企业定价的上限，因而影响产业可谋取利润的高低，限制产业的潜在收益。

以上构成"五力"模型的五种竞争力影响产品的价格、成本与投资需求，同时也决定了产业的长期盈利能力，进而影响产业吸引力。企业要想提高自身盈利能力或是取得持续的竞争优势，需要考虑两方面因素：一是企业所处产业的结构；二是企业在产业中所处的竞争地位。产业结构解释了产业中各方参与者进行的经济活动所带来的价值及他们的利益分配，这一点便可以通过"五力"模型来具体分析得到。只有充分了解所处产业的结构特征，才能更好地进行定位，选择合适的竞争战略。

（二）波特"五力"分析模型的发展

1996 年，在迈克尔·波特的"五力"分析模型基础上，Intel 前总裁 Andrew S. Grove 提出了"六力"分析的概念，重新探讨并定义产业竞争的六种影响力。他认为影响产业竞争态势的因素分别是：①现存竞争者的影响力、活力、能力；②供应商的影响力、活力、能力；③客户的影响力、活力、能力；④潜在竞争者的影响力、活力、能力；⑤产品或服务的替代方式；⑥"协力业者"（政府）的力量。

二、波特"五力"分析模型的应用条件

波特"五力"模型应用的条件是，假设我们的行业始终处于自由竞争的市场条件中，我们的企业是自由市场的主体。市场主体如果在非自由竞争的市场环境中，利用"五力"模型的分析结果就会产生很大的误差。这种误差不仅会削弱"五力"理论的可信度，而且不能为企业的科学决策提供智力支持。自由竞争与非自由竞争是相对而言的，完全自由竞争的市场环境仅在理论中存在；现实生活中的自由竞争都是相对的。这里所讲的非自由竞争的市场环境，主要表现为市场受行业规则、政治力量、法律、社会文化、国际经营环境等因素的影响。如果某行业受这些因素的影响，用"五力"模型去分析行业的市场机会和竞争环境时就会产生很大的误差。

（一）卖方市场角度下的"五力"强弱分析

这里所讲的卖方市场，是指某行业或企业提供的产品或服务（以下简称产品）不能满足消费者的需求，即平常所说的供不应求。例如，某一时间段，社会对香蕉总的消费需要是 100 个单位，但香蕉的种植户只能生产 80 个单位，这时，香蕉就处于卖方市场。在卖方市场的条件下，产品的提供者主宰该产品市场，对产品拥有定价权。在卖方市场环境中，产品的提供者所遇到的五种竞争力的变化如表 4-1 所示。

表 4-1　行业的"五力"在不同市场环境中的强弱分布

"五力"内容　　市场状况	卖方市场	供求基本平衡市场	买方市场
同行业竞争者的竞争能力	由弱变强	比较激烈	由强变弱
潜在竞争者的进入能力	由弱变强	比较强	由强变弱
购买者的议价能力	弱	比较强	由弱变强
替代品的替代能力	强	比较强	由强变弱
供应商的议价能力	强	比较强	由强变弱

第一，同行业竞争者的竞争能力。生产企业获得超额社会利润，行业内的竞争者，谁用最短的时间生产出较多的产品，就会获得较大的市场份额，获得丰厚的利润。这时，同行业的竞争压力是很大的。谁不增加投入，扩大生产，争夺市场份额，就可能在激烈的竞争中慢慢走向消亡。

第二，潜在竞争者的进入能力。基于资本追求利润最大化的性质，社会闲置资本就会寻找供不应求的行业进行投资，因此，潜在竞争者的进入能力是很强的。

第三，购买者的议价能力。因为生产者的产品供不应求，生产者有定价权，可以定高价而获得超额利润。供不应求的产品，价格往往较高或者很高，有的时候，消费者甚至花钱也买不到所需要的产品，在这种情况下，购买者的议价能力是很弱或者较弱的。

第四，替代品的替代能力。因为产品供不应求，产品的价格高得使消费者不能承受，或者花钱购买不到所需要的产品，因此，消费者就会寻找替代品以满足自己的需要。这时，替代品的替代能力较强或者很强。

第五，供应商的议价能力。当某行业的产品处于卖方市场时，就容易获取超额社会利润。在这种情况下，作为原材料的提供商，它的产品一般也处于卖方市场，供应商拥有定价权，就会获得社会的超额利润或高额利润。这时，其议价能力较强或者很强。

（二）买方市场角度下的"五力"强弱分析

在买方市场环境中，行业的产品处于供过于求状态。行业获得社会平均利润或者低于社会平均利润，竞争激烈，行业中的某些企业慢慢转移投资，逐步退出该行业。还是以香蕉为例，某时间段，社会对香蕉总的消费需要为 100 个单位，但香蕉的种植户总共生产出 140 个单位，香蕉供过于求，香蕉处于买方市场。

买方市场的环境下，行业的"五力"具体表现如表 4-1 所示。

第一，同行业竞争者的竞争能力。因为该行业获利能力由强变弱，恶性竞争开始抬头，行业朝着微利方向发展，这时的竞争力很强或者强。随着某部分竞争者主动退出该行业，恢复到供需平衡的状态，同行竞争才逐步减弱。

第二，潜在竞争者的进入能力。行业处于买方市场，产品供过于求，行业利润率低于社会平均利润率。基于资本追求剩余价值这一本性，社会闲置资本很少进入该行业，行业潜在竞争者的进入能力由强变弱。

第三，购买者的议价能力。产品供过于求，购买者在市场上很容易购买这类产品，选择余地很大，因此，购买者的议价能力由弱变强。

第四，替代品的替代能力。随着行业恶性竞争的出现，产品价格持续下降，购买者可以较容易地买到所需产品，一般来说，购买者没有必要去买替代品。因此，替代品的替代能力由强变弱。

第五，供应商的议价能力。随着产业链下游的产品利润率的下降，位于上游的供应商的利润率也会逐步下降，直至与下游企业所获利润率持平，整个产业链的获利能力都慢慢进入微利状态。因此，供应商的议价能力由强变弱。

（三）供需基本平衡市场角度下的"五力"模型

当行业处于供求基本平衡环境中，企业经营活动非常活跃，行业获得高额社会利润；业内的企业获利能力强，行业具有很强的吸引力。"五力"的具体表现如表 4-1 所示。

第一，同行业竞争者的竞争力。随着行业的产品逐步趋向饱和，业内企业的市场份额基本稳定。企业如果想要扩大市场份额，就得增加企业硬实力、软实力的投入，采取增加产品的科技含量、实施人才战略、引进先进设备等方法。通过改良产品外观、生产个性化的产品等途径，刺激消费者的潜在消费需求；通过规模生产、减小成本等方式扩大其市场份额。同业竞争比较激烈，但在恶性竞争到来之前，竞争还不会达到白热化的程度。

第二，潜在竞争者的进入能力。行业的生产者在这个阶段，获得的是社会平均利润率，总的来说，获利能力较强，行业微利时期尚远，社会闲置资本在找不到更好的投资机会的情况下，进入该行业还是很有可能。因此，潜在竞争者的进入能力较强。

第三，购买者的议价能力。随着该行业产品的供需达到平衡，产品的稀有性不复存在，行业的定价能力不断减弱，购买者比较容易买到其所需产品，议价能力逐步增强。总的来说，其议价能力由弱变强。

第四，替代品的替代能力。产品处于供需相对平衡的环境中，在较合理的价格条件下，消费者比较容易买到其所需的产品，也就没有必要寻找替代品满足其消费需求。此时，替代品的替代能力比较弱。

第五，供应商的议价能力。行业的整体获利能力还在一定范围内增强，企业的获利水平还在上升，社会对供应商的产品潜在需求不断增多，行业活力逐步爆发，行业利润总量不断增多。相应地，处于产业链上游的供应商，有相对强的定价能力，同样需要获得社会平均利润，因此，其议价能力在一定范围内处于比较强的状况，但朝着逐步减弱的方向发展。

三、波特"五力"分析模型的分析要素

通常新创企业的行业环境要关注两个方面：一是行业内的竞争程度和变化趋势；二是行业所处的生命周期。美国学者迈克尔·波特的"五力"模型反映了新创企业的环境因素。他认为现有市场竞争者、供应商、消费者、替代产品和潜在进入者决定了一个行业的竞争力，形成行业的竞争环境因素，如图4-2中间部分。

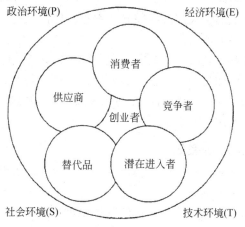

图4-2　创新创业企业的行业中观环境

（一）现有竞争者的竞争分析要素

企业面对的是一个竞争市场，要进入这个市场就要对手进行分析，主要分析内容有：一是基本情况研究；二是主要竞争对手研究；三是竞争对手发展动向。

产业内现有竞争者之间竞争的激烈程度主要与产业特征有关，以及竞争者自身的情况和他们在竞争中采取的竞争行动。在综合波特给出的影响要素和学者提出的主要指标的基础上，可归纳为六大要素，即产业竞争结构、产业增长、产业生产能力、竞争企业差异化或转换成本低、战略利益及退出壁垒。

（二）供应商议价能力分析要素

为各企业提供产品和服务的供应商的数量、特点和态度是供应商分析重要评价要素，数量的多少决定了供应商的垄断性及其在商务谈判中所处的地位。

供应商议价能力主要取决于供应商在与产业博弈中自身的相对优势，供应商的实力强或者所提供的是客户产品的主要原材料，供应商的话语权大大增强。但是对于自身的主要客户，供应商往往会做出一定让步。供应商议价能力的基本要素包括 6 个方面：供应商产业的集中化程度、供应商产品差异化或存在转换成本、产业对供应商的重要性程度、供应商产品对客户业务的重要性程度及前向一体化。

（三）购买者议价能力分析要素

购买者议价能力分析：一是要分析用户对产品总需求决定行业的市场潜力，从而影响行业内企业的发展边界；二是要分析用户讨价还价的能力会诱发企业的竞争，从而影响企业的获利能力。

购买者议价能力的关键影响指标与供应商议价能力的指标性质基本一致，购买者议价能力的高低主要与购买者自身实力有关，包含五个要素：购买产品的数量及集中程度、所购买产品非差异化或转换成本低、购买者对产品的依赖程度、产品对购买者产品的重要性程度及产品后向一体化。

（四）新进入者威胁分析要素

新企业进入某行业的可能性大小，由该行业的特点决定进入的难易程度，又取决于创业者可能做出的反应。因此，要减少潜在竞争对手的加入，可以采取以下措施提高进入堡垒。比如资金、技术上的扩大产品的差异化水平，使自己的产品和服务区别于其他企业，且这种差异不能轻易被模仿。

根据波特的竞争战略，新进入者威胁主要取决于进入壁垒的高低，而进入壁垒的高低主要包括六方面要素，即规模经济、产品差异化、资本需求、客户转换成本、获得分销渠道及成本优势。另外，还有政府对产业的相关政策，如限制或封锁对某产业的进入，即政府管制，必然会对新进入者造成影响。

（五）替代品威胁分析要素

替代品威胁分析，一是确定哪些产品可以替代本企业提供的产品；二是判断哪些类型的产品可能会对自己造成威胁。

波特在论述这一点时，没有给出具体的分析要素，只给出他认为威胁性较大的两类替代品：一类是性价比高从而会排挤产业内原有产品；另一类是由营利性高的产业所生产的一类相似产品。后者主要是因为在相似度大的情况下产业营利性强，产品的成本能够压低从而对现有产品产生威胁。有学者在构建"五力"模型指标体系时，指出应当考虑替代品数量、相似程度以相关技术的存在这三个指标，因此综合上述两种指标，这里给出以下五种分析要素：替代品数量、替代品相似程度、其他相关技术的存在、替代品性价比，以及替代品生产产业盈利情况。

四、波特"五力"分析模型的分析指标

在创业者的外部行业竞争环境分析中，一般采用定性分析方法。但在"五力"定性分析时，为了比较准确地分析行业的竞争态势，常采用指标分析法。通过指标的定性分析，有利于准确做出竞争战略的选择。表 4-2 反映的是波特"五力"模型指标体系，列出了常用的"五力"分析指标，是创新产业战略规划中规范分析的工具。

表 4-2　波特"五力"模型指标

竞争力	指　标	描　　述	备注
产业内现有竞争者之间的竞争	产业竞争结构	主要包括产业集中化程度,产业多样性,竞争企业的数量、规模等	
	产业增长	产业增长缓慢导致企业争夺市场份额,竞争加剧	
	产业生产能力	产业内存在剩余生产能力会对所有企业产生巨大压力,导致产业利润低	
	竞争企业差异化或转换成本低	竞争企业提供产品或服务的差异化或存在转换成本都可提高自身竞争力	
	战略利益	若在产业中取得成功会带来高额战略利益竞争会更加激烈	
	退出壁垒	主要来源有专用性资产、退出的固定成本、内部战略联系、感情障碍、政府及社会约束等,这些因素使企业收益甚微仍然维持竞争,导致产业利润率处于低水平	
供应商的议价能力	供应商的集中化程度	供应商集中化程度高于购买者能有效增强自身议价能力	
	供应商产品差异化或存在转换成本	产品差异化和转换成本消除了客户利用供应商矛盾的可能性,供应商实力大增	
	产业对供应商的重要性程度	若该产业非供应商主要客户,供应商抬价能力提高	
	供应商产品对客户业务的重要性程度	供应商提供的产品对客户的生产至关重要,供应商议价能力大大增强	
	前向一体化	供应商的前向一体化证明了自身的采购能力,提高供应商实力	
购买者的议价能力	购买产品的数量及集中程度	大批量和集中的购买会显著提高购买者议价能力	
	所购买产品非差异化或转换成本低	标准、非差异化产品及转换成本低使购买者议价能力提高	
	购买者对产品的依赖程度	所购买产品占购买者购买数量或成本比重大,购买者价格敏感度会很高,议价能力高	
	产品对购买者的重要性程度	重要性程度低则购买者议价能力高的重要性程度	
	产品后向一体化	购买者采取后向一体化威胁能够迫使对方让步提高自身议价能力	
新进入者威胁	规模经济	一定时期内产品单位成本随总产量增加而降低	
	产品差异	现有企业因自身产品特色、服务、品牌忠诚度等存在优势	
	资本需求	企业进入产业所需的初始资金	
	客户转换成本	客户从原供应商转换到其他供应商所需的一次性成本	
	获得分销渠道	产品批发、零售渠道越少,企业为争夺和控制而产生的竞争状得分销渠道就越激烈	

续表

竞争力	指　标	描　述	备注
新进入者威胁	成本优势	与规模无关的一些能够降低成本的产品技术、原材料来源、地点等优势	
	政府管制	政府能够通过政策调整限制甚至封锁对某产业的进入	
替代品威胁	替代品数量	存在大量替代品加剧竞争	
	替代品相似程度	替代品相似度高竞争会尤为激烈	
	其他相关技术的存在	使生产成本降低的先进技术的出现直接威胁现有企业	
	替代品性价比	替代产品性价比高的话会对现有产品产生威胁	
	替代品生产产业盈利情况	替代品如果由盈利很高的产业生产会具有较大威胁	

第二节　中观环境量化分析

国内外对波特"五力"模型的研究大部分仍旧是定性分析和实证研究，量化研究却很少。在经济发展突飞猛进、大量信息充斥的当今社会，产业内存在越来越多的不确定因素、不完全信息，管理者的战略决策难度越来越大，单纯的定性研究难以给出科学准确的结果，因而"五力"模型在实际中的应用遭遇"瓶颈"。多学科的相融合、量化研究与定性研究相结合的发展趋势对"五力"模型提出新的挑战，同时也为创业者工作的开展提供了方向。

一、波特"五力"模型关键指标的衡量

（一）同业竞争者竞争能力的关键指标的衡量

同业竞争者的竞争能力，是指行业中现有企业运用各策略或手段与企业竞争的能力。影响同业竞争者的竞争能力的因素主要包括：现有竞争者数量、行业的固定成本、产品差异及退出壁垒等。上述因素可以用以下关键指标来反映。

1. 企业成本费用利润率与行业成本费用利润率之比

竞争能力的高低取决于盈利能力的高低，如果企业的获利能力比行业的平均获利能力高，表明企业的竞争能力较强，其他企业的竞争能力弱；反之，本企业的竞争能力较弱，其他企业的竞争能力较强。

2. 企业市场占有率

市场占有率也表明了企业的竞争能力，较高的市场占有率表明企业在生产经营中拥有更大的控制权。因此，该指标值越高，表明企业的竞争能力较强，其他企业的竞争能力较弱；反之，企业的竞争能力较弱，其他企业的竞争能力较强。

（二）供应商议价能力的关键指标的衡量

供应商主要通过提高投入要素价格与降低单位产品质量的能力，来影响行业中现

有企业的盈利能力。影响供应商议价能力的因素主要包括：供应商的规模与数量、购买者的总数、单个购买者的购买量、供应商产品的标准化程度及其向前一体化的能力等。上述因素有些很难量化，有些可能很难获得基础数据，但可采用以下关键指标来衡量。

1. 供应商集中度

供应商集中度是企业前N家供应商供应量或供应金额占企业总采购量或采购金额的比重。该指标比重大，说明企业对供应商的依赖程度高，供应商的议价能力强；反之，企业的议价能力强。原材料占总资产比重：比重大，说明原材料对企业非常重要，企业在原材料采购上会花大量的人力、物力，此时企业的议价能力较强；反之，供应商的议价能力较强。

2. 原材料占总资产比重

原材料占总资产比重大，说明原材料对企业非常重要，企业在原材料采购上会花大量的人力、物力，此时企业的议价能力较强；反之，供应商的议价能力较强。

3. 应付账款增长率

应付账款增长率是指应付账款的大小或增长在一定程度上反映了企业的赊销能力。应付账款金额越大或应付账款趋于增长，说明企业的赊销能力强，即反映了企业的议价能力强；反之，企业的议价能力弱。

（三）购买者议价能力的关键指标的衡量

购买者主要通过压低购买价格与要求提供较高的产品质量和服务的能力，来影响行业中现有企业的盈利能力。影响购买者议价能力的因素主要包括购买者的总数、单个购买者的购买量、卖方行业的规模与数量多少、购买的产品是否属于标准化产品及购买者向后一体化的能力等。上述因素，可采用以下关键指标来衡量。

1. 购买者集中度

购买者集中度是指企业前 N 家采购商采购量或采购金额占企业总销售量或销售额的比重。该指标值越大，说明企业对购买者的依赖程度越高，购买者的议价能力越强；反之，企业的议价能力越强。

2. 应收账款的大小或增长

应收账款的大小或增长在一定程度上反映了购买者的赊销能力。应收账款金额越大或趋于增长趋势，说明购买者的议价能力强；反之，企业的议价能力强。

3. 预收账款增长率

预收账款的大小或增长在一定程度上反映了企业产品的竞争实力。预收账款金额越大或趋于增长趋势，说明企业的在销售产品之前收到的货款。该指标与应收账款增长率的含义相反，指标值越大，说明企业的议价能力越强；反之，企业的议价能力越弱。

（四）潜在竞争者进入能力的关键指标的衡量

新进入者在给行业带来新生产能力、新资源的同时，有可能与现有企业发生原材料与市场份额的竞争，最终也将导致行业的盈利能力下降。影响潜在竞争者进入的因素主要包括规模经济、资本量的要求、转换成本、产品差异及销售渠道的开拓等因素。上述因素可采用以下关键指标来衡量。

1. 行业集中度

行业集中度是指该行业的相关市场内前 N 家最大的企业所占市场份额的总和。行业集中度可以反映一个行业的垄断程度。该指标值越大，说明行业的集中程度越高，潜在竞争者进入的威胁越小；反之，潜在竞争者进入的威胁越大。

2. 行业市场增长率

行业市场增长率是指该指标反映行业的发展速度。指标值越大，表明行业增速快，对潜在竞争者的吸引力大，可能会有很多潜在竞争者进入本行业，企业所面临的处境会越艰难，这表明潜在进入者的进入能力越强；反之，潜在进入者的进入能力越弱。

（五）替代品替代能力的关键指标的衡量

替代品是指具备与现有产品或劳务的相似功能，能满足消费者同样的需求。替代品的存在会抑制现有产品的价格和盈利能力，随着替代品的入侵，现有企业要通过提高产品质量，或增加产品功能，或降低产品价格等方式扩大销量，否则会遭受不利的影响。影响替代品能力的因素主要包括替代品的价格、替代品的质量、用户的转换成本等。上述因素可用以下关键指标来反映。

1. 替代品行业市场增长率

替代品行业的市场增长率较大，表明替代品的销量较好，消费者倾向于购买替代品，这将对本行业的产品销量产生不利影响，说明替代品的替代能力强；反之，替代品的替代能力弱。

2. 替代品行业的成本费用利润率

替代品行业的成本费用利润率是指该指标反映的替代品行业的盈利能力，该指标值大，表明替代品行业的盈利能力强，表明替代品行业具有较好的发展前景，也表明替代品行业对本行业的威胁大；反之，替代品的替代能力弱。

二、波特"五力"关键指标量化评价应用

常用的"五力"竞争的量化分析的关键指标如表 4-3 所示。

表 4-3　同业竞争者"五力"竞争力的关键指标的衡量

评　价　指　标		权重（%）	指标性质与内涵
同业竞争者竞争能力	1. 企业成本费用利润率与行业成本费利润率之比	10	正向指标
	2. 企业市场占有率	15	正向指标
供应商的议价能力	3. 供应商集中度	5	负向指标
	4. 原材料占总资产比重	5	正向指标
	5. 应付账款增长率	10	正向指标
购买者的议价能力	6. 购买者集中度	15	负向指标
	7. 应收账款增长率	5	负向指标
	8. 预收账款增长率	5	正向指标

评 价 指 标		权重（%）	指标性质与内涵
潜在竞争者进入能力	9. 行业集中度	10	负向指标
	10. 行业市场增长率	10	负向指标
替代品替代能力	11. 替代品行业市场增长率	5	负向指标
	12. 替代品行业的成本费用利润率	5	负向指标
合　计		100	

根据表 4-3，不同企业可根据企业自身情况，对指标权重重新进行分配。上述 12 个指标，有些是评价企业竞争力的正向指标，有些是负向指标，这一点必须首先厘清。评价时可根据行业的特点、行业所处的发展阶段及行业产品的特点等因素，采取头脑风暴法、专家意见法、德菲尔法等一种或多种方法相结合，给指标赋予相应的权重，用以测量企业的竞争实力。每个指标赋值 100 分，并赋予不同的权重。对于正向指标，指标值越大，得分越高；对于负向指标，指标值越大，得分越低。通过上述方法，解决正、负向指标统一评分问题，有利于正确评价企业的竞争力。

综上所述，试图通过关键指标来量化波特"五力"模型，以利于企业制定企业发展战略或经营战略时进行定量分析。由于企业处所的行业、面临的环境不尽相同，实际运用关键指标法评价时，还须针对实际情况增删相关指标，或调整指标的权重，以契合企业的实际情况。同时，还须通过一定的甚至是起决定性作用的定性分析来判断企业的竞争力，以防止使用某一种办法带来的片面性。

三、波特"五力"分析与竞争战略的选择

竞争战略从一定意义上讲是源于企业对决定产业吸引力的竞争规律的深刻理解。任何产业，无论是国内的或国际的，无论是生产产品的或提供服务的，竞争规律都将体现在这五种竞争的作用力上。因此，波特"五力"模型是企业制定竞争战略时经常利用的战略分析工具（见表 4-4）。

表 4-4　波特"五力"模型与竞争战略的关系

行业内的五种力量	竞 争 战 略		
	成本领先战略	产品差异化战略	集中战略
同业竞争者竞争能力	能更好地进行价格竞争	品牌忠诚度能使顾客不理睬你的竞争对手	竞争对手无法满足集中市场下的差异化顾客的需求
供应商的议价能力	更好地抑制大卖家的议价能力	更好地将供方的涨价部分转嫁给顾客方	进货量低，供方的议价能力就高，但集中的差异化企业能更好地将供方的涨价部分转嫁出去
购买者的议价能力	具备向大买家出更低价格的能力	因为选择范围小而削弱了大买家的谈判能力	因为大买家没有选择范围使大买家丧失谈判能力
潜在竞争者进入能力	具备杀价能力以阻止潜在对手的进入	培养顾客忠诚度以挫伤潜在进入者的信心	建立核心能力以阻止潜在对手的进入
替代品的替代能力	能用低价抵御替代品	顾客习惯于一种独特的产品或服务因而降低了替代品的威胁	特殊的产品和核心竞争力能够防止替代品的威胁

一般竞争战略主要分为三大类。以下就竞争战略与"五力"的关系等进行分析。

（一）成本领先战略分析

成本领先战略也成为低成本竞争战略，是指企业通过有效途径降低成本，使企业的成本低于竞争对手，甚至是在全行业中处于最低水平，从而获取竞争优势的一种战略。

大多数企业在进行战略分析时都把成本领先作为获得竞争优势的基础。一旦企业在行业范围内取得成本领先地位，它将拥有以下优势。成本领先战略与"五力"分析的关系如下。

（1）能形成进入障碍。利用巨大的生产规模和成本优势形成进入障碍，使欲进入该行业者望而却步。那些导致低成本的因素往往是潜在进入者需要克服的进入障碍。例如，在某行业里，大规模生产在降低了产品成本的同时，也提高了行业的进入障碍。

（2）能有效地防御来自竞争对手的抗争。当其他竞争对手由于对抗而把自己的利润消耗殆尽以后，取得领先地位的企业仍能获得适当的收益。

（3）能获得高于行业平均水平的利润。低成本企业可以利用低价格的优势从竞争对手那里挖掘销售量和市场占有率，即使行业内存在很多竞争对手，具有低成本地位的企业仍可获得高于行业平均水平的利润，这将进一步强化其资源基础，使其在战略选择上有更多的主动权。

（4）能对抗强有力的买方。购买者讨价还价的前提是行业内仍有其他企业向其提供同类产品或服务，一旦价格下降到低于最有竞争力的水平，购买者也就失去了与企业讨价还价的能力。

（二）差异化战略分析

差异化战略是指企业设法向顾客提供与竞争者存在差异的产品和服务，在行业范围内形成别具一格的经营特色，以特色来取得竞争优势。

差异化战略是使企业获得高于同行业平均水平的一种有效战略。实施差异化战略与"五力"分析的关系如下。

（1）降低顾客的价格敏感程度。由于差异化，顾客对产品或服务具有某种偏好，并形成对品牌的忠诚度，因此，顾客对价格的敏感程度降低。这样，差异化战略就可以为企业在该行业竞争中制造一个隔离带，避免来自竞争者的伤害。

（2）形成强有力的进入壁垒。由于差异化提高了顾客对企业的忠诚度，所以如果行业新加入者要参与竞争，就必须获得这些差异性；或者扭转顾客对原有产品或服务的信赖以及克服原有产品独特性的影响，从而要付出相当大的代价。这就增加了新加入者进入该行业的难度。

（3）防止替代品的威胁。由于产品或服务具有差异性，所以赢得顾客的信任，可以在与替代品的较量中处于更有利的地位。

（三）集中化战略分析

集中化战略又称集中战略或重点集中战略，也称作聚焦战略或专一战略。它是指企业或战略经营单位根据特定消费群体的特殊需求，将经营范围集中于行业内的某一细分市场，使企业的有限资源得以充分发挥，在某一局部超过其他竞争对手，建立竞争优势。

集中化战略是指通过集中使用企业的资源和力量，更好地服务于某一特定市场。采用集中化战略也能在本行业中获得高于一般水平的收益。实施集中化战略与"五力"分析的关系如下。

（1）可以防御来自竞争对手的激烈竞争，竞争对手无法满足集中市场下的差异化顾客的需求。

（2）可以形成较强的进入壁垒。可通过建立核心能力以阻止潜在对手和替代品的威胁。

（3）因为大买家没有选择范围使大买家丧失谈判能力；集中的差异化企业能更好地将供方的涨价部分转嫁出去。

通过对波特"五力"模型与一般竞争战略的关系分析，可以运用这一理论来分析，现实企业应如何在行业市场中制定竞争战略。

第三节　中观环境分析实训材料

一、基于波特"五力"模型的 B2C 电子商务行业中观环境分析

（一）B2C 电子商务发展背景

B2C（business to customer）电子商务，即企业通过互联网为消费者提供一个新型的购物环境——网上商店，消费者可以通过网络在网上购物，网上支付。目前，接受网上购物的消费者越来越多，各大 B2C 企业激烈的竞争使 B2C 市场发展迅猛。据易观智库发布的《中国网上零售 B2C 竞争力报告 2012》数据显示，2012 年上半年中国网上零售 B2C 最终成交额过千亿元，其中天猫、京东商城、当当等平台贡献了大部分的交易规模。但 B2C 电子商务发展仍存在如供应链、物流配送体系、服务、消费者忠诚度等问题，面临较为严峻的挑战。

（二）B2C 电子商务的波特"五力"模型分析

1. 供货商的讨价还价能力——较弱

（1）供货商的集中程度低，成本日益透明化。首先，电子商务市场的供货商比较分散，数量多，致使议价能力比较弱。其次，供货商讨价还价能力的降低还反映在商品成本日益透明上。B2C 电商企业可同时获得多家供货商提供的类似产品报价，从而限制供货商的讨价还价能力。

（2）供货商商品的可替代程度高。网络上出售的同类商品的供应商数量非常多，商品的可替代程度高，当某一商品的价格上升后，消费者就会转而寻找替代品进行购买和消费，价格弹性比较大，所以供应商同行之间的竞争压力较大。

（3）供货商的一体化发展，抢夺 B2C 的市场资源。网店的数量不断增多及网络销售额的增长，压制了实体店的经营及发展空间。许多大型的供应商，如国美、苏宁，纷纷向前一体化发展，在网上开设了自己的网店，抢夺 B2C 电子商务行业的市场资源。

2. 购买者的讨价还价能力——较强

（1）顾客选择空间大。如今网店的数量多，商品数量大，同质化十分严重，购买者所购买的基本上是一种标准化产品，差别较小，价格差异成为影响消费者购买决策的重要因素，消费者可货比三家后再决定购买，从而提升了购买者的讨价还价能力。

（2）购买者转换成本低。商品标准化程度越高，购买者转换成本越低，即购买者很容易转向更实惠的地方。购买者可以很方便地对不同商城的价格进行比较，信息不对称的天平向购买者倾斜。这在一定程度上提高了购买者的讨价还价能力。

（3）购买者对价格敏感度高。选择在网上购买的消费者大多是价格敏感型的消费者，他们的消费忠诚度较低，价格是吸引他们目光的主要因素。他们会花费时间进行不同网站之间价格的比较，因此购买者的讨价还价能力较强。

3. 潜在竞争者进入的能力——较弱

（1）规模经济，进入壁垒较大。近年来，中国网络购物市场的交易规模增长很快，那些潜在竞争者要想在市场中与淘宝、拍拍等巨鳄进行竞争就必须有一定的规模，否则，就难以在竞争日趋激烈的市场中生存下去。

（2）品牌偏好和顾客忠诚度形成无形的壁垒。相对于那些潜在进入者，在行业中知名度较高的淘宝、拍拍凭借自身庞大的交易规模和日益壮大的客户群对潜在进入者设置了无形的壁垒。潜在进入者必须建立一个完善的网络虚拟交易平台，然后愿意且有能力花足够的资金用于广告和促销来克服顾客的品牌忠诚。

（3）资本与技术的需求增大了进入壁垒。在新的行业竞争中，要求企业有足够的资源投入。潜在竞争者想要进入 B2C 电商行业不仅需要有适当的规模及足够的知名度，而且物流供应链、客户数量方面都需要有一定的优势。因此，这在无形中增大了 B2C 的进入壁垒。

4. 替代品的威胁——较大

（1）传统的面对面交易方式。传统交易方式仍然是主流交易方式，与网购方式相比，传统购物方式更简捷、更直接，所需承担的信用风险也更小。买家可以直接接触商品，不必承担由于网购过程中，图片、商品描述和实物的差异等问题所造成的心理落差和不必要的损失。

（2）C2C 电子商务。在支付宝出现后，C2C 行业的信任度提高了。而 B2C 主要依靠消费者对自身企业的信任度，其信任度基本保持不变。因此，支付宝的出现使 B2C 网上零售行业被 C2C 替代威胁变大。

（3）电视、电话购物。近年来，电视购物等一系列电视直销方式，由于传统媒体强大的广告效应及背后的公司、集团支撑和规模化的运作，一直长盛不衰，兴旺发展。电视购物采用更简便的电话订购方式，具有相当一部分稳定的顾客群体。

5. 现有竞争者之间的竞争——较大

（1）商品结构趋同化。B2C 网站上的商品标准化程度相当高，差别较小，想要让消费者选择自己，就必须从各种方面获得消费者的目光，这需要花很多的精力与成本，无疑给现有的竞争者带来更大的竞争压力。

（2）相近行业竞争者增多。据前瞻产业研究院监测显示，目前中国网络购物者人数达到 2.42 亿人，高于美国的 1.7 亿人，网络用户数量迅速的增长意味着庞大的市场需求，与此同时，更多的 B2C 企业蠢蠢欲动，想要进入此行业分一杯羹。

（3）营销手段层出不穷。B2C 网站为了提高自己的销售量，不断地推出新的营销手段。各种节日的到来，为 B2C 网站带来商机，结合节假日，店庆推出价格优惠、包邮等方式，还有偶尔推出秒杀、特价等活动来吸引消费者。

（4）网站建设的不断升级。购物网站平台连接着买家和卖家，必须同时满足用户的交易体验才能留住更多的客户。各大网络购物网站为此不断优化网站建设来为用户提供更为方便的操作环境。

（三）我国 B2C 电商市场的发展策略

1. 低成本战略

成本领先战略也称为低成本战略，是指企业通过有效途径降低成本，使企业的全部成本低于竞争对手的成本，甚至是在同行业中最低的成本，从而获取竞争优势的一种战略。

（1）优化供应链系统，实施无缝衔接。B2C 企业必须整合上下游的核心资源，依托信息技术，打造高效率、低成本、快速响应的供应链系统。亚马逊和京东商城都通过建立虚拟库存方式，货物从供应商仓库直接发出；沃尔玛和宝洁等实行"供应商管理库存"，供应商可以直接看到自己商品在沃尔玛和宝洁的销售情况，以备及时补货。

（2）物流系统的低成本。对采用 B2C 电商模式的企业而言，管理好正、逆向物流是企业寻求降低成本、提高客户满意度、提升竞争能力的有效途径。

（3）选择合适盟友，建立战略联盟。对电商网站而言，可以采用合作战略，与国内外知名网站、商业企业展开全面的合作。这样可以实现推广市场方面的低成本，优势互补，达到双赢。如凡客，采取与网络公司建立战略联盟的策略，实施销售分成。

2. 差异化战略

差异化策略是指企业自身的产品、服务、人员、形象等各方面，区别于竞争者的营销策略，使客户或者消费者能够区分开来，选择自身比较偏好的产品或服务。

（1）建设自有品牌。产品规格和标准统一的商品更适宜作为网络商品进行销售。如凡客，选择自有服装品牌网上销售的商业模式，发布 VANCL 凡客诚品。据最新的艾瑞调查报告，凡客诚品已跻身中国网上 B2C 领域收入规模前四位。

（2）提升个性化服务体系。电商企业可通过 B2C 收集各种客户的数据，采取商务信息自动化分析出客户的偏好与需求，参考这些数据，可以更好地提供适合客户需求的个性化服务，从而满足客户更深层次的个性化需求。

（3）开拓垂直细分电商。首先，垂直 B2C 购物网站在产品划分上有单一特性，有助于产品细分，有利于服务的专业化；其次，其物流管理更加高效、便捷，满足众多顾客对快捷服务的要求；最后，它注重顾客的评价体系，保障售前售后的良好服务，以顾客为核心构建一个完整的服务体系。

二、基于波特"五力"模型的运动服行业中观环境分析

本实训案例以李宁公司运动服行业作为实训材料。

（一）公司基本情况概述

李宁公司成立于 1990 年，由著名体操运动员李宁先生创立，品牌包括"李宁""乐途""艾高""心动"等并控股上海红双喜。2004 年 6 月李宁公司在香港上市，业绩连续六年保持高幅增长，并在其间与 NBA、国际男子职业网球选手联合会 ATP、中国国家羽毛球队、中国乒乓球队、中国体操队、中国射击队、中国跳水队等体育赛事和团队签约合作，逐步扩大品牌影响力。然而从 2011 年开始，李宁公司的财务不断亏损，在经过出售红双喜 10%股权、向互联网转型、与京东合作、控制成本等一系列措施后在 2015 年重新扭亏为盈。但此时在盈利水平和市场份额方面已与耐克、阿迪达斯、安踏、361°等体育品牌有一定的差距。

（二）李宁公司的波特"五力"模型分析

1. 同业竞争者的竞争程度

中国体育用品市场在高、中、低端三类市场分布着不同的品牌产品。目前来说，高端市场由国外知名品牌如耐克、阿迪达斯等占据，它们凭借强大的研发背景、新颖的设计理念，以及多年以来积累的稳定客户群体成为体育用品行业的领军者，比如，2015 年耐克在中国市场实现销售收入约 199.84 亿元，同比增长 18%；阿迪达斯也创造了约 176.15 亿元的收入，完成了在 2010 年制订的中国市场"五年计划"（到 2015 年实现 20 亿欧元的销售额，缩小与耐克在中国市场上的差距）。而据汇丰银行 2015 年 9 月发布的数据显示，阿迪达斯与耐克在中国的市场份额已经各达到了 12%左右，优势明显。其他中低端市场李宁公司也面临安踏、361°、特步、匹克等国内名族品牌的竞争。

表 4-5 列出了 2015 年中国部分体育品牌营业收入和净利润。

表 4-5　2015 年中国部分体育品牌营业收入和净利润　　　　　单位：亿元

体育品牌	营业收入	净利润	体育品牌	营业收入	净利润
安踏	111.26	20.4	匹克	31.1	3.92
361°	44.59	5.18	贵人鸟	19.7	3.3
特步	52.95	4.78	李宁	70.89	0.14

数据来源：各公司 2015 年财报整理。

2. 新进入者的威胁

分析新进入者的威胁需要考虑行业、市场的进入壁垒。中国体育用品市场的高端市场进入壁垒较高，原有品牌在科技、宣传、创新方面占据主导地位，使新进入者难以在短时间内与之抗衡。而作为中低端市场，其进入壁垒相对较低，新兴体育用品品牌可以利用政策、赛事、运动员、价格、互联网等因素进行造势宣传，吸引大众消费。同时，自 2014 年文件《关于加快发展体育行业，促进体育消费的若干意见》实施以来，各项配套政策也相继出台，包括设立体育产业引导资金、鼓励民间资本投资体育产业、设立省级体育产业基地、推动体育产业立法工作等。这些举措在税费优惠、土地保障、专项资金、科技研发等方面为体育产业发展提供了有利条件，增加了群众参与体育健身的需求，也为体育用品行业创造了良好的发展空间，吸引更多企业加入竞争。

3. 替代品的威胁

李宁公司的产品主要集中在鞋类、服装和配件。其替代品不仅有运动品牌还包括休闲类品牌（见表4-6），再加上许多现有运动品牌多元化经营战略，结合体育与休闲主题，如阿迪达斯、Kappa、彪马、匡威等，李宁品牌所处的竞争环境激烈，同时在鞋类上还要面临国内外主营单项运动品牌的冲击。

表4-6 李宁公司鞋类产品主要替代品品牌

鞋类	品 牌	鞋类	品 牌
篮球鞋	AJ、耐克、安踏等	羽毛球鞋	尤尼克斯、胜利、索牌等
足球鞋	耐克、阿迪达斯、茵宝等	户外鞋	始祖鸟、乐斯菲斯、哥伦比亚等
网球鞋	耐克、百宝力、海德、威尔逊等		

4. 供应商的议价能力

作为体育用品公司，李宁公司以"轻资产运营模式"为主，主要是指未将全部精力放在所有环节上，而是将生产及销售的环节通过转让的方式外包给其他公司，公司重点关注品牌推广和产品销售。在这种模式下，供应商与作为采购商的李宁公司所处地位并不平等，李宁公司可以在多个供应商之间进行对比选择，根据地域、运输、需求等条件选择不同的供应商，而供应商也多为散户，没有形成规模。因此，李宁公司在采购供应环节上掌握了主动权，供应商的议价能力相对较弱，不过随着体育用品公司数量的增多，李宁公司也须重视与供应商建立长期稳定的合作关系。

5. 购买者的议价能力

体育用品业中，高端市场的购买者议价能力较弱，他们往往更重视产品的功能和品牌价值，而不过分关注价格，对品牌有一定的忠诚度；而中低端市场中，购买者更加关注产品的性价比，容易在同一类产品里进行品牌转换，议价能力相对较高。如何吸引这一部分购买者是李宁公司在进行品牌定位和产品营销时应考虑的主要因素。

（三）李宁公司制订创新战略规划的几点启示

1. 改善供应模式，优化产业链管理

轻资产运营模式给李宁公司的发展带来了弊端，具体体现在其剥离了产业链的上下游，对于下游市场需求波动信息和上游生产加工信息精准把握的困难程度大大提高，造成企业对零售商的控制力不足，不能针对市场需求的波动快速反应，零售商对公司营销策略的执行力度也相对不足，不能针对市场需求波动进行产品生产的快速切换。这也是李宁公司自2011年以来不断亏损的主要原因。虽然目前已经扭亏为盈，但为了规避此类风险，李宁公司亟须向以市场为导向的零售业务模式转变，做到及时收集和分析销售数据来预测需求，制订当季计划，灵活调配供货，同时借助半自动化订单流程，及时补货，使供应链各方协同合作，提高生产和销售效率。

2. 结合互联网发展趋势，实现企业转型

受互联网科技的高速发展，李宁公司需要从传统体育装备供应商转变为利用互联网来创造运动生活体验的服务提供商。根据财报显示，2015年电商渠道占李宁公司总营业收入的比重达到了8.6%，销售收入比2014年增加了95%，同时在2015年"双十一"期

间，李宁在天猫的销售额达到了 1.3 亿元人民币，在体育用品类别中排名第三，整体销量超过 2 亿元人民币。这也不断激励李宁公司继续重视电商渠道的宣传和服务，吸引更多网民消费。同时，李宁公司还可以继续和互联网公司进行战略联盟，实现双赢。

目前李宁公司已经与小米合作推出智能跑鞋，以及与京东达成合作，京东将为李宁提供从产品到门店的整体物流解决方案，也帮助李宁在库存配置、运营效率等方面推进 O2O 战略。这类合作也为未来李宁公司的发展带来创新，这不仅让李宁公司获得了新的渠道，也让双方通过与用户更快捷的连接方式拥有了更多的客源和展示的平台，让双方的产品、技术、组织形式、供应链、渠道等相互交叉，互相作用。

3. 聚焦核心运动类别，提高产品创新力度

为了提高影响力，李宁公司应减少产品同质化，减少在非核心市场的投入，如时尚休闲服装等。应积极根据市场调查，扩展核心运动产品类别，明确核心目标群体，采取相应的消费增长举措。例如在篮球系列上，这类消费群体主要集中在校园篮球爱好者。为了加深在他们心中的影响力，李宁公司除了与联赛、球队、明星、社团合作，制造粉丝效应，还应在大量青年社交平台上大量宣传，带动时尚的潮流；在跑步方面，李宁公司也可以与民间跑团建立合作，制造和推广领袖意见，同时也在大量马拉松赛事上宣传造势，在跑步爱好者心中树立良好的形象。当然，李宁公司也须继续加大研发队伍建设，不断开发具有知识产权的新产品，以创新的技术持续开发具有特色的产品，结合东方特色元素，在根本上实现产品差异化，提高竞争力。

4. 加强成本控制，增加营业利润

为了提高净利润，李宁公司在努力提高营业收入的同时还需要继续缩减成本。根据 2015 年财报显示，李宁公司行政支出从 2014 年的 6.27 亿元减少到 3.46 亿元，其中减少幅度最大的是管理咨询费和差旅及业务招待，但佣金及订货相关费用增长明显。今后，李宁公司应继续加强成本控制力度，在支出款项和组织结构中多下功夫，从而增加单位利润。

5. 加强渠道管理，重视售后服务

由于李宁公司在线上、线下同时运营，有效避免了传统和网络渠道的冲突，因而保证各自拥有稳定的客户群体是李宁公司需要重视的问题。为此一方面李宁公司应继续做好线上中间商和线下中间商的协调工作。网络渠道中的中间商只做网络销售，线下的中间商只做线下销售，让他们在各自的渠道中有效运行，明确共同的目标和利益关系，使生产商、网络中的中间商和线下中间商形成一个"大家族"的理念。另一方面也要重视售后服务。即在网络上要专门开设售后服务专页，鼓励喜好网络购物的人们畅所欲言，对积极分享自己的需求、感受，以及及时对服务做出评价的用户实行发放优惠券等措施奖励。在这种途径下，厂商就应该根据顾客的反馈信息及时调整营销策略，尽量满足顾客的要求，提高网络顾客的忠诚度。对线下来说，也要注重提高销售员的素质，加强培训，使他们能及时了解顾客的需要并予以满足，各自顾客的忠诚度提高后就会降低中间商串货的行为，避免渠道冲突。

小结

作为民族体育用品业的领头羊，李宁公司在历经辉煌和变革后虽然重新在 2015 年扭亏为盈，但根据波特"五力"模型分析，仍然在内外部面临较为激烈的竞争环境。为制定合理的发展战略，进一步树立品牌形象，提高销量和利润，李宁公司可以从供应模式、互联网转型、核心产品聚焦、成本控制、渠道管理等方面深入完善，希望李宁公司能够全方面提升自身竞争力，与其他民族品牌共同促进中国体育用品业的发展。

三、基于波特"五力"模型的手机行业中观环境分析

本实训案例以华为公司手机行业作为实训材料。

（一）华为公司手机业的发展概况

近几年来，随着科技的发展，人民的生活水平也在不断提高。手机的普及率也日益增高，对人们的学习、生活和工作都有着不可替代的作用。在中国，手机产业也在飞速发展着，特别在智能手机市场，中国已经占据领先地位。

然而，国产手机在国外激烈的竞争环境和自身一些因素的影响下，发展并非一路顺风。在国外，三星、苹果等知名品牌对国产手机市场的威胁非常严重。在国内，手机厂商竞争方面优势的降低和市场占有率的不断下降，都是因为国内厂商对其营销能力、质量技术及售后服务等多方面问题存在不足。怎样把握住机会，把自己的竞争力打造出来，并想出在现在的竞争形势下应对自如的营销手段，使其一直保持优势，在世界市场中赢得地位，是国产手机企业目前最需要考虑的问题。虽然与 2014 年比，2015 年，华为智能手机的出货量增长 88%，市场的占有率也只达到第 5 名，但表现了华为手机业务在国内和全球中都处于极强的上升趋势。

国外著名市场研究机构 Strategy Analytics(SA)发布的最新报告显示：2013 年第三季度全球智能手机总出货量同比增长 45%，达到创纪录的 2.51 亿部，而三星手机的出货量和市场占有率再次位居全球第一。

三星手机在 2015 年第三季度，智能手机的总出货量合计 8840 万部（去年同期为 5960 万部），市场的份额多于 35%（去年同期为 32.9%），成为现在智能手机领域的王者。

苹果手机虽然位居第二，但出货量和市场占有率都少于三星一半，而且 2015 年第三季度的出货量尽管比去年同期增长了 26%，但增长却低于 45% 的平均水平。而且苹果手机占有的市场份额也由去年同期的 15.6% 下降到 13.45%，2015 年虽然推出了 iPhone 6S、iPhone 6S plus，但也并没为苹果挽回局面。

华为在做技术的同时把为用户着想放在第一位，真正用行为兑现对用户的承诺。2015 年，在华为手机的生产中智能手机的比例达到了 87%，其中，中高档的机型出货量达到了 12%，这说明华为采取精品战略的成果已经开始出现。在本土市场，运营商和消费者对华为的 P6、D2、荣耀等精品机型非常关注，华为自定制机开始尝试，到推出自己品牌中的很多明星机型，均销量出众。2016 年 2 月，全球权威市场机构 IDC 发布的 2015 年全球智能手机市场最新统计数据显示，2015 年全球智能手机市场出货量首次突破 15 亿部，三星与苹果的市场占有份额都排在前位，而华为则位居全球第三，市场份额占 7.9%。在通信标准进入 4G 后，华为虽然在本土市场进军晚些，但因为掌握了丰富的技术，所以并不会受很大影响。2015 年，代表华为当年的第一款高端智能手机正式在北京出现。

从年初的发布，华为的精品战略体现得淋漓尽致，在当年手机业界里来了个开门红。华为在激烈的竞争中仍要良好地发展，是其现在面临的最大问题。

（二）智能手机行业环境波特"五力"模型分析

波特"五力"模型分析如图 4-3 所示。

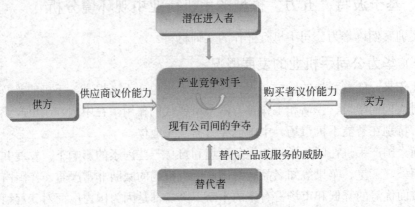

图 4-3　波特"五力"模型分析

1. 现有行业内竞争

（1）同行业企业的数量和力量对比。智能手机行业拥有众多厂商，如苹果、三星、华为，这些智能手机的领导者，还有与之并存的小米、联想、魅族、VIVO 等。数量多而且力量比较均衡，所以竞争激烈。

（2）行业的发展速度。智能手机市场发展迅猛，2012 年，智能手机的发货量突破 50 亿部大关。（资料来源：中研网《未来我国智能手机行业发展现状及市场趋势分析》）

（3）产品的差异化程度与用户的转换成本。大多数品牌在产品差异化方面很成功，在质量、功能等方面更有侧重，购买者具有相当的品牌支持度。并且智能手机一般价格偏高，用户转换成本高。

（4）固定成本和库存成本：数码产品的特殊性，更新换代的速度快。生产商的生产能力很快转入下一批次产品，生产能力不会被闲置。但是又因为更新速度快，产品降价快，因此库存成本高。

（5）退出障碍：大部分生产商的专业化程度很高，清算和转换成本高，高额的劳动关系解除赔偿。

总结：行业内现有竞争者的竞争较强。

2. 购买者的讨价还价能力

（1）顾客的集中程度。智能手机行业的一级购买者是手机经销商，分布在全世界的众多经销商，大部分的单体经销商对智能手机行业而言其进货量很小。

（2）顾客选择后向一体化的可能性。就智能手机行业而言，顾客选择后向一体化的可能性很低，从来没有成功例子。

（3）顾客从供方购买的产品的标准化程度和转换成本。智能手机的标准化程度很低，产品差异性明显。

（4）顾客信息的掌握程度。顾客对智能手机的市场价格、需求了解较多，但对于生产成本了解不够。

总结：购买者的讨价还价能力较弱。

3. 供应商的讨价还价能力

智能供应商可以理解为包括手机的代工商、设计公司和操作系统厂商、芯片和处理器供应商、手机外壳行业、按键电声产品供应商等。

（1）供应商所在行业的集中度。智能手机的各个部件在市场上有着众多的供应商，而且供应商规模都比较大，难以联手操控市场，集中程度高于购买者。

（2）本行业对供应商的重要性。智能手机行业对零部件供应商的重要性很强，但是对代工商的重要性一般。

（3）前向一体化的可能性。成熟的代工商前向一体化的可能性一般（如富士康），但是存在一定的技术壁垒，总体而言较弱。

（4）供应商的产品对于本行业的重要性。智能手机的关键零部件如 CPU、芯片等对于智能手机行业至关重要。

总结：供应商的讨价还价能力一般。

4. 潜在进入者的威胁

（1）规模经济：智能手机行业的各企业规模很大。

（2）产品差异优势：大多数品牌在产品差异化方面很成功，在质量、功能等方面各有侧重，购买者具有相当的品牌支持度，如锤子手机。

（3）资金需求：新进入者的技术研发费用、宣传费用很大。

（4）销售渠道：各手机巨头都拥有众多的足够密集的经销商（专卖店）。

（5）转换成本：原来的经销商（专卖店）都经过授权。

（6）与规模经济无关的固有成本优势：智能手机作为技术含量较高的数码产品，新进入者必须有一定相关的数码产品生产经验和科学技术，国家信息监管部门对手机也有一套审批程序。

总结：新进者的威胁较弱。

5. 替代品的威胁

替代品是指那些与本行业的产品具有相同或相似功能的其他产品。在目前科技发展前景可预见的前提下，智能手机的替代品是普通手机和平板电脑。

（1）替代品的价格：普通手机和平板电脑的价格都普遍低于智能手机。

（2）替代品的功能差异：普通手机无法提供上网、音乐播放等更先进，更能满足购买者需要的功能；平板电脑较智能手机拥有更加丰富的应用，但是其不侧重通信或者关于通信的功能较弱。

（3）用户转向替代品的转换成本：普通手机不能满足购买者随时随地上网、听音乐等的生活方式，而平板电脑的便携性较差。

总结：替代品的威胁较弱。

四、基于波特"五力"模型的快捷连锁酒店行业中观环境分析

本实训案例以如家企业快捷连锁酒店业作为实训材料。

（一）公司简介

（含义：向顾客提供"洁净似月，温馨如家"的服务的品牌形象和经营管理模式）

如家酒店集团原名如家酒店连锁，创立于 2002 年，2006 年 10 月在美国纳斯达克上市（股票代码：HMIN）。作为中国酒店业海外上市第一股，如家始终以顾客满意为基础，以成为"大众住宿业的卓越领导者"为愿景，向全世界展示中华民族宾至如归的"家"文化服务理念和民族品牌形象。

如家酒店集团旗下拥有如家快捷酒店、和颐酒店两大品牌，现已在全国 30 多个省和直辖市覆盖 100 多座主要城市，拥有连锁酒店 500 多家，形成了遥遥领先业内最大的连锁酒店网络体系。

酒店理念：经济型连锁酒店品牌——如家快捷酒店，提供标准化、干净、温馨、舒适、贴心的酒店住宿产品，为海内外八方来客提供安心、便捷的旅行住宿服务，传递着适度生活的简约生活理念。

如家成立至今，更以敏锐的市场洞察力、完善的人力资源体系、有力的管理执行力和强大的资金优势迅速建立起了品牌、系统、技术、客源等多个核心竞争力。作为行业标杆企业，如家正用实际行动引领着中国大众住宿业酒店市场走向成熟和完善。

生活理念：如家酒店连锁于 2002 年 6 月由中国资产最大的酒店集团——首都旅游国际酒店集团，中国最大的酒店分销商——携程旅行服务公司共同投资组建。公司借鉴欧美完善成熟的经济型酒店模式，为商务和休闲旅行等客人提供"干净、温馨"的酒店产品，倡导"适度生活，自然自在"的生活理念。

服务理念：便捷，即便捷的交通，使您入住如家从此差旅无忧；温馨，即亲切的问候和照顾，让您仿佛置身温馨的家庭氛围；舒适，即我们在意每一个细节，专业服务为您带来舒适的住宿感受；超值，即贴心的价格，高品质的服务。选择如家，超值就是这么简单。

（二）酒店行业分析波特"五力"模型分析

酒店行业分析波特"五力"模型分析如图 4-4 所示。

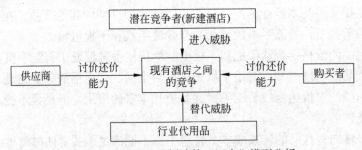

图 4-4　酒店行业分析波特"五力"模型分析

1. 现有行业内经济型酒店之间的竞争

1）竞争结构

（1）高端酒店：随着经济发展，人们的生活水平提高，会有一部分客源流向高星级酒店。

（2）中层酒店，也即如家所在层次：全国以如家、锦江之星、7天连锁为三巨头（各方之间势均力敌，竞争异常激烈）。外资酒店主要有宜必思、速8等，区域酒店有上海莫泰168、南京金村、郑州中州快捷等。

（3）低级：只提供以简单住宿为主的社会旅馆，与中层酒店竞争性较小。

2）产业结构成本

（1）租赁土地所用成本。经济型酒店三巨头正大量圈地实现扩张，租赁土地所用成本有所提高。

（2）人力资源成本。包括店长、店长助理、值班经理、前台、工程、餐厅、保安和财务、客房有主管、领班和服务员或其他勤杂人员的成本，总体有所增加。

（3）房屋建设装修及其他费用。包括房间统一装修，房间内用具设施，设置特色房、标准间、单人房、套房及水电费等费用，总体每年有增长趋势。

3）产品差异化程度

差异化不明显，各酒店之间的竞争主要表现在价格竞争上。随着经济型酒店迅速蔓延带来的竞争压力，各酒店都推出会员制及优惠价。

2. 潜在进入者的威胁

在部分地区，酒店业的发展还有一定的空间。随着我国经济体制和政治体制的进一步改革，更多的政府招待所会真正进入市场经济的运行轨道。在市场经济机制没有完全建立起来之前，特别是产权交易不发达、酒店产权退出机制不健全的情况下，即使经济型酒店经营整体处于不景气的状态中，仍有大量的潜在进入者。从长远发展看，一种属于经济型酒店类型的旅馆——汽车旅馆将快速发展，这将是未来一个巨大的潜在进入者，并且新进入者的进入壁垒低。主要是由以下几个方面的原因导致的。

（1）资本需求相对小。开一家经济型酒店投资大约六七百万元，像如家等品牌一开张，入住率便可达九成甚至百分之百，三年时间就可收回成本。而开一家四星级或者五星级的酒店，投资少则几千万元，多则数亿元。

（2）消费者的转换成本低。转换成本是指购买者变换供应者所付出的一次性成本。消费者的转换成本低为新进入者与现有企业之间争夺客源提供了便利。此外，现有企业之间产品或服务同质化程度高，也是进入壁垒相对较低的一个重要因素。

3. 替代品的威胁

经济型酒店的威胁主要来自以下三个方面。

（1）高档酒店。随着经济水平的不断提高，人们的生活质量也相应提高，越来越多的人倾向于去高档的星级酒店住宿。

（2）旅馆、招待所。一些设备简陋的旅馆和招待所以其超低的价格仍然吸引了一大批收入不高的旅行者和农村进城人员。

（3）自助公寓。自助公寓是一种新兴而时尚的商旅短期居住方式。其特点是省钱、私密、贴心、舒心、放心。非常适合商务考察、因公出差、探亲访友、观光旅游的人士居住。其开发的房屋都是地理位置最好，物业管理最完善的成熟小区或商住两用楼盘，房间设施齐全。

对经济型酒店而言，顾客讨价还价的能力是很高的。其原因有以下几个方面。

（1）顾客的转换成本低。因为经济型酒店不断增多，且彼此之间的差异化程度很低，顾客的选择余地大。城市中交通发达便利，因此顾客在各个酒店之间进行转换的时间成本和资金成本都不高。

（2）受企业出差费的限制，不得不讨价还价。以往，星级酒店是商务旅游者的主要选择。但随着私有经济、中小型企业的发展，以及一些公司对差旅经费的限制，商务客人在酒店选择上更加注重性价比的选择。

4. 供应商讨价还价的能力

供应商讨价还价的能力总体较低。

（1）租赁土地。为了节约成本，许多经济型酒店往往会以低价租下或买下临街的居民住房、单位仓库，甚至烂尾楼，成本较低，可选择性大。

（2）人力资源成本。许多经济型酒店雇用低价劳动力经培训后即上岗，经济型酒店在很多方面实施业务外包的方式，比如，将员工培训交给专业的培训公司来做，成本较低，可选择性大。

（3）房屋建设装修及其他成本。经济型酒店以低价租下或买下临街的居民住房、单位仓库，甚至烂尾楼后经过简单的改造和包装，就开始开门营业，成本较低，而且装修材料家具等供应渠道多，可选择性大。

五、基于波特"五力"模型传媒行业中观环境分析

本实训案例以华谊兄弟公司传媒业作为实训材料。

（一）战略规划背景

2000 年，华谊兄弟和太合地产各出资 2500 万元人民币，在华谊兄弟广告公司的基础上改为华谊兄弟太合影视投资有限公司，开始投拍电影。2003 年，政府对民营公司进入影视发行领域政策放开，允许民营公司控股发行公司。华谊兄弟管理人王中军在之前取得西影股份发行公司超过 40% 股份的基础上增持西影股份，达到绝对控股，从而取得了对该公司的绝对控股权和全部经营权，并更名为陕西西影华谊电影发行有限责任公司。西影华谊的成立进一步推动了中国电影产业的结构调整，它标志着国内电影发行业国有资本与民营资本进入深层次合作阶段。华谊兄弟和西影股份强强联合，以国营发行公司的发行资源优势和民营制片公司相对灵活的机制相结合，充分体现资源互补，不但给西影华谊带来了巨大商机，而且给两大制作母体带来了更大的发展机遇。华谊与西影的重组实现了从编剧、导演、制作，到市场发行和院线发行等基本完整的生产体系。

针对华谊兄弟成为综合性娱乐集团的宏伟战略目标，影院建设是其必定会涉足的领域。影院是电影作品走向市场的终端，是直接面对消费群体的场所。影院的建设一方面，使企业拥有直接接触消费者的机会；另一方面，在现阶段影院终端和电影投资制作分离的模式下，电影票房的相当一部分收益会通过票房分账的形式落入影院方。如果拥有自己的影院不仅可以实现电影发行放映的有效控制，而且自然会获得更多的票房收益。2007 年，华谊兄弟正式踏入影院领域，成立影院投资公司，首轮斥资约

5 亿元人民币在中国一级城市进行影院建设，并持续对二级城市进行追加开发。至此，华谊兄弟全面涉及电影制作、发行、放映三大领域，实现电影制作、发行、放映一条龙目标的战略模式。

2009 年 IPO 上市融资，目的是完善影视业及经纪人业务服务业产业链，以电影、电视和艺人经纪三个业务板块为核心，以资本运作为支撑，加快向多层次、跨媒体、跨地区方向扩张。

2011 年，我国年生产各类电影 791 部，全国电影总票房达到 131.15 亿元，较 2010 年增长 28.93%。2011 年，面对好莱坞电影的强势冲击，国产电影在多类型、多品种、多样化的发展道路上继续探索进取。在全年 791 部电影中，故事影片 558 部、动画影片 24 部、纪录影片 26 部、科教影片 76 部、特种影片 5 部，电影频道生产供电视播出的数字电影 102 部。全国票房达到 131.15 亿元，其中，国产影片票房为 70.31 亿元，占全年票房总额的 53.61%。在前三季度落后于进口片票房的压力下，国产电影以顽强的韧劲奋起直追，全年总额再次超过进口影片。

总体发展目标：全力构建综合性娱乐媒体集团全新形象和实力，努力成为中国首屈一指的影视娱乐传媒集团。华谊兄弟已经形成"以优质内容为核心，拓展渠道及衍生"的全产业链战略布局。以传统三大业务"电影、电视剧、艺人经纪"为内核，业务涵盖内容（电影、电视剧、艺人经纪、音乐、时尚）+渠道衍生（娱乐营销、实景娱乐、游戏、电影院、新媒体），以提高持续的盈利能力。

（二）文化产业竞争环境"五力"模型分析

文化产业竞争环境"五力"模型分析如图 4-5 所示。

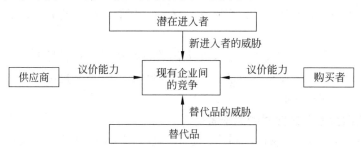

图 4-5 文化产业竞争环境"五力"模型分析

1. 潜在进入者的威胁

（1）规模经济。影视行业属于文化产业，不同于其他行业。其技术和运营模式不易被模仿。再者，其资金需求非常大，门槛高，这仅仅阻止一批潜在进入者，但目前好莱坞大片的技术遥遥领先于国内水平，且国内经济目前活跃，很多人手上拥有大量自由资金，若出现一个实力更强、更专业的公司，那么就对华谊公司有所威胁。只不过，这样的公司是少之又少。综上所述，规模经济对潜在进入者的威胁不算太大。

（2）转换成本低。影视行业的转换成本是很小的，观众只关注影片本身，而非关注影片的源头。换句话说，观众选择的是影视剧，而不是影院或发行公司。

2. 供应商的议价能力

（1）供应商集中化。影视行业属于特殊行业，所需求的原材料和技术是比较特殊的。由于对于供应商的要求很高，所以业内供应商基本组成联盟，形成资源共享，出现供应商集中化。

（2）议价能力强。由于该行业对高科技技术要求高，且基本无替代性，所以供应商的议价能力较强，公司易受制于供应商。

（3）转换成本高。国内原材料的相关设施相对于欧美市场虽然比较落后，但价位相对便宜，较适应目前国内影视业发展。再者，目前国内制作大片的能力尚且不具备，因此即使投入浩大的制作团队，也不一定能取得票房的成功。所以，就上述论述而言，供应商转换成本是很高的。

3. 替代产品或服务的威胁

（1）盗版威胁。盗版威胁已经在影视行业有长达十几年的历史。很多消费者已形成此消费习惯。另外，我国知识产权法律不完善，对于知识产权的保护不够。所以，产品或服务被替代的威胁很大。

（2）网络资源。随着网络技术的发展，目前除了选择 DVD 或有线电视在家观看，或选择亲临影院感受影片的魅力外，还有在网络上观看或下载视频等服务可供消费者选择。而网络资源有些是收取一定费用的，但绝大多数是免费使用这些资源的，因此对已制作出的作品有很大的威胁。

4. 购买者的议价的能力

（1）购买者对华谊公司牵制较大。影片进入院线后，获得的总票房是发行公司与院线公司共同分成的。倘若一个发行公司的业务仅仅只涉及影片本身，而不涉及客户服务这个板块，这样公司会非常被动，受购买者牵制。其他非院线播放的作品也是一样受购买者牵制。

（2）个人消费者对华谊议价较弱。个人消费者在选择观看影片的时候，只关注影片本身的价格，对公司几乎没有议价能力。而 DVD 消费者不能直接影响华谊公司本身，而更多的是影响中间代理商。

5. 行业内的竞争及企业间的竞争者

（1）行业内的竞争者。影视剧制片、发行、院线、网络媒体等行业内竞争呈全方位、多元化发展趋势，竞争越来越激烈。资深经纪人、优质艺人流失现象防不胜防。

（2）现有企业间的竞争者。国内仅有 4～5 家竞争者，仅中影一家可与之抗衡。中影公司是国有体制，既是规则制定者又是参与者，各方面均占压制性优势。国外有好莱坞、时代华纳、迪士尼等大型先进公司，它们拥有的新技术不能轻易得到，各方面需要相当大的投入。

第四节　中观环境分析实验操作和实训报告

一、实验操作

有实验平台的可参照第三章实验操作过程开展理论学习和案例训练，缺少相关实验平台的可结合本章案例材料，针对下列问题开展实训。

二、实训报告

（1）创新创业型企业的中观环境分析与竞争战略选择的关系。

（2）波特"五力"分析模型的指标类型有几种？如何注意选择使用。

（3）讨论波特"五力"分析模型中五个方面各三个常用指标的定性分析方法和两个量化分析方法。

（4）以我国某行业的某企业为例，写一份行业中观竞争环境战略分析报告。

第五章

创新创业战略规划的微观环境分析

第一节 微观环境分析原理

微观环境是企业生存与发展的具体环境。与宏观环境和中观环境相比，微观环境因素更能够直接地给一个企业提供更为有用的信息，同时也更容易被企业所识别。

微观环境包括微观外部环境和微观内部环境。微观外部环境包括市场需求、竞争和资源，以及直接有关的政策、法律、法令等方面。微观内部环境企业内部环境包括企业的物质环境和文化环境。微观环境反映了企业所拥有的客观物质条件和工作状况及企业的综合能力，是企业系统运转的内部基础。因此，企业内部环境分析也可称为企业内部条件分析，其目的在于掌握企业实力现状，找出影响企业生产经营的关键因素，辨别企业的优势和劣势，以便寻找外部发展机会，确定企业战略。如果说外部环境给企业提供了可以利用的机会的话，那么内部条件则是抓住和利用这种机会的关键。只有在内外环境都适宜的情况下，企业才能健康发展。

一、SWOT 分析模型简介

SWOT 分析也称 TOWS 分析法、道斯矩阵或态势分析法，最早是由美国旧金山大学韦里克教授于 20 世纪 80 年代初提出的，经常被用于企业战略制定、竞争对手分析等场合。

所谓 SWOT 分析法，是指一种综合考虑企业内部条件和外部环境的各种因素，进行系统评价，从而选择最佳经营战略的方法。这里，S 是指企业内部的优势（strengths），W 是指企业内部的劣势（weaknesses），O 是指企业外部环境的机会（opportunities），T 是指企业外部环境的威胁（threats）。

SWOT 分析的指导思想就是在全面把握企业内部优劣势与外部环境的机会和威胁的基础上，制定符合企业未来发展的战略，发挥优势、克服不足，利用机会、化解风险。企业高层管理人员根据企业的使命和目标，通过 SWOT 法分析企业经营的外部环境，确定存在的机会和威胁；评估自身的内部条件，认清企业的优势和劣势。在此基础上，企业要制定用以完成使命、达到目标的战略，即进行战略选择，实施战略计划。

SWOT 分析从一开始就具有显著的结构化和系统性的特征。就结构化而言，首先在形式上，SWOT 分析法表现为构造 SWOT 结构矩阵，并对矩阵的不同区域赋予不同的分析意义；其次在内容上，SWOT 分析法的主要理论基础也强调从结构分析入手对企业的外部环境和内部资源进行分析。另外，早在 SWOT 诞生之前的 20 世纪 60 年代，就已经有人提出过 SWOT 分析中涉及的内部优势、弱点，外部机会、威胁这些变化因素，但只是孤立地对它们加以分析。SWOT 方法的重要贡献就在于用系统的思想将这些似乎独立的因素相互匹配起来进行综合分析，使企业战略计划的制订更加科学全面。

在现在的战略规划报告里，SWOT 分析应该算是一个众所周知的工具。来自麦肯锡咨询公司的 SWOT 分析，包括分析企业的优势（strengths）、劣势（weaknesses）、机会（opportunities）和威胁（threats）。因此，SWOT 分析实际上是将对企业内外部条件各方面内容进行综合和概括，进而分析组织的优劣势、面临的机会和威胁的一种方法。

通过 SWOT 分析，可以帮助企业把资源和行动聚集在自己的强项与有最多机会的地方，并让企业的战略变得明朗。

二、SWOT 分析的内容

优劣势分析主要是着眼于企业内部的自身实力及其与竞争对手的比较，而机会和威胁分析将注意力放在企业微观外部环境的变化及对企业的可能影响上。在分析时，应把所有的内部因素（优劣势）集中在一起，然后用外部的力量来对这些因素进行评估。

（一）机会与威胁分析（environmental opportunities and threats）

随着经济、社会、科技等诸多方面的迅速发展，特别是世界经济全球化、一体化过程的加快，全球信息网络的建立和消费需求的多样化，企业所处的环境更为开放和动荡。这种变化几乎对所有企业都产生了深刻的影响。正因为如此，微观外部环境分析成为一种日益重要的企业职能。

微观外部环境发展趋势分为两大类：一类表示环境威胁；另一类表示环境机会。环境威胁是指环境中一种不利的发展趋势所形成的挑战，如果不采取果断的战略行为，这种不利趋势将导致公司的竞争地位受到削弱。环境机会就是对公司行为富有吸引力的领域，在这一领域中，该公司将拥有竞争优势。

微观外部环境因素包括市场需求、竞争和资源，以及直接有关的政策、法律、法令等方面。

（1）市场需求。在商品经济条件下，环境向企业提出的需求主要表现为市场需求。市场需求包括现实需求和潜在需求。现实需求是指顾客有支付能力的需求，潜在需求是指处于潜伏状态的、用于某些原因不能马上实现的需求。现实需求决定企业目前的市场销量，而潜在需求则决定企业未来的市场。

（2）竞争环境。包括竞争规模、竞争对手实力与数目、竞争激烈化程度等。具体竞争包括同行竞争、替代产品行业竞争、购买者竞争、供应者竞争等。

（3）资源环境。资源是指企业从事生产经营活动应投入的所有资源，包括人、财、物、技术、信息等。资源环境包括各种资源开发利用状况、资源的供应状况、资源的发展变化情况等。

（4）政治环境。来自政府和社团的直接有关的政策、法律、法令、要求等，也对行业及企业有直接约束和影响。

（二）优势与劣势分析（strengths and weaknesses）

优势与劣势分析是指分析企业内部的竞争力状况，包括企业的物质环境和文化环境。

它反映了企业所拥有的客观物质条件和工作状况及企业的综合能力，是企业系统运转的内部基础。因此，企业内部环境分析也可称为企业内部条件分析，其目的在于掌握企业实力现状，找出影响企业生产经营的关键因素，辨别企业的优势和劣势，以便寻找外部发展机会，确定企业战略。如果说外部环境给企业提供了可以利用的机会的话，那么内部条件则是抓住和利用竞争优势。只有在内外环境都适宜的情况下，企业才能健康发展。

所谓竞争优势，是指一个企业超越其竞争对手的能力，可以指消费者眼中一个企业或它的产品有别于其竞争对手的任何优越的东西，它可以是产品线的宽度、产品的大小、质量、可靠性、适用性、风格和形象，以及服务的及时、态度的热情等。虽然竞争优势实际上指的是一个企业比其竞争对手有较强的综合优势，但是明确企业究竟在哪一个方面具有优势更有意义，因为只有这样，才可以扬长避短，或者以实击虚。企业内部环境分析的主要内容有以下方面。

1. 企业资源分析

企业的任何活动都需要借助一定的资源来进行，企业资源的拥有和利用情况决定其活动的效率和规模。企业资源包括人、财、物、技术、信息等，可分为有形资源和无形资源两大类。

（1）人力资源。包括的数量、素质和使用状况。人力资源分析的具体内容有各类人员（包括生产操作人员、技术人员、管理人员）的数量、技术水平、知识结构、能力结构、年龄结构、专业结构；各类人员的配备情况、合理使用情况；各类人员的学习能力及培训情况；企业员工管理制度分析等。

（2）物力资源。包括各种有形资产。物力资源分析就是要研究企业生产经营活动需要的物质条件的拥有情况及利用程度。

（3）财力资源。财力资源是一种能够获取和改善企业其他资源的资源，对财力资源的管理是企业管理最重要的内容之一。财力资源分析包括企业资金的拥有情况、构成情况、筹措渠道和利用情况，具体包括财务管理分析、财务比率分析、经济效益分析等。

（4）技术资源。主要分析企业的技术现状，包括设备和各种工艺装备的水平、测试及计量仪器的水平、技术人员和技术工人的水平及其能级结构等。

（5）信息资源。信息资源包括的内容很多，如各种情报资料、统计数据、规章制度、计划指令等。信息资源分析现有信息渠道是否合理、畅通，各种相关信息是否掌握充分，企业组织现状、企业组织及其管理存在的问题及原因等。

2. 企业能力分析

企业能力是指企业有效地利用资源的能力。拥有资源不一定能有效运用，因而企业有效地利用资源的能力就成为企业内部条件分析的重要因素。

1）企业能力分析的内容

企业能力可分为不同的类别，如按重要程度可分为一般能力和核心能力，按综合性可分为综合能力和专项能力，按内容可分为组织能力、社会能力、产品及营销能力、生产及技术能力、市场开拓能力和管理能力等。不同的能力有不同的分析重点，如产品及营销能力主要是分析产品的发展性、收益性和竞争性，市场营销的现状及潜力等，具体评价内容包括产品质量、销售增长率、市场占有率、销售利润率、产品市场潜力等；生产及技术能力分析主要包括生产计划与组织、生产管理能力、生产技术装备水平、物资供应及工艺实施能力、技术开发能力等。

2）企业核心能力

核心能力，是指企业独有的，能为顾客带来特殊效用、使企业在某一市场上长期具有竞争优势的内在能力。企业要形成和保持竞争优势，只拥有一般的资源和能力还不行，必须形成超出竞争对手的特殊技能和能力。它是企业在发展过程中逐渐积累起来的知识、技能及其他资源相结合而形成的一种体系（或者说是一组技能和技术的集合），是企业拥有的最主要的资源或资产。核心能力可以是技术，如索尼公司的微型化技术、摩托罗拉公司的无线通信技术、英特尔公司的芯片制造技术、佳能公司的光学镜片成像技术和微处理技术；也可以是管理和业务流程，如全球规模最大、利润最高的零售商沃尔玛公司的"过站式"物流管理模式，联邦快递公司能保证及时运送的后勤管理，宝洁公司、百事可乐优秀的品牌管理与促销，丰田公司的精益生产能力等；还可以是技术、经营、管理等能力的结合，如海尔的技术开发能力、质量保障能力和营销能力所构成的核心能力。核心能力的储备状况决定了企业的经营范围，特别是企业多角化经营的广度和深度。

企业核心能力主要有以下几个特征。

（1）稀缺性。核心能力必须是企业所特有的，它能为企业带来超过平均水平的利润。

（2）难以模仿性。核心能力是竞争对手难以模仿的能力。它是企业中不同单位和个人相互作用的结果，是通过协调和组织企业生产技术方面的资源而获得的。这种能力在发展过程中，通过自身的学习和积累，可以不断得到强化，从而使竞争优势得到巩固和持续。所以，核心能力很难被竞争对手模仿而丧失。

（3）价值优越性。核心能力能很好地实现顾客所看重的价值，如能显著地降低成本、提高产品质量、提高服务效率、增加顾客效用等，从而使企业在创造价值和降低成本方面比竞争对手更优秀。

（4）可延展性。核心能力能够同时应用于多个不同的任务，使企业在较大范围内满足顾客的需要。如夏普公司的液晶显示技术在笔记本计算机、袖珍计算器、大屏幕电视显像技术等领域得到运用；日本本田公司的核心能力的基础是发动机设计和制造，它支撑了小汽车、摩托车、割草机和赛车的制造。

3. 企业文化分析

企业文化分析主要是分析企业文化的现状、特点，以及它对企业活动的影响。企业文化是企业战略制定与成功实施的重要条件和手段，它与企业内部物质条件共同组成了企业的内部约束力量，是企业环境分析的重要内容。

1）企业文化及其结构

企业文化是企业在运行过程中形成的，并为全体成员普遍接受和共同奉行的价值观、信念、行为准则，以及具有相应特色的行为方式、物质表现的总称。企业文化是客观存在的。在一个有较长历史的企业内，人们由于面临共同的环境，通过在共同的活动中相互影响，会逐步形成某些相似思想观念和行为模式，表现出独特的信仰、作风和行为规则。若把一个企业看作一个整体的"人"，那么企业文化就反映了这个"企业人"所具有的整体修养水平和处世行为特点。企业文化产生于企业管理的过程中，并随着管理过程的发展及企业内外环境的变化而变化，是物质文化和精神文化相结合的产物。

企业文化结构包括三个层次：物质层、制度层和精神层。物质层是企业文化结构的表层，通过呈物质形态的产品形象、厂容厂貌、企业标志、员工服饰、企业环境等表现出来，通常称为企业形象。制度层是指具有本企业文化特色的各种规章制度、道德规范和行为准则的总称，它通过领导体制、规章制度、员工行为方式等反映出来。精神层是企业文化的深层次，是存在于企业成员思想中的意识形态，包括企业经营哲学、理想信念、价值观念和管理思维方式等，通常称为企业精神。

2）企业文化功能

企业文化在企业管理中的作用主要体现在激励方面，具体有以下功能。

（1）导向功能。企业文化可以为企业生产经营决策提供正确的指导思想和健康的精神氛围，如通过价值观来引导职工，使员工按照企业提倡的价值观念来摆正自己的位置和做出行为决策，为实现企业目标而自觉地努力工作。

（2）凝聚功能。企业文化中共同的价值观、信念和行为准则，就如同企业的"内部黏合剂"，可使企业职工产生强烈的集体意识，形成强大的凝聚力和向心力，使整个企业上下一心，同舟共济。

（3）约束功能。企业文化中以规章制度、行为规范的形式体现出来的制度文化，对每个员工的行为无疑会有约束作用。更重要的是，整个企业文化会对企业全体成员的行为形成一种无形的群体压力（包括舆论压力、情感压力等），从而约束员工的行为。

（4）辐射功能。企业文化不但在本企业中产生作用，还会通过各种渠道对社会产生作用。如员工与社会各方面的交往，产品的宣传、销售及服务，都会反映出企业的价值观念和文化特点，可以让社会了解企业，并对社会和其他企业产生影响。

三、SWOT 模型的分析指标

波士顿咨询公司提出，能获胜的公司是取得公司内部优势的企业，而不仅是只抓住公司核心能力。每一公司必须管好某些基本程序，如新产品开发、原材料采购、对订单的销售引导、对客户订单的现金实现、顾客问题的解决时间等。每一程序都创造价值和需要内部部门协同工作。有时，企业发展慢并非因为其各部门缺乏优势，而是因为它们不能很好地协调配合。虽然每一部门都可以拥有一个核心能力，但如何管理这些优势能力是一个战略选择的问题。表 5-1 是某企业利用 SWOT 模型分析得到的可能的影响因素。

表 5-1　某企业 SWOT 影响因素分析体系

潜在力量	潜在弱点	潜在机会	潜在威胁
• 有力的战略 • 有利的金融环境 • 有利的品牌形象和美誉 • 被广泛认可的市场领导地位 • 专利技术 • 成本优势 • 强势广告 • 产品创新技能 • 优质客户服务 • 优秀产品质量 • 战略联盟与并购	• 没有明确的战略导向 • 陈旧的设备 • 超额负债与恐怖的资产负债表 • 超越竞争对手的高额成本 • 缺少关键技能和资格能力 • 利润的损失 • 内在的运作困境 • 落后的研发能力 • 过分狭窄的产品组合 • 市场规划能力的缺乏	• 服务独家的客户群体 • 新的地理区域的扩张 • 产品组合的扩张 • 核心技能向产品组合的转化 • 垂直整合的战略形式 • 分享竞争对手的市场资源 • 竞争对手的支持 • 战略联盟与并购带来的超额覆盖 • 新技术开发通道 • 品牌形象拓展的道路	• 强势竞争者的进入 • 替代品引起的销售下降 • 市场增长的减缓 • 交换率和贸易政策的不利转换 • 由新规则引起的成本增加 • 商业周期的影响 • 客户和供应商的杠杆作用的加强 • 消费者购买需求的下降 • 人口与环境的变化

四、SWOT 模型的分析效应

在企业战略选择分析过程中,企业高层管理人员应在确定内外部各种变量的基础上,采用杠杆效应、抑制性、脆弱性和问题性四个基本概念进行这一模式的分析。

1. 杠杆效应

优势+机会的杠杆效应产生于内部优势与外部机会相互一致和适应时。在这种情形下,企业可以用自身内部优势撬起外部机会,使机会与优势充分结合发挥出来。然而,机会往往是稍纵即逝的,因此企业必须敏锐地捕捉机会,把握时机,以寻求更大的发展。

2. 抑制效应

机会+劣势的抑制效应意味着妨碍、阻止、影响与控制。当环境提供的机会与企业内部资源优势不相适合,或者不能相互重叠时,企业的优势再大也得不到发挥。在这种情形下,企业就需要提供和追加某种资源,以促进内部资源劣势向优势方面转化,从而迎合或适应外部机会。

3. 脆弱效应

优势+威胁的脆弱效应意味着优势的程度或强度的降低、减少。当环境状况对公司优势构成威胁时,优势得不到充分发挥,出现优势不优的脆弱局面。在这种情形下,企业必须克服威胁,以发挥优势。

4. 问题效应

当企业内部劣势与企业外部威胁相遇时,企业就面临严峻挑战,如果处理不当,可能会直接威胁企业的生死存亡。

五、基于 SWOT 综合分析的战略选择

SWOT 分析法是用来确定企业自身的竞争优势、竞争劣势、竞争机会和竞争威胁,从而将公司的战略与公司内部资源、外部环境有机地结合起来的一种科学的分析方法。S（strengths）、W（weaknesses）是内部因素,O（opportunities）、T（threats）是外部因

素。按照企业竞争战略的完整概念，战略应是一个企业"能够做的"（组织的强项和弱项）和"可能做的"（环境的机会和威胁）之间的有机组合。

SWOT分析方法主要是指通过分析企业的外部环境来明确企业所面临的机会和挑战，并且通过分析企业的内部资源来明确企业的优势和劣势，最终为企业的发展战略选择提供依据。该方法能够在企业的各种战略中使用。

1. 内部优势与外部机会相匹配

内部优势与外部机会相匹配，是最理想的匹配，存在的企业风险较小，此时可通过两种方式强化组织内部的优势：一是通过找出最佳的资源组合来获得竞争优势；二是通过提供资源来强化、扩展已有的竞争优势。在企业的外部环境能够提供较多发展机会的情况下，企业可以利用自身的竞争优势来实施 SO 战略，即通过充分发挥自身优势来将外部环境的机会转化为自身发展的动力。

2. 外部机会与内部劣势相匹配

在外部机会与内部劣势相匹配时，此时可通过两种方式来权衡对机会的取舍：一是加强投资，将劣势转化为优势开拓机会；二是放弃机会给对手。所以，当企业外部环境能够提供较多的发展机会，而企业自身缺乏竞争优势时，企业可以采取 WO 战略，即通过克服自身的劣势来尽力抓住外部环境的机会。

3. 内部优势与外部威胁相匹配

在内部优势与外部威胁相匹配时，此时可有以下两种选择：一是通过重新构建组织资源来获得竞争优势，将威胁转为机会；二是采取防守战略，抓住其他战略选项中有前景的机会。在企业外部环境中存在较大的威胁情况下，采取 ST 策略，企业一般可以利用自身的竞争优势来规避市场风险。

4. 内部劣势与外部威胁相匹配

在内部劣势与外部威胁相匹配时，此种是最糟糕的匹配，存在的企业风险最大。此时也存在以下两种选择：一是主动进取，争取领先；二是主动放弃。在企业在外部环境中存在较大威胁的情况下，企业虽然存在劣势，但一般可以采用 WT 策略，主要措施是规避市场风险，如表 5-2 所示。

表 5-2　基于 SWOT 分析法的战略选择

	优势（S）	劣势（W）
机会（O）	SO 战略	WO 战略
	发挥优势，抓住机会	克服劣势，抓住机会
威胁（T）	ST 战略	WT 战略
	发挥优势，避开威胁	克服劣势，避开威胁

六、SWOT 模型分析的流程

在企业战略的微观环境分析中，采用SWOT定性分析方法时，企业可遵循以下SWOT分析流程制定战略，如图 5-1 所示。

1. 关键因素选择与评价

与企业制定发展战略的关联因素有很多，对不同企业来说，关联程度不尽相同，在制定发展战略时应在与企业制定发展战略密切关联因素中选择关键因素，将其分离出来，为企业制定适宜的发展战略提供依据。企业内外部环境、关联因素、关键因素三者之间的关系如图 5-2 所示。

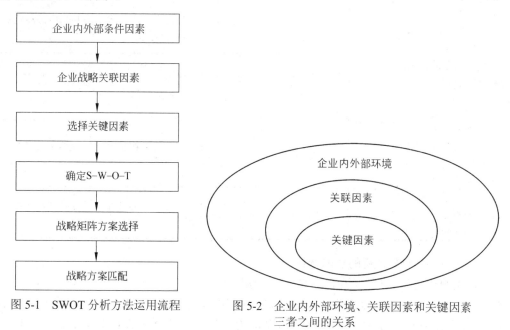

图 5-1　SWOT 分析方法运用流程

图 5-2　企业内外部环境、关联因素和关键因素
三者之间的关系

对关键因素的选取，企业可以通过调查法、专家经验法等方法确定各个因素的权重，选定权重较大的作为关键因素。例如高新技术企业，其特点可以用"高、快、灵"概括。"高"，指产品技术含量高，附加价值高，员工文化素质高，经营风险高；"快"，指产品更新换代快，市场发展快，企业成长快（相应地，企业稍有失误，垮得也快）；"灵"，指企业对科学技术发展反应灵敏，对市场外界条件变化感应灵敏，对组织结构的设置、管理制度、技术手段和方法的选择及生产工艺的安排，都更为灵活。

基于上述特点，从关联因素中选择企业制定战略应考虑的关键因素一般有：企业研发基金充裕度、企业研发实力、研发部门受重视程度、专利的实施许可能力、技术转移的趋势、政府产业政策变动趋势、市场容量及增长率、主要竞争者的优势劣势、主要竞争者的战略动向与经营手法等。

在进行关键因素的评价时，必须对公司的优势与劣势有客观的认识和全面考虑，优势与劣势须与竞争对手进行比较，如优于或是劣于你的竞争对手。外部环境的机会和威胁的评价要以现在发生的环境与你的竞争对手所处的外部环境比较来评价，也可用现在正在变化的或不久的未来能够变化的环境又是竞争对手不具备的环境条件来评价，而不是用企业现在环境与过去的环境来比较。

2. 基于企业优劣势的战略选择

在对企业自身的优势与劣势有充分了解的基础上，在正确预测产品的发展趋势，对竞争对手的技术状况，以及对该产品的生命周期做出客观评价，继之制定切实可行的战略。在上述一般关键因素中，企业技术开发能力、资本实力、市场竞争环境等是企业战略制定必须考虑的重要关键因素。基于此，企业战略选择如表 5-3 所示。

表5-3 企业特性分析及战略选择

企业优劣势特性	战略模式	战略类型
<ul><li>拥有强劲的技术研究</li><li>开发能力</li><li>资本雄厚</li><li>市场开拓能力强</li></ul>	SO 战略	以进攻型战略为主，如基本战略、专利技术和产品输出相结合战略、产品输出国专利申请战略、专利与标准相结合战略
<ul><li>拥有强劲的技术研究</li><li>开发能力</li><li>资本雄厚</li><li>外部威胁大</li></ul>	ST 战略	以防御型战略为主，如引进专利战略、购买专利战略、公开文献战略等
<ul><li>资本实力不强</li><li>技术研发实力弱</li><li>市场开拓能力弱</li><li>市场机会多</li></ul>	WO 战略	进攻型与防御型战略相结合，如专利交叉许可战略、外围专利战略等
<ul><li>科研经费严重不足</li><li>技术研发实力弱</li><li>外部威胁大</li></ul>	WT 战略	以防御型战略为主，如开发外围专利战略、利用失效专利战略

3. 基于 SWOT 分析的战略选择

企业的优劣势直接制约着企业战略的制定及实施。从表 5-3 中可以看出，适宜的战略可帮助企业最大限度地发挥企业的优势，有力对抗和排挤竞争对手，以较小的投入获取最大的经济利益，增强自身的核心竞争能力。但大多数企业的产业特性要求，在企业战略选择时不仅要考虑企业的内部竞争力，还要考虑企业外部因素的影响，需要综合分析两维度的四个方面，利用机会，克服威胁，发挥企业的优势。如表 5-4 所示。

表5-4 某电商企业的战略环境综合分析

内部因素　　　　　外部因素	优势（strengths） <ul><li>对互联网的理解</li><li>技术上的把握</li><li>有好的核心团队</li></ul>	劣势（weaknesses） <ul><li>缺乏行业积累</li><li>缺乏实际操作经验</li><li>没有线下实体支撑</li><li>没有强大资金支持</li><li>人员配置不完善</li></ul>
机会（opportunities） <ul><li>市场前景巨大</li><li>没有领头羊</li><li>模式上的创新</li></ul>	SO 利用这些 抓住互联网的发展趋势，利用自身技术优势实现模式上的创新，通过提供良好的用户体验以建立口碑和积累人气，逐步抢占市场份额	WO 改进这些 通过平台的搭建和发展不断加强对品牌供应商的沟通与加深对最终消费者的理解，积累相关行业经验。同时，在实际操作过程中，逐步完善整个人员体系，以填补能力上缺陷
威胁（threats） <ul><li>低价为王</li><li>物流配送体系不完整</li><li>行业不规范</li><li>巨头们蠢蠢欲动</li></ul>	ST 监视这些 密切关注行业的发展和巨头们的动向。业务上，找准自身优势和价值所在，寻求多方合作关系，技术上，完善平台底层架构，增强扩展性以满足未来多方平台接入的需要	WT 消除这些 在初期阶段避开直接开展电子商务所需要的投入与风险，先集中力量做好技术上的引导和推荐，以"傍大款"的方式与一些更为成熟和专业的电子商务平台做好产品对接，也就是实现间接电子商务，将最终的销售环节转接过去，并从中获益

战略的选择，往往不是非此即彼，而是根据企业具体情况不同，采取混合型战略解决企业问题。在制定转型战略时，需要针对内部和外部不同因素来决策。由于单一的战略只能解决一方面问题，无法使公司同时做到适应外部市场变化和满足内部发展壮大的需求，多种战略相结合的复合型转型战略将是更好的选择。

第二节　微观环境量化分析

SWOT 模型不仅可以用于定性分析，还可以用于量化分析。量化分析用于企业的战略选择更加准确和更加清晰，但不可以缺少定性分析。定性分析是量化分析的基础。企业根据不同类型的特点，确定企业在内外部环境中的竞争力指标，每一指标都要按照特强、稍强、中等、稍弱或特弱划分等级。

一、EFE 微观外部因素分析模型

（一）EFE 微观外部因素分析步骤

外部因素评价矩阵（external factor evaluation matrix，EFE 矩阵），是一种对外部环境进行分析的工具，其做法是从机会和威胁两个方面找出影响企业未来发展的关键因素，明确关键指标，根据各个指标影响程度的大小确定权数，再按企业对各关键因素的有效反应程度对各关键因素进行评分，最后算出企业的总加权分数。通过 EFE，企业就可以将自己所面临的机会与威胁汇总，来刻画出企业的全部吸引力。

EFE 矩阵可以按如下五个步骤来建立。

（1）列出在外部分析过程中确认的关键因素。微观外部因素一般选择的总数在 10～20 个，因素包括影响企业和所在产业的各种有直接影响的机会与威胁的指标。然后，先列举机会方面的指标，再列举威胁的指标。所选指标尽量具体，可能时采用百分比、比率和对比数字。

（2）赋予每个因素以权重。权重是反映企业在发展中取得成功的影响的相对大小性的分值。数值由 0.0（不重要）到 1.0（非常重要）给予权重分值。机会和威胁两项的权重之和等于 1。

（3）按照企业对关键因素的有效反应程度进行评分。评分的分值范围一般设 1～5 共五个等级。评分标准为：5 代表反应很好；4 代表反应良好；3 代表反应达到平均水平；2 代表反应较差；1 代表反应很差。一般可将评分低于 3 的因素归纳到威胁类因素。

（4）用每个因素的权重乘以它的评分，即得到每个因素的加权分数。

（5）将所有因素的加权分数相加，以得到企业的总加权分数。无论 EFE 矩阵包含多少因素，总加权分数的范围都是从最低的 1.0 到最高的 5.0，平均分为 3.0。高于 3.0 则说明企业对外部影响因素能做出反应。EFE 矩阵应包含 10～20 个关键因素，因素数不影响总加权分数的范围，因为权重总和永远等于 1。

（二）EFE 微观外部因素评价

1. 微观外部因素评价指标

不同的行业有不同的行业竞争力特性，反映在外部竞争力指标上也各不相同。表 5-5

是快餐企业的常用外部因素评价指标。

表 5-5　某快餐企业常用的外部因素评价指标体系

关键外部因素	权重	评分	加权分数
市场份额	0.17	3	0.51
消费者购买力	0.15	3	0.45
品牌影响力	0.10	3.5	0.35
相关法规对企业的影响程度	0.07	2	0.14
原材料供应	0.10	2	0.20
市场进入壁垒	0.10	2	0.20
产业技术更新、发展	0.08	1.5	0.12
替代品的影响程度	0.10	3	0.30
核心产品的差异化程度	0.07	1.5	0.105
受宏观经济环境的影响程度	0.06	3	0.18
总　　　计	1		2.555

（1）市场份额。市场份额是指一个企业的销售量（或销售额）在市场同类产品中所占的比重。市场份额是企业的产品在市场上所占份额，也就是企业对市场的控制能力。市场份额又称市场占有率，它在很大程度上反映了企业的竞争地位和盈利能力，是企业非常重视的一个指标。

（2）消费者购买力。购买力是人们支付货币购买商品或劳务的能力，或者说在一定时期内用于购买商品的货币总额。它反映该时期某企业的全社会市场容量的大小，同时也反映消费者能够对公司施压降低其产品及服务价格的能力。一切不通过货币结算的实物收支和不是用来购买商品与劳务的货币支出，如归还借款、缴纳税金、党费、工会会费等，均不属于社会商品购买力范围。

（3）品牌影响力。品牌影响力是指品牌开拓市场、占领市场，并获得利润的能力。品牌影响力已成为左右顾客选择商品的重要因素。企业的品牌力、创新力是品牌影响力的源泉。品牌力是品牌影响力的基础。品牌影响力是核心影响力和外延影响力的综合反映，是影响力在更高层次上的提升和最集中体现。当前，消费者的品牌消费习惯正在形成，发行和广告资源形成向强势品牌媒体集中的趋势。实施品牌战略，打造品牌影响力成为影响力营造的关键点。品牌影响力的核心指标是品牌忠诚度。

（4）相关法规对企业的影响程度。法规是对人与人之间所形成的社会关系所发生的一种影响，它表明了国家权力的运行和国家意志的实现。法规的作用可以分为规范作用和社会作用。规范作用是从法是调整人们行为的社会规范这一角度提出来的，而社会作用是从法规在社会生活中要实现一种目的的角度来认识的，两者之间的关系为：规范作用是手段，社会作用是目的。相关法规对企业的影响程度具体有指引作用、评价作用、预测作用、强制作用和教育作用。在很多国家，政府往往构成了对某些行业的最大障碍，通过核发执照、原材料管制等方式限制了资源的自由流动。

（5）原材料供应。主要反映企业的原材料供应有保障。首先，要有相对长期且固定的原材料供应商，其次，该供应商在该类原材料供应中处于较为领先的地位。另外，如果能有第二备选供应商更为妥当。

（6）市场进入壁垒。进入壁垒是影响市场结构的重要因素，是指产业内既存企业对于潜在进入企业和刚刚进入这个产业的新企业所具有的某种优势的程度。换言之，是指潜在进入企业和新企业若与既存企业竞争可能遇到的种种不利因素。进入壁垒具有保护产业内已有企业的作用，也是潜在进入者成为现实进入者时必须首先克服的困难。

进入壁垒是新进入企业与在位企业竞争过程中所面临的不利因素，即它仅指新进入企业才须承担而在位企业无须承担的（额外的）生产成本。在战略大师迈克·波特的眼中，一个行业的新进入者的壁垒往往来自六个方面：一是规模经济；二是产品差异化；三是资金需求；四是与规模无关的成本劣势；五是获得经销渠道；六是政府政策。

（7）产业技术更新和发展。这是国家实施创新驱动战略，转变经济发展方式的重要举措。企业加强自主创新，通过科技创新，提高生产技术和设备更新，有利于企业获得核心竞争力，这是企业经营成败的主要因素之一。

（8）替代品的影响程度。替代品的影响包括三个方面：替代品在价格上的竞争力、替代品质量和性能的满意度、客户转向替代品的难易程度。替代品对企业既有威胁，也可能会带来机会。如果企业技术创新能力强，能够率先推出性能价格比高的新产品，就可以在竞争中保持领先优势。

（9）核心产品的差异化程度。这是企业寻找产品自身独特利益点所在，如功效、品质、形象、价格等与其他同类产品的差异之处，然后向消费者传达自身产品的独特之处，以使消费者对产品、产品的特性、产品的形象等产生固定的联想，使消费者在一听到或别人一提起什么产品特点来时就能很快想到本产品，以使其他产品无法比及，无法和本产品对比，无法进行攻击。如高露洁牙膏定位是双氟加钙配方，牙刷的定位是独有钻石型刷头，农夫山泉是有点甜，五谷道场方便面的定位是非油炸等。

如果产品自身并无特别明显的区别于同类产品的特性，那么就可以考虑定位为同类产品共有的，但是从没有同类竞争品牌提到过的利益诉求。如立白洗衣粉不伤手，实际没有哪个牌子的洗衣粉是伤手的。

（10）受宏观经济环境的影响程度。经济环境，是指构成企业生存和发展的社会经济状况及国家的经济政策，包括社会经济结构、经济体制、发展状况、宏观经济政策等要素。通常衡量经济环境的指标有国内生产总值、就业水平、物价水平、消费支出分配规模、国际收支状况，以及利率、通货供应量、政府支出、汇率等国家货币和财政政策等。经济环境对企业生产经营的影响更为直接具体，直接影响居民的消费结构和消费水平。

2. 微观外部因素评价

依据 EFE 矩阵评价的五个步骤，评分在 3 分及以上的指标为机会，评分在 3 分以下的指标为威胁，由表 5-5 分别汇总机会和威胁的加权总分，得到表 5-6。

表 5-6　某快餐企业的外部因素评价

	关键外部因素	权重	评分	加权分数	加权分数÷权重
机会	品牌影响力	0.10	3.5	0.35	
	市场份额	0.17	3	0.51	
	消费者购买力	0.15	3	0.45	
	替代品的影响程度	0.10	3	0.30	
	受宏观经济环境的影响程度	0.06	3	0.18	
总计		0.58		1.79	3.086
威胁	相关法规对企业的影响程度	0.07	2	0.14	
	原材料供应	0.10	2	0.20	
	市场进入壁垒	0.10	2	0.20	
	产业技术更新、发展	0.08	1.5	0.12	
	核心产品的差异化程度	0.07	1.5	0.105	
总计		0.42		0.765	1.821

二、IFE 微观外部因素分析模型

（一）IFE 微观外部因素分析步骤

IFE 矩阵（internal factor evaluation matrix），又称微观内部因素评价矩阵，是指将企业关键的内部因素信息输入战略分析评价体系，以确定企业的优势和弱点。内部分析需要收集和吸收有关企业的管理、营销、财务会计、生产作业、研究和开发及计算机信息系统等运行方面的信息。

对企业内部因素的评价，可以通过内部因素评价矩阵来进行。可以按照下面步骤建立 IFE 矩阵。

（1）列出在内部分析过程中确定的关键因素。采用 10～20 个内部因素，包括优势和弱点两方面。首先列出优势，然后列出弱点。要尽量可能具体，可以采用百分比、比率和比较数字。

（2）给每个因素以权重，其数值范围为 0.00（不重要）～1.00（非常重要）。权重标志着各因素对于企业在产业中成败影响的相对大小。无论关键因素是内部优势还是缺点，对企业绩效有较大影响的因素就应当得到较高权重。所有权重之和等于 1.00。

（3）为各因素进行评分。1 分代表很差；2 分代表较差；3 分代表平均水平；4 代表良好；5 分代表显著优势。评分以公司的实际状况为基准。

（4）用每个因素的权重乘以它的评分，即得到每个因素的加权分数。

（5）将所有因素的加权分数相加，得到企业的总加权分数。无论 IFE 矩阵包含多少因素，总加权分数的范围都是从最低的 1.00 到最高的 5.00，平均分为 3.0 分。总加权分数大大低于 3.0 的企业的内部状况处于弱势，而分数大大高于 3.0 的企业的内部状况则处于强势。同外部因素评价矩阵一样，IFE 矩阵应包含 10～20 个关键因素。因素数不影响总加权分数的范围，因为权重总和永远等于 1.00。

（二）IFE 微观外部因素评价

1. 微观内部因素评价指标

不同的企业有不同的企业竞争力特性，反映在内部竞争力指标上也各不相同。表 5-7 是某快餐企业常用的内部因素评价指标。

表 5-7 某快餐企业常用的内部因素评价指标体系

关键内部因素	权重	评分	加权分数
产品种类结构	0.08	2.5	0.20
广告宣传	0.07	3.5	0.245
企业文化	0.08	3	0.24
店面选址与店内环境	0.12	4	0.48
新产品研发能力	0.08	2	0.16
成本控制机制	0.08	3	0.24
产品口味与质量	0.15	3	0.45
原材料采购	0.08	3.5	0.28
人力资源管理	0.10	3	0.30
财务管理	0.10	3.5	0.35
送餐服务	0.06	2	0.12
总　　计	1		3.065

（1）产品种类结构。产品品种结构不是越丰富越好，而是越合理越好，因此企业应该在优化的基础上，合理延伸产品结构，这样才能不断地发展市场，提升盈利。对企业来说，要避免盲目丰富产品结构，造成资源浪费，应该以产品优化为基础，注重挑选优质产品予以保留，删除没有价值产品。一方面，需要评估现有产品的市场前景；另一方面，需要评估现有产品的盈利等方面，综合分析后，对产品结构进行优化调整。加大绩优产品的销售比例，加强最佳产品的组合效应，才能做到产品组合消化营销费用成本，最终给自己争取更大的地盘和生存空间，架构适合自己的生存发展的产品结构。此外，企业产品结构一般指各个产品的搭配，产品结构的组合效应决定公司发展的好坏。这个需要建立在对市场充分的分析和了解的基础上，找出既有前景，同时竞争又少的细分市场，然后有针对性地推出产品，比如，目前以男性群体为主的，那是否可以寻找有前景的女性市场；目前是中低端市场，是否可以向高端市场延伸等。

（2）广告宣传。广告宣传是指针对产品定位与目标消费群，利用报纸、杂志、电视、广播、传单、户外广告等方法来表达企业的宣传主题，广告宣传既要依据自身的实际情况来迎合消费者的心理需求，同时又要保证消费者能够接受广告的内容。要想扩大自己广告宣传的影响，常用两个办法：一种办法是立体式的广告轰炸，也就是在较短的时间内在多种媒体上把自己的广告投放出去，让自己的广告无孔不入，这样自然就会提高影响，但这样做的成本较高。另一种办法就是策划事件营销，通过事件让媒体炒作来提高影响，这样的成本较低，但点子难找。

（3）企业文化。企业文化是个体在某个特定企业环境中的行为方式。企业文化是为企业的生存和发展服务的，因此企业运作的特征也表现在企业文化上。企业文化的核心是价值观，表现为行为，即企业的凝聚力，员工对企业的忠诚度、责任感、自豪感、精神面貌和职业化行为规范，因此文化的改变会带来行为方式的改变。良好、健康的企业文化能够提高效率，减少费用支出，提升品牌含金量，增加产品的价值，从而增强企业竞争力。因为市场中影响竞争产品定价的因素除通用的生产成本等有形价值外，还包括品牌价值，而品牌价值的影响因素就包括受企业文化影响的公司、员工形象。

（4）店面选址。店址通常被认为是商店的三个主要资源之一，理想的店址对经营的成败有着举足轻重的影响。"酒香也怕巷子深"，如若店面位置选择不当，再好的商品、再好的服务也会因地理条件限制无法得以展现，纵使你是经营高手，顾客依然不会前来消费。店址要依据每个地区的消费文化、人口构成、交通状况、市政规划等方面来确定，这些特征制约着该地区店铺的顾客来源、消费特点，以及店铺对经营品种、商品价格和促销力度的选择。店铺的开设地点决定了店铺客流量的多少，也决定了店铺销售额的高低。

（5）新产品研发能力。新产品开发的成功直接关系到企业的长远发展。设计管理的核心是新产品开发，因此，企业要拥有优秀的设计管理，使新产品成功推向市场并被消费者所喜爱。这不仅给企业带来利润，还能巩固企业在市场上的良好形象。市场营销学中所指的新产品概念不是从纯技术角度理解的，不一定都指新的发明创造，其内容要广泛得多。凡是企业向市场提供的能给顾客带来新的满足、新的利益的产品，即视为新产品，大体上包括以下几类：新发明的产品、换代产品、改进产品、新品牌产品（仿制新产品）、再定位产品，成本减少产品等。企业新产品开发的实质是推出不同内涵与外延的新产品。而对大多数企业来讲，是改进现有产品而非创造全新产品。

创新是企业生命之所在，如果企业不致力于发展新产品，就有在竞争中被淘汰的危险。努力开发新产品，对于企业的生存发展有着极为重要的意义。市场竞争的加剧迫使企业不断开发新产品。企业的市场竞争力往往体现在其产品满足消费者需求的程度及其领先性上。特别是现代市场上企业间的竞争日趋激烈，企业要想在市场上保持竞争优势，只有不断创新，开发新产品。相反，则不仅难以开发新市场，而且会失去现有市场。

（6）成本控制机制。控制成本是指科学的组织管理，减少不必要的支出。是企业实现成本计划的重要手段。控制成本是成本管理项目的内在化，能使企业利益最大化。对现代企业而言，严明、规范的制度是整合企业资源、实现企业目标最有力的工具，因此，必须建立成本控制的制度体系。建立适应企业发展的绩效管理制度，设置费用控制率的考核指标，将实际开支与资金预算相比较，预算执行情况较好的部门及员工有奖励。在行政管理制度里增加节能降耗的制度或条款，从打印纸双面打印、随手关灯这样的小事管起，培养管理人员的成本控制意识。

（7）产品口味。由于每个人的生长发育所处的环境不同，个人味蕾的发育也不相同。有的味蕾感受酸味，有的感受甜味等，因为每个人的味蕾是有一定差异的，可能说有的人感受酸味强一些，或是感受甜味强一些，那么很小的这种味觉刺激就能引起他的味觉冲动，但是如果你感受某味觉的味蕾比较少，那么你的这一味觉就比较迟钝，就需要很强的刺激才能引起你的冲动。这就是为什么每个人的口味不同了。因地区、气候、物产及风俗习惯的不同，人们的口味爱好也不一样，如江浙人口味偏鲜甜，川湘人口味重酸辣，北方人口味偏咸，并嗜葱蒜，闽粤口味偏清淡。因此，调味必须根据饮食者的爱好来确定口味。企业产品的口味应符合目标消费人群对食品味道的爱好。

（8）原材料采购。原材料采购又称原材料购进，是指生产企业在市场中采购投入产品成本中的原材料。控制原材料采购的成本是影响企业竞争力的重要因素。原材料实际采购成本包括买价、运杂费、运输途中的合理损耗、入库前的挑选费用、关税消费税及无法抵扣的增值税等。

（9）人力资源管理。人力资源不同于一般的资源，它是以知识为基础，以能力为导向的一种复杂的实体。其特点是量化分析较难，全面识别不易，管理要求较高。把人作为资源来管理，就应该考虑这样几个问题：一是资源是否已得到识别和配置；二是如何进行资源配置以达到最优化的程度；三是如何进行资源的充分利用；四是人力资源是否适应内部和外部环境的变化而变化，等等。

（10）财务管理。财务管理是企业管理的中心，是利用货币形式对企业的生产经营活动所实行的监督和管理，具体来说，就是对资金的筹集、使用、耗费、回收和分配等活动进行管理。例如，通过资金周转指标的分析，能够反映企业物资的占用和使用情况，对这些生产经营资金的形成和使用实行严格的监督管理，从而促进企业加强生产技术管理，改进物资供应工作；通过产品成本有关指标的分析，能够反映生产中物化劳动和活劳动的耗费，推动企业合理地使用人力、物力和财力，节约消耗、降低成本；通过利润指标的分析，能够反映企业的财务成果和经营管理水平，对利润的形成和分配实行严格的监督，从而促进企业挖掘潜力、改善管理、节约开支、增加收入。

（11）送餐服务。送餐服务是快餐业的重要服务项目，接受订餐的企业首先要考虑顾客的感受，顾客肯定是感到饿了，才会订餐，所以送餐速度一定要在规定时间内。送餐员要熟悉地形，准确无误地把顾客的食物送到；还要保证菜品的质量，以及顾客所点食品的准确率，不能落下顾客的食品或餐具，保证送到的食物是热的，服务热情周到等。

2. 微观内部因素评价

依据 IFE 矩阵评价的五个步骤，评分在 3 分及以上的指标为机会，评分在 3 分以下的指标为威胁，由表 5-7 分别汇总优势和劣势的加权总分得到表 5-8。

表 5-8　某快餐企业的微观内部因素评价

	关键内部因素	权重	评分	加权分数	加权分数÷权重
优势	店面选址与店内环境	0.12	4	0.48	
	广告宣传	0.07	3.5	0.245	
	原材料采购	0.08	3.5	0.28	
	财务管理	0.10	3.5	0.35	
	企业文化	0.08	3	0.24	
	成本控制机制	0.08	3	0.24	
	产品口味与质量	0.15	3	0.45	
	人力资源管理	0.10	3	0.30	
总计		0.78		2.585	3.314

续表

	关键内部因素	权重	评分	加权分数	加权分数÷权重
劣势	产品种类结构	0.08	2.5	0.20	
	新产品研发能力	0.08	2	0.16	
	送餐服务	0.06	2	0.12	
总计		0.22		0.48	2.182

三、战略选择

（一）SWOT 分析雷达图

依据 EFE 微观外部因素评价和 IFE 微观内部因素评价的四类因素的总得分，将结果在 SWOT 分析图上定位得到 4 个点，用连线连接起来，得到雷达图（见图 5-3）。

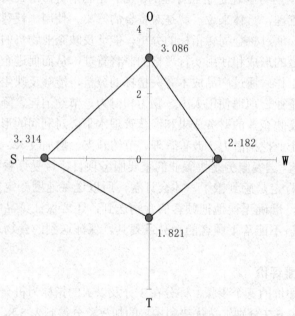

图 5-3　某快餐企业的 SWOT 分析雷达图

SWOT 雷达图分析主要比较四个象限中的面积大小，雷达图中面积大小主要反映相关维度指标效应的大小。面积越大，相关维度指标的协同效应越大，反之亦然。

（二）战略决策

SWOT 分析战略决策矩阵如图 5-4 所示。

1. 增长型战略

增长型战略（growth strategies），又称扩张型战略（expansion strategies）、进攻型战略（attack strategy）、发展型战略（growth strategies，或译为成长战略）。

增长型战略的类型可分为一体化扩张和多样化扩张。一体化扩张又分为横向一体化（水平一体化）和纵向一体化（垂直一体化）。实现这些扩张的方法包括内部发展和外部发展。内部发展是现有企业（公司）通过新股票发放或自身资金积累，而扩大现有生产规模，或建立新厂、新的部门、新的子公司等；外部发展包括合并和合资等，合并是指一企业获取另一企业的资源且无人抗争的过程。如果被合并的企业进行抗争，则称此过程为兼并。

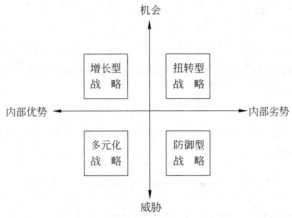

图 5-4　SWOT 分析战略决策矩阵

1）纵向一体化战略

纵向一体化战略是指企业沿着产品或业务链向前或向后，延伸和扩展企业现有业务的战略。企业采用纵向一体化战略有利于节约与上、下游企业在市场上进行购买或销售的交易成本，控制稀缺资源，保证关键投入的质量或者获得新客户。不过，企业一体化也会增加企业的内部管理成本，企业规模并不是越大越好。纵向一体化战略可以分为前向一体化战略和后向一体化战略。

（1）前向一体化战略。前向一体化战略是指获得分销商或零售商的所有权或加强对他们的控制权的战略。前向一体化战略通过控制销售过程和渠道，有利于企业控制和掌握市场，增强对消费者需求变化的敏感性，提高企业产品的市场适应性和竞争力。

前向一体化战略的主要适用条件包括：一是企业现有销售商的销售成本较高或者可靠性较差而难以满足企业的销售需要；二是企业所在产业的增长潜力较大；三是企业具备前向一体化所需的资金、人力资源等；四是销售环节的利润率较高。

（2）后向一体化战略。后向一体化战略是指获得供应商的所有权或加强对其控制权。后向一体化有利于企业有效控制关键原材料等投入的成本、质量及供应可靠性，确保企业生产经营活动稳步进行。后向一体化战略在汽车、钢铁等行业采用得较多。

后向一体化战略主要适用条件包括：一是企业现有的供应商供应成本较高或者可靠性较差而难以满足企业对原材料、零件等的需求；二是供应商数量较少而需求方竞争者众多；三是企业所在产业的增长潜力较大；四是企业具备后向一体化所需的资金、人力资源等；五是供应环节的利润率较高；六是企业产品价格的稳定对企业而言十分关键。后向一体化有利于控制原材料成本，从而确保产品价格的稳定。

企业采用纵向一体化战略的主要风险包括：①不熟悉新业务领域所带来的风险；②纵向一体化，尤其是后向一体化，一般涉及的投资数额较大且资产专用性较强，增加了企业在该产业的退出成本。

2）横向一体化战略

横向一体化战略是指企业现有生产活动的扩展并由此导致现有产品市场份额扩大的战略，包括企业收购、兼并或联合竞争企业的战略。企业用横向一体化战略的主要目的是减少竞争压力，实现规模经济和增强自身实力以获取竞争优势。

下列情形比较适宜采用横向一体化战略：①企业所在行业竞争较为激烈；②企业所在行业的规模经济较为显著；③企业的横向一体化符合反垄断法律法规，能够在局部地区获得一定的垄断地位；④企业所在行业的增长潜力较大；⑤企业具备横向一体化所需的资金、人力资源等。

横向一体化的增长可以从三个方向进行：①扩大原有产品的生产和销售；②向与原产品有关的功能或技术方向扩展；③与上述两个方向有关的向国际市场扩展或向新的客户类别扩展。如表 5-9 所示。

表 5-9　安索夫的"产品—市场战略组合"矩阵表

市场 ＼ 产品		产　品	
		现有产品	新产品
市场	现有市场	市场渗透：在单一市场，经营单一产品，目的在于大幅度增加市场占有率	产品开发：在现有市场上推出新产品；延长产品生命周期
	新市场	市场开发：将现有产品推销到新地区；在现有实力、技能和能力基础上调整销售和广告方法	多元化：以新技术或市场而言的相关多元化；与现有产品或市场无关的非相关多元化

2. 多元化战略

多元化战略是指企业进入与现有产品和市场不同的领域。由于战略变化是如此迅速，企业必须持续地调查市场环境寻找多元化的机会。当现有产品或市场不存在期望的增长空间时（例如，受到地理条件限制，市场规模有限或竞争太过激烈），企业经常会考虑多元化战略。

采用多元化战略有下列三大原因：①在现有产品或市场中持续经营并不能达到目标。②企业由于以前在现有产品或市场中成功经营而保存下来的资金超过了其在现有产品或市场中的财务扩张所需要的资金。③与现有产品或市场中的扩张相比，多元化战略意味着更高的利润。

多元化战略可以分为两种：相关多元化和非相关多元化。

1）相关多元化

相关多元化也称同心多元化，是指企业以现有业务为基础进入相关产业或市场的战略。相关多元化的相关性可以是产品、生产技术、管理技能、营销技能及用户等方面的类似。采用相关多元化战略，有利于企业利用原有产业的产品知识、制造能力、营销渠道、营销技能等优势来获取融合优势，即两种业务或两个市场同时经营的盈利能力大于各自经营时的盈利能力之和。当企业在产业或市场内具有较强的竞争优势，而该产业或市场成长性或吸引力逐渐下降时，比较适宜采用同心多元化战略。

2）非相关多元化

非相关多元化也称离心多元化，是指企业进入与当前产业不相关的产业和市场均不相关的领域的战略。如果企业当前产业或市场缺乏吸引力，而企业也不具备较强的能力和技能转向相关产品或市场，较为现实的选择就是采用非相关多元化战略。采用非相关多元化战略的主要目标不是利用产品、技术、营销渠道等方面的共同性，而是从财务上考虑平衡现金流或者获取新的利润增长点，规避产业或市场的发展风险。

3. 扭转型战略

扭转型战略可以看成稳定战略或维持型战略，是指限于经营环境和内部条件，企业在战略期所期望达到的经营状况力求基本保持在战略起点的范围和水平上的战略。

采用扭转型战略的企业不需要改变自己的使命和目标，但由于企业外部环境变化和内部管理需求的不同会导致企业多方面的变革，重新定位核心竞争力和适合企业发展的新战略，企业需要集中资源于原有的经营范围和产品，以增加其竞争优势。

扭转型战略适用于对战略环境的预测变化不大，而企业在前期经营相当成功的企业。扭转战略的优势：①采用这种战略的风险比较小，企业可以充分利用原有生产经营领域中的各种资源；②减少开发新产品和新市场所必需的巨大资金投入和开发风险；③避免资源重新配置和组合的成本；④防止由于发展过快、过急造成的失衡状态。

扭转型战略的风险：①一旦企业内外部环境发生较大变动，企业战略目标、外部环境、企业实力三者之间就会失去平衡，将会使企业陷入困境；②扭转型战略还容易使企业减弱风险意识，甚至会形成惧怕风险、回避风险的企业文化，降低企业对风险的敏感性和适应性。

4. 防御型战略

防御型战略可称为收缩型战略或撤退战略，是那些没有发展或者发展潜力很小的企业应该采取的战略。

企业采用防御战略的原因有多种，大致可分为主动和被动两大类。

（1）主动原因：①大企业战略重组的需要。为了筹措资本运营所需资金、改善企业投资回报率等，大型企业可能会重新调整业务组合。②小企业的短期行为。

（2）被动原因：①外部原因。产业走下坡路。如整体经济形势、产业周期、技术变化、社会价值观或时尚的变化、市场的饱和、竞争行为等，导致整个产业市场容量下跌。②企业（或企业某业务）失去竞争优势。企业内部经营机制不顺、决策失误、管理不善等原因，致使企业在业务市场难以为继，不得不采用防御措施。

采用防御战略的具体方式有以下三个方面。

（1）紧缩与集中战略。紧缩与集中战略往往集中于短期效益，主要采取补救措施制止利润下滑，以期立即产生效果。具体做法有：①机制变革。包括调整管理层领导班子，重新制定新的政策和管理控制系统，以改善激励机制与约束机制等。②财政和财务战略。如引进和建立有效的财务控制系统，严格控制现金流量；与关键的债权人协商，重新签订偿还协议，甚至把需要偿付的利息和本金转换成其他的财务证券等。③削减成本战略。如削减人工成本、材料成本、管理费用、分部和职能部门的规模，以及削减资产等。

（2）转向战略。转向战略更多地涉及企业的整个经营努力的改变。具体做法有：①重新定位或调整现有的产品和服务。②调整营销策略，在价格、广告、渠道等环节推出新的举措。如在改善产品包装后提高产品价格，以增加收入；加强销售攻势和广告宣传等。

（3）放弃战略。放弃战略涉及企业（或子公司）产权的变更，与前面两种战略相比，是比较彻底的撤退方式。

防御战略对企业主管来说，是一项非常困难的决策。困难主要来自以下两个方面。

（1）对企业或业务状况的判断。收缩战略效果如何，取决于对公司或业务状况判断的准确程度。而这又是一项难度很大的工作。汤普森于 1989 年提出了一个详尽的清单，这一清单对增强对企业或业务状况判断的能力会有一定帮助：①分析企业产品所处的生命周期及今后利润和发展趋势。②分析产品或者单位的当前市场状况，以及竞争优势的机会。③识别腾下来的资源应符合运用。④寻找一个愿出合理价格的买主。⑤放弃一部分获利的业务或者一些经营活动，从而提供资金投资在其他可能获利较大的业务是否值得。⑥关于成本问题。⑦准备放弃的那部分业务在整个公司中所起的作用和协同优势。⑧用其他产品和服务来满足现有顾客需求的机会。⑨企业降低分散经营的程度所带来的有形和无形的效益。⑩寻找合适的买主。

（2）退出障碍。波特在《竞争战略》一书中阐述了几种主要的退出障碍：①固定资产的专用性程度。当资产涉及具体业务或地点的专用性程度较高时，就会使其清算价值低，或转换成本高，从而难以退出现有产业。②退出成本。退出成本包括劳工协议、重新安置的成本、备件维修能力等。如果这些成本过高，就会加大退出障碍。③内部战略联系。这是指企业内某经营单位与公司其他单位在市场形象、市场营销能力、利用金融市场及设施公用等方面的内部相互联系。这些因素使公司认为留在该产业中具有战略重要性。④感情障碍。企业在制定退出战略时，会引发一些管理人员和职工的抵触情绪，因为企业的退出往往使这些人员的利益受到伤害。⑤政府与社会约束。政府考虑到失业问题和对地区经济的影响，有时会出面反对或劝阻企业轻易退出的决策。

（三）战略决策的定量评价

当公司在选择采用多元化转型战略、产品转型战略、市场转型战略、组织转型战略和技术转型战略时，应采用定量战略计划（QSPM）矩阵对五种备选战略进行客观评价，从定量角度选择适合企业发展的转型战略。

QSPM 矩阵主要考察各外部和内部的关键因素，可以客观地选出最优的战略方案，其原理为：通过专家小组讨论的形式为备选战略分别评分，评分依据是各战略能否使企业更充分地利用内部优势和外部机会，并尽量减少内部劣势和避免外部威胁四个方面。

从机遇、威胁、优势及劣势四方面列举影响企业发展的各关键因素，根据内外部环境因素的重要程度分别赋予一定权值（0.0～1.0），然后给出这些因素在各个备选战略方案中的吸引力得分值（attractiveness scores，AS），分别用 4（最受欢迎）至 1（无法接受）的整数表示该备选战略方案的接受程度。其中，权重与评分部分，可通过访谈的形式，邀请公司董事长、总经理、总工、技工，以及相关行业专家和客户代表参加，请他们对这些关键因素的战略进行打分，如表 5-10 所示。

表 5-10　某公司战略决策的评价定量分析

关键因素		权重	备选战略方案									
			多元化战略		产品战略		市场战略		组织战略		技术战略	
			AS	TAS	AS	TAS	AS	TAS	AS	TAS	AS	TAS
机会	1 市场需求量巨大	0.103	1	0.103	3	0.309	1	0.103	2	0.206	2	0.206
	2 政策支持	0.109	1	0.109	3	0.327	1	0.109	2	0.218	2	0.218
	3 国家资金投入支持	0.121	1	0.121	3	0.363	2	0.242	2	0.242	2	0.242
	4 市场进入门槛提高	0.084	1	0.084	3	0.252	2	0.168	2	0.168	3	0.252
	5 行业中未形成垄断	0.066	2	0.132	2	0.132	2	0.132	2	0.132	2	0.132
	6 替代品威胁低	0.072	1	0.072	2	0.144	1	0.072	2	0.072	2	0.144
	7 当地产业园区支持	0.105	2	0.21	3	0.305	2	0.21	3	0.315	3	0.315
威胁	8 国外先进技术进入	0.073	2	0.146	2	0.146	3	0.219	2	0.146	4	0.292
	9 价格竞争加剧	0.084	3	0.252	3	0.252	3	0.252	2	0.168	3	0.252
	10 国内行业技术整体落后	0.076	2	0.152	3	0.228	2	0.152	2	0.152	4	0.304
	11 产品需求的多功能	0.107	3	0.321	4	0.428	2	0.214	2	0.214	3	0.321
优势	12 技术基础好	0.102	2	0.204	4	0.408	2	0.204	2	0.204	3	0.306
	13 系列产品均获得安全许可证	0.087	1	0.087	3	0.261	2	0.174	2	0.174	2	0.174
	14 人力资源丰富	0.084	2	0.168	3	0.252	2	0.168	4	0.336	2	0.252
	15 产学研合作密切	0.066	2	0.132	3	0.198	1	0.066	2	0.132	4	0.264
	16 客户资源稳定	0.069	2	0.138	2	0.138	1	0.069	2	0.138	2	0.138
	17 获得政府无偿扶持资金	0.09	1	0.09	4	0.36	2	0.18	3	0.27	4	0.36
劣势	18 产品性能单一	0.081	2	0.162	4	0.324	4	0.324	2	0.162	2	0.162
	19 生产成本较高	0.065	2	0.13	3	0.195	3	0.195	3	0.195	2	0.13
	20 公司规模较小	0.058	1	0.058	2	0.116	3	0.174	3	0.174	1	0.058
	21 管理能力欠缺	0.072	1	0.072	1	0.072	2	0.144	4	0.288	2	0.144
	22 营销能力不足	0.057	2	0.114	1	0.057	4	0.228	3	0.171	1	0.057
	23 家族式经营模式的能力不足	0.093	1	0.093	2	0.186	2	0.186	4	0.372	2	0.186
	24 无明确的战略目标	0.076	2	0.152	2	0.152	2	0.152	4	0.304	2	0.152
				3.302		5.615		4.137		4.953		5.061

在以上采用 QSPM 矩阵进行的分析中，综合考虑了某公司面临的优势、劣势及机遇、威胁，根据分析可知，在五个备选战略方案中，产品转型、技术转型和组织转型战略分值较高，分别为 5.615、5.061 和 4.953，多元化转型和市场转型战略分值较低，分别为 3.302 和 4.137。因此，可以首先将多元化和市场转型战略排除。

四、产品组合的决策

（一）波士顿矩阵的概述

波士顿矩阵（BCG Matrix），又称市场增长率—相对市场份额矩阵、波士顿咨询集团法、四象限分析法、产品系列结构管理法等。波士顿矩阵是由美国大型商业咨询公司——波士顿咨询集团（Boston Consulting Group）首创的一种规划企业产品组合的方法。问题的关键在于解决如何使企业的产品品种及其结构适合市场需求的变化，只有这样企业的生产才有意义。同时，如何将企业有限的资源有效地分配到合理的产品结构中去，以保证企业收益，是企业在激烈竞争中能否取胜的关键。

波士顿矩阵认为，一般决定产品结构的基本因素有两个：市场引力与企业实力。

1. 市场引力

市场引力包括企业销售量（额）增长率、目标市场容量、竞争对手强弱及利润高低等。其中最主要的是反映市场引力的综合指标——销售增长率，这是决定企业产品结构是否合理的外在因素。

2. 企业实力

企业实力包括市场占有率、技术、设备、资金利用能力等，其中市场占有率是决定企业产品结构的内在要素，它直接显示出企业竞争实力。销售增长率与市场占有率既相互影响，又互为条件：市场引力大，销售增长率高，可以显示产品发展的良好前景，企业也具备相应的适应能力，实力较强；如果仅有市场引力大，而没有相应的高销售增长率，则说明企业尚无足够实力，则该种产品也无法顺利发展。相反，企业实力强，而市场引力小的产品也预示了该产品的市场前景不佳。

通过以上两个因素相互作用，会出现四种不同性质的产品类型，形成不同的产品发展前景：①销售增长率和市场占有率"双高"的产品群即明星类产品；②销售增长率和市场占有率"双低"的产品群即瘦狗类产品；③销售增长率高、市场占有率低的产品群即问题类产品；④销售增长率低、市场占有率高的产品群即现金牛类产品。

（二）产品定位方法

本法将企业所有产品从销售增长率和市场占有率角度进行再组合。

1. 核算企业各种产品的销售增长率和市场占有率

（1）销售增长率。销售增长率是指企业本年销售增长额与上年销售额之间的比率，反映销售的增减变动情况，是评价企业成长状况和发展能力的重要指标。销售增长率可以用本企业的产品销售额或销售量增长率。时间可以是一年或是三年甚至更长时间。

其计算公式为

A. 销售增长率=本年销售增长额÷上年销售额

=（本年销售额-上年销售额）÷上年销售额

B. 销售增长率=本年销售额/上年销售额－1

（B 公式为由 A 公式化简后的结果得出）

（2）市场占有率。市场占有率包含相对市场占有率或绝对市场占有率两种，但是用最新资料。基本计算公式为

A. 本企业某种产品绝对市场占有率=该产品本企业销售量/该产品市场销售总量

B. 本企业某种产品相对市场占有率=该产品本企业市场占有率/该产品市场占有份额最大者（或特定的竞争对手）的市场占有率

2. 绘制四象限图

在坐标图上，以纵轴表示企业销售增长率，横轴表示市场占有率，各以 10%和 20%作为区分高、低的中点，将坐标图划分为四个象限，依次为"问题（？）""明星（★）""现金牛（￥）""瘦狗（×）"。

在使用中，企业可将产品按各自的销售增长率和市场占有率归入不同象限，保持"问题""明星""现金牛"产品的合理组合，实现产品及资源分配结构的良性循环。

以 10%的销售增长率和 20%的市场占有率为高低标准分界线，将坐标图划分为四个象限。然后把企业全部产品按其销售增长率和市场占有率的大小，在坐标图上标出其相应位置（圆心）。定位后，按每种产品当年销售额的多少，绘成面积不等的圆圈，顺序标上不同的数字代号以示区别。定位的结果即将产品划分为四种类型。

（三）确定企业产品组合战略对策

波士顿矩阵（见图 5-5）对于企业产品所处的四个象限具有不同的定义和相应的战略对策。

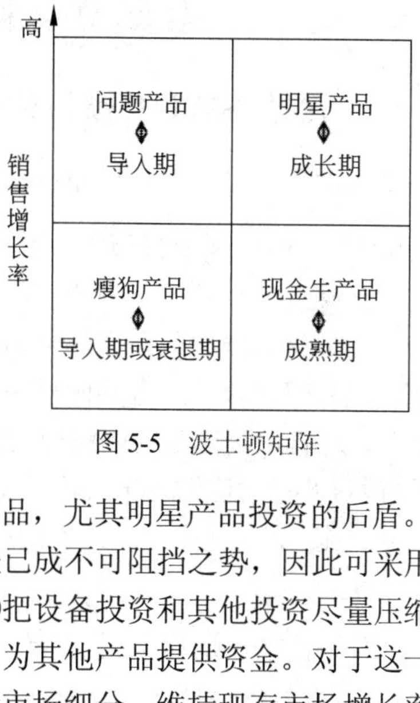

1. 明星产品（popular products）

它是指处于高增长率、高市场占有率象限内的产品群，这类产品可能成为企业的现金牛产品，需要加大投资以支持其迅速发展。采用的发展战略是：积极扩大经济规模和市场机会，以长远利益为目标，提高市场占有率，加强竞争地位。发展战略是明星产品的管理与组织最好采用事业部形式，由对生产技术和销售两方面都很内行的经营者负责。

图 5-5　波士顿矩阵

2. 现金牛产品（cash cow）

又称厚利产品，成为企业回收资金，支持其他产品，尤其明星产品投资的后盾。

对这一象限内的大多数产品，市场占有率的下跌已成不可阻挡之势，因此可采用收获战略：所投入资源以达到短期收益最大化为限。①把设备投资和其他投资尽量压缩；②采用榨油式方法，争取在短时间内获取更多利润，为其他产品提供资金。对于这一象限内的销售增长率仍有所增长的产品，应进一步进行市场细分，维持现存市场增长率或延缓其下降速度。对于现金牛产品，适合用事业部制进行管理，其经营者最好是市场营销型人物。

现金牛业务是指低市场成长率、高相对市场份额的业务，这是成熟市场中的领导者，它是企业现金的来源。由于市场已经成熟，因为如果市场环境一旦变化导致这项业务的

市场份额下降，公司就不得不从其他业务单位中抽回现金来维持现金牛的领导地位，否则这个强壮的现金牛可能就会变弱，甚至成为瘦狗。

3. 问题产品（question marks）

它是处于高增长率、低市场占有率象限内的产品群。前者说明市场机会大，前景好，而后者则说明在市场营销上存在问题。其财务特点是利润率较低，所需资金不足，负债比率高。例如，在产品生命周期中处于引进期，由于种种原因未能开拓市场局面的新产品即属此类问题的产品。

对问题产品应采取选择性投资战略。即首先确定对该象限中那些经过改进可能会成为明星的产品进行重点投资，提高市场占有率，使之转变成"明星产品"；对其他将来有希望成为明星的产品则在一段时期内采取扶持的对策。因此，对问题产品的改进与扶持方案一般均列入企业长期计划中。对问题产品的管理组织，最好是采取智囊团或项目组织等形式，选拔有规划能力，敢于冒风险、有才干的人负责。

4. 瘦狗产品（dogs）

也称衰退类产品。它是处在低增长率、低市场占有率象限内的产品群。其财务特点是利润率低，处于保本或亏损状态，负债比率高，无法为企业带来收益。

对这类产品应采用撤退战略：首先应减少批量，逐渐撤退，对那些销售增长率和市场占有率均极低的产品应立即淘汰。其次是将剩余资源向其他产品转移。最后是整顿产品系列，最好将瘦狗产品与其他事业部合并，统一管理。

第三节　微观环境分析实训材料

一、基于 SWOT 模型的传媒企业微观环境分析

本实训案例以《第一财经日报》作为实训材料。

（一）《第一财经日报》情况介绍

《第一财经日报》从诞生的第一天起，就成为中国财经类媒体的关注焦点。它是我国第一张跨地区、跨媒体运作的全国性财经日报。它由上海新闻传媒集团、广州日报报业集团、北京青年报社三方共同投资，联合主办，全国发行。它的办报理念是"商业改变世界"，迎合中国迅速发展的商业经济潮流。它在发刊词中提出要成为与《华尔街日报》《金融时报》相对应的百年大报，表达了"力求成为中国最具影响力、权威性、最受尊敬的财经日报"的雄心壮志。外界的极度关注和自身的信心爆棚，奠定了《第一财经日报》的市场地位。

（二）《第一财经日报》的 SWOT 分析

1. 《第一财经日报》的自身优势分析（S）

1）定位清晰

财经类报刊近年风头正劲，《第一财经日报》能在财经类报纸市场迅速打开局面，占有一席之地，这要归功于它准确的市场定位。Al Ries 和 Jack Trout 在《定位》一书中提到"在这个传播过度的丛林中，获得大成功的唯一希望是要有选择性，缩小目标，分门

别类"。简言之，就是"定位"。定位的前提是进行市场的细分。A.戴恩在《服务营销》一书中对"定位"的界定是"关于识别、开发和沟通那些可以使机构的产品和服务在目标顾客心中感受到的比竞争对手更好和更有特色的差异性优势"。对于定位的内涵，我们可以掌握几个关键词："市场环境""目标顾客""竞争对手""差异化优势"，这是一个成功的市场定位必须考虑的四个关键因素。

面对激烈的财经媒体竞争环境，通过市场细分，《第一财经日报》准确"卡位"，填补了国内缺少一份主流、权威的财经类日报的空白，也为后续的追随者提高了进入门槛。《第一财经日报》读者定位很清晰：最具决策力、最具消费力、最具影响力，他们构成了中国最有价值的阅读人群。"三最人群"具体包括中国的商界领袖、管理精英、金融投资专业人士、政策制定者和经济工作管理者、创业家和相关知识阶层。对这些读者来说，《第一财经日报》的价值在于它是一份深具新闻价值、工具价值、决策参考价值、投资指南价值、管理借鉴价值、潮流引导价值的每个工作日必读的主流日报。

《第一财经日报》通过市场研究机构的调研，发现目前商业经理阶层对财经、产经方面的资讯需求非常旺盛，但是来源非常广泛和多元，事实上为了达到全面、全景式地获得中国财经资讯的目的，它们不得不把时间做过多的分割。比如他们要看一些经济指导类的报纸，看一些证券类的报纸，上一些网站，接受一些终端资讯，甚至还要阅读很多杂志。事实上，《第一财经日报》就是要办成能够涵盖所有的、综合的、全景的、以日为阅读单位的报纸，创建一个强有力的中国财经日报品牌。这样一份报纸出来以后并不会替代别的报纸，但是它会有涵盖作用。

《第一财经日报》有自己的差异化优势：跨媒体的独一无二性，表达理念的独特分析方法，具有活力的表现方式，时效性和深度的兼顾等。《第一财经日报》的自身优势和面临的外部机遇，都是自身特色的展现，这些为差异化竞争提供了保障。

2）资本优势

2004年9月21日，《第一财经日报》创刊，由上海文广新闻传媒集团主管，上海文广新闻传媒集团、广州日报报业集团、北京青年报社联合主办。总部设在上海。作为一家传媒报业有限公司，注册资本为1亿元，总投资超过1.5亿元。上海文广新闻传媒集团、广州日报报业集团、北京青年报社都是中国传媒业执牛耳者。

上海文广新闻传媒集团是中国第二大传媒集团，近几年每年的收入不低于30亿元人民币，资本实力雄厚。"第一财经有限公司"（以下简称"第一财经"）作为它的子公司，资本条件得天独厚，在国际合作，品牌推广，整合广播、电视、报纸等跨媒体平台方面做了一些富有成效的开创性工作，并取得重大进展。同时，"第一财经"的经营能力也在不断提高。2004年，该公司全年完成经营创收10 133万元，实现净利润2 200万元，现金流情况良好，经营活动累计产生的现金流量净额达1 275万元。作为参股50%的最大股东，如此良好的表现，为《第一财经日报》在上海的创刊打下了坚实的资本基础。

广州日报报业集团和北京青年报社实力也不弱。按2003年广告收入来算，前者超过15亿元，后者超过9亿元，三方的年广告收入总额超过40亿元。《第一财经日报》母体财力之强大可见一斑。运作资本方面的优势与生俱来，无可替代，非以前的财经类报纸可以比拟当前的中国传媒业，只有强者之间的合作，才最有可能突破媒体和地域甚至行业的范围结出硕果。

3）人才聚合优势

21世纪世界经济发展，以及中国在国际经济发展中的地位不断提升，老百姓渴求经济新闻、金融知识以切身感受身边经济形势的变化。媒体，特别是财经类媒体，必须担负起传播经济、金融信息的责任。媒体运作和发展的主体是"人"。《第一财经日报》想要成为全国性、市场化、权威、主流的财经商业报纸，争夺人才势在必行。管理者素质是决定传媒发展的核心要素之一。"第一财经"公司董事长黎瑞刚、董事总经理高韵斐、《第一财经日报》总编秦朔都是硕士以上学历，有丰富的传媒工作和管理经验，黎瑞刚、秦朔还具有国外学习背景；他们年富力强比较有想法和创新精神，而且屡有建树；同时黎瑞刚还是SMG总裁。这种架构既保证了集团对"第一财经"公司的控制力，又保证了公司的一系列战略、战术能够得到有力执行。优秀的采编队伍是报纸生存的中坚力量。《第一财经日报》在创刊前4个月就开始大规模地以接近100∶1的淘汰率进行招聘和考试，结果当时是卓有成效的。无数个"第一"的头衔，使它招揽了业内相当有经验的一批优秀采编人员，加上三方合作者原本成熟的人力资源，一批经验丰富的精英记者的加入，使很多人才聚合到一起，构建起《第一财经日报》庞大、厚实的人才库。同时，岗位竞争的体制，定期招聘换血保证了报社人才的流动，也体现了对人力资源要求的苛刻程度。

4）信息资源优势

《第一财经日报》是跨媒体、跨地区合作的产物，它的问世同时突破了地域、媒体界限两个壁垒，是传媒业结构调整、结构创新的一个重要举措。跨地区、跨媒体给《第一财经日报》带来人力资源、品牌资源的共享，带来信息资源的多元性，这是以内容为核心竞争力的媒体最主要的依靠。作为跨地域的财经类报纸，《第一财经日报》立足于中国三大城市上海、广州、北京。"长三角""珠三角"始终处在中国改革开放的前沿，是市场经济最为活跃的地区。北京，国家的政治、文化中心，所有宏观经济政策的权威声音来自这里。加上派驻在全国其他地区以及海外的记者站和信息采集点，《第一财经日报》获得信息源的渠道相当广泛和丰富，这是其他非跨地域的媒体不太可能做到的。谈到这份跨媒体的财经报纸，不能忽略"第一财经公司"。《第一财经日报》是上海文广新闻传媒集团全资子公司——第一财经传媒有限公司继打造"第一财经道""第一财经频率"之后的又一力作，是其"第一财经"品牌从电视、广播向报纸延伸的成果。作为"第一财经"资讯平台的重要组成部分，《第一财经日报》与"第一财经"的频道、频率逐步实现完善的信息联动，整合。报纸、电视、广播三种媒介工具形成的信息加工和传播产业链的空间很大，可以最大限度地实现信息资源共享，为"第一财经""1＋1＋1＞3"的复合效应的实现做出贡献。

5）体制结构优势

计划经济时代，中国媒体有权力左右一切，有权力配置资源，由此派生出传媒产业鲜明的政治特性、等级特性、条块分割特性。财经类媒体也不例外。这些特性决定中国传媒业在逐步市场化的过程中，必然受到权力的掣肘。权力在这里有两种作用：一种是积极的作用；一种是消极的作用。目前制约中国传媒业发展的诸多壁垒产生于权力，但是最终冲破这些壁垒还是要依靠权力。喻国明教授说："如果按照现有的发展逻辑划简单的延长线的话，我们就无法有效地实现中国传媒业的跨越式发展。"他认为，中国传媒产业扩张中的"权力嫁接"模式必将让位于"资本联姻"的模式，这是一个大趋势。但是从当前和近期来看，中国传媒扩张的有效模式或过渡模式是，"权力嫁接"搭台，"资本联姻"唱戏的混合模式，而"权力嫁接"是第一位的决定性的因素。也就是说，能够获得多少权力资源的支持，很大程度上决定传媒的发展空间和作为，这是传媒制定发展战略的重要依据。显然，《第一财经日报》是"资本联姻"的产物，更是权力资源最大的受益者。

跨地域的组织架构，以董事会为中心的决策机制，经营管理与采编实务分离的完全公司化运作模式，都是中国传媒体制改革过程中具有颠覆性意义的举措。这样的几个首创如果离开中宣部、国家新闻出版署、国家广电总局，以及三地市委、市政府及宣传部门的大力支持，是不可想象的。

2.《第一财经日报》的自身劣势分析（W）

（1）研究成果少。理论界对于《第一财经日报》的评价不是很高，研究成果非常的少。可能因为它是一份刚刚起步的报纸，也可能因为学界只是把它当作中国财经类媒体（特别是报纸）的一个试点，做总结性分析的时机还很不成熟。

（2）报纸的质和量有待提高。目前虽然国内还没有一份全国性市场化的财经日报，《第一财经日报》要正常地生存和发展，首先要解决的就是如何确保每天报纸的质和量。三强联手打造《第一财经日报》，虽说顺应天时、地利和人和，但机遇的背后意味着市场消费者的挑战。

（3）专业人才队伍的建设。财经新闻的报纸不仅要求人员具有新闻工作者的基本能力，而且需要很高的财经方面的综合专业知识。单一的专业人才容易获取和培养，复合型的新闻人才难易短期培养，财经新闻的人才队伍建设亟待加强。

《第一财经日报》采编队伍的来源比较多元化。一是挖掘 SMG、广州日报报业集团、北京青年报社原有人才库。不同的人有不同的经济、地域、文化、社会、从业背景，走到一个共同的平台，同时为《第一财经日报》服务，理念、工作态度、工作方式不尽相同。二是社会招聘，招揽社会各界优秀人才，这种情况更加复杂。通过层层选拔，社招人员的基本从业素质没有问题，但是有不同的学历、专业背景和从业经验，对传媒行业、财经媒体、《第一财经日报》有着不同的认知和熟悉程度。人员如何分配、组合，才能发挥各家所长，是一个漫长的磨合过程。《第一财经日报》招聘活动频繁，面市前大规模争夺人才，每年年底都有全国性的招聘，每年春天有校园招聘，还有平时虽然零星但不间断的小招聘活动。《第一财经日报》人才流动性较大。一方面影响采编、经管两大体系的人员梯队建设，不利于报社的正常运作和稳定性；另一方面也容易使社会舆论对报社人才培养及激励机制产生怀疑，不利于报纸品牌的建立。

（4）人才整合的难度。《第一财经日报》具备强有力的管理层、庞大的采编队伍，这么多优秀的人才聚合在一起，给人才整合带来不小的难度。三个高层管理者，黎瑞刚、秦朔、高韵斐都是 40 岁左右的青年才俊，前两者复旦新闻专业科班出身，后者有工商管理的学科背景，三人都有丰富的媒体从业经历，在业内都享有颇高的知名度。共性之外也存在个性，黎瑞刚擅长经营管理，对传媒研究颇有心得；秦朔在《南风窗》工作十几年，担任总编五年以上，新闻业务能力毋庸置疑；高韵斐则担任过主持人，善于和管理部门打交道。他们三人的共性优势整合，个性优势最大限度地发挥将是平衡权力、整合高层人才的一个关键点。

3. 《第一财经日报》的外部机遇分析（O）

（1）中国经济的崛起。《第一财经日报》的创刊与我国"入世"后的经济发展和社会变　迁，以及新闻体制改革等诸多方面都有着紧密的联系。"是报业内在规律的反映，由客观经济规律决定，因为社会经济发展到一定程度，就必定有相应的报纸形态与之适应。"经过 30 多年改革开放的洗礼，随着中国加入 WTO，中国的经济实力和综合国力大为增强，根据中科院可持续发展战略研究组发布的《2004 年中国可持续发展战略报告》，中国将在 2020 年实现国内生产总值总量在 2000 年的基础上翻两番，综合国力进入世界前 3 名。这样一个极具经济发展实力和潜力的国家，却没有一份在读者定位、报纸内容、财经观念、处理财经新闻的方式方法、国内公信力与影响力，以及与市场的对接等方面，与国外主流财经媒体（如美国的《华尔街日报》、英国的《金融时报》、日本的《日本经济新闻报》等）实力相接近的财经日报。显然是不正常的。随着经济的发展，人们的经济观念也随着生活水平的显著提高而改变，中国的中产阶层队伍正在不断扩大。在新的政治经济环境和纷繁复杂的市场经济条件下，不仅需要通过媒体，使人们更加及时、准确地了解财经信息和产经动态，而且需要媒体能够从宏观、中观、微观多层次、多角度地解释新规则、分析市场变化、挖掘信息背后的内涵，充当起大众投资顾问的角色，帮助、引导大众正确有效地投资理财。可以说，《第一财经日报》的产生是与读者的需求相适应的。

（2）经济全球化，国际合作前景广泛。成功加入世界贸易组织之后，中国经济全球化的步伐加快，带来了一系列经济规则的变化，更多人的利益受到牵动。人们关心的不再仅仅是计划经济时代国内的宏观经济政策，更多的是要跟上世界经济发展的趋势。这就要求财经类媒体站在全球化背景下，一方面向国内受众传递最新的国际财经信息；另一方面让世界更加了解中国，了解中国的市场经济体制改革，使中国经济的发展更加迅速地融入全球化的经济体系。《第一财经日报》作为中国第一份真正意义上的财经日报，定位为权威、主流的全国性财经日报，志在密切关注全球化背景下中国经济的发展和社会的进步，反映中国制度变迁和经济转型的整体图景，追踪世界经济和金融投资动态，提供财经新闻和政策解读，透视商业事件的过程和背景，报道产业最新资讯，做出市场深度分析，引导投资决策，传递管理经验，把握科技趋势，塑造财富伦理，普及商业文化。经济的全球化为《第一财经日报》的发展提供了国际合作的舞台。《第一财经日报》很早就意识到了这一点，并用自己的行动奠定了与国际传媒合作的广泛基础。"第一财经公司"还在上视财经频道时期，就与国际著名财经传媒 CNBC 实现战略合作。上视财经每天向 CNBC 提供两档《中国财经简讯》在全球直播，那是国内电视节目首次进入国际主流媒体的传播平台。2003 年 4 月 10 日，SMG 和 CNBC 在上海宣布结成战略合作伙伴。自 2003 年 4 月 14 日开始，第一财经频道每天通过卫星连线，在 CNBC 全球电视网中直播自制的《中国财经简讯》节目，向亚洲、欧洲以及美国的商界人士提供最及时、热点的中国财经信息，播出时长由开播时的 3 分钟逐年增加。这个合作节目在短短 3 个月间就已实现了盈利。"第一财经"尝到了国际合作的成功滋味，赢得了向世界播报中国财经信息的机遇，获得了国际主流电视网中一个准点的、长期的新闻直播平台。第一财经频道和 CNBC 的战略合作伙伴关系，对"第一财经"的意义不仅限于盈利，更重要的是通过和 CNBC 的合作，提高自己的核心竞争力，比如内容制作能力。以《决策》为例，这是一档把哈佛商学院案例电视化包装的节目。哈佛商学院之所以愿意把经典案例提供出来，一方面是看中 CNBC 强大的平台优势，另一方面也基于"第一财经"在中国专业媒体中的品牌优势。这档节目一周首播一次，重播两到三次，就能创造几十万美元的利润，体现了国际合作双赢的魅力。由权威独立的媒体发布指数是国际上的通行做法，如道琼斯工业指数、日经 225 指数、伦敦金融时报指数都是成功范例。它们体现着知名媒体的影响力、公信力与权威性。2004 年 9 月，第一财经有限公司推出了"道琼斯第一财经中国 600 指数"，这是中国的第一个媒体指数。"道琼斯第一财经中国 600 指数"将上海证券交易所和深圳证券交易所中最大的上市公司纳入并统一在一个指数当中，为中国、为世界提供了一个实时跟踪中国证券市场交易状况的综合基准指数。这是富有价值的投资信息。目前，这一指数除了在上海的媒体中发布外，还通过路透社、CNBC、《华尔街日报》《亚洲华尔街日报》等国际知名媒体发布。对推动全球投资者关注中国资本市场起到了积极的作用。上述国际合作的成果，给予作为"第一财经"品牌重要组成部分的《第一财经日报》很好的启示，留给它发挥的空间相当大。

（3）融资上市的大好时机。1999 年 7 月，《中国证券法》的正式实施，标志着中国资本市场从增量发展转变到提高运行质量的新阶段。2001 年，中国证监会在其发布的新版《上市公司行业分类指引》中将文化与传播产业确定为上市公司 13 个基本产业门类之一。这种分类给困扰人们很久的"传播文化业究竟是不是产业，能否上市"等问题以明确和肯定的答案。 随着国家监管政策的放宽和逐渐清晰，利用资本市场，提升媒介自身竞争力逐步成为媒体投融资改革的目标。国家对媒体融资的具体规定是：在新闻出版广播影视系统内融资，或采取银行信贷、企业债券及股份等形式募集资金，融资必须确保国有资本主体地位。在现有的框架体制下，媒体的对外融资主要指媒体将自身经营性资产分离出来，以此为主体吸收外来资本或者公开上市筹集资金。据统计，在 2001 年年底我国加入 WTO 期间，有近 10 家（媒体）上市公司先后发布了媒体资产收购、媒体业务合作、媒体借壳上市等重要事项公告，其节奏和力度与以往媒体上市的迟缓形成了鲜明的对比。2004 年年底，"北青传媒"在香港以 IPO 方式上市，终结了国内纸质媒体没有 IPO（首次公开募股）的历史，更是为《第一财经日报》今后的资本运作模式提供了借鉴。

《第一财经日报》的大股东是"第一财经传媒有限公司"，在上海的业界一直有这个公司想入注上海东方明珠（集团）股份有限公司（以下简称"东方明珠"）的传闻。"东方明珠"成立于 1992 年 8 月，是中国第一家文化类上市公司。公司成立以来，先后在旅游观光、媒体广告、信息传输和策略投资等领域进行多元化拓展，在规模、效益和品牌等方面显著提升，实现了产业结构优化和业绩的稳健、快速发展。截至 2005 年年末，公司总资产 59 亿元，净资产 35 亿元，品牌价值 66 亿元。上海文广新闻传媒集团是"东方明珠"的大股东，是集广播、电视、报刊、网络等于一体的多媒体集团。集团是在 2001 年整合上海人民广播电台、上海东方广播电台、上海电视台、东方电视台、上海有线电视台等单位的基础上组建而成的。2005 年，上海文广新闻传媒集团被中国传媒产业年会评选为"中国最有投资价值的传媒机构"第一位。就是这样一家传媒集团，至今仍未上市经营。"东方明珠"作为文广集团在资本市场的唯一窗口，在得到公司股东对其大力发展的承诺后，曾于 2006 年 8 月，公告拟增发股票，但到目前为止并没有实施。有消息说增发方案将会改变为：公司将注入 SMG 旗下第一财经频道 30%股权。在"第一财经"统一品牌之下，目前已经拥有电视频道、广播频率、报纸、网站四家专业媒体，此次注入的资产主要是电视频道和广播频率。"第一财经"与"东方明珠"如果实现交叉持股，那么对《第一财经日报》来说，无疑是融资上市的机遇。融资上市对《第一财经日报》到底意味着什么？一旦通过发行股票获得的资金，可以视为无限期的永久性融资。通过公开发行上市，可以通过股票市场的自身杠杆为投资者实现巨额利润。同时，如果向监管部门和社会公众公布的财务状况良好，就能增强消费者对《第一财经日报》的信任，再次拓宽融资渠道，有利于报纸进一步做大做强，同时对品牌形象的树立也非常有利。中国媒体实行国有控股，这些国有股份一旦实行协议转让，以市场价值为依据的定价会高于以媒体每股净产值为依据的定价，这样有利于原股东的权益和国有资产的增值。《第一财经日报》正在等待时机。如果政策能够进一步放开，它还完全有可能引入国外战略投资者。

4. 《第一财经日报》的外部威胁分析（T）

1）既有竞争者的威胁

全国有四大财经报纸：《中国经营报》《21 世纪经济报道》《经济观察报》和《第一财经日报》。前三者是传统意义上的财经类周报，在《第一财经日报》创刊之前，它们分别以自己独特的定位、与众不同的资源优势、独特的品牌形象，一度在财经类报纸市场上形成三强鼎力之势。财经类周报发展模式的成熟，为日报的产生做了一定的准备。随着《第一财经日报》的创刊，传统三强成为它最直接的竞争对手。为了进行更直接的对比，笔者将用其中最典型、相对最新的《21 世纪经济报道》与《第一财经日报》做比较。《21 世纪经济报道》的读者定位是企业中高层管理人员、企业决策者及经济理论学者、专家，即所谓的社会主流人群。《第一财经日报》的读者定位则是："三最人群"——最具决策力、最具消费力、最具影响力，他们构成了中国最有价值的阅读人群。"三最人群"具体包括中国的商界领袖、管理精英、金融投资专业人士、政策制定者和经济工作管理者、创业家和相关知识阶层。虽然它一直声称进行了目标读者的细分，要与其他财经类报纸相区别，但它与《21 世纪经济报道》都面对中高端的读者，在大范围上已经产生了一定的重叠。《第一财经日报》作为读者市场的新进入者，在市场占有率上处于下风。根据北京新生代市场监测机构 2006 年的一组数据，《第一财经日报》在读者心目中的地位，仅在上海——自己的大本营可以和《21 世纪经济报道》分庭抗礼，在北京、广州都远远落后于对手，如图 5-6、图 5-7 所示。

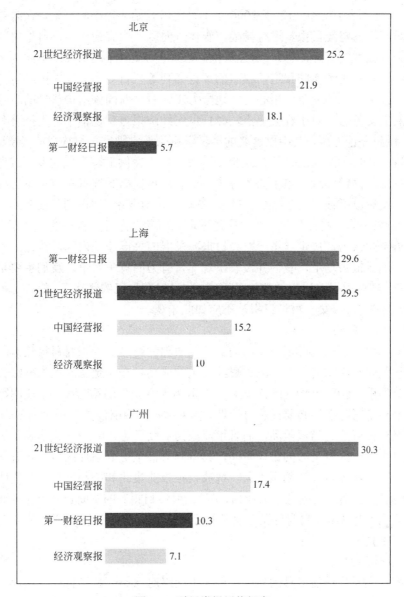

图 5-6 财经类报纸偏好度

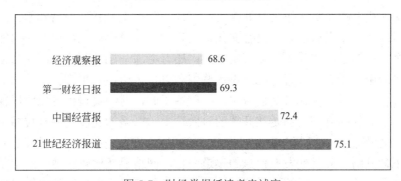

图 5-7 财经类报纸读者忠诚度

另外，《21 世纪经济报道》于 2006 年 1 月 1 日开始一周出版三期，在时效性和信息量上开始对《第一财经日报》进行挑战。媒体一向以"内容为王"，日报化可能导致新闻准确性和权威性的下降，《第一财经日报》必须正视这个问题。《21 世纪经济报道》以条分缕析、洞微知著的新闻报道，权威的评论专刊等栏目着力关注中国经济与世界经济接轨、宏观经济体制的变革，用心良苦地全力实践着"新闻创造价值"的口号，赋予了自身厚重的人文色彩。对于社会热点，《21 世纪经济报道》邀请了一大批著名学者和专家办起 21 世纪评论专版，其中以著名的经济学家张五常独家授权连载的《经济解释》最为惹人注目。同时，报纸设立了"21 世纪管理"和"案例"等类似的专刊或专版，提供企业人事管理、营销实战、电子商务等实用信息，积极引导读者对市场参与这些内容的差异化竞争策略已经被《21 世纪经济报道》驾轻就熟地运用，并得到了读者的广泛好评。这些内容策略，《第一财经日报》业已跟进采取。两者在内容上直接的交锋不可避免。不过，总编辑秦朔认为，决定《第一财经日报》发展的关键还是内因。他说："在全国性的财经类主流日报市场上，我们并没有出现非常有力的竞争对手。我们主要是跟商业类的周报竞争。当然周报跟日报的架构是不同的，日报有自己的优势"。信心是很重要的，但从市场反应来看，《第一财经日报》不应如此乐观。

2）新竞争者的进入

在《第一财经日报》创刊之前，国内的几家成熟的财经类周报对日报化都跃跃欲试，只是苦于某些限制而未能成行。三大财经周报的成功，在一定意义上为财经类日报的出现起了铺垫作用。《第一财经日报》迈出了"敢为天下先"的第一步。这说明财经类日报在中国已经有了它存在的必要性和可能性。作为填补国内财经类日报空白的先行者，《第一财经日报》很可能充当试验品，而且可能成为后续新进入者的参照物和覆盖对象。既然财经类日报在中国有足够的市场空间，具备同样甚至更好条件的新进入者随时可能出现。就在《第一财经日报》创刊不久，解放日报报业集团和成都日报报业集团联合推出《每日经济新闻》。不管它的竞争力如何，《第一财经日报》的垄断已经不可能维持。当自身的优势已经不是优势，自身的某些劣势被新进入者克服的时候，《第一财经日报》的生存空间会越来越小。

3）新媒体的加入

这里笔者主要从传播工具的角度，谈一下网络对《第一财经日报》这份纸质媒介的冲击。随着经济的发展、社会的进步，信息的作用越来越引起人们的关注。美国的未来学者阿尔文·托夫勒在其著作《力量转移——21 世纪时的知识、财富和暴力》一书中曾精辟地指出："如果没有语言，没有文化，没有数据，没有信息，没有专门知识，就没有哪一家企业能够运营。除了这一事实以外，还有更深一层的事实，即在为创造财富所需的各种资源中，还有一种资源比上述这些资源更富多边性。事实上，知识（有时仅仅是信息和资料）可以用来代替其他资源。"有鉴于此，财经类日报开始比以往任何时候更加重视对信息量的开掘。但是在开掘的时效性上，网络的速度是各种传播工具中最快的，信息也是最海量的。《第一财经日报》每天的版面有限，必然会对信息进行删减，全面性显然不如网络。并且就发布信息的渠道而言，网络显然比较快捷。加上手机和网络的结合，受众可能在任何时间、任何地点接收财经信息。定期出版的报纸显然做不到。

举一些例子来看，一些门户网站，如新浪、搜狐、千龙网、东方网等都设有专门的"财经频道"。专门的财经网站，如金融界等更是信息全面。网络数据库是最新崛起的竞争者，如"中国财经报刊数据库""国研网财经数据库""易富财经数据库""道琼斯中文财经数据库"等。

4）海外媒体的开放和进入

鉴于中国新闻体制的特殊性，在短期内，《第一财经日报》暂时不会有来自国外成熟财经类日报的直接竞争压力。但是，要以发展的眼光看问题。政策具有灵活性。中国加入 WTO 后，各领域的开放程度逐步提高，诸如《华尔街日报》《金融时报》等随时有进入中国市场的可能，只是一个时机和进入形式的问题。《华尔街日报》通过互联网，把自己的中文版呈现在中国读者面前，已经引起国内财经报纸不小的震动。相较于国外的主流财经日报，《第一财经日报》还在初创阶段，各方面都需要摸索，几年内甚至几十年内，无法建立成熟的经营管理模式，《华尔街日报》等很多成功的财经日报的先进经验正是它可以借鉴的地方。一旦政策解冻，国外财经日报进入中国市场，《第一财经日报》将如何面对来自"老师们"的竞争，自己的内功还没练好，却要陷入腹背受敌的境地，完全有被市场淘汰的可能。

二、基于 SWOT 模型的电商企业微观环境分析

本实训案例以当当网作为实训材料。

（一）当当网概况

当当网于 1991 年 11 月正式在网络上开通运行。最初的当当网仅仅是一家网上书店，在 2001 年，当当网凭借自己在出版领域的有利形势，开始寻求转型升级，不断拓展新的业务，在音像业务取得喜人的成绩之后，当当网一跃成为全球最大、最专业的中文网上图书音像书店。现在，在当当网，顾客可以购买的商品种类非常多。当当已经由最初的网上书店转变成为实力颇丰的大型综合电商。2009 年，当当网开始依靠自己的平台为外来商家销售产品，向"B2C 平台"靠拢。此后，当当网出版物数字业务部成立，开始经营电子书业务。2014 年，为了让用户能够体验到不受时空约束的流畅快捷的阅读乐趣，当当网高调发布了当当读书 4.0 版，用户可以在智能手机或平板电脑上安装此款软件，并可以通过该软件在当当网上书店进行搜书、读书、买书，以及向其他用户分享此书等活动。2014 年，当当网电子书的业绩迅速提升，占全网图书总量的比例从去年的 10%扩大至其两倍，总数达 6000 万册。而当当读书客户端每日也产生大量数据，现在当当网无线端流量与传统 PC 相比，比重超过了一半。而当当网目前约三分之一的图书是用户使用手机等移动端购买的。当当网预测，未来五年全网电子书的业绩将会超过纸质图书的业绩，而当当读书 App 月活跃用户增长率可达 370%。

面对移动阅读市场众多竞争者的掠食，当当网于 2015 年年初就开始全面布局自己的数字阅读新路线。事实上，除了推出当当读书外，当当网在 2014 年也曾绕过出版社与童话大王郑渊洁签订合约。为了使本网电子书的销量得到提升，并吸引更多的用户进入，当当网不仅将本网纸质图书与当当读书 App 全面打通今年，变成"纸电打通"的"纸书＋电子书"模式，还逐渐地向互联网免费模式过渡。未来，当当网中的免费图书将不

再是某一个作家的或者某一种、某一类图书，而是全部免费。当当网将从以自营为主向开放平台转型，不再只是简单地销售图书，而是深挖该书隐藏的版权价值。最后，除去自己原有的发展稳定的业务板块，当当网现在要扩展业务，打造一个全新的当当网。2014年，当当网投资创建豆瓜网。该网自称是由网络文学、动漫和出版业界高质量团队打造的集读书、写作、社交、版权运营于一体的全开放式网络平台。2015年，在当当网意欲创建"数字阅读生态圈"的同时，豆瓜网"当当原创动漫生态圈"项目正式启动。该项目旨在利用当当网十几年的电商平台大数据，最大限度地将动漫内容进行产品化，为国内优秀的原创动漫作者提供包括品牌推广、图书出版、衍生品开发、产品销售、版权运营等各项服务，建立原创动漫内容产销运营为一体的闭合产业链。

在占据渠道优势的电信运营商、拥有优质原创作品的互联网文学网站和致力于提升用户阅读体验的终端厂商之间，作为发力较晚的电商代表，当当网认为自己独有的竞争优势就在于15年的电商平台全民阅读大数据，因为这些数据可以为当当网未来的内容生产、宣传推广、用户互动提供数据基础和有力指导。当当网发布的市场调查报告显示，在现阶段当当网的总用户中，1/3以上的用户是"90后"用户，其比例要高于行业平均数据。当当网认为，年轻用户在未来当当网总用户中的比重将不断增大。因此，年轻用户对于碎片化、个性化和轻阅读的需求不容忽视。2015年年初，继当当读书之后，当当网又特意推出了拥有独一无二的阅读器弹幕功能的"当读小说"，该款手机 App 主要面向喜爱阅读原创网络小说的用户。用户可以在任何时间、任何地点把自己对书中内容的感想用匿名弹幕的方法公布到小说界面上，因此，在其他用户在浏览本章节时便可看到该用户的评论，并可能与之产生共鸣，使用户不再产生阅读时的"孤独感"。"弹幕"是年轻网友十分喜爱的对网络作品进行评论和互动的方式之一，以弹幕著称的 bilibili（哔哩哔哩）网站就俘获了众多年轻网友的心。在看到弹幕的威力之后，土豆网、爱奇艺视频和乐视网等视频网站，以及部分漫画网站都纷纷引入弹幕功能，甚至连淘宝网今日也引入了"弹幕功能"用以节日促销。但在小说阅读过程中使用"弹幕"功能实属当当网首推。然而因为该客户端刚刚发布不久，笔者还没有在当当读小说看到数量可观的"弹幕"，因此本书中对该客户端将不再做详细研究，而是以当当读书为主，和京东阅读及亚马逊 Kindle 客户端进行比较。

（二）当当网现状的 SWOT 分析

1. 优势分析

（1）有利的竞争优势。作为中国图书类的第一电商，当当网在图书方面的市场竞争优势较大。当当网之前的广告宣传和产品质量一定的保障，使当当网有较好的企业形象且在群众中的知名度较大。从市场份额来看，2015年为40%，相较于2014年的66%有所减少，但并不影响其领导地位。

（2）技术力量。当当网管理时通过用户标签、Also Buy、Also View 等方式对用户的需求进行分析并推荐相关书籍，有效地提升了转化率。同时，通过对大数据的处理，来科学地预测销售情况有效地促进了库存的周转，避免库存过多现象的发生。

（3）物流成本竞争优势。第三方物流提速成功使物流效率提高及物流成本降低，同时由于第三方物流比自建物流在三、四和五线城市具有成本优势，这有利于当当网未来的市场发展。

2. 劣势分析

（1）成本有待降低。通过分析当当网的年报可以发现仓储成本仍然是造成当当网成本较高的原因，需要进行进一步的降低以提高利润。

（2）价格不占优势。当当网书籍的质量虽说较好，但价格上比起天猫和淘宝还是略贵的。而且当当网只有满 59 元才包邮，相比于淘宝和天猫大部分店家的直接包邮在价格上并不占很大的优势。

3. 机会

（1）良好的企业形象。随着时代的进步以及国内人民思想境界的提高，国内企业和人们的版权意识在不断地增强。越来越多的人开始具有版权意识并自觉地维护版权，选择正品的图书。而当当网从一开始就以正品的形象进行宣传并提供相对淘宝等质量更好的书籍，这种在消费者心中形成的企业形象有利于当当网未来的发展。

（2）竞争对手的失误。近年来，亚马逊只注重物流上的改进保持相对的优势，但是不创新。2014 年以后，亚马逊所占中国市场份额明显在下跌。

4. 威胁

（1）客户偏好的改变。越来越多的年轻人喜欢电子版的书籍，而由于版权保护不严密等原因，电子版的书籍在网上通常都能找到。这对当当网的纸质版和电子版书籍都能产生很大的影响。

（2）行业政策的变化。随着跨境电商进口告别免税时代，当当网中一些国外原装进口书籍销售可能会受到一些影响。

通过以上的 SWOT 分析（见表 5-11），运用系统分析的思想把各因素相互匹配进行分析，可以发现坚持正版和质量较好所形成的良好的企业形象是当当网在以后竞争中较大的优势。然而成本和价格较高则是阻碍当当网发展的主要因素。同时，市场的需求也是当当网的机遇。综上所述，当当网应当更加注重管理上的改革以降低成本，满足消费者新的需求。

表 5-11　当当网的 SWOT 分析

微观内部环境		微观外部环境	
优势分析	1. 良好的企业形象 2. 技术力量	机会分析	1. 良好的企业形象 2. 竞争对手的失误
劣势分析	1. 成本较高 2. 价格不占优势	威胁分析	1. 客户偏好的改变 2. 行业政策的变化

（三）当当网战略管理的建议

通过 SWOT 分析我们能很清楚地发现成本和需求是当当网在进行发展时主要面临的问题。因此，针对当当网的管理可以就三个方面提出以下建议。

1. 基于成本角度的战略管理建议

从当当网近年来的报表数据分析中可以发现，随着当当网提速的成功，其物流成本已经成功地降低，一线城市的物流成本每单不超过 4 元。三、四线城市物流成本虽较高，但相比自建方式具有一定的优势。然而其仓储费用居高不下也是当当网面临的重要问题。当当网虽在 2014 年时开始实行自建仓储的模式来降低其仓储物流成本并且也得到了很大的成功，但是当当网的库存相对来说是巨大的，库存成本还是成本中最主要的部分之一。同时，随着我国供给侧改革的实行和零库存等库存管理模式的盛行，如何做到去库存，降成本将是当当网面临的最重要的问题。基于此，本书提出以下建议以期当当网能进行较好的库存管理改革以适应中国库存管理模式改革的趋势并降低成本，提高自身的竞争优势。

（1）应用大数据进行科学的分析。随着计算机技术和互联网的发展，当当网应当进行大数据的处理，对市场的需求进行合理的预测以使成本降到最低。当当网目前虽然能通过一定的技术，通过对消费者的消费分析其需求并进行相关推荐来加快库存的周转，但是却不能从源头上减少库存量。如果想要从库存量上减少库存成本就必须对市场需求进行合理的预测，做到以求定供才能最大程度上减少库存成本。

（2）和供应商形成第三方关系。即使是通过大数据对库存量进行合理的预测，也会存在库存不足或者库存过多的情况，给企业带来附加的风险和成本。因此，在科学地预测库存的同时，企业应当和一些供应商形成良好的合作伙伴关系，在必要时可以从供应商直接发货以避免缺货所造成的成本。

2. 基于需求角度的战略管理建议

随着我国民众知识产权和版权意识的提高，人们对正品书籍的需求也在加大。所以当当网基于质量保障和正品保证的企业形象对当当网未来企业的发展具有很重要的作用。但是电子书的广泛应用和容易通过多种渠道取得的原因对当当网以纸质为主的电商具有一定的冲击。就算是在当当网中加入电子书的服务也会因为电子书随意百度或者其他途径搜索即可获得资源而影响其销售。所以对需求这方面来说，当当网最主要的还是保住纸质书的地位并开拓除了电子书以外的需求。当当网应当注重纸质书籍在电商中的领导地位的保持，同时可以进行以较低成本开发特殊喜好人群的特殊需求。比如，对于喜欢动漫的人，可以在其出售书籍的同时向其推荐一些二次元的东西；对于喜欢美食的人，可以在出售书籍的同时推荐一些美食工具或者简谱之类的；对于喜欢旅游的人，可以向其推荐一些旅游必备物品；对于喜欢读言情小说的人，可以向其推荐书中特定的一些有意义的装饰，物品和服饰；等等。可以更好地开发消费者的需求，而不是仅限于书籍上的推荐。这样既可以满足读者读书时产生的特有情怀，又可以在稳定自身主要业务的基础上发展其他利润更高的业务。除了成本和需求两方面，当当网还应当适当地进行销售方面管理的改革，比如，物流成本已经下降是否考虑降低运费要求以刺激市场需求，是否能得到更好的进口书籍的进货渠道，尽量降低进口书籍的成本在不免税情况下依然保持很高的市场份额。

第四节　微观环境分析实验操作和实训报告

一、实验操作

（1）登录进入后，选择要学习和实训的【典型案例】模块，单击【典型案例】图标进入各类典型企业实训平台，如图 5-8 所示。

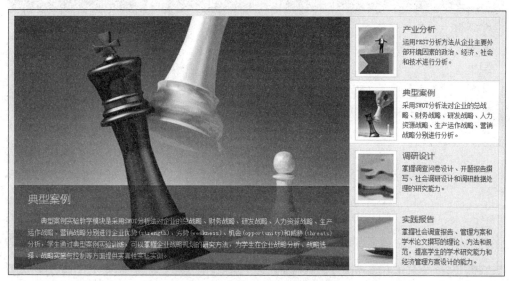

图 5-8　典型案例分析模块

（2）进入【典型案例】模块后，如图 5-9 所示，浏览【实验资源】。根据专业特征或创业兴趣在左边选择相关产业的企业学习。同时，浏览【实验内容】，做好案例分析与讨论作业。单击【V1.0】图标进入相关产业的企业分析平台实训，如图 5-9 和图 5-10所示。

图 5-9　典型企业案例实训模块的选择

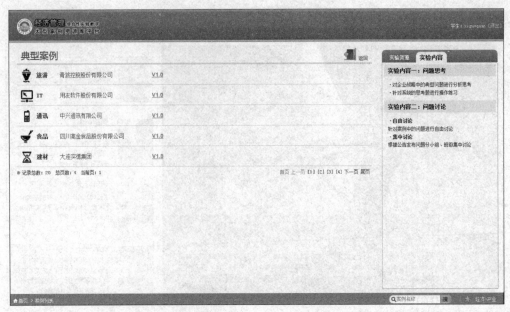

图 5-10　典型企业案例实训模块的实验内容与方法

（3）进入某典型企业案例分析模块后，如图 5-11 所示，在左边目录中有企业总战略菜单，再单击二级目录【SWOT 分析模型】，依次选择进行学习，并回答右侧的实验实践模块中的问题，再加以保存。如图 5-12 所示。

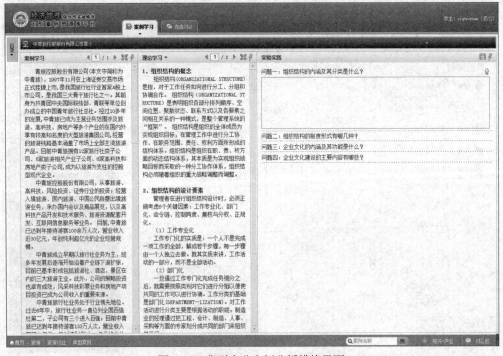

图 5-11　典型企业案例分析模块界面

图 5-12 企业微观环境 SWOT 分析

二、实训报告

（1）创新创业企业的微观环境分析与发展战略选择的关系。

（2）SWOT 分析模型的内外部微观环境因素有哪些评价内容？如何注意选择使用？

（3）讨论 SWOT 分析模型中四个方面、五个常用指标的定性分析方法和两个量化分析方法。

（4）试以国内某企业为例，写一份企业微观环境战略分析报告。

第六章

创新创业总战略规划实训

第一节　创新创业总战略规划原理

一、创新创业总战略

（一）企业战略

人们在生产经营活动中不同的场合以不同的方式赋予企业战略不同的内涵，说明人们可以根据需要接受多样化的战略定义。在这种观点的基础上，明茨伯格提出企业战略是由五种规范的定义阐述的，即计划（plan）、计策（ploy）、模式（pattern）、定位（position）和观念（perspective），这构成了企业战略的"5P"。这五个定义从不同角度对企业战略这一概念进行了阐述。

（1）战略是一种计划（plan）：向前看，是指战略是一种有意识、有预计、有组织的行动，是解决一个企业如何从现在的状态达到将来位置的问题。可以理解为：从战略对行动具有纲领性指导作用这一角度来考虑，作为一种计划，战略需要充分体现出其预见性和意志性特征；作为对企业资源的统筹安排，需要体现其组织性特征，并按照一定的顺序（可以是时间序、空间序或逻辑序等），将企业的主要目标、方针政策和经营活动结合成一个缜密的整体。战略是解决一个企业如何从现在的状态达到将来位置的问题。战略主要为企业提供发展方向和途径，包括一系列处理某种特定情况的方针政策，属于企业"行动之前的概念"（预见性）。任何企业的经营活动，都必须遵从企业的战略方针进行活动，使各部门、各环节步调统一，运行有序，协同合作，齐力实现企业的战略目标（意志性和组织性）。

根据这个定义，战略具有两个本质属性：战略是在企业发生经营活动之前制定的，以备人们使用；战略是作为一种计划写进企业正式文件中的，当然不排除有些不公开的、只为少数人了解的企业战略。

（2）战略是一种计策（ploy）：从竞争的角度来看，是指战略不仅仅是行动之前的计划，还可以在特定的环境下成为行动过程中的手段和策略，一种在竞争博弈中威胁和战胜竞争对手的工具。因此。计策是指战略不仅仅是行动之前的计划，还可以在特定的环境下成为行动过程中的手段和策略，一种在竞争博弈中威胁和战胜竞争对手的工具。例如，得知竞争对手想要扩大生产能力时，企业便提出自己的战略是扩大厂房面积和生产能力。由于该企业资金雄厚、产品质量优异，竞争对手自知无力竞争，便会放弃扩大生产能力的设想。然而，一旦对手放弃了原计划，企业却并不一定要将扩大能力的战略付诸实施。因此，这种战略只能称为一种威胁竞争对手的计策。

（3）战略是一种模式（pattern）：向后看，长期行动的一致性，是指战略可以体现为企业一系列的具体行动和现实结果，而不仅仅是行动前的计划或手段。无论企业是否事先制定了战略，只要有具体的经营行为，就有事实上的战略。

企业行为模式是在历史中形成的，因此，在制定企业战略过程中就必须了解企业发展史，在选择战略时要充分考虑并尊重企业原有的行为模式，因为它会在很大程度上决定企业未来战略的选择和战略实施的有效性。若要改变企业的行为模式，首先必须充分认识到推行这种变革的难度。

明茨伯格认为，战略作为计划或模式的两种定义是相互独立的。在实践中，计划往往没有实施，而模式却可能在事先并未计划的情况下形成。因此，战略可能是人类行为的结果，而不是设计的结果。因此，定义为"计划"的战略是设计的战略，而定义为"模式"的战略是已实现的战略，战略实际上是一种从计划向目标流动的结果。

（4）战略是一种定位（position）：从产业层次上看，是指确定自己在市场中的位置，并以此正确配置资源，形成可持续的竞争优势。对企业而言，确定自己在市场中的位置，可以包括产品生产过程、顾客与市场、企业的社会责任与自我利益等任何经营活动及行为。但最重要的是，制定战略时应充分考虑外部环境，尤其是行业竞争结构对企业行为和效益的影响，确定自己在行业中的地位和达到该地位所应采取的各种措施。把战略看成一种定位就是要正确地配置企业资源，形成有力的竞争优势。

战略的定位观认为，一个事物是否属于战略，取决于它所处的时间和情况，今天的战术问题可能成为明天的战略问题。

（5）战略是一种观念（perspective）：企业共同的期望、认识和行为，是指战略表达了企业对客观世界固有的认知方式，体现了企业对环境的价值取向和组织中人们对客观世界固有的看法，进而反映了企业战略决策者的价值观念。

企业战略决策者在对企业外部环境及企业内部条件进行分析后做出的主观判断就是战略，因此，战略是主观而不是客观的产物。当企业战略决策者的主观判断符合企业内外部环境的实际情况时所制定的战略就是正确的；反之，当其主观判断不符合环境现实时，企业战略就是错误的。这个角度指出了战略观念通过个人的期望和行为而形成共享，变成企业共同的期望和行为，如表 6-1 所示。

表 6-1　明茨伯格的"5P"战略

"5P"战略	概　念	内　涵
计划 （plan）	● 第一，战略是在企业经营活动之前制定的，具有前导性 ● 第二，战略是有意识的、有目的地开发和制订的计划 例如，因为政府已经提出将在某市的经济崛起地区兴建房屋，一家超市购买了这地区附近的一块土地用于开发新店，为其带来商机。此战略是一种计划	● 战略计划是关于企业长远发展方向和范围的计划（一年以上），这是与其他计划不同的地方 ● 确定了企业的发展方向和经营范围 ● 战略涉及企业的全局，其目的是实现企业的基本目标
计谋 （ploy）	● 强调战略是要在竞争中赢得竞争对手，或令竞争对手处于不利地位及受到威胁的智谋	● 这种认识是将战略视为威胁和战胜竞争对手的一种具体手段

"5P"战略	概　念	内　涵
模式 （pattern）	● 战略是一系列行动的模式或行为模式，或者是与企业的行为相一致的模式	模式与计划两种认识的区别： ● 计划是有意图的战略，而模式则是已经实现的战略 ● 应急战略：先有行动，模式的发展与意图无关
定位 （position）	● 企业必须明确在自身环境中所处的位置或在市场中的位置	● 一个事物是否属于战略，取决于它所处的时间和情况 ● 战略是协调企业内部资源与外部环境的力量
观念 （perspective）	● 战略是一种抽象的概念，体现的是高层领导对客观世界一种固有的认识方式	● 作为一种观念，可以在企业内达到共享，在共同一致的基础上采取行动

（二）企业总体战略

关于公司战略的定义，不同的研究者有不同的表述方式。

（1）公司战略作为确定组织使命的手段，要明确组织的长期目标、活动程序和资源分配的优先级纲领。

（2）公司战略的主旨在于限定企业的竞争范围，为获得持久竞争优势而对外部机会和威胁，以及内部优势和劣势做出积极反应，以此实现和引导企业潜力，实现企业目标，应对日益复杂和不断变化的外部环境。

（3）公司战略是由目的、目标，以及为实现这些目标而采取的主要政策、计划组成的模式，该模式决定了公司处于或应该处于何种行业，以及公司属于或应该属于何种类型。

（4）公司战略是一个企业基本的长期目标和目的的确定，以及为实现此目标所必须采取的行动和对资源的分配，它决定公司业务活动的框架并对协调活动提供指导，以使公司能应付并影响不断变化的环境。战略将公司偏爱的环境和它希望成为的组织类型结合起来，为寻求和维持持久竞争优势而做出有关全局的重大筹划和谋略。

总之，企业总体战略是指为实现企业总体目标，对企业未来发展方向做出的长期性和总体性战略。它是统筹各项分战略的全局性指导纲领，规定企业的使命和目标，定义企业的价值；关注全部商业机遇，决定主要的业务范围和发展方向；确定需要获取的资源和形成的能力，在不同业务之间分配资源；确定各种业务之间的配合，保障企业总体的优化；确定公司的组织结构，保障业务层战略符合股东财富最大化的要求。

（三）创新创业战略

创新创业战略是组织为了提升竞争优势和实现财富创造，将战略和创业观点相结合，同时注重机会寻求与优势寻求的整合性行为和策略。

创新创业战略是创新创业和战略管理相结合的产物，创新创业活动和战略行为的互补有利于企业实现财富最大化。战略研究与创新创业研究的结合，有利于更好地分析企业是如何识别开发创新创业机会，建立和保持竞争优势能力，以及如何动态运作创新创业活动以创造财富的。"大众创业、万众创新"的"双创战略"并非权宜之计，它跟全球新一轮竞争密切相关。

第一，环境的竞争性、变革性和不确定性的驱动。全球化竞争、技术创新的加速、市场信息的增长，使任何预测长期趋势或者未来顾客的尝试都常常徒劳无功，因此，企业经营者应寻求一种能够适应剧烈变化的新的商业模式。环境的竞争性需要企业充分开发和利用企业当前的竞争优势，表现为战略思维的运用；变革性和不确定性要求企业发挥创业精神，能够在高风险的动态环境下把握机会。战略与创新创业的融合体现了动态市场中缩短创新和行动时间的要求。创业者在短时间内收集处理信息并做出决策、分配资源实施行动的能力，已经成为企业在高度竞争环境下生存发展的法宝。

第二，财富创造是企业发展的主要目标。战略管理和创业学都是关注价值创造的科学，两者的研究都将组织绩效作为最主要的因变量。战略管理研究强调开发利用目前竞争优势为企业创造价值，创新创业研究侧重于通过识别竞争对手尚未发现的机会为企业创造财富的过程和活动。Meyer，Neck 和 Meeks 基于《经营风险》期刊（JBV）和《战略管理》期刊（SMJ）的一项内容分析结果表明，实证文章中主要因变量都是绩效，分别占两类杂志文章总数的46％和83％。

第三，战略管理和创新创业研究在研究对象、内容、方法上，具有交叉性和互补性。两个领域的研究对象都是既有组织。大多数中小型在企业家资源、企业学习能力和灵活性等方面往往更具优势，同时由于资源和能力的束缚，谋求机会成为企业生存发展的主要目标，因此成为创新创业研究聚焦的对象。已经有研究表明，公司创新创业与战略的规划强度、计划灵活度、员工参与度、战略控制等战略规划行为存在正相关关系，所以Nielsen 等学者指出，不应以规模和存续年限划定研究对象，大型成熟企业同样是创新创业研究不可忽视的对象。创新创业研究所注重的"机会和创新"是战略管理聚焦的"竞争优势和绩效"的来源之一，战略研究所注重的"竞争优势和绩效"又往往是未来"机会和创新"的基础。

（四）企业战略的结构层次

战略决策不仅仅是企业领导者的任务，不同区域、不同职能和较低级别的管理人员都应该参与到战略的制定过程中来。企业战略可以划分为三个层次：①公司战略；②业务单元战略；③职能战略。

公司战略覆盖企业整体。业务单位战略是为公司每个业务部门制定的战略，职能战略则是针对企业内部的每项职能制定的战略，职能战略必须符合企业整体战略。

1. 公司战略

公司战略处于最广泛的层面，又称企业整体战略，一般由公司最高管理层制定。公司战略是针对企业整体，用于明确企业目标，以及实现目标的计划和行动。公司战略规定了企业使命和目标、企业宗旨及发展计划、整体的产品或市场决策企业战略的结构层次。例如，是否需要开发新产品、扩张生产线、进入新市场、实施兼并收购，或如何获取足够的资金以最低的成本来满足业务需要。它还包含其他重大决策，例如，设计组织结构、搭建信息技术基础设施、促进业务发展、处理与外部利益相关者（如股东、政府和其他监管机构）之间的关系。公司战略由企业最高管理层制定。公司董事会是公司战略的设计者，承担公司战略的终极责任。

2. 业务单元战略

业务层战略也称竞争战略、事业部战略，属于第二层的战略，与企业相对于竞争对手而言在行业中所处的位置相关。它是在总体战略指导下，经营管理某一个特定的战略经营单位的战略计划，是总体战略之下的子战略。它的重点是怎样在市场上实现可持续的竞争优势，或者改进一个战略经营单位在它所从事的行业中，或某一特定的细分市场中所提供的产品和服务的竞争地位。

从企业外部来看，业务层战略的目的是使企业在某一个特定的经营领域取得较好的成果，力求建立什么样的竞争优势，应当关注如何有效地满足消费者群体需要，应当怎样使自己的产品区别于竞争者的产品，如何通过竞争和吸引顾客实现企业的市场定位，以及怎样使业务部的经营活动与本行业的发展趋势、社会变革和经济形势相适应。

从企业内部来看，为了对那些影响企业竞争成败的市场因素的变化做正确的反应，需要协调和统筹安排企业经营中的生产、财务、研究与开发、营销、人事等业务活动。业务层战略可以为这些经营活动的组织和实施提供直接的指导，明确从哪些方面提高企业的竞争能力，以及如何提高企业的竞争能力。如果在创新、生产和市场销售这些方面确实做得不错，做得与众不同，就能建立起企业的竞争优势，从而获得经营的成功。

在大型和分散化经营的企业中，所属业务部门数量庞大，首席执行官很难适当地控制所有部门。因此，企业通常会设立战略业务单位，赋予战略业务部门在公司总体战略的指导下做出相应战略决策的权力，包括对特定产品、市场、客户或地理区域做出战略决策。战略业务单位是公司整体的一个业务单位，由于其服务于特定的外部市场而与其他业务单位相区别。其竞争战略是在战略业务单位这个层次决定的，包括如何实现竞争优势，以便最大限度地提高企业盈利能力和扩大市场份额，确定相关产品的范围、价格、促销手段和市场营销渠道等。

业务层战略通常是由业务部在公司战略指导下负责制定的。企业最高管理层往往将业务部视为企业内部具有高度自主权的战略经营单位。在企业总体目标和总体战略的范围内，可以允许各业务部发展自己的经营战略，可以允许他们对本业务部范围内产品与服务的生产、销售、成本控制、销售利润率等不同方面有较自由的安排处置权。

公司层战略与业务层战略的根本不同在于，公司层战略要统筹规划多个战略业务的选择、发展、维持或放弃，而业务层战略只就本业务部从事的某一战略业务进行具体规划。

3. 职能战略

职能战略是一种可操作性的战略，是为贯彻、实施和支持公司战略与业务战略而在企业特定的职能管理领域制定的战略。决定怎样具体操作实施公司战略和竞争战略的战略，一般包括科技与产品开发战略、市场营销战略、生产与运作战略、财务战略、人力资源开发战略等。其重点是提高企业资源的利用效率，使企业资源的利用效率最大化。在企业既定的战略条件下，企业各层次职能部门根据职能层战略采取行动，集中各部门的潜能，支持和改进公司战略的实施，保证企业战略目标的实现，如表6-2所示。

表 6-2 企业的战略层次

战略层次	主要责任人	内容和作用	举例（雀巢）
公司战略	● 最高管理层（首席执行官、董事会成员、公司总经理、其他高级管理人员和相关的专业人员） ● 公司董事会是公司战略的设计者，承担公司战略的终极责任	内容： ● 规定了企业使命和目标、企业宗旨 ● 建立和管理好一个高业绩的业务组合 ● 资源合理分配 作用： ● 协调各业务部门或职能部门	2002年，宣布将在今后5年内实行"全球业务优化"战略，核心业务将集中在巧克力糖果、矿泉水、宠物食品及冰激凌等回报率较高的领域，要放弃已经发展成型的香精、香料和医疗器械的激光外科设备等业务
业务单位战略（经营战略或竞争战略）	● 业务单位经理/领导	内容： ● 在选定的业务范围内或在选定的市场——产品区域内如何进行竞争 作用： ● 统一协调重要职能部门所采取的战略行动	雀巢并购了美国第三大冰激凌企业德雷尔。在美国拥有哈根达斯品牌，还将拥有德雷尔旗下的 Dreamery 和星巴克（Starbucks）。这三大品牌的产品占美国近六成的市场份额，超过了冰激凌原老品牌"联合利华"和"和路雪"等
职能部门战略	● 职能部门领导/经理	内容： ● 侧重于企业内部特定职能部门的运营效率 作用： ● 制定恰当的行动方案和策略，以支持业务单位战略	生产、研发、人力资源、营销等

二、创新创业战略规划体系

企业的战略体系包括企业使命、战略目标、战略制定和战略执行四个方面，如图6-1所示。

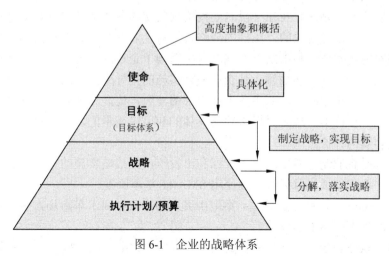

图 6-1 企业的战略体系

（一）企业使命

公司愿景也叫公司使命，即指企业区别于其他类型组织而存在的原因或目的。绝大多数的公司愿景是高度抽象的，公司愿景不是企业经营活动具体结果的表述，而是为企业提供了一种原则、方向和哲学。公司愿景一般包括以下三个方面的内容：①企业生存目的定位。企业生存目的定位应该说明企业要满足顾客的某种需求，而不是说明企业要生产某种产品。②企业经营哲学定位。企业经营哲学是对企业经营活动本质性认识的高度概括，包括企业基础价值观、企业内共同认可的行为准则及企业共同信仰等在内的管理哲学。③企业形象定位。企业形象定位通过理念识别、视觉识别、行为识别三个部分来体现。

企业战略的制定从确定公司愿景开始。公司愿景关系着企业能否生存和发展，在整个企业的战略制定、实施和控制过程中有着重要作用，因此任何企业在制定其战略时，必须在分析研究企业及其环境的基础上进一步明确自己的愿景。

A 大型汽车公司的企业使命是：在市场经济国家制造和销售最安全、最环保、最节能的小汽车和卡车。使命是企业在社会经济中的整体发展方向中所担当的角色和责任，也是企业的根本任务或其存在理由。由高层管理者负责明确企业使命。该企业使命反映了以下几方面的内涵。

（1）反映企业定位：最安全、最环保、最节能的小汽车和卡车。

（2）有导向作用：引导企业的具体行为。

（3）说明业务范围：小汽车和卡车。

（4）有利于界定自身的企业形象：安全、节能、环保。

（5）企业使命比愿景更加具体：企业使命影响企业利益相关者的战略决策。

（二）战略目标

1. 战略目标制定的 SMART 基本原则

要制定正确的企业战略，仅有明确的公司愿景是不够的，必须把这些共同的愿景转化成各种战略目标。战略目标表明的是企业在实现其愿景所要达到的长期结果，上述所讨论的公司愿景是对企业总体任务的综合表述，一般没有具体的数量特征及时间限定；而战略目标则不同，是为企业在一段时间内所须实现的各项活动进行数量评价。目标可以是定性的，也可以是定量的，正确的战略目标对企业的行为具有重大指导作用。它是企业制定战略的基本依据和出发点，战略目标明确了企业的努力方向，体现了企业的具体期望，表明了企业的行动纲领；是企业战略实施的指导原则，战略目标必须能使企业的各项资源和力量集中起来，减少各企业内部的冲突，提高管理效率和经济效益；是企业战略控制的评价标准，战略目标必须是具体的和可以衡量的，以便对目标是否最终实现进行比较客观的评价考核。

战略目标是企业制定战略的基本依据和出发点，是战略实施的指导方针和战略控制的评价标准。在确定战略目标时，应使用 SMART 基本原则。

（1）S（specific），目标要具体：案例中表现为小汽车和卡车市场占有率增加、单位成本下降、海外生产基地建设等。

（2）M（measurable），目标可以量化：如市场占有率增加 8%、单位成本下降 3%、在世界汽车市场的占有率居第一位、在海外建成 15 个生产基地等。

（3）A（attainable），目标要可以达到：案例中表现为该大型汽车公司的生产经营能力是可以达到的。

（4）R（relevant），目标与使命一致：案例中表现在经营范围、产品的品质方面是一致的。

（5）T（time-based），目标要有完成期限：案例中表现为到 2010 年、到 2010 年、到 2010 年和到 2010 年要完成的任务。

2. 好的企业战略目标的特征

（1）可接受性。企业战略的实施和评价主要是通过企业内部人员和外部公众来完成的，因此，战略目标首先必须能被他们理解并符合他们的利益。

（2）可检验性。为了对企业管理活动的结果给予准确衡量，战略目标应该是具体的，可以检验的。目标必须明确，具体地说明将在何时达到何种结果。目标的定量化是使目标有检验性的最有效的方法。事实上，还有许多目标难以数量化，时间跨度越长、战略层次越高的目标越具有模糊性，此时，应当用定性化的术语来表述其达到的程度，一方面明确战略目标实现的时间，另一方面须详细说明工作的特点。对于完成战略目标的各阶段都有明确的时间要求和定性或定量的规定，战略目标才会变得具体而有实际意义。

（3）可实现性。在制订企业战略目标时必须在全面分析企业的内部优劣和外部环境利弊的基础上判断企业经过努力后所能达到的程度。既不能脱离实际将目标定得过高，也不可妄自菲薄把目标定得过低。

（4）挑战性。目标本身是一种激励力量，特别是企业目标充分体现了企业成员的共同利益，当战略目标和个人小目标很好地结合在一起时，就会极大地激发组织成员的工作热情。一方面，企业战略的表述必须具有激发全体职工积极性和发挥潜力的强大动力，即目标具有超感召力和鼓舞作用；另一方面，战略目标必须具有挑战性，但又是经过努力可以达到的。因而员工对目标的实现充满信心和希望，愿意为之贡献自己的全部力量。

A 大型汽车公司的企业目标是一个好的战略目标。内容是：①到 2010 年国内小汽车和卡车的市场占有率增加 8%。②到 2012 年单位成本下降 3%。③到 2013 年年底公司在世界汽车市场的占有率居第一位。④到 2016 年，在海外建成 15 个生产基地，实现三分之二外销的目标。

（三）战略选择

A 大型汽车公司根据外部环境分析和内部环境分析，A 大型汽车公司总战略选择是：①增长战略；②差异化战略；③低成本战略。

（四）战略制定

A 大型汽车公司战略规划的内容如下。

（1）通过将所有资源集中于小汽车和卡车制造行业来获得发展。主要集中发展低油耗的车型，以达到政府的油耗标准，并向竞争者挑战。

（2）采用世界一流的汽车技术，包括配有机器人的现代化整车生产流水线，新一代线控驱动系统等，以科技创新促进品质卓越的新产品不断推向市场。

（3）实行垂直集约化经营，使生产设备现代化以降低原材料消耗和生产成本，快速提升企业核心竞争能力。

（4）与外国汽车厂商建立合资企业，以在发展中国家制造和销售汽车。

A 大型汽车公司的企业战略实际包含了几大战略选择。第一条战略内容选择的是产品差异化战略；第二条战略内容选择的是生产运行的差异化战略；第三条战略内容选择的是低成本战略；第四条战略内容选择的是公司发展战略。

（五）战略实施

A 大型汽车公司的执行计划/预算如下。

1. 执行计划

（1）在国内增加一个制造和销售新型低成本、高质量汽车的新部门。

（2）增聘技术开发人员 200 名。

（3）参与每年两次的世界汽车展销会及赞助世界一级方程式赛事以增加品牌知名度。

（4）为降低制造成本，到 2011 年，要在各个部门的生产操作岗位安装机器人。

（5）与外国汽车厂商谈判，建立合资企业，在世界市场上制造和销售这种汽车。

2. 预算

预算是对每一个计划方案进行成本效益分析，并制订预算方案。

（1）为建立汽车生产部门编制预算方案，通过银行贷款为其筹集资金。

（2）为增聘技术开发人员 200 名编制预算。

（3）为参与每年两次的世界汽车展销会及赞助世界一级方程式赛事编制预算。

（4）为安装机器人编制预算。

（5）为建立合资企业的谈判筹集资金编制预算。

执行计划/预算是战略实施的基本内容，也是企业业务战略和职能战略制定的依据。战略实施计划的制订能够确保公司战略的落实。

三、创新创业总战略规划的设计

（一）创新创业战略规划的设计模式

1. 基于行业分析的设计模式

行业分析的战略设计模式在 20 世纪 80 年代的学术界和企业界中占据统治地位，其理论基础是波特的"五力"模型，这种方法是基于存在稳定的行业结构为前提的。企业的战略设计思路就是要选择合适的行业、合适的战略位置以及与之相适应的组织结构等，通过卖方、买方、现有竞争者、潜在竞争者、替代品等五种竞争力量的相互作用来决定企业在产业中的盈利能力，从而确立企业的竞争优势。

这一模式强调的是外部行业环境对企业战略的决定作用。根据这五个因素，公司的优势和劣势可以通过测定它的竞争地位来评价。因此，在这种战略模式指导下，企业往往通过建立进入壁垒，如规模经济、资本需求、产品差异、转换成本、获得分销渠道、政府政策等来维持它的竞争优势，防止竞争者进入竞争和让自己占领市场，获取高额利润。企业也可以通过建立战略集团（联盟）来形成有利的市场竞争地位。

行业分析模式主要包括以下步骤。

（1）企业愿景、使命。

（2）宏观的一般环境分析，包括政治法律、经济环境、社会文化和技术等分析。

（3）中观的行业环境分析，包括卖方、买方、现有竞争者、潜在竞争者、替代品等分析。

（4）确定战略重点并良好定位。

（5）制定实施战略重点的措施。

行业分析模型为评价行业的吸引力和便于竞争分析提供了一种有用的分析工具，从而有助于企业了解整个竞争环境，正确地把握企业面对的5种竞争力量，从而制定出能使其处于有利竞争地位的战略。波特的理论超出了企业直接和现有对手的竞争，拓展了企业的竞争环境，为决策者的竞争环境分析提供了依据。

但是，在不确定的变化环境中，波特理论表现出局限性，即创新创业企业的竞争受制于现有产业的竞争状态。也就是说，创新创业企业无法避免作为行业内追随者所带来的困境，这与创新创业企业的实际不完全符合。且它忽视了作为未来竞争主体结构的潜在竞争，而这种潜在竞争并不是一定在既有产业中的。竞争优势是相对于竞争对手而言的，而竞争对手的战略及其行为充满了不确定性，竞争者往往从意想不到的地方出现，使环境复杂化。另外，波特关注目标顾客群和目标市场，导致对来自熟悉环境之外的变化或者威胁一无所知。这种分析框架没有考虑行业壁垒后面的资源和能力基础，没有解释为什么别的企业不能够拥有这些资源来打破这种壁垒。

此外，行业分析模式还有一个潜在假设，那就是市场需求已知且稳定，这和当今企业理论中强调通过满足顾客需求来创造需求是矛盾的。

2. 基于资源和能力分析的设计模式

20世纪90年代初，随着新技术、新产品开发速度加快、产业边界的模糊、竞争的不确定性加大，行业分析的战略设计模式在实践中往往不尽如人意，使人们又返回到企业内部，试图通过企业内部改造、拥有特异资源、建立独特能力等方法来形成企业持久的竞争优势。这种分析方法的前提是企业能够凭借其异质的资源能力获得竞争优势。资源被划分为有形资源和无形资源，以及组织能力。通过分析判断企业的资源能力是否稀缺、是否不可模仿、是否不可替代等来识别企业是否具备可持续的竞争优势。以这种理论基础为指导，企业的战略设计也将重点放在企业内在的独特能力和资源、企业的不同成分和独立机制方面，而这些独特的资源也就成为企业战略设计和实施的根本决定性因素。

资源和能力分析模式主要包括以下步骤。

（1）企业愿景、使命。

（2）宏观的一般环境分析，包括政治法律、经济环境、社会文化、技术等分析。

（3）企业的资源和能力分析，包括有形资源、无形资源、组织能力等分析。

（4）确定企业的核心能力。

（5）制定培养和利用核心能力的战略措施。

资源和能力分析的战略设计模式回避了客观存在的环境不确定性，试图从企业内部寻求竞争优势的来源。但是，这种优势却恰恰形成了企业的核心刚性。因为这种基于资源的优势来源于资源的几个特点，即稀缺性、不可替代性、难以模仿性、难以转移性、持久性、营利性等。

但是，随着环境变化的加剧，这些静态的资源价值判断标准已不能适应企业动态竞争的需要。强调从内部寻求竞争优势的资源能力学派的学者也承认，环境的变化会减少企业资源和能力在当前使用中的价值。而且，资源的稀缺性和不可替代性并不总能保障企业获得竞争优势。过分专注于获取和发展企业独特资源与能力将可能限制企业的思考空间，使企业可能失去某些发展的机会，甚至有可能导致企业的失败。

另外，我们也发现体现资源价值的那些特点对绝大多数现实中的创新创业企业来说是不切实际的，或者说仅仅有短暂存在的可能。而如何维持企业的竞争优势，仍然是个难题。这种模式下设计的战略有如画饼充饥，企业面对这个饼却无法吃饱。当然，这里并没有彻底否认资源和能力分析的战略设计模式的意思，而是指出对现实中的创新创业企业来说，这种模式无法产生实际上的利益。

3. 基于内部条件和外部环境相互匹配分析的设计模式

根据上述对两种流行的战略设计模式的分析可以看出，它们的主要区别在于战略设计所依赖的理论基础的侧重点不同，一个重点是企业所处的行业环境的分析，另一个重点在于企业的内部条件的分析。但是在现实中，企业的战略设计往往并不像上述两种模式所描述的那样能够使企业获取持久的竞争优势。例如，在为西北一家房地产开发公司制定战略设计时，考虑到该地区房地产开发业的进入壁垒高且结构相对稳定，我们重点采取了行业分析模式，对企业所处的竞争环境进行了详细的分析，确立了公司的市场定位及目标，制定了具体的实施步骤和措施，同时也相应地考虑了当时企业的资源和能力状况。随后该企业按部就班地在企业内进行了推广实施。当面临国家西部大开发政策的机遇，加之市场转型，企业就缺乏资源与能力的支持，而且资源和能力向适应新机遇的转换成本增加，使战略中相当一部分流于形式。另外，1997 年，我们为一家化工企业制定发展战略时采用了资源/能力的设计，可是没有考虑东南亚金融危机的发生给公司带来的问题，致使公司在东南亚危机突然席卷而来所造成的严重影响之际仓促应付，造成了局部的重大损失。公司原本以湖南市场为发展龙头之一的一系列战略措施中途告吹，虽然公司已经确立并重点培养了技术方面的核心能力，但是公司也不得不进行新战略的考虑。实践中发现，我们所设计的战略在当时来看是近乎完美的，企业也是忠实地实施的。但是面临突如其来的环境变化时，无论采取行业分析或资源能力分析的模式进行战略设计，都不可避免地陷入设计与实施的困境中，战略计划的刚性无法解决战略的长期性与企业竞争环境快速多变的矛盾。也就是说，未来的不确定性使战略实施无法达到设计时的完美。上述流行的战略设计模式的共同缺陷即是：先制定完备的战略，然后按照战略计划认真地执行，导致环境发生变化时设计与实施的不一致。

创新创业企业现在普遍面临的是一种快速的、持续变化的，并且不确定的环境。实践中，企业的战略模式设计，首要考虑的是如何在不确定环境下使战略的设计与实施很好地结合，进而考虑实施中要建立和利用什么样的资源和能力，这是创新创业企业战略规划设计要面对的重要问题。其基本思路是通过对企业外部环境及企业内部条件的分析，制定内部条件和外部环境相互匹配的战略方案，然后按照制定的战略方案一步一步地实施和控制。安德鲁斯的分析框架明确指出了企业从外部环境和内部状况两个方面相结合作为企业战略的出发点。

内部条件和外部环境相互匹配分析的分析模式主要包括以下步骤。

（1）企业使命、愿景。

（2）宏观的一般环境分析，包括政治法律、经济环境、社会文化、技术等分析。用于寻找市场的发展空间和产业发展的机会。

（3）中观的行业环境分析，包括卖方、买方、现有竞争者、潜在竞争者、替代品等分析。用于寻找行业发展的机会和可能的创新创业投资项目。

（4）微观的企业环境分析，包括企业微观的外部环境的创新创业的机会和创新创业的威胁，以及企业内部的竞争优势和竞争劣势，确定企业的核心竞争能力。

（5）制定培养和利用核心能力的战略措施。

这种线性思维的战略设计模式过分强调企业对行业、市场及竞争等各种情况的可预测性，即使是提出了对行业、市场及竞争等情况的动态分析，也仍然没有从根本上摆脱制订企业发展目标，实现企业发展目标的这种相对静态的战略设计模式。不过，对创新创业企业在创业初期来说，确定中短期的战略规划是有十分重要的意义的，能够达到创新创业企业进入期和成长期的战略管理要求。

4. 基于动态变化环境分析的设计模式

这种战略设计模式采用非线性、并行的思维，强调对战略决策者的能动性和组织与环境的相互作用对战略的影响；强调战略的形成、实施、选择、评价与控制将通过战略调整并行而连续地进行。在不确定环境下，战略设计并不能脱离战略愿景和公司使命的指导而完全随机地形成，同样要强调公司使命、战略意图和核心价值对于组织长期发展的规范和激励作用，但是基于战略调整的设计模式更强调不确定环境下企业的机会在愿景驱动下的战略思维创新，即机会选择与选择权利的拥有。

1）创新创业环境分析

企业的外部环境一般包括宏观经济、政治、法律、社会、技术和竞争环境等，包括竞争者的动向、竞争规则、行业的竞争格局等。它将始终影响战略设计的全过程。以往的研究虽然重视对环境变化的分析，但往往重视环境变化的风险分析，而忽视了针对环境变化的动荡性和不可预见性所导致的战略变化的非线性的研究。

2）战略制定与战略实施的协同

在不确定的环境中，设计中的战略即战略的形成是不完备的，将通过战略实施中的认知和学习连接起来，并且并行运作。战略的形成将不再是一次完成，而是多次的、反复的，有时甚至表现出应急的特征。在这一过程中，组织的认知和学习将发挥重要的作用。实施战略意味着管理关键问题，这些关键问题的不断解决将使战略设计的框架不断明晰和具体化。

3）战略实施与战略评估的协同

战略实施的绩效将反馈到战略评估，评估通过控制作用于战略的形成、实施、选择和调整。传统的战略评价工具缺乏未来机会的考虑，因而在不确定性的环境中不能起到很好的作用。在这里，战略评估将考虑组织中固有的不确定性和战略成功所需的主动性选择，同时关注选择与调整的效益和成本。

4）战略选择与调整

战略选择是组织在不确定的环境中实现有利的地位而可能采取的行动。理论上，选择的范围是无限的，而实际中组织所进行的战略选择并不是对每一个可行的战略转换都在组织内做出反应。例如，企业以顾客为中心并不是要去满足顾客所有需求，而是选择其最适合的满足顾客服务需求的战略措施。战略选择应充分考虑企业的资源、能力、尝试性战略行动等。在一定的时间间隔上对战略选择进行评估，如果构成所选择战略的基础的任何假设改变了，那么就调整转向另一种战略选择。

（二）创新创业总战略规划的设计

1. 中小新创企业的创业特点

创业期是企业发展过程中实力最弱的一个阶段，中小企业在创业期，企业人员少，规模小，管理制度不健全，缺乏必要的资金，市场占有率小，市场形象还没有树立起来，创业初期的中小型企业可以说是在市场竞争激烈的市场夹缝中求得生存和发展。突出的特点是规模小，管理弱，缺乏资金，抗风险能力差。

1）企业的实力弱，管理不规范

中小新创企业实力比较弱小，企业人员较少，各项人力资源、财务管理制度不健全，组织结构相对简单，而且结构、制度、流程等处于动态、快速的变动之中。企业人员少，管理架构扁平，人与人之间一般可以便捷地面对面进行沟通。由于沟通的直接性，加之创业者及骨干员工多半有血缘、乡缘、学缘等关系，企业往往有浓厚的"家"的色彩，情感性因素较多，人情味较重，组织更多的是靠"人"来维系，而理性的味道淡一些。

2）融资难成为制约发展的主要"瓶颈"

中小新创企业融资特点是"少、急、频"，需求特征是个性化、多样性，而我国融资渠道和方式还不能适应这种需求。据统计，目前我国中小企业间接融资比例高达 98%，直接融资不足 2%。由于多层次资本市场建设滞后，绝大多数中小企业无法通过股权或债权市场吸纳社会资金，创业投资机制尚未形成，知识产权交易市场基本上有场无市。直接融资渠道窄，加剧了间接融资的难度。

尽管近年来银行业金融机构的中小企业贷款工作取得了较大进展，但与中小新创企业巨大的融资需求还有较大差距。特别是随着国有银行的商业化改造与战略转型，多数机构基层网点从县域撤出，使县域经济的小企业融资更难。由于中小新创企业贷款金额小、笔数多，加之小企业贷款等相关政策不到位，影响了小企业信贷业务的拓展。

部分中小新创企业规模小，经营管理水平低，财务制度不规范，产品结构趋同、附加值低，缺乏真实可信的财务报表和良好的连续经营记录，且相当一部分发展不确定，存续期较短。信用不足、缺失或信息不对称，制约了中小企业获得贷款。

3）面对不确定因素多，抗风险能力差

在创业期，公司在资金、人才和实力等方面往往都不具备优势，被大量不确定性事务驱动和疲于应付的状态在所难免，而外部环境的变化对其生产经营有着较大的影响。当环境的变化不利于企业时，任何一个看似小的人和事都可能导致企业的兴衰成败。

中小企业的领导核心往往是创业者，创业者个人或群体对企业有着巨大的影响力，领导者在某个方面出现个人判断偏差都可能导致企业走入无可挽回的局面。

中小企业经营管理缺乏计划和目标，不注意资本运用和资本结构，投机意识强，风险意识差，遇到复杂情况或苦难时缺乏应变策略和抗风险能力。

4）具有"小、快、灵"的特点，善于抓住机会

中小新创企业虽然资金实力规模无法和大企业或市场上已经存在的企业相比，但自身具有"小、快、灵"的特点。中小新创企业善于抓住机会和利用机会，一些比较专门的行业或一些大企业估计不到或不屑投入的行业可以成为小企业捕捉生意的机会点，反而能更好地满足客户的需求。对于市场的变化，中小新创企业能很快地进行政策调整，整合资源，反应灵活。

2. 中小新创企业经营战略的设计与选择

经营战略即企业总战略，是指企业参与市场竞争的策略和方法，即经营单位在给定的某一业务或行业内获取竞争优势的方法。在一个产业中，参加竞争的每一个公司都有其显式或隐式的经营战略。这一战略可能在计划过程中以显式提出，或者可能通过公司各职能部门的活动以隐式演进。创业期经营战略选择关系着企业创业的成败，关系着企业未来的成长。实际中的创业战略选择与创业机会的特征存在重要的相关性，具有不同市场特征和产品特征的创业机会需要不同的创业战略来与之相适应。新创企业的战略制定出发点不同于成熟大企业，需要从创业的自身特点角度研究。

经营战略是中小新创企业在市场上获得竞争优势的基础，经营战略选择是中小新创企业战略管理的一个重要环节。根据管理实践的发展，创新创业企业经营战略分为一般竞争战略和经营发展战略。

1）一般竞争战略

一般竞争战略包括迈克尔·波特从产业组织的观点，运用结构主义分析方法提出的三种竞争战略——成本领先战略、差异化战略、集中化战略，以及在此基础上发展的复合型战略。

（1）改进价值\特性战略。改进价值或者是产品特性战略源自差异化战略，采取这种战略的新创企业对本行业的产品或服务进行功能分析，改进或重塑价值链结构，针对那些供求平衡或供大于求的产品或服务，创造产品性能的某一方面或经营过程中某一环节有别于竞争对手的稀缺，从而建立差异化的竞争优势，树立起行业范围内独特的东西，着重于提高顾客的消费价值。

（2）改变规则战略。差异化的另一重要途径是商业模式上的差异化或创新。在一定的时期，每一个市场通常要遵循一定的行业规则。如果企业引入一种全新的商业模式来改变人们惯有的思维方式，改变行业的演变轨迹，同样可以迅速实现企业的增长。

这种战略对于那些传统行业或者是卖方寡头任意分割的行业比较有效，因为在行业中典型的商业模式已经丧失了灵活性，中小新创企业可以利用没有历史负担、柔性强的优势创造一种新的商业模式和行业规则。

（3）市场细分战略。索尼公司董事长盛田昭夫的"圆圈理论"认为，在无数的大圆圈（指大企业占有的销售市场）与小圆圈（即小企业占有的销售市场）之间，必然存在

一些空隙，即仍有一部分尚未被占领的市场。新创企业只要看准机会，立即"挤"占，将这些空隙组成联合销售网，必定会超过那些大圆圈市场。新创企业机动灵活、适应性较强的优势，将有利于它们寻找市场上的各种空隙并"钻进去"，从而形成独特的竞争优势。

中小新创企业资源有限，如果能够抢先意识到市场上存在的空缺，并选择合适的方法进入市场填补空白，那么就能将有限的资源投入收效最快的领域，避免与资源雄厚的大企业正面竞争，为新创企业组织创造相对宽松的生存发展环境。

（4）专门技术战略。对于新创企业，聚焦战略还常常体现在采取专门技术上。采取专门技术战略的新创企业，通常是某个程序中绝对必要的部分，不使用这一专门产品的风险超出产品本身的成本。这一产品可能为一个行业提供配套服务，或者最终产品的零配件。专门技术所处的行业有广阔的市场前景，也拥有同样广阔的市场。具备独特的技术和产品，就能在专门技术领域获得控制地位，并保持这个地位。例如为名牌汽车提供电路和照明系统的公司，它们在汽车工业尚处于初创阶段时就已经获得了汽车配件市场的控制地位，已经成为事实上的行业标准了。

选择专门技术战略的新创企业要想取得并保持其控制和领先地位，首先，时机掌握是关键，一定要在新行业、新客户、新市场或新趋势刚开始形成之际，立即采取行动。其次，需要拥有独特而不易模仿的技术。最后，企业必须不断改进技术，以保持技术上的领先优势。

（5）低成本战略。低成本战略不能构成新创企业战略的全部，或者说不能单独成为创业战略，因为初创阶段的企业规模很难达到经济性的要求，只能通过成本管理和费用控制手段，最大限度地减少研发、品牌塑造、营销等方面的费用来降低经营过程中各个中间环节的成本。因此，这种战略往往是伴随其他战略的实施过程同时执行的。

（6）复合型战略。复合型战略是在迈克尔·波特的三种基本竞争战略的基础上提出的，也称既成本领先又差别化战略，是一种在降低成本的同时突出差别化经营的战略。实施该战略的企业能够同时在产品成本、质量和服务等方面赢得优势。因此，采用复合型战略比单独采用成本领先战略或差别化战略更有竞争力。复合型战略综合了两种战略的优点，但由于提高产品质量、服务特色和降低产品成本之间存在矛盾，因此，中小新创企业实施该战略难度较大。

实施复合型战略的途径：主要通过技术进步来实现。柔性和制造技术的应用，既能执行差别化战略又可以节约成本；零件标准化、通用化的发展和成组技术的应用，使多品种的生产能做到低成本、高质量；准时生产制等先进的组织形式，可以减少生产线上加工的零部件品种数目和大幅度地压缩存货；价值过程和价值分析等现代管理方法的广泛使用，可以既改善产品质量又直接降低成本。

复合型战略的适用条件：一般作为已存在竞争者市场的策略，它的成功既取决于理解和满足顾客需求的能力，又取决于企业是否有保持低价格的成本基础，并且难以被模仿。这就要求企业必须拥有很强的实力，能够在低成本和差别化之间寻找一种平衡，拥有能够消除成本领先与差别化之间矛盾的新的科技和管理手段。

2）经营发展战略

一般竞争战略只是中小创业企业战略选择的基本模式，随着社会经济的发展和科学技术的进步，企业面临的环境更加复杂，客观上要求企业不断创新竞争战略以适应竞争环境的动态变化。中小新创企业创业期可以选择的新型竞争战略有战略联盟、时基竞争战略和模仿战略。

（1）战略联盟。随着科学技术特别是信息技术的发展，全球政治、经济环境发生了很大变化，消费者观念逐渐向个性化、多样化转变，市场需求的不确定性大大增加。这就要求企业要具有很强的柔性和市场应变能力。同时，产品需求的多样化和个性化又要求企业具有快速开发新产品的创新能力，而这正是传统中小企业难以做到的。这样，中小新创企业在平等互利、风险共担的基础上，结为较紧密的联系，取长补短，共同积累资源，共同开发新技术及新产品，共同开发市场等，从而有利于自己的生存和发展。这就是中小新创企业竞争战略联盟。

新创企业的一个主要特点就是缺乏各种资源，这使新创企业与成熟企业相比，总存在各种限制。而以双赢为出发点的企业联盟战略，可以帮助新创企业解决它们遇到的这些问题，或者突破那些阻碍它们发展的"瓶颈"，加强小企业对环境的不确定性的应对能力，提升小企业绩效，并且帮助它们实现自己单独无法达成的目标。对倾向于在细分市场内寻找机会的新创企业而言，战略联盟显然能够帮助新创企业，使它们更容易地克服各种资源的限制，更容易建立起竞争优势。

战略联盟的核心是自身竞争优势的确立。只有建立竞争优势，企业才能在激烈的市场竞争中立于不败之地并不断发展。一个企业的竞争优势，应立足于企业在追求顾客价值实现的过程中，向顾客提供优于竞争对手并且不易被竞争对手所模仿的、为顾客所看重的消费者剩余价值的能力。企业的这种独特能力，由于意在追求顾客的满意度与忠诚度，体现了顾客价值导向，同时，又难以被竞争对手所模仿。这种能力即企业的核心竞争力。企业只有建立自身的竞争优势与核心能力，合作关系才能持久，才能有利。

在竞争合作时代，中小新创企业结盟合作、建立战略联盟是增强其竞争力的重要方式。为此，企业要把握好以下几点。

首先，要正确认识竞争与合作的关系。在复杂多变的买方市场环境中，面对发展迅速的科学技术和激烈变化的市场及外部环境，任何一个企业仅靠自身都很难取得经营成功，何况是实力较弱的中小新创企业，唯有通过既合作又竞争的方式来共同应对挑战。竞合实质上是一种高层次的竞争，只有合作，企业缺乏技术创新和产品开发的动力；只有竞争，最终只能导致两败俱伤。因此，企业必须充分认识到竞争合作的"双赢"模式是现实发展的必然趋势。

其次，要正确评价和选择合作伙伴。企业确定战略联盟方式后，最重要的工作就是如何评价和选择合作伙伴，这是成功实施战略联盟的关键措施之一。它可以从一个优秀的合作者身上学习到许多本企业所缺少的东西。

最后，要建立自身独特的竞争优势。在未来激烈的市场竞争环境中，企业要想立足市场，在竞争中取胜，必须通过联盟来获得自身所缺优势资源，最重要的是建立自身的核心竞争力。

战略联盟条件下的企业竞争优势的获取和保持，其核心问题仍是建立和培育企业核心能力。企业要在动态竞争过程中，把握外部环境的变化和产业先机、内外资源或能力整合，使优势互补，建立战略联盟，强化核心能力，确立竞争优势，从而在产业竞争的舞台上立于不败之地。

（2）时基竞争战略。时基竞争战略是以时间为基础的竞争战略。中小新创企业在创业期比大企业更加灵活和贴近市场，更可能采用时基竞争战略。

时基竞争战略的核心就是快速反应，即比行业内竞争对手更快地发现顾客的需求变化，从而更快地制定管理决策，迅速开发新产品，及时向顾客交付满足其多样化需求的产品和服务。

时基竞争战略的优势：低成本，由于生产资料和信息在企业生产经营过程中的快速流转，原材料和产品不会以库存形式在企业内积存，企业消耗的间接费用更低，因此，实施时基战略的企业成本通常比竞争对手低；多样化，实施时基竞争战略的企业能在更短的时间内进行更加有效的创新，在给定的时间内设计出更多满足顾客需求的产品，为顾客提供更多的选择，提高顾客满意度和培育顾客忠诚度。

实施时基战略的途径：将时间作为重要的管理目标和战略指标；以顾客需求为中心，以快速反应力贴近顾客，培育顾客对企业的依赖性；快速锁定行业内价值最大的顾客群并赢得顾客忠诚，迫使竞争对手转向价值不大的顾客；设定行业内创新的步骤和节奏。

（3）模仿战略。模仿战略分为业务模仿战略和比附定位战略两种。

业务模仿战略是因为中小新创企业的业务模式建立在模仿竞争者提供的产品或服务的基础上而得名的，体现出资源禀赋上不占优势的新创企业通过学习模仿来实施追随策略达到借力省力的目的。依据模仿的方式和模仿过程中改进程度的不同，可以将这种战略分为两种性质不同的战略：反应性模仿战略和创造性模仿战略。

采用反应性模仿战略的通常都是传统中小企业，它们没有太多的资金可以用于研发，从而选择模仿市场上已经存在的成熟企业的技术、产品乃至生产管理方法，模仿往往会帮助它们避免完全创新所与生俱来的巨大风险。自然，这样的企业往往会将注意力集中在处于成熟期的产品或者是处于市场发展衰退期的产品，而不是需要比拼技术能力的导入期和成长期产品。

反应性模仿战略是很多创业团队首要考虑的战略。人的智慧是有限的，新的创意和想法很难轻易得到，而且受资源禀赋的限制，即使有好的创业想法也不容易获得实现创意所需的资源。反应性模仿可以降低企业经营的风险，减少企业的研发成本。

创造性模仿者并不是从最先推出新产品或服务的创新者手中抢走顾客而成功的，而是要服务于先驱者所创建，但没有提供良好服务的市场；是满足了业已存在的需求，而不是要创建一个新的需求。也就是说，当新创企业采取行动时，市场已经形成，需求已经产生，市场所缺少的东西通过创造性模仿都给补充了。因此，采取模仿战略的创业团队要具备警觉性、灵活性，并且要乐意接受市场的意见，不断更新产品，以满足市场。模仿是从客户的角度来看待产品或服务的，是从市场而不是从产品着手，从顾客而不是从生产者着手；创造既是以市场为中心，又是受市场驱动的。实行创造性模仿的条件是：

存在快速发展的市场；适用于比较广大的市场；市场上已经存在对某种产品的需求；市场上已有产品存在一定程度的缺陷。

这种战略要求企业拥有一定的技术水平，可以进行创造性改进产品的生产，善于发现消费者对现有产品的不满，从而可以对产品进行有目的的改进和完善，因为"消费者的不满就是市场"。

从创造性模仿战略所具备的这些特点来看，它可能在高科技领域最为有效，因为高科技创新者往往很少以市场为中心，而是以技术和产品为中心，很容易误解其成功要素，从而不能利用和满足它们所创造的需求。同时，创造性模仿战略的目标是控制市场，因此它最适用于行业中的主要产品、工艺或服务，如个人计算机、钟表或止痛药这样广大的市场。

比附定位战略。比附定位就是依附名牌的策略。新创企业通过各种方法与同行中的知名品牌建立一种内在联系，使产品和品牌迅速进入消费者的视野，借助知名企业扩大影响力。比附定位战略一般有三种形式。第一，甘居第二。新创企业公开表明甘居第二，明确承认同类产品中，另有最负盛名的品牌。这样可以形成谦虚诚恳的公司形象，在某种意义上迎合消费者同情弱者的心理。第二，攀龙附凤。新创企业首先承认同类产品中已经卓有成就的品牌，自己的产品虽然不能和它比，但是在某一地区或者在某些方面还可以与这些深受消费者喜爱的厂商并驾齐驱。第二，进入该高级俱乐部。这其实就有点"打马虎眼"的意思了，新创企业如果不能采用前面两种方法，为了不降低公司的身份，可以采用模糊数学的方法，将公司直接归于某一高级俱乐部式的群体中，以获得消费者的认可。

比附定位战略比较适合在那些已经存在消费者广泛认可的品牌，同时产品同质性比较高的市场上实施。在这样的市场里，不同企业生产的产品对消费者来说差异不大，但品牌的区别是很明显的，品牌的无形价值足以影响企业的长久经营。创业者要想使企业能在这样的市场上占有"一席之地"，要尽快树立在消费者心目中的品牌认同感。所以，从某种意义上说，比附定位战略实质上是一种品牌建立的战略。

在企业发展的不同阶段，企业需要采取不同的战略。这种比附定位战略主要是企业初创阶段采用的战略。在企业成功运用这种战略在消费者心目中留下"烙印"之后，需要适时进行产品创新、服务创新、渠道创新，以及实现经营战略的转变，以不断满足消费者变动的需求。

第二节　创新创业总战略规划实训材料

一、汽车企业创新创业总战略规划

本项实验的材料是奇瑞汽车公司总战略规划。

经过对奇瑞公司经营状况及发展策略的调查分析，认为其采用了以下竞争战略：其营运管理的竞争战略为成本领先与差异化整合战略，正是通过低成本的生产运营，低价销售具有较先进配备的高性价比的汽车获得了市场的成功。

（一）奇瑞公司的使命和战略发展目标

奇瑞成立至今，逐步拓展企业的生存空间，以制造具有国际水准的中国汽车为己任。1997—2004 年，在第一次创业中，奇瑞以年产销超过 10 万辆，并初步形成完整的产品线，具备整车、发动机、变速箱三大核心技术，进军中国汽车行业第一军团。2005—2010 年是奇瑞的第二次创业阶段，企业从产品关注层面的"品质、科技、我的时尚"转向更具人文关怀的"更安全、更节能、更环保"的造车理念，优化管理使人力资本成为企业的核心竞争力，掌握世界汽车核心技术的主动权，研发并生产更具国际市场竞争力的产品，力争 2010 年实现年产销 100 万辆。

奇瑞汽车正朝着"造世界一流的汽车产品、打造成世界一流的汽车企业、做世界一流的中国汽车人"的明天迈进。目前，东方之子、瑞虎、A5、旗云、QQ 等车型均在各自细分领域扮演着"标杆先锋"的角色。ACTECO 系列发动机的成功上市，更是标志着中国汽车技术发展历史中的一个重要里程碑的诞生，它的面世向世界宣告了中国人已经掌握了汽车的核心技术，中国的民族汽车工业受制于人的历史宣告终结。

今天的奇瑞，在中国民族汽车工业中乃至世界汽车格局中已占有重要的一席之地。对奇瑞而言，汽车研发过程已不再神秘，但奇瑞仍须一如既往地大胆探索，积极整合国际、国内资源，进一步深化管理，加快改革发展的步伐，精益求精，朝着以人为本、永续经营的目标进发。

奇瑞的战略目标是在提高自己在乘用车市场份额的前提下渐渐向其他汽车细分市场进军，提高自己的竞争力，同时努力走国际化的道路，力求成为国内举足轻重的自主品牌，并在国外打响知名度。奇瑞公司将以"更好的产品、更好的质量、更好的服务"来构建奇瑞未来的市场架构，给客户和社会更多的回馈。

（二）奇瑞公司成本领先与差异化整合的战略

为在某一特定竞争战略领域形成某种竞争优势，企业通常采用几种基本的战略：总成本领先战略、差异化战略、集中化战略、成本领先与差异化整合战略。其中，成本领先与差异化整合的目的是为顾客所制定的价格提供更多的价值。采用何种竞争战略，应取决于外部环境中存在的机遇和威胁，以及企业基于自身独特的资源、能力和核心竞争力。奇瑞公司作为地方政府的下属企业投资的国内企业，通过挂靠上汽才取得汽车生产许可证，发展初期的艰难是可想而知的，其竞争战略主要采用了低成本战略和成本领先与差异化的整合战略。

这种战略的基本思想是"满足或者超过购买者在质量、服务、特色的价值期望"。其目的是低成本地提供优秀的、卓越的产品，然后利用成本优势来制定比相应可比品牌的价格更低的价格。要做到既满足成本领先的要求，又要实现产品的差异化，体现在实际操作上就是通过研发、生产、营销、组织、设计等环节来降低产品成本，从而实现产品的较低价格，但在产品功能、外形、配置方面又能满足消费者较高的心理要求。二者密切配合、缺一不可。

奇瑞推出的一系列车的质量、价格与其他公司相比，有着"田忌赛马"的性质，正是成本领先与差异化整合战略实施的结果。

风云：价格 6.7 万～9.6 万元，竞争车型为捷达（10 万～14 万元）、普通桑塔纳（7.9 万～

11 万元）、富康公司的东风雪铁龙（10 万～13 万元）。

QQ：价格 3.8 万～5.5 万元，竞争车型为上汽通用五菱 SPAKR（4.9 万～7.1 万元），哈飞路宝（6.5 万～9.0 万元）。由于政策因素，国内微型客车产量的增幅不断减小，在这种情况下，奇瑞汽车公司经过认真的市场调查，精心选择微型轿车打入市场的新产品 QQ 不同于一般的微型客车，同是微型客车的尺寸，却采用轿车的配置，相继推出的 QQ 自动挡版本和 CVT 版本突出了微型轿车的高档配置，获得了巨大成功。

旗云：装备宝马车上配备的克莱斯勒漫步者发动机和变速系统，动力性能接近中高级车 2.0 的性能，国内暂无可比车型。

东方之子：按中高级轿车设计，其可比车型为帕萨特、广本雅阁、中华等（商）务轿车，应用了国际先进的技术和配置，其价格仅为 13 万～15 万元，完全介于中级车和经济型轿车之间的价位，一经推出，即被评为"中国十大最受欢迎家用车"。

同样，国际上的成功汽车公司，也有应用这种竞争战略的。如丰田汽车公司就被人们广泛认为是低成本生产商。丰田在推出它的凌志 Lexus 系列新车型准备参加豪华车的竞争时，实施的就是这种融合战略。这就是用买其他品牌中高轿车的价钱就能买到丰田的超豪华车，这样能使它比其他豪华车制造商以更低的成本供应高技术、高性能特色、高质量的汽车，然后制定比奔驰、宝马低很多的价格，来抢走价格敏感型的顾客，这一战略获得了成功。

二、金融企业创新创业总战略规划

本项实验的材料是南京银行总战略规划。

南京银行作为我国重要的城市商业银行之一，在自身发展过程中坚持"服务地方经济、服务中小企业、服务城市居民"的经营方向，结合自身特点，制定发展战略，通过为目标客户群提供优质高效的金融服务来拓展生存空间。

（一）南京银行的愿景和目标

1. 南京银行的公司愿景

南京银行将造福社会、回报股东、服务大众作为自己的使命，把成为独具特色、与时俱进的百年金融老店，成为国内领先、国际知名的现代商业银行作为公司愿景，并以此为依据，制定切实可行的战略。

2. 南京银行的发展目标

南京银行坚持以市场定位为基础，以目标客户为导向，顺应经济金融形势发展趋势，以谋求在细分市场上的竞争优势和市场地位为目标，推动业务转型，并坚持结构调整，以期建立协调、可持续发展的业务结构。随着中国工业化和城市化进程的快速推进，中国经济将保持较高的增长速度，因此，未来十年也是南京银行实现跨越发展的重要战略机遇期，南京银行将继续坚持致力为城乡中小企业与居民家庭提供专业、便捷、亲和的金融服务，努力发展成为一家在长三角地区具有竞争优势、在长三角以外的其他城市具有经营特色的区域性商业银行。

南京银行将跨越三个发展阶段：2009—2011 年为第一阶段，本阶段的主要任务是实施规范管理，打造特色优势，推进长三角结构布局，保持在南京银行梯队的领先位置。

2012—2014 年为第二阶段，该阶段的主要任务是在专业化经营基础上深化精细管理，巩固特色优势，完善结构布局，成为具有较强竞争优势的区域性商业银行。2015—2017 年为第三阶段，该阶段的主要任务是初步完成结构战略布局，在此基础上树立更高发展目标，通过新的跨区经营和业务多元化发展提升综合竞争能力和经营效益，开创新的发展阶段。

（二）南京银行的战略规划重点

南京银行是以增长型发展战略和差异化竞争战略作为战略重点，其战略规划的主要内容如下。

1. 立足本地经济，服务中小企业

南京银行作为地方性商业银行，其全部经营活动应立足于所在城市，只有城市经济发展了，才能为南京银行的发展营造良好的外部环境。因此，南京银行应该将业务重心定位于为地方基础设施建设、中小企业发展壮大和地方经济结构调整服务，充分发挥作为地方政府和市民投资理财顾问的角色，全心全意为地方经济发展服务。具体来说，应体现为以下两方面。

（1）首先，充分利用与当地政府的密切联系，基于对当地经济发展实际情况的掌握，着重开拓与人们生活密切相关的医保、社保、水电、煤气等系统性业务，为政府及市民提供便利的同时扩大业务覆盖范围。其次，积极参与地方政府的基础设施和大中型项目建设，凭借自身的专业知识在确定项目的最优融资结构、设计操作性强的融资方案、组织筹集资金等方面为政府提供细致周到的专业化服务。将服务对象定位于中小企业，不仅是南京银行获得自身发展的必然要求，也是解决目前中小企业融资困境的有效途径。中小企业一般是指经营规模不大，人员较少的企业。我国的中小企业凭借其规模小、资本和技术构成较低、数量众多、分布广泛、经营灵活、形式多样等特点，在充分有效的市场竞争、实现企业组织创新、进行技术创新及提供就业机会等方面发挥着十分重要的作用。中小企业正逐渐成为推动我国市场经济发展的中坚力量，2006 年年底，中小企业总数已达到 4200 多万户，占全国企业总数的 99.8%，创造的最终产品和服务价值占国内生产总值的 58.5%，上缴税收占 50.2%，提供了城镇就业人口 75%以上的就业机会并吸纳了 75%以上农村转移出来的劳动力。中小企业的发展必然带来金融服务需求的增长，不仅包括传统的存贷汇业务，还包括国际结算、信用证等各种新型金融服务。南京银行强化为中小企业提供的金融服务，不仅有利于构成坚实的利润增长点，扩大市场份额，还有利于改善经营环境，应对行业竞争。

（2）南京银行在服务中小企业方面具有比较优势。作为南京银行前身的原城市信用社，过去主要为城市集体企业和个体工商户提供金融服务。改组后的南京银行沿袭了同中小企业、个体工商户的密切关系，因对其业务、资信等情况比较了解，同国有银行和全国性股份制银行相比，能以较低的成本达到有效避免由"信息不对称"引起的逆向选择和道德风险的目的，从而有效保障放贷资金的安全性。另外，大银行对中小企业授信规模小、信贷环节多、手续复杂等弊端导致其不能及时满足中小企业的资金需求。而南京银行由于自身管理层次少、信息沟通快、决策效率高，能够迅速响应中小企业的融资需求，可以在降低双方成本的情况下提升各自的价值。因此，南京银行定位于为中小企业服务具有比较优势。

但是，长期以来，中小企业的经营环境并不宽松，许多因素造成中小企业的融资困难，阻碍了中小企业的健康发展，究其原因表现在以下几方面。

① 从企业自身因素来看，中小企业在经营效益、管理水平、信用形象、自身实力等方面同大中型企业存在差距，企业积累薄弱，依靠自身实力难以满足扩大再生产的需要，无法实现规模效益。较高的经营风险降低了银行和投资者对其提供贷款的安全性。此外，较高的资产负债率、产品缺乏竞争力等因素加大了企业存续的不确定性，使银行对其贷款成本高、利润少、风险大，不得不采取"惜贷""慎贷"措施控制贷款，从而影响了企业的筹资绩效。

② 从银行方面来看，商业银行的差别待遇削弱了中小企业的融资能力。国有银行和全国性股份制银行为了降低成本、控制风险、实现利润最大化，往往将目光集中在自身实力较强的中高端客户上，对国有企业和大型企业给予融资倾斜，而将中小企业拒之门外。对创新型中小企业而言，虽然成功的创业会带来高额收益，但是由于这样的企业本身具有较高的经营风险，为其提供资金支持的商业银行要承担较高的风险和获取收益的不确定性，从而削弱了商业银行为中小企业提供贷款的动力。此外，不完善的现行担保体系也加剧了中小企业的融资困境。目前我国商业银行普遍采取抵押贷款制度，中小企业出于规模小、固定资产价值低，因而缺少足够的资产做抵押。加之担保机构制定的担保条件比较严格，而国内为数不多的政策性担保机构只为国家产业政策支持的产业和规范经营的企业提供担保，人为地造成了中小企业融资难的现状。

③ 从政府方面来看，政府扶植力度不够客观上束缚了中小企业的融资能力。我国社会主义初级阶段的基本国情决定了在经济管理体制转型时期各领域的政策法规、制度建设都有待完善。政府在中小企业融资方面的法规相对滞后，不能充分发挥自身在协调资源配置方面的职能，税制改革相对迟缓，没有给予中小企业足够的优惠政策，这些因素都引致了中小企业的融资困境。

为了充分发挥南京银行作为中小银行在中小企业市场中的优势，加大对信用状况良好的小企业的服务力度，南京银行应该做好以下两方面工作。

① 努力营造适合中小企业发展的贷款环境。改革现行信用评级制度，根据中小企业资金实力弱的特点制定符合中小企业经济规模的信用评级标准；针对中小企业管理制度不健全，财务信息不透明的现状，为其量身制定相对宽松的贷款管理制度，适当降低中小企业的贷款门槛。

② 细化为中小企业提供的金融服务。利用南京银行自身的信息优势，在收集中小企业的基本资料、定期汇总金融需求、分析其资产现状的基础上详细了解客户需求，并与其共同确认财务目标，制订切实可行的个性化投融资组合方案，采取保障方案顺利实施的具体措施，并进行绩效评估。此外，南京银行还可以探索新颖、富有吸引力的联谊手段，以此构筑双方相互沟通的平台。通过定期与所服务的中小企业开展研讨活动，为其举办各种业务培训，在提高中小企业上至管理人员下至财务人员素质的同时，实现双方的良性互动。

2. 拓展中间业务，创新服务手段

所谓中间业务，是指商业银行在资产业务和负债业务的基础上，利用其在技术、信息、机构网络、人才及信誉等方面的优势，不运用或较少运用自己的资产，以中间人或代理人的身份代替客户办理咨询、代理、委托与担保等事项，提供各类金融服务并收取手续费的业务。作为金融创新和金融竞争加剧的产物，中间业务是银行信用提高和业务发展的重要标志。南京银行通过发展中间业务，可以增强银行提供综合服务的功能，同时更好地发挥服务客户、稳定客户、发展客户的作用，从而在同业竞争日趋激烈的情况下，提高利润率、构建核心竞争力。

南京银行在资产规模、营业网点数量和人力资源质量等方面无法同国有商业银行和全国性股份制商业银行进行竞争，因此在立足于"三个服务"的基础上要积极进行金融创新活动，以创新为基础推动业务的全面发展。

3. 加强内部控制，完善治理结构

商业银行作为国民经济各部门相互联系的纽带，其公司治理结构不仅影响银行自身的经营效率、风险状况和竞争力，还制约全社会资金和资源的配置效率，进而影响一国的经济发展水平和发展速度。因此，南京银行作为城市商业银行应该以完善公司治理为核心，强化内控制度建设，健全其作为现代股份制银行的法人治理结构，在此基础上建立"产权明晰、权责明确、政企分开、管理科学"的现代企业制度。

4. 推进跨区域发展，开拓国际业务

自 2008 年以来，在美元持续贬值，美元利率处于历史低位的环境下，江苏省企业外汇需求强劲。截至 2009 年年末，江苏辖内金融机构外汇贷款总额 226.94 亿美元，较 2009 年年初增加 92.28 亿美元，与上年同期相比，增量由负转正。其中，短期贷款 68.05 亿美元，约占 30%；中长期贷款 45.16 亿，约占 20%；进出口贸易融资 108.21 亿美元，约占 48%；票据融资、各项垫款和境外筹资转贷款等 5.52 亿美元，约占 2%。不难看出，南京银行在发展国际业务方面具有独特优势。

三、软件企业创新创业总战略规划

本项实验的材料是用友软件股份有限公司总战略规划。

公司战略是企业行动的总纲领，公司战略的制定要着眼于企业的全局和长远发展，首先明确公司的使命和愿景、制定战略目标，其次根据 SWOT 矩阵生成战略方案，最后从中选择形成完整的公司战略。

（一）用友软件股份有限公司的愿景、使命和发展目标

"用信息技术推动商业和社会进步"是用友的历史使命。1988—1998 年，用友牵头通过普及财务软件成功推进中国会计电算化进程，将无数企业从烦琐的账务中解放出来；1999—2003 年，用友转型 ERP 成功；当今，用友致力于通过普及 ERP 推进中国企业信息化进程，让企业以合理的 TCO 获得最佳投资回报，全面提升中国企业管理水平，提升中国企业国际竞争力。

用友公司的愿景是成为世界级的管理软件与移动商务服务提供商，成为世界级的、长寿的软件公司。三年的目标是战略控局中国管理软件市场，2012 年进入全球管理软件

行业前十，中国电子商务服务前三。

2008 年 12 月 30 日，在世界权威的品牌价值研究机构——世界品牌价值实验室举办的"2008 世界品牌价值实验室年度大奖"评选活动中，用友软件凭借良好的品牌印象和品牌活力（良好的品牌行业领先性和品牌公众认知度），荣获"中国最佳信誉品牌"大奖。

（二）基于 SWOT 分析的总体战略分析

从以上对用友 ERP 管理软件的 SWOT 分析中可以看出，用友 ERP 管理软件有内部的优势与劣势，也面临外部的机遇与挑战，现将它们互相结合，形成 SO、ST、WO、WT 战略。

1. SO 战略

SO 组合战略是抓住机会的同时充分发挥企业的优势为增长型战略，即我们应该充分利用内部优势和外部机遇，抓住一切有利条件，不断开发自己适销对路的产品，迅速开拓目标市场，扩大市场份额，形成竞争优势。

（1）用友软件应该利用政策优势与政策支持找准自己的位置，将自己的开发目标瞄准高端产品领域。随着信息化的发展，企业信息化管理的完善，企业信息化人员整体素质的提高，高端 ERP 产品将是一个发展趋势。一个软件真正在企业内运作成功，就必须最终摆脱厂商的影响，企业的 IT 人员经过短期的培训就能对自己所用的软件完全独立进行维护扩展，这对软件厂商提出了极高的要求。如支持后台编译、预留与其他系统的接口，采用标准技术等。用友要想在高端领域内占有一席之地，必须使自己的产品能够达到这一要求，采用最新的编程语言如 4GL；在数据库上，不但支持主流技术，而且还要在兼容以前平台的基础上，完全提供多平台服务；能够与多种专业系统存在集成，比如CAD 接口、BAR、CODE（条形码）接口、CNC 接口等，使 ERP 管理软件与其他系统的数据能够平滑过渡，实现数据的无缝对接。

（2）用友应充分利用信息技术发展向中小型企业提供产品服务。据新华网最新消息，我国中小企业数量已达 4200 万家，占全国企业总数的 99%，它数量多，地区分布广泛，行业分布跨度大。随着全球经济一体化的发展和电子商务的兴起，这就要求中小企业必须改变企业的经营管理模式，提高企业的运营效率。抓住中小企业对 ERP 管理软件的特殊要求，开发经济实用，价格适当的 ERP 管理软件，特别注意行业特征，将标准化管理与灵活性相结合。在原有的 U8-ERP 普及型产品的基础上，嵌入个性化特点。

（3）用友要把握市场需求，注入新的管理理念。一个企业要想有长久的生命力，就必须与时俱进，发展自己走出"国门"向国际 ERP 市场挑战，力争成为世界 ERP 的领先企业。用友 ERP 产品要想获得不断的发展，就必须走国际化发展道路。随着中国-东盟自由贸易区的建立，中国作为东道国，在整个东南亚的经济发展中处于主导性地位，用友 ERP 应该利用中国这一桥头堡位置拓展这一市场，打破以往的思维方式，抢在欧洲巨头之前占领这一市场。在中国—东盟自由贸易区所辖各国设立办事处或分公司，聘请当地具有 ERP 系统开发、市场拓展的人才，使产品与各国管理理念相吻合，采取循序渐进的方法逐步占领各国 ERP 市场。然后利用在东南亚市场的成功经验，打入欧美各国。成为世界 ERP 领先企业之一。要实现这些目标，还得从思想上解放自己，首先要转变的是软件的设计，要注入先进的管理理念，要以引导式的企业管理为原则，不能仅仅是被动式的适应企业的管理，原来以财务软件为核心竞争力的 ERP 产品已不能满足市场的需要；其次是要在功能模块上注重系统的集成与界面的可操作性，要符合国际性的思维；最后就是在服务上不能针对企业的人员的服务模式，而只能以企业这一法人主体为对象以培育企业的管理理念为重，为适应激烈的市场竞争的需要，提高企业的竞争力。

2. WO 战略

WO 组合战略是指公司应通过利用某些外部的机会来弥补企业内部存在的弱点的弥补型战略。国内信息产业的良好发展势头为用友公司的扩张提供了良好的发展环境，而国内其他同类软件产业的发展及公司自身管理体制的缺陷需要用友公司在利用外部发展机会的同时还必须兼顾到自身的发展障碍。

（1）用友软件股份有限公司应该积极引入高素质软件人才。优秀人才是软件企业的重要优质资产，是企业成功的关键，其同时也是企业保持核心竞争力的根本。保留优秀人才，发挥人才作用，是软件企业长期面临的课题。目前，物价上涨、社保制度加强和新劳动合同法实施等因素将带来人力成本上升，国际厂商本地化、互联网和移动服务业的发展将加剧人才竞争，这些因素都会给用友公司的人力资源管理带来新的挑战。

（2）加强软件自主开发能力。从软件产品市场看，国外软件产品仍然占据高端系统软件、数据库软件的绝大部分市场份额，以及中间件、行业应用软件、高端 ERP 软件的大部分市场份额。用友在国内软件企业的市场占有率较高，但也主要是在与本地化相关的产品上，如财务管理、商业管理、教育软件、翻译软件、游戏娱乐及某些行业应用领域市场。因此用友要想突破国外软件的垄断，需要在软件的自主研发能力上下功夫，不断完善 ERP 产品及软件各行业的实用能力，增强原有财务软件的客服升级服务产品。

（3）充分利用国家各项扶持政策。这对用友软件股份有限公司而言是非常重要的。目前，国家大力支持软件业，为其发展提供了良好的环境，作为长期从事软件行业的用友软件股份有限公司，应该充分利用各种扶持政策，这样才能弥补因自身缺陷而导致的资金匮乏等问题。

3. ST 战略

ST 组合战略是指利用现有优势扩大规模，提高自身的能力为拓展型战略，

（1）应该提高用友 ERP 的市场竞争能力，充分巩固现有市场。用友软件股份有限公司目前的市场是经过全体员工二十多年的辛苦积累建立起来的，来之不易。而市场的竞争越来越激烈，很多国内外的 ERP 厂商都把眼睛盯住了用友公司现有的客户，巩固不力的话，这些现有客户很容易流失。因此，首先应该利用各种手段充分巩固现有市场。

（2）继续打造用友高档品牌价值，努力与优秀咨询企业建立战略联盟。目前，用友软件公司规模虽然软件研发能力较强、规模较大，但与国外优秀的 ERP 厂商还是相去甚远。而用友在开发 ERP 产品时如能与优秀的咨询企业建立战略联盟，将提升其 ERP 实施的档次，与国外优秀的 ERP 厂商缩短差距。

（3）完善市场管理，营造用友公司发展的良好环境。随着经济全球化的深化和市场经济体制的逐步完善，我国的大型企业，特别是国家重点支持的企业将肩负着与世界接轨的历史使命。用友作为我国"十二五"规划期间重点发展的软件产业的龙头企业，要

想赢得长期稳定的发展，必须完善市场管理，为用友公司的发展营造良好的发展环境。

4. WT 战略

WT 组合战略是指旨在克服内部弱点的基础上同时又尽力回避某些外部因素对企业的威胁为防御型战略。出现这种情况，其实对企业本身是一种重要的挑战，公司要积极规避自身的劣势。

（1）用友软件股份有限公司应该围绕其核心产品，做精做深市场。如果市场竞争更为激烈的话，比较可行的战略应该是在原有产品的基础上进行有效的市场渗透和市场开发。

（2）继续与本行业优秀产品合作和兼并。这是弥补劣势、克服威胁的一种重要战略。

（3）加强软件的自主开发能力，建立 ERP 产品风险应对策略。这是应对环境的威胁和自身的劣势而提出的一种基本的战略与出路。

（三）用友软件股份有限公司的总体战略制定

用友 ERP 生产厂商必须明确自己所处的战略环境，基于行业快速发展的势头、原有的市场占有率和产品的品牌效应，用友 ERP 软件股份有限公司决定采取增长型的公司总战略。重视开发并拓展市场，每年制订完整的开发计划，不断地扩展软件的门类，并针对不同的客户、不同的市场、不同的竞争对手，采取不同的战略决策，只有这样在以后的发展道路中才会卓有成效，真正成为国内 ERP 的龙头老大、客户的忠实朋友。

根据本文前部分进行的内、外部环境分析，结合用友软件产业长期发展目标及模式定位，从 SWOT 中选取"技术创新"战略，完善产业链战略，发展服务业战略。

（1）加强技术创新战略。作为高新技术产业，技术创新是企业不断发展的基本动力，而企业作为产业的微观实体，只有企业不断壮大，产业才能不断发展。目前用友软件产业存在的诸多问题，例如产业链不完善，企业竞争力低，国内市场份额低等，都是由企业技术力量薄弱，产品单一等问题造成的，因此技术问题已经成为阻碍用友软件产业发展的主要因素。只有加强技术创新，才能使软件企业充满活力，才能为软件产业的发展提供持久动力。

（2）完善产业链战略。产业链是产业供应链和价值链的综合。产业链理论既强调各个因素和环节之间的协作关系，也非常重视各个因素和环节的价值产出活动，强调整个产业最终的价值创造。从实质意义上来考察，产业链已经脱离了字面上的"链条"概念，而是指在整个产业内部，由物料获取并加工成中间件或成品，再将成品送到用户手中的所有企业或部门构成的网络，该网络强调价值创造活动，在整个产业中建立一个环环相扣的"网链"，使产业内所有企业能实现价值最大化。产业链的脱节使产业中其他环节受到影响，使其他环节不能实现价值最大化，这必然阻碍整个产业的发展。因此，产业要想健康、持续地发展，产业链的完善势在必行。

（3）发展服务业战略。随着软件产业的发展，软件服务化已经成为必然趋势，服务业的发展必然带来客观的经济增长。作为服务业发展的要素，如人力资源、城市环境、政策支持等，用友已经显示了其优势。而服务业对技术的要求水平并不高，可规避用友软件产业技术不足的情况。并且由于用友已经将其战略定位于服务业，并多年一直致力于发展服务业，有了良好的产业基础，因此发展服务业仍是用友软件产业的必然选择。

四、通信企业创新创业总战略规划

本项实验的材料是中兴通讯公司的总战略规划。

为在某一特定竞争战略领域形成某种竞争优势，企业通常采用几种基本的战略：总成本领先战略、差异化战略、集中化战略、成本领先与差异化整合战略。其中，成本领先与差异化整合的目的是为顾客所制定的价格提供更多的价值。采用何种竞争战略，应取决于外部环境中存在的机遇和威胁，以及企业基于自身独特的资源、能力和核心竞争力。中兴通讯在竞争战略中主要运用了差异化战略和成本领先战略。

以下分别来看看这两个战略。

1. 差异化战略

差异化战略是中兴通讯的一个主战略。差异化战略是指为使企业产品与竞争对手产品有明显的区别，形成与众不同的特色而采取的一种战略。差异化战略的核心是向顾客提供对顾客来说有价值的、与众不同的独特属性。企业价值链的任何一个环节都有可能成为差异化的基础，中兴通讯的差异化战略主要是通过产品差异化的途径来实现的。差异化战略在市场方面的表现为区域差异化、策略差异化等。差异化战略必须以给内部客户和外部客户带来更多价值为目标，而不是标新立异。

面对新的市场、新的形势，中兴通讯提出了差异化的市场策略。为此，中兴通讯一方面继续强化价格优势；另一方面转变单一产品销售模式，在传统交换接入产品基础上，将 CDMA、GSM、传输、宽带接入等优势产品、高端产品向发达国家渗透。在北美，在欧洲，"ZTE"（中兴通讯）这个品牌逐渐为越来越多挑剔的用户所认可。中兴通讯的部分产品已经实行了差异化并取得了不俗的业绩，如 CDMA 系统。CDMA 系统产品在 2006年新增发货和订货量全球第一；TD-SCDMA 系统也为中兴通讯在国内的新兴市场发展取得先机。

2. 成本领先战略

成本领先战略是指企业通过有效途径降低成本，使企业的全部成本低于竞争对手的成本，甚至是在同行业中最低的成本，从而获取竞争优势的一种战略。企业可以通过控制成本驱动因素、改造价值链和培养低成本的企业文化三种途径获取成本优势。

中兴通讯成本领先战略与其他战略如差异化战略、人力资源战略等互相融合。通过人力资源规划、产品差异化等来降低产品成本。主要是通过扩大生产这一实现规模经济控制成本驱动因素来实现成本领先的。具体而言，特别是在重点项目上，中兴通讯只有更精细地计划、执行和评估，才能发挥人力资源的优势，降低设计、工程、采购、通用件等方面的成本，从而实现成本领先。

五、房地产企业创新创业总战略规划

本项实验的材料是北京万通地产公司总战略规划。

成功的战略制定并不能保证成功的战略实施，战略的实施不是一蹴而就的，需要一个循序渐进的过程。战略实施是利益相关方行动的统一，只有企业内部各级管理人员共同参与、齐心协力，才能保证战略的有效实施。从万通地产形成以来，万通地产股份公司就采用了不同的发展战略，有效地促进了公司的快速发展。

（一）形成期：由"多元化"走向"专业化"

1993—1997年，在房地产很不景气的日子里，万通曾尝试过超越房地产，进行多元化跨地域扩张，将公司业务范围拓展到除房地产外的金融、商业、工业领域，地域也横跨7个省市，但是在扩张中遇到对外地情况不熟悉，对其他行业不熟悉等很多障碍。在经历扩张失败以后，万通认为，走高度扩张的路子不适合自己，要发展只能另寻他路。于是万通的战线开始收缩，确定以后公司的专业方向仍然集中在房地产领域，做自己擅长的事情。

（二）发展期：由"香港模式"向"美国模式"的战略转型

2002年9月底，万通集团跻身于内地房地产业的前五名，此时万通正在实现从全能地产开发商向专业地产投资商的转变。这一战略转型，是万通全面否定"香港模式"而首肯"美国模式"的标志。

所谓的"香港模式"，是房地产开发的全部流程，从买地、建造、卖房、管理都由一家开发商独立完成，房子建好后，地产公司不持有物业，直接出售。"香港模式"中突出的一个特点是，房地产开发商更多依赖于银行提供资金。其有一个特点，简单说是"五高"，即高负债、高存货、高资产、高风险、高回报。同时又有几大麻烦：一是高负债来押项目、买地；二是项目周期过长，资金回收太慢；三是现金流量不稳定；四是开发的项目值钱，而公司不值钱；五是经营本地化，跨地区经营难度较大。这些麻烦在资本市场上都是致命的。通过改造传统的商业模式，使房地产行业的"五高"，变成"四低（或四无）一高"，即低（无）负债、零库存、无资产、无风险、高回报，这就需要借助信息时代"一对一"的思考模式、网络经济互动互赢的商业模式。

而"美国模式"强调房地产开发所有环节应由不同的专业公司来共同完成。该模式的特点：首先是高度的专业化、细分化，在房地产开发价值链上，每个角色负责其中一段，由专门的投资人负责资金的投入，开发商则如导演般对项目进行操作；其次是发达的不动产金融，促使价值链每一段的财务安排多样化，以及保证快速地进入和退出，保持风险的分散化。如在资金来源方面，美国的房地产资金只有15%左右是银行资金，70%是社会大众的资金，其中35%是退休基金，35%是不动产基金，房地产基本上是私人投资。其中地产定制和服务是"美国模式"最重要的核心。

万通认为，商业模式要简单化，全能的开发模式不适合西方基金和投资人，因此在战略方向上要转型。其主要的理念是：把无限土地储备变为有限储备，减少资金积压；住宅建设高端化、标准化；商业物业及定制的物业服务。

服务的利润是最高的，今后这部分业务将成为万通重要的收入来源。当房地产开发的一个完整流程被分解成很多小的流程以后，每个小流程完成的时间大大缩减，万通不同的事业部分别只要在短时间内经营不同的业务，就可以大大缩减资金周转的时间，加快资金变现的速度和降低各环节的风险。

万通认为，如果收入有50%以上来自租金与服务收入，那么经济波动只会减少利润，但是不会有致命问题，这样万通会把财务综合的负债率降到30%左右。据介绍，现在国内房地产上市公司的负债率平均在70%以上，香港前五大上市公司基本上在30%～40%。

更让万通期待的一点在于：此次转型将使其在资本市场上会有更好的表现，帮助解决全能开发商在资本市场上的很多困难，比如，资产规模跟经营业绩的反比关系。

按照以往传统的全能开发商模式，土地储备意味着公司加速死亡，而不是增加盈利能力。因为土地储备两年以后不开发，政府就要收回，而如果开发，项目只能逐步开发，拖延时间很长，很难抵御经济周期的风险。万通希望通过这种商业模式的变化，把土地的开发商和土地供应商两件事情分隔开，使行业利润和风险能得到更好的安排和规避。

由于转型，万通在收入构成方面也发生了结构性转变：最终将开发的收入控制在50%以下，在未来几年内，将长期收租和土地服务的收入提高到50%以上，尽管现在开发的收入仍然占到万通总收入的90%。

万通在2008年彻底转型为"美国模式"。万通的转型并非是因为缺少资金或遇到其他"瓶颈"，也不是因为宏观调控，而是为谋求更长远的利益，为达到增长型企业而做出的转型。在短期内，可能还看不出万通转型之后的效果，相信经过未来一段时间之后，"美国模式"带给万通的将是更多的收获。

（三）成熟期：加快发展，推出绿色公司战略

万通地产在业界向来以战略领先著称。2009年年底的哥本哈根会议让全球正式进入低碳时代，中国作为碳排放大国，房地产行业碳排量据说占到总排放的40%左右，也因此迅速显现跑步进入地产低碳时代的迹象。早在2008年，万通地产在当年的万通反省会上，就正式确立绿色公司战略，并把该战略作为万通地产的一项长期、根本战略进行推进。

万通的绿色公司战略包括绿色价值观、绿色行为方式、绿色产品与服务三个方面。其中绿色价值观是公司发展的GPS，是把绿色公司所提倡的环保、节约、和谐和理性发展的精神奉为公司圭臬，以此为出发点，对企业经营管理的全部行为进行指导，自我选择，自我检测，自我约束。如果说绿色公司战略是整个万通地产的GPS，那么绿色价值观则是绿色公司战略的GPS。绿色公司行为方式，是在绿色公司价值观指导下，公司对于员工、股东、客户、合作伙伴和社会的态度，以及在此基础上具体制定的制度和采取的行为。可以说，绿色行为方式贯穿绿色公司全流程、全界面，是润滑剂。绿色产品和服务则毋庸赘言，是基础，也是关键。

绿色产品战略的实质进展让万通地产的绿色公司战略迈出了一大步。据了解，此后万通地产将每年举行1～2次的新品发布会。万通地产位于河北香河的大型生态项目万通镇和联手中体产业、国际奥委会的三亚奥林匹克湾项目，也将按照绿色产品标准进行规划，将陆续推出。万通地产将通过持续的绿色精品项目创新，引领市场的绿色时尚，也推动万通地产绿色公司战略在低碳时代走得更深更远。

2006～2008年为万通战略突破期，目标是完成全国的业务布局，成为中国房地产的强势品牌。在战略准备期，万通是房地产具有高端市场领先地位和跨区域开发能力的综合企业，财务管理目标是达到年收入25亿元同时经营主业组合。内部流程目标是建立完善的管理，完善信息体系。万通外部目标是完成全国的业务布局，成为中国房地产的强势品牌，财务管理目标是达到年经营收入65亿元人民币，并将业务分拆上市，同时进行完善品牌管理。2009—2012年是万通战略发展期，外部市场目标是形成一个具有国际影响地位的专业房地产投资商，财务目标是达到总额500亿元人民币资产规模。内部目标

是建立全国网络关系管理，同时成为一个高效有机学习型组织。

六、食品企业创新创业总战略规划

本项实验的材料是四川高金食品公司总战略规划。

四川高金食品公司的创新创业总战略是增长型发展战略，包括横向一体化经营战略、纵向一体化经营战略和同心多元化发展三个部分。

（一）横向一体化经营战略

高金公司横向一体化经营是指获得竞争企业所有权以加强对其的控制。这种合并避免了设施重组中的损失，接受企业的管理者也更易于了解被接受企业。这一战略的优势体现在：①可以减少竞争对手的数量，降低产业内企业间相互竞争的程度，为高金的进一步发展创造一个良好的产业环境。②这是高金生产能力扩张的一种形式，通过合并或联合，可以迅速提高高金的生产能力与规模，与单靠高金自身的内部扩张相比较，更为简单与迅速。③可以通过收购同类企业达到规模扩张，在肉食品这种规模经济明显的产业中，可以使高金获取充分的规模经济，从而大大降低成本，取得竞争优势。④可以从被收购者处获取现成的市场份额。同时，通过收购还可以获取被收购企业的特色、品牌名称、廉价的土地资源等无形资产。

（二）纵向一体化经营战略

高金纵向一体化经营是指生产和经营过程相互衔接、紧密联系的企业之间实现一体化。按照高金目前的情况含括前向一体化和后向一体化。高金前向一体化是指以生猪屠宰、分割为基点，向产业链上游发展，涉及良种猪繁育，规模猪场全控。高金后向一体化是指以生猪屠宰、分割为基点，向产业链下游发展，涉及肉食品精深加工。这一战略的优势体现在以下方面。

1. 可以稳定供求经济，规避价格波动

实行纵向一体化，可以使上、下游企业之间不会随意终止供求关系，不管是在产品供应紧张还是在总需求很低时期，都能保障充足的货源供应，从而减少市场供求的不确定性。而且，由于实现了纵向一体化，上、下游企业之间的交易虽然也必须反映市场价格，但这种内部转移价格实际上只是为了便于业务管理成本核算的价格，企业可以主动调节，从而可以避免产品价格的大起大落。

2. 减低经营成本

由于产品和原料归并为一个系统，在生产、设计、营销等内部环节上，更容易控制和协调，从而会提高企业的生产效率。通过把技术上相区别的生产运作放在一起，企业有可能实现高效率。例如，全控猪场出栏的生猪，在通过出场检疫后，无须在屠宰厂再进行一次检疫，减少了生猪屠宰环节。并且，通过对全控猪场的调配可以实现资源最佳化利用，从而避免不必要的浪费和额外开支。通过纵向一体化，企业可以节约市场交易的销售谈判和销售成本。例如，加工厂无须设立专门的生猪收购部门，也无须设置销售部门。

3. 形成高金的经营特色

由于规模扩大、成本降低和控制加强，提高了竞争者进入的壁垒；由于加强了对原料的控制和产品的开发、销售，可以更好地满足不同市场层面用户的特殊要求，从而增加对最终用户的控制；有更多机会通过原料、技术等途径寻求区别于同行业竞争者的产品特色。

（三）同心多元化发展

高金的"同心多元化"战略必须坚持一个标准：高金多元化不是一种随机性的多元化，而是在多元化过程中坚持新事业域与现事业域的高度相关性。高金的相关多元化是一种以高金核心竞争力为圆心的同心多元化。高金多元化的方向是其现有核心竞争力能充分发挥作用的领域，或者通过培育、引进和吸收新的关键技术来丰富和发展现有核心技术的内含物后能同样使企业拥有竞争优势的领域。企业要抓紧获取能与现有核心技术相兼容的新关键技术使高金能捕捉更大的市场机会，具有更大的多元化可行空间的选择。高金公司的核心事业域是以良种猪繁育、屠宰、分割和精深加工而形成的产业领域。其他多元化发展均应围绕该核心事业域进行发展，包括饲料加工、物流、包装印刷、连锁经营和生物制药。在生猪屠宰中产生的大量猪骨，均被当作下脚料廉价处理，而通过技术创新，现在可以加工出骨素、骨油、超微活性钙 3 种产品。骨油是一种香油，可以加入食品中；超微活性钙不仅可用于饲料添加剂，还可作为食品的补钙添加剂。

第三节　创新创业总战略规划实训方法

一、注册与登录

（一）注册

（1）任课教师或实验管理员通过教师平台对选课学生统一注册并确认（见图 6-2）。

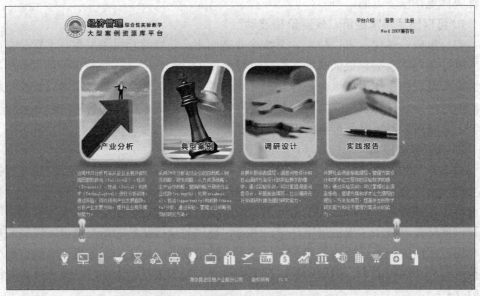

图 6-2　经济管理大型案例库平台

（2）选课学生打开实验网址，单击【注册】，任课教师通过教师平台确认即可。

（二）登录

（1）选课学生打开网址，单击【登录】。

（2）选课学生进入【登录】窗口，选择【学生】，输入事先注册的用户名和密码，单击【登录】后进入主界面，如图6-3所示。

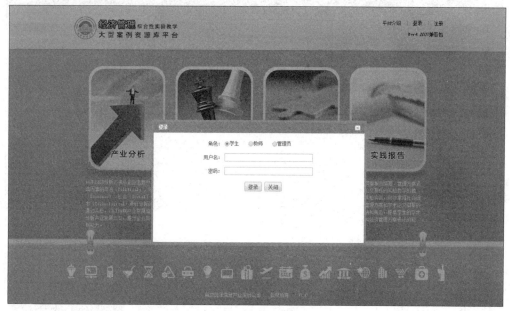

图6-3　经济管理大型案例库平台用户登录

二、学习与实验

（1）登录进入后，选择要学习和实训的【典型案例】模块，单击【典型案例】图标进入各类典型企业实训平台，如图6-4所示。

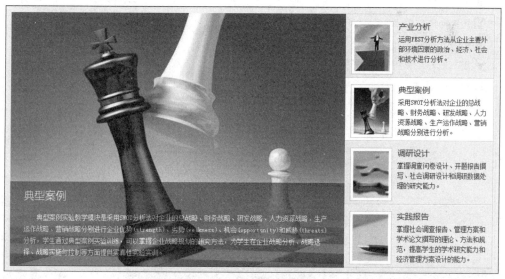

图6-4　典型案例分析模块

（2）进入【典型案例】模块后，如图 6-5 所示，浏览【实验资源】。根据专业特征或创业兴趣在左边选择相关产业的企业学习。同时，浏览【实验内容】，做好案例分析与讨论作业。单击【V1.0】图标进入相关产业的企业分析平台实训，如图 6-5 和图 6-6 所示。

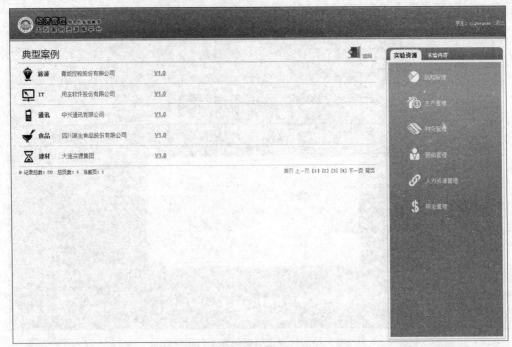

图 6-5　典型企业案例实训模块的选择

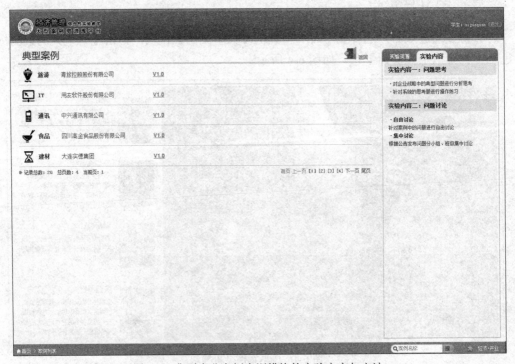

图 6-6　典型企业案例实训模块的实验内容与方法

（3）进入某典型企业案例分析模块后，如图 6-7 所示，在左边目录中有【企业总战略】菜单，依次选择进行学习，并回答右侧的实验实践模块中的问题，再加以保存，如图 6-8 所示。

图 6-7　典型企业案例分析模块界面

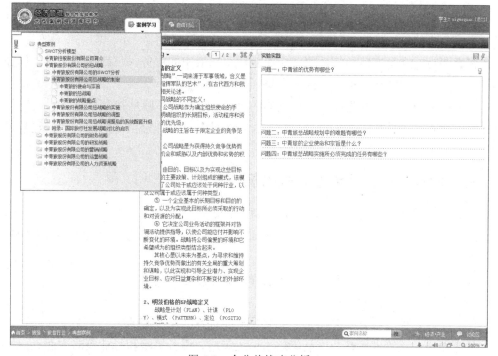

图 6-8　企业总战略分析

提示：

- "实验实践"部分，是根据该界面理论部分所设的问题，供同学进行回顾和思考，学生可以根据右上角指示灯了解解决问题的思路。
- 右下角为学生讨论区，学生可以单击【打开】，进行讨论和交流。

第四节　创新创业总战略规划实训报告

一、汽车企业创新创业战略规划实训

（1）奇瑞汽车的低成本战略体现在哪些方面？

答案要点：①生产的低成本；②汽车零部件配套的低成本；③汽车研发的低成本；④劳动力的低成本。

（2）奇瑞汽车的差异化战略体现在哪些方面？

答案要点：①自主品牌差异化；②自主开发的技术差异化；③服务差异化；④强化各个职能战略的计划与组织。

（3）奇瑞公司竞争战略未来的调整是怎样的？

答案要点：①强化低成本和差异化整合战略，规划引进集中差异化战略；②解决产品溢价能力低和差异化经营战略之间的矛盾；③对竞争对手采取定点超越战略；④引入价值创新战略；⑤着力打造企业的核心能力并使之与竞争战略相适应。

二、金融企业创新创业总战略规划实训

（1）结合实际，谈谈南京银行作为我国重要的城市商业银行之一，在自身发展过程中制定了怎样的发展战略。

答案要点：立足本地经济，服务中小企业；拓展中间业务，创新服务手段；加强内部控制，完善治理结构；推进跨区域发展，开拓国际业务。

（2）试分析南京银行为保障总体战略的有效实施采取了哪些控制措施。

答案要点：坚持风险的可控性，稳健管理区域分行；加强全面风险管理，建立内部控制体系；强化参股银行监管，维护金融体系稳定。

三、软件企业创新创业总战略规划实训

（1）用友软件股份有限公司的发展愿景是什么？

答案要点：发展成世界级软件与电子商务服务提供商，成为世界级的、长寿的软件公司。

（2）用友软件股份有限公司采取了怎样的竞争战略？

答案要点：差异化的竞争战略。

（3）用友软件股份有限公司是从哪几个方面进行战略实施的？

答案要点：从管理策略、产品策略、渠道策略、服务策略和行业策略方面。

四、通信企业创新创业总战略规划实训

（1）中兴通讯公司的竞争战略包括哪些？

答案要点：国际化战略、差异化战略、成本领先战略、质量战略、品牌战略、知识产权战略、物流战略。

（2）谈谈中兴通讯实行差异化战略可能带来的结果。

答案要点：①优点：产品更具有特色；顾客忠诚度；竞争优势。②缺点：市场份额可能不理想、有一定风险。

五、房地产企业创新创业总战略规划实训

（1）万通地产发展的主要优势有哪些？

答案要点：①具有多年房地产开发的经验；②拥有房地产开发的专业人才；③拥有知名品牌和优秀的企业文化；④有较好的企业管理团队。

（2）万通地产发展的主要威胁有哪些？

答案要点：①政府加强宏观调控，规范房地产市场；②目前房地产市场集中度低、市场竞争激烈；③投资结构欠合理。

（3）万通地产战略是如何实施的？

答案要点：①形成期：由"多元化"走向"专业化"；②发展期：由"香港模式"向"美国模式"的战略转型；③成熟期：加快发展，推出绿色公司战略。

六、食品企业创新创业总战略规划实训

（1）四川高金食品股份有限公司横向一体化经营战略的优势有哪些？

答案要点：①可以减少竞争对手的数量。②通过合并或联合，可以迅速提高高金的生产能力与规模。③获取充分的规模经济，从而大大降低成本。④可以从被收购者处获取现成的市场份额。

（2）四川高金食品股份有限公司纵向一体化经营战略的优势有哪些？

答案要点：①可以稳定供求经济，规避价格波动。②减低经营成本。③形成高金的经营特色。

（3）四川高金食品股份有限公司同心多元化发展的内容核心是什么？

答案要点：高金多元化的方向是其现有核心竞争力能充分发挥作用的领域，或者通过培育、引进和吸收新的关键技术来丰富和发展现有核心技术的内含物后能同样使企业拥有竞争优势的领域。

七、实训报告

试以国内某企业为例，写一份企业创新创业总战略规划报告。

第七章

创新创业财务战略规划

第一节　创新创业财务战略规划原理

一、创新创业财务战略

财务战略（financial strategy），是指为实现企业整体战略，增强企业财务竞争优势，在分析企业内外环境因素对资金流动影响的基础上，对企业资金均衡有效的流动进行全局性、长期性与创造性的谋划，并确保其执行的过程。

创新创业财务战略关注的焦点是企业资金流动，这是财务战略不同于其他各种战略的质的规定性；企业财务战略应基于企业内外环境对资金流动的影响，这是财务战略环境分析的特征所在。企业财务战略的目标是确保企业资金均衡有效流动而最终实现企业总体战略；企业创新创业财务战略应具备战略主要的一般特征，即应注重全局性、长期性和创造性。

（一）财务战略

财务战略是根据企业确立的财务战略目标对企业未来发展所做的谋划。创新创业财务战略规划是企业总战略在财务管理领域的推广和发展，属于总战略的一个分支，与总战略形成了相适应的从属关系。换句话说，创新创业总战略的总目标就是财务战略的目标，制订财务战略的目标应围绕创新创业总战略的总目标，促进创新创业总战略总目标的实现。财务战略是围绕实现总战略而进行的各项财务管理活动。具体来说，财务战略管理不仅应关注内在财务分析，还应关注外部环境的影响；不仅应考虑有形的资源，还应将无形的资源纳入战略规划；不仅应关注各部门各项目独立目标的实现，还应关注企业全局总体目标的实现。因此，财务战略的制定应以企业未来一段时期的发展规划为基础，基于资金流通和资本配置，在资本筹集、资金运用、资源分配等方面进行统一的规划，并结合企业的各项管理制度、绩效评估、内部控制制度等各项规定，确保财务战略的科学性和可执行性。

企业应当在全面评估当前财务状况和生产经营能力的基础上，分析与既定财务战略目标之间的差距，然后指出企业为达到目标应当采取的措施和行动（见图 7-1）。

财务战略规划是企业组织实施财务战略的重要基础，在企业财务管理中具有十分重要的作用。

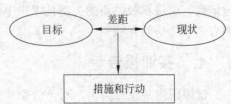

图 7-1　企业战略与财务战略的相互关系

（1）财务战略规划通常需要根据未来发展可能出现的不同战略目标，比如，在产品创新目标、创业投资目标或商业模式变革目标下,对企业财务发展态势做出估计和假设,从而做出相应的财务规划,进而有利于提高企业的应变能力和防范风险的能力。

(2)财务战略规划通常需要明确企业不同生产经营活动的投资计划与企业可行的融资方案选择之间的关系,从而有利于企业优化资本结构,强化资产负债匹配及其管理,提高企业营运能力。

(3)财务战略规划通常需要针对意外事件的出现应当采取的举措和对策做出规划,从而尽可能避免企业财务业绩的大起大落,有利于促进企业长期可持续平稳发展。

(二)企业财务战略的特征

财务战略作为创新创业总战略的子系统,它既是总战略的重要组成部分,又有其独特性。企业应当通过加强财务战略管理来促进创新创业总战略目标的实现。

(1)从属性。财务战略的制定必须围绕总战略,其制定的总方向是为实现企业创新创业总战略提供财务支持和资金保障。尽管财务战略具有相对独立性和自身特点,但它必须服从总战略的总体要求。

(2)系统性。财务战略是指站在企业长远可持续发展的角度上,改变过去单一追求短期利润、损耗式发展的发展模式,重视提高资源利用率和可持续发展潜力。财务战略应当始终保持与企业其他战略之间的动态联系,并努力使财务战略能够支持其他子战略。财务战略以企业的可持续发展为目标,充分发挥财务管理的资源配置和预警功能,增加企业在竞争环境中的应变能力。同时,它更具前瞻性,财务战略着眼于为企业发展提前进行财务部署和准备,便于当期财务管理的施行,也便于顺利解决未来财务管理中存在的问题。

(3)指导性。财务战略应对企业资金运筹进行总体谋划,规定企业资金运筹的总方向、总方针、总目标等重大财务问题。财务战略一经制定便应具备相对稳定性,并成为企业所有财务活动的行动指南。当内外部环境出现较大变动时,财务战略也要随之调整适应。其动态性主要体现在连续性、循环性、适时性、权变性四个方面。正确把握公司财务战略的动态调整性特征是十分重要的。

(4)艰巨性。在企业所有战略管理系统中,财务战略的制定与实施较企业整体战略下的其他子战略而言,往往更为复杂与艰巨,其中的一个重要原因是"资金固定化"特性,即资金一经投入使用后,其使用方向与规模在较短时期内很难予以调整。再加上企业筹资与投资往往需要借助于金融市场,而金融市场复杂多变,这就增加了财务战略制定与实施的复杂性与艰巨性。财务战略从企业创新创业战略出发,既重视有形资产的管理,也重视无形资产的管理。财务战略不仅提供传统财务管理所提供的诸如三大报表、财务比率分析等财务信息,也需要大量提供诸如产品质量、市场需求量、行业竞争分析、市场占有率等重要的非财务信息。而获取这些更多来自外部环境的非财务信息,就需要财务战略实现企业外部环境、内部条件和经营目标三者的统一。财务战略管理改变原先财务管理只专注于内部条件和经营目标的现象,将企业情况与外部环境结合分析,增加对外部环境的了解和应变能力,提高企业的竞争力。

(三)财务战略规划的基础

企业财务战略规划应当遵循目标导向、因地制宜、随机应变的原则,即针对不同企业因其规模、产业分布、产品类别、营销模式、国际化程度等的不同而应有所不同，从而确保财务战略规划的长期性、综合性和针对性。为确保财务战略规划的高质量，企业应当做好以下基础工作。

1. 营业额（销售额）预测

所有财务战略规划都要求进行营业额（销售额）预测。基于未来经济状况的不确定性，企业应当根据未来宏观经济发展趋势，产品、业务发展规划，有关市场供求状况等做好营业额（销售额）的预测。

2. 试算报表

企业应当根据财务战略目标和营业额（销售额）预测等，编制试算的资产负债表、利润表、现金流量表等，从而为企业整个生产经营和投融资安排奠定基础。

3. 资产需要量

企业应当根据财务战略规划要求，确定计划的资本性支出和净营运资本支出，从而确定企业为实现财务战略目标所需要的资产总额及其构成。

4. 筹资需要量

企业应当根据财务战略规划要求尤其是资产需要量，确定所需要资金总额、资本结构、筹资方式和相应的筹资安排等。

5. 追加变量

企业应当根据财务战略规划要求做好追加变量的预计工作。

比如企业在进行财务规划时，预计营业额（销售额）和成本费用按照某个比例增长，预计资产和负债按照另一个比例增长，在这种情况下就需要增加其他变量（如发行在外的股票增长率）来加以协调，这个变量就是追加变量。在某些情况下，追加变量的预测是做好资产需要量、融资需要量的预计和有关报表的试算平衡所必不可少的。

6. 经济指标假设

企业应当明确在整个计划期间里所处的经济环境，并据此做出相应的有关经济指标假设。

二、创新创业财务战略规划体系

（一）财务战略规划的目标

财务战略目标的作用是贯彻落实企业创新创业发展战略、明确企业财务管理与决策的发展方向、指导企业各项财务活动。它是做好财务战略规划、制定财务战略并组织实施的前提。

财务战略目标通常有持续盈利能力目标、长期现金流量现值目标、企业可持续成长目标、经济增加值最大化目标等。财务战略目标既从属于企业创新创业发展战略目标，也从属于企业财务管理目标。通常来讲，财务管理目标包括利润最大化、每股收益最大化、股东财富最大化等。财务战略目标是财务管理目标的具体化，并且更加侧重于长远目标和可持续发展。

1. 持续盈利能力目标

创立企业的主要目的是盈利。盈利是反映一个企业综合能力的一项重要指标。持续盈利能力目标要求企业把持续获利作为其财务战略的目标。企业赚取的利润越多，就表明企业财富增加得越多，就越接近企业的发展目标（见表7-1）。

表7-1　持续盈利能力目标特点

优点	（1）盈利能力的计算以会计核算为基础，比较容易量化和验证，也相对比较可靠 （2）指标直观，比较容易考核 （3）将盈利目标及其可持续性融为一体，在一定程度上可以防止企业的短期行为或者片面追求短期利润的行为
缺点	（1）没有考虑货币时间价值和资本成本，容易导致盈利指标虚高，业绩反映不实 （2）没有考虑所获得利润和投入资本之间的关系，企业通过不断追加投资以获取持续盈利，和企业在资本一定的情况下通过提高现有资本利用效率以达到持续盈利目的是不同的，但是持续盈利能力财务战略目标在这一点上并不清晰 （3）没有考虑获得的利润所承担的风险，比如，实现的销售利润所形成的应收账款的收账风险，获得的投资收益所承担的市场风险，相关资产的流动性风险等

2. 长期现金流量现值目标

在长期现金流量现值目标下，企业财务战略决策者的工作核心是有效管理现金流量，其财务战略目标是促使归属于企业所有者的预计未来现金流量现值最大化。

企业的长期所有者不仅关心企业的盈利能力，还关心企业长期净现金流量，因此，长期现金流量越充裕，表明企业财务实力越强，所有者的真实回报就越高（见表7-2）。

表7-2　长期现金流量现值目标特点

优点	（1）考虑了货币时间价值和资本成本，使业绩目标更加客观合理 （2）考虑了收账风险等，可以有效避免财务目标偏重于会计利润，降低资金风险 （3）有助于实现企业价值最大化，协调企业管理层和所有者之间的利益矛盾
缺点	（1）未来现金流量的可控性和预测性相对较差，影响该财务战略目标的可操作性 （2）容易导致企业为了追逐现金最大化而影响资金使用效率和财务管理效率 （3）该目标有时难以与企业的生产目标、销售目标、成本目标等相协调，从而容易出现与实务的脱节

3. 企业可持续成长目标

企业可持续成长目标认为，在现代市场经济中，企业发展的可持续性比管理效益和效率更为重要，企业财务战略的基本目标应当是追求企业的可持续成长（见表7-3）。

表7-3　企业可持续成长目标

优点	（1）综合考虑了各方面因素，最切合企业整体发展战略目标要求 （2）能够有效解决企业长期协调发展问题，避免单一财务指标目标的局限性
缺点	（1）在财务上较难量化，目标过于笼统，容易与具体财务目标和活动脱节 （2）受经济不确定性和经济周期、产业周期及产品生命周期的影响，要始终保持可持续成长有很大挑战性

成长是企业存在和发展的基础和动力，追求成长是财务战略管理者精神本质的体现。从财务角度看，企业的成长性是提高盈利能力的重要前提，是维持长期现金流量的基础，是实现企业价值最大化的基本保证，成长能力往往成为财务能力体系中最为核心的能力。

4. 经济增加值最大化目标

现代企业战略财务管理要求企业建立以价值管理为核心的战略财务管理体系。价值管理是一个综合性的管理工具，它既可以用来推动价值创造的观念，并深入公司各个管理层和一线职工中，又与企业资本提供者（包括企业股东和债权人）要求比资本投资成本更高收益的目标相一致。经济增加值最大化目标可以满足价值管理的要求，有助于实现企业价值和股东财富的最大化。

现代企业财务管理正逐步转向价值创造和以价值最大化为基本目标。因此，在现代经济环境下，财务战略目标的选择应当以价值为基础，综合考虑各方面因素，来设计企业业绩的衡量指标体系和具体的发展目标。在实务中，企业选择财务战略目标，可以以经济增加值最大化为核心，再辅以持续盈利能力、长期现金流量现值等目标。

（二）财务战略规划的内容

企业财务战略规划的内容应当根据各个企业的实际情况和发展战略确定，主要内容包括投资战略规划、筹资战略规划、收益分配战略规划、并购战略规划、财务发展规划、资本结构规划、研究与开发规划等。其中最核心的是投资战略规划和筹资战略规划。

1. 投资财务战略规划

投资财务战略主要解决战略期间内投资的目标、原则、规模、方式等重大问题。在企业投资财务战略设计中，需要明确其投资目标、投资原则、投资规模和投资方式等。

投资财务战略是企业财务战略的核心和基础，一方面投资财务战略直接体现了企业的创新创业战略目标，主要体现为固定资产投资、流动资产投资、无形资产投资如研究开发投资、品牌投资等，甚至是项目投资、证券投资、产业投资和风险投资等；另一方面投资财务战略直接体现了企业战略的实施过程完整性。投资财务战略所确定的投资方向、规模决定了融资的方式和数量，而投资的时机和进度影响企业的融资和营运资本的管理方式，投资的收益目标又在一定程度上影响企业的股利分配及财务风险控制。

投资目标包括收益性目标、发展性目标和公益性目标等。收益性目标通常是企业生存的根本保证；可持续发展目标则是企业投资战略的直接目标；而公益性目标是多数企业不愿做的，但在近年来越来越被企业重视，这有利于企业长远发展和维护良好的社会形象。

投资原则包括集中性原则、适度性原则、权变性原则和协同性原则等。集中性原则要求企业把有限资金集中投放到最需要的项目上；适度性原则要求企业投资要适时适量，风险可控；权变性原则要求企业投资要灵活，要随着环境的变化对投资战略做出及时调整，做到主动适应变化，而不刻板投资；协同性原则要求按照合理的比例将资金配置于不同的生产要素上，以获得整体上的收益。

企业广义的投资战略包括直接投资战略和间接投资战略，投资战略规划需要做好这两方面的战略规划。

（1）直接投资战略规划。直接投资是指企业为直接进行生产或者其他经营活动而在土地、固定资产、无形资产、研发项目、制度改革等方面进行的投资。它通常与实物投资相联系，常看成实体投资。直接投资战略规划需要以企业的生产经营规划和资产需要量预测为基础进行，继而确定企业需要直接投资的时间、规模、类别，以及相关资产的产出量、盈利能力等，以满足企业财务战略管理的需要。

（2）间接投资战略规划。间接投资是指企业通过购买证券、融出资金或者发放贷款等方式将资本投入其他企业，其他企业进而再将资本投入生产经营中去的投资。间接投资通常为证券投资，其主要目的是获取股利或者利息，实现资本增值和股东价值最大化。间接投资是资本市场中的投资行为，常看成虚拟投资。间接投资战略规划的核心是如何在风险可控的情况下确定投资的时机、金额、期限等，尤其是投资策略的选择和投资组合规划。按照现代投资理论，组合投资是企业降低风险、科学投资的最佳选择，即企业并不只是投资一种证券（或者一种金融资产），而是寻求多种证券（或者金融资产）组合的最优投资策略，以寻求在风险既定情况下投资收益最高，或者在投资收益一定情况下风险最小的投资策略。

2. 筹资财务战略规划

筹资战略是根据企业内外环境的现状与发展趋势，适应企业整体发展战略（包括投资战略）的要求，对企业的筹资目标、原则、结构、渠道与方式等重大问题进行长期的、系统的谋划。

筹资战略应遵循低成本原则、稳定性原则、可得性原则、提高竞争力原则等。企业应当根据战略需求不断拓宽筹资渠道，对筹资进行合理搭配，采用不同的筹资方式进行最佳组合，以构筑既体现战略要求又适应外部环境变化的筹资战略。

筹资财务战略规划是指企业在整体战略指导下，结合投资财务战略的需求，合理预期企业战略实施对资金的需求量和需求时间，对未来一段时期内的融资规模、融资渠道、融资方式、融资时机等内容做出合理规划，并以优化企业财务资本结构（资产负债率）、为整体战略实施提供资金保障、以降低财务风险为目标，既要融资企业维持正常生产经营活动及发展所需资金，又要保证稳定的资金来源，增强融资灵活性，努力降低资金成本与融资风险，不断增强融资竞争力。企业还应根据战略需求不断拓宽融资渠道，对融资进行合理搭配，采用不同的融资方式进行最佳组合，以构筑既体现战略要求又适应外部环境变化的融资战略。因此，筹资财务战略规划重点解决筹集资金如何满足生产经营和投资项目的需要，以及债务筹资和权益筹资方式的选择及其结构比率的确定等规划问题。

企业在进行筹资战略规划时，要根据最优资本结构的要求，合理权衡负债筹资比率和权益筹资比率。在一般情况下，企业为了获取财务杠杆利益，在风险可控的情况下，将会选择采用负债融资，但如果企业财务风险较大，负债资本成本较高，企业通常选择增发股票等权益融资较为合适。

企业在具体进行筹资战略规划并选择筹资方式时，应当综合考虑维持财务的灵活性和筹资决策对股票价格及企业价值的影响。具体来讲，企业筹资战略规划可以分为以下两种。

（1）快速增长和保守筹资战略规划。对于快速增长型创新创业企业，创造价值最好的方法是新增投资，而不是可能伴随负债筹资的税收减免所带来的杠杆效应。因此，最恰当的筹资策略是那种最能促进增长的策略。在选择筹资工具时，可以采用以下方法：

①维持一个保守的财务杠杆比率，它具有可以保证企业持续进入金融市场的充足借贷能力；②采取一个恰当的、能够让企业从内部为企业绝大部分增长提供资金的股利支付比率；③把现金、短期投资和未使用的借贷能力用作暂时的流动性缓冲品，以便于在那些投资需要超过内部资金来源的年份里能够提供资金；④如果必须用外部筹资的话，那么选择举债的方式，除非由此导致的财务杠杆比率威胁到财务灵活性和稳健性；⑤当上述方法都行不通时，采用增发股票筹资或者减缓增长。

（2）低增长和积极筹资战略规划。对于低增长型创新创业企业，通常没有足够好的投资机会，在这种情况下，出于利用负债筹资为股东创造价值的动机，企业可以利用良好的经营现金尽可能多地借入资金，并进而利用这些资金回购自己的股票，从而实现股东权益的最大化。这一筹资战略规划为股东创造价值的方法通常包括：①通过负债筹资增加利息支出获取相应的所得税利益，从而增进股东财富；②通过股票回购向市场传递积极信号，从而推高股价；③在财务风险可控的情况下，高财务杠杆比率可以提高管理人员的激励动机，促进其创造足够的利润以支付高额利息。

3. 收益分配财务战略规划

收益分配战略不仅影响了企业股东的收益水平和积极性，也对企业下一年度的发展产生了深远的影响。在传统的利润分配方式中，注重大股东的利益和公司固定资产的投入。而利润分配战略应站在企业发展战略的角度，加大对无形资本和人力资本的分配力度，通过员工持股、期权分配等方式激励员工的积极性和创造性。

从广义来讲，企业的收益需要在其利益相关者之间进行分配，包括债权人、企业员工、国家与股东等。然而前三者对收益的分配大都比较固定，只有股东对收益的分配富有弹性，所以股利分配战略成为收益分配战略的重点。对上市公司来说，还要考虑股利分配战略的选择和形式，考虑公司股价的稳定和持续上升，以吸引更多的投资者。确定股利分配战略的重点是稳定股票价格、保护股东利益、促进企业长期发展。具体来说从两方面着手：第一，在股票市场上树立企业稳健的财务形象，给予投资者一定回报，投资者投资企业股票能得到较大的收益，使股票价格在一定范围内波动，避免大起大落；第二，将利润中的一部分补充内部资金，以扩充企业资本金，巩固企业实力。因此建议企业在创新创业战略发展下，采用略低于正常水平的股利分配加额外股利政策的股利分配战略。

股利分配财务战略要解决的主要问题是确定股利战略目标，是否发放股利，发放多少股利，以及何时发放股利等重大问题。从战略管理角度看，股利分配战略目标为：促进公司长远发展；保障股东权益；稳定股价，保证公司股价在较长时期内基本稳定。公司应根据股利分配战略目标的要求，通过制定恰当的股利分配政策来确定其是否发放股利，发放多少股利，以及何时发放股利等重大问题。

股利分配财务战略规划是企业融资、投资活动的逻辑延续，是财务活动的必然结果。股利分配财务战略规划的决策包括支付给股东的现金股利占利润的百分比、绝对股利变动趋势的稳定性、股票股利和股票分割、股票回购等。股利支付比率决定了企业的留存收益，必须本着股东财富最大化的原则决定。股利政策包括剩余股利政策、固定或持续增长的股利政策、固定股利支付率政策和低正常股利加额外股利政策。

4. 并购财务战略规划

企业作为谋求资本最大增值的资本组织，并购是其一项重要的投资活动。从战略发展的眼光看，企业并购是其迅速成长的一大途径。但企业并购的主要目的是增强企业的核心竞争力，故在选择并购目标企业时，应将开发获取并购企业核心竞争力的专长技能作为重点。这就要求主并方在并购前加强对目标企业财务情况的审核和评估。

企业实施并购战略通常可以达到快速实现战略和经营目标、扩大市场份额、补充或获得资源与能力、获得协同效应等目的。并购过程的财务战略重点是加强并购成本规划，有效控制并购成本。在充分了解目标企业财务状况的前提下，继续了解目标企业的行业特点、人力配置、企业文化等情况，使并购后企业迅速融合，降低并购后的整合成本。

在实施并购战略时，企业要合理评估并购战略可能带来的风险，比如，难以对目标企业进行正确预测与评估，达致协同效应的条件过高，需要承接一些不需要或者不必要的附属业务，并购义务过重等，为此企业在实施并购战略时应当充分评估目标企业的情况，合理估计并购价格，制定合适的并购方式和策略，以确保并购后的整合能够成功，协同效应能够实现，从而为企业整体战略的实施奠定基础。

（三）财务战略规划的实施

（1）企业应当根据财务战略，制订年度财务计划，编制全面预算，将财务战略分解、落实到产销水平、资产负债规模、收入及利润增长幅度、投融资安排、投资回报要求等各个方面，确保财务战略的有效实施。

（2）企业需要做好财务战略的宣传、教育培训工作，将财务战略及其分解落实情况传递到内部各管理层级和全体员工中。

（3）企业财务战略实施过程中，企业管理层和财务部门需要加强对财务战略实施情况的监督检查与动态监控，定期收集和分析相关信息，对于明显偏离财务战略的情况，应当及时进行内部报告；由于经济形势、产业政策、行业状况、不可抗力、企业发展战略等因素发生重大变化，确须对财务战略做出调整的，应当按照规定程序调整财务战略。

三、创新创业财务战略规划的设计

（一）企业财务战略的类型

从资金筹措与使用特征角度出发，财务战略总体上可以分为快速扩张型财务战略、稳健发展型财务战略和防御收缩型财务战略三种。

1. 快速扩张型财务战略

快速扩张型财务战略以实现企业资产规模的快速扩张为目的。为了实施这种财务战略，企业往往需要在将绝大部分乃至全部利润予以留存的同时，大量地进行外部筹资，为企业带来财务杠杆效应，防止净资产收益率和每股收益的稀释。在这种情况下，一般会表现出"高负债、中收益、少分配"的特征。

2. 稳健发展型财务战略

稳健发展型财务战略以实现企业财务绩效的稳定增长和资产规模的平稳扩张为目的。企业在实施该战略时，一般将优化现有资源的配置和提高现有资源的使用效率及效益作为首要任务，将利润积累作为实现企业资产规模扩张的基本资金来源。所以，实施稳健发展型财务战略的企业，其一般财务特征是"低负债、高收益、中分配"。

3. 防御收缩型财务战略

防御收缩型财务战略是以预防出现财务危机和求得生存及新的发展为目的的一种财务战略。企业在实施该战略时，一般将尽可能减少现金流出和尽可能增加现金流入作为首要任务。"高负债、低收益、少分配"是实施这种财务战略的企业的基本财务特征。

（二）财务战略规划的设计原则

企业财务战略的选择决定企业财务资源配置的取向和模式，影响企业理财活动的效率。企业在财务战略的设计过程中要注意以下原则。

（1）财务战略的选择要与经济周期相适应。在经济复苏阶段，企业应采取快速扩张型财务战略：增加厂房设备（主要采用融资租赁方式），继续增加存货，提高产品价格，开展营销筹划，增加劳动力。在经济繁荣后期，企业应采取稳健发展型财务战略。而在经济衰退阶段，企业应采取防御收缩型财务战略。

（2）企业财务战略的选择必须与产品生命周期相适应。在企业初创期，企业的主要财务特征是资金短缺，尚未形成核心竞争力，财务管理的重点应是如何筹措资金，以及如何促进企业通过内部自我完善来实现发展。企业在成长期和成熟期，资金相对较充裕，可以考虑通过并购实现外部发展。在衰退期，销售额和利润额已明显下降，企业应考虑如何改制和如何变革企业组织形态和经营方向。由此可见，企业在初创期和成长期应采取快速扩张型财务战略，在成熟期则一般采用稳健发展型财务战略，而在衰退期企业应采取防御收缩型财务战略。

（3）企业财务战略的选择必须与企业经济增长方式相适应。企业经济增长方式应实现从粗放型向集约型转变。为适应这种转变，企业财务战略需要从两方面进行调整：一方面，调整企业财务投资战略，加大基础项目的投资力度；另一方面，加大财务制度的创新力度。

（4）企业财务战略的选择必须与企业实际情况相结合。特别是企业的产品及其发展方向、市场定位及其消费群体、技术水平及其更新状况、地理位置及其与政府的关系、企业文化与经营理念等，这些情况都影响财务战略，更影响企业整体战略。

（三）创新创业财务战略的设计

1. 创新创业企业财务战略目标

创新创业企业财务战略目标的选择，决定其财务战略的选择，进而决定科技型中小企业财务资源配置的取向和模式，影响其理财活动的行为与效率。创新创业企业财务战略目应与其经营发展模式相一致。①实现创新创业企业资产规模的快速扩张的财务战略目标。②实现创新创业企业资产规模的平稳扩张与财务绩效稳定增长的财务战略目标。这种财务战略目标对应着稳健发展型财务战略，以及稳健型的企业经营发展模式。③实现创新创业企业财务危机的平稳过渡，以及求得新发展的财务战略目标。这种财务战略目标对应防御收缩型财务战略，以及防御收缩型的企业经营发展模式。

2. 创新创业企业融资战略的设计与选择

1）传统融资战略

（1）业主储蓄存款和亲朋借款策略。这是创新创业中小企业在融资策略的首选。因为这种筹资策略不会造成控制权的分散。

（2）申请创新基金策略。企业融资时要首先争取这种政府资助。但是，创新基金的申请有非常严格的条件，审批程序比较复杂，而且资助金额有限。

（3）银行贷款策略。银行对科技型创新创业中小企业的贷款有两种形式：一种是科技型中小企业贷款；另一种是高科技创业贷款。银行贷款的优点是不会造成控制权的分散，但缺点是审查严格，有时需要资产抵押或担保。

（4）融资租赁策略。

（5）公开上市筹资策略。国内深圳证券交易所已经开辟了中小企业板市场，为高新技术企业的上市和迅速发展提供了平台。境内中小企业也可以争取进入香港创业板和美国的资本市场进行融资。

（6）员工持股策略。科技型创新创业中小企业可以向职工换放职工股。公司职工股符合一定条件后可以转让。

2）创新创业融资战略

（1）和谐银企关系策略。即创新创业中小企业应当加强与银行的信息沟通，甚至请银行派员进入企业的董事会行使相关职能。中小银行为了提高自身的竞争力，应当倍加重视成长导向型、科技创新型中小企业，在这类企业成长的早期阶段就给予适当的金融支持，用雪中送炭式服务来换取客户忠诚度。这样既方便银行开展业务，又能够在银行与企业之间建立起良好的信用关系，形成银行与企业协调发展、互惠互利的和谐银企关系。所谓银企和谐关系，即银企都要坚持和谐发展，企业必须正确处理规模、质量、效益之间的关系，适应日益变化的竞争环境，实现高质量的增长；银行必须协调客户、股东、员工的利益，激发个人与企业共同成长的归属感和使命感，为股东创造丰厚回报，为客户增添服务价值；最终形成银行与企业协调发展、互惠互利的和谐关系。

（2）无形资产资本化策略。在资本运营过程中，通过对企业的无形资产进行资本化运作，可以吸收社会资本流入企业。

（3）创设专业金融机构策略。有实力的科技型中小企业可以组建财务公司，可以发起成立商业银行和有关证券投资基金及产业投资基金等。

（4）创建融资担保体系策略。即为了给中小企业提供融资保障，政府应当鼓励和支持设立中小企业担保机构，积极有效地开展业务。

（5）专利权质押贷款策略。

（6）行业资产重组策略。资产重组是通过收购、兼并、注资控股、合资、债权转移、联合经营等多种方式，对同行业及关联行业实现优势企业经营规模的低成本快速扩张，可以达到迅速扩大生产能力和拓展市场营销网络的目的。

（7）资产证券化融资策略。资产证券化是传统融资方法以外的最新现代化融资工具，它适合解决国有大中型企业在管理体制改革中面临的资金需求和所有制形式之间的矛盾。

3. 创新创业企业投资战略的设计与选择

创新创业企业投资前要考虑的几个重要问题。首先，创新创业企业在投资前要搞清如何评价投资项目的价值。其次，创新创业企业在投资前要了解如何选择投资的切入点。确定企业投资切入点的关键是搞清楚投资者的优势。再次，弄清如何正确选择投资时机，处于不同发展期的创新创业企业有不同的投资重点。最后，也是一个比较重要的问题，投资项目的风险是多少？创新创业企业在投资前要明确自己能承担多大的风险。

创新创业企业投资战略选择的投资领域很多，总体来说有两种类型：实质产业投资和金融产业投资。

（1）实质产业投资战略。实质产业投资主要分为两方面：新产品投资、服务领域投资。

（2）金融产业投资战略。包括债券投资、股票投资、技术参股渗透。

（3）配套措施及战略。政策指导，加大鼓励；从宏观上解决融资"瓶颈"的问题；推进科技进步，实施人才培养战略；加大营销力度，实施国际合作战略。

4. 创新创业企业收益分配战略的设计与选择

收益分配代表着企业一个会计周期的结束，同时也是另一个周期的开始。但创新创业企业收益分配常存在一些问题：①收益分配的随意性。在企业中，绝大部分的创业者是技术研发出身，往往缺乏企业管理的背景，所以在管理中存在诸多不足。在收益分配方面，往往缺少合理的分析和决策，随意性较大。②创新创业企业的 R&D 投入存在不合理现象。在企业中存在两种截然相反的现象。一方面，有相当一部分企业的技术开发费投入不足全年总收入的 3%，创新投入严重不足，达不到起码的要求。另一方面，又有一部分企业对技术的偏爱和追求完美又太过偏执。③对资本的偏见和本能抵触增大了收益分配时的压力。处于成长期的企业既要保证 R&D 投入，以增强企业的竞争力，又要留出一部分的资金满足企业日常的需要，有时还要给予股东一定的股利。企业在收益分配时，往往捉襟见肘，顾此失彼。④收益分配时，没有对创新的贡献者和技术骨干进行适当的激励。作为企业核心竞争力的创造者和维持者往往被排除在收益分配之外。作为高素质的人才，知识型的创业者往往具有较强的自主意识并且流动意愿强，普通的薪酬和奖金并不能完全地体现他们的价值，建立一定的机制使知识型的创业者参与到收益分配中，才能充分调动他们的积极性。

创新创业企业收益分配战略的选择如下。

（1）R&D 投入水平战略。根据企业的不同发展阶段合理确定 R&D 投入水平。R&D 投入比例的决策是企业在进行收益分配时应当首先做出的决策，R&D 投入水平直接决定企业创新能力的高低。一般来说，R&D 投入越高，创新成果就越多，创新成果的先进性程度也越高，而这些成果对企业未来的发展至关重要。在企业发展的不同阶段，应根据环境和自身规模的变化，适时改变 R&D 投入水平。

（2）收益分配战略：实行股权激励计划。在收益分配的过程中，对有贡献的科技人员予以各种形式的激励，调动其继续进行科研、努力做出成果的积极性，为企业日后的进一步创新有重要作用。股权激励计划及其方案设计——干股＋实股＋期权计划。干股计划主要内容包括两部分：持股计划、岗位干股计划。

（3）合理地制定股利政策。对一般的科技型中小企业来说，股利政策直接决定股东和社会对企业的评价。发放多少股利，以何种形式发放股利，对企业的影响很大，不应盲目进行。在企业高速发展的时期，应以股票股利为主，以保证企业的资金需求。在步入平稳期后，应以现金股利为主，以保证企业资本结构和控制权的稳定。

第二节　创新创业财务战略规划实训材料

一、汽车企业创新创业财务战略规划

本项实验的材料是奇瑞汽车公司财务战略规划。

（一）融资战略

奇瑞公司积极改善自己的融资结构。奇瑞公司以前主要偏于流动负债融资和股权融资，忽略了长期负债融资，这大大提高了财务风险。应积极稳妥地利用负债经营的优势，拓宽融资渠道，建立自身最佳融资结构。如根据自身特点，适当地增加长期借款的比重，以减少企业融资压力。

在成熟期应该根据自身优势，继续采用激进的筹资战略，即继续采用较高的负债率，有效地利用财务杠杆。因为此时企业利润水平很高，采用高负债的融资方式，可以提高资本利用率。但是不应为了利用财务杠杆而利用杠杆，更不能在条件不成熟的状态下利用财务杠杆。应建立一系列有关负债融资战略实施的审批制度，如借款审批制度、项目可行性和不可性研究制度等。

为了优化资产负债结构，改善现金流状况，企业尝试采用资产证券化的方式来进行筹资。这不仅可以增强发起人的资产流动性，而且风险较小，收益适中，有利于企业获得较高的资信评级，改善公司的财务状况并提升公司的经营状况，使企业的运营进入良性循环状态。

（二）投资战略

奇瑞公司采用多元化的投资战略以避免资本全部集中在一个行业可能产生的风险。另外，企业不断为快速成长阶段积累下来的未利用的剩余资源寻找新的增长点，通过分析相关行业的动态，在此基础上来筹划新的投资，如汽车保养产业、汽车文化产业等。

公司采用兼并与并购等资本运作的方式，巩固其规模经济的效益，从而使企业有效地整合内部及外部资源，扩大企业的盈利水平，提高企业的经营效率，优化社会资源配置。因为大规模的战略重组有利于我国汽车企业迅速达到经济规模，提高其市场竞争力；同时大规模的战略重组还有利于提升企业的产品开发和技术创新能力，增强凝聚力，因此公司把对外投资方式放在汽车业的兼并与并购投资上。

二、金融企业创新创业财务战略规划

本项实验的材料是南京银行财务战略规划。

（一）南京银行的市场融资财务战略

1. 南京银行上市历程

2007 年 7 月 19 日，随着上海证券交易所开市的一声锣响，南京银行终于如愿以偿地成为沪市城商行第一股。首日开盘价 19.20 元，较发行价 11 元上涨了 74%。成功上市不仅对南京银行本身而言是一个里程碑事件，而且对整个中国的银行也同样具有示范性意义。

成立于 1996 年的南京市商业银行的注册资本仅 3.5 亿元，不仅经营规模难以扩大，抗风险能力也远远不够，同时也无力在 IT 系统等现代商业银行的必备基础设施投入方面投入更多的资金。为解决因资本金不足而带来的一系列问题，2000 年，南京商行以向老股东定向募集的方式进行了第一次增资扩股，使银行的注册资本达到 10.25 亿元。

2003 年 6 月，南京银行聘请中信证券进行上市辅导，一年的辅导期结束后，2004 年年底，中国证监会正式受理了南京商行的上市申请。2005 年 4 月 29 日，中国证监会发布《关于上市公司股权分里改革试点有关问题的通知》，标志着中国证券市场具有划时代意义的股权分里改革正式启动，相关的新股上市工作也随即停止，南京银行的上市申请也暂时被搁置。2006 年 3 月，南京银行重新启动公开发行股票申请工作，同年 9 月，报送了根据中国证监会新要求做的申请材料，并获得受理。

2006 年 12 月 20 日，中国银监会下发《关于南京市商业银行更名的批复》，同意银行名称由南京市商业银行股份有限公司变更为南京银行股份有限公司。2007 年 1 月 8 日，南京市商业银行正式更名为南京银行。更名为南京银行，这既表达了南京银行努力成为全国性商业银行的决心，同时也继承了原南京市商业银行的无形资产：良好的国际声誉和南京作为六朝古都、省会、区域性的经济中心的品牌价值。

2. 南京银行成功上市的因素

南京银行拔得城商行上市头筹，应该说是实至名归。具体说来，除了有一个好的团队之外，上市的成功主要得益于以下因素。

1）持续发展

总的说来，南京银行起点较好。一路走得较稳。首先南京银行成立时就有 3.5 亿元的资本金，2000 年就增资到 10.25 亿元，这在当时的城商行中是比较少见的。南京银行是国内最早一批引入境外战略投资者的，2002 年以增资的方式引入国际金融公司作为第二大股东，使资本金扩大到 12.07 亿元，在所有城商行中较早地完成了增资扩股和资本充足率达标。从 1996 年年底到 2006 年年底，南京银行总资产增长了 8 倍多。

2）良好的业绩

2006 年，南京银行每股收益 0.49 元。最近三年来，南京银行总资产和净利润年复合增长率分别达 23.1% 和 65.2%。2006 年年末，资本充足率为 11.71%，核心资本充足率为 8.39%，不良贷款率为 2.47%，多项指标位居同行业前列。从业绩来看，南京银行 2006 年平均总资产回报率为 1.12%，与之前上市的股份制商业银行相比表现优异，领先于招商银行的水平，平均净资产回报率为 25.31%，仅略微落后于兴业银行 26.28% 的水平。人均利润达 39 万元，与兴业银行持平。同时，南京银行近三年拨备前利润复合增长率达 52.93%。

3）特色立行

南京银行有三大特色业务。首先是债券业务。从 1997 年起南京银行开始涉足资金营运业务，在银行业市场始终保持领先的市场份额，成为享誉同业和市场认同的"债券市场特色银行"。南京银行最早设立了独立的专职营运机构——资金营运中心。2006 年，南京银行完成债券交易 9837.47 亿元，债券承销量 469.6 亿元，完成票据贴现、转贴现业务 626.45 亿元，全年债券代理结算量排名市场第二位，成为享誉同业和市场认同的"债券市场特色银行"。其次是中小企业业务。作为一家南京土生土长的银行，南京银行一直坚持中小企业银行的市场定位，从资产、负债、中间及表外授信业务等不同方面进行细化，与南京地区中小企业建立了良好的关系，截至 2007 年 5 月末，南京银行中小企业贷款超过 240 亿元。最后是个人业务。在个人业务方面，南京银行以广大市民为主，通过市场细分和产品创新来满足不同市民客户的个性化需求。南京银行凭借在资金运营上的竞争优势，率先推出了人民币理财产品。它是全国第一家发行中国银联国际标准 62 字头 BIN 号贷记卡的银行，也是全国第二家发行贷记卡的南京银行，"梅花卡""金梅花理财产品"均在市民中获得了高度的认可。

当上市成为现实，南京银行又要踏上新的征程。此外，上市在为南京银行提供后续再融资平台的同时，也意味着南京商行成了公众公司，要不断接受诸如信息披露、市场约束等各种压力。

（二）南京银行国际融资战略

1. 引入境外战略投资者的意义

我国商业银行与外资银行相比存在一定差距，资本收益率极低，资本质量差，流动性不稳定，这些问题导致我国商业银行在即将开放的国际金融市场竞争中处于劣势地位。因此，我国商业银行改革势在必行，引入战略投资者是我国商业银行改革的重要举措。引入境外战略投资者将改变我国商业银行的一些财务状况。

第一，有利于改善公司治理结构，建立现代化的商业银行制度公司治理结构完善的企业才是充满活力，能够适应市场经济发展的企业。国有独资企业的身份使银行内部的治理结构十分紊乱，董事会、监事会和公司经理层均由行政任命，缺乏相互监督相互制约的合理机制，并且由于缺乏经济利益的激励，国有产权仍然面临所有者缺位的问题。引进合适的战略投资者，可以使公司的产权结构多元化，公司董事会、监事会、股东大会和管理层的职责划分会更加明晰，相互监督相互约束的机制也会更加健全。

第二，有利于引进战略投资者先进的管理技术和经验，解决银行业务发展上的"瓶颈"问题，提高银行的经营效率和竞争力。银行同战略投资者的合作不仅体现在股权投资上，还体现在业务层面的合作上，通过双方资源的共享和互补，拓宽银行的业务渠道和业务内容，打造银行的核心竞争力。

第三，通过战略投资者的引进，可以充实银行的资本金，有利于国有商业银行在资本市场上的融资战略。投资者在国内甚至国际上的影响力可以加强投资者对国有商业银行的信心，帮助国有商业银行顺利上市。

国际融资战略合作模式如图 7-2 所示。

2. 南京银行引进战略投资者的背景

2002 年 12 月，中国银行业监督管理委员会发布了《境外金融机构入股中资金融机构管理办法》，由此打开并演绎出一波又一波的外资银行参股我国银行业的热潮。随着我国商业银行改革进程的不断深入，在国有商业银行、股份制商业银行股份改革，重组上市逐渐尘埃落定之际，作为银行业第三梯队的城市商业银行的改革开始了新一轮启动。在银监会 2004 年发布的《城市商业银行发展纲要》中，指明了城市商业银行改革发展的出路所在。其中，作为国有商业银行改制的重要方法，引进境外战略投资者在城市商业银行改革中得到监管部门的大力提倡。近年来，已有十余家城市商业银行引进了境外战略投资者，与境外商业银行开展了不同程度的战略合作。引进境外战略投资者已经成为城市商业银行改革发展的重要路径。

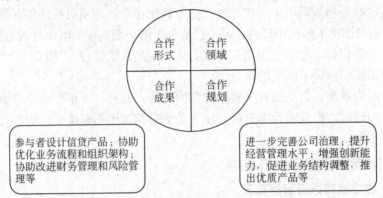

图 7-2　国际融资战略合作模式

3. 南京银行战略投资者的引进

国际金融公司（IFC）自 1999 年开始关注中国南京银行，并参股上海银行持有其 5% 的股份。南京商行业绩稳定，在增加拨备记提和自我消化不良资产的前提下，仍能保持年均 1 亿元左右的利润，这在当时的城商行中并不多见。正因为如此，南京商行也引起了 IFC 这一国际金融机构的关注。

IFC 正式入股南京商行后，成为仅次于当地政府部门的第二大股东，并使南京商行的资本金达到 12.07 亿元。IFC 的加盟，给南京商行建立了与国际金融机构交流、合作的平台，并在完善公司治理、提升管理水平等方面给予了大力支持。2002 年，IFC 安排南京商行信贷人员分批参加了花旗银行主办的中国银行业信贷业务培训班，以了解国际银行较为成熟的信贷业务模式。2003 年，在 IFC 的协调下，从意大利政府获得了数万美元的专项资金，由意大利联合商业银行负责实施，用于无偿向南京商行提供历时 1 年多的技术培训。2005 年，聘请麦肯锡咨询公司开发了一个针对银行董事与高级管理人员的培训项目，为提升董事会的决策水平起到了积极的作用。同年，派出专家向南京银行提供了压力测试技术，并最终实现了压力测试技术的转移，也使南京银行掌握了一个有价值的风险管理工具。2006 年，从其发行熊猫债券所募集的资金中划拨 3.66 亿元，并以较为优惠的利率向南京银行提供长期贷款，用于充实发展中小企业贷款业务的资金实力，同时配套向南京银行提供小企业贷款的技术支持，帮助南京银行开发小企业贷款的产品。所有这些在南京商行向现代商业银行的转变中都起到了非常重要的作用。

2005 年 4 月 29 日，中国证监会发布《关于上市公司股权分里改革试点有关问题的通知》，南京银行的上市申请被暂时搁置。南京银行决定以不影响上市进程为前提，将引入战略投资者的工作更加深入下去。

作为国际金融机构的 IFC，其参股金融机构一般有阶段性、引导性和示范性的特点，不寻求太大的比例和太长的时间，往往是在被参股机构经营有了明显起色并具有持续发展能力之后会功成身退。2005 年，进入南京商行已经三年的 IF 南京要求减持自己的股份，从而引进别的境外的商业银行，让南京商行能得以全面提高竞争能力。经过接触，巴黎银行成为南京商行和 IFC 共同认为可以合作的对象（见表 7-4）。

表 7-4　南京银行控股股东及实际控股人

名称	法人股东成立日期	法人代表	业务性质	注册资本	持股比例（%）
南京紫金投资控股有限责任公司	2008 年6 月 17 日	王海涛	授权资产的营运与监督，资产委托经营、产权经营等	7 亿元	13.35
法国巴黎银行	2000 年5 月 23 日	Michel Pébereau	银行业务、公司金融、证券、保险、资产交易以及基金管理等	23.963 亿欧元	12.61
南京新港高科技股份有限公司	1992 年7 月 4 日	徐益民	高新技术产业投资、开发；市政基础设施建设、投资管理；土地成片开发；建筑安装工程；商品房开发、销售；物业管理；国内贸易；工程设计；咨询服务；污水处理、环保项目建设、投资及管理	5.16 亿元	11.17

巴黎银行自 1980 年进入中国以来，其业务重点一直在投资银行和企业银行领域，零售业务没有全面发展起来。而南京商行拥有广泛的营业网络、良好的管理基础、较好的业绩，并且上市进程也在启动中，未来还将在长三角地区进行扩张，这些都是巴黎银行看中的。就这样，国际金融公司转让其持有的南京商行 10%的股份，只保留其余的 5%，其他股东转出 9.2%的股份。转让价格达到 3.04 元/股，IFC 南京和其他转让者均满载而归。

巴黎银行进入后，南京商业银行与巴黎银行在零售银行、资本市场、消费信贷、财富管理、风险管理、信息技术、组织机构管理及财务与人力资源等八个方面开展业务合作，合作形式包括引进新产品和服务、共同开展业务、分享经验与技能、人员培训、专家借调、交流与访问等，这些合作为南京银行带来了效益，使南京商行的公司治理更加完善，信息平台更加先进，管理方法更加科学，业务特色更加突出，竞争能力进一步增强。巴黎银行的进入，的确给南京银行增色不少，单就利润指标来看，2006 年年底每股收益 0.49 元，加权净资产收益率达 25.3%。

（三）南京银行的投资战略

2006 年 12 月，南京银行成功参股日照银行，以股权投资为纽带，建立两行全面战略合作关系的发展新模式。通过参股，两行之间形成了强强联合、优势互补的合作关系，南京银行为日照银行提供相关管理经验和技术，日照地方经济的快速发展，也为南京银行将业务与产品延伸到山东地区起到了积极的作用。参股日照银行是南京银行实现经营方式转变的重要一步，是本行走出南京、实现跨区发展的有益尝试，为后续的对外投资工作积累了宝贵的经验。2009 年，南京银行又发起设立宜兴、昆山两家村镇银行；成功投资江苏金融租赁有限公司，探索"银租合作"；成功入驻芜湖津盛农村合作银行，成为其第一大股东。

目前，南京银行对外投资的成效初步显现，日照银行、江苏金融租赁有限公司和芜湖津盛农村合作银行都为本行带来了丰厚的回报。此外，宜兴阳羡村镇银行和昆山鹿城村镇银行均已实现盈利。

三、软件企业创新创业财务战略规划

本项实验的材料是用友软件公司财务战略规划。

（一）用友软件公司筹资战略

北京用友从创办第二年就开始盈利，而且持续增长，成长曲线是比较好的，尤其是2001年凭借股票上市，用友募集资金达8亿多元，创造了软件行业的神话。这一切成功，其中重要的一点就是因为它们很好地处理了融资、上市与企业经营的关系。但是随后的五年，用友基本上都没有开发新的融资渠道，完全依靠自身积累发展。但这种"吃老本"的方式迟早会使用友陷入财务危机，2006年年底，用友通过投资将上市募集的资金使用完后，迫切需要大笔资金增加研发投入和大批量并购，因此用友必须寻求新的融资方式以筹集足够多的资金。

1. 适当提高负债比例

2002—2007年，用友软件的总资产负债率只有10%出头，远远低于金蝶软件，也在行业内处于较低的水平，这样虽然降低了企业的财务风险，但也使企业的运营成本过高，导致股东收益降低。用友公司于2008年提高了公司的资产负债率，到2010年达到了45%，这在一定程度上增加了公司的财务风险，但却有效地降低了资本成本，提高了资本运作效率。

2. 增发新股

在当前企业增长过快、企业资源相对缺乏的情况下，企业应考虑增发新股，来筹集更多的资金，以推动企业更快、更好地发展。用友公司于2006年进行了股改，用友软件的对价方案为流通股东每10股获送5股，与同行业、同地区和同类型公司对比，该对价都处于较高水平，基本上达到甚至超过了市场预期。该方案充分考虑了流通股股东利益，并兼顾了非流通股股东利益，表达了非流通股股东的诚意，实现了流通股股东与非流通股股东利益双赢。

3. 采取多种融资渠道

用友软件是国内知名的高科技软件企业，在国内有着良好的品牌知名度和信誉度，进行更多信誉融资和借款完全有实现的可能，企业应该充分利用这种资源，来补给企业发展的能源。

4. 争取国家支持，拓宽融资渠道

用友软件应该更大限度地去争取国家政策和制度对企业的支持，获取更多的发展所需的低成本资源，在当前国内大力鼓励发展软件等高科技企业的背景下，作为国内高科技的带头企业，用友软件应该把握机会获取资源发展自己。

（二）用友软件公司投资战略

用友软件投资实施可分为两部分：一部分用于对外投资和收购其他相关企业；另一

部分则用于产品的研发和市场推广活动。

1. 通过并购战略实现迅速扩张

作为国内管理软件的龙头企业，用友在国内市场上积极实行并购战略。2001年8月，用友收购了表格软件供应商"华表软件"；9月，用友又通过控股收购了企业财务分析软件供应商"通宝软件"；11月，用友并购制造业ERP软件供应商"台湾汉康"。2002年，用友为了开拓电子政务领域，并购了安易。2003年8月，用友实现了对集团企业资金管理软件厂商北京丰富汇理信息技术有限公司的收购。2008年1月，用友又收购了上海的房地产行业软件公司上海天诺和上海坛网的部分资产；同年，用友还斥资3.8亿元收购方正春元，成为中国财政软件第一。2010年，斥资3000万元收购尚南科技。近两年，用友更是加快向各产业纵深布局的速度，先后完成4500万元收购特博深CRM业务、900万元收购宏图天安税务软件业务、1450万元收购上海天诺房地产软件业务、以698万元的价格收购重庆迈特科技和4300万元收购北京时空超越等多宗收购案。

用友软件并购遵循四大原则是：第一，对象必须是某个领域里最优秀的；第二，产品和技术方向很有前景；第三，与用友核心业务互补；第四，国内和国际市场同时着手出击。利用自有资金进行合资合作和相关收购，实现产品的相关多元化投资，对现有企业产品形成有力支撑，同时有利于完整产品链的形成和相关市场布局的合理。

如上所述，用友软件的对外投资有一定的针对性，比如，为了加强电子政务软件领域的竞争力，用友软件入股北京用友安易软件技术有限公司；为了企业面向全球软件定制及服务业务发展，出资北京用友软件工程有限公司等；投资目的性很强，也取得了很好的效果。但是有些投资项目，比如投资北京商业银行股份有限公司等，目标性不是很明确，也不完全符合上述的用友软件并购原则，效果有待进一步评估。

2. 注重研发投入和产品推广

虽然对外投资在一定程度上提升了企业的研发实力及市场竞争力，但其对企业收入的总体贡献率并不是很大，效益不是很明显，可以说对外投资或收购只是企业发展的一个有益补充。相对产品研发和市场推广投入而言，对外投资的支出显然也少得多。用友软件的投资战略反映了其作为高科技企业比较专注于产品本身的特点，另外从用友软件产品研发及相关市场投入量的变化还是可以看出其产品发展战略的，2001—2004年，企业在财务管理软件产品的投入逐年降低而管理软件产品的投入逐年升高。从投资总额来看，2006年，企业将上市融资所得款项按计划投入使用完毕。

（三）用友软件公司股利分配战略

在中国的A股市场，送转股已经成为很多上市公司一种对股东的"回报"方式，好处是上市公司不需要拿出真金白银，却也能落得"分红回馈股东"的美名。送转股只不过体现为直接的或间接的股票拆分，并导致股价的降低。对投资者来说，既没有实现股票增值也没能得到现金分红。因而用友软件的高派现股利政策似乎与中国的国情格格不入，而这正说明中国的股市确实不成熟。在美国等成熟资本市场，投资者看重的并不是股价波动所形成的差价，纯粹依靠差价来获得收益的投资者并不是真正的投资者，而是所谓的投机者。因此，用友公司制定了一系列股份分配战略措施。

1. 规范股份分红制度，增强投资者信心

如果分红制度能够规范化，就可以使投资者获得的分红收益具有可预见性，从而强化投资者对持股公司长期投资的理念，减少仅仅为赚取差价而进行投资的行为，逐渐培养资本市场的价值投资者。因此，现金分红可以看成股市长期投资的基础。在现行制度框架下，用友的高现金股利政策是产权清晰的私营企业控制性股东按市场经济原则寻求其利益最大化的理性行为的必然结果，也昭示了我国资本市场目前存在明显的制度缺陷。

2. 扩展对外投资，合理分配留存收益

用友软件主要资源流向在于企业产品研发和市场推广上，大型的对外实业投资比较少。用友软件的自我可持续增长远远低于实际增长率，企业处于增长过快阶段，需要补充大量资源来扩大发展，而用友当前主要依靠自身积累并且较高的股利发放政策显然提供不了发展需要的大量资源，因此，用友软件应该适时改变企业的融资战略和股利发放政策，才能保障公司的稳定快速发展。

四、电力企业创新创业财务战略规划

本项实验的材料是长江电力股份公司财务战略规划。

（一）长江电力融资战略

融资战略是指企业在总体战略的指导下，根据对企业内外部环境的分析和对未来趋势的预测，做出有关解决资金筹集目标、规模、结构、方式等问题的谋划。由于企业财务战略涉及企业未来发展和全局性的问题，因此融资战略主要是关注企业长期资金的筹集。

长江电力长期债务融资比例在下降，而短期债务融资在上升，同时总资产负债的比率偏低。而股权融资在2007年以前一直是长江电力股份公司主要的融资手段。从前面讨论的长江电力因为行业景气度和公司内在的自身竞争优势来看，稳定的现金流给公司的偿债能力提供了强有力的保障。所以可以看出，发行五年期的公司债券可以提高公司的长期债务融资比率，而且具有很好的偿债能力的风险保证。长江电力融资结构如表 7-5 所示。

表 7-5　长江电力融资结构　　　　　　　　　　　　　%

年　份	2003	2004	2005	2006	2007
总资产负债率	33.05	33.88	43.52	40.39	35.89
流动负债占总负债比率	14.59	25.52	44.44	48.29	43.59
长期负债占总负债比率	85.40	74.47	55.55	51.70	56.40
长期负债与权益比	42.16	38.17	42.81	35.03	32.36

从图 7-3 中可以看出，长江电力股份有限公司主要有短期借款、商业信用融资、其他应付款三种主要融资渠道。其中，短期借款的比重，2007 年增长最快，占借款比例的80%；商业信用融资的比例逐年降低，2007 年，该项借款比重降为 4.8%；此外，其他融资渠道的比例也有很大的增加。

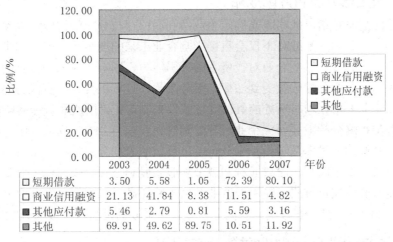

年份	2003	2004	2005	2006	2007
□ 短期借款	3.50	5.58	1.05	72.39	80.10
□ 商业信用融资	21.13	41.84	8.38	11.51	4.82
■ 其他应付款	5.46	2.79	0.81	5.59	3.16
▨ 其他	69.91	49.62	89.75	10.51	11.92

图 7-3　长江电力股份公司流动负债结构

（二）长江电力投资战略

投资战略是指通过资金的组合及运用，以确定最佳的投资方向和投资规模的策略。企业的投资战略直接决定了企业资源的长期配置，并具有不可逆性，因此对企业未来的价值增值能力会产生长期而重大的影响。一个陷入困境的企业有可能因投资一个好项目而起死回生；一个原本经营不错的企业也有可能因为错误的投资而走向衰亡。因此，制定正确的投资战略对企业具有重大的影响。

长江电力有限公司自上市之后并不自建机组，均是通过收购（主要是向母公司收购）发电资产实现扩张。从收购历史案例来看，公司收购三峡发电机组单价在不断提高，单位折旧费用的上升提高了生产的边际成本。

2009 年 5 月 16 日，公司公告计划将三峡全部发电相关资产注入上市公司。截至评估基准日，目标资产未经审计的账面净值约 838 亿元，其中：拟收购三峡工程发电资产的账面值约 833 亿元，辅助生产专业化公司归属于母公司所有者权益账面值约 5 亿元，目标资产收购评估价值为 1075 亿元，收购溢价率为 28.43%。本次收购三峡发电资产机组规模为 1270 万千瓦，收购完成后实现三峡资产整体上市。收购采取组合方式支付对价：定向增发后中国三峡总公司持有长江电力的股权将由 62.07% 提升到 67.44%；长江电力资产负债率将从 2009 年一季度的 33.68% 提升到 64.73%，在提高整体盈利能力的同时降低了单位机组的盈利水平。在现金收购部分，首期现金对价为人民币 200 亿元，剩余部分延迟支付并支付相应利息。三峡总公司承诺：本次认购的股份自本次发行结束之日起三十六个月内不转让，并将考虑择机增持长江电力股份。

本次交易完成后，长江电力可控装机容量将达 2107.7 万千瓦，约为收购前的 2.52 倍，预计 2009 年三峡-葛洲坝梯级枢组全年发电量为 990 亿千瓦时，约为长江电力 2008 年发电量 442.78 亿千瓦时的 2.24 倍。长江电力直营业务规模 成倍增长，资产规模、盈利能力大幅提升，在水电行业的龙头优势地位更加巩固，公司预计若完成并购，2009 年将实现净利润 63 亿元。

（三）长江电力股利分配战略

股利分配战略是指以战略眼光确定企业净利润留存与分配的比例，以保证企业和股东的长远利益。股利分配战略不仅会直接影响企业未来的现金流、资金需求及未来获利能力，并且也会直接地影响企业对投资者的吸引能力，影响企业未来资金的筹集。根据财务管理理论，股利分配政策受到法律、债务条款、投资机会、筹资能力等内外因素的影响，所以企业要根据当时所处的具体环境条件来制定正确的股利分配战略。

股利分配策略分析主要研究企业可分配利润在股东与公司之间的分配，以下通过股利支付方式和股利支付率两项指标来分析上市公司的股利分配策略。市公司通常采用的股利支付方式有现金股利、股票股利和现金加股票股利三种。长江电力股份有限公司历年均采取现金股利支付方式。随着经营业绩的不断提高，该公司派发现金股利的金额也越来越高，2006 年达每 10 股 7 元。因此，该公司采取的是积极型股利分配策略。

五、通信企业创新创业财务战略规划

本项实验的材料是中兴通讯公司财务战略规划。

（一）中兴通讯筹资战略

筹资战略是指根据企业内外环境的现状与发展趋势，适应企业整体战略与投资战略的要求，对企业的筹资目标、原则、结构、渠道与方式等重大问题进行长期的、系统的谋划。筹资目标是企业在一定的战略期间内所要完成的筹资总任务，是筹资工作的行动指南，它既涵盖了筹资数量的要求，也关注筹资质量，即既要筹集企业维持正常生产经营活动及发展所需资金，又要保证稳定的资金来源，增强筹资灵活性，努力降低资金成本与筹资风险，不断增强筹资竞争力。筹资原则是企业筹资应遵循的基本要求，包括低成本原则、稳定性原则、可得性原则、提高竞争力原则等。此外，企业还应根据战略需求不断拓宽融资渠道，对筹资进行合理搭配，采用不同的筹资方式进行最佳组合，以构筑既体现战略要求又适应外部环境变化的筹资战略。与具体的筹资方案选择决策不同，企业筹资战略是对各种筹资方法之间的原则性问题做出选择，它是决定企业筹资效益的最重要的因素，也是企业具体筹资方法选择和运用的依据。资金筹措战略不是具体的资金筹措实施计划，它是为适应未来环境和企业战略的要求，对企业资金筹措的重要方面所持的一种长期的、系统的构想。资金筹措战略的直接目的并不是使企业达到短期资金成本的最低化，而是确保企业长期资金来源的可靠性和灵活性，并以此为基础不断降低企业长期的资金成本。资金筹集战略决策的重点就是确定合理的资本结构。资本结构通常是指企业长期资金来源的构成及其比例关系。合理的资本结构是降低企业资金成本、保证企业可持续发展的必要前提。良好的资本结构对企业的良性循环起着十分关键的作用，主要表现为"财务杠杆效应"，即企业通过对资本结构中负债比例的选择而对权益资本利润率产生的影响。

中兴通讯筹资战略目标是指企业在满足生产经营需要情况下，保证权益资本和债务资本的合理配置，优化资本结构，力争保持综合资本成本最小，使企业的期望价值最大化。中兴通讯目前可以选择的筹资方式表现为两种:银行长期借款和增加发行普通股。配合公司的整体发展策略，公司将以银行贷款和发行公司债券为主要筹资手段，辅以每季度取得的净利润。本公司采用完全配合的筹资策略，在这种筹资策略下，临时性流动资产通过短期资本融资；永久性流动资产通过长期资本融资。公司管理层决定在需要筹集资金时采取银行借款的方式，以便减少流通在外的股票，提高每股收益，降低市盈率，从而推动股价上升。由于公司目前正在处于发展的关键时期，每季度资金的需求量比较大。目前，公司的负债水平基本合理，能满足每季度发展的需要。但是，目前公司盈利水平比较低，而且还有扩大产能，加大投入等的战略计划，因此下一年度不会有较大规模的还贷，计划还贷的规模与当期的利息的规模大体相当，因为利息不还将资本化。

（二）中兴通讯投资战略

投资战略主要解决战略期间内投资的目标、原则、规模、方式等重大问题。它把资金投放与企业整体战略紧密结合，并要求企业的资金投放要很好地理解和执行企业战略。一是投资目标，包括：收益性目标，这是企业生存的根本保证；发展性目标，实现可持续发展是企业投资战略的直接目标；公益性目标，这一目标是多数企业所不愿的，但投资成功，有利于企业长远发展。二是投资原则，主要有：集中性原则，即把有限资金集中投放，这是资金投放的首要原则；准确性原则，即投资要适时适量；权变性原则，即投资要灵活，要随着环境的变化对投资战略做相应的调整，做到主动适应变化，而不可刻板投资；协同性原则，即按合理的比例将资金配置于不同的生产要素上，以获得整体上的收益。在投资战略中还要对投资规模和投资方式做出恰当的安排。

中兴通讯处于一个竞争激烈的行业，其经营状况受国际、国内的政治、经济因素影响很大，尤其是近几年，一方面通讯服务、设备总体需求的上升为公司带来前所未有的机遇，另一方面竞争对手的价格战又使公司面临前所未有的挑战。公司将注重现有生产能力的再挖潜，并投资于专利技术的购买以提高公司产品研发能力。

另外，中兴通讯采用多元化的投资战略以避免资本全部集中在一个行业可能产生的风险。另外，企业不断为快速成长阶段积累下来的未利用的剩余资源寻找新的增长点，通过分析相关行业的动态，在此基础上筹划新的投资，如搞能源、电动电池。

（三）中兴通讯收益分配战略

本来企业的收益应在其利益相关者之间进行分配，包括债权人、企业员工、国家与股东。然而前三者对收益的分配大都比较固定，只有股东对收益的分配富有弹性，所以股利战略也就成为收益分配战略的重点。股利战略要解决的主要问题是确定股利战略目标、是否发放股利、发放多少股利及何时发放股利等重大问题。从战略角度考虑，股利战略目标为：促进公司长远发展；保障股东权益；稳定股价，保证公司股价在较长时期内基本稳定。公司应根据股利战略目标的要求，通过制定恰当的股利政策来确定其是否发放股利、发放多少股利，以及何时发放股利等重大方针政策问题。

中兴通讯公司将在未来经营中进行适当稳定的股利分配，向市场及投资者传递公司正常发展及对未来经营能力的信心十足的信息，并减少在外流通的股票数量，推动股票价格上涨。

六、家电行业创新创业财务战略规划

本项实验的材料是格兰仕集团财务战略规划。

（一）格兰仕集团筹资战略的制定

处于成熟期的企业，与初创期和成长期相比，其生产经营趋于稳定，经营风险相对降低，从而可使企业承担中等程度的财务风险。因此，企业为降低资本成本，提高财务杠杆率，进而提高权益资本的收益率，企业应采取负债率较高的"相对积极的筹资战略"，即应制定以负债筹资为主、权益筹资为辅的筹资战略。吉林森工属于资金密集型企业，具有资金需求量大，筹资后投资回收期长，风险大等特点（如林业生产周期长、受自然气候的影响较大等），这就要求企业在筹集资金时必须开辟多种筹资渠道，采取多种筹资方式，以保证其生产经营活动的正常进行。因此，格兰仕现阶段实施筹资战略的具体措施是：通过多种长期金融工具，以较低的筹资成本，多渠道地筹集长期资金，尤其是筹集负债资金。目前格兰仕可采取的负债筹资方式主要有以下方面。

1. 向银行借款

向银行借款就是由企业根据借款合同从有关银行或非银行性质的金融机构借入所需资金的一种筹资方式。就目前情况看，银行借款与其他筹资方式相比具有筹资成本低、筹资速度快等特点，企业应根据家电行业自身特点选择适合自己的借款方式。同时企业要特别关注金融形势的变化。当国家实行紧缩的货币政策时，银行对企业的贷款额度会相应减少，利率会相应提高，在这种情况下企业就应及早采取措施，或提前申请借款或调整筹资方式等。

2. 利用国际金融市场资金

格兰仕从 1994 年公司股份制改造以来较大规模地陆续引进外资，至 2006 年，集团的外资比例约为 30%，参股的境外企业共有 10 多家，其中中国香港、日本和欧洲的三大地区的境外企业共占 27%～28%的股份。吸引国外投资是格兰仕圈钱的方式之一，从 2001 年开始，格兰仕就已成为世界一流金融投资机构的对象，格兰仕已与一批全球著名的投资基金公司和投资银行洽谈合作事宜。

3. 低成本融资

受让生产线与企业并购相比，则更是一种高超的资本运营。其一，企业并购是要掏钱的。例如，1982 年，首钢收购秘鲁铁矿公司花了 1.2 亿美元，TCL 收购德国施耐德公司旗下的商标、生产设备、研发力量和 3 条彩电生产线花了 820 万美元，万向收购 UAI 公司 21%的股权花了 280 万美元。而格兰仕受让生产线基本上不需要花钱。

其二，企业并购之后涉及大量的整合工作，包括员工的整合管理整合和文化整合，特别是跨国并购这种整合是很艰难的因而成功率是很低的。而格兰仕受让生产线，只需要进行生产流程的整合，不需要进行员工的整合和制度的整合。它们的整合，简单说来就是将国外的先进生产线搬到国内，加上格兰仕的员工，加上格兰仕的文化和管理，这样，就不存在整合过程中文化的摩擦和人员的争斗。

其三，企业并购，特别是跨国并购，其中有种种陷阱，稍不留神就要吃大亏，我国在这方面的教训并不少。而格兰仕受让生产线最多牵涉设备价值的评估，一般不会有什么陷阱。

其四，跨国并购之后企业在国外并购方不得不研究和遵守国外的法律，不得不与国外的政府及方方面面打交道，从而需要建立一套新的关系资源。有时这种关系资源甚至比并购的设备更重要。而格兰仕受让国外的生产线将这些生产线搬到中国，搬到广东的顺德，在这里他们人熟地熟，政府环境、社会环境、各种关系资源都是现成的，不需要增加任何新的投入。这样也就充分发挥了关系资源的规模经济效益。

其五，跨国并购之后，由于企业在国外就业岗位和税源方面也在国外通过并购，虽然企业的生产规模有所扩大，但对本地政府的税收，对本国老百姓的就业，都不会有什么贡献。格兰仕通过受让国外生产线，将生产能力搬到中国。就业岗位和相应的税源也搬到了中国，不仅对企业能带来上述一连串的好处，对国家的税收，对广东和顺德的地方税收，对老百姓的就业都能带来实惠。

（二）格兰仕集团投资战略

格兰仕的投资战略主要在物流生产基地建设及公益活动的宣传上。

1. 物流和直销网投资

格兰仕官方直销网（www.egalanz.com）于 2010 年 6 月 28 日正式上线，据格兰仕电子商务部部长赵志介绍，该网站的前期投入大概在十几万元，物流仍是采用第三方物流方式，每月物流费用支出在 40 万～50 万元。格兰仕官方直销网是格兰仕自主开发的网络购物平台，由格兰仕集团下属的电子商务部统筹运营，整合了格兰仕微波炉、小家电、空调、冰洗的全品类的产品。这对企业营销的实施有很大促进作用。

赵志表示，格兰仕在网站前期推广阶段已与多家推广公司签约，投入 20 万～30 万元做宣传，后期将根据监测数据及消费者的反馈信息做进一步的投资。

2. 生产基地投资

按照新格兰仕发布的"综合性领先性白电战略"，格兰仕除微波炉和电烤箱两个单项"世界冠军"要继续保持领先外，空调、生活电器要尽快做到行业前三名，冰箱、洗衣机、厨房电器等要做到行业前五名。为保障战略实施，格兰仕在新一轮扩张中，投资规模将达到 25 亿元。格兰仕集团新闻发言人陆骥烈说到，25 亿元的投资将在 2010 年年底完成，其中包括冰洗基地的二期投资、微波炉，以及小家电等优势产业的扩产及低碳项目的投入等。

一向稳扎稳打的格兰仕已经形成了一条集大配套、大研发、大制造于一体的世界级白色家电产业链，并已完成了 3500 万台微波炉、650 万套空调、2500 万台生活电器（小家电）、400 万台冰箱、300 万套洗衣机、150 万台洗碗机的产业布局。

2011 年 5 月，格兰仕集团与肥西签约，将投资 80 亿元，在肥西兴建"格兰仕工业园"项目，打造白色家电生产制造基地。格兰仕青睐合肥，落子肥西，是因为将生产基地设在安徽，可以辐射 6 个省近 6 亿人口，是战略发展的必然选择。

3. 公益活动相关投资

2011 年，格兰仕携手中国残联于 4 月 28 日宣布成为"上海世博会生命阳光馆爱心合作伙伴"，以不低于 1000 万元的投入支持并扩大生命阳光馆主题意义的宣传推广，在产品研发、制造、售后等环节践行绿色世博理念，并在生命阳光馆内"未来区"展示格兰仕全套高科技绿色低碳产品，倡导宣传低碳、节能的生活理念。

据了解，此次进入生命阳光馆展示的不仅有高科技爬楼轮椅，格兰仕具有发芽煮饭功能的芽王煲、全能型光波微波炉、半坡式人体工学洗衣机、具有滤波功能的电磁炉等高科技低碳产品也都进入生命阳光馆的"未来区"，在世博会期间，为海内外游客零距离演绎低碳、节能的美好生活。这些人性化家电是格兰仕对上海世博会主题"城市，让生活更加美好"的最生动、直白的支持。

2010年3月，格兰仕向国内外同行发布了业内首份《中国白电低碳白皮书》，提出并率先实施"三高三低"的低碳发展方针。现在，格兰仕耗资10亿元的低碳冰洗生产基地正在兴建；空调生产线上只有一级能效的产品；冰箱全部达到二级能效以上，一级能效产品超过70%；采用航天材料和技术，将顶极透明陶瓷运用到电磁炉上，打造出第三代彩晶板产品，将热效率提高到95%以上，加速了低碳产品的升级换代。

格兰仕这一系列的"低碳"行动不仅有助于推广世博会绿色理念，还折射出格兰仕作为大型白电企业"低碳先锋"的超前意识，更是企业承担社会责任的具体体现。

今后，公司应继续拓宽发展思路，以实现公司更好、更快地发展。从近期来看，格兰仕要完成上市目标，在投资战略上面临更多的机遇。探讨战略投资的可行性，抓住时机，积极开辟公司新的生产基地。

（三）格兰仕集团收益分配战略

企业的收益分配战略按其所处的生命周期阶段不同可分为不分配或少分配的收益分配战略、低收益分配战略、稳定增长的收益分配战略和高收益分配战略四种类型。从对格兰仕财务战略环境及近年来的财务数据分析可知，现阶段格兰仕的现金流量比较充足，筹资能力较强，可随时筹集到企业经营所需要的资金；资金积累规模较大。因此，现阶段格兰仕应制定"稳定增长的收益分配战略"。

在薪酬制度上，格兰仕实施了倒三角的薪酬结构，即高层人员的薪酬低于同业平均水平，中层人员等于或高于同业平均水平，低层人员高于同业平均水平，且高层与中层管理人员薪酬差距不大。在此基础上，格兰仕每个时期的薪酬制度都会进行微调，但调整的目标也始终是使有功人员得到奖励。

（四）格兰仕集团上市战略

通过资本市场获得企业发展所需的外部资金是许多企业普遍采取的方式。调研中我们看到，近两年来，格兰仕目前考虑到了上市计划。

此前，公司一直没有上市的计划主要原因是财务状况很好。格兰仕公司1999年的负债率为18%，2000年银行负债为零。此外，公司对商家采取付款发货的方式，应收账款几乎为零。因此，格兰仕在资金资源上完全能够靠自身的积累组织和扩大生产。

当然，在格兰仕开始生产微波炉之初，也曾经考虑过借助外部融资促进企业发展的问题，但由于当时的融资成本过高，并且融资的条件也比较苛刻，因此没有可能借助外部资金。

由于国家目前的上市指标紧张，偏向于国有企业并考虑给一些经济欠发达地区留有一定的额度，非国有经济企业的上市比较困难。据悉，目前国内准备在深、沪两地上市的企业有300多家，此外还有上千家企业正在等待审批。

格兰仕准备在条件自然成熟和需要时上市，并开始准备资本运营国际化的尝试。1999年11月，格兰仕在首届顺德招商会上，格兰仕作为独立设展的四家大型企业之一，引进外资 1270 万美元。

从资本运作来看，格兰仕除了在发展之初有过几次和外商合资的举动外，在发展后期没有什么举动。但是从企业有效利用外部资本资源，特别是在格兰仕市场和技术已经初步走向国际化的实际情况看，格兰仕将加紧推动上市计划。

七、房地产企业创新创业财务战略规划

本项实验的材料是北京万通地产公司财务战略规划。

财务战略的选择是指在各种财务战略类型中选择适应本企业财务管理现状和企业发展战略的财务战略。选择何种财务战略决定企业财务资源配置的取向和模式，影响企业财务管理的行为与效率，对企业的发展具有重要意义。

（一）万通的融资战略

万通地产的融资主要有以下三种方式，即国际私募、整体上市和分拆上市。

1. 国际私募

无论是"香港模式"还是"美国模式"，都必须有强大的资金做后盾支撑。而万通，不管是转型到哪一种模式，也都面临同样的问题。万通 2005 年进行国际私募，融资规模四五千万美元，使总股本达到 15 亿元。根据万通和泰达的协议，为保持目前股权结构的平衡，国际资本将不超过总股本的 25%。之后，万通计划与北京、上海的几个财团合作，进而实现在海外整体上市，真正成为"符合国际管理规范的专业房地产投资公司"。在万通看来，这是一条通过私募让股权结构合理化，再整体上市的道路。

万通提倡的"美国模式"是一种以资本运作为主、以国际融资私募基金打包上市为目标的运作模式，有别于内地开发商效仿的以土地运营为核心的"香港模式"。因此，万通迫不及待地进军美国曼哈顿写字楼市场，是对"美国模式"的一种投石问路。更何况，还可以为境外上市、寻求私募、曲线融资打下基础。

2. 万通地产整体上市瞄准 2008

2006 年对于万通地产的红筹上市是至关重要的一年。在 2006 年，万通地产计划完成国际私募、将资产注入壳公司，还有可能发行一定数额的可转债。一个庞大资本架构体系的脉络正逐渐清晰。

日前，万通地产海外上市的道路已被确定为通向香港，上市时间节点也定在 2008 年上半年。1 月 12 日，万通地产子公司万通星河实业有限公司将名下所有先锋股份（600246）股份转让给母公司。万通地产通过此次运作将积极推动先锋股份股权分置改革的展开，提出令中小投资者满意的方案，达到股改多赢的结果。

作为包含国内业务和海外业务，国内业务又包括住宅业务、商用物业及定制服务三块内容的多层次架构企业，万通地产对于资本方面的考虑也是多层次、多形式的，并已然形成体系。

几乎是悄无声息，作为万通地产香港红筹上市的壳公司，万通地产有限公司已于 2005 年底在开曼群岛设立。这种大红筹的做法很符合万通地产"走正道"的经营思路。

此次国际私募的规模在 3000 万～5000 万美元，发行可转债的规模则在 1 亿美元左右，其目的在于将万通地产国内的资产装入海外的壳公司中，这种方式类似前不久绿城

对于摩根大通的私募。

若 2006 年的计划得以实现，万通地产将于 2007 年年初进入第一个财务年。鉴于香港法律规定，如果申请上市的公司市值超过 40 亿港币，同时年收益达到 5 亿港币，只需要一个财务年即可以完成上市，万通地产在度过 2007 年一个完整的财务年后，于 2008 年上半年在香港上市。

之所以将上市的时间节点最终确定在 2008 年，万通认为与奥运的利好不无关系。当 2008 年上半年临近北京奥运时，国际投资机构及股民对北京上市企业的信心将大幅提升。

万通地产已经考虑给香港上市的公司管理层一定的股权。海外上市计划令人联想起万通的另一项举动。2006 年 1 月，万通地产承租了美国世贸中心 7 号楼的第 48 层至 52 层，拟建"中国中心"，为中国企业的美国总部及在中国有业务的外国公司服务。纽约项目成功后，万通地产还将在其他世界著名城市建立"中国中心"。

3. 分拆上市

整体上市后，选择合适的时机，万通地产的各项业务还将有可能分拆上市。实际上，通过万通星河的股份转让，万通地产已经直接持有了一家上市子公司，即先锋股份。目前万通地产仅持有先锋股份不足 30% 的股份，并没有占绝对控股地位。在股权分置改革政策的利好下，万通地产计划于 2006 年 3—4 月进行先锋股份的股权分置改革，将先锋股份的平台做大做强。这也是万通地产当初买壳时对其他先锋股份股东的承诺。

就先锋股份资本平台，目前而言，先锋股份规模较小，其主要运作万通地产在北京的住宅业务。定位于"大北京"策略的万通地产住宅业务，北京和天津市场各占 50%。

除了住宅业务外，正在进行全国复制的"万通中心"是万通地产的另一大业务。在整个万通地产的资本体系中，万通中心又形成了自己的分体系。

万通中心的融资体系，第一个层次是构建万通中心控股公司，在这个控股公司中，万通地产将引入国际战略投资伙伴，但万通地产对该公司实行绝对控股。伴随万通中心的全国复制，对于各地的万通中心项目公司，控股公司将在各地寻找合适的合作伙伴，亦有可能引入境外资金，控股公司将实行相对控股。当各地万通中心建成之后，出售、回购等都将为各合作伙伴提供退出途径。

万通中心控股公司的筹备和国际私募都在并行不悖地进行之中，2006 年年底，两项计划应都已经完成，并且已经有多家国际知名投行和基金主动与万通接洽。

由于各地万通中心同属单一物业类型，在适当的时间节点，万通中心控股公司除了有可能在海外上市外，也有可能打包发行 REITs（房地产投资信托）。

目前，除了在北京建万通中心外，万通地产已经在天津获地，并将有可能在杭州拿地。万通地产内部人士介绍，已跟踪很久的杭州地块占地规模较大，获取后将建成综合性项目，其中包括万通中心。

作为万通地产国内业务的第三块内容，定制服务也没有被忽略。万通在定制服务业务上比较青睐顺驰不动产的模式，有计划引入国际投行，并有可能在美国纳斯达克上市。

实际上，就项目融资而言，万通地产考虑的方式并不仅仅只有上市股权融资。除了传统的银行贷款外，发行房地产信托等早已被运用于项目中。天津上游国际项目已成功发行信托。万通地产已开始考虑在其他项目上发行信托。同时，每个具体的房地产项目，万通地产也在积极地和境外的投资机构、基金等探讨合作的可能。

在项目所在地寻找或有地或有钱的合作伙伴，也是万通地产青睐的融资模式之一。

（二）万通的投资战略

万通地产是一家主营业务为房产销售及物业出租的中等规模地产公司，主要业务地区为京津地区、川渝地区。

公司依托于国家对天津滨海新区的战略规划、战略投资者泰达集团的扶持和万通地产在天津的品牌优势，推动公司业务在天津的快速发展，同时，公司借助多元化的不动产金融及产业分工，降低商业地产的持有成本，力图加大商业地产的资本回报率和收入占比。

商住并举，双轨驱动。住宅方面，北京顺义的天竺新新家园项目和空港项目，以及北京周边的香河万通项目将成为公司未来的销售主力。此外，公司在原有的万通中心及成都商住用地开发项目的基础上，继续加大商业地产投资力度，报告期内，除通过收购的方式获得天津和平区小白楼地信达广场二期项目以外，公司还在 2010 年年底联合获取北京朝阳 CBD 核心区 Z3 商业金融用地，此举大大地增加了公司商业地产的项目实力及影响力。

财务稳健。公司报告期末货币资金为 34.21 亿元，同比增长 67.52%，货币资金即剔除预收账款以后的流动负债及账面现金（短期借款一年内到期的非流动负债）分别达到 177.60% 和 615.15%，远远高于同行业重点公司 67.86% 和 202.56% 的水平，资金面无忧。长期偿债能力方面，公司期末剔除预收账款后的资产负债率为 42.00%，低于同行业重点公司 46.92% 的水平。此外，报告期末公司预收账款为 32.63 亿元，同比增长 46.83%，占当期营业收入比重为 91.43%，与去年同期基本持平。

增加项目储备。报告期内，公司通过收购股权和公开市场竞买的方式获得北京市怀柔区庙城镇居住项目用地一块、天津和平区小白楼地信达广场二期项目，以及北京 CBD 核心区 Z3 地块。其中，信达广场二期和 CBD 核心区 Z3 地块为商业项目。

盈利预测与投资评级。预计公司 2011—2012 年每股收益为 0.36 元和 0.37 元，以 3 月 9 日收盘价 6.36 元计算，对应的动态市盈率为 18 倍和 17 倍。维持"增持"的投资评级。

确定转型的万通地产（5.53，0.01，0.18%）将发展投资级物业，预计未来 5 年年租金收入 11 亿元。2011 年，目前公司经营中、在建及待建的投资型商用物业项目已达到 6 个，未来将成为公司主要的利润来源之一。

万通地产在商用物业领域集中发力，推出五大新项目，算上万通地产已经持有经营的商用物业项目，达到 6 个，公司至 2015 年时商用物业开发面积已超过 100 万平方米，总投资约 150 亿元，持有投资级商用面积超过 50 万平方米，目标年租金收入 11 亿元。值得注意的是，万通地产正在创造出一套自己的商用物业投融资模式，即对应项目开发运营的四个阶段，进行不同的组合运用：在拿地前夕，引入战略投资伙伴实现股权合作，共同开发，以此降低自有资金投入；在开发建设阶段，引入私募股权投资基金（PE）、银团贷款或信托资金，完成项目的开发建设；在持有经营阶段，引入商用物业孵化基金，实现早先合作股东的利益退出，并加强项目的运营管理，以提高租金与出租率为目标；在出租率与租金收益保持稳定后，通过各种金融产品比如 REITS 等，向包括养老基金、保险机构等出售部分或全部权益。万通地产力争 5 年内商用物业的收入占总收入的 15%，利润占总利润的 30%，投资级持有物业占总资产的 20%～30%。

（三）万通的收益分配战略

收益分配策略的制定要结合企业整体战略及筹资、投资策略，以最大限度满足企业发展需要为前提进行收益的分配。企业的收益主要是在债权人、股东、国家、企业员工等利益相关者之间进行分配，不同的利益主体适用于不同的收益分配策略。

就股东和债权人来说，由于二者都是为企业发展提供资金的主体，企业收益不可避免地要在两者之间分配。一般来说，股东主要是通过企业的收益分配和股票升值获取收益的，债权人则主要是通过约定的利息获取收益，其获取的收益相对固定且风险要低于股东。无论是股东还是债权人获得收益，都有一个共同的前提即企业要有良好的经营。从这一点来说，股东和债权人有着共同的追求，即良好的企业经营现状和高的企业收益。但是二者之间存在一定的分歧，尽管同样是投资者但是相较于债权人，股东可以直接参与对企业的管理，其对企业的约束和控制强于债权人，可能会借助自身的这一优势在某些情况下侵犯债权人的利益，使债权人得不到很好的保障。这时候为了保持企业的可持续发展，在强调股东和债权人各自利益的同时有必要建立短期和长期利益相结合的合作关系，实现双方的共赢。相应的分配策略应当同时兼顾股东和债权人双方共同的利益，只有这样才能保证来自债权人的资金源源不断，实现公司的扩张目标。

股东和国家之间的收益分配策略相对简单一些，因为企业收益分配给国家的部分相对固定，就房地产企业来说，主要是以税收的形式向国家分配企业收益。国家征收的税收主要有流转税和预征税种。在实际操作时，企业可以办理税收延期缴纳，通过延期缴纳减少项目建设期间的资金支出，为项目运行尽可能多地提供资金，同时通过对项目进行税收筹划，在法律允许的范围内尽可能减少税基，实现减少分配的目的。总之，在向国家纳税方面可以策划的空间很小，其分配策略则相对简单一些。

股东和经营者之间的收益分配策略。经营者往往不是所有者，在处理企业事务时由于其拥有相对较多的信息，可能会因为考虑自身利益而不顾股东的利益，使股东承担损失。这种信息不对称造成的"企业内部人控制"现象在当前企业中更加普遍。为了避免经营者的此种行为，解决股东和经营者之间的利益冲突，一方面，企业设计有效的财务激励，将经营者的报酬与企业整体的经营业绩挂钩，诸如采取股利报酬、奖金等分配方式。这样一来，经营者自身的利益与股东的利益合而为一，可以很大程度地降低两者之间的冲突。另一方面，在企业内部建立业绩评价机制。通过该机制的建立，有效地约束经营者的行为。

股东之间对剩余收益的分配。股东之间对剩余收益的分配是收益分配策略的关键，因为这一部分的分配弹性较大，企业可以根据自身的实际情况决定分配与否和分配多少。在这一部分收益分配时，企业应当综合考虑自身的发展目标，在满足企业发展需要、保障股东权益的前提下，以投资额和贡献度为标准分配，尽量避免超额分配。

由于多个地产项目在报告期内确认销售收入，万通地产股份有限公司 2008 年业绩实现大幅增长。2008 年，公司共实现利润总额 12.16 亿元，同比增长 172.84%；每股收益达 1.04 元。而特别值得关注的是，万通地产推出了 10 转增 10 派 3.5 元的高分红预案。

万通地产此次 10 派 3.5 元的高额派送预案是已公布 2008 年报的 4 家房地产上市公司中现金分红最高的，同时也是已公布年报的 31 家上市公司中仅次于天士力 10 派 4 元的第二高的现金分红预案。万通地产称，在房地产业当前急需资金的情况下，万通地产推出高现金分红预案既是对监管部门加强现金分红要求的积极响应，也体现了万通地产对自身业绩和公司成长性的十足信心。

万通地产在推出分红预案前，公司广泛征求了中小投资者的意见。2007 年 3 月，万通地产出台了包括分配预案征求中小投资者意见在内的"万通地产新股东文化"九条措施。为此，2007 年 12 月底，公司通过网上投票、传真和电话等方式开展了 2008 年分配预案征集广大中小投资者意见的活动，引起了广大投资者的积极参与。两个星期内，公司共收到 2200 条投资者对年终分配预案的建议。这是中国资本市场上首例上市公司对年终分配预案征求中小投资者意见的案例，是中国上市公司投资者关系管理的一个创新。

目前，万通地产的业务主要集中在京津地区。公司在京津地区积累了大量优质客户，具有较强的市场影响力。公司称，未来将继续坚持以京津地区为战略区域，形成该区域竞争优势；以营运带动开发、以财务安排的多样化作为实施商用物业投资的基本宗旨；通过建设绿色公司、绿色产品为公司的所有利益相关者带来更大的回报。

八、食品企业创新创业财务战略规划

本项实验的材料是四川高金食品公司财务战略规划。

（一）四川高金食品股份有限公司财务战略的目标

企业建立目标体系是企业进行战略管理的一个非常重要的步骤。在这一环节中，企业要将企业的远景和前进方向转化为企业具体的可以衡量的效益指标，为企业实现远景提供战略标准和财务标准。

企业目标体系的表现形式是可以测量的，并且还要明确表示目标最后完成的期限，即在企业目标的描述中要清楚地说明企业要在什么时候完成什么样的效益。企业的目标越清晰，其所采取的行动就越具体，因而实现的可能性就会越大。比如，美国摩托罗拉公司的财务目标体系为"每年收入增长 15%，资产报酬率平均为 13%～15%，股本投资收益率平均为 16%～18%，财务效益良好"。在确定反映公司整体盈利能力的一套指标过程中，首先需要一个绝对指标，最直观的指标是净利润。这是衡量企业盈利能力的最直接的指标，但它不够全面不能反映太多的信息，还需要一个反映企业整体投资效率的指标，即 ROE。而这一指标反映的是资产的使用效率。最后一个关键的指标应该是现金流量，有可能公司的净利润和资产报酬率都不错但是仍然破产了，就是由于现金周转不灵。所以在一年当中，如果每个月都有充裕的现金进来，就足以应付开支。也就是说，现金流量是企业生存的指标。公司的财务战略目标应当包括销售收入指标、利润指标、净资产报酬率指标、现金流量指标。

高金公司根据财务战略目标制定原则，并在对公司内外环境充分分析的基础上于 2005 年度之初制订了未来几年的战略目标，并将在未来每一年度经营结束时重新回顾并调整未来的战略目标。

表 7-6　高金公司的财务战略目标

		目标		
		2003 年	2004 年	2005—2009 年
销售	销售额总计/万元	29777	78310	到 2010 年达到 110 亿元，主要通过国内市场实现增长。通过增加新产品，主要是冷鲜肉和低温肉制品实现增长
	增长率/%	—	163	
利润	利润总额/万元	1425	2991	利润要保持在销售额的 5%以上，主要通过剥离亏损产品和增加冷鲜肉与低温肉制品等高附加值产品实现增长
	利润率/%	4.79	110	
	销售利润率/%	—	3.85	
资产	资产总额/万元	10563	19790	到 2010 年达到 10 亿元以上，主要是通过收购和控股竞争企业，新建工厂和无形资产的增加
	增长/%	—	87.35	
资本结构	债务/权益	62.11	70.85	维持和以往一贯的水平
	债务/总资产	38.31	41.47	

（二）高金公司筹资战略

公司对资金筹集战略思路是继续实行在稳健基础上积极的筹资战略，构建多元化筹资渠道和筹资方式，为公司经营规模不断增长提供资金保障，实现公司财务战略目标。公司会选择发行股票、收益留存、银行贷款为主要筹资渠道，同时会根据资金成本的高低、风险大小、实现的可能性程度、资金使用期限和筹资额度建立公司多元化的筹资渠道和筹资方式。具体的筹资活动从以下几方面进一步落实：一是筹资总规模要与企业经营规模、发展速度、市场推广和销售、销售回款的金额和速度相匹配。正常情况下总资产负债率以不超过 60%为宜，在市场趋势向好，经营速度提高时可以适当调高筹资规模。二是优先选择低成本、风险小资金，如收益留存，发行股票。三是筹资结构要与企业经营速度相匹配，在速度放慢的时候选择长期性的筹资方式，同时筹资结构还要与公司整体经营战略一致，避免资金脱节或资金使用效率不高。四是考虑企业对资金需求的迫切程度，如迫切程度高就可能会选择高资金成本的筹资渠道和方式。五是企业筹资的规模和实现筹资目标的基础是企业经营业绩与运营能力。所以在筹资战略规划中要保持与企业经营战略的一致性和同步，否则将会使企业走入困境。

1. 筹资战略的目标

不断扩大核心业务的生产和经营规模，对资金的需求呈现强劲的态势，如何适应公司发展阶段和发展战略的变化，发挥财务优势，有效的筹集资金提高筹资效益，以保障公司整体发展战略目标的实现和整体利益的最大化，成为筹资战略的目标。

2. 筹资战略定位

适度负债的扩张型筹资战略。采用权益筹资与债务筹资相结合，以权益筹资为主，保持合理适度的负债筹资比例。在控制筹资风险的同时，适度发挥负债的财务杠杆效应。权益筹资主要以内部筹资（企业留存收益）为主，债务筹资则以银行信贷为主。筹资顺序上优先考虑内部筹资，资产负债比率保持在 40%~60%。

3. 筹资战略的原则

包括根据现阶段高金的总体发展战略及投资战略，应将满足投资需要，保持合理的资本结构作为制定筹资战略的指导原则。

（1）以满足企业投资需求的必要资金作为筹资规模的数量目标，同时适度考虑增加筹资总量，以提供一定比例的流动资金保障项目的顺利进行。

（2）筹资风险控制。为避免负债筹资带来的财务风险，一方面，加强同银行的沟通交流，尽量让他们理解肉制品企业发展资金需求的特殊性，建立企业同银行的战略合作伙伴关系，降低筹资成本；另一方面，严格控制贷款规模，严格按照未来的预期收入作为贷款的依据，避免出现到期支付困难，切实加强信用管理。

（3）严格按投资战略计划安排公司的筹资时间进度，避免出现资金的闲置和浪费。

4. 筹资渠道

高金的战略资金主要来源如下。

（1）收入。以高金公司 2004 年财务报表基础，假定在保持目前盈利水平的情况下截至 2009 年第 12 月 31 日的收入情况。2004 年净利润为 2991 万元，则截至 2009 年 12 月 31 日总计净利润为 20937 万元。

（2）折旧。以高金公司 2004 年财务报表基础，假定在保持目前情况下截至 2009 年第 12 月 31 日的折旧情况。2004 年折旧为 809 万元，则截至 2009 年 12 月 31 日总计折旧为 5663 万元。

（3）信贷。根据目前高金的商业银行融资能力，预测在 2005—2010 年度期间可融资 80000 万元。

（4）政府投资。高金实施的农业产业化战略及科技路线战略符合国家相关农业投资的政策规定，并且高金在此之前已获得 3700 万元的政策融资。实施后效果表明，高金是将政策资金使用在合法、合理的地方，并创造了良好经济和社会效益，做到了企业发展，农民增收。这一良好的形象和对政策资金的规范操作，已获得政府主管部门的认同，因此有理由相信在 2005—2010 年企业战略实施年度期间可融资 10000 万元。

（5）国际融资。一是与国际大公司开展合作项目，借助国外有实力的企业资金拓展市场；二是寻找国外上市的时机，打开国际融资渠道，预计融资 20000 万元.

（6）证券融资。通过上市筹集项目发展资金，上市后采取配股、增发等形式进一步筹集未来项目发展资金，预计融资 60000 万元。

（7）资产剥离。剥离销售额少、市场发展机遇小、未为公司创造利润的罐头生产厂，预计可获得资金 800 万元，以上总计 196600 万元。

（三）高金公司投资战略

高金公司要实现扩张，取得市场中的领先地位，就要培养企业的核心竞争能力，重视企业人力资本、智力资本的投资，由初创期的集中化投资战略过渡到一体化的成长战略，所以高金公司采用通过横向一体化和纵向一体化（包括向前一体化和向后一体化）延长企业的价值链，实现企业的规模扩张，以达到快速成长的目的。

1. 投资策略

公司通过内部扩张和外部扩张两种方式来实现。采取内部扩张投资战略，就是在公司内部通过资源的合理配置、提高效率、更新改造等来维持并发展企业的竞争优势；采用外部资本扩张战略，是通过吸纳外部资源，包括组建合营企业吸收外来资本、长期筹资、进行兼并收购等，推动企业迅速成长。

2. 投资财务标准

按照资本保值增值最大化的公司财务战略目标，投资战略财务标准的核心是收益数量和收益质量标准的协调统一。收益数量标准主要是确定不同投资项目的必要投资报酬率或必要资产收益率；收益质量标准主要包括以下几个方面：收益来源的稳定可靠性、收益的时间分布、收益的现金支持能力。

3. 投资时间与规模规划

经过实地考察和论证，在投资项目建设周期、所需资金、预期收益率和现金流进行科学分析预测的基础上做出科学规划。

4. 投资方向和金额

投资方向和金额如表 7-7 所示。

表 7-7　四川高金食品股份有限公司投资战略　　　　　单位：万元

战略方向	实施时间	战略资金投向	金额
后向一体化	2005.1—2005.6	重新审核市场，市场调研与组织结构调整	500
	2005.7—2008	在四川省建 500 家冷链销售连锁店及相应的管理机构	5000
	2008—2010	在重庆、云南、贵州、陕西、东北建连锁网点	3000
	2005—2007	巩固传统国际市场	4000
	2008—2010	发展国际新市场	24000
	2005—2007	建 8 家种猪繁育场	10000
	2008—2010	规模化可控猪场	25000
	2005—2010	建设 3 个低温肉制品加工厂	
多元化经营	2005—2007	通过收购、控股、租用和联营的方式在四川建 10 家生猪屠宰场	20000
	2008—2010	在黑龙江、吉林、甘肃、河南建生猪屠宰场	20000
	2009—将来	涉足饲料加工、包装印刷、物流、连锁经营、生物制药五个领域	20000
增加的流动资金	2005—2010	因生产和销售增长而增加的费用	25000
增加的开发费用	2005—2010	因新产品的技术研发而增加的费用	2000
增加的其他费用	2005—2010	增加的其他费用	10000

（四）高金公司收益分配战略

本来企业的收益应在其利益相关者之间进行分配，包括债权人、企业员工、国家与股东。然而前三者对收益的分配大都比较固定，只有股东对收益的分配富有弹性，所以股利战略也就成为收益分配战略的重点。股利战略要解决的主要问题是确定股利战略目标、是否发放股利、发放多少股利及何时发放股利等重大问题。从战略角度考虑，股利战略目标为：促进公司长远发展；保障股东权益；稳定股价，保证公司股价在较长时期内基本稳定。公司应根据股利战略目标的要求，通过制定恰当的股利政策来确定其是否发放股利、发放多少股利及何时发放股利等重大方针政策问题。

股利战略作为企业收益分配战略的一个组成部分，其正确与否对企业总体战略的顺利实施和最终成功有很大影响，因此，股利战略既要与企业的总体战略相配合，又要与投资和筹资战略相协调，还要将企业的长期与短期发展、企业股东的长期利益与短期利益相结合。

1. 股利分配战略

高金股利分配应以实现企业战略目标为基本前提，应在保证企业未来增长的前提下，实现企业所有者现实利益的增长。由于高金正处于成长期阶段发展前景良好，投资机会增多，企业收益率水平有所提高，企业具备了支付少量股利的条件。但是企业在这一阶段现金流量不稳定，资金缺口较大，为增强企业的筹资能力，企业不宜采取大量支付现金股利的政策。所以，企业更倾向于剩余股利政策，采取高比例留存、低股利支付的策略，在支付方式上也宜以少派现、股票股利为主导。

2. 股利分配战略实施

股利战略就是企业采用什么样的股利政策，既可以满足企业发展的需要，又可以使股东能够分到满意的股利，增加股东的稳定性。股利政策是指在法律允许的范围内，企业是否发放股利、发放多少股利以及何时发放股利的方针及对策。企业的净收益会支付给股东，也可以留存企业内部，股利政策的关键问题是确定分配和留存的比例。股利政策不仅会影响股东的财富，而且会影响企业在资本市场的形象及企业股票的价格，更会影响企业的长短期利益。因此，合理的股利政策对企业以及股东来讲是非常重要的。企业应当确定适当的股利政策，并使其保持连续性，以便股东据以判断其发展的趋势，在实际工作中，通常有下列几种股利政策可供选择。

（1）剩余政策。剩余政策是指企业生产经营所获得的净收益首先应当满足企业的资金需要。如还有剩余，则派发股利；如没有剩余，则不派发股利。

（2）固定或稳定增长的股利政策。固定或稳定增长的股利政策是指企业将每年派发的股利额固定在某一特定水平或是在此基础上维持某一固定比率逐年稳定的增长。

（3）固定股利支付率政策。固定股利支付率政策是指企业将每年净收益的某一固定百分比作为股利分派给股东。这一比率通常称为股利支付率，股利支付率一经确定，一般不得随意变更。固定股利支付率越高，企业留存的净收益越少。在这一股利政策下，只要企业的税后利润一经计算确定，所派发的股利也就相应地确定了。

（4）低正常股利加额外股利政策。低正常股利加额外股利政策，是指企业事先设定一个较低的正常股利额，每年除了按正常股利额向股东发放现金股利外，还在企业盈余情况较好、资金较为充裕的年度向股东发放高于每年度正常股利的额外股利。

第三节 创新创业财务战略规划实训方法

一、注册与登录

（一）注册

（1）任课教师或实验管理员通过教师平台对选课学生统一注册并确认（见图 7-4）。

（2）选课学生打开实验网址，单击【注册】，任课教师通过教师平台确认即可。

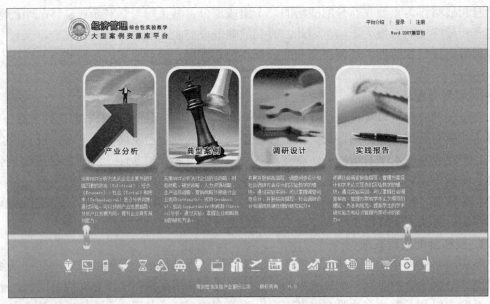

图 7-4　经济管理大型案例资源库平台

（二）登录

（1）选课学生打开网址，单击【登录】。

（2）选课学生进入【登录】窗口，选择【学生】，输入事先注册的用户名和密码，单击【登录】后进入主界面，如图 7-5 所示。

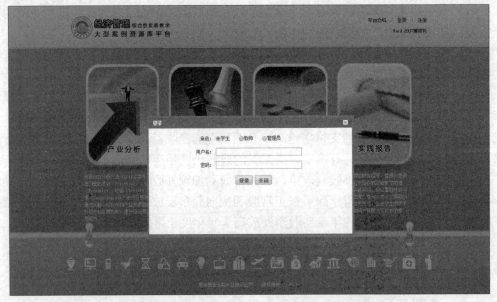

图 7-5　经济管理大型案例资源库平台用户登录

二、学习与实验

（1）登录进入后，选择要学习和实训的【典型案例】模块，单击【典型案例】图标进入各类典型企业实训平台，如图 7-6 所示。

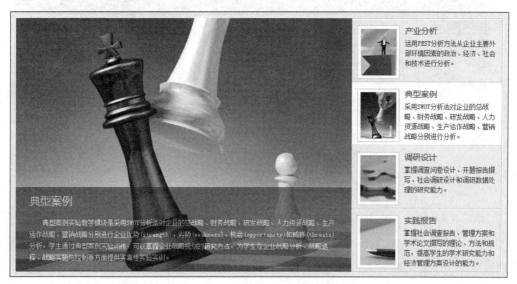

图 7-6　典型案例分析模块

（2）进入【典型案例】模块后，如图 7-7 所示，浏览【实验资源】。根据专业特征或创业兴趣在左边选择相关产业的企业学习。同时，浏览【实验内容】，做好案例分析与讨论作业。单击【V1.0】图标进入相关产业的企业分析平台实训，如图 7-8 所示。

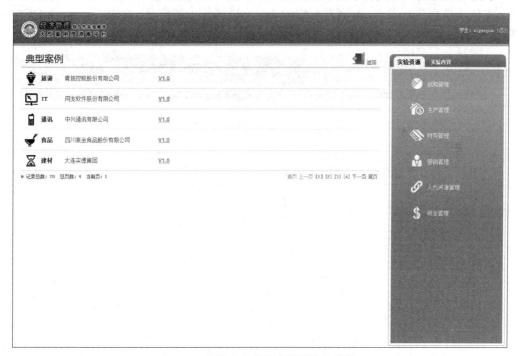

图 7-7　典型企业案例实训模块的选择

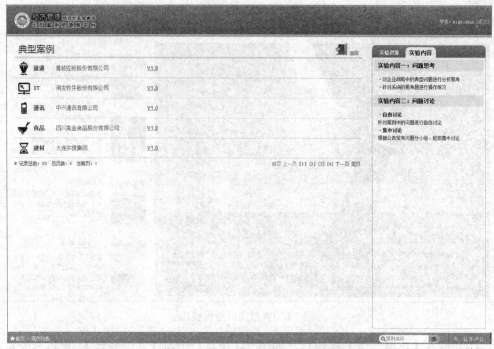

图 7-8　典型企业案例实训模块的实验内容与方法

（3）进入某典型企业案例分析模块后，如图 7-9 所示，在左边目录中有企业总战略菜单，依次选择进行学习，并回答右侧的实验实践模块中的问题，再加以保存，如图 7-10 所示。

图 7-9　典型企业案例分析模块界面

图 7-10　典型企业财务战略分析

提示：

- "实验实践"部分，是根据该界面理论部分所设的问题，供同学进行回顾和思考，学生可以根据右上角指示灯了解解决问题的思路。
- 右下角为学生讨论区，学生可以单击【打开】，进行讨论和交流。

第四节　创新创业财务战略规划实训报告

一、汽车企业创新创业财务战略规划实训

问题：奇瑞公司财务战略的实施保障有哪些？

答案要点：①设有独立的财务部门，明确财务部门职责；②建立了独立的会计核算体系和财务管理制度；③坚持财务管理创新来提高自身财务管理水平；④以经济效益为中心，以资金、成本、费用为主线，建立全面预算分析控制体系；⑤加强对业务骨干的培养，提高他们的整体业务素质。

二、金融企业创新创业财务战略规划实训

（1）结合南京银行实际，谈谈南京银行采取了哪些有利于本行发展的财务策略。

答案要点：上市策略；战略投资者的引进；投资参股银行及非银行金融机构。

（2）试分析南京银行为保障财务战略的有效实施采取了那些控制措施。

答案要点：完善公司治理结构，加强银行内部控制；建立垂直风险量化管理体系，提高风险评估技术水平；推行信用风险量化管理，实行风险管理标准化；实行风险业务的产别化授权和独立的风险监测与审计。

三、软件企业创新创业财务战略规划实训

（1）通过对用友软件股份有限公司的财务分析，总结公司在初创期、成长期和成熟期所采取的财务战略。

答案要点：①初创期：积极稳健的财务战略；②成长期：快速扩张的财务战略；③成熟期：快速扩张但相对稳健的财务战略。

（2）分析用友软件股份有限公司在上市初期的股利分配政策有何缺陷。

答案要点：首先要明确用友公司上市初期的股份政策是高股利分配政策。

主要缺陷有：①不利于股东价值的提高；②有大股东套现的嫌疑，影响公司形象；③不利于公司内部积累。

（3）用友软件股份有限公司的筹资战略包括哪些内容？

答案要点：①适当提高负债比例；②增发新股；③采取多种融资渠道。

四、电力企业创新创业财务战略规划实训

（1）长江电力股份公司财务战略有哪些？

答案要点：融资战略、投资战略、股利分配战略

（2）长江电力股份有限公司主要融资渠道的特点。

答案要点：长江电力股份有限公司主要有短期借款、商业信用融资、其他应付款三种主要融资渠道。其特点各有不同。

五、通信企业创新创业财务战略规划实训

（1）谈谈中兴通讯的资金短缺的原因。

答案要点：扩张战略，扩大生产规模、生产线、营销网络、国际化战略的"走出去"实施，人才引进、研发资金大量投入等需要大量资金支持。

（2）谈谈中兴通讯如何进行融资的。

答案要点：积极利用资本市场进行权益性融资、向银行寻求信贷支持、发行可转换公司债券、担保融资、积极利用财政资金。

六、家电行业创新创业财务战略规划实训

问题：如何评价格兰仕集团有限公司的财务战略？

答案要点：①格兰仕公司在财务战略上最成功的是成本控制。②格兰仕拥有较低的劳动力成本，人工成本是欧美企业的几分之一甚至十几分之一。③凭借劳动力优势，格兰仕实现了由规模经济带来的生产低成本优势。有了生产低成本的优势，格兰仕在供销、研发和管理等方面也达到了规模经济，从而在成本控制上取得了良好的效果。④但仍须完善财务控制，特别是完善财务控制体系、加强内部控制和风险管理。

七、房地产企业创新创业财务战略规划实训

（1）万通地产的融资战略是什么？

答案要点：万通地产的融资主要有以下三种方式，即国际私募、整体上市和分拆上

市。再分别分析万通地产的三种融资方式。

（2）万通地产的商用物业的投融资模式是什么？

答案要点：万通地产正在创造出一套自己的商用物业投融资模式，即对应项目开发运营的四个阶段，进行不同的组合运用：在拿地前夕，引入战略投资伙伴实现股权合作，共同开发，以此降低自有资金投入；在开发建设阶段，引入私募股权投资基金（PE）、银团贷款或信托资金，完成项目的开发建设；在持有经营阶段，引入商用物业孵化基金，实现早先合作股东的利益退出，并加强项目的运营管理，以提高租金与出租率为目标；在出租率与租金收益保持稳定后，通过各种金融产品比如 REITS 等，向包括养老基金、保险机构等出售部分或全部权益。万通地产力争 5 年内商用物业的收入占总收入的 15%，利润占总利润的 30%，投资者持有物业占总资产的 20%～30%。

八、食品企业创新创业财务战略规划实训

问题：请问四川高金食品股份有限公司财务战略是如何制定的？

答案要点：主要从以下几方面进行回答。

① 四川高金食品股份有限公司财务战略目标制定。主要包括销售额目标、利润和利润率目标、资本目标和资本结构的目标等。

② 四川高金食品股份有限公司筹资战略的制定。主要包括筹资战略的目标、筹资战略定位、筹资战略的原则、筹资渠道的制定等方面。

③ 四川高金食品股份有限公司投资战略的制定。主要包括投资策略、投资财务标准、投资时间与规模规划、投资方向和金额等方面。

④ 四川高金食品股份有限公司收益分配战略的制定，企业更倾向于剩余股利政策，采取高比例留存、低股利支付的策略，在支付方式上也宜以少派现、股票股利为主导。

九、实训报告

试以国内某企业为例，写一份企业创新创业财务战略规划报告。

第八章

创新创业研发战略规划

第一节 创新创业研发战略规划原理

一、创新创业研发战略

（一）研发战略

进入 21 世纪，科学技术的发展突飞猛进，市场需求的变化日新月异，消费需求的多样化和个性化特征越来越明显。R&D 能力决定了企业的兴衰成败，R&D 的效率影响了企业抢占市场的能力，R&D 的质量决定了企业产品质量，R&D 的成果影响产品成本。为了在激烈的市场竞争中生存和发展，企业必须有足够的能力不断推出新产品、开发新技术，以满足不断变化的消费需求，可见，R&D 在企业经营中具有十分重要的意义。

研究与开发（research and development，R&D）包括基础研究、应用研究和技术开发研究。基础研究进行的是探索新的规律、创建基础性知识的工作；应用研究是将基础理论研究中的新知识、新理论应用于具体领域；技术开发研究是将应用研究的成果经设计、试验而发展为新产品、新系统和新工程的科研活动。为了更好地理解这三类不同工作，我们将这三者的目的、性质、内容及其他计划与管理上的不同特点比较如下，如表 8-1 所示。

表 8-1　研究与开发类型的比较

	基础研究	应用研究	技术开发研究
目的	寻求真理、扩展知识	探索新知识应用可能性	将研究成果应用于实践，强化商业价值
性质	探求发现新事物、新规律	发明新事物	完成新产品、新工艺、使之实用化、商品化
内容	发现新事物、新现象	探索基础研究应用可能性	运用基础研究、应用研究成果从事产品设计、产品试制、工艺改进
成果	论文	论文或专利	专利设计书、图纸、样品
成功率	成功率低	成功率较高	成功率高
经费	越来越大	费用较大、控制松	费用较小、控制严
人员	理论水平高、基础雄厚的科学家	创造能力强、应用能力强的发明家	知识和经验丰富、动手能力强的技术专家
管理原则	尊重科学家意见、支持个人成果，采用同行评议	尊重集体意见、支持研究组织、在适当时候作出评价	尊重和支持团体合作
计划	自由度大，没有严格的指标和期限	弹性、有战略方向、期限较长	硬性、有明确目标、较短期限

企业是以经济利益最大化为目标的主体，大多数企业的研发战略以从事技术开发研究为主，大型企业和高新科技型企业也开展应用研究，强化企业的核心竞争力。基础研究风险大、开发周期长、投资大和市场价值难以体现等，这类研究一般是国家性的研究院所和高校的研究规划范畴。

（二）企业研发战略的特征

研发战略是将研究和开发所得到的发现或一般科学知识应用于产品和工艺或管理上的经营管理活动。这种战略的核心是激发顾客的新的需求，以高质量的新品种引导消费潮流，并保护人类及一切生物赖以生存的环境和实现可持续发展所必需的资源。企业研发战略是对企业技术开发和管理创新的谋略，是对企业技术开发和管理创新的整体性、长期性、基本性问题的计谋。

研发战略是在企业对市场机遇与挑战、内部资源能力的优势和劣势所进行的全面的、前瞻性的思考和认识，也是做出深思熟虑的选择和决定。研发战略能避免企业临时地、随意地、盲目地开发和进入一些没有市场价值的产品，而忽视那些真正能够提升市场竞争力的市场机会。研发战略是企业创新发展的路线图，指引企业发展的方向和路标。总之，企业研发战略的特征如下。

（1）目的性。研发战略规划要符合企业的总体战略。

（2）系统性。研发战略规划不是简单地由研发部门独立组织实施的个体工作过程，而是一个系统工作过程，除研发部门之外，还有许多其他的职能部门也参与其中。

（3）动态性。研发战略规划随着外部和内部环境的改变与相应变化，并不是一成不变的。

（4）相关性。许多并行的研发项目并不是相互独立的，相互之间具有相关性，因此研发战略规划的本身必须考虑这些相关的因素。

（5）职能性。研发战略规划的一个作用就是确立研发项目组各成员及工作的责任范围和地位，以及相应的职权，因此，职能性也是研发项目计划的原则之一。

（三）研发战略规划的基础

企业 R&D 基础系统由两部分组成：一部分是工程技术战略系统；另一部分是管理技术战略系统。工程技术战略系统从事由产品构思到产品实施过程中的工程制造技术活动，是企业中技术构成的主要内容；管理技术战略系统从事由产品构思到产品实施过程中的生产指挥活动，是企业中组织构成的主要内容。

企业 R&D 系统的结构如表 8-2 所示。

在企业整个系统中，承担技术开发任务的子系统称为技术系统，是企业系统的一个重要组成部分。技术系统的任务是在企业内部储备技术创新的潜力，并不失时机地将这种潜力转化为有竞争力的新产品。产品设计过程主要体现在模型中的工程技术的前段，即产品形成的信息流程中，最终提供给制造分系统的是产品方案。由企业系统结构及 R&D 的特征可以看出，企业技术活动主要属于 R&D 中的技术开发范畴。

因此，有时也称为新产品开发或产品创新活动。技术系统与制造系统、经营系统和组织系统共同构成了企业系统。

表8-2　R&D 基础系统结构模型

计划与控制的管理职能		设计与制造的工程职能	
MRPⅡ	订货控制	产品构思	CAD
	成本估计（定价）	设计	
	主生产计划		
	物料管理	工艺计划	
	能力需求计划		
JIT	能力调整	NC 编程	CAPP
	任务投放		
	生产控制	NC，CNC 和 DNC 机床及机器人控制	
	工况数据收集	传送控制	
OPT	库存控制	装配控制	
	生产数量、实践及成本检查	设备维修	
	作业分派	质量保证	CAQ

技术系统与其他系统存在如下关系。

（1）制造分系统是技术系统的基础和依据，是技术分系统运转时必须考虑的资源约束，技术分系统的活动确定了制造分系统的行为。

（2）经营分系统反映市场的需求导向，为技术分系统确定了工作的目标和任务，技术分系统中的 R&D 的研究就依赖于经营分系统中的市场预测，新产品开发直接影响企业的经营发展策略。

（3）组织分系统贯穿于各分系统之中，是技术分系统有效运转的保障，也是企业系统中软柔性的关键所在。企业技术活动，在产品的整个生命周期过程中起着关键作用。一方面，要通过产品设计和工艺设计来满足产品的功能，对外满足顾客需求；另一方面，产品设计和工艺设计直接决定产品质量、成本等因素，同时也影响物资供应、生产组织调整等一系列生产技术准备活动，以及产品投产后的生产活动。

二、创新创业研发战略规划体系

（一）研发战略规划的目标

研发战略规划的目标是根据企业总战略发展要求，制订企业的研发规划和研发项目，对研发项目实施工作所进行的各项活动做出周密安排。研发项目计划围绕研发项目目标，系统地确定研发项目的任务、安排任务进度、编制完成任务所需的资源预算等，体现了准备做什么，什么时候做，由谁去做以及如何做的未来行动方案，从而保证研发项目能够在合理的时间内，用尽可能低的成本，完成尽可能高的质量。总之，企业研发战略规划的作用有以下方面。

（1）一方面，指导研发项目实施，使研发项目实施人员明确自己的职责，便于自我管理和自我激励；另一方面，使一些支持性工作及并行工作及时得到安排，避免因计划不周造成各子流程之间的相互牵制。

（2）将研发项目规划的目标、假设、前提与最终选择确定研发项目方案的决策过程写成书面文件，使小组和有关管理人员，对研发项目有关事项，如资源配备、风险化解、人员安排、时间进度、内外接口等形成共识，形成事先约定。

（3）有效的支持管理，帮助研发项目有关人员之间的交流沟通，有助于大家统一认识。

（4）确定评价研发项目进展，对研发项目进行控制和考核绩效基准监控，便于研发项目实施过程的控制。

（5）规划是研发项目总的输入之一，实质上就是把实际运行情况与研发项目计划不断比较以提炼经验教训的过程。通过计划和总结，研发项目过程中的经验和教训被很好地记录和升华，成为组织财富。

（二）研发战略规划的内容

不同的战略思维模式下必然有不同的研发战略规划模式，依据战略思维模式可以归纳出以下三种相对应的研发战略规划模式。

1. 以环境为基点的战略规划模式

以环境为基点的研发战略规划模式的战略思考方向是行业内的竞争，它以行业吸引力作为企业研发战略取向的指标，主要考虑的是如何打败竞争对手或比竞争对手做得更好，因此，如何打败竞争对手以获取竞争优势就成为这种战略规划模式的主要焦点。

以迈克尔·波特为代表的环境学派(或称市场定位学派)认为:将一个公司与其环境相联系是形成企业战略的实质，尽管环境的范围十分广阔，包含社会和经济等各种因素，但公司所参与竞争的一个或几个产业是公司环境的最关键部分，产业结构强烈地影响竞争规则的确立，以及潜在的可供公司选择的战略。波特认为:一个企业的盈利水平取决于其所在产业的赚利潜力；一个产业的赚利潜力又取决于这个产业的竞争强度及其背后的结构性因素。因此，建立竞争战略的基础是对产业结构的分析，战略分析的起点是产业结构，企业通过对产业特点和产业结构的分析，特别是通过对潜在竞争对手、替代品的威胁、产业内部的竞争，以及供应商和顾客讨价还价的能力等五种竞争力量的分析来识别、评价和选择适合产业特点的竞争战略，从而形成成本领先、差异化和目标聚集战略。在这一战略思维模式的指导下，企业研发战略规划的内容可以包括以下方面。

（1）先进生产工艺或生产方式的研发战略。以研发或引进先进生产方式来提高生产效率，从而降低生产成本。

（2）产品质量或产品功能研发战略。在同一个产业中，以研发高质量的产品或高性能的产品，提升企业竞争能力。

（3）市场创新管理研发战略。加强市场创新，分析市场发展趋势，寻找市场发展空间。

2. 以资源能力为基点的战略规划模式

在以资源能力为基点的战略规划模式中，企业研发战略活动的起点是对企业内部资源与能力状况做分析与评估，企业为了评估现有的优势与劣势，常常通过对其内部资源与能力状况的分析，利用现有的优势在适合的地域或产业领域中进行经营活动的选择，同时，通过经营活动进一步进行资源与能力的积累以增强和提升企业的竞争优势。

以资源能力为基点的研发战略规划模式把企业竞争优势的源泉看作企业掌握和利用的资源，其战略思考方向是由内而外，企业的核心能力决定企业服务的顾客及需要满足的顾客需求，这种战略规划模式更多的是考虑企业具备什么独特的资源及如何充分利用这些资源以获得更多的利润，侧重于从企业内部的资源能力角度来考虑企业的研发战略问题。

以资源能力为基点的战略规划模式并未包含外部环境因素或并未强调外部环境因素的重要性，它强调的是企业内部资源与能力的优势条件。其战略活动的重心也是通过资源和能力的积累与提升来进一步增强其优势。为此，企业一方面应当从其内部资源与能力出发来寻求竞争优势；另一方面还应当从其内部资源与能力状况出发来选择企业的经营领域、业务范围及成长方向。在这一战略思维模式的指导下，企业研发战略规划的内容可以包括以下方面。

（1）技术研发战略。通过研发战略形成企业的核心能力，具备稀缺性和不可模仿性，创造企业长期竞争优势。按照这样的要求，除极个别企业具有核心能力外，大量的中小型企业根本不具备核心能力。

（2）产品研发战略。通过研发战略形成企业的创新产品标准、产品品牌和产品设计。创造企业相对竞争优势。

3. 以顾客为基点的战略规划模式

在以顾客为基点的研发战略规划模式中，企业战略的出发点是研究和满足顾客需求。正如日本战略专家克尼奇·欧米所说:在制定战略时考虑竞争因素是十分重要的，但是，我们首先要做的是仔细研究顾客的需要。对欧米来说，顾客决定产品，战略始于顾客，找到更新、更有效的方法去满足顾客的需要才是成功的战略。这种战略规划模式能够有效地调配公司的资源，使顾客得到个性化的服务。

以顾客为本的战略思维模式经历了顾客满意、顾客忠诚到顾客价值理论的变化。顾客价值理论认为，企业竞争说到底是顾客之争，创造顾客价值是企业的真正使命。所以，企业战略的出发点应以顾客为中心，而不是追随与打败竞争对手，也不是不问环境，埋头修炼本身的技术与能力。以顾客为本的战略思维模式的战略目标是内外兼顾的，它寻求在公司的能力和顾客价值之间建立一种不断改进的和谐关系。以顾客为本的战略思维模式将顾客价值视为企业保持持续竞争优势的根本来源，通过创造与交付优异的顾客价值，实现企业利润、成长和持久价值的交互上升。

在这一战略思维模式的指导下，企业研发战略规划的内容可以包括以下方面。

（1）个性化生产管理创新。企业应该如何满足顾客的需求，为顾客提供更具价值的产品或服务。

（2）售后服务管理创新。顾客价值贯穿于产品的设计、研发到制造、销售各环节，顾客的购买行为在于消费，售后服务的创新是提升顾客价值的重要战略。

（三）研发战略规划的实施

研发战略规划的实施就是使研发项目在此获得生命，通过按照研发战略规划进行行动，并在行动中采取必要措施，以确保实现研发项目目标，其中项目预算的绝大部分将在实施中消耗。因此在研发项目制定过程中，研发项目经理和研发项目管理团队需要协调、管理存在于项目中的各种技术和组织接口，持续监控相对于项目基准计划的绩效，以便能采取相应的纠正措施。研发项目计划的制订一般要落实以下几点。

1. 明确研发战略项目实施的内容

编制一份书面范围的说明，它是将来研发项目决策的基础，尤其包括用于确定研发项目或阶段是否已成功完成的标准。包括以下三个内容：①研发项目合理性说明；②可交付成果清单，即如何标志研发项目或阶段的完成；③研发项目目标。经常使用的工具和技术有：成果分析，其中包括系统工程、价值工程和价值分析等技术；成本效益分析；研发项目方案识别技术，如头脑风暴法和侧面思考法；专家法；研发项目分解结构。

2. 确定研发战略规划项目重点考核指标

研发项目计划实施是研发项目周期的主题阶段，在这个阶段中，项目管理人员要随时关注研发项目过程，同时由于研发项目涉及的技术面非常广，各种技术特点差异非常大，为有效实施与管理研发项目，把握实施的要点，可将研发成功的考核指标分为以下五个方面：战略方面、技术方面、资源方面、经济方面与风险方面。

3. 协调研发战略规划各项目计划实施

在实施研发项目计划过程中，最困难的就是协调和整合各个不同的项目以实现它们在费用、进度和质量等各方面的目标，因此，当多个项目共同进行时，要通过整体管理在各项目之间进行协调。最常用的方法是把几个项目当作一个大型项目的多个元素，或者把所有项目考虑成完全独立的。这两种方法的理论是基本一致的，都需要确定各研发项目之间的联系和依赖性，并在此基础上选出重要的项目优先提供资源；尽量让各项目都处于不同的生命周期阶段；选择适合实际情况的标准，以使进入的新项目得到资源的合理配置。

4. 检查与评价研发战略规划项目计划实施

1）研发项目计划实施状况的检查

研发项目的实施主要依据就是研发项目的计划，通过分阶段实施项目计划，能较好地控制项目执行，使项目尽可能在原订计划的轨道上运行。因此在项目的每一个阶段结束时，都要对项目计划的实施状况进行检查，分析该阶段的特定任务是否完成。

2）研发项目实施状况的评价

研发项目计划实施状况的评价工作是建立在范围核实的基础上，是将项目实际实施的情况与项目计划进行比较和分析，找出差别，分析原因。项目计划实施的评价涉及对工作结果、产品文档、研发项目工作分解结构、范围说明书和项目计划的评价，要确定工作是否已经完成，以及是否满足项目目标的要求，应该使用检查过程来评价，这也是评价唯一的工具和技术。换句话说，就是在项目实施过程中要做好项目范围的核实工作，即使项目被撤销，也应该进行范围核实，以便把该项目到目前为止的完成情况做好文档记录。

三、创新创业研发战略规划的设计

（一）企业创新创业研发战略规划的类型

企业可以选择的研发类型包括自主研发、合作研发和学习模仿研发三种。

1. 自主研发战略

自主研发战略是指高技术企业依靠自身的努力，在完全依靠自身力量的条件下取得技术上的进展或突破，并成功将此进展和突破实现商业化的研发模式。企业的自主研发活动主要是针对企业核心技术能力的研发。企业通过自主研发，可以获得产品关键部位的技术和知识，在此基础上推动技术研发的后续环节，从而完成产品的商业化。自主研发有三个特点：一是企业的核心技术能力主要是通过企业独立研发获得的；二是企业对该技术的知识产权具有独占性；三是企业自主研发成功的内在基础和必要条件是企业拥有相关的知识和能力。

企业选择自主研发，有利于高技术企业建立核心竞争优势，维持持续竞争力，但自主研发模式与其他研发模式相比，投资成本较大，未来也有很多的不确定性，因此，高技术企业从事自主研发失败的风险也会较大，故中小企业不宜选择自主研发。

2. 合作研发战略

合作研发战略，顾名思义，就是企业通过与科研机构及高等院校的合作进行研发的一种模式。对合作伙伴和合作方式的选择是企业进行合作研发时需要考虑的最重要的因素。企业在选择合作伙伴时应尽量选择科研机构、高等院校作为合作伙伴。科研机构、高等院校拥有较强的资源优势，可以节省企业的研发成本。选择合作方式时，企业可以通过合同方式、项目合伙方式等开展合作研发。

合作研发有助于分散企业的投资风险，减少研发过程中巨大的资金、人力和物力的投入，发挥企业和科研机构、高等院校的资源优势，从而提高企业研发成功的可能性。

3. 模仿研发战略

模仿研发战略是指企业通过学习和模仿技术领先者的研发成果，通过购买或破译技术领先者的核心技术和核心能力，在此基础上通过对技术进行完善和改进从而完成进一步研发的一种研发模式。长期以来，我国企业由于受计划经济体制的影响，主要研究力量游离在企业之外，企业的研发活动存在投入不足、研发力量较弱等问题。因此，我国企业广泛使用的是模仿研发模式，通过模仿研发，企业可以在较短的时间内实现技术的跨越式发展，获得技术能力的快速提高。但是模仿研发属于跟随式研发，这种研发模式不利于高技术企业发展自身的核心技术能力，难以掌握市场竞争主动权，经常受到国外技术壁垒的限制。

三种企业创新创业研发战略规划类型的比较如表 8-3 所示。

表 8-3 企业创新创业研发战略规划类型的比较

	自主研发	学习模仿研发	合作研发
资金投入成本	较高	较低	中等
对人才要求	较高	较低	中等
创新周期	较长	较短	介于前两者之间

	自主研发	学习模仿研发	合作研发
失败风险	不确定性大	市场风险较小	市场风险分担
失败后的损失	较大	较小	损失分担
市场占有率	抢先占领、份额大	后进入市场、份额小	分享市场
成功后收益	独占、较多	较少	分享

（二）创新创业研发战略规划的设计原则

选择一个真正能为企业带来效益的研发项目并不容易，关键看产品设计人员是否真正具备市场经济的头脑。一方面，新技术的不断出现对新产品的形成有重要影响；另一方面，则主要看企业是否真正把用户放在第一位。研发战略规划的设计应该遵循以下几条原则。

（1）弹性和可调性。即能够根据预测到的变化和实施过程中存在的差异，及时做出调整，及时反映用户需要的产品（或服务）。

（2）创造性。充分发挥想象力和抽象思维能力，形成统筹网络，满足研发项目发展的需要。

（3）分析性。要探索研究开发项目中内部和外部的各种因素，确定各种不确定因素和分析不确定的原因。

（4）响应性。必须贯彻国家的技术经济政策，能及时地确定存在的问题，提供修正计划的多种可操作性方案。

（三）创新创业研发战略规划的设计

所有成功的公司，特别是高新技术企业，几乎都拥有较为完善的项目研发战略规划和管理体系。良好的研发管理体系，对企业的高速运转和持续获取竞争力起着强大的支撑作用。然而，目前我国研发管理的现状是：大多数的企业对研发创新还没有确立相应的概念，研发规划和管理过于粗犷、简单，工具落后，缺乏完整的战略规划和管理体系。

1. 研发战略规划的核心思想

（1）研发是一项投资决策。研发战略强调对研发进行有效的投资组合分析，并在开发过程中设置关键的检查点，通过阶段性评审来决定项目是继续、暂停、中止还是改变方向。

（2）基于市场的开发。企业研发战略规划和管理强调研发创新一定是基于市场需求和竞争分析的创新。

（3）跨部门、跨系统的协同。采用跨部门的产品开发团队，通过有效的沟通、协调及决策，达到尽快将产品推向市场的目的。

（4）异步开发模式，也称并行工程。就是通过严密的计划、准确的接口设计，把原来许多后续活动提前进行，从而缩短产品上市时间。

（5）共用构建模块。采用共用基础模块，实现技术、模块、子系统、零部件在不同产品之间的重用和共享，提高产品开发效率。

（6）结构化的流程。产品开发项目的相对不确定性，要求开发流程在非结构化与结构化之间找到平衡。

2. 创新创业研发战略规划设计架构

创新创业研发战略规划架构代表企业界最佳实践的诸多要素。具体包括异步开发、共用基础模块、跨部门团队、结构化流程、项目和管道管理、客户需求分析、优化投资组合和衡量标准共八个方面，其架构如图 8-1 所示。

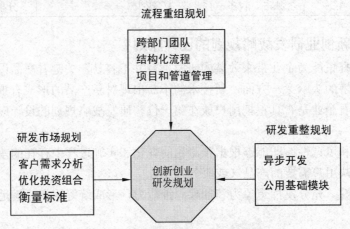

图 8-1　创新创业研发战略规划架构

1）研发市场规划

研发市场规划从客户、投资、效益等外在客观环境因素来规划设计，通过影响项目或产品的特性和生命来实现企业的竞争能力。

（1）客户需求分析。可以说，没有客户需求就没有好的竞争能力。缺乏好的、及时的市场需求是项目方向偏离和产品失败的最主要原因。多数企业使用一种用于了解客户需求、确定项目或产品市场定位的工具——$APPEALS 进行需求分析。

$APPEALS 从八个方面衡量客户对项目或产品的关注，确定项目或产品的哪一方面对客户是最重要的。$APPEALS 的含义如下：$-产品价格（price）；A-可获得性（availability）；P-包装（packaging）；P-性能（performance）；E-易用性（easy to use）；A-保证程度（assurances）；L-生命周期成本（lifecycle of cost）；S-社会接受程度（social acceptance）。

（2）投资组合分析。研发市场规划强调对项目或产品开发进行有效的投资组合分析。如何正确评价，决定企业是否开发一个新项目或产品，以及正确地决定对各个新项目或产品的资金分配额，就需要测定新项目或产品的投资利润率。只有明确了投资利润率的各种静态和动态的决定因素与计算方法，企业才能对项目或产品战略做出正确的判断和决策，进而确定新项目或产品开发的投资。

企业能否有效地掌握投入资金的对策，取得良好的投资效果，提高资金运营效率，是一个战略的问题，也是企业业务投资组合计划的任务。尤其是经营多种产品的生产企业，要正确地决定资金投入对策，还必须研究产品结构，研究企业各种产品的投入、产出、创利与市场占有率，以及与市场成长率的关系，然后才能决定对众多项目或产品如何分配资金。这是企业项目或产品投资组合计划必须解决的问题。企业组成什么样的产品结构？总的要求应是各具特色，经济合理。因此，需要考虑研发方向、竞争对手、市场需求、企业优势、资源条件、收益目标等因素。

投资组合分析要贯穿整个项目或产品生命周期，在开发过程设置检查点，通过阶段性评审来决定项目是继续、暂停还是改变方向。通常在各个阶段完成之后，要做一次GO/NOGO决策，以决定下一步是否继续，从而可以最大限度地减少资源浪费，避免后续资源的无谓投入。

（3）衡量指标。投资分析和评审的依据是事先制定的衡量指标，包括对项目或产品开发过程、不同层次人员或组织的工作绩效进行衡量的一系列指标。如项目或产品开发过程的衡量标准有硬指标（如财务指标、产品开发周期等）和软指标（如项目或产品开发过程的成熟度等）；衡量标准有投资效率、新产品收入比率、被废弃的项目数、产品上市时间、产品盈利时间、共用基础模块的重用情况；等等。

2）流程重组规划

研发管理中的流程重组规划主要关注跨部门的团队、结构化的流程、项目和管道管理。在结构化流程的每一个阶段及决策点，由不同功能部门人员组成的跨部门团队协同工作，完成产品开发战略的决策和产品的设计开发，通过项目管理和管道管理来保障项目顺利地得到开发。

（1）跨部门团队规划。

研发组织结构设计是流程运作的基本保障。在研发管理中有两类跨部门团队：一个是集成项目或产品管理团队（IPMT），属于高层管理决策层；另一个是项目或产品开发团队（PDT），属于项目执行层。

IPMT和PDT都是由跨职能部门的人组成的，包含了开发、市场、生产、采购、财务、制造、技术支援等不同部门的人员，其人员层次和工作重点都有所不同。IPMT由公司决策层人员组成，其工作是确保公司在市场上有正确的产品定位，保证项目保障资源、控制投资。

IPMT同时管理多个PDT，并从市场的角度考察它们是否盈利，适时终止前景不好的项目，保障将公司有限的资源投到高回报的项目上。

PDT是具体的项目或产品开发团队，其工作是制订具体产品策略和业务计划，按照项目计划执行并保证及时完成，确保小组将按计划及时地将产品投放到市场。

PDT是一个虚拟的组织，其成员在产品开发期间一起工作，由项目经理组织，可以说是项目经理负责的项目单列式组织结构。

（2）结构化流程规划。研发项目或产品开发流程规划设计应明确地划分为概念、计划、评审、开发四个阶段，并且在流程中有定义清晰的决策评审点。这些评审点上的评审已不是技术评审，而是业务评审，且更关注项目或产品的市场定位及盈利情况。决策评审点有一致的衡量标准，只有完成了规定的工作才能够由这个决策点进入下一个决策点。

在概念阶段，一旦IPMT认为新产品、新服务和新市场的思想有价值，它们将组建并任命PDT成员。

在计划阶段，PDT应了解未来市场，收集相关信息，制订业务计划。业务计划主要包括市场分析、产品概述、竞争分析、生产和供应计划、市场计划、客户服务支持计划、项目时间安排和资源分配计划、风险评估和风险管理、财务概述等方面的信息，所有这些信息都要从业务的角度来思考和确定。应综合考虑组织、资源、时间、费用等因素，形成一个总体、详细、具有较高正确性的业务计划，保证企业最终能够盈利。

在评审阶段，PDT 应提交该详细业务计划给 IPMT 评审。IPMT 审视这些项目并决定哪些项目可以进入开发阶段。

在开发阶段，如果评审通过，项目进入开发阶段。PDT 成员负责管理从计划评审点直到将产品推向市场的整个开发过程。在项目或产品开发全过程中，对每一场业务活动所需要的时间及费用，就不同层次人员、部门之间依次做出相应的承诺。

（3）项目与管道管理规划。项目管理规划是使跨部门团队整合起来的关键。首先要有一个目标即项目所要达到的效果，一旦我们将客户的需求转换为对项目或产品的需求时，就可以制订详细计划。该计划中的各部分将具体划分为每个职能部门的工作，这个计划既是研发部门的计划，也是公司各个部门共同的计划。

项目管理规划包括安排活动的时间，对每场活动进行预算和资源的调配，在项目实施过程中还需要不断地与计划对照。因为没有任何一个计划是完善的，所以，可以在相应的业务层面上对计划进行一定的调整，但是 PDT 做出的承诺不能改变。整个项目的进行过程都需要 PDT 的参与，因此，PDT 在产品开发全流程中自始至终存在。

管道管理类似多任务处理系统中的资源调度和管理，是指根据公司的经营战略对开发项目及其所需资源进行优先排序及动态平衡的过程。

3）研发重整规划

研发重整规划是提高开发效率的手段。研发重整规划主要关注异步开发和共用基础模块（common building blocks，CBB）。

（1）异步开发规划。异步开发规划模式的基本思想是，将项目或产品开发在纵向分为不同的层次，如技术层、子系统层、平台层等。不同层次工作由不同的团队并行地异步开发完成，从而减少下层对上层工作的制约，每个层次都直接面向市场。

通常，在产品开发过程中，由于上层技术或系统通常依赖于下层的技术，因此，开发层次之间的工作具有相互依赖性，如果一个层次的工作延迟，就会造成整个时间的延长，这是导致产品开发延误的主要原因。通过减弱各开发层次间的依赖关系，可以实现所有层次任务的异步开发。

（2）共用基础模块规划。共用基础模块规划是指那些可以在不同产品、系统之间共用的零部件、模块、技术及其他相关的设计成果的整合。

由于部门之间共享已有成果的程度很低，随着项目或产品种类的不断增长，零部件、支持系统、供应商也在持续增长，这将导致一系列问题。事实上，不同产品、系统之间，存在许多可以共用的零部件、模块和技术，如果项目或产品在开发中尽可能多地采用了这些成熟的共用基础模块和技术，无疑这一项目或产品的质量、进度和成本会得到很好的控制和保障，产品开发中的技术风险也将大大地降低。

因此，通过项目或产品重整，建立 CBB 数据库，实现技术、模块、子系统、零部件在不同项目或产品之间的重用和共享，可以缩短项目或产品开发周期、降低产品成本。CBB 策略的实施需要组织结构和衡量标准的保障。

不管是异步开发还是共用基础模块的实现，都需要高水平的系统划分和较好的接口标准制定，需要企业级的构架师进行规划。

第二节　创新创业研发战略规划实训材料

一、汽车企业创新创业研发战略规划

本项实验的材料是奇瑞汽车公司研发战略规划。

（一）奇瑞公司研发战略的目标

公司研发能力目标为：建设强大的综合开发能力、研究试验能力、信息开发能力、车型设计能力、产品试制能力、快速产业化能力、配套体系同步开发能力。坚持自主创新，在此基础上，充分利用国内外技术资源，加强国内外合作，快速构建从整车、动力总成、关键零部件设计到试验试制的比较完善的开发体系，建立自己的标准和数据库，拥有整车、发动机、变速箱、底盘、发动机电控系统、主要电子部件的自主知识产权，形成具有自主知识产权的 S 级、M 级、A 级、B 级、F 级 5 个轿车基础平台，开发出系列轿车及各种变型车。同时，加快新型高效节能环保汽车开发步伐，开发低油耗、低排放、高效率、轻量化汽油机和柴油机；以新型发动机为基础，开发油电混合动力车；研究开发代用燃料汽车，包括甲醇、乙醇、二甲醚等和燃料电池汽车，从而不断增强核心竞争力。

（二）奇瑞公司研发战略的选择

1. 合作研发战略

奇瑞的产品研发并不是一开始就是自主开发，而是根据不同的情况采取委托设计、联合设计和并购的。最核心的问题是奇瑞自己有主导权，对项目的研发有最终决定权。当然，奇瑞也想有自己的开发能力，但是在自己的研发能力培养起来以前，委托设计、联合设计及并购就成为不得已而为之的办法。在科技发展日新月异的今天，同其他机构或公司进行联合开发也是无法逃避的选择。

奇瑞公司在发展历程中，制定了一条清晰的研发战略并贯穿其中，就是先外包然后兼并再到联合设计。奇瑞根据自身的实际情况在不同的发展阶段选择了不同的战略，但都是合适的战略。最初的"风云一代"是出资请国外专业设计公司设计，而后的"QQ""旗云""东方之子"及"瑞虎"等都是奇瑞的子公司佳景公司设计的，该公司的全部骨干成员均来自东风公司技术中心。再到后来 18 款轿车发动机的设计则是由奇瑞公司同奥地利 AVL 公司联合设计的。而代表轿车产业发展最新趋势的新能源轿车项目也应该是同国内或国外专业机构联合设计的。

2. 模仿研发战略

奇瑞公司的这种在不同阶段采取不同的研发战略是落后者赶超先进者的唯一正确的道路。这和日本与韩国汽车工业崛起时所采用的研发战略是相同的。日韩两国在发展民族汽车工业的过程中采取的研发战略是先从模仿欧美的产品开始，逐渐通过自主研发掌握核心开发技术，然后可以完全自行开发具有自主知识产权的自主品牌的轿车产品，达到增强核心能力的目的。这种灵活机动的战略是形势的要求，也符合发展规律。孙子说："兵无常势，水无常形。"一切战略都应为了长远发展，为了培养和增强核心能力。

表 8-4 列出了日韩自主品牌轿车研发战略与奇瑞的对比。

表 8-4　日韩自主品牌轿车研发战略与奇瑞的对比

	日　　本	韩　　国	奇　　瑞
起步时面临的环境	敌强我弱	敌强我弱	敌强我弱
起步时的研发战略	引进技术	引进技术	委托开发
成长期研发战略	模仿	模仿	模仿
发展期研发战略	自行开发	自行开发	联合开发
成熟期研发战略	自行开发和委托开发	自行开发和委托开发	自行开发和委托开发

从表 8-4 中可以看出，奇瑞的研发战略与日韩的汽车研发战略有所不同。这是因为汽车行业现在的竞争状况同 20 世纪六七十年代不可同日而语，现在的竞争要激烈得多，单靠个别企业的力量已经难以在市场上立足。因此，完全自行开发已经成为不现实之举。但是这并不意味着我们应该放弃自行开发的能力。恰恰相反，我们更应该增强自行开发能力，增强研发核心能力，只有这样才能有资格同别人合作，才能在合作中占据主导地位。

二、金融企业创新创业研发战略规划

本项实验的材料是南京银行研发战略规划。

南京银行的服务创新就如一般服务业的创新一样，不仅仅是某一单个因素的驱动，也是通过各种动力的交互作用而促成的。随着金融全球化、国际化、网络化的发展，南京银行的外部环境处在不断地变化中。随着我国金融市场的不断开放，竞争格局更加激烈，顾客需求的不断变化、服务要求的不断提升，外在的各种压力迫使南京银行不断开拓服务创新，形成新的竞争优势。再加上对利润不断追逐的内部驱动，南京银行不断地提升自身能力，加强内部管理，从而使服务创新更加顺利地开展。

（一）个人业务项目研发战略规划

在个人业务方面，南京银行以广大市民为主，通过市场细分和产品创新来满足不同客户的个性化需求。

1. 开办代收付业务

南京银行开办了大量与市民生活联系密切的代收代付业务项目，比如：各类公用事业代收代付项目；与南京市劳动和社会保障局合作开办的代收养老金、医疗保险，代发失业金、养老金等多项便民业务；与江苏省国际信托投资公司合作推出的"人信托投资理财"服务。

2. 个人信贷业务

在南京市率先推出了个人无担保的"信易贷"，方便居民购买大宗消费品的"购易贷"，帮助居民实现购房梦想的"房易贷"，个人创业小额担保贷款和下岗人员小额贷款等特色业务。南京银行着力打造并逐步形成"梅花卡"系列服务品牌，推出了独具特色的"金梅花"理财产品，受到市民的青睐。

3. 个人理财产品

个人理财产品的创新可以从投资期限、功能、产品组合等几个方面着手。在投资期限方面，要根据理财标的所处市场的走势、消费者的期限偏好等设计个性化的理财产品，满足消费者流动性需求，降低利率风险。在功能方面，关注诸如投资规划、套期保值、规避系统性风险等多方面的功能，使消费者能根据自身财富状况、所处生命周期、理财目标等进行选择，还可配合融资工具，对消费者进行投、融资双方面的规划。在产品组合方面，如何灵活运用各种期限、功能的产品对客户进行专业化、差异化服务，如何整合金融系统各机构资源，加强与非银行机构如证券、保险、信托等的合作，体现了一商业银行理财服务水准，也是赢得市场，赢得消费者的重要途径。

除理财产品创新之外，实现差异化服务的关键还要研究客户需求，要掌握目标客户群的特征，细分理财市场，找出客户的共性和个性，再根据客户的偏好、生命周期、家庭情况等的不同，设计不同的理财产品。以客户为核心，以客户的需求为工作的重点，这是避免同质化、增强吸引力的唯一途径。

南京银行凭借在资金运营上的竞争优势，率先推出了人民币理财产品，是全国第一家发行中国银联国际标准 62 字头 BIN 号贷记卡的银行，也是全国第二家发行贷记卡的南京银行，在市民中获得了高度的认可。

另外，南京银行不放弃失业金、养老金等目前看来的低端业务，充分体现了南京银行务实风格。

（二）中小企业融资项目研发战略规划

南京银行自成立以来始终坚持开拓和营销小企业市场，努力打造"最好的小企业银行"品牌。2009 年 5 月份，该行专门成立了小企业金融部，作为小企业金融服务的专营机构，按照银监会"六项机制"的要求，专心、专注于小企业业务的开展，在服务中小企业、创新贷款业务品种、促进地方经济发展方面，走在了同类银行的前列。截至 2010 年 2 月 25 日，全行小企业（3000 万元以下）贷款余额突破百亿元大关，达到 100.26 亿元，其中 2010 年以来实现净增长 15.1 亿元，增幅 17.7%，完成全年计划的 37.8%。

为推动小企业业务发展，南京银行积极开展渠道建设，先后与多家商会、担保公司、政府机构建立合作关系，并积极组织推动银企交流活动。南京银行还在本行门户网、江苏小企业融资服务平台等多个网站开设小企业融资在线申请，承诺只要企业花费两分钟时间填写在线申请表，工作人员会在两个工作日内与企业主动联系，帮助客户取得信贷支持。

为进一步推动小企业业务的发展，南京银行进一步明确将树立中小企业服务品牌作为战略目标，本着只要"有利于中小企业发展，有利于地方经济建设，就积极主动参与"的原则，对小企业业务从体制和机制上进行彻底的变革，在总行设立了一级部制的小企业金融部，按照"六项机制"的要求，全面负责全行小企业业务的管理与推动。

小企业金融部成立后对小企业业务流程进行了大胆的改革：将原来由不同部门负责的客户准入、授信额度测定、贷款业务审批等职能全部纳入小企业金融部内完成，在有效控制风险的前提下对一些业务环节进行了合并与简化，并为相当一部分合作时间长、信用记录好的客户开辟"快速通道"。同时，为满足小企业信贷资金"短、平、快"需求，南京银行作出了《小企业金融服务承诺》，承诺各项授信业务的审批时效，最短二个工作日、最长不超过5个工作日的同业最快效率。此外，南京银行还与省内30多家担保机构合作，2009年累计为655家中小企业提供近25亿元的融资服务。

小企业融资难，其中一个重要的原因就是缺少符合企业需求的产品，南京银行小企业金融部成立后，针对不同类型的小企业特点提出解决方案，大力推动"国内有追索权保理业务""动产质押授信业务"及"知识产权质押贷款业务"。在不断推动产品创新的基础上，建立了"金梅花'易'路同行·小企业成长伴侣"的小企业金融产品体系，包括创易贷、商易贷、融易贷、智易贷、金易聚5个系列近40个产品，覆盖了小企业各方面的融资需求。

另外，缺少合适的担保也是小企业融资难的一个重要原因。为此，南京银行深入研究不同类型的小企业特点，着力寻求小企业贷款担保方式的突破，提出针对性的解决方案，在一般不动产抵押的基础上，先后开发了基于应收账款质押的"国内有追索权保理"业务，基于客户的原材料、半成品、产成品等质押的"动产质押授信业务"，以及基于客户的软件著作权、专利权、商标使用权等无形资产质押的"知识产权质押贷款业务"，这些产品的开发，使客户能够充分利用自身已有的资产，取得扩大业务所需的资金，有效降低融资成本。

小企业融资难作为一个世界性难题，单靠银行方面的努力是无法从根本上解决的，为此南京银行先后与青商会、温州商会、南京民营图书联合会、南京企业家联谊会、工业园区及担保公司、江苏省妇女联合会、市科技局、市发改委等机构建立合作关系；依托南京银行大集团客户上下游公司，积极探索供应链融资，开展多层次的银政合作、银企合作、银保合作。同时，南京银行进一步走出去，仅今年上半年就组织了十多场的银企对接会，主动为企业提供全方位的信息、产品咨询，受到了企业的欢迎。南京银行还拜访重点目标客户，了解客户需求，制订营销方案。南京民营图书联合会中已有图书出版民营企业与南京银行合作，为推动南京银行小企业业务的批量营销奠定了坚实的基础。

此外，南京银行还借鉴成都科技银行、杭州科技银行的经验和做法，结合南京地区实际情况，探索将银行、担保、投资、政府等力量合为一体的科技银行创新之路，努力在激烈的市场竞争中开拓新的局面。

（三）债券业务项目研发战略规划

从1997年起南京银行开始涉足资金营运业务，在银行间的市场始终保持领先的市场份额，成为享誉同业和市场认同的"债券市场特色银行"。南京所有的银行在南京银行中最早设立了独立的专职营运机构——资金营运中心。目前已拥有公开市场一级交易商、债券做市商、中国货币市场基准利率报价行等银行间市场主要业务资格。2006年，南京银行完成债券交易9837.47亿元，债券承销量469.6亿元，完成票据贴现、转贴现业务626.45亿元，全年债券代理结算量排名市场第二位，成为享誉同业和市场认同的"债券市场特色银行"。2006年年末，南京银行债券投资收入占总资产38.5%，债券投资利息收入和交易转让收益达到8.13亿元，占营业收入的53.9%，对公司的利润贡献明显。

三、酿酒企业创新创业研发战略规划

本项实验的材料是今世缘酒业有限公司研发战略规划。

随着酿酒产业呈现多样化的发展趋势，以研发为手段，有目的、有计划地持续提升白酒产品的质量，适应消费者口味需求，适时发展多香型、多流派等凸显个性的产品，使"今世缘"在发展中赢得了巨大的竞争优势。

（一）基于品质提升的研发战略

今世缘酒业有限公司瞄准国内白酒行业前沿技术发展趋势，定位于建设国内领先的生物酿酒技术研发机构，重点建设固态发酵微生物工程与酶工程、微生物代谢产物检测和固态发酵反应器等研发设施，主要解决目前生物酿造发酵、酿造微生物变化规律及调控、固态发酵代谢产物的优化与调控、固态发酵生物反应器设计等行业共性关键难题，对全面提升产品质量、改善酒基品质具有重大意义。

改革开放 30 多年来，我国经济不断增长，居民可支配消费水平不断提高，追求高品质的生活已不再是平民百姓的奢望，相比以前，消费者更倾向购买中高档白酒。从 2001 年以来，国家一系列针对白酒行业的"扶优限劣"税收政策的出台，低档白酒已无利可图，白酒企业要想生存就必须向更高层次发展，抢占中高档白酒市场。同时，由于长期的历史文化的积淀，高档白酒在广大的消费者心目中有着良好的品牌形象和美誉度，这使他们对传统的名优高档白酒有着很强的忠诚度和消费持续性。

"今世缘"的科研人员不断加强酿酒、制曲工艺的改进，进行酱香曲、多粮型酒、淡雅型白酒生产的尝试，使公司酿酒优质品质率大幅度提升。在产品创新方面，今世缘人还在原"高沟"酒的基础上努力提升产品档次，专门聘请无锡轻工大学、山东轻工大学、四川微生物研究所的专家前来参与研制，重点解决了醛类物质和酸类物质含量比例问题，使"今世缘"酒入口甜、绵、爽、净、香，这是"高沟"酒历史上的一个重大突破。

人工老窖是微生物在白酒生产中的一项重要应用。白酒生产中，老窖产好酒，窖越老越好，而且同一个窖池中接近窖底或窖壁的酒醅产出的酒越好。由此可见白酒的酒质与窖泥有密切的关系。作为老企业的"今世缘"，本身就有着良好的酿酒基础。这两年更加大投入，对老窖池进行维护和改造，目前公司拥有窖池 5000 余个，其中 300 年以上窖龄的老窖 50 多个，100 年以上的老窖 120 多个，年年酿优质基酒 4000 多吨，特级调味酒 300 余吨。2001 年，"今世缘"又投入 1500 万元，着手实施东厂酿酒扩班项目，现已全部竣工，可增产 65 度优质曲酒 2000 多吨。

对百年老窖进行长期跟踪，从老窖泥中筛选、分离出产酸率高、兼性厌氧的己酸共生菌，培养己酸菌液用于人工老窖泥制作及池口保养，强化功能菌的数量和活力，使自产酒的己酸乙酯含量大幅度提高。对大曲微生物系进行研究，根据不同微生物在不同温度下的代谢特点，对大曲内微生物进行分离筛选，得到了几株耐高温细菌，纯种培养后用于制作强化酱香大曲，有针对性地进行工艺改进，提高生产用曲的培养温度，有效地提高了自产酒的质量和风味。适当调整原有工艺，改良酒体品质，利用先进仪器，对酿造原料与白酒风味关系进行分析研究，以多种粮食为原料生产白酒，使酒体更浓郁绵软，

口感更丰满细腻，品质不断提升。采用纳米材料对酒体进行处理，加快酒精分子与水分子的结合，使酒体在一定时间内变得协调、醇香、绵甜，减少刺激感，同时使用陶瓷容器储存，口味得到进一步优化，感觉更丰满、醇厚、爽口。创新工艺，对酒体香味成分、风格特点和工艺操作进行多年研究，协调己酸乙酯、乳酸乙酯、丁酸乙酯、乙酸乙酯四大比例关系，在长期的储存过程中，酒体中的醇、酸、酯及其他微量成分，经过氢键、离子键、共价键的结合、缩合和环化形成大分子基因，构成完善的胶体溶液，在原子能显微镜和纳米尺度上，显示出独具特色的主体几何图形。用其勾兑出的"今世缘"系列酒口味更好。

为了赋予产品更新、更高的科技含量，在酿酒生产上，运用红曲霉接种制作强化大曲，使大曲蛋白质分解率大幅提高，并提高了曲的糖化率和发酵率，明显改善了传统酿酒的风味；采用微生物纯种分离技术，不断完善制作窖泥的配方，培养乙酸菌液和窖泥富集液，制作人工老窖泥，定期修复老化池口，丰富窖内微生物群体，提高了发酵泥的制作质量，增加原酒中的己酸乙酯含量，使酒体更丰满，口味更醇厚宜人，受到了全国著名白酒权威的高度赞誉。

（二）需求导向型研发战略

随着消费者保健意识的增强及消费口味的改变，"今世缘"建立起需求导向型的研发战略。企业以市场需求为导向，研究白酒特有的健康成分，不断改进酒体风味，并顺应市场对高端产品的需要，更加侧重对高端白酒的研发。"今世缘"将市场需求作为企业研发的出发点，保障了其研发战略定位的与时俱进和长远科学性。

客观地讲，在市场经济竞争中，一个企业、一个品牌，要赢得消费者和市场的认同和爱戴，靠的是货真价实的高质量产品，而不是弄虚作假的炒作。由于消费者对身体健康越来越关注，而白酒产品历来被认为于身体无太大益处，也是白酒发展受到限制的主要原因，因此健康白酒的开发已引起一些白酒企业的关注。随着人民生活水平的不断提高，保健意识的增强，白酒低度化日趋明显。根据酒精度，白酒分为高度酒、降度酒和低度酒。高度酒的酒精度在 50 度以上，降度酒在 40～50 度，低度酒在 40 度以下。据统计，"八五"期间全国白酒酒精度平均降低了 10%，低度白酒和降度白酒比例已上升到80% 以上，高度酒的比例不足 20%。目前开发的低酸、低脂、低甲醇、低杂醇油的净爽类白酒，以及为适应农业产业化要求而利用苹果、山楂等水果作原料开发的新风格、新口味的水果发酵蒸馏白酒，成为白酒业发展的增长点。这些新的品种适应了广大消费者的消费需求，也与世界上烈性酒的发展趋势吻合，具有一定的市场发展前景。"今世缘"的研发人员基于市场的需求，研究出四甲基吡嗪为中国白酒特有的健康成分，科学地解释了"喝白酒喝出健康"的道理。

在坚持自主创新的同时，"今世缘"特别注重合作，最大限度地降低了创新成本。为了赋予产品更新、更高的科技含量，进一步适应消费者对白酒的口感变化和健康需求，"今世缘"始终积极挂靠科研院所，以科技进步促进企业的发展。在吴剑锋的倡导下，公司与中国科学院成都生物研究所、江南大学、南京中医药大学等高校和研究机构合作攻关，组建了市级技术开发中心，共同研制功能性保健酒，建立科研实验基地联合检测、分析白酒微量成分，对白酒的质量进行定量分析和定性分析，引进各类技术成果十项，直接应用于公司酿酒生产技术改进。2007 年，在江苏省省级企业技术中心、博士后科研工作基地的基础上，"今世缘"组建了全国唯一的固态发酵工程技术研究中心，以酒业为主，以农业产业化为方向，开展生物工程的研究与攻关，力求实现酒业与农业的互动循环，延伸了产业链，成为中国白酒业层次最高的"169 计划" 9 个科研协作单位之一。公司跻身白酒业科技创新"国家队"，也标志着企业的科技创新工作跨入行业前列，自主创新能力不断凸显。白酒与健康、白酒香型、白酒风味物质、单粮与多粮发酵等方面的研究成果，受到业界专家的高度关注。

随着酒类产业结构调整愈加合理，酒类行业效益稳步增长。未来几年，我国酒业总产量将有小幅增长，价格窄幅波动，生产和市场进一步向名优酒集中。随着苏北地区的经济发展，人民生活水平逐步提高，购买力也大大增强，相比以前，消费者更趋向于购买中高档白酒，购买力的上升将有助于销售。另外，从 2001 年以来，国家一系列针对白酒行业的"扶优限劣"税收政策的出台，促进了中高档白酒市场的迅猛发展，使消费者对传统的名优中高档白酒有着很强的忠诚度和消费持续性。这些都将给"今世缘"的发展带来较大的发展机遇。

为了顺应市场对高端白酒的需求，"今世缘"也更侧重对高端白酒的研发。在酿造过程中，原料选择要派专业技术人员分赴全国各地粮食生产基地，看样、取样、化验、分析，确定稳定的供货基地；广泛利用红曲霉踩制强化大曲新工艺，大幅度提高了曲香等制曲质量指标，使制曲蛋白质分解率提高 50% 以上；对传统"老五甑"工艺大胆革新，采取延长发酵周期，红曲霉多菌种复合发酵；采取了接酒时掐头去尾，量质接酒，分级储存的工艺。依托强大的技术创新优势，"今世缘"着力整合产品，加速新品开发，优化产品结构，培育公司新的经济增长点，高起点、高标准培育精品，打造名品，从瓶型、包装、酒体内在质量等方面全面提升产品档次，产出"今世缘·国缘""今世缘·新星球""美满姻缘·今世缘""高兴时刻·高沟酒"四大系列产品，形成了从高到低"倒金字塔"式的市场全覆盖格局，且中高档酒占销售额之比由原 3% 飙升到 87%，企业竞争能力、盈利能力迅速提升。

（三）凸显产品个性的研发战略

当前，白酒"同质化"现象严重，"今世缘"坚持自身特色，注重个性化张扬，凸显了差异化的独特口味风味，加入个性化的研发战略。如今，"今世缘"酒的风味正在形成其独特的风格，尤其是新近开发的一些中高档酒更是以其产品的个性化口味获得消费者的青睐。

中国白酒历史悠久，香型丰富，有酱香、浓香、清香、米香、凤香、豉香、芝麻香、兼香型等。但由于追求产量，不少企业盲目采用工业化手段，使各种酒的生产工艺越来越雷同，一些企业盲目跟风，仿效代替了严谨的产品开发程序。作为淮河名酒产业的核心成员，"今世缘"始终把科技创新放在首位。2003 年，"今世缘"被批准为"江苏省认定企业技术中心"，2006 年率先组建了企业博士后科研工作基地和全国最早的固态发酵工程技术研究中心。不仅如此，"今世缘"与江南大学进行技术合作，共同对"中国白酒健康成分""中国白酒特征香味成分"等 6 项重大课题研究进行了联合攻关。

为不断增强企业的核心竞争力，今世缘酒业有限公司逐年加大科技创新力度，积极靠强靠外，全面推广运用新技术，仅 2003 年、2004 年，公司就投入 170 余万元科研协作经费。"今世缘"技术创新走的是一条内外兼修、与市场需求无缝对接的高效之路。公司副总经理吴建峰为省内唯一的白酒发酵专业博士，他领衔的 200 多名科研团队阵容强大，坚持科学创新，解决基酒的口感质量的诸多技术难题，形成了独具特色的"今世缘"风味白酒，并向淡雅型酒、芝麻香型酒等白酒前沿攻关课题发起冲击，从单粮到多粮、从浓香到兼香，不断取得突破，推陈出新了多粮型酒和淡雅型酒生产工艺，大大提高了酒的质量，改变了传统的单粮浓香型酒单枪匹马闯市场的局面，使"今世缘"很快形成自己独特的风格。

历时 3 年研制，2004 年 8 月问世的"今世缘·国缘"系列酒，也是公司在自主研发的基础上，由中科院微生物发酵研究所、江南大学等顶尖专家参与，酿造、设计、营销大师集成创新的重大成果。该酒酒体绵甜悠长、窖香幽雅飘逸，填补了江苏没有高档白酒的空白，上市后销售态势良好，并获评全国"2005 年度高端白酒十大创新产品"。由"今世缘"研发的高端商务接待用酒——"国缘"系列酒被中国轻工业联合会评为"2008年度科学技术优秀奖"。而在此之前，"国缘"酒已经被外交部列为接待用酒，招待世界范围的宾朋。

"国缘"酒的研发是一个不断创新的过程。传统酿酒一般采用出酒率高的单粮型方法或者香气浓郁的多粮型方法。"今世缘"通过科研攻关，走出了一条单粮与多粮复合酿酒的新路，使酒基放香更加飘逸，入口更加绵软。己酸菌蛋白营养液是决定白酒品质的重要指标。为此，公司购置一系列检测设备，对富含己酸菌蛋白营养液的窖泥功能菌进行营养成分分析，提高酒基质量。在酿造工艺上，"国缘"酒也是反其道而行之，向传统酿造方法回归。它采用酱香堆积和芝麻香生产工艺相结合的方式，形成融粮香、曲香、浓香、芝麻香于一体的复合型酒体。目前，这种工艺在全国白酒行业中处于领先水平。自"国缘"酒推出以来，公司先后荣获市科技进步一等奖、重大科技成果奖，通过省级新产品鉴定。这让"国缘"酒，既受到了专业人士的好评，又赢得了白酒市场的青睐。

另外，"今世缘"不仅在酒窖、酒曲、发酵等工艺上不断钻研，同时，对包装的研发也独具匠心，聘请国内设计实力最强的公司设计了 VI 识别系统，包装分为地球、月亮、太阳三大系列，星球图案与品牌名称珠联璧合，相得益彰，更增添了"今世缘"的文化品位。这种酒在包装上力求简洁新颖、品牌表示鲜明，并采用了独特的开启方式。目前，今世缘酒业有限公司已经为"国缘"酒外包装申请了 9 项专利，并取得授权。

四、软件企业创新创业研发战略规划

本项实验的材料是用友软件公司研发战略规划。

研发战略是指通过对现有市场的调查，考虑如何通过改良现有市场上的产品或考虑向市场提供哪些产品，以及怎样开发新产品以期扩大销售量、提高公司绩效的战略。研发是企业生产经营过程中的一个关键环节，企业的主要业务流程就是由产品研发、生产、营销所组成的一套系统。客户需求的多元化发展使产品研发在经营活动中的比重不断加大，许多企业不断增加研发的投资比重。产品研发虽然在初期会耗费公司的资金，但也给企业带来了丰厚的利润，一些大企业 2/3 的利润来自新产品的销售。

用友软件股份有限公司是中国目前市场占有率最高的管理软件提供商，其产品渗入我国的汽车产业、医药行业、财政与公共事业单位等多个行业，2010年，软件销售收入将近20亿元，属于一家兼具规模经济和范围经济的大型的软件企业。虽然规模经营可以带来成本领先优势，但在IT业这终究属于一种比较优势——易被竞争对手模仿和复制，真正确立和巩固用友软件的核心竞争优势的决定性因素，是其成功的研发（research and development，研究与发展）战略——保障了用友的技术领先和技术开拓，能够源源不断地向管理软件市场推出技术最先进的产品。

（一）掌舵技术走势的蓝海战略

蓝海战略是用友采取的市场定位战略。市场定位战略是整个用友研发战略的基础性选择，它确定了公司研发资源和能力配置的方向与范围——是定位于领先和开拓还是定位于跟随和模仿。用友的战略定位一直致力于创造、开发最为先进的管理软件系统，适应各种不同规模的企业。其开发的管理软件具有明显的竞争优势——产品差别优势；用友的创新能力也因此在业界享有盛誉。然而，由于我国管理软件的寿命都比较短，相比一些国际性的大型管理软件公司而言，我国的管理软件在技术上不占优势，而如果一味突击现在已经在大型企业，特别是跨国企业占有绝对优势的国外的管理软件公司，效果肯定不显著。因此用友利用本土化的优势，并且将未来的市场定位在适合国内大中型企业和国外软件厂商尚未涉足的小型企业——低端市场，采取蓝海战略。

蓝海战略（blue ocean strategy）最早是由W. 钱·金（W. Chan Kim）和勒妮·莫博涅（Renée Mauborgne）于2005年2月在二人合著的《蓝海战略》一书中提出的。蓝海战略认为，聚焦于红海等于接受了商战的限制性因素，即在有限的土地上求胜，却否认了商业世界开创新市场的可能。运用蓝海战略，视线将超越竞争对手移向买方需求，跨越现有竞争边界，将不同市场的买方价值元素筛选并重新排序，从给定结构下的定位选择向改变市场结构本身转变。

正是基于这种对市场的准确定位和强大的研发能力，用友不仅可以通过新产品开发获得短期市场利润，还能够通过知识创新和技术变革创造新市场，从而在市场竞争中获得长期的竞争优势，实现自主的持续发展。

最近几年来，用友更加重视技术研发，重点发展软件服务业，扩大软件研发部门，最终使用友的管理软件跻身于世界前列，成为全亚洲最大的管理软件提供商。在软件产业日益成熟和标准化、利润空间不断收缩的背景下，对市场准确定位并不断加大研发投入，重视管理创新，为越来越多的客户提供管理解决方案，这是一种更为高端的研发技术——市场定位战略。

（二）研发网络的多元化协调战略

软件业的许多跨国公司都进行了研发的国际——网络化，但随着一个企业地理分散的研发活动的增多，管理协调上的复杂性成为非常突出的问题。一般而言，由于研发分支机构和总部之间的认知偏差、信息沟通存在分歧，企业的全球研发网络存在诸多影响运行效率的矛盾。

用友公司作为一个知识创新、技术创新和产品创新的企业，形成了一套行之有效的管理协调战略系统：在组织上，所有的基础研究所均在公司最高层的直接管理之下，这里的研究中心直接协调各个基础研究所，既包括技术协调也包括人力资源和财务资源协调，但这些研究所之间是网络间的节点即平行协作关系，这样既保障了研发战略部门之间的协作效率，又能够在公司内对其进行统一管理和部署，还可以防止研发资源暴露；应用研究所则分别由各地的用友公司管理，以配合这些公司满足市场需求、成本要求和技术水平标准，而各应用研究所的产品开发方针和具体计划则要求与公司整体的市场竞争战略保持一体化。因而，从用友的整个管理协调的组织来看，基本原则是高端的，作为公司创新和竞争力源泉的研发部门直接控制于公司总部；而具体的产品开发则趋向于分散管理，各研究所之间的技术协调依赖于研发的国际——网络化的整合性。

此外，保持整合性要求网络中的各主体及成员之间目标的一致性，其间的联系——正式的和非正式的也是必不可少的。用友公司主要是依靠以下多种渠道实现信息沟通和交流：一是成立专门的委员会，为研发部门的主要和特殊人员在公司内部提供跨部门、跨地区的见面交流平台，可以就某些关键问题进行讨论；二是配合研发网络建立信息技术基础设施，提供电子邮件服务、共享数据库和远程登录技术，使全体雇员能够共享电话本、图书室等公司信息库，从而大大提高了研发流程的效率。用友的业务主要是软件研发和销售，而软件业是知识密集型行业，建立起来的竞争优势无疑将具有垄断性和长期性，因此用友的研发战略很可能意味着对将来而言，它已经取得了某种至高的市场竞争位势。

（三）研发网络的精细化整合战略

随着用友对其技术——市场定位进行的战略性范围调整，公司相应地开始调整其研发网络，加快由传统的财务软件提供商向企业管理软件提供商的转变。其中最主要的战略选择行动就是公司一直在努力推行各个行业、各种规模公司的管理创新，争取成为全亚洲最大的管理软件提供商。

这种战略特征明显区别于早期以前只注重于财务软件研发的战略，用友在财务软件的研发上有其自身的优势，在公司成立初期仅凭借财务软件的规模经济即可以成为市场的佼佼者，但是随着科学技术的进步和软件行业自身发展的日趋成熟，软件产品的易模仿性鞭策着用友公司必须不断加大研发投入，创新管理流程，向提供精细化管理的企业管理软件方面努力。这种精细化战略并非简单的"归核化"，它既是将公司研发资源向核心业务整合的过程，也是将研发资源向软件产业更高端环节集聚的过程，这种战略不但定位于高端，而且能够直接服务于市场——利用公司创新技术和发明所产生的解决方案为客户解决问题的系统构建及其咨询服务。

五、通信企业创新创业研发战略规划

本项实验的材料是中兴通讯公司研发战略规划。

（一）市场驱动型的研发战略

电信业的发展充满不确定性，大量的技术投入无法最终商业化，特别是因全球经济波动形成越来越复杂的利益格局与政策变数，都大大加剧了通信制造企业决策的风险。

在复杂的市场环境下，中兴通讯始终坚持把满足市场需求作为目标放在首位，一直坚持"市场驱动型创新战略"。为此，公司提出了"两个深入"和"50%原则"，即要求管理人员特别是高层管理人员必须深入客户、深入一线员工，始终保持敏锐的市场判断力和创新动力；无论是市场人员还是系统设计人员都必须将50%的工作时间用到深入市场第一线、深入客户，贯彻"技术的生命力来自市场"的理念。由于公司强调坚持技术创新的长、中、短期结合和合理产品布局，根据市场现实及潜在需求进行研发跟踪和投入，弹性投入、动态跟踪，与市场同步，因而增强了企业投入的可持续发展性。

在国际金融危机面前，中兴通讯对企业的重大投入更注重顺应市场的变化，保持对客户需求和市场环境变化的高度敏感。中兴通讯在 3G 研发过程中即采取了初期跟踪投入，并根据其发展状况一步步加大人力和资金投入的策略。以中国 3G 标准 TD 为例，中兴通讯在此项目上的研发队伍已从最初的几个人增加到目前的 3200 人，研发资金也累积达 20 多亿元。在目前全球 3G 日趋成熟、中国 3G 启动的关键时期，中兴通讯近两年仍将继续加大对 3G 的研发投入。在未来的 LTE 和 4G 的研究中，也已经成立了一支超过 2000 人的研发队伍。这一策略的实施，使中兴通讯在错综复杂的经济形势变化中把握住了国内 3G 的重要机遇，在 2009 年中国 TD-SCDMA、CDMA、WCDMA 三种制式的3G 市场公开招标中，一举获得近三成的综合市场份额，成为中国最大的 3G 网络设备提供商。

（二）自主品牌研发战略

中兴通讯在创办之初就确定了自主创新战略，并将技术研发置于企业发展的重要位置，长期以来坚持将收入的 10%投入研发。即使在目前处于国际金融危机的时候，公司仍然坚持按营业额同样的比例投入研发。2004—2008 年，中兴通讯的研发投入累计达到150 亿元，其中 2008 年投入 40 亿元。当公司的竞争对手迫于压力而缩小研发规模的时候，中兴通讯的技术实力仍在不断加强。因此，在全球竞争中，尤其是在重视技术且通信产业正面临升级的欧美高端市场的竞争中，中兴通讯逐渐显现出优势。

保障对自主研发的投入，是中兴通讯基于通信行业特点制定企业发展战略的关键，是中兴通讯在长期的市场激烈竞争中取胜的法宝。早在 1992 年，国内 200 多家小型交换机企业由于没有自主技术纷纷在竞争中倒闭，中兴通讯则自主研发出万门程控交换机，这不仅打破了当时"七国八制"进口厂商长期垄断中国固定电话网络设备的格局，而且在那场严酷的行业洗牌中站稳了脚跟并迅速壮大，奠定了公司振兴民族通信产业发展的技术基础。2001 年，中兴通讯在联通 CDMA 建网初期，依靠自主研发的全套民族品牌设备首次取得中国移动通信网络建设大规模市场份额，使公司获得了支持研发和高速增长所需的现金流，在当时的全球电信大滑坡中成为唯一逆势增长的企业。面对当前的国际金融危机，中兴通讯坚持自主创新，增强了"内功"，技术优势和持续成本领先优势更为凸显，成为从容应对经济危机、提升全球竞争力的利器。

（三）产学研一体化研发战略

由中兴通讯发起的业内最大产学研合作组织成员包括北京大学、清华大学、北京邮电大学等 17 所大学，工业信息部电信研究院以及中国移动、中国电信、中国联通三大运营商的研究院。这些科研机构将在技术和标准等领域与中兴通讯开展合作，借助中兴通讯遍布全球的业务网络和国际市场开拓能力，实现科研成果向市场的快速转化，将高校和研究机构的研发资源、企业的产业化能力和运营商的市场引导紧密地结合在一起，提升国家的整体创新实力。在创新型高科技行业，人力成本所占企业整体成本的比重相当高，必须有效提升人力资源效率，企业的优势才能得到体现。对中国高科技企业而言，依靠以人为本来构建企业的核心竞争力是技术创新的根本战略。其中，人才、知识产权、技术产业化能力是企业创新的核心要素，需要重点加强。中兴通讯从 1985 年成立之后不久，就投身技术竞争激烈的电信设备行业。从那时候起，公司就坚持在人才战略方面形成系统保障。经过多年努力，中兴通讯的研发技术队伍从当年几个人发展到目前的 4 万多人，占公司 6 万多名员工总数的 75%，成为目前在中国沪深两市 1600 余家上市公司中研发技术人员数量最多的企业。

在本轮世界经济衰退中，全球同行大量裁减人员，中兴通讯则抓住机会继续储备人才。2008 年，公司在国内推进"全国高校揽才计划"，招聘规模的增幅达到三成左右。在中国证监会的支持下，公司拿出 10 多亿元激励资金连续两年对 4000 多名公司骨干员工实施股权奖励。这是中国内地上市公司覆盖面最为广泛、涉及员工层面最多的股权激励方案。

中兴通讯依靠 4 万多名技术人员坚持不懈地研发和创新，形成了全方位的知识产权战略。如今，在知识产权和标准方面的创新已经成为中兴通讯以"技术超越"制胜市场的关键。在 2008 年中国 TD-SCDMA 的产业化过程中，中兴等中国本土设备供应商一举拿到 70%的市场份额，打破了 2G 时代海外厂商占据统治地位的格局。目前，中兴通讯已加入 ITU、3GPP、3GPP2、CDG 等 70 多个国际标准化组织，获得 30 个国际标准组织的领导席位。公司拥有超过 18000 项专利申请，其中手机专利申请超过 2000 项，手机专利中发明专利超过 90%。

在当前全球经济低迷，国内通信产业转型、融合和发展的背景下，如何整合人才优势，更好开展通信技术创新，在不断变革的市场环境下驾驭产业发展方向，是通信产业领先企业和科研机构共同关心的问题。为此，在 2009 年 4 月，中兴通讯联合中国移动、中国电信、中国联通三大运营商研究院和清华大学、北京大学、北京邮电大学等 19 所高校，共同发起成立了国内通信界最大的产学研合作组织——"中兴通讯产学研合作论坛"。通过加强产学研一体化，中兴通讯将更广泛地调用国内潜力巨大的人力和智力资源，开展通信技术创新。

六、家电企业创新创业研发战略规划

本项实验的材料是格兰仕集团研发战略规划。

（一）基于高品质生活的研发战略

在对消费者市场进行细化分析后，格兰仕把目标消费群锁定为高收入、高学历、高职位的"三高"人群，他们的共同点就是注重生活品质，对食品的营养要求高。对此，格兰仕加大投入进行科技攻关，格兰仕的产品设计指向高品质生活。

在格兰仕产品展示厅，一台能看电影的微波炉吸引众多观众的目光，微波炉配备了

TFT 真彩屏和 USB 端口，可以看电影、听音乐、阅读电子书、欣赏电子相册。格兰仕集团新闻发言人陆骥烈说："无论是通过高温蒸汽分解脂肪的蒸汽微波炉，还是即将应用于全线产品的触摸感应屏控制面板，格兰仕的技术创新更加注重为消费者提供高品质健康生活。"

从需求入手，在产品的研发中突出人性化科技，成为格兰仕提升品牌价值的技术支撑。公司还研发了科技含量高、功能人性化的各种产品，包括抽油烟机、燃气灶等。

（二）基于节能环保的研发战略

格兰仕发言人陆骥烈接受人民网专访时针对低碳经济与产业升级表示，"我们从固定资产的投放开始，到我们整个设备的利用、到我们的生产方式都要从头到尾去贯穿节能减排的概念，才是一种完整的倡导主张"。格兰仕在产品设计上更加注重节能降耗。格兰仕空调 2008 年年底率先在行业宣布全面停产二级能效，2009 年春节前，市场上格兰仕空调的"中国能效标识"都将指向一级。格兰仕空调公司总经理欧阳波表示不断升级的压缩机技术、优化风道设计……节能降耗是在改进核心技术的基础上，集成创新的结果。在 2005 年国家推行 5 级能效产品的时候，格兰仕开始研发 1 级能效并在今年推广，不久格兰仕超 1 级能效空调也将上市。

（三）基于高端产品的研发战略

以纯蒸炉为代表的高科技豪华家电上市表明了以"物美价廉"著称的格兰仕在占据了大众消费者厨房之后，开始把目光投向位于社会塔尖的高端消费群体。经历三年的改革调整之后，2007 年年初，格兰仕执行总裁梁昭贤正式提出"百年企业，世界品牌"的战略构想，力促品牌国际化、高端化。半年以来，以价格战成功抢占微波炉全球市场份额 50%的格兰仕反常大动作颇多，昔日的"价格屠夫"高调实施向高科技家电顶尖品牌的战略转型。

七、房地产企业创新创业研发战略规划

本项实验的材料是北京万通地产公司研发战略规划。

（一）房地产业发展分析

据了解，全球 50%的物质原料被用来建造建筑物，全球 50%的能量在建筑物的建造过程中被消耗，34%的环境污染都跟建筑物有关，建筑垃圾占人类总体垃圾的 40%，建筑物的碳排放也占全球碳排放的 40%。因此，房地产行业作为节能减排的重点行业，落实节能减排已经到了刻不容缓的地步。

中国是碳排放的大国之一，而在中国，据说房地产行业的碳排量占到整个碳排量 40%以上，自然也因此成为了国际、国内节能减排的重点关注对象。在国内，有一则传闻引起格外的关注：万科深圳零碳总部据称获得政府 1000 多万元的补贴，这被解读成为房地产行业进入低碳元年的标志性事件——从此对房地产企业来说，低碳、绿色不仅是企业的社会责任，而且是政策的要求，同样也开始有了正向的政策利益导向，绿色地产、低碳地产正在从市场和政策双重层面找到根基，整个行业的低碳脚步将大大加快。

在哥本哈根会议之前，万通地产在中城联盟内部高层会议中宣布，未来 5 年万通地

产预计开发总量约 1000 万平方米，所有项目达到建设部绿色建筑的标准，争取达到绿色建筑三星级标准，总计减少碳排放量将达到 244.55 万吨。

全球瞩目的哥本哈根会议没有就事关人类前途的低碳减排问题达成有效协议，但依然可以视为世界历史进入低碳时代的标志性事件，碳金或者说绿金的演义扣紧历史方向。而几乎在同时，两部世界级的杰出影片——此前的《2012》和此后的《阿凡达》，也用最深入人心的方式进行了一场全球环境教育。

（二）万通地产绿色低碳研发战略

节能减排是全球房地产行业发展的趋势。房地产开发商作为产业链的关键环节，可以通过设计、采购、施工、使用等环节，整合上下游资源，严控绿色指标，最终实现产品绿色低碳。万通地产正是根据此理念对公司的战略进行了调整，适时提出了"绿色公司"的研发战略。

智者察于未萌。早在 2008 年，万通地产就正式确立了绿色公司战略，从绿色价值观、绿色行为方式、绿色产品与服务三个方面系统推进。其中，绿色价值观是万通地产"守正出奇"核心价值观的一脉相承，是把绿色公司所提倡的环保、节约、和谐和理性发展的精神奉为公司圭臬，以此为出发点，对企业经营管理的全部行为进行指导，自我选择，自我检测，自我约束。如果说绿色公司是整个万通地产的 GPS，那么绿色价值观则是绿色公司战略的 GPS。基于此，万通地产甚至推出公司高管每年进行道德审查的特别制度，这已经成为以冯仑为首的万通地产所有高管每年的必修课。绿色公司行为方式，是在绿色公司价值观指导下，公司对于员工、股东、客户、合作伙伴和社会的态度，以及在此基础上具体制定的制度和采取的行为。可以说，绿色行为方式贯穿绿色公司全流程、全界面，是润滑剂。绿色产品和服务则毋庸赘言，是基础，也是关键。

2009 年，万通地产在绿色公司之路上的精进表明，绿色公司战略既是万通地产的根本经营发展战略，也是整个企业创造经济价值和利益的过程，天然成为承担企业社会责任的过程，使企业社会责任成为公司发展的内生力量和制度安排。

绿色公司的战略正是万通地产走出的一条属于自己的"不争"之路。推行绿色公司战略，升级绿色产品，是万通地产布局未来的重要举措，既安全，又高效，又能面向未来持续的增长。

绿色产品战略的实质进展让万通地产的绿色公司战略迈出了一大步。位于河北香河的大型生态项目万通镇的万通地产和联手中体产业、国际奥委会的三亚奥林匹克湾项目，也将按照绿色产品标准进行规划。冯仑表示，万通地产将通过持续的绿色精品项目创新，引领市场的绿色时尚，也推动了万通地产绿色公司战略在低碳时代走得更深、更远。

第三节　创新创业研发战略规划实训方法

一、注册与登录

（一）注册

（1）任课教师或实验管理员通过教师平台对选课学生统一注册并确认。

（2）选课学生打开实验网址，如图 8-2 所示，单击【注册】，任课教师通过教师平台确认即可。

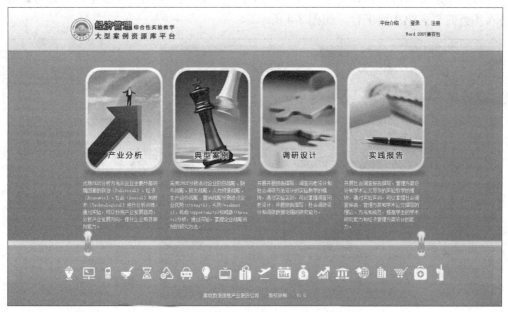

图 8-2　经济管理大型案例资源库平台

（二）登录

（1）选课学生打开网址，单击【登录】。

（2）选课学生进入【登录】窗口，选择【学生】，输入事先注册的用户名和密码，单击【登录】后进入主界面，如图 8-3 所示。

图 8-3　经济管理大型案例资源库平台用户登录

二、学习与实验

（1）登录进入后，选择要学习和实训的【典型案例】模块，单击【典型案例】图标进入各类典型企业实训平台，如图 8-4 所示。

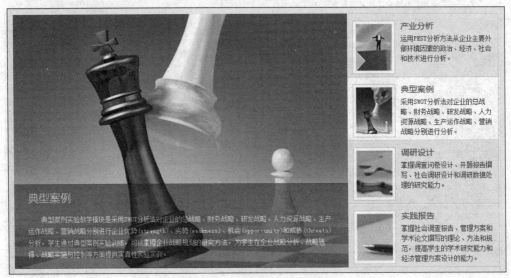

图 8-4　典型案例分析模块

（2）进入【典型案例】模块后，如图 8-5 所示，浏览【实验资源】。根据专业特征或创业兴趣在左边选择相关产业的企业学习。同时，浏览【实验内容】，做好案例分析与讨论作业。单击【V1.0】图标进入相关产业的企业分析平台实训，如图 8-6 所示。

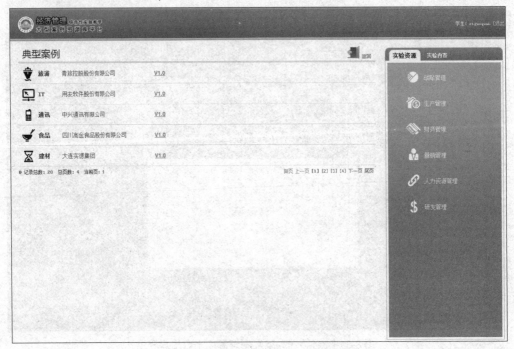

图 8-5　典型企业案例实训模块的选择

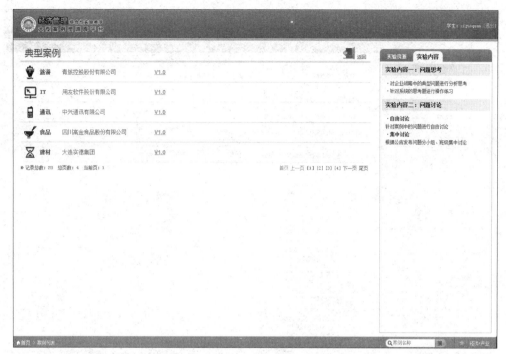

图 8-6　典型企业案例实训模块的实验内容与方法

（3）进入某典型企业案例分析模块后，如图 8-7 所示，在左边目录中有企业总战略菜单，依次选择进行学习，并回答右侧的实验实践模块中的问题，再加以保存。如图 8-8 所示。

图 8-7　典型企业案例分析模块界面

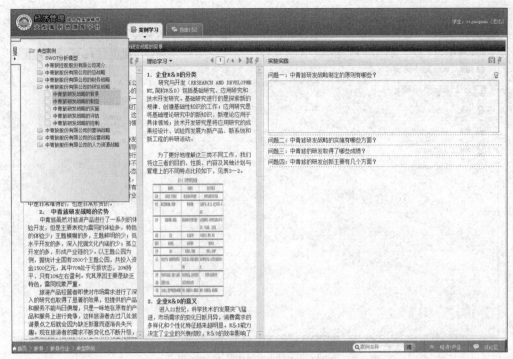

图 8-8　典型企业研发战略分析

提示：

- "实验实践"部分，是根据该界面理论部分所设的问题，供同学进行回顾和思考，学生可以根据右上角指示灯了解解决问题的思路。
- 右下角为学生讨论区，学生可以单击【打开】，进行讨论和交流。

第四节　创新创业研发战略规划实训报告

一、汽车企业创新创业研发战略规划实训

（1）奇瑞公司的研发体系有哪几个部分组成？

答案要点：①内部研发；②控股研发；③国内外联合研发；④委托研发；⑤与配套厂家协同研发。

（2）奇瑞公司研发战略的实施保障有哪些？

答案要点：①研发机构建设（产品研发中心、制造技术中心、信息中心，国家节能环保汽车工程技术中心、国外合作机构为其服务）；②建立了一整套产品设计与开发流程，编制了相应的设计开发指南，实现企业产品开发流程的标准化；③研发激励机制建立。大力吸引人才，用创新的机制激励人，通过工作培训人；④保障研发经费的投入。

（3）奇瑞公司研发战略取得的成果有哪些？

答案要点：①取得了自主知识产权优势；②研发优势获得提升；③品牌优势获得提升；④汽车厂商关注度排行第一；⑤新能源汽车及前瞻性技术的推出。

二、金融企业创新创业研发战略规划实训

（1）结合南京银行实际，谈谈南京银行是如何实施研发战略的。

答案要点：个人业务；中小企业融资；债券业务。

（2）试分析南京银行为保障研发战略的有效实施采取了哪些控制措施。

答案要点：加强研发管理，规范研发体制；健全内控制度，确保严格执行；完善监管体制，加强风险监管。

三、酿酒企业创新创业研发战略规划实训

（1）新产品开发的四个阶段有哪些？

答案要点：新产品开发的四个阶段包括：①调查研究和前期开发阶段；②新产品设计、评价、鉴定和试制阶段；③新产品的市场开发阶段；④正式生产和销售阶段。

（2）自选一个行业，对其研发战略管理的主要内容做一阐述。

（3）科研合作对今世缘酒业有限公司的研发有何作用？

答案要点：随着产业科技含量的升级，行业内的交流与合作越发频繁。"今世缘"在注重自我创新的同时，更加强了与业界同行及科研院所的合作学习。广泛的科研交流与合作对"今世缘"研发战略的实施起到了显著的带动作用。

四、软件企业创新创业研发战略规划实训

（1）用友软件股份有限公司的研发优势包括哪些？

答案要点：①信息化软件领域经验积累深厚；②强大的研发能力

（2）用友在制定研发战略时考虑了哪几个方面？

答案要点：①掌舵技术走势的蓝海战略；②研发网络的多元化协调战略；③研发网络的精细化整合战略。

（3）用友是怎样在创新体制上控制研发战略的实施的？

答案要点：用友根据国际技术发展规律和自身企业发展规律，一直采用3年中期计划和6年长期规划进行公司中长期发展规划的制订。

五、通信企业创新创业研发战略规划实训

（1）产学研一体化在研发战略中所起到的作用是什么？

答案要点：企业、高校、科研机构有效结合。解决了人才、资金等问题。

（2）谈谈中兴通讯研发战略实施的三个阶段。

答案要点：①早起的国产化模仿创新；②产品多元化改进创新；③国际化集成创新。

六、家电行业创新创业研发战略规划实训

（1）格兰仕集团有限公司实施研发战略有何优势？

答案要点：①公司有明确的研发定位；②公司高层对研发很重视，投入资金较多；③积极对外合作，吸引其他公司的优秀技术；④建立了一支高素质的研发队伍等。

（2）格兰仕集团有限公司研发战略的定位是什么？

答案要点：①基于高品质生活；②基于节能环保；③基于高端产品的开发等。

（3）格兰仕集团有限公司的研发战略效应怎样？

答案要点：①科研成果丰厚，公司迄今获得了 600 余项科研成果，如球体微波技术、微波增强补偿技术、多重防微波泄漏技术；②掌握了磁控管、变压器、压缩机等家电核心零部件的设计与生产；③高端产品开发进展顺利，多项产品为时间首创。

七、房地产企业创新创业研发战略规划实训

（1）万通地产研发战略制定的背景是什么？

答案要点：分别从国内房地产政策的不断变化所带来的挑战、房地产企业竞争激烈带来的挑战和万通地产未来发展的机遇三个方面来论述。

（2）万通地产研发战略的选择是什么？

答案要点：在哥本哈根会议之前，万通地产在中城联盟内部高层会议中宣布，未来 5 年万通地产预计开发总量约 1000 万平方米，所有项目达到建设部绿色建筑的标准，争取达到绿色建筑三星级标准，总计减少碳排放量将达到 244.55 万吨。从 2008 年开始，万通地产确立了把绿色公司战略作为公司长期、根本战略，并开始全面推进。而在 2009 年年末，当地产低碳时代尚还随着哥本哈根会议似有萌芽迹象之时，万通地产已经在通往绿色公司的美丽新世界的大路上勇毅精进。

（3）万通地产研发战略的实施如何？

答案要点：全球 50%的物质原料被用来建造建筑物，全球 50%的能量在建筑物的建造过程中被消耗，34%的环境污染都跟建筑物有关，建筑垃圾占人类总体垃圾的 40%，建筑物的碳排放也占全球碳排放的 40%。因此，房地产行业作为节能减排的重点行业，落实节能减排已经到了刻不容缓的地步。分别刮起绿时尚旋风、绿色原型屋与产品创新研发基金、绿色公司的一大步三个方面来实施万通地产的研发战略。

八、实训报告

试以国内某企业为例，写一份企业创新创业研发战略规划报告。

第九章

创新创业生产运作战略规划

第一节　创新创业生产运作战略规划原理

一、创新创业生产运作战略

（一）生产运作战略

生产与运作战略是生产与运作管理中最重要的一部分，是指有效地利用企业的关键资源，以支持企业的竞争战略，以及企业总体战略的一项长期的战略规划。其目的是支持和完成企业的总体战略目标服务，是根据总体战略的目标规划，整合企业的内外部资源，以自己的核心竞争优势，最低的生产成本、最合理的生产流程来完成所要达到的目标。

相比起米，传统企业的生产与运作管理并未从战略的高度来考虑生产与运作管理问题，但是在今天，由于企业间的竞争越来越激烈，企业的规模越来越大，管理也越来越复杂，使企业更要考虑怎样生产出适合消费者的产品，怎么合理地安排生产，怎么样从自己的竞争优势中找出自己具备的竞争能力，以使自己的生产成本达到最低，从而更好地与别人进行竞争。因此，在现代企业的生产与运作战略中，分析构成企业竞争优势的影响因素，并在此基础上寻找企业本身的竞争优势将是一项十分重要的事情。

（二）生产运作战略特征

20 世纪 60 年代末期，哈佛商学院被称为"运营战略之父"的管理大师威克汉姆·斯金纳教授（Wickham Skinner）认识到了美国制造业的这一隐患，他建议企业开发运营战略，以作为已有的市场营销和财务战略的补充。在他的早期著作中，就提到了运营管理和企业总体战略脱节的问题，但当时并没有引起企业界注意。

由哈佛商学院的埃伯尼斯（Abernathy）、克拉克（Clark）、海斯（Hayes）和惠尔莱特（Wheelwright）进行的后续研究，继续强调了将运营战略作为企业竞争力手段的重要性，他们认为如果不重视运营战略，企业将会失去长期的竞争力。例如，他们强调利用企业生产设施和劳动力的优势作为市场竞争武器的重要性，并强调了如何用一种长期的战略眼光去开发运营战略的重要性。

运营战略在企业的经营活动中处于承上启下的地位。向上要遵循企业的经营战略，通过运营战略环节把经营战略细化、具体化；向下要推动运营管理系统，贯彻执行具体的实施计划，以实现经营战略的目标。

运营战略在企业经营管理中的这种位置决定了它的如下一些特点。

（1）它是从属于经营战略的，因此考虑的问题比较具体一些，从产品选择到生产组织都是它研究的具体对象。

（2）它与营销战略、财务战略等紧密相关。即一方面运营战略不能脱离财务与营销战略等自我发展、自我实现，在其运营过程中要受两大管理行为的约束；另一方面它又是实现营销与财务战略的必要保障。

（3）运营战略考虑的面比较宽，时间跨度比较长。

（三）生产运作战略规划的基础

生产与运作战略成功的关键是要明确组成本企业的竞争因素是什么，同时也需要了解每个竞争要素的选择后果，以做出必要的权衡。对众多学者的研究成果进行研究分析后发现，影响企业获取竞争优势的因素是多种多样的，概括起来有以下这几个方面：生产管理成本、质量、柔性、时间、服务，以及现在越来越受到重视的环保。

1. 生产管理成本

成本，包括生产成本、制造成本、流通成本和使用成本等。降低成本对于提高企业产品的竞争能力、增强生产运作对市场的应变能力和抵御市场风险的能力具有十分重要的意义。

企业获取竞争优势的最主要的一个要素就是企业能够在一切生产管理活动中获得比同行业企业更低的生产管理成本。低成本战略也是企业所要追求的一项生产与运作战略，因为价格是最能影响顾客购买欲望的因素，很显然，在质量、功能相同的条件下，顾客将更加愿意选择价格较低的产品或者服务。如果一个企业的生产运作成本越低，企业在价格上就越有竞争优势。而怎样从生产运作过程中寻找企业能获得低成本竞争优势来呢？

可以从企业的生产价值链中来寻找，根据企业自身的条件，从企业购买原料、储存入库、投入使用、生产、产出入库保存、运输，以及销售，这几个生产环节中找到企业自身存在的可以比同行业企业更低的生产成本环节，从而利用这一个或几个方面的优势环节与其他企业展开竞争，利用低成本的战略在激烈的市场竞争中获得胜利。除了从生产价值链中寻找竞争优势以外，有条件的企业还可以利用一些生产运作管理模型来帮助企业管理生产运作过程，使整个企业的生产运作过程达到最优的状态，从而可以降低企业的生产成本，这类管理模型具体有：mrpii（erp）模型、准时生产模型（jit）。但这两种模型从根本上说也是从企业的生产价值链种寻找出能很好地降低企业的生产成本的模型。企业降低成本、提高效益的措施很多，诸如：优化产品设计与流程设计、降低单位产品的材料及能源消耗、降低设备故障率、提高质量、缩短生产运作周期、提高产能利用率和减少库存等。

2. 产品的质量

质量是指产品的质量和可靠性，主要依靠顾客的满意度来体现。我们所讲的质量指全面的质量，既包括产品本身的质量，也包括生产过程的质量。也就是说，企业一方面要以满足顾客需求为目标，建立适当的产品质量标准，设计、生产消费者所期望的质量水平的产品；另一方面生产过程质量应以产品质量零缺陷为目标，以保证产品的可靠性，提高顾客的满意度。此外，良好的物资采购与供应控制、包装运输和使用的便利性及售后服务等对质量也有很大影响。

产品的质量包括产品的功能、耐用性、可靠性、外观造型、产品的合格率等，产品的好坏反映了产品满足顾客需求的程度。质量的竞争力表现在两个方面：一是保持产品的高质量水平；二是提供更好的产品或服务。质量优势来源于生产与运作系统的保障能力，即生产与运作系统从工艺、技术、作业过程等方面来控制产品质量达到规定的标准，并保证质量的稳定性。

除此之外，产品的过程质量也至关重要，是因为它和产品的可靠性密切相关，过程质量的目标是生产没有缺陷的产品，可以预防性地解决产品的质量问题，从价值链上来分析就是，争取在投入资源生产这个环节中尽可能多地减少次品率，提高生产过程的合格率。产品的质量也是企业获取竞争优势的一个重要因素，在现代企业间的竞争，如果没有好的质量，无论你的成本有多低，也是竞争不过别人的。因此，在企业追求成本的同时，提高产品的质量也是至关重要的。

3. 制造柔性

制造柔性是指企业面临市场机遇时在组织和生产方面体现出来的快速而又低成本的市场需求，反映了企业生产运作系统对外部环境做出反应的能力。随着市场需求的日益个性化、多元化趋势，多品种、小批量生产成为与此需求特征相匹配的方式，因此，增强制造柔性已成为企业形成竞争优势的重要因素。关键柔性主要包括产品产量柔性、新产品开发及投产柔性和产品组合柔性等，由此又涉及生产运作系统的设备柔性、人员柔性和能力柔性等，甚至对供应商也会提出在这方面相应的要求。

从战略的观点来看待企业的竞争力，制造柔性是由与企业运作过程设计直接相关的两个方面构成的。一是企业为了客户提供多种产品和服务的能力，最大的柔性意味着提供给顾客的产品与服务的能力，以满足顾客独特的需求。这种提供给顾客的独特需求的能力，是企业的一种特殊的竞争能力，是一种与其他企业不同的制造能力。在现代顾客越来越追求个性化的时代，这种能满足顾客独特需求的能力也越来越为企业重视，成了企业获得竞争优势、实现企业成长壮大的强劲动力。企业可以通过企业本身的生产模式再造来获得，可以通过联合众多的利益相关者参与到企业的生产制造过程中去，来达到快速满足顾客独特的需求。二是企业快速转换工艺生产新产品的能力或者快速转换服务流程提供服务能力，由于产品更新换代加快，生命周期缩短，这方面的柔性变得越来越重要。这就是所谓的"柔性生产"。

4. 交货时间

交货期是指比竞争对手更快捷地响应顾客的需求，体现在新产品的推出、交货期等方面。交货期是企业参与市场竞争的又一重要因素，对交货期的要求具体可表现在两个方面：快速交货和按约交货。快速交货是指向市场快速提供企业产品的能力，这对于企业争取订单意义重大；按约交货是指按照合同的约定按时交货的能力，这对顾客满意度有重要影响。时间作为一种竞争要素，具体表现在企业的快速交货、交货的可靠性和新产品的开发速度方面。顾客对于交付产品或提供服务在时间上的要求，包括快递或按时交货的能力。

在同一质量水平下，企业间竞争优势差异的重要表现就是时间性。根据有关资料分析：高质量、高能力在国际竞争中的作用逐步下降，而代之以上升趋势的是准时或快递交货的竞争能力。在某些功能类型的市场上，企业交货的速度是竞争的首要条件，同时，伴随交货速度的要求提升，也对交货的可靠性提出了更高的要求。顾客不仅需要较快的交货速度，而且也更加关注交货的可靠程度。

在现代企业中，交货的可靠性可以有效地降低企业的库存成本，建立好的交货信誉，提升交货的速度及可靠性，可以使企业在没有库存的条件下也能快速地响应市场的需求变化，生产或提供适应的产品和服务。除此之外，新产品的开发速度也作为企业时间上的竞争优势表现出来。在知识经济时代，高新科技发展得很快，产品的生命周期越来越短。企业新产品的开发速度越快，就越能迅速占领市场，谁能比竞争者抢先一步，谁就能赢得顾客。影响交货能力的因素也很多，如采购与供应、企业研发柔性和设备管理等。

5. 服务

服务也是企业获得竞争优势的一种要素。在当今的企业环境中，为获得竞争优势，企业不仅需要向客户提供高质量的产品、快速便利的购买环境，以及交货速度和可靠性之外，企业还开始为客户提供额外的"增值"服务，这些"增值"服务就需要企业在产品的生产设计时候更加关注产品的一些额外的、附加的、能满足消费者需求的功能，同时也需要对销售后的产品进行跟踪服务，以确保消费者在使用本企业产品的时候能一直保持满意状态，进而培养顾客对本企业的忠诚度，这不论是对提供产品还是服务的企业都很重要。

6. 环保

随着生存环境越来越恶劣，已经有很多的消费者开始关注生态环境，并且，对自己日常所用的产品，对企业的生产过程是否对环境有害等给予了高度的关注。这对企业既是一个挑战也是一个机遇，哪个企业能够抓住消费者这种倾向，生产出环保的健康产品，就能获得消费者的认可，从而获得竞争优势。

二、创新创业生产运作战略规划体系

（一）生产运作战略的目标

生产运作战略属于职能战略中的一种，是企业战略的重要组成部分。我们可以把它的概念简单表述为：企业为了实现总体战略而针对生产运作系统的建立、运行，以及如何通过生产运作系统来实现组织目标所做的总体规划。它是在企业总体发展目标的指导下，具体规定企业在生产运作领域如何操作的问题，以保证生产系统的有效性，从而顺利地进行生产运作活动。

由于生产运作战略处于企业战略的第三层次，即职能战略，因此，即使在同一企业总体战略下，不同部门由于所选择的业务战略不同，也必须制定与之相适应的生产运作战略。

战略性生产决策是指企业根据经营战略选定目标市场和根据竞争要求进行产品及其生产系统规划设计时，对所面临的一系列重大问题进行权衡选择的过程（见表9-1）。

表9-1 战略性生产决策目标

决策范围	决策内容	抉择方案
产品战略	产品选择	产品服务的目标市场和产品的定位，产品应具备的功能特性，产品的差别优势取向，是自行设计还是外购
	产品系列	产品系列化程度的高低，产品线的宽度与深度，满足顾客要求的特殊规格的多少
	产品质量与成本目标	高质量、高可靠性或是低成本

决策范围	决策内容	抉择方案
生产系统优化战略	生产系统的功能目标与结构类型	生产系统功能目标体系及目标水平的高低，目标优先级及系统结构类型选择
	生产制造技术选择	生产制造技术与工艺过程选择，生产技术水平的高低，通用设备工装还是专用设备工装，机械化和自动化程度的高低，生产专业化形式
	生产规模	生产规模是小型、中型还是大型
	生产要素组合	生产要素质的组合和量的比例
	生产集成与一体化程度	投资重点放在生产设施还是研究与开发，生产的纵向集成度高与低或联盟合作，零部件自制还是外购与分包
	生产设施选址与布置	靠近销售市场或原材料市场或二者兼顾，异地选址还是网络选址，生产单位及生产设备的立体和平面布置

1. 产品（服务）的选择战略

企业进行生产运作，首先要确定的是企业将以何种产品（服务）来满足市场需求，以实现企业发展。这就是产品（服务）选择战略所涉及的内容。企业产品（服务）选择正确与否，可以决定一个企业的兴衰存亡，必须对此予以高度重视。

企业向市场提供什么产品（服务），需要对各种设想进行充分论证，然后才能进行科学决策，此时通常要考虑以下几个因素。

1）市场需求的不确定性

主要分析拟选择产品（服务）行业所处的生命周期阶段、市场供需的总体状况及发展趋势、企业开拓市场资源及能力、企业在目标市场的地位和竞争能力预期等。

人的基本需求无非是食、衣、住、行、保健、学习和娱乐等方面，可以说变化不大。但满足需求程度上的差别却是巨大的。简陋的茅屋可以居住，配有现代化设备的高级住宅也是供人居住的。显然，这两者对居住需求满足程度的差别是很大的。人们对需求满足程度的追求又是无止境的，因而对产品功能的追求亦无止境。随着科学技术进步速度的加快，竞争的激化，人们"喜新厌旧"的程度也日益加强。这就造成市场需求不确定性增加。由于一夜之间某企业推出全新的产品，使原来畅销的产品一落千丈。现实情况是，很多企业不注意走创新之路，当电风扇销路好时，大家都上电风扇；洗衣机走俏时，大家都上洗衣机；农用车好赚钱时，又纷纷上农用车；等等。结果，或者由于市场容量有限，或者由于产品质量低劣，造成产品大量积压，企业因此而亏损。因此，选择产品时既要考虑不确定性，也要考虑今后几年内产品是否有销路。

2）外部需求与内部能力之间的关系

首先要看外部需求。市场不需要的产品，企业再强的技术能力和生产能力，也不应该生产。同时，也要看到，对于市场上需求虽大的产品，若与企业的能力差别较大，企业也不应该生产。企业在进行产品决策时，要考虑自己的技术能力和生产能力。一般来说，在有足够需求的前提下，确定是否生产一个新产品取决于两个因素。一是企业的主要任务。与企业的主要任务差别大的产品，不应生产。汽车制造厂的主要任务是生产汽车，绝不能因为彩色电视机走俏就去生产彩色电视机。因为汽车制造厂的人员、设备、技术都是为生产汽车配备的，要生产彩色电视机，等于放弃现有的资源不用，能力上完全没有优势可言，是无法与专业生产厂家竞争的。当然，主要任务也会随环境变化而变化。如果石油资源枯竭，现在生产的汽车都将被淘汰，汽车制造厂可能就要生产电动汽车或者太阳能汽车。二是企业的优势与特长。与同类企业比较，本企业的特长决定了生产什么样的产品。选择没有优势的产品，是不明智的，一旦人家参加竞争，你就会败下阵来。

3）原材料、外购件的供应

一个企业选择了某种产品，要制造该产品必然涉及原材料和外购件的供应。若没有合适的供应商，或供应商的生产能力或技术能力不足，这种产品也不能选择。美国洛克希德（Lookheed）"三星"飞机用的发动机是由英国罗尔斯·罗伊斯公司供应的，后来罗尔斯·罗依斯公司破产，使洛克希德公司也濒于破产，最后不得不由美国政府担保。

4）企业各部门工作目标上的差异性

由于企业内部各部门的职能划分不同，在共同的企业总体战略目标之下，各部门工作目标的差异性也是客观存在的，这种差异必然会对产品选择产生影响，增加工作难度。例如，生产部门追求高效、低耗地完成生产，倾向于选择生产成熟的、单一的产品；营销部门追求产品组合的宽度和深度，以满足消费者多样化的需求，倾向于不断推出新产品；财务部门则更青睐销售利润高的产品选择。这些分歧的存在，从不同部门的角度考虑，都是为了企业的发展。这就需要企业在进行产品选择时进行综合考虑、全面协调。

除以上几个方面的因素，企业在产品（服务）选择时还要兼顾社会效益、生态效益等方面的影响因素。

2. 自制或外购战略

企业进行新产品开发，或者建立或改进生产运作系统，都要先做出自制或外购的决策。企业自制战略有两种选择：一是完全自制，即建造完备的制造厂，购置相应的生产设备，进行组织生产所必需的人员招聘与配备，产品生产的各个环节都在本厂完成；二是装配阶段自制，即"外购+自制"战略，部分零部件外购，企业建造一个总装配厂，进行产品组装。企业如果选择外购战略，就需要成立一个经销公司，为消费者提供相应的服务。

一般而言，对于产品工艺复杂、零部件繁多的生产企业，那些非关键、不涉及核心技术的零部件，如果外购价格合理，市场供应稳定，企业会考虑外购或以外包的方式来实现供应。

3. 生产系统战略

企业在做出自制或外购的决策之后，就要从战略的高度对企业的生产方式做出选择。正确的生产与运作方式，可以帮助企业动态地适应快速变化的市场需求、日益激烈的市场竞争、日新月异的科技发展，使企业能适应甚至引导生产与运作方式的变革。可供企业选择的生产与运作方式有许多种，这里仅介绍两种典型的生产方式。

（1）大批量、低成本。这种战略适用于需求量大、差异性小的产品或服务的提供，在这样一个特定的市场上，企业采用低成本和大批量生产与运作的方式，就能够获得竞争优势，特别是在居民消费水平普遍不高的处于经济发展阶段的国家（地区）。20 世纪初的福特汽车公司首创流水线生产，现在的 Wal-Mart 公司的低成本、大规模生产方式的选择，都是这一战略执行的典型代表。

这种策略往往需要高的投资来购买专用高效设备，如同福特汽车公司当年建造 T 型生产线一样。需要注意的是，这种策略应该用于需求量很大的产品或服务。只要市场需求量大，采用低成本和高产量的策略就可以战胜竞争对手，并取得成功，尤其在居民消费水平还不高的国家或地区。

（2）多品种、小批量。对于消费者的需求多样化、个性化的产品或服务，就不宜采用大批量生产的方式，而更适合采用小批量的顾客定制方式。这种方式最早出现于 20 世纪 80 年代初，它兼有大批量生产的低成本优势，以及单件小批量生产适应消费者个性化需求的特点，是介于大批量生产与单件小批量生产和运作方式之间的一种中间状态。当前，许多著名的企业，如丰田、惠普等公司，都采用这种生产与运作方式。

当今世界消费多样化、个性化，企业只有采用这种策略才能立于不败之地，但是多品种小批量生产的效率难以提高，对大众化的产品不应该采取这种策略，否则，遇到采用低成本和大批量策略的企业，就会失去竞争优势。

除以上两种较传统的生产与运作方式外，可供企业选择的先进的生产方式还有敏捷制造、JIT、计算机集成制造等。

（二）生产运作战略规划的内容

生产运作战略关键是生产适销对路的产品。要生产什么样的产品，决定了需要什么样的生产系统。研究企业生产系统应具有什么样的功能和结构，首先要从分析市场用户对产品的要求入手，以明确市场用户的需求和企业所选产品应具备的功能及其质量特性，这是产生一个生产系统的最基本因素，也是进行生产系统功能和结构设计的前提。

1. 产品的战略规划

用户对产品的要求是多方面的，归纳起来可以分为七个主要方面：产品的品种、质量、数量、价格、交货期、服务和环保。这七个方面较全面地概括了用户对产品的基本要求，但不同的用户对同一种产品在要求上往往有很大的差异。例如，有的用户追求产品款式新颖，或对品种规格有特殊要求；有的希望产品经久耐用，有很高的可靠性；有的对产品价格是否便宜有很强的要求；有的则不惜高价而只要求能迅速交货等。因此，在现实的经济生活中，企业为了适应市场需求，并出于市场竞争的需要，常常是根据不同用户的不同需求采用市场细分的经营战略。此时企业要求自己的产品不仅要能满足用户对产品七个方面的基准要求，而且还要能满足目标市场用户提出的特殊要求，并与其他企业的同类产品相比具有较明显的竞争优势。这必然要求企业的生产系统在产品生产上具有较强的功能，即要求它生产出的产品具有所需的特色，能在市场中取得竞争优势。

2. 生产系统战略规划

满足用户需求和适应企业竞争战略对产品的要求都是依靠生产系统生产出相应的产品来实现的。产品是沟通用户要求和企业生产系统功能的媒介，通过它可把用户和企业竞争战略对产品的要求转化为对生产系统的要求，从而使用户和企业竞争战略对产品的要求与产品对生产系统的要求之间有很强的对应关系，如表 9-2 所示，产品的品种、质量、数量、价格、交货期、服务和环保只表示用户对产品提出的七个方面的基准要求。所谓产品竞争优势一定是在这七个方面都能达到市场用户提出的基准要求或行业平均水平的要求，并在某些指标上有特别优异的表现。而产品的竞争优势显然是通过企业制定的竞争战略来确定的，因此，用户对产品的要求在转化为生产系统要求的过程中要受到企业竞争战略的约束，它明确了产品竞争优势的取向和对产品某些功能指标须进一步加强的要求；而对应于用户和企业竞争战略对产品提出的要求，产品对其生产系统提出了功能要求，即创新与生产柔性、保证质量、生产弹性、低生产成本、按期交货、服务和环保这七项要求，且这七项要求带有形成竞争优势的强度信息。因此，生产系统所要达

表 9-2　企业生产战略决策目标与决策方式

产品决策	产品指标的含义	对应关系	生产系统决策	生产系统功能的含义
产品品种	是用户需求差异性的反映，其表现形式为产品系列（线）的深度、宽度，以及产品品种的新颖程度、品种规格的特殊性和品种的更新速度等	→	创新与生产柔性	表现为生产对产品系列宽度、深度的相容性和对新产品的开发能力；此外，创新能力还表现为系统对新技术、新工艺、新机制的适应能力和自我完善能力。生产柔性表现为对环境变化、需求多样性和产品品种变动的应变能力或适应能力
产品质量	指产品的核心功能及其性能水平、可靠程度，它主要体现在对产品物质部分、基本功能的要求方面，属于用户购买决策的基本条件	→	质量监控	系统对产品品质的控制、保证能力。高质量的产品不是检验出来的，而是生产出来的，产品的品质特性与达标的稳定性需要设计、工艺技术、作业过程保证
产品数量	指用户对产品需求数量的变化，不同顾客、不同季节、不同场合对产品数量的要求不尽相同，导致订货数量方面的起伏变化	→	生产弹性	订货数量的变化意味着生产批量的变化，生产系统需要在批量安排上具有一定的弹性。生产弹性表现为对需求订货数量变化的适应能力及吸收或减弱外界变化对系统干扰的能力。其能力大小取决于系统的结构特点和运行机制
产品价格	包括产品本身的销售价格，也涉及产品在使用过程中的费用水平，以及竞争厂家产品、替代产品的价格差异	→	低成本生产	保证价格要求依赖于系统对成本的控制。低成本对于产品将更加具有价格竞争优势，即在相同价格情况下，低成本就意味着更大的盈利优势
产品交货期	用户对产品有供货时间的要求，对通用产品，企业通过一定的库存保障对用户有随时提供现货的能力；对专用产品，则通过合同与用户商定产品的交货期	→	按期交货	产品能否按期交货受生产准备周期和制造周期的制约，而准备周期和制造周期的长短及对按期交货的保证能力，又和生产系统的组织形式及采用的计划控制方式有关
产品服务	用户对产品售前、售后服务的要求	→	服务	系统能否保证对产品的售前更新、售后维修等非常规产品生产的需要
产品环保	产品本身无污染，可以清洁的报废	→	清洁生产	原材料使用、生产、加工或使用后，不会对资源造成破坏或对环境造成污染，报废由企业承担

到的功能目标是在以上七项要求的范畴内进行选择，而每项目标水平和要形成的具体优势强度则由产品的竞争战略规定。

从生产系统功能目标之间的关系来看，创新与生产柔性化是针对企业环境不断变化、市场、需求多样化和产品品种变动提出的，是使生产系统能够适应企业环境变化、市场需求多样化和产品品种变动要求的功能；而保证质量、生产弹性、低生产成本、按期交货、服务和环保则是生产系统按其运行规律和程序合理组织生产过程所应体现的功能。前一组功能目标关系着生产系统的服务方向和应变能力，如果生产系统不能适应外部环境市场需求和产品品种的变动，生产出的产品不符合社会的需要，那么后一种功能就失去其意义，甚至生产得越多，产品积压得越多，其不良后果也越严重。同样，如果生产系统满足前一组功能目标要求，但它未达到后一组功能目标要求，或得不到后一功能目标的支持和保障，那么生产的产品仍然不会有较强的竞争能力，也不能很好地满足用户需要和为企业带来竞争优势。所以一个设计合理和有效的生产系统应使上述两组功能相辅相成，共同为实现生产目标和企业的经营战略服务。

在实际经济生活中，企业生产系统各项功能目标之间常常会发生冲突，这主要表现在当系统各项功能达到一定水平之后，某些功能水平的提高会导致另一些功能水平的下降，或某些功能的改善须以其他功能的劣化为代价。例如，要迅速提高系统的创新功能和柔性，实行多样化产品生产，则会对产品质量保障能力提出挑战，还会因每种产品产量相对减少且达不到规模经济等原因造成成本指标的劣化；要提高系统的生产弹性，则会因降低了生产过程的稳定性和均衡性而使产品质量控制难度加大。又如，提高专用设备的比重和生产技术装备水平，强化系统的质量保障功能，则可能会引起产品生产成本的上升和影响系统柔性。生产系统各项功能目标之间的矛盾关系是由生产系统的结构决定的，所以，正确设计系统的功能和结构是企业经营战略和战略性生产决策中的重要方面。

（三）生产运作战略的实施

生产运作战略实施是生产运作战略管理的关键环节，是动员企业生产运作系统的全体员工充分利用并协调企业内外一切可利用的资源，沿着生产运作战略的方向和所选择的途径，自觉而努力地贯彻战略以期更好地实现企业生产运作战略目标的过程。

1. 生产运作战略实施与战略制定的关系

对企业而言，成功的生产运作战略制定并不能确保成功的战略实施，实施战略要比制定战略重要得多，而且也困难得多、复杂得多，分析战略制定与战略实施的不同配合结果，可以得出这样的结论。

（1）当企业制定了科学合理的生产运作战略并且又能有效地实施这一战略时，企业才有可能顺利地实现战略目标，取得战略的成功。

（2）企业制定的生产运作战略不够科学合理，但企业非常严格地执行这一战略，此时会出现两种情况：第一种是企业在执行战略的过程中及时发现了战略的缺陷并采取补救措施弥补缺陷，在一定程度上减少了战略执行造成的损失，企业也能取得一定的业绩；第二种是企业僵化地实施战略而不进行动态的调整，结果使企业失败。

（3）企业制定了科学合理的生产运作战略但没有认真实施，使企业陷入困境。此时，如果企业不从战略实施环节查找原因，而是对战略本身进行修订后仍按照原来的办法组织实施，往往会使企业的生产运作战略收效甚微，甚至导致企业失败。

（4）企业的生产运作战略本身不科学合理，又没有很好地组织战略实施和控制，企业最终会遭受重大损失并失败。综上所述，企业只有制定了科学合理的生产运作战略并有效地组织实施，才能取得成功。

2. 生产运作战略实施的步骤

企业制定生产运作战略后，就进入了实施阶段。在战略实施过程中，必须使生产运作系统的内部结构及条件与战略相适应，即生产运作战略要与企业的资源分配、技术能力、工作程序和计划方案等相适应。企业生产运作战略的实施步骤如下。

（1）明确战略目标。生产运作战略是根据企业经营战略来制定的，在企业战略中已经明确了生产运作的粗略的基本目标。在生产运作战略实施时，还要把该目标进一步明确，使之成为可执行的具体化的目标。生产运作战略的目标主要包括产能目标、品种目标、质量目标、产量目标、成本目标、制造柔性目标和交货期目标等。

（2）制订实施计划。为确保生产运作战略目标的实现，企业还要制订相应的实施计划。在生产运作管理中，生产计划是整个计划体系的龙头，是其他相关计划编制的依据。生产计划具体包括产能发展计划、原材料及外购件供应计划、质量计划、成本计划和系统维护计划等。

（3）确定实施方案。计划明确了生产运作的方向，但要具体实施还要确定相应的行动方案。通过所选择的实施方案进一步明确实施计划的行动，从而使计划目标落实到具体的执行过程中。

（4）编制生产预算。企业生产预算是企业在计划期内生产运作系统的财务收支预算。编制预算是为达到管理和计划控制的目的而确定每一项活动方案的成本。因此，生产预算是为战略管理服务的，是企业实现生产运作战略目标的财务保障。

（5）确定工作程序。工作程序规定了完成某项工作所必须经过的阶段或步骤的活动细节，具有技术性和可操作性的特点。为了制定最佳的工作程序，可以借助于电子计算机和计划评审法（PERT）、关键路线法（CPM）、线性规划、目标规划等科学的管理方法。

三、创新创业生产运作战略规划的设计

（一）新产品开发与设计

企业在产品或服务选择的基础上，要对产品或服务进行设计，以确定其功能、型号和结构，进而选择制造工艺，设计工艺流程。随着现代科技的快速发展，产品生命周期总体上有缩短的趋势，R&D 的重要性日益彰显，不断推出新技术、新产品，成为保障企业生存与发展的重要条件。按照产品或服务开发与设计的发展方向，可将该战略分为以下四类。

1. 技术领先者或技术追随者

企业在进行产品或服务开发与设计时可以通过自主研发来掌握新技术，以开发设

计产品或服务，也可以通过学习技术领先者的技术来开发、设计产品或服务，做技术领先者或追随者是产品或服务设计时的两种不同选择。对制造业来说，做技术领先者需要不断创新和大量的研发投入，因而风险较大，但一旦成功则可获得较丰厚的回报，可以在竞争中处于领先地位；做技术追随者主要是学习新技术，仿制别人的新产品，因而相对投入少、风险小，但相比技术领先者投资回报率低，并且容易在技术上受制于人。

当然，通过努力学习，对别人的技术和产品进行改进，也有可能形成竞争优势（见表 9-3）。波特教授曾经将研究开发战略与企业竞争战略联系起来，通过研究得出结论：技术领先者和追随者，在获取成本领先优势或差别化优势方面各有特点，技术领先者是易于获得竞争优势的，但技术追随者也可获得优势。

表 9-3　新产品开发战略与竞争优势

竞争优势	新产品技术领先者	新产品技术追随者
成本领先	1. 优先设计出成本最低的产品或服务 2. 优先获得学习曲线效益 3. 创造出完成价值链活动的低成本方式	1. 通过学习技术领先者经验，来降低产品或服务成本和价值链活动费用 2. 通过仿制来减少研究开发费用
差别化	1. 优先生产能增加买方价值的独特产品 2. 在其他活动中创新以增加买方价值	通过学习技术领先者经验，使产品或交货系统更紧密地适应买方的需要

2. 自主开发或联合开发

自主开发是指企业根据对市场的分析和预测，依靠自己的技术力量进行新技术、新产品的研究开发，从而开发出适应消费者需求的产品。联合开发则是指企业通过与合作伙伴或其他机构联合开发新技术、新产品。自主开发对企业规模大、R&D 能力强的行业领先者很有吸引力，而联合开发则成为实力稍逊企业的理性选择，它们可以通过联合实现资源聚合，实现联合各方的共赢。此外，对于一些复杂的产品或技术，由于涉及的知识前沿，投入巨大，其周期较长，联合开发的适用性更强。

3. 外购技术或专利

如果企业没有条件进行独立研究开发、联合开发，或者研发成本、风险过大时，就会考虑外购先进的技术或专利，借助企业外部的研发力量，增强企业自身的技术实力。企业通过购买大学或研究所等的研究成果，可以节约 R&D 投入，降低 R&D 风险，同时缩短产品开发与设计的周期。但要注意的是，企业在购买或引进技术或专利后，要加以消化、吸收和创新，以形成特色。

4. 基础研究或应用研究

基础研究就是对某个领域的某种现象进行研究，但不能保证新的知识一定可以得到应用。基础研究成果转化为产品的时间较长，投资比较大，而且能否转化为产品的风险很大。但是，一旦基础研究的成果可以得到应用，则会对企业的发展发挥巨大作用。应用研究则是企业根据市场需求状况选择一个潜在的应用领域，有针对性地进行的研究活动。应用研究实用性强，较容易转化为现实生产力，但应用研究一般需要基础理论的研究成果。例如，空气动力学的研究属于基础研究，而赛车车型的研究则属于应用研究，它是以空气动力学为基础的。

（二）生产系统设计

1. 竞争方式变化与生产系统演变

20 世纪 60 年代以来，伴随竞争方式的改变，生产系统也得到了发展和演变，如表 9-4 所示。这里主要从企业生产及生产系统为适应环境变化、企业的战略发展和市场竞争要求，以及对竞争优势贡献的角度来考察生产系统的演变。

表 9-4　不同时代生产系统的发展演变特点

发展年代	20 世纪 60 年代	20 世纪 70 年代	20 世纪 80 年代	20 世纪 90 年代至今
产品竞争焦点	成本竞争	市场竞争	质量竞争	时间、柔性、环保竞争
生产战略特点	1. 大批大量 2. 成本极小化 3. 系统稳定性强 4. 产品集中	1. 内部职能的协调 2. 整个商品化过程的协调	1. 工序控制 2. 物资周转快 3. 世界级制造系统 4. 管理费用降低	1. 新产品投入 2. 应变能力加强 3. 新型组织形式
生产系统特点	1. 生产与库存控制系统（PICS） 2. 数控机床（NC）	1. 物料需求计划（MRP） 2. 主生产计划（MPS） 3. 车间层控制（SFC） 4. 计算机数控机床（CNC）	1. 制造资源计划（MRP Ⅱ） 2. 准时生产制（JIT） 3. 优化生产技术（OPT） 4. 直接在线数控（DNC） 5. 统计工序控制（SPC） 6. 全面质量控制（TQC） 7. 计算机辅助设计（CAD） 8. 计算机辅助制造（CAM）	1. 计算机集成制造系统（CIMS） 2. 指挥调度系统 3. 权变构理理论 4. 虚拟企业与敏捷制造系统 5. 选择性干涉 6. 分权化 7. 并行化 8. 精益化

1）缺乏竞争力阶段

管理者将注意力更多地集中在生产以外的竞争手段方面，在生产系统内更多的是在应付各种突发性事件或问题，意识上只是想消除生产环节中的矛盾，而不寄希望于通过生产系统为竞争创造有利条件，这种生产系统的典型表现是：生产系统经常出现问题，管理层如同消防队，总试图通过严格监控来防止破坏因素的产生；当需要进行生产系统及其战略研究时，企业须依赖外界力量，对自己的管理者缺乏信任；不能及时感知外界环境变化，生产决策处于被动地位，致使没有应变准备的变动影响了系统的稳定性；产品生产处于仅能保证工艺要求的水平，其功能指标不能完全达到用户的满意水平。

2）形成竞争对峙阶段

尽管管理者仍未将生产系统视为企业竞争的重要资源，但为了消除系统中的矛盾和隐患，管理者希望系统能够达到本行业的平均水平，这时生产系统的典型表现是：紧跟行业变化，在技术、设备、人员、能力、管理等方面争取保持在行业的平均水平；资产的更新，尤其是现代技术被视为取得竞争优势的关键，尽管生产决策主要由生产管理者自行做出，但技术装备的来源却依赖外界供给；生产系统的计划已被纳入整体的经营计划之中，系统投资考虑了产业技术上的生命周期；产品达到了行业平均水平，基本上能够达到用户要求，系统能在保证工艺水平基础上实现产品的基准功能。

3）赢得竞争优势阶段

管理者对生产系统的认识有了巨大转变，认为它能够对竞争优势的形成提供巨大的支持和保障。这时生产系统的构造已纳入生产战略的指导之下，其结构和运行机制都被产品的竞争战略所驱动，典型表现为：系统的规划设计，构造符合部门战略要求，生产战略与其他职能战略间保持良好的协调性；部门战略的目标被分解落实到生产系统之中变为可操作的行动，系统开始有目的地大量应用各种先进制造技术（advanced manufacturing technology，MAT），较之竞争对峙阶段单纯追逐要有效得多；管理层开始寻求生产系统的长远发展影响因素，意识到生产战略的价值及其对竞争优势的结构保障能力；产品具有竞争优势，实现了对用户满意的突破，进而使他们能感到快乐。

4）世界级制造系统阶段

在赢得并保持了竞争优势的基础上，企业部门竞争战略的制定在很大程度上要依赖生产系统，生产系统的优异性能使其成为企业产品竞争的关键资源，在部门发展中起着巨大作用，这时生产系统的典型表现包括：具有生产与管理技术的创新能力，能在保证系统有效性的基础上不断改进、完善所生产的产品；在系统本身运行过程，保持系统有效性与效率的提高协调和促进，继而消除了功能目标互斥的制约；系统所具有的影响力和可信度使部门的决策都以此捕捉发展的机会，在此基础上保持竞争优势；生产战略不再是被部门战略单向驱动，而是与部门战略交互作用，协同制定以生产优势为基础的部门长远发展战略；生产系统的产品在世界范围内具有很强的竞争力，深受用户信赖与推崇。

2. 精益生产

1）精益生产的概念

精益生产管理，是一种以客户需求为拉动，以消灭浪费和不断改善为核心，使企业以最少的投入获取成本和运作效益显著改善的一种全新的生产管理模式。它的特点是强调客户对时间和价值的要求，以科学合理的制造体系来组织为客户带来增值的生产活动，缩短生产周期，从而显著提高企业适应市场的能力。

精益生产是多品种小批量条件下的最优生产方式，实施精益生产会给企业带来巨大的收益，因而被誉为第二次生产方式革命。精益生产的理念最早起源于日本丰田汽车公司的 TPS（Toyota Production System）。TPS 的核心是追求消灭一切"浪费"，以客户需求拉动和 JIT（Just-in-Time）方式组织企业的生产和经营活动，形成一个对市场变化快速反应的独具特色的生产经营管理体系。如表 9-5 所示。

表 9-5　精益生产方式与传统生产方式的比较

比较内容	传统生产方式	精益生产方式	精益生产管理工具
安排生产进度的依据	预测	顾客的订单	看板管理
产成品的流向	入库后再等顾客买	及时满足顾客的需求	并行工程
生产周期	以周或月计算	以小时或天计算	准时化生产（JIT）
批量生产规模	批量生产	单件产品生产	看板管理
生产布局	按照工艺对象专业来确定	按照生产流程来确定	单元化生产

续表

比较内容	传统生产方式	精益生产方式	精益生产管理工具
设备的布局	不注意规划	安排紧凑，节省空间和运输	生产线平衡设计
质量保障措施	通过大量的抽样检验	质量贯穿在生产中	全面质量管理、精益六西格玛
员工责任心	责任心低	具有高度的责任心	团队工作法
员工权利	无权	有权自主处理异常问题	
存货水平	存货水平高，有积压	仅存在于工序中	零库存管理
存货周转率	每年 6-9 次	每年超过 20 次	降低设置时间
制造成本	成本增加且难以控制	成本稳定或降低且易控制	5S 管理、精益供应链

2）精益生产的发展趋势

时至今日，随着制造和管理技术的不断提高，精益生产的含义已经超越了当初的 TPS。美国在研究了包括精益生产在内的各种管理模式后，又提出了二十一世纪的制造企业战略——敏捷制造。可以认为，精益生产是通向敏捷制造的桥梁。敏捷企业是指那些能够充分利用网络技术优势，迅速实现自我调整以适应不断变化的竞争环境，具有敏捷的快速反应能力的企业。因此，没有精益生产管理为基础，企业难以实现敏捷制造。

实现精益生产管理，最基本的一条就是消灭浪费。企业生产和经营活动中的浪费现象繁多，要消灭浪费，首先要判别企业活动中的两个基本构成：增值活动和非增值活动。

精益生产方式的实质是管理过程，包括人事组织管理的优化，大力精简中间管理层，进行组织扁平化改革，减少非直接生产人员；推行生产均衡化、同步化，实现零库存与柔性生产；推行全生产过程（包括整个供应链）的质量保障体系，实现零不良；减少和降低任何环节上的浪费，实现零浪费；最终实现拉动式准时化生产方式。

精益生产方式生产出来的产品品种能尽量满足顾客的要求，而且通过其对各个环节中采用的杜绝一切浪费（人力、物力、时间、空间）的方法与手段满足顾客对价格的要求。精益生产方式要求消除一切浪费，追求精益求精和不断改善，去掉生产环节中一切无用的东西，每个工人及其岗位的安排原则是必须增值，撤除一切不增值的岗位；精简产品开发设计、生产、管理中一切不产生附加值的工作。其目的是以最优品质、最低成本和最高效率对市场需求做出最迅速的响应。

3. 敏捷制造

1）敏捷制造的概念

敏捷制造是指制造企业采用现代通信手段，通过快速配置各种资源包括技术、管理和人，以有效和协调的方式响应用户需求，实现制造的敏捷性。敏捷性是核心，它是企业在不断变化、不可预测的经营环境中善于应变的能力，是企业在市场中生存和领先能力的综合表现，具体表现在产品的需求、设计和制造上。

20 世纪 90 年代，信息技术突飞猛进，信息化的浪潮汹涌而来，许多国家制订了旨在提高自己国家在未来世界中的竞争地位、培养竞争优势的先进的制造计划。在这一浪潮中，美国走在了世界的前列，给美国制造业改变生产方式提供了强有力的支持，美国想凭借这一优势重造在制造领域的领先地位。在这种背景下，一种面向对世纪的新型生产方式——敏捷制造（agile manufacturing）的设想诞生了。

敏捷制造是美国国防部为了指向21世纪制造业发展而支持的一项研究计划。该计划始于1991年，有100多家公司参加，由通用汽车公司、波音公司、IBM、德州仪器公司、AT&T、摩托罗拉等15家著名大公司和国防部代表共20人组成了核心研究队伍。此项研究历时三年，于1994年年底提出了《21世纪制造企业战略》。在这份报告中，提出了既能体现国防部与工业界各自的特殊利益，又能获取它们共同利益的一种新的生产方式，即敏捷制造。

敏捷制造是在具有创新精神的组织和管理结构、先进制造技术（以信息技术和柔性智能技术为主导）、有技术有知识的管理人员三大类资源支柱支撑下得以实施的，也就是将柔性生产技术、有技术有知识的劳动力与能够促进企业内部和企业之间合作的灵活管理集中在一起，通过所建立的共同基础结构，对迅速改变的市场需求和市场进度做出快速响应。敏捷制造比起其他制造方式具有更灵敏、更快捷的反应能力。

敏捷制造的目的可概括为："将柔性生产技术，有技术、有知识的劳动力与能够促进企业内部和企业之间合作的灵活管理（三要素）集成在一起，通过所建立的共同基础结构，对迅速改变的市场需求和市场实际做出快速响应。"从这一目标中可以看出，敏捷制造实际上主要包括三个要素：生产技术、管理和人力资源。

要素一：生产技术

敏捷性是通过将技术、管理和人员三种资源集成为一个协调的、相互关联的系统来实现的。首先，具有高度柔性的生产设备是创建敏捷制造企业的必要条件（但不是充分条件）。所必需的生产技术在设备上的具体体现是：由可改变结构、可量测的模块化制造单元构成的可编程的柔性机床组；"智能"制造过程控制装置；用传感器、采样器、分析仪与智能诊断软件相配合，对制造过程进行闭环监视；等等。

其次，在产品开发和制造过程中，能运用计算机能力和制造过程的知识基础，用数字计算方法设计复杂产品；可靠地模拟产品的特性和状态，精确地模拟产品制造过程。各项工作是同时进行的，而不是按顺序进行的。同时开发新产品，编制生产工艺规程，进行产品销售。设计工作不仅属于工程领域，也不只是工程与制造的结合。从用材料制造成品到产品最终报废的整个产品生命周期内，每一个阶段的代表都要参加产品设计。技术在缩短新产品的开发与生产周期上可充分发挥作用。

再次，敏捷制造企业是一种高度集成的组织。信息在制造、工程、市场研究、采购、财务、仓储、销售、研究等部门之间连续地流动，而且还要在敏捷制造企业与其供应厂家之间连续流动。在敏捷制造系统中，用户和供应厂家在产品设计和开发中都应起到积极作用。每一个产品都可能要使用具有高度交互性的网络。同一家公司的、在实际上分散、在组织上分离的人员可以彼此合作，并且可以与其他公司的人员合作。

最后，把企业中分散的各个部门集中在一起，靠的是严密的通用数据交换标准、坚固的"组件"（许多人能够同时使用同一文件的软件）、宽带通信信道（传递需要交换的大量信息）。把所有这些技术综合到现有的企业集成软件和硬件中去，这标志着敏捷制造时代的开始。敏捷制造企业将普遍使用可靠的集成技术，进行可靠的、不中断系统运行的大规模软件的更换，这些都将成为正常现象。

要素二：管理技术

首先，敏捷制造在管理上所提出的最创新思想之一是"虚拟公司"。敏捷制造认为，新产品投放市场的速度是当今最重要的竞争优势。推出新产品最快的办法是利用不同公司的资源，使分布在不同公司内的人力资源和物资资源能随意互换，然后把它们综合成单一的靠电子手段联系的经营实体——虚拟公司，以完成特定的任务。也就是说，虚拟公司就像专门完成特定计划的一家公司一样，只要市场机会存在，虚拟公司就存在；该计划完成了，市场机会消失了，虚拟公司就解体。能够经常形成虚拟公司的能力将成为企业一种强有力的竞争武器。

只要能把分布在不同地方的企业资源集中起来，敏捷制造企业就能随时构成虚拟公司。在美国，虚拟公司将运用国家工业网络——全美工厂网络，把综合性工业数据库与服务结合起来，以便能够使公司集团创建并运作虚拟公司，排除多企业合作和建立标准合法模型的法律障碍。这样，组件虚拟公司就像成立一个公司那样简单。

其次，敏捷制造企业应具有组织上的柔性。因为，先进工业产品及服务的激烈竞争环境已经开始形成，越来越多的产品要投入瞬息万变的世界市场上去参与竞争。产品的设计、制造、分配、服务将用分布在世界各地的资源（公司、人才、设备、物料等）来完成。制造公司日益需要满足各个地区的客观条件。这些客观条件不仅反映社会、政治和经济价值，而且还反映人们对环境安全、能源供应能力等问题的关心。在这种环境中，采用传统的纵向集成形式，企图"关起门来"什么都自己做，是注定要失败的，必须采用具有高度柔性的动态组织结构。根据工作任务的不同，有时可以采取内部多功能团队形式，请供应者和用户参加团队；有时可以采用与其他公司合作的形式；有时可以采取虚拟公司形式。有效地运用这些手段，就能充分利用公司的资源。

要素三：人力资源

敏捷制造在人力资源上的基本思想是，在动态竞争的环境中，关键的因素是人员。柔性生产技术和柔性管理要使敏捷制造企业的人员能够实现他们自己提出的发明和合理化建议。没有一个一成不变的原则来指导此类企业的运行。唯一可行的长期指导原则，是提供必要的物质资源和组织资源，支持人员的创造性和主动性。

在敏捷制造时代，产品和服务的不断创新和发展，制造过程的不断改进，是竞争优势的同义语。敏捷制造企业能够最大限度地发挥人的主动性。有知识的人员是敏捷制造企业中唯一最宝贵的财富。因此，不断对人员进行教育，不断提高人员素质，是企业管理层应该积极支持的一项长期投资。每一个雇员消化吸收信息、对信息中提出的可能性做出创造性响应的能力越强，企业可能取得的成功就越大。对于管理人员和生产线上具有技术专长的工人都是如此。科学家和工程师参加战略规划和业务活动，对敏捷制造企业来说是决定性的因素。在制造过程的科技知识与产品研究开发的各个阶段，工程专家的协作是一种重要资源。

敏捷制造企业中的每一个人都应该认识到柔性可以使企业转变为一种通用工具，这种工具的应用仅仅取决于人们对使用这种工具进行工作的想象力。大规模生产企业的生产设施是专用的，因此，这类企业是一种专用工具。与此相反，敏捷制造企业是连续发展的制造系统，该系统的能力仅受人员的想象力、创造性和技能的限制，而不受设备限制。敏捷制造企业的特性支配着它在人员管理上所持有的完全不同于大量生产企业的态度。管理者与雇员之间的敌对关系是不能容忍的，这种敌对关系限制了雇员接触有关企业运行状态的信息。信息必须完全公开，管理者与雇员之间必须建立相互信赖的关系。工作场所不仅要完全，而且对在企业的每一个层次上从事脑力创造性活动的人员都要有一定的吸引力。

2）敏捷制造的发展趋势

（1）从产品开发到产品生产周期的全过程满足要求。敏捷制造采用柔性化、模块化的产品设计方法和可重组的工艺设备，使产品的功能和性能可根据用户的具体需要进行改变，并借助仿真技术可让用户很方便地参与设计，从而很快地生产出满足用户需要的产品。它对产品质量的概念是，保证在整个产品生产周期内使用户满意；企业的质量跟踪将持续到产品报废，甚至直到产品的更新换代。

（2）采用多变的动态组织结构。21世纪衡量竞争优势的准则在于企业对市场反应的速度和满足用户的能力。而要提高这种速度和能力，必须以最快的速度把企业内部的优势和企业外部不同公司的优势集中在一起，组成为灵活的经营实体，即虚拟公司。

虚拟公司这种动态组织结构，大大缩短了产品上市时间，加速产品的改进发展，使产品质量不断提高，也能大大降低公司开支，增加收益。虚拟公司已被认为是企业重新建造自己生产经营过程的一个步骤，预计10年到20年以后，虚拟公司的数目会急剧增加。

（3）战略着眼点在于长期获取经济效益。传统的大批量生产企业，其竞争优势在于规模生产，即依靠大量生产同一产品，减少每个产品所分摊的制造费用和人工费用，来降低产品的成本。敏捷制造是采用先进制造技术和具有高度柔性的设备进行生产，这些具有高柔性、可重组的设备可用于多种产品，不需要像大批量生产那样要求在短期内回收专用设备及工本等费用。而且变换容易，可在一段较长的时间内获取经济效益，所以它可以使生产成本与批量无关，做到完全按订单生产，充分把握市场中的每一个获利时机，使企业长期获取经济效益。

（4）建立新型的标准基础结构，实现技术、管理和人的集成。敏捷制造企业需要充分利用分布在各地的各种资源，要把这些资源集中在一起，以及将企业中的生产技术、管理和人集成到一个相互协调的系统中。为此，必须建立新的标准结构来支持这一集成。这些标准结构包括大范围的通信基础结构、信息交换标准等的硬件和软件。

（5）最大限度地调动、发挥人的作用。敏捷制造提倡以"人"为中心的管理。强调用分散决策代替集中控制，用协商机制代替递阶控制机制。它的基础组织是"多学科群体"（multi-decision team），是以任务为中心的一种动态组合。也就是把权力下放到项目组，提倡"基于统观全局的管理"模式，要求各个项目组都能了解全局的远景，胸怀企业全局，明确工作目标和任务的时间要求，但完成任务的中间过程则由项目组自主决定。以此来发挥人的主动性和积极性。

显然，敏捷制造方式把企业的生产与管理的集成提高到一个更高的发展阶段。它把有关生产过程的各种功能和信息集成扩展到企业与企业之间的不同系统的集成。当然，这种集成将在很大程度上依赖于国家和全球信息基础设施。

4. 柔性制造系统

1）柔性制造系统的概念

柔性制造系统是由统一的信息控制系统、物料储运系统和一组数字控制加工设备组成，能适应加工对象变换的自动化机械制造系统，英文缩写为 FMS。FMS 的工艺基础是成组技术，它按照成组的加工对象确定工艺过程，选择相适应的数控加工设备和工件、工具等物料的储运系统，并由计算机进行控制。故能自动调整并实现一定范围内多种工件的成批高效生产，并能及时地改变产品以满足市场需求。FMS 兼有加工制造和部分生产管理两种功能，因此能综合地提高生产效益。FMS 的工艺范围正在不断扩大，包括毛坯制造、机械加工、装配和质量检验等。

柔性制造系统是一种技术复杂、高度自动化的系统，它将微电子学、计算机和系统工程等技术有机地结合起来，理想和圆满地解决了机械制造高自动化与高柔性化之间的矛盾。它具有设备利用率高、生产能力相对稳定、产品质量高、运行灵活和产品应变能力大的优点。就机械制造业的柔性制造系统而言，其基本组成部分如下。

（1）自动加工系统。自动加工系统，是指以成组技术为基础，把外形尺寸（形状不必完全一致）、重量大致相似，材料相同，工艺相似的零件集中在一台或数台数控机床或专用机床等设备上加工的系统。

（2）物流系统。物流系统，是指由多种运输装置构成，如传送带、轨道一转盘及机械手等，完成工件、刀具等的供给与传送的系统。它是柔性制造系统主要的组成部分。

（3）信息系统。信息系统，是指对加工和运输过程中所需各种信息收集、处理、反馈，并通过电子计算机或其他控制装置（液压、气压装置等），对机床或运输设备实行分级控制的系统。

（4）软件系统。软件系统，是指保证柔性制造系统用电子计算机进行有效管理必不可少的组成部分。它包括设计、规划、生产控制和系统监督等软件。柔性制造系统适合年产量 1000～100000 件的中小批量生产。

2）柔性制造系统的发展趋势

柔性制造系统的发展趋势大致有两个方面。一方面是与计算机辅助设计和辅助制造系统相结合，利用原有产品系列的典型工艺资料，组合设计不同模块，构成各种不同形式的具有物料流和信息流的模块化柔性系统。另一方面是实现从产品决策、产品设计、生产到销售的整个生产过程自动化，特别是管理层次自动化的计算机集成制造系统。在这个大系统中，柔性制造系统只是它的一个组成部分。

（1）模块化的柔性制造系统。为了保证系统工作的可靠性和经济性，可将其主要组成部分标准化和模块化。加工件的输送模块，有感应线导轨小车输送和有轨小车输送；刀具的输送和调换模块，有刀具交换机器人和与工件共用输送小车的刀盒输送方式等。利用不同的模块组合，构成不同形式的具有物料流和信息流的柔性制造系统，自动地完成不同要求的全部加工过程。刀具的供给方式、工件的输送存储和交换方式，是影响系统复杂程度的最大因素。

（2）计算机集成制造系统。据统计，从 1870—1970 年的 100 年中，加工过程的效率提高了 2000%，而生产管理的效率只提高了 80%，产品设计的效率仅提高了 20% 左右。

显然，后两种的效率已成为进一步发展生产的制约因素。因此，制造技术的发展就不能局限在车间制造过程的自动化，而要全面实现从生产决策、产品设计到销售的整个生产过程的自动化，特别是管理层次工作的自动化。这样集成的一个完整的生产系统就是计算机集成制造系统（CIMS）。

CIMS 的主要特征是集成化与智能化。集成化即自动化的广度，它把系统的空间扩展到市场、产品设计、加工制造、检验、销售和为用户服务等全部过程；智能化的自动化深度，不仅包含物料流的自动化，而且还包括信息流的自动化。

（三）生产系统集成设计

1. 生产系统的纵向集成决策

生产系统的纵向集成决策是指在一个从原材料供应到产品加工制造、装配完成，再到产品最终交付顾客的完整供应链的活动中，一个企业的生产运作所包括的环节的多少。企业生产某种产品，与产品有关的全部材料或零部件都在自己的企业内进行生产这种情况几乎可以说没有。因为，第一，起码辅助材料（如机加工用的润滑油）不会在企业内自己生产；第二，许多主要原材料（如机械企业所需的钢材）也不会自己生产；第三，许多零部件、标准件也是采用外购的方式。此外，还有一些企业，只是装配，其他所需的全部零部件都来自其他企业。一般来说，前一生产环节产出的产品，在后一环节看来只是要投入的原材料。所以，如果产品的工艺环节很多，企业必须考虑，企业内部的生产运作系统到底包括哪些环节，实际上只有先确定了这一问题之后，接下来才能考虑企业内部的生产组织方式。此外，当产品全部组装完成以后，从产品出厂到交付最终顾客，也还有一系列的分销配送环节，企业也需要考虑是否拥有其中的一些或全部环节。企业运作所包括的环节越多，则纵向集成度越高，自身的供应链也越复杂。当今企业所面临的市场环境变化越来越快，可以选择的运作技术也越来越多，因此，企业必须对供应链结构和纵向集成度进行认真的思考和设计。

1）向前集成和向后集成

纵向集成可以分为向前集成和向后集成两种。企业从目前所从事的生产阶段进一步向生产的前一阶段发展，即供应链的上游，称为向后集成。考虑向后集成主要目的通常是为了保持原材料、零部件供应的安定性，保证供应质量、按时交货及低成本等。例如，一个向后集成的例子是，杜邦公司在 20 世纪 80 年代中期收购了一个主营业务是石油天然气的公司，扩大了向后集成程度，以降低原料供应的风险；一家食品公司，规模扩大以后可能向后集成，拥有自己的养牛场、包装制品厂等，以充分利用规模效益，降低成本。

所谓向前集成，则正与向后集成相反，是指企业从目前所从事的生产阶段向接近最终消费市场的方向发展。也就是说，向供应链的下游发展。例如，专门从事零部件生产的厂家进一步发展为生产成品的厂家（如，汽车发动机厂有可能成为汽车装配厂，生产集成电路和电子元器件的公司介入计算器、手表等电子产品的生产），制造业企业拥有自己的分销公司和零售网点等。制定向前集成的运作战略时，企业可能主要考虑的是技术的积累，生产能力比较充足，以及通过原有产品已在市场上具有了一定影响力等。企业也有可能考虑同时向前集成和向后集成，实现供应链的高度集成控制。最典型的例子是石油精炼企业。诸如壳牌、阿莫克等世界著名的大跨国石油集团，向后拥有原油开采（甚至勘探）、管道运输等业务，向前拥有成品油配送直至汽油零售（加油站）等的全部业务，有时还拥有自己的石油化工厂，自己生产以石油为原料的化工产品。

2）纵向集成的利弊

企业考虑生产运作活动的纵向集成时，无论是向前集成还是向后集成，必须慎重。因为，在不同的情况下，可能各有不同的利弊。一般来说，提高纵向集成度容易带来的问题有以下方面。

（1）因为所跨越的供应链环节越多，所需投资也越多，要想退出或转换也就越难，这容易导致资源柔性的降低。

（2）各个环节的生产运作容易产生不平衡，从而限制生产运作能力的充分发挥，难以保证各个环节都收到好的效益。

（3）如果不同阶段的生产运作内容差别较大，管理将变得复杂，需要高级的经营技术和管理方法。特别是向后集成时，通常原材料生产的优势在于规模经济，专门生产原材料的厂家其生产能力肯定要占优势，所以企业在考虑向后集成时更应该慎重。一个著名事例是，福特汽车公司曾倾向于高纵向集成，不仅是汽车的零部件大部分自己生产，甚至还曾经搞过炼钢、玻璃制造等汽车所需的原材料生产，但因为不成功，很快就放弃了。另一个相反的事例是，北京郊区著名的韩村河建筑公司，自己办有砖厂、构件厂、钢铁厂、高频焊管厂等建材厂，实现了一个高度向后集成且效益良好的供应链。降低向前集成度的一个例子是 IMB 在日本市场的策略，它允许自己的微机和主板在日本以三菱电器公司的名义推向市场，自己变成 OME。这一变化使 IBM 能够跻入严酷的日本市场。

反过来，提高纵向集成度也有一定的益处，这些益处主要表现在以下方面。

（1）与供应链上的各个环节由不同企业所拥有相比，如果一个企业拥有较多的环节，这些环节之间的交易成本有可能降低。

（2）在向后集成的情况下，能够降低供应风险。

（3）在向前集成的情况下，有助于赢得和长期保持顾客。

（4）有利于协调整个供应链上的生产运作计划和实施控制，降低库存水平。

（5）有助于提高竞争壁垒。因为纵向集成度越高，竞争者要想加入所需的投资也越高。

2. 虚拟集成

虚拟集成（virtual integration）是相对于纵向集成的一个新概念。所谓虚拟集成，是指企业不通过纵向集成而利用外部资源的一种手段。进行虚拟集成的公司不仅拥有大量的设施设备，可能拥有大量的各方面的专业技术人才，根据产品开发、市场开发、满足顾客定单等企业的具体需求随时寻找外部资源，与外部资源结成一种合作关系。一旦任务完成，这种关系就结束。采取虚拟集成战略的公司具有很大的柔性，能够很灵活地进出某一市场，很灵活地追赶产品时尚和新技术潮流。虚拟经济最重要的特征是具有虚拟性，虚拟企业是其最集中表现。通俗地讲，虚拟企业是一种以虚拟制造为基础的企业合作伙伴关系，它为快速响应市场机遇，迅速向市场提供产品和服务，通过信息网络将拥有实现该机遇所需资源的若干企业的相应资源，聚集起来而形成网络化分布式的动态联盟企业组织。它把不同地域的合作伙伴的现有资源，利用网络通信技术迅速组合成一种能统一指挥、协调工作的经营实体。

虚拟企业不强调企业全能，也不强调整个产品的生产过程（从研发到销售）都自己完成。其主要优势如下。

（1）竞争优势急剧扩大，其整体的优势远远大于各成员企业优势的简单叠加的总和；

（2）分散各成员企业的经营风险，快速敏捷地满足市场需求。

（3）由于资源共享，各企业降低了成本，减轻了负担，实现了价值链上的规模经济。

虚拟企业的经营理念主要在以下几个方面。

（1）合作竞争。从竞争走向合作，实现合作竞争。市场竞争表面上是企业与企业之间的竞争，实质上是企业所在价值链上各相关企业组成的系统之间的竞争，即价值链与价值链之间的竞争。

（2）核心竞争力。这是虚拟企业合作的基础，即优势资源互补，也是企业在竞争中生存和发展的基础。

（3）快速响应市场机遇。时间一直是生产经营中的重要因素，随着企业外部环境的变化，时间正成为企业新的竞争重点，企业间的竞争焦点在于能否快速地对市场需求变化做出反应，迅速完成开发设计、生产制造、把个性化产品送到顾客手中。

在当今市场需求日益多变、技术进步日新月异的环境下，越来越多的公司开始采用或部分采用这种战略。并且网络技术的飞速发展也给采用这种战略提供了极大的便利条件。采用虚拟集成的一个著名例子是戴尔（Dell）计算机公司。该公司利用互联网等手段实现了零部件、制造装配、运输及顾客等供应链各个环节的高度集成。另一个著名例子是香港的利丰公司，这是一家进行全球贸易的公司，该公司没有自己的制造工厂、设计院、运输设备等，但是与全球的 7500 家开发、设计、制造、运输等企业有密切的合作关系，每一时刻同时有 2500 家企业在与该公司合作开展业务。采用这种方式，利丰公司可以控制从接受订单、开发设计产品、原材料采购、产品加工制造，直至最后的运输配送的全过程，以最快的速度将产品运往全球各地，形成了一种独特的全球供应链。

第二节　创新创业生产运作战略规划实训材料

一、汽车企业创新创业生产运作战略规划

本项实验的材料是奇瑞汽车公司生产运作战略规划。

目前，汽车制造企业普遍存在这样的问题，在生产运营管理过程中协同能力较弱，在运营过程中客户需求与生产脱节，库存呆滞件严重、运输满载率低、物流作业不均衡、缺错件急件现象严重等。这些问题直接导致生产效率降低、生产成本提高和资金周转率低。

从整体上分析，汽车制造企业的整体供需链竞争能力较弱是问题所在。需要建立适合供需链计划与物流模式，在保证零部件适时配送的前提下，实现供需链最优库存，以降低供需链中汽车制造、物流环节成本，增强供需链节点企业的竞争力。

作为立志创自主品牌的奇瑞公司，早在产品上市之初，就确立了"'顾客满意'是公司永恒的宗旨，为顾客提供'零缺陷'的产品和周到服务是公司每位员工始终不渝的奋

斗目标"的方针。

为了实现以上的宗旨，公司在生产经营过程中需要从以下几个方面来进行操作。

（1）在生产方面贯彻差异化的竞争战略、从生产、售前、售后等各个方面来提高产品的质量。

（2）导入 ERP 系统优化业务流程、持续改善业务流程。

（3）建立实质、有效的供应链环节，提升整体价值链的竞争能力。

（4）循序渐进地导入精益生产、敏捷制造模式和绿色企业战略。

（5）建立以市场为导向的经营模式，快速反应客户的需求与抱怨等。

（一）生产制造工艺战略

公司整车制造过程主要包括冲压、焊装、涂装、整车调整、检测调试总装四大工艺流程，其中冲压、焊装、涂装和总装是关键生产工序。目前奇瑞汽车的冲压、涂装、焊接和总装四大工艺都采用了国际先进技术和设备。

（1）在冲压工序中，公司使用的是曲柄连杆机械式压力机，其中冲压中心 M 线机器人自动化线的自动化程度达到国际先进水平，目前共有 A 系列、B 系列、T 系列、S 系列、M 系列、P 系列、H 系列七个系列的冲压生产线。

（2）焊装生产工艺主要以焊接为主，焊接设备均采用国内外先进的设备厂家产品，如天津七所的悬挂点焊机、日本松下的 CO_2 焊机、德国 TUCKER 的螺柱焊机、奥地利福尼斯公司的 MIG 焊机等。

（3）涂装前处理电泳工艺方面采用当前国际流行的中温磷化、阴极电泳等先进技术。中涂、面漆及清漆的喷涂采用了德国 DURR 公司生产的自动擦净机和高压静电自动喷涂机；涂装生产线是世界最先进的 5 条涂装线之一。

（4）总装生产线采用世界知名厂商的电、气、手动工具的装配工具，如德国博世的电动工具，瑞典 Atlas-Copco 公司的气动工具，德国 HAZET 公司、日本东日公司的手动工具。公司对关键工位采用高精度（精确度达 1%）的电动拧紧工具，确保了整车装配力矩的精度。

（二）绿色生产战略

绿色企业是指以可持续发展为己任，将环境利益和对环境的管理纳入企业经营管理全过程，并取得成效的企业。在全球汽车工业发展面临能源紧缺和环保压力的背景下，只有更具节能环保性的车型才能保障汽车产业的可持续发展。奇瑞汽车早在企业刚刚起步时，就前瞻性地把节能环保作为产品性能的重要目标。

1. 建立实施环境管理体系，创建环境友好型企业

奇瑞本着对人类赖以生存的自然资源、生态环境的保护和对顾客负责的态度，在生产、经营、研发、销售和管理过程中，严格按照环境法律法规及国际公约的要求，注重污染预防节能降耗，提高资源利用率，着力研究资源的循环使用和再生利用。

2007 年 10 月通过了《ISO14001：2004 环境管理体系认证》，并不断进行维护，保持体系持续有效地运行。2008 年年初，奇瑞成立了以董事长为组长的公司清洁生产审核和创建环境友好型企业领导小组，全面展开创建环境友好型企业工作。在公司内部明确

了各级领导、各个部门、每个岗位和全体员工的环境职责，使环境管理体系始终能有效、有序地运行，并取得了显著的环境绩效，更进一步提升了公司形象。

2. 采用环保生产工艺

奇瑞在环保生产方面，采用清洁的生产工艺，淘汰落后工艺，优化运行管理方式，努力将环境影响减少到最低。奇瑞通过涂装车间节水改造、热电厂节水改造、污水处理站改扩建和雨水回用系统等来减少企业用水量与废水的排放量。用无铬钝化工艺使涂装车间达到了节约用水、减少废水的排放量，通过局部的再生循环，大大提高了电泳漆的利用率（高达 99%～100%）。燃油锅炉采用清洁能源天然气替代轻柴油，降低了运行成本，减少了 SO_2 排放。

3. 采用新能源，开发节能环保车

奇瑞公司自主开发节能环保汽车技术，节约能源和保护环境、降低污染，并于 2002 年建立节能环保汽车技术平台，成功开发了 ACTECO 系列发动机，混合动力汽车、LPG/CNG 双燃料汽车，各产品均达到第二阶段《乘用车燃料消耗量限值》和国Ⅳ排放标准。2005 年 6 月，奇瑞汽车工程研究院被科学技术部认定为国家节能环保汽车工程技术中心，2007 年 12 月，奇瑞汽车节能环保国家工程实验室正式挂牌成立，该项目将建成国内一流、国际先进水平的汽车节能环保工程实验室，主要用于扩建优化目前已建成的相关试验基地，同时增建空气动力学、燃烧和排放、噪声和振动、新材料、新能源综合研究室，奇瑞公司先后通过中国环境标志产品认证和中国国家节能环保型汽车产品认证。奇瑞始终坚持"更安全、更节能、更环保"的造车理念，为进一步减少环境污染、提高资源利用率、促进社会资源可持续发展，奇瑞从新能源战略的角度考虑，着力研究汽车的节能环保技术，不断加大在环保节能研发领域的投入。

（三）生产差异化战略

奇瑞汽车的差异化战略在生产运作方面的具体策略表现在以下几个方面。

1. 工厂设计差异化

在工厂设计上，奇瑞公司坚持"立足自身，以我为主"的原则，除少数专业性极强的项目委托专业机构设计外，其他都由本公司自行设计。整个工厂的设计费用花了不到 100 万元，就建成了一个技术先进、高度现代化的工厂，这是史无前例的。

2. 工艺设计差异化

奇瑞公司坚持"总体规划，分步实施"的原则，在确保设备质量和工艺需要的前提下，设备采购做到随产量的增加而有序增加。这种循序渐进的滚动投资模式既减少了一次性固定资产的投入，又节约了设备闲置的费用和折旧费等。

3. 质量差异化

在奇瑞的日常管理中，TPS、六西格玛等优秀的管理思想，以及 ISO9001、ISO/TS16949 等全球先进汽车制造商采用的质量控制体系，都是一种制度性的存在。早在 2001 年 2 月，奇瑞就通过了由国家轿车质量检测中心质量认证体系中心组织的 ISO9001 体系认证；2002 年 8 月，奇瑞又通过了德国莱茵公司的现场审核，成为国内首家通过 ISO/TS16949 标准认证的整车制造企业，而 ISO/TS16949 是目前国际上最严格、最先进的汽车生产质量控制体系。但是，奇瑞对这些管理思想和质量控制体系，并没有生硬地"照搬照用"，而是结合实际情况进行了"本土化"改造。同时，奇瑞汽车还斥资 6000 万元组建先进试验室，并与国际著名设计公司合作，来提升产品的质量安全系数。此外，奇瑞还聘请业界知名专家来为质量把关，并雇用德国专家在生产线上安装先进的"奥迪特"质量检测体系。

4. 废物利用差异化

奇瑞公司每年加工剩下的钢材的边角余料高达 3000 多吨，奇瑞人并没有把它当废物一卖了之，他们用变废为宝的思路对废钢铁大做文章。如果笼统把钢材的边角余料当废料卖，一吨最多 600 多元，但他们把边角余料进行分门别类整理，能再利用的就利用起来，不能再利用的实行分类订价，公开招标，最高每吨居然能卖到 3000 元以上。

（四）供应链管理战略

公司致力于提升整体价值链的竞争能力，注重与供应商建立长期稳定的合作关系，目前形成了较为完善的、专业化的自主配套和供应链管理体系，轿车、商务车、微型车等车型均已形成独立的零部件供货体系。目前生产所需的关键零部件主要由公司全资或参与控股的 70 余家子公司供应，其中发动机基本实现全部自给。

公司通过 ERP 系统统一管理零部件及原辅料采购业务，由生产部门、科研部门提出申报，由采购公司负责实施。公司采购部门负责动力总成、电控系统、灯具及其他零部件的对外采购。目前公司共有签约供应商 840 余家，主要分布在安徽、江苏、浙江、上海等地，距离公司生产基地较近，有利于产品采购和节省运输成本。

（1）在供应链管理方面，公司搭建了统一的供应商管理平台，实施集中采购，建立稳定的合作关系。在选择供应商时，由采购工程师向目录外供应商发出供应商基本情况调查表，组织公司技术、质量、采购、物流部门对供应商进行现场考察和评审后，方能将新增供应商纳入《合格供应商目录》进行管理。

建立多层次的供应体系及供应商选拔考核机制，激励其不断降低成本，提升质量，保证供应的稳定性。公司对供应商实行严格、规范的管理考核制度，对供应商在供货效率、供货能力、技术实力、产品质量、生产管理、售后服务等方面进行综合考核评估。以半年为一个考核周期，将供应商划分为核心供应商、提升供应商和边缘供应商，对不合格的供应商实施淘汰制，借此提升采购质量和供货效率。与奇瑞配套的厂家均须具备已通过国际产品质量标准认证的资格，加上奇瑞对零部件供应商近乎苛求的新产品开发和质量要求，使产品和质量都得到了有效的保障。这种灵活的选配机制和严格控制的质量标准，确保了奇瑞轿车从整车到配件都具有无可挑剔的品质和相对较低的成本。

目前奇瑞公司的外协件供应商有 1000 多家，坚持"货比三家，质优价廉"的原则，从项目建设之初，便建立了项目招投标制度，成立了由技术、法律、财务、审计及采购部门主要负责人为常设成员的招投标小组，所有零部件配套都实行公开招标，既保证了配套产品的质量，又使采购成本低于国内其他中级轿车的 5%～10%。他们推行"公开、公平、公正"的"阳光工程"，采购人员必须与客户签订"阳光协议"，实行"廉洁采购"，因此保证了零部件供应商与整车主机厂的"共存共荣"的伙伴关系。在零部件的配套上采取 AB 制供货原则。

此外，奇瑞还采取收购或者控股零部件公司的形式来提高采购效率，降低采购周转时间及成本。目前奇瑞已拥有 30 多个控股的零部件子公司。2004 年，奇瑞还与华晨合作建立上海科威汽车零部件公司，对通用件进行联合采购，从而大大降低采购成本，获得持续改进产品质量的后备费用。

（2）成本控制方面，公司制定年度成本控制目标，并与主要供应商共同分析产品成本结构、设计成本节约方案，在降低成本的情况下保障供应商的利润空间。对于投资规模较大的模具、变速箱等产品，由规划设计院审批，列入预算后由采购部门统一实行招标采购。通过与战略原材料供应商（如武汉钢铁公司、安徽马鞍山钢铁集团等）和配套件供应商签订长期合作协议，获取其优先供应及享受优惠供应价格。

（3）采购款结算方面，公司对零部件供应商实施整车下线结算、取货结算等结算模式，即在每批采购零部件全部完成整车组装并落地（甚至完成销售）后，方与供应商进行货款结算，减少存货规模和营运资金占用，并推动供应商提升供货效率。在付款上，按照实际完成的质量、进度和技术要求，对照合同要求，经招标小组成员依次审核签字后方可支付，避免了暗箱操作。

（4）公司形成了比较完善的自主配套体系，掌握了一批关键零部件的核心技术，为打破跨国公司对关键零部件和关键技术的垄断，发行人积极培育关键零部件、关键材料的自主创新体系，通过加强发动机、变速箱等核心部件的自制能力，积极引进海内外已经掌握核心技术的一流公司组成合资公司，降低对外部供应商的依赖程度。公司先后投资参股和控股了一批关键零部件企业有 60 多家，产品包括空调、底盘件、天窗、线束、制动系统、ABS、ESP、发动机电子控制系统、铝合金铸件等，这些产品填补了国内空白，这些关键零部件的开发、生产，结束了跨国公司的技术垄断，大幅度降低了整车制造和开发成本，缩短开发周期，为发展自主品牌汽车奠定了基础。

（五）ERP 系统应用战略

世界上的跨国公司、大型企业为控制成本，提高企业竞争力，都纷纷把加强企业信息化建设作为新的发展方向，引入生产管理系统、管理信息系统、决策支持系统等信息工具，不但提高了企业的管理效率，而且大大降低了人力资源的使用成本。

2001 年后，随着产量与销量的迅猛增长，奇瑞公司面临新的挑战：是在原有的简单信息化技术支持下增加人手、厂房扩大简单再生产增加现有效益呢，还是进行变革，打造一个以网络信息化为基础的低成本、高效率、高附加值的模式呢？它们在吸取先进企业的经验和教训后选择了实施电子商务战略，其目标就是要通过网络和信息技术的应用，整合供、产、销、运，提高企业的生产能力和经营效率，降低经营成本，提升客户服务能力，增强企业市场适应能力和竞争能力。

奇瑞公司从 2001 年起陆续开展电子商务建设，公司从一开始定位就非常明确，即利用互联网和信息技术，整合供应、生产、销售、物流、售后服务等整个经营过程和经营活动，提高效率，降低成本，扩大客户。基于此战略，奇瑞电子商务是以 ERP 系统为基础，集成客户关系管理（CRM）、物流管理系统（LMS）和分销商信息系统（DCS）、供应链管理（SCM）、知识管理（KM）及财务等内部控制系统，构成"以客户管理为中心"的企业内部信息化完整平台，以实现企业的供销存、人力、财务等管理业务的信息化；通过 EPS 系统，将企业与企业所有者、经营者、合作伙伴、分销商及客户联系在一起，以实现不同角色信息的共享。

奇瑞电子商务涵盖了 BTB、BTE、BTC 等电子商务的类型，其中 BTB 主要是实现企业与供应商、分销商及合作伙伴（主要是第三方物流公司）间的信息共享及经营业务；BTE 主要实现企业与员工、管理者之间的信息共享与人力资源管理业务；BTC 主要实现企业与最终客户之间的互动。由于汽车消费属于大宗产品消费，实现网上直接销售还存在很多障碍，因此，目前奇瑞 BTC 电子商务主要是为客户提供一个客户与企业之间、客户与客户之间的信息交流平台，并与企业内部的 CRM 集成，以提高客户满意度。

奇瑞公司的供应链是以奇瑞公司为核心企业的一个网链结构。为实现供应链集成化管理，还于 2004 年建立企业统一信息门户网站（EPS），将 SCM、LMS、DCS 与 ERP 系统集成，实现了物流、信息流、资金流的集成管理，逐步建立了以 SAP 公司的 mySAP.com 为基础平台的电子商务应用系统。

奇瑞公司实施的 SCM 并不仅局限于企业内部职能部门之间的协调，以及企业供应商之间的信息数据交换，而是将供应链提升到参与各方的协同，包括战略规划与风险分享。为了实现与供应链成员之间的信息共享与协同作业，EPS 系统提供了如下两个栏目。

电子看板：目的是将 mySAP.com 中物料需求信息及时传递给供应商和第三方物流公司，要求供应商据此实施 JIT 送货。该功能参考了奇瑞公司的传统经验重新定义格式和处理方式，既有效地降低了库存，同时又避免了因为频繁送货而增加成本。

电子公告：向供应商发布公告信息或向指定供应商发布信息，支持一对一或一对多的信息发布；同时供应商也可以通过该电子公告栏向奇瑞公司反馈各类信息系统提供的待办事项、预警、E-mail 短信等，支持双方协同处理相关工作。

在需求预测上，奇瑞公司向分销商提出了周计划策略；而零部件供应上采用排序供货策略，即由供应商直接将物料送入生产车间，送上生产流水线。电子商务的实施为奇瑞公司带来了明显的好处：2005 年，库存占用资金比率降低了 10%；成品库存量减少 4 亿元，管理及销售费用降低了 3%；采购资金占用率降低了 10%；应收账款减少了 3%；提高了生产计划的准确性及实效性，减少了在线占用资金 3%；生产效率提高了 5%，销售额上涨了 100%。

在吸取国外汽车企业的经验基础上，为了形成具有中国特色的发展模式和具有自主知识产权的信息系统平台，奇瑞公司从自身实际情况出发，发挥基础特点和技术优势，又开始新一轮的业务模式探索、设计和试点，并明确提出奇瑞生产拉动模型——CPM（chery production pulling model）。这种大胆尝试对同行业来说，具备一定的研究和示范作用。

目前，通过供需链计划与物流控制关键技术及信息平台的搭建，以年产 50 万辆为例，预计将产生经济效益 7000 万~8000 万元。其中，库存周转率有望提升 20%以上，呆滞库存降低 50%左右，物流综合成本降低 15%左右，单车生产运营资金占用降低 10%。

（六）生产管理的自主创新战略

TPS（丰田生产方式）是继泰罗制和福特制之后在生产组织管理上的重大创新。重大的管理创新一般有两种模式或路径：一种由管理专家学者提出某种新的理论观点、方法，引起知识界和实业界的重视而且得到认同，然后通过在生产实践中的试验和应用加以验证，使新的理论和方法得以广泛应用。如在 20 世纪 90 年代，美国教授 CK.Prahalad 和英国学者 F.Hamel 所创立的企业核心能力理论、美国管理学者 Michael Hammer 与 JameChampy 所创立的企业流程再造理论。另一种是基于市场竞争精神的员工根据生产经营的客观需要，发挥主观能动性而做出的管理创新。TPS 不是管理专家构思和设计出来的，而是丰田公司的管理层和企业员工在漫长的探索、创造、试验、总结、完善过程中得出的。

找到适合自己的方法才能有所创造，奇瑞在推行 TPS 上完全自主创新，是以上两种重大管理创新模式的结合而成的第三种模式，即"丰田生产方式+奇瑞实践=奇瑞生产模式（CPS）"，也称为学习消化吸收 TPS、自主创新构建 CPS（中国生产模式或奇瑞生产模式）。基本内容如下。

（1）节拍平衡和 5S 改善。通过现场观察员工作业动作与顺序、物料摆放、设备布局、测量员工的作业时间，编制节拍平衡。通过节拍平衡图的原理来消除"瓶颈工序"和平衡劳动强度，再辅以现场 5S 改善。

（2）稼动率与夕市。将工作日按"时"划分为时段，观察每日实际产量与计划产量的差异，并详细记录导致停线原因，编制稼动率曲线图。通过稼动率图帮助管理者了解生产计划未完成和不均衡化的原因，再采取对策进行控制，形成标准化的管理控制。

（3）直行率和单车缺陷。在装配线质量检验点对下线车辆进行检查，记录所有车辆单车缺陷数，编制单车缺陷表和直行率图。根据这张管理表分析产量质量的原因，并采取对策，从而提高直行率，制定直行率。

（4）物流 JIT。为降低库存，实现准时化生产，物流导入看板管理，并与 ERP 结合，开发了供应链管理系统的电子看板。

奇瑞在学习消化吸收 TPS、自主创新构建 CPS 过程中特别注重自主创新的主体（员工）的学习与提升。①让员工树立新的管理思想。②强化危机意识。③建立诚信体系。④开展团队合作。⑤主动创造性思考。⑥培养一专多能。⑦愿意承担风险，自信心强。如果员工最终建立这样一种 "我们能改变企业"的信念和责任，那么 CPS 就真正发挥其巨大作用了。

二、金融企业创新创业生产运作战略规划

本项实验的材料是南京银行生产运作战略规划。

1. 重构运营体系，实现产业化

运营体系重构的根本转变是实现产业化，即运用现代信息技术将业务流程分拆成合适的模块，将类似的模块合并处理，从而提高效率并且降低成本进而实现规模经济。这种产业化的实质是生产的专业化和集约化，是制造业中流水线作业在银行中的翻版，也是所谓银行从部门银行向流程银行转变的具体体现。运营体系的产业化带来的规模经济性已经为理论研究、制造业乃至国际银行业的实践所佐证。

2. 满足顾客需求，实现柔性化

制造业解决流程的刚性化问题时，是通过在产品设计、工艺制定及加工设备等环节

全面采用数字化来增加灵活性，同时，在库存管理、作业流程和现场管理等环节采用信息化来保持经济性，从而使流水线生产演进到柔性制造，当今的汽车厂已经可以根据订单来组织大规模生产。同样，银行运营体系的产业化重构也要类似地借助 IT 技术来实现柔性化，从而使银行的运营体系能具有按需生产产品的能力。

3. 提高服务质量，实现信息化

具有柔性化和产业化运营体系的银行不仅要能够依据需求高效率、低成本和大规模地生产产品，还必须能够将产品传递给客户。社会的信息化使客户的选择性消费更加简单。大部分的银行产品已被视为日用品，价格成为更加主导的因素。同时，客户也更加注重银行产品的方便性，这里的方便性是指在客户需要和想要时银行能够为其提供信息、产品和帮助，而不是在银行想给或能给时提供。此外，客户更加重视获取产品过程中的体验，更加关注产品使用中问题的解决。因此，银行的运营体系不仅要能运用多样化的渠道来传递宽谱的产品，而且需要其可以相互协调地满足客户的上述要求。

三、建材企业创新创业生产运作战略规划

本项实验的材料是大连实德集团生产运作战略规划。

成立于 1992 年的大连实德集团目前已经形成了以化学建材为主导产业，同时在金融保险、家用电器、文化体育及石油化工等领域综合发展的产业格局，其中，化学建材和石油化工这两个产业是公司生产运作战略制定围绕的核心。根据公司制定的总战略，以及以上的 SWOT 分析可以得出以下要点。

1. 自主开发或联合开发战略

虽然大连实德集团拥有国内最完备的化学建材产品研发机构"大连实德化学建材研究院"和目前行业内唯一的"博士后科研工作站"，拥有从国内外聘请的行业专家 50 多人，但是随着塑料异型材技术的不断提高，大连实德集团不应该满足于现状，而应继续加大对研发的投入，加强研发实力。只有这样，才能保证实德产品在技术、质量和新产品研发等方面始终处于行业领先的地位；才能完成公司总战略中提出的产品差异化。因此，大连实德集团的生产运作战略理念应包括"加强研发实力，突出产品差异"。

2. 降低产品成本战略

由于大连实德集团目前的主业是化工建材，其塑钢产品市场份额很大。从产业链来看，塑料异型建材的主材是 PVC，其原料正是乙烯。随着实德产品产量的迅速增加，乙烯的供应越来越紧张。当塑料异型建材的产量达到几十万吨以后，大连实德集团已强烈感觉到，只有向上游石油化工产业进军，才能从原料上保证企业的发展。所以，石油化工产业是大连实德集团未来的主导产业，通过促进石油化工产业的发展，可以从原材料上降低产品成本。因此，大连实德集团的生产运作战略理念应包括"推进石化产业，降低产品成本"。

3. 绿色生产战略

随着世界经济的快速发展，各国的环境问题、能源问题日益显露出来。如何从节约能源、注重环保方面来解决当前的发展问题，各国都把它摆在重要的战略地位。建筑节能和环保是重要的组成部分，其中门窗是建筑节能的重中之重。大连实德集团应从生产

理念上重视建筑节能，响应党和国家建设资源节约型社会的号召，推行清洁生产。因此，大连实德集团的生产运作战略理念应包括"深化节能理念，推行清洁生产"。

4. 柔性化生产战略

虽然大连实德集团拥有目前国内品种最全、系列最多的型材，适合不同建筑结构、不同客户对型材的要求，而且产品配方优良，每种断面都有其独到之处，设计完美合理，但是日益增长且复杂多变的客户需求对公司的柔性化生产提出了更高的要求，准确及时地完成客户的大规模、个性化需求成了公司需要研究并付诸努力的方向。另外，公司的售后服务也有待提高，因此，大连实德集团的生产运作战略理念应包括"进行柔性生产，完善售后服务"。

综上所述，可将大连实德集团的生产运作战略确定为：①加强研发实力，突出产品差异；②推进石化产业，降低产品成本；③深化节能理念，推行清洁生产；④进行柔性生产，完善售后服务。

四、软件企业创新创业生产运作战略规划

本项实验的材料是用友软件公司生产运作战略规划。

生产运作战略是指在企业（或任何其他形式的组织）经营战略的总体框架下，决定如何通过运作活动来达到企业的整体经营目标。它根据对企业各种资源要素和内、外部环境的分析，对与运作管理及运作系统有关的基本问题进行分析与判断，确定总的指导思想及一系列决策原则。

用友公司生产运作战略从公司的运营成本、产品质量、产品的交付能力，以及产品和服务的柔性策略进行分析。

1. 专注优势行业解决方案，降低运营成本

显然，未来中国管理软件市场的需求将会不断向更多的行业渗透，而向新的行业渗入的过程是一个开拓性的过程，可以采取并购的方式寻求行业内有比较优势的管理软件厂商。而为了降低营业风险和营业成本，并适应管理软件行业差别化大的特点，用友公司应该注重在自己的优势行业市场中，推出针对行业客户个性化需求的应用解决方案，并通过行业典型用户的成功案例，向用户推广自己的产品。在行业化与个性化的管理软件越来越受到用户的青睐的时代，用友公司应利用规模效应，在推出比较完善的标准化产品的基础上，结合自己在优势行业积累的经验，推出针对性非常强的行业解决方案，这将成为企业争夺市场的有效方式。

2. 提高自身技术和管理水平，保证产品的质量

与国内竞争者相比，用友公司拥有22年的财务及企业管理软件开发与经营经验，其产品已经获得全国逾百万企事业单位的认可，用友公司自身也对产品的质量提出了一定的要求。

用友不断提升自身管理水平，其中包括项目管理水平和内部管理水平两个方面，规范化的管理将有助于帮助管理软件厂商不断提升项目管理质量、提高利润水平，内部管理水平的提升则可以帮助软件厂商保持相对的稳定性和持久的竞争力。

在技术方面，更多地考虑分布式技术、BAPI 接口技术、Internet 相关技术，使管理

软件可以灵活地混合和搭配来自多个供应商的、可互操作的软件对象，实现 ERP 软件模块与非 ERP 软件的混合匹配使用，也可以根据需求单独更新管理软件的某一个模块，而不需对整个系统进行全面升级，产品可扩展性和灵活性大大增强。

从管理的角度来看，当今的企业管理已经从职能管理转向流程管理。对逐步走向开放和规范市场的广大中小企业来说更是如此。事实上，企业流程不仅是一个概念，它已成为一种知识。因此，在管理软件设计过程中，应该把那些可以规范化、知识化的要素（如企业流程、商业逻辑、管理信息和界面语言等）从编程语言中剥离出来，存放在数据库中。这就大大减少了软件对开发工具的依赖，从而使软件的稳定性和可扩展性大大提高。

3. 建立立体渠道，提高产品的规模化交付能力

用友依靠领先的技术、丰富的产品线、强大的咨询实施队伍、优秀的本地化服务及规模化交付能力，用友软件的产品、解决方案在制造业、流通业、服务业、政府机构等行业中得到了广泛的应用。

在建立起专业化的服务体系之后，用友必须把这种服务能力经过整合之后，转移到渠道中，为提高管理软件产品的规模交付能力，必须对渠道进行整合，将提升渠道的服务能力与压缩渠道的层次结合起来，增加用友和用户之间的互动。建立适应管理软件销售特点的立体渠道体系。具体来说，渠道体系必须根据用户的个性化需求，提高其服务能力，进行渠道体系的调整。由于管理软件实施过程中的个性化特点，以前财务软件专职销售的渠道体系，已经不能适应管理软件用户的需要。根据对用户市场定位，建立立体的、能够与用友互动运作的渠道体系，将成为用友公司竞争取胜的重要因素。

4. 涵盖从中低端到高端产品的柔性产品策略

用友公司在财务软件的开发、销售方面已经积累了相当的经验，但是全面的管理软件不同于财务软件。财务软件致力于财务的电算化，而管理软件的精髓在"管理"，不同行业有不同的业务流程，不同企业有不同的管理模式。具体而言，企业用户的需求早已不满足于单一的软件功能模块。企业管理的全面信息化已被提上议事日程，从企业部分流程管理到全流程管理、从纯内部资源管理到涉及外部资源的客户关系管理、供应链管理，这标志着市场对企业管理软件需求层次的不断提高。

因此，用友公司从实际出发，认真考察中国管理软件市场的发展趋势，科学规划自己的产品线体系。通过丰富的产品线来实现业务的迅速增长，在产品研发过程中特别注意产品的跨平台应用集成，以实现与其他软件应用平台的相互包容。目前，用友软件已形成 NC、U8、"通"三条产品和业务线，分别面向大、中、小型企业提供软件和服务，用友软件的产品已全面覆盖企业从创业、成长到成熟的完整生命周期，能够为各类企业提供适用的信息化解决方案，满足不同规模企业在不同发展阶段的管理需求，并可实现平滑升级。

用友拥有丰富的企业应用软件产品线，覆盖了企业 ERP（企业资源计划）、SCM（供应链管理）、CRM（客户关系管理）、HR（人力资源管理）、EAM（企业资产管理）、OA（办公自动化）等业务领域，可以为客户提供完整的企业应用软件产品和解决方案。用友

软件同时开展企业信息化及管理培训教育服务、在线应用服务。用友公司的软件产品已经成为推动中国企业信息化的主流应用软件和实际标准，为中国企业信息化建设和ERP普及提供了强有力的工具。

5. 全方位满足客户需要的柔性服务策略

管理软件用户不断增长的个性化需求在持续拉动着管理软件企业的技术创新，而技术创新翻过来又可以推动企业用户管理水平的进步。管理软件的核心竞争力就在于对用户需求的了解，技术水平处于相对次要的地位。用友公司只有在挖掘用户需求方面走在用户前面，并以此为基础，提供全方位的服务，才不会在日益激烈的竞争中陷于被动。

当今，"软件就是服务"的理念已经逐渐得到厂商与用户的理解和认可，软件服务已成为用户选购软件产品时要考虑的首要因素，软件服务水平的高低将直接影响管理软件实施的成败。国际软件产业发展的轨迹表明，与软件服务相关的收益往往具有更高的利润率，它是企业业务收入在大幅度增长情况下，保持利润率相对稳定的重要前提。

软件服务在用友公司收入结构中的比重正日益提高，并成为利润的重要来源。因此，用友公司需要结合自己产品的特点分析、目标市场的需求情况，培养高素质的服务队伍，形成专业化的服务体系。

五、通信企业创新创业生产运作战略规划

本项实验的材料是中兴通讯公司生产运作战略规划。

随着社会经济的发展，企业面对的外部环境越来越复杂，通信企业也是如此。中兴通讯有限公司的生产战略正是在消费者需求推动和国内外企业竞争激烈，以及生产管理手段方法快速发展的这种挑战与机会并存的契机下形成的机遇成本、质量、时间、产品四个方面的战略。

1. 基于成本的战略

中兴通讯成本策略有以下几个特点。

1）保证充足的现金流

不管什么时候，只要有新的业务或新的市场转被开发，侯为贵都会反复向自己的员工强调：现金流第一，业务额第二，利润率第三。因此，像华为在海外赔本赚吆喝的大手笔，中兴通讯能不做尽量不做。例如，华为最初进军上海市，在陆家嘴一掷万金包下金茂大厦两层楼办公，中兴通讯却只在偏远的张江高科技园圈下一大块地盖自己的研发中心，仅这一项就节约了上千万元的资金，就是在这个僻静的地方，凭借捆绑销售解决了营销和物流之后的中兴通讯迅速建立起自己的明星团队，在国产手机一片萧条的情况下依然逆势而上，取得了骄人的战绩。

2）小额度的跟随

由于自己早先的国有企业身份，中兴通讯自成立之时起就得到了国家在诸多方面的支持。但是，也注定了中兴通讯不可能像老对手华为那样总是做一些孤注一掷的决定，特别是随着股票的上市发行，中兴通讯肩负了更重要的一份责任。

为了避免或尽量减少押错宝而导致损失，在一些未知性和风险性比较大的市场中，中兴通讯采取了小额投入的全面跟踪的做法。具体来说，也就是在某一产品或技术没有足够把握可以做出来之前，只做尝试性的研究，在不确定产品的市场前景之前，不进行大批量生产；紧紧跟随，始终不脱离市场领先者的行列太远，保证对市场需求快速变化的适应力，资源向产品开发而不是向技术开发集中。

例如，华为在 3G 的研发上几乎倾其所有，将技术人员和巨额资金都投入其中；中兴通讯也看到了 3G 无可限量的前景，但是它并没有像华为那样兴师动众，而是采取紧跟策略，既不无动于衷，也不过分投入，在技术上始终不和华为等领先企业保持太大的差距。在国内 3G 局势日益明朗的今天，中兴通讯在 3G 方面也屡有斩获，既没有耽误先前的业务，也没有落下新的市场。

2. 基于质量的战略

质量意味着提供优质产品，它与用料、生产以及设计密切相关，顾客是根据产品满足其目的的程度来评价质量的一般情况的，顾客愿意为高质量的产品付出更高的价格。在生产运营中，质量分为产品质量和工艺质量。产品质量是根据它所面对的细分市场来确定。工艺质量的目标是生产没有缺陷的产品，产品必须符合尺寸及产品预期性能。基于质量的竞争优势是企业竞争优势的重要方面，有必要在传统"低成本、差异化、专一化"三种一般竞争战略基础上，补充加入"精益质量"战略。精益质量意指不断追求卓越的质量理念和卓越的技术与产品。此处可认为精益质量包括技术领先和质量领先。离开"精益质量"，其他三项战略的效果将大打折扣，企业竞争力也难以持久。成本领先与质量领先应是相随的，即要求同样成本条件下更高质量的能力，或同样质量更低成本的能力，低成本不应是低质量。质量领先战略还要求具有超越别人的高质量能力，即具有其他企业无法达到的质量水平。技术领先也是企业重要战略，其与差异化战略和质量领先战略相伴随。技术一方面体现在研究开发上，能开发出差异化的产品，没有技术能力差异化战略将是有心无力；另一方面体现在工艺能力上，即能将产品做得非常精细，以高质量取胜。

中兴通讯有限公司一直致力生产质量水平领先的产品，以生产让顾客满意的产品为公司的目标。

3. 基于时间的战略

顾客对交付产品或提供服务在时间上的要求，包括快速或按时的交货能力。在同一质量水平下，企业间竞争优势差异的重要表现就是时间性。据国外资料分析表明：高质量、高功能在国际竞争中的作用逐步下降，而代之以呈上升趋势的是准时或快速交货的竞争能力。

1）交货快速

它主要体现在：在企业接到订单后迅速组织生产尽快将产品交付给客户，或者是将新的（改进的）产品尽快推向市场。在很多市场上，企业的交货时间是竞争的重要条件，甚至是首要条件。即便客户对交货时间要求不是很苛刻，但是更快的交货时间意味着更快的资金回笼及更快的资金周转速度，这意味着企业可以取得更高的效益、更强的市场竞争力。因此企业对大项目交货速度是其竞争力的体现。

广为人知，中兴通讯提供的交付是一体化的交付服务，它涉及合同的中标、签订、履行等各个环节。在中兴通讯，要求所有的管理层 50% 以上的时间都要工作在一线。其目的是，让他们了解工程项目的真正情况，以保证迅速解决这些环节中碰到的问题，以项目来驱动资源，以做好每一个项目的服务。这已经在中兴通讯公司内部全面推广，也只有这样，才能保证大项目的交付。

2）交货的可靠性

企业必须在合同规定的当日或者提前交货。它在实行零库存的客户中要求越来越严格。如果交货提前，客户没有库存来存放货物，即便不要提前支付货款，客户也不会因为你好心好意提前交货而高兴。如果交货延迟，客户由于实行零库存没有存货影响其生产，企业很可能失去该顾客。因此，中兴通讯面对的交货可靠性的要求是非常严格的。因此，中兴通讯认识到需要信息管理系统的运用贯穿于生产运营过程中，ERP的运用可以为企业生产管理、交货处理进行预测和决策。因此，信息系统的运用升级非常重要。

4. 基于产品的战略

当今时代是一个物质产品越来越丰富，消费需求越来越多的时代，在需求创造市场的大背景下，差异化战略一经提出便受到众多企业的争相追捧。差异化早已演变成深层次的，需要引入战略管理的相关理论进行解释和理解的一种逻辑严密的战略。

中兴通讯在发展的过程中，始终没有离开过竞争几近白热化的大中型城市。虽然有相关部委和合营企业的支持，但是和实力强劲的国际对手相比，中兴通讯仍然处于明显的劣势。

为了能够在自己国土上站稳脚跟，具备和国外厂商抗衡的实力，中兴通讯提出了用差异化突出重围的解决办法。

1）领先技术

企业差异化战略的成功很大程度上取决于自身是否容易被竞争对手模仿。根据著名经济学家潘罗斯的观点演化而来的基于资源的能力观所述，资源具有内生性，有效竞争所必须的资产存量只能通过具有连贯性的投资及独一无二的技术才能积累出来。

侯为贵从这理论中发现，企业要想利用差异化战略的实施来掌控市场，就要努力培育出自身的核心竞争力，使自身的差异化不会因为竞争对手的模仿或替代而变得"不差异"。他常举的一个例子就是：诺基亚的手机业务能够占据其销售额的 70%，关键在于研发，而不是 OEM。因此，中兴通讯必须掌握核心研发技术。也就是说，在国内市场中兴通讯将"走自主技术研发的道路"列为手机业务的首要原则。

以往，对高科技企业来说，差异化主要是产品的差异化，而产品的差异化又主要是指技术的差异化。不以 OEM 作为自己安身立命之根本这一项使中兴通讯明显区别于纯粹依靠市场运作能力获得成功的企业。中兴通讯的产品技术升级速度在行业内一直处于前列，而对于市场的焦点产品和流行趋势，中兴通讯总是能够及时归纳并全力进行研发，很多时候都是在对手还没有行动之前就开始动手，当对手觉醒的时候，中兴通讯最新型的产品已经上市。如今，中兴通讯已经基本上掌握了未来 3G 的各大标准，而且敏锐地看到了自己现有的大部分技术在高度成熟的发达国家市场上不会有太大作为，因此将矛头直指目前还鲜有人涉足的下一代网络平台 NGN 上。

2）定制化服务

中兴通讯为客户提供定制化服务，包括高、中、低端服务。无论哪种服务类型，中兴始终聚焦客户需求，精诚服务。首先，中兴通讯的项目组织架构要求公司高层牵头。其次，工程的交付不仅包括工程本身，还包括技术和市场，都需要参与，工程、技术、市场组成交付中的铁三角，目的是被各个层面上的用户都认可。在市场环节，中兴通讯若要保证与客户的战略相吻合，在技术层面就要为用户提供更多的支持，能为客户提供有竞争力的方案和业务。以客户为导向还表现在，面对高端客户，中兴通讯不拘泥于已有的制度、流程，而是针对客户的需求进行定制，以满足客户的需求。中兴通讯采用整体负责的方式，与客户捆绑在一起，为客户提供整体项目管理，不仅管理我们自己，还帮客户管理相关部门，甚至一些与客户相关的第三方，使整体的项目管理能满足客户的最终需求。整体负责的一个内容是，原来网络交付比较注重的是网络的性能，而现在关注的是最终客户的感知。聚焦客户有三层内容：一是公司的各项工作以客户为导向开展；二是真正面向交付来建立核心能力；三是整体负责。

六、家电行业创新创业生产运作战略规划

本项实验的材料是格兰仕集团生产运作战略规划。

1. 创业阶段战略

格兰仕在轻纺行业，再具体就是以畜毛为原料的轻纺行业从事经营活动，其经营范围具有较明显的前向一体化。即从畜毛的洗涤、整理，到粗梳加工、染色，再到轻纺，最后到羽绒服装及羽绒被生产。由此可判断，格兰仕在一体化战略实施方面有一定的经验和能力。这个阶段的产品主要是供外贸公司出口，且产品的加工和生产大多是以合资经营方式进行，这表明格兰仕人从创业开始就注重利用外部资源，善于与他人合作，通过内外部资源的优化组合来实现企业的目标。

2. 转向阶段的集中一点战略

这个阶段的格兰仕总体战略是以集中一点为核心的，但集中一点战略有自身的特点，即在战略性行业转移背景下的集中一点，这与企业创业初期的集中一点战略有较大不同。前者是将原有行业的经营资源大规模地转移到新选择的"某点"，从原有行业中撤离出来，集中全部资源来经营这个新的"点"；后者是在创业之初就集中全部资源攻其一点，没有行业转移问题。从这个角度来看，格兰仕的集中一点战略实施的困难度要大，这是因为从原有行业撤出并不能短时间完成，再加上原有行业与新选择的微波炉行业两者的相关程度极低，经营资源的转移量小且效率低。因此，格兰仕集中一点的战略成功是一个很值得探讨的问题。这个阶段的起点是 1993 年，在格兰仕集团的产品销售额中，微波炉所占的份额不超过 10%。在其后的过程中，格兰仕集团不断从轻纺行业中撤出，利用积累的资金不断地扩大微波炉的生产规模，到这个阶段的终点 1997 年年底，在格兰仕集团的产品销售额中，轻纺产品所占的份额很低，成功地从以轻纺业为主转型为以家电为主。

集中一点战略的要点是选择一个合适的"点"，集中全部或几乎全部的经营资源把这

个"点"做精、做深、做透、做大，并建立进入壁垒，使竞争者不断退出（主动或被动），潜在竞争者不敢贸然进入，从而实现企业的持续经营目标。格兰仕集团于 1991 年选择微波炉为其集中经营"点"是合适的：第一，中国市场处在发育的初期，与发达国家相比差距很大，因此其市场前景很好，市场潜力很大。第二，微波炉生产的企业并不多，且规模大多在 10 万台以下，市场竞争程度比其他家电产品要低得多。第三，外国品牌的产品在市场上居主导地位，但这些产品在其制造商的销售额中所占的比重很小，因此，微波炉并非这些制造商的战略性或主导产品。第四，格兰仕所在地——广东顺德是中国著名的家电产品生产基地，元器件、零配件的供应及其他相关技术和服务较为稳定。第五，微波炉产品的生产技术已是一项较为成熟的　技术。

不仅如此，格兰仕集团在其后的经营中，始终坚持集中一点的战略毫不动摇。格兰仕集团不仅将轻纺行业 10 多年的经营积累及撤出的收益全部投入微波炉的生产与销售上，而且将微波炉产品本身的收益也全部投入，从而导致格兰仕集团的微波炉产销量以惊人的速度增长，从 1993 年的试产 1 万台到 1997 年的近 200 万台。建立进入壁垒是集中一点战略的重要内容。格兰仕集团在这方面的表现也是突出的。主要包括：第一，在总成本不变或降低的前提下，不断开发新产品和专有技术。自 1995 年以来，格兰仕集团共获得球体微波、多层防漏等与微波炉相关的专利和专有技术 100 多项，开发 100 多个品种的新产品。尤其是自美国研究机构成立以来，格兰仕的自主技术水平有较大的提高，新产品推出更多、更快。第二，利用总成本优先的优势，向市场推出质好价廉的产品，扩大市场占有率。1996 年 8 月和 1997 年 10 月，在全国范围内大规模、大幅度地降低产品价格，其成效非常明显：首先，使不少竞争者退出微波炉行业；其次，扩大了中国微波炉市场的总体容量；再次，极快地提高了格兰仕的市场占有率。最后，关键元件的开发，在上述基础上，格兰仕开始利用自己的技术力量开发关键元件，并投入生产，进一步降低总制造成本。

3. 新阶段的多元化与国际化战略

1998 年开始的格兰仕集团发展的新阶段，其战略重点在多元化与国际化，多元化是在小家电行业范围内进行的，除微波炉外，格兰仕集团向市场推出电饭煲和电风扇产品。如果依照以 4 位数行业标准来划分，这些产品是不同产品的同位数行业，因此，可称其为相关多元化经营。这个阶段的多元化经营有如下特点：第一，以获取范围经济效益、提升企业战略能力为目标；第二，产品的技术、生产尤其是销售存在高度的相关性；第三，在初步形成亚核心能力的基础上进行；第四，以内部开发为主的战略途径；第五，工业先导/技术主导的战略模式。

国际化是指格兰仕集团不仅引进并集成了世界各国的先进生产设备和技术，而且还表现在：第一，研发的国际化。美国的研发机构与中国的研发机构共同合作开发自主技术和新产品。第二，人才的国际化，聘请外国专家和管理人才，以适应国际化经营的需要。但是，到目前为止，作为国际化战略最主要的生产国际化，才成为格兰仕的重要策略。生产的国际化必将成为格兰仕未来发展的重要战略。

七、房地产企业创新创业生产运作战略规划

本项实验的材料是北京万通地产公司生产运作战略规划。

生产管理是对生产运作系统的设计、运行与维护过程的管理，包括对生产运作活动进行计划、组织与控制。生产管理所追逐的目标可以用一句话来概括：高效、灵活、准时、清洁的生产合格产品和提供满意服务。

作为商用物业房地产行业的创新者和开拓者，万通地产倡导房地产的"美国模式"，践行"反周期理论"，提出"低风险，中速度，高回报"的发展策略，发展以住宅开发和商用物业为核心的业务体系，成为开发与运营并重的地产公司，从而使公司具有稳定的利润来源和良好的反周期能力。在多变的市场环境中，万通地产已经成为业界兼具稳健和发展双高能力的"龟兔"型标杆企业。

万通地产住宅业务以美国的托尔兄弟为标杆企业，以商品住宅为核心产品，提高产品附加值，做中国一流的专业住宅开发商和盈利水平一流的房地产上市公司。公司住宅业务集中在京津地区，已经形成"新新家园"和"新城国际"两个成熟产品系列。已经开发的项目绝大部分成为区域地标和知名物业。开发主导、地域集中是万通地产在住宅业务的战略选择，公司将充分利用滨海新区的区位优势有效集聚各方资源，加大对京津地区的投资力度，使公司拥有在该区域领先的竞争优势。

1. 由香港模式转变为美国模式

早在 2004 年，万通就正式发布了新的公司战略，要实现从所谓的"香港模式"向"美国模式"的转变。始于 2004 年的宏观调控政策，重点之一是控制固定资产投资过快，房地产行业名列调控榜单。由于房地产企业过度依赖银行，政府采取了对房地产行业进行慎贷的措施。传统的房地产开发商，即"全能地产开发商"，受此政策影响最深。而事实上，在此轮宏观调控之前，万通就总结分析了中国港台地区及欧美数十个国家和地区的房地产企业商业模式，万通准备通过战略调整、改良万通地产商业模式，由全能开发商转型为专业的房地产投资公司。万通地产在 2005 年遇上了转变，就是万通由"香港模式"向"美国模式"的转型。

所谓的"香港模式"就是综合开发模式，也称全能开发或者纵向重叠开发模式，实质上是挣加工费的模式，最突出的特点是房地产开发商更多依赖于银行提供的资金。目前，中国内地大部分房地产企业基本上属于这种模式。而"美国模式"则是高度的专业化分工加上发达的不动产金融服务，它强调房地产开发过程中的所有环节应由不同的专业公司来一起完成，一个公司只经营一种产品。其中地产定制和服务是"美国模式"中最重要的核心部分。而发达的不动产经营是指房地产行业 70%以上的资金来源于房地产投资信托（REITs），退休金和养老金又占据了 10%～15%的资金比例，因此即使美国房地产行业存在泡沫，对银行业也不会造成太大的影响。

万通在转变运营模式之前经历了三个阶段的制度建设：第一阶段，万通领导者进行决策的阶段；第二个阶段，万通开始表现出某种组织方面的进化——企业管理政府化、模式国企化、组织形式社团化；第三阶段，则是基于上一阶段变革而来的适合市

场竞争的科学治理结构，以及经过市场洗礼演化而来的科学管理模式。目前，万通正处于由第三阶段向未来不太确定的第四阶段奋进之时。此时，万通提出学习并开始实践"美国模式"。

万通坚持商业模式要简单化，全能开发模式不适合西方基金和投资人，因此万通在战略方向上转型的主要理念是：把无限土地储备变为有限储备，减少资金积压；住宅建设高端化、标准化；发展商用物业及定制的物业服务。全能的开发商容易发展为敛财型而不会变成增长型。并且全能型开发企业治理结构很难做好，财务风险非常大。万通在了解全能开发商的弊端之后适时转型，将万通的发展定位在房屋供应商和服务上，希望成为中国最大的"独立住宅供应商"。

目前，经过向"美国模式"转换的万通，业务主要分成四大专业事业群：土地经营、住宅建设、商用物业和定制服务。

一是土地经营。现在的土地存货是土地储备，拿地以后投入经营，任何阶段都可以进行土地交易。万通一般只储备三年的土地，减少了占地的土地储备资金，同时加快了土地资金的周转。土地经营事业部是对成片规划和基础设施投资，并以此带动多样化经营，此项业务模式的主要目标是将传统存货式改为积极储备方式。

二是住宅建设，集中建设高端住宅产品，且产品实行标准化生产，业务主要专注于"新新家园"的产品，走"精而专"的道路，保持万通在高端住宅产品和服务市场的领先地位。

三是商业物业，采取"美国模式"建造一个标准的建筑综合体——万通中心，建筑形式、功能等体量标准都可以进行组合，同时采取标准化的财务模式，其核心竞争力在于万通品牌、标准化和经营模式。

四是地产定制服务，即按照客户的要求定制独立式的物业，也就是多样化需求的物业。结构上包括两个业务部：一是万通物业定制；二是物业管理。采用这一模式，万通资金的周转率比现在的上市公司提高了 1～2 倍，而且在收入增加的同时并不意味着负债也要增加。根据商业周期的波动规律，未来万通的开发收入会逐年降到 50%以下，公司的收入会愈加稳定。目前，此项业务每年以 100%以上的速度迅速发展。万通的定制服务是以标准的流程来处理非标准业务的。客户的需求是多种多样的，而万通的服务后台是标准的，类似 DELL 的模式。目前，万通正在跟 PC 和平机公司共同开发软件，即将实现客户对自己物业的网络管理和手机管理，客户在全世界都可以随时管理自己的房子。

2. 四大生产业务战略规划

万通"四大金刚"成立后，各司其职之能逐渐显现。

（1）土地经营方面，万通借鉴珠江地产的做法，将土地储备放在非上市公司，上市公司只做房屋。这样，减少了上市公司的现金流量，减少了存货，提高了净资产收益率，同时减少了资金积压。目前，万通住宅类土地储备控制在 300 万～400 万平方米的水平上，每年预计消化 100 万～150 万平方米。经过周密的计算后，这个速度最适合万通在住宅土地储备上的"全国形成相对优势、局部形成绝对优势"的策略。

（2）商业地产方面，万通计划通过自建和并购同行的途径，在两年内建成和开建10个万通中心，并保证拥有每个中心51%的股权，而且万通中心将在内地主流城市和海外复制，商业物业业务在中国叫作"万通中心"，也有少量的海外版本，冠名"中国中心"。这些统一名为"万通中心"的项目将被设计成以写字楼为核心的建筑综合体，标准化复制将越来越简单。

（3）股权结构上，最上层将是一个统一的战略合作伙伴；具体到每一个万通中心，投资者将因地而异，有土地出让方、当地投资者，以及其他财务投资者。

（4）定制业务是四项业务部门中发展时间最短，同时也是增长速度最快的业务分支。经万通数据显示，2005年，万通定制业务额增长了500%。

第三节　创新创业生产运作战略规划实训方法

一、注册与登录

（一）注册

（1）任课教师或实验管理员通过教师平台对选课学生统一注册并确认。

（2）选课学生打开实验网址，如图9-1所示，单击【注册】，任课教师通过教师平台确认即可。

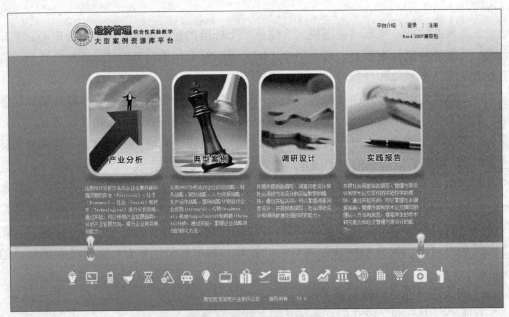

图9-1　经济管理大型案例资源库平台

（二）登录

（1）选课学生打开网址，单击【登录】。

（2）选课学生进入【登录】窗口，选择【学生】，输入事先注册的用户名和密码，单击【登录】后进入主界面，如图9-2所示。

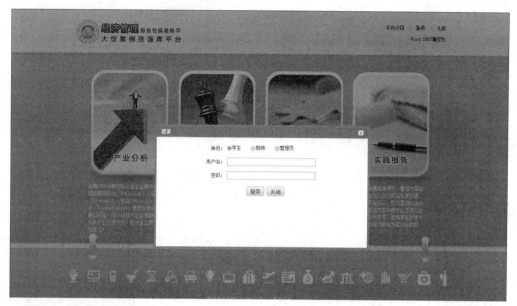

图9-2　经济管理大型案例资源库平台用户登录

二、学习与实验

（1）登录进入后，选择要学习和实训的【典型案例】模块，单击【典型案例】图标进入各类典型企业实训平台，如图9-3所示。

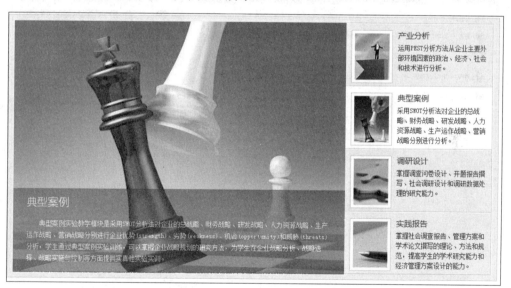

图9-3　典型企业战略管理案例模块

（2）进入【典型案例】模块后，如图9-4所示，浏览【实验资源】。根据专业特征或创业兴趣在左边选择相关产业的企业学习。同时，浏览【实验内容】，做好案例分析与讨论作业。单击【V1.0】图标进入相关产业的企业分析平台实训，如图9-5所示。

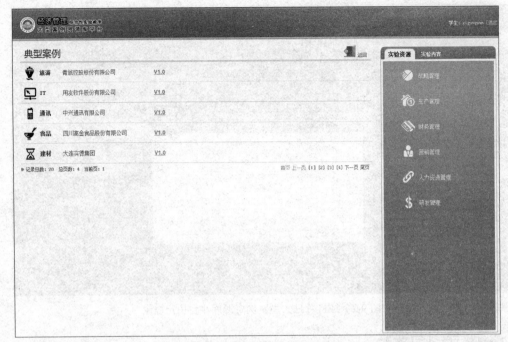

图 9-4 典型企业案例实训模块的选择

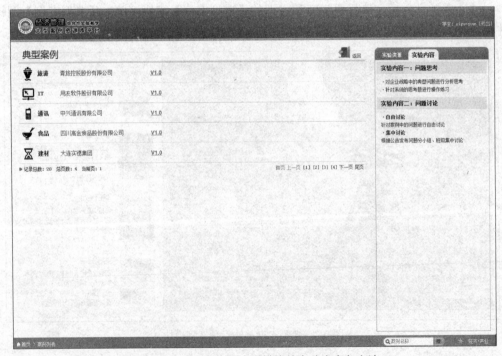

图 9-5 典型企业案例实训模块的实验内容与方法

（3）进入某典型企业案例分析模块界面后，如图 9-6 所示，在左边目录中有企业总战略菜单，依次选择进行学习，并回答右侧的实验实践模块中的问题，再加以保存，如图 9-7 所示。

图 9-6　典型企业案例分析模块界面

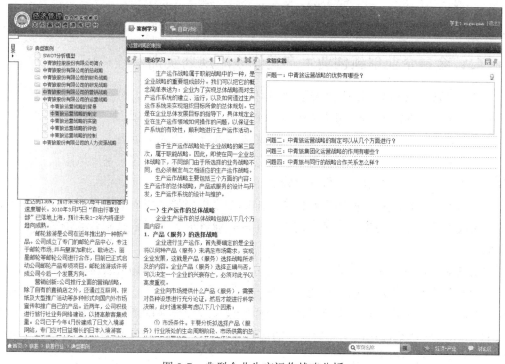

图 9-7　典型企业生产运作战略分析

提示：

- "实验实践"部分，是根据该界面理论部分所设的问题，供同学进行回顾和思考，学生可以根据右上角指示灯了解解决问题的思路。

● 右下角为学生讨论区，学生可以单击【打开】，进行讨论和交流。

第四节 创新创业生产运作战略规划实训报告

一、汽车企业创新创业生产运作战略规划实训

（1）奇瑞汽车的绿盛生产战略体现在哪几个方面？

答案要点：①建立实施环境管理体系，创建环境友好型企业；②采用环保生产工艺；③采用新能源，开发节能环保车；等等。

（2）简述奇瑞公司的生产管理方式的创新。

答案要点：奇瑞在推行 TPS 上完全自主创新，创立了"丰田生产方式+奇瑞实践=奇瑞生产模式（CPS）"，基本内容如下：①节拍平衡和 5S 改善。②绘制稼动率图与工作时段划分。③绘制直行率和单车缺陷改善。④物流 JIT。

（3）价值链的含义及奇瑞公司价值链延伸的内容是什么？

答案要点：价值链实际上是把商业行为看作一系列的活动，这些活动是把顾客价值从输入向输出转化的过程。顾客价值源自三个基础资源：使产品差异化的活动、降低成本的活动和快速满足顾客需求的活动。

价值链延伸包括：①加强对汽车产业价值链上的零部件企业的投资；②注重发展汽车服务。

二、金融企业创新创业生产运作战略规划实训

（1）SWOT 分析矩阵是进行企业外部环境和内部条件分析，可行战略组合的一种分析工具。试运用 SWOT 分析矩阵分析南京银行运营战略制定的背景。

答案要点：南京银行运营环境的主要优势：教育、金融、经济。

南京银行运营环境的主要劣势：①服务系统存在问题；②客户基础风险大；③产品单一；④流动性管理难度大，贷存比较低。

南京银行运营战略环境的主要机会：①银监会积极鼓励引入战略投资者；②业务流程外包成为新的发展趋势；③客户需求；④国际业务成为衡量银行综合竞争实力的重要指标。

南京银行运营战略环境的主要威胁：①业务集中度风险；②贷款地区集中度风险。

（2）制造业解决流程的刚性化问题时，是通过在产品设计、工艺制定及加工设备等环节全面采用数字化来增加灵活性的。同样，银行运营体系的产业化重构也要类似地借助 IT 技术来实现柔性化，从而使银行的运营体系具有按需生产产品的能力。结合实际，谈谈南京银行是如何实现柔性管理的。

答案要点：具有柔性化和产业化运营体系的银行不仅要能够依据需求高效率、低成本和大规模地生产产品，还要能够将产品传递给客户。社会的信息化使客户的选择性消费更加简单。

三、建材行业创新创业生产运作战略规划实训

（1）大连实德集团将"推进石化产业，降低产品成本"确定为生产运作战略之一的原因是什么？

答案要点：由于大连实德集团目前的主业是化工建材，其塑钢产品市场份额很大。从产业链来看，塑料异型建材的主材是 PVC，其原料正是乙烯。随着实德产品产量的迅速增加，乙烯的供应越来越紧张。当塑料异型建材的产量达到几十万吨以后，只有向上游石油化工产业进军，才能从原料上保证企业的发展。

（2）大连实德集团目前拥有哪几大化学建材产业基地？

答案要点：大连实德集团目前拥有大连、成都、嘉兴、银川、漯河、安义、天津、长春和荆州九大化学建材产业基地。

（3）大连实德集团生产运作战略的控制主要从哪几个方面来节约成本？

答案要点：大连实德集团生产运作战略的控制主要从控制成本驱动因素、引进先进的信息系统、改造公司的价值链、培养低成本的企业文化四个方面来节约成本。

（4）通过实施 Oracle 应用系统，大连实德集团可以在哪几个方面获得良好的效果和回报？

答案要点：通过实施 Oracle 应用系统，大连实德集团可以在以下几个方面获得良好的效果和回报：①实现更加高效的生产计划控制和生产调度管理；②建立物料编码体系；③建立并完善采购管理体系；④大幅减少库存和在制品数量。

四、软件企业创新创业生产运作战略规划实训

（1）用友公司的柔性产品战略体现在什么地方？

答案要点：①用友软件已形成 NC、U8、"通"三条产品和业务线，分别面向大、中、小型企业提供软件和服务；②用友拥有丰富的企业应用软件产品线。

（2）用友公司是怎样实施矩阵式管理的。

答案要点：①基于用友公司目前的总部、大区、分公司、合作伙伴的管理体系；②实现管理模式变革；③制定和执行公司统一的管理制度和业务策略。

五、通信企业创新创业生产运作战略规划实训

（1）简述中兴通讯生产中的质量战略的内涵和战略之间的关系。

答案要点：低成本、差异化、专一化、精益质量（体现在技术领先、质量领先）。精益质量是前三项的补充，是相随的。离开"精益质量"，其他三项战略的效果将大打折扣。

（2）谈谈供应链管理的优化对中兴通讯生产实施的效果。

答案要点：①采购成本降低；②库存信息变化及时；③提高供应商质量，减少数量使管理成本下降。

（3）谈谈你对六西格玛质量管理的认识？

答案要点：六西格玛是质量管理的工具。六西格玛是基于统计技术的质量改进项目，是一套改善过程控制的严格的方法体系。推行六西格玛管理，在企业内部有利于形成精益求精的企业文化和产品质量。

六、家电行业创新创业生产运作战略规划实训

（1）格兰仕集团有限公司的生产运作战略的背景是怎样的？

答案要点：①考虑格兰仕的低成本，以及精益生产理念；②生产运作战略面临一些不利因素，包括原材料上涨、技术落后等；③格兰仕正面临家电行业转型所带来的机遇与挑战，要对这些方面加以分析。

（2）格兰仕集团有限公司选定什么样的生产战略？

答案要点：①创业阶段：格兰仕在轻纺行业，再具体就是以畜毛为原料的轻纺行业从事经营活动，其经营范围具有较明显的前向一体化。②转向阶段：这个阶段的格兰仕总体战略是以集中一点为核心的，但集中一点战略有自身的特点，即在战略性行业转移的背景下的集中一点。③新阶段：战略重点在多元化与国际化，多元化是在小家电行业范围内进行的，除微波炉外，格兰仕集团向市场推出电饭煲和电风扇产品。

七、房地产企业创新创业生产运作战略规划实训

（1）万通地产运作战略的主要机会有哪些？

答案要点：万通地产确立的商业模式为"滨海新区、美国模式、万通企业文化及绿色公司"。独特的经营战略将使万通在 2010 年扑朔迷离的房地产市场及未来多个大行业周期波动中独善其身，保持较好的增长。①滨海新区战略反映了公司将继续利用战略投资者天津泰达的地方优势深耕天津，其背后是公司主导的"美国模式"的实践；②"万通企业文化及绿色公司"战略则突出了公司坚持"守正出奇"的企业文化，并为打造绿色产品、绿色公司而努力。

（2）万通地产生产运作管理战略的选择是什么？

答案要点：分别从由"香港模式"向"美国模式"转变和四轮驱动万通战略两个方面来论述。

（3）万通地产的主营业务主要有哪些？

答案要点：土地经营、住宅建设、商用物业和定制服务。

（4）万通地产生产运作管理战略是如何实施的？

答案要点：①站在未来安排今天；②坚持高端市场第一品牌道路；③携四大项目强势进军天津；④三大法宝决胜天津未来。

八、实训报告

试以国内某企业为例，写一份企业创新创业生产运作战略规划报告。

第十章

创新创业营销战略规划

第一节 创新创业营销战略规划原理

一、创新创业营销战略

(一)营销战略

营销战略是企业市场营销部门根据企业总战略规划,在综合考虑外部市场机会及内部资源状况等因素的基础上,确定目标市场,选择相应的市场营销策略组合,并予以有效实施和控制的过程。

在创新创业企业中,市场营销战略特别要求企业以顾客需要为出发点,根据经验获得顾客需求量,以及购买力的信息、商业界的期望值,有计划地组织各项经营活动,通过相互协调一致的产品策略、价格策略、渠道策略和促销策略,为顾客提供满意的商品和服务而实现企业目标的过程。

(二)营销战略的特征

从营销职能管理工作的角度而言,营销战略同样具有全局性、长期性、方向性、外部性等战略的一般特征。同时,相对于企业的总体战略和经营单位战略而言,营销战略具有如下四个特征。

(1)从属性。一方面,可以把企业营销战略看作企业整个战略体系的有机组成部分,即企业的营销战略和企业的总体战略及其他职能战略都从属于完整的企业战略体系。另一方面,营销战略从属于企业总体战略,即营销战略是企业为保证总体战略的实施而制定的关于营销活动的战略规划,营销战略规定的方向和内容应该与总体战略保持高度一致,并有利于总体战略的实施;营销战略的实施为保证企业总体战略目标的实现服务。

(2)相对独立性。营销工作是企业一项独立性非常强的职能工作,营销活动直接面对外部市场环境,具有自身的发展变化规律。在相对完备的市场经济条件下,无论企业规模大小,企业出于何种产业之中,都拥有相对独立的营销部门,都有专门人员自主地开展各项营销工作,营销部门和营销人员同样拥有自身的职权。这就决定了用以指导营销工作方向性的重大决策具有自身的独立性。

(3)专一性。总体战略指导公司内部的各项工作,经营单位战略指导某一经营单位内的各项工作。营销战略只是指导企业营销及相关部门与人员的营销活动,营销战略对与营销没有直接联系的工作基本上不具有指导作用。

(4)融合性。营销战略指导企业的各项营销工作,但不只是营销部门的工作。营销战略与企业的总体战略、单位经营战略和其他职能战略有着千丝万缕的联系。由于企业内部各项工作之间的相互融合和制约,营销战略也同企业的其他战略相关并融合。这不仅体现在总体战略和经营单位战略对营销工作做出的重大决策中，而且体现在营销战略和其他职能战略之间的相互融合中。例如，在市场开发的战略中可能会与特殊营销人才引进和营销队伍整体建设相关的人力资源战略问题相融合；在新产品战略中可能会涉及技术创新战略问题；而在采购战略中可能会依据市场定位选择决定是否采购价高质优的原材料或零部件等。

（三）营销战略规划的基础

营销战略规划的基础理论产生于 20 世纪 60 年代的美国，是随着营销组合理论的提出而出现的。4Ps 营销策略是营销学的基本理论，它最早将复杂的市场营销活动加以简单化、抽象化和体系化，构建了营销学的基本框架，促进了市场营销理论的发展与普及。

1. 产品（product）

主要是指企业以向目标市场提供各种适合消费者需求的有形产品和无形产品的方式来实现其营销目标。其中包括对同产品有关的品种、规格、式样、质量、包装、特色、商标、品牌及各种服务措施等可控因素的组合与运用。

企业注重产品的功能开发，要求产品有独特的卖点，把产品的功能诉求放在第一位，主要包括产品的效用、质量、外观、式样、品牌、包装和规格。它是企业提供给目标市场的货物、服务的集合。

2. 价格（price）

主要是指企业以按照市场规律制定价格和变动价格等方式来实现其营销目标，其中包括对同定价有关的基本价格、折扣价格、津贴、付款期限、商业信用，以及各种定价方法和定价技巧等可控因素的组合与运用。

企业根据不同的市场定位，制定不同的价格策略。定价的组合，主要包括基本价格、折扣价格、付款时间、借贷条件等。它是指企业出售产品所追求的经济回报。

3. 渠道（place）

主要是指企业以合理地选择分销渠道和组织商品实体流通的方式来实现营销目标，其中包括对同分销有关的渠道覆盖面、商品流转环节、中间商、网点设置，以及储存运输等可控因素的组合和运用。

企业并不直接面对消费者，而是注重经销商的培育和销售网络的建立，企业与消费者的联系是通过分销商来进行的。地点通常称为分销的组合，它主要包括分销渠道、储存设施、运输设施、存货控制，它代表企业为使其产品进入和达到目标市场所组织、实施的各种活动。

4. 促销（promotion）

主要是指企业以利用各种信息传播手段刺激消费者购买欲望，促进产品销售的方式来实现其营销目标，其中包括对同促销有关的广告、人员推销、营业推广，公共关系等可控因素的组合和运用。

企业注重用销售行为的改变来刺激消费者，以短期的行为（如让利、买一送一、营销现场气氛等）促成消费的增长，吸引其他品牌的消费者或招致提前消费来促进销售的增长。

二、创新创业营销战略规划体系

（一）营销战略目标

企业经营理念、方针、企业战略、市场营销目标等是企业制定市场营销战略的前提条件，是必须适应或服从的。在市场营销战略的制定过程中首先要确定的就是市场营销目标。确定目标时必须考虑与整体战略的联系，使目标与企业的目的，以及企业理念中所明确的、对市场和顾客的姿态相适应。

市场营销目标应包括：量的目标，如销售量、利润额、市场占有率等；质的目标，如提高企业形象、知名度、获得顾客等；其他目标，如市场开拓，新产品的开发、销售，现有产品的促销等。

（二）营销战略的内容体系

在人类已跨入 21 世纪的今天，由于信息科学技术高速发展，消费方式发生了巨大的变化，现代市场行情更为错综复杂，市场竞争异常激烈。任何企业要想成功进入、占领、巩固和扩展市场，采用正确的营销战略就显得尤为重要。

长期以来，被营销理论界广为接受的 4Ps 营销战略理论是由美国学者杰罗姆·麦卡锡(Jerome McCarthy)提出的，4Ps 营销战略能从复杂的营销变数中找到最为重要的因素，并从单纯的因素上升为一组策略，从而更好地适应日益复杂的营销环境。

随着市场营销战略理论研究发展，出现 6Ps、10Ps、11Ps 战略都是 4Ps 营销战略的扩展，其核心仍是 4Ps。40 多年来，每位营销经理在策划营销活动时，都基本上从 4Ps 理论出发考虑问题。1990 年，美国学者劳特朋(Lauterborn)首次提出了用 4Cs 取代传统的 4Ps，为营销战略研究提供了新的思路。相比而言，4Cs 更注重以消费者需求为导向，与以市场需求为导向的 4Ps 相比，4Cs 在理念上有了很大进步与发展。但从企业和市场发展趋势看，4Cs 抑制了企业的主动性和创造性。

20 世纪 90 年代中期，美国学者舒尔茨(Don E.Schultz)提出的 4Rs 阐述了一个全新的市场营销战略的 4 个新要素。4Rs 以竞争为导向，在新的哲学层次上概括了营销的新框架，它将企业的营销活动提高到宏观层面和社会层面来考虑，提出企业与顾客及其他利益相关者应建立起事业和命运共同体，建立、巩固和发展长期的合作关系，强调关系管理而不是市场交易。

20 世纪 90 年代末提出的 4Vs 营销战略旨在培养和构建企业核心竞争能力的具体途径，是现代企业市场营销的新着眼点。四种营销战略及其优劣势，如表 10-1 所示。

1. 4Ps 营销战略理论

4Ps 理论产生于 20 世纪 60 年代的美国，随着营销组合理论的提出而出现的。1953年，尼尔·博登（Neil Borden）在美国市场营销学会的就职演说中创造了"市场营销组合"（Marketing mix）这一术语，其意是指市场需求或多或少地在某种程度上受到所谓"营销变量"或"营销要素"的影响。为了寻求一定的市场反应，企业要对这些要素进行有效的组合，从而满足市场需求，获得最大利润。营销组合实际上有几十个要素（博登提出的市场营销组合原本就包括 12 个要素）。而杰罗姆·麦卡锡（McCarthy）于 1960 年在其《基础营销》（Basic Marketing）一书中将这些要素一般地概括为 4 类：产品（product）、价格（price）、渠道（place）、促销（promotion），即著名的 4Ps。1967 年，菲利普·科特勒在其畅销书《营销管理：分析、规划与控制》（第一版）进一步确认了以 4Ps 为核心的营销组合方法。

表 10-1　四种营销战略的内容及优劣比较

营销战略	基 本 内 容	优 势 比 较	劣 势 比 较
4Ps	产品战略：包括产品组合、产品寿命周期、产品包装、品牌等内容 价格战略：包括决定定价导向、作出调整价格的反应、设计价格的风险评价 渠道战略：包括渠道模式和中间商的选择、调整协调管理、实体分配 促销战略：包括推销、广告、营业推广等	（1）使营销理论有了体系感 （2）使复杂的现象和理论简单化 （3）为营销提供了易于操作的框架 （4）理论上概括、实务上可操作	（1）不足以涵盖所有行业可控制的变量 （2）只适合制造业中消费品的营销活动和生产者主权的卖方市场
4Cs	顾客战略：忘掉产品、记住顾客的需求和期望，以顾客为中心 成本战略：忘掉价格、记住成本与顾客的费用，让顾客在成本上相对满意 方便战略：忘掉地点、记住方便顾客，为其提供方便的消费通道 沟通战略：忘掉促销、记住与顾客沟通，培养其忠诚度	（1）以顾客为中心进行一对一传播 （2）注重资源整合、宣传企业形象 （3）以传播和双向沟通为基础	（1）与市场经济的竞争导向矛盾 （2）不能形成营销个性、营销优势 （3）未遵循企业经营的双赢原则 （4）未解决满足顾客的操作性问题 （5）被动适应顾客需求的色彩较浓
4Rs	关联战略：与顾客建立关联，提高其满意度和忠诚度，减少顾客流失 反应战略：提高市场反应速度，倾听和满足顾客的需求与渴望 关系战略：与顾客保持合作关系、建立长期而稳固的关系 回报战略：注重利润回报与价值回报	（1）以竞争为导向，概括了新框架 （2）体现并落实了关系营销的思想 （3）反应机制为互动与合作、建立关联提供了基础 （4）回报兼容了成本和双赢的内容	实施 4Rs 营销策略需实力基础或某些特殊条件
4Vs	差异化战略：以不同特色的产品、周到的服务树立良好形象 功能化战略：提供不同功能系列产品满足不同顾客的消费习惯 附加价值战略：提高附加价值的产品和服务以满足顾客的需求 共鸣战略：使顾客获得最大程度的满足、企业效益最大化	（1）弥补了 4Cs 策略中的差异化问题 （2）兼顾社会和消费者的利益、企业和员工的利益 （3）可培养构建企业核心竞争能力 （4）是达成顾客忠诚度的具体途径	实施 4Vs 营销策略需实力基础

2. 4Cs 营销战略理论

随着市场竞争日趋激烈，媒介传播速度越来越快，4Ps 理论越来越受到挑战。1990

年，美国学者罗伯特·劳特朋（Robert Lauterborn）教授提出了与传统营销理论4Ps相对应的4Cs营销理论。

4Ps营销组合向4Cs营销组合的转变，具体表现为产品（production）向顾客（consumer）转变，价格（price）向成本（cost）转变，渠道（place）向方便（convenience）转变，促销（promotion）向沟通（communication）转变。

（1）顾客（customer）：主要指顾客的需求。企业必须首先了解和研究顾客，根据顾客的需求来提供产品。同时，企业提供的不仅是产品和服务，更重要的是由此产生的客户价值（customer value）。

（2）成本（cost）：不单是企业的生产成本，或者说4Ps中的price（价格），它还包括顾客的购买成本，同时也意味着产品定价的理想情况，应该是既低于顾客的心理价格，也能够让企业有所盈利。此外，这中间的顾客购买成本不仅包括其货币支出，还包括其为此耗费的时间、体力和精力，以及购买风险。

（3）便利（convenience）：顾客在购买某一商品时，除耗费一定的资金外，还要耗费一定的时间、精力和体力，这些构成了顾客总成本。所以，顾客总成本包括货币成本、时间成本、精神成本和体力成本等。由于顾客在购买商品时，总希望把有关成本包括货币、时间、精神和体力等降到最低限度，以使自己得到最大限度的满足，因此，零售企业必须考虑顾客为满足需求而愿意支付的"顾客总成本"。努力降低顾客购买的总成本，如降低商品进价成本和市场营销费用从而降低商品价格，以减少顾客的货币成本；努力提高工作效率，尽可能减少顾客的时间支出，节约顾客的购买时间；通过多种渠道向顾客提供详尽的信息，为顾客提供良好的售后服务，减少顾客精神和体力的耗费。

（4）沟通（communication）：则被用以取代4Ps中对应的promotion（促销）。4Cs营销理论认为，企业应通过同顾客进行积极有效的双向沟通，建立基于共同利益的新型企业/顾客关系。这不再是企业单向的促销和劝导顾客，而是在双方的沟通中找到能同时实现各自目标的通途。

3. 4Rs营销战略理论

4Rs理论以关系营销为核心，重在建立顾客忠诚。它既从厂商的利益出发又兼顾消费者的需求，是一个更为实际、有效的营销制胜术。

4Rs营销理论的最大特点是以竞争为导向，在新的层次上概括了营销的新框架，根据市场不断成熟和竞争日趋激烈的形势，着眼于企业与顾客的互动与双赢，不仅积极地适应顾客的需求，而且主动地创造需求，运用优化和系统的思想去整合营销，通过关联、关系、反应等形式与客户形成独特的关系，把企业与客户联系在一起，形成竞争优势。其反应机制为互动与双赢、建立关联提供了基础和保障，同时也延伸和升华了便利性。"回报"兼容了成本和双赢两方面的内容，追求回报，企业必然实施低成本战略，充分考虑顾客愿意付出的成本，实现成本的最小化，并在此基础上获得更多的市场份额，形成规模效益。这样，企业为顾客提供价值和追求回报相辅相成、相互促进，在客观上达到的是一种双赢的效果。4Rs理论的营销四要素如下。

（1）关联（relevancy）：认为企业与顾客是一个命运共同体。建立并发展与顾客之间的长期关系是企业经营的核心理念和最重要的内容。

（2）反应（respond）：在相互影响的市场中，对经营者来说最现实的问题不在于如何控制、制订和实施计划，而在于如何站在顾客的角度及时地倾听和从推测性商业模式转移成为高度回应需求的商业模式。

（3）关系（relation）：在企业与客户的关系发生了本质性变化的市场环境中，抢占市场的关键已转变为与顾客建立长期而稳固的关系。与此相适应产生了 5 个转向，即从一次性交易转向强调建立长期友好合作关系；从着眼于短期利益转向重视长期利益；从顾客被动适应企业单一销售转向顾客主动参与到生产过程中来；从相互的利益冲突转向共同的和谐发展；从管理营销组合转向管理企业与顾客的互动关系。

（4）回报（return）：任何交易与合作关系的巩固和发展，都是经济利益问题。因此，一定的合理回报既是正确处理营销活动中各种矛盾的出发点，也是营销的落脚点。

4. 4Vs 营销战略理论

进入 20 世纪 80 年代之后，随着高科技产业的迅速崛起，高科技企业、高技术产品与服务不断涌现，营销观念、方式也不断丰富与发展，并形成独具风格的新型理念，在此基础上，国内的学者（吴金明等）综合性地提出了 4Vs 的营销哲学观。所谓"4Vs"，是指"差异化"（variation）、"功能化"（versatility）、"附加价值"（value）、"共鸣"（vibration）的营销组合战略理论。从整体上来分析，"4Vs"营销组合理念不只是典型的系统和社会营销论，即它既兼顾社会和消费者的利益，又兼顾资本家、企业与员工的利益，更为重要的是，通过对"4Vs"营销的展开，可以培养和构建企业的核心竞争力。

1）差异化（variation）

对一般商品来说，差异总是存在的，只是大小强弱不同而已。而差异化营销所追求的"差异"是产品的"不完全替代性"，即在产品功能、质量、服务、营销等方面，本企业为顾客所提供的是部分对手不可替代的。为了形成"鹤立鸡群"，差异化营销一般分为产品差异化、形象差异化和市场差异化。

（1）产品差异化是指某一企业生产的产品，在质量、性能上明显优于同类产品的生产厂家，从而形成独自的市场。以冰箱企业为例，海尔集团满足我国居民住房紧张的需要，推出小巧玲珑的小王子冰箱；美菱集团满足一些顾客讲究食品卫生要求，生产出美菱保鲜冰箱；而新飞则以省电节能作为自己为顾客提供服务的第一任务，从而吸引了不同的顾客群。

（2）形象差异化是指企业实施品牌战略和 CI 战略而产生的差异。企业通过强烈的品牌意识、成功的 CI 战略，借助媒体的宣传，使企业在消费者心目中树立起良好的形象，从而对该企业的产品发生偏好。

（3）市场差异化是指由产品的销售条件、销售环境等具体的市场操作因素而生成的差异。大体包括销售价格差异、分销渠道差异和售后服务差异。

2）功能化（versatility）

一个企业的产品在顾客中的定位有三个层次。一是核心功能，它是产品之所以存在的理由，主要由产品的基本功能构成。如手表是用来计时的，手机是用来移动通话的。二是延伸功能，即功能向纵深方向发展，如手机的储存功能、与计算机连通上网功能、移动股市行情反映功能，甚至启动家庭智能电器等功能。它由"单功能—多功能—全功能"的方向向前发展。三是附加功能，如美学功能等。总之，产品的功能越多，其所对应的价格也越高（根据功价比原理）；反之，亦反。功能弹性化是指根据消费者消费要求的不同，提供不同功能的系列化产品供给，增加一些功能就变成豪华奢侈品（或高档品），减掉一些功能就变成中、低档消费品。消费者根据自己的习惯与承受能力选择其具有相应功能的产品。

3）附加价值（value）

目前，在世界顶尖企业之间的产品竞争已不仅局限于核心产品与形式产品，竞争优势已明显地保持在产品的第三个层次——附加产品，即更强调产品的高附加价值。因而，当代营销新理念的重心在"附加价值化"。

为此应从三个角度入手：①提高技术创新在产品中的附加价值，把高技术含量充分体现在"价值提供"上，从技术创新走向价值创新。②提高创新营销与服务在产品中的附加价值。高附加值产品源于服务创新与营销新理念。许多企业已清楚地认识到，开启市场成功之门的关键就在于顾客满意，而针对顾客满意的"价值提供"则更强调服务创新。服务创新能力不但是衡量企业能否实现消费者"价值最大化"的重要标志，而且也是衡量企业自身能否实现"利润最大化"的"预警器"。③提高企业文化或品牌在产品中的附加价值。

4）共鸣（Vibration）

共鸣是企业持续占领市场并保持竞争力的价值创新给消费者或顾客所带来的"价值最大化"，以及由此所带来的企业的"利润极大化"，强调的是将企业的创新能力与消费者所珍视的价值联系起来，通过为消费者提供价值创新使其获得最大程度的满足。消费者是追求"效用最大化"者。"效用最大化"要求企业必须从价值层次的角度为顾客提供具有最大创新价值的产品和服务，使其能够更多地体验产品和服务的实际价值效用。这里所强调的价值效用，实质上就是消费者追求的"求满足"的一种期望价值和满意程度，是企业对消费者基于价值层面上的一种"价值提供"，这种"价值提供"构成了价值创新的核心内容。因此，只有实现企业经营活动中各个构成要素的价值创新，才能最终实现消费者的"效用价值最大化"，而当消费者能稳定地得到这种"价值最大化"的满足之后，将不可避免地成为该企业的终身顾客，从而使企业与消费者之间产生了共鸣。

（三）营销战略规划的制定

市场营销战略的制定和实施程序：企业营销内外环境分析—市场细分—选定目标市场—市场营销组合—实施计划—组织实施—检测评估。

1. 企业营销内外环境分析

主要是对宏观环境、市场、行业本企业状况等进行分析，以期准确、动态地把握市场机会。

1）宏观环境

即围绕企业和市场的环境，包括政治、法律、社会、文化、经济、技术等环境。了解分析这些环境对制定市场营销战略至关重要。其理由有三：一是市场营销的成果很大程度上要受其环境的影响；二是这些属不可控因素，难以掌握，企业必须有组织地进行调研、收集信息，并科学地对其进行分析；三是这些环境正加速变化。

环境的变化对企业既是威胁也是机遇，关键的是我们能否抓住这种机遇或者使威胁变为机遇。例如，环境保护是各国极为重视的世界性课题，日本松下公司为适应这一环境，建立了消除浪费废物利用的生产体系，结果做到了生产电子零部件的原材料 100%利用，并用其废物制造成其他产品，获得重大成果，给企业创造了丰厚的利益。再如，人口结构的变化，即独生子女化和老年化。我国企业在玩具生产上注意抓住了儿童市场，却忽略了老年人市场。但在美国和日本等国家已是企业的热门话题，在玩具生产中，老年人玩具占有很大的比重。

2）市场

从市场特性和市场状况两个方面对其进行分析。

首先，看市场特性，它包括以下几个方面：一是互选性，即企业可选择进入的市场，市场（顾客）也可选择企业（产品）；二是流动性变化，即市场会随经济、社会、文化等的发展而发生变化，包括量和质的变化；三是竞争性，即市场是企业竞争的场所，众多的企业在市场上展开激烈的竞争；四是导向性，即市场是企业营销活动的出发点，也是归着点，担负着起点和终点的双重作用；五是非固定性，即市场可通过企业的作用去扩大、改变，甚至创造。

其次，市场状况也可以考虑几个问题。市场由市场规模、人口、购买欲望三大要素构成。市场是同质还是异质？现在我国人们的需求呈现出两种倾向：一是丰富化和多样化；二是两极分化越来越明显、突出。绝大部分产品供大于求，形成买方市场。

3）行业动向和竞争

把握住了行业动向和竞争就等于掌握了成功的要素，所以一要了解和把握企业所在行业的现状及发展动向；二要明确竞争者是谁，竞争者在不断增加和变化，它不再只是同行业者，而相关行业、新参与者、采购业者、代理商、顾客等都可能处于竞争关系，如铁道运输业的竞争对手包括汽车运输业和航空运输业等。

4）本企业状况

利用过去实绩等资料来了解公司状况，并整理出其优势和劣势。战略实际上是一种企业用以取胜的计划，所以，企业界在制定战略时必须充分发挥本公司的优势，尽量避开其劣势。

2. 市场细分

市场不是单一、拥有同质需求的顾客，而是多样、异质的团体，所以市场细分既能发现新的市场机会，也能更好地满足市场需求；既能更充分地发挥企业优势，又能为企业选定目标市场提供条件，奠定基础。

市场要按照一定的标准（人口、地理、心理、购买行为等因素）进行细分，细分后的市场还要按一定的原则（如可测定性、可接近性、可盈利性等）来检测是否有效。市场细分的好坏将决定着市场营销战略的命运。

3. 目标市场的选定

目标市场的选定和市场营销的组合是市场营销战略的两个相互联系的核心部分。选定目标市场就是在上述细分的市场中决定企业要进入的市场，回答顾客是谁、产品向谁诉求的问题。即使是一个规模巨大的企业也难以满足所有的市场。但我国不少企业恨不得一口吞下所有的市场，结果适得其反。特别是保健品，有的功效诉多达十几种，几乎能包治百病，适合任何人群。

另外，有的企业不知道自己的产品是什么，应向消费者诉求什么。例如，新上市的一种酱油，据该公司介绍，它既是酱油，又可顶替味精，还是一种保健品，具有保健功能。这究竟是什么，也许谁都会感到疑惑不解。总之，一是企业必须有明确的目标市场；二是对于一种产品必须有明确的诉求，有明确的消费群体；三是要抓住主要矛盾，突出重点，即不要向谁都诉求，也不要什么都诉求。

4. 市场营销组合战略制定

目标市场一旦明确，就要考虑如何进入该市场，并满足其市场需求的问题，那就是有机地组合产品、价格、渠道、促销等组合因素，但千万不是几种组合因素的简单相加，企业在进行营销组合时必须考虑以下几点：①要通过调查国内优秀企业等来了解其一般进行的营销组合。②突出与竞争公司有差异的独特之处，充分发挥本公司优势的有利性。③营销组合是企业可以控制的，企业可以通过控制各组合来控制整个营销组合。④营销组合是一个系统工程，由多层分系统构成。⑤营销组合因素必须相互协调，根据不同的产品，制定不同的价格，选择不同的渠道，采取不同的促销手段。

营销组合不是静态的，而是动态的。产品生命周期分为四个阶段，当产品生命周期所处阶段发生变化时，其他组合因素也随之变化。就拿广告来说，导入期为通告广告；成长期为劝说广告；成熟期为提示广告。

在上述四种主要的组合因素中到底哪种最重要，会因行业、业态不同而异，但一般来说，其中受到高度重视的是产品。企业提供的产品是否是市场所需产品，是否能满足消费者的需求，解决消费者所要解决的问题，提供消费者希望获取的利益，这才是产品的关键所在。只有让消费者满意，消费者才会认可你的产品，接受你的产品。可是，我国不少企业不是以市场为导向，而还是停留在产品观念或推销观念上，所以造成了产品的大量积压，其价值多达3万多亿元人民币。

5. 实施计划

实施计划是指实施市场营销战略而制定的计划。战略制定好后要有组织、有计划、有步骤地实施。具体内容包括组织及人员配置、运作方式、步骤及日程、费用预算等。

三、创新创业营销战略规划的设计

许多学者认为，无论是制造业的营销创新还是服务业的营销创新，市场导向都可以促进公司增强企业的创新能力，加快新产品的开发速度，提高顾客满意度，进而提高企业的绩效。但也有许多学者认为，市场导向有利于渐进式创新，不利于突破式创新，原因在于顾客是短视的且不能超越当前消费经验去预测将来技术趋势和自身潜在需求，企业过于注重消费者的需求将会错失突破式创新，企业只有"将消费者忽略"才能进行革命性创新。而实行创新导向的企业经过创新性的组织学习后，在创新上一般采用超前的技术突破和市场运作模式进行突破性创新，以创新为导向的企业可以更好地发掘和预见顾客的未来需求，并通过相应的价值主张创新和价值网创新满足顾客的未来需求。创新导向反映了组织对消费者潜在需求以及未来需求的重视，突破性营销创新更关注"未来技术的走向"和"未来市场模式的走向"，强调更多地预见市场。市场导向和创新导向都能使企业取得成功，前者关注顾客的现实需求，后者关注顾客的潜在需求和未来需求。Simpson 等学者提出了将创新导向与市场导向进行融合和协同，即复合导向。成功的企业往往既要有突破性营销创新也要有渐进式营销创新，只有实行复合导向将市场导向和创新导向融合起来，才能满足企业对这两种创新方式的需求。

（一）STP 营销战略

市场细分（market segmentation）的概念是由美国营销学家温德尔·史密斯（Wended Smith）在 1956 年最早提出的，此后，美国营销学家菲利浦·科特勒进一步发展和完善了温德尔·史密斯的理论，并最终形成了成熟的 STP 理论[市场细分（segmentation）、目标市场选择（targeting）和市场定位（positioning）]。它是战略营销的核心内容。

STP 理论的根本要义在于选择确定目标消费者或客户，或称市场定位理论。根据 STP 理论，市场是一个综合体，是多层次、多元化的消费需求集合体，任何企业都无法满足所有的需求，企业应该根据不同需求、购买力等因素，将市场分为由相似需求构成的消费群，即若干子市场。这就是市场细分。企业可以根据自身战略和产品情况从子市场中选取有一定规模和发展前景，并且符合公司的目标和能力的细分市场作为公司的目标市场。随后，企业需要将产品定位在目标消费者所偏好的位置上，并通过一系列营销活动向目标消费者传达这一定位信息，让他们注意到品牌，并感知到这就是他们所需要的。

STP 理论是指企业在一定的市场细分的基础上，确定自己的目标市场，最后把产品或服务定位在目标市场中的确定位置上。

市场细分是指根据顾客需求上的差异把某个产品或服务的市场逐一细分的过程。目标市场是指企业从细分后的市场中选择出来的，决定进入的细分市场，也是对企业最有利的市场组成部分。而市场定位就是在营销过程中把其产品或服务确定在目标市场中的一定位置上，即确定自己的产品或服务在目标市场上的竞争地位，也叫"竞争性定位"。

1. 市场细分

1）市场细分的含义

市场细分是指营销者通过市场调研，依据消费者的需要和欲望、购买行为和购买习惯等方面的差异，把某一产品的市场整体划分为若干消费者群的市场分类过程。每一个消费者群就是一个细分市场，每一个细分市场都是由具有类似需求倾向的消费者构成的群体。①地理细分（geographic segmentation），包括国家、地区、城市、农村、气候、地形；②人口细分（demographic segmentation），包括年龄、性别、职业、收入、教育、家庭人口、家庭类型、家庭生命周期、国籍、民族、宗教、社会阶层；③心理细分（psychographic segmentation），包括社会阶层、生活方式、个性；④行为细分，包括时机、追求利益、使用者地位、产品使用率、忠诚程度、购买准备阶段、态度。

2）市场细分的步骤

细分市场不是根据产品品种、产品系列来进行的，而是从消费者（指最终消费者和工业生产者）的角度进行划分的，是根据市场细分的理论基础，即消费者的需求、动机、购买行为的多元性和差异性来划分的。市场细分对企业的生产、营销起着极其重要的作用。

市场细分包括以下步骤：①选定产品市场范围。公司应明确自己在某行业中的产品市场范围，并以此作为制定市场开拓战略的依据。②列举潜在顾客的需求。可从地理、人口、心理等方面列出影响产品市场需求和顾客购买行为的各项变数。③分析潜在顾客的不同需求。公司应对不同的潜在顾客进行抽样调查，并对所列出的需求变数进行评价，了解顾客的共同需求。④制定相应的营销策略。调查、分析、评估各细分市场，最终确定可进入的细分市场，并制定相应的营销策略。

2. 目标市场

著名的市场营销学者麦卡锡提出了应当把消费者看作一个特定的群体，称为目标市场。通过市场细分，有利于明确目标市场，通过市场营销策略的应用，有利于满足目标市场的需要。即目标市场就是通过市场细分后，企业准备以相应的产品和服务满足其需要的一个或几个子市场。

选择目标市场，明确企业应为哪一类用户服务，满足他们的哪一种需求，是企业在营销活动中的一项重要策略。因为不是所有的子市场对本企业都有吸引力，任何企业都没有足够的人力资源和资金满足整个市场或追求过大的目标，只有扬长避短，找到有利于发挥本企业现有的人、财、物优势的目标市场，才不至于在庞大的市场上瞎撞乱碰。选择目标市场一般要运用下列三种策略。

1）无差别市场策略

无差别市场策略，就是企业把整个市场作为自己的目标市场，只考虑市场需求的共性，而不考虑其差异，运用一种产品、一种价格、一种推销方法，吸引可能多的消费者。美国可口可乐公司从 1886 年问世以来，一直采用无差别市场策略，生产一种口味、一种配方、一种包装的产品以满足世界 156 个国家和地区的需要，称作"世界性的清凉饮料"，资产达 74 亿美元。由于百事可乐等饮料的竞争，1985 年 4 月，可口可乐公司宣布要改变配方的决定，不料在美国市场掀起轩然大波，许多电话打到公司，对公司改变可口可乐的配方表示不满和反对，不得不继续大批量生产传统配方的可口可乐。可见，采用无差别市场策略，产品在内在质量和外在形体上必须有独特风格，才能得到多数消费者的认可，从而保持相对的稳定性。

这种策略的优点是产品单一，容易保证质量，能大批量生产，降低生产和销售成本。但如果同类企业也采用这种策略时，必然要形成激烈竞争。闻名世界的肯德基炸鸡，在全世界有 800 多个分公司，都是同样的烹饪方法、同样的制作程序、同样的质量指标、同样的服务水平，采取无差别策略，生产很红火。1992 年，肯德基在上海开业不久，上海荣华鸡快餐店开业，且把分店开到肯德基对面，形成"斗鸡"场面。因荣华鸡快餐把原来洋人用面包作主食改为蛋炒饭为主食，西式沙拉土豆改成酸辣菜、西葫芦条，更取悦于中国消费者。所以，面对竞争强手时，无差别策略也有其局限性。

2）差别性市场策略

差别性市场策略就是把整个市场细分为若干子市场，针对不同的子市场，设计不同的产品，制定不同的营销策略，满足不同的消费需求。如美国有的服装企业，按生活方式把妇女分成三种类型：时髦型、男子气型、朴素型。时髦型妇女喜欢把自己打扮得华贵艳丽，引人注目；男子气型妇女喜欢打扮的超凡脱俗，卓尔不群；朴素型妇女购买服装讲求经济实惠，价格适中。公司根据不同类妇女的不同偏好，有针对性地设计出不同风格的服装，使产品对各类消费者更具有吸引力。又如某自行车企业，根据地理位置、年龄、性别细分为几个子市场：农村市场，因常运输货物，要求牢固耐用，载重量大；城市男青年，要求快速、样式好；城市女青年，要求轻便、漂亮、闸灵。针对每个子市场的特点，制定不同的市场营销组合策略。这种策略的优点是能满足不同消费者的不同需求，有利于扩大销售、占领市场、提高企业声誉。其缺点是由于产品差异化、促销方式差异化，增加了管理难度，提高了生产和销售费用。目前只有力量雄厚的大公司采用这种策略。如青岛双星集团公司，生产多品种、多款式、多型号的鞋，满足国内外市场的多种需求。

3）集中性市场策略

集中性市场策略就是在细分后的市场上，选择两个或少数几个细分市场作为目标市场，实行专业化生产和销售。在个别少数市场上发挥优势，提高市场占有率。采用这种策略的企业对目标市场有较深的了解，这是大部分中小型企业应当采用的策略。日本尼西奇起初是一个生产雨衣、尿布、游泳帽、卫生带等多种橡胶制品的小厂，由于订货不足，面临破产。总经理多川博在一个偶然的机会，从一份人口普查表中发现，日本每年约出生250万个婴儿，如果每个婴儿用两条尿布，一年需要500万条。于是，他们决定放弃尿布以外的产品，实行尿布专业化生产。一炮打响后，又不断研制新材料、开发新品种，不仅垄断了日本尿布市场，还远销世界70多个国家和地区，成为闻名于世的"尿布大王"。

采用集中性市场策略，能集中优势力量，有利于产品适销对路，降低成本，提高企业和产品的知名度。但有较大的经营风险，因为它的目标市场范围小，品种单一。如果目标市场的消费者需求和爱好发生变化，企业就可能因应变不及时而陷入困境。同时，当强有力的竞争者打入目标市场时，企业就要受到严重影响。因此，许多中小企业为了分散风险，仍应选择一定数量的细分市场作为自己的目标市场。

三种目标市场策略各有利弊。选择目标市场时，必须考虑企业面临的各种因素和条件，如企业规模和原料的供应、产品类似性、市场类似性、产品寿命周期、竞争的目标市场等。

选择适合本企业的目标市场策略是一个复杂多变的工作。企业内部条件和外部环境在不断发展变化，经营者要不断通过市场调查和预测，掌握和分析市场变化趋势与竞争对手的条件，扬长避短，发挥优势，把握时机，采取灵活的适应市场态势的策略，去争取较大的利益。

3. 市场定位

市场定位是指企业针对潜在顾客的心理进行营销设计，创立产品、品牌或企业在目标顾客心目中的某种形象或某种个性特征，保留深刻的印象和独特的位置，从而取得竞争优势。

市场定位（market positioning）是20世纪70年代由美国学者阿尔·赖斯提出的一个营销学的重要概念。所谓市场定位，就是企业根据目标市场上同类产品竞争状况，针对顾客对该类产品某些特征或属性的重视程度，为本企业产品塑造强有力的、与众不同的鲜明个性，并将其形象生动地传递给顾客，求得顾客认同。市场定位的实质是使本企业与其他企业严格区分开来，使顾客明显感觉和认识到这种差别，从而在顾客心目中占有特殊的位置。

传统的观念认为，市场定位就是在每一个细分市场上生产不同的产品，实行产品差异化。事实上，市场定位与产品差异化尽管关系密切，但有着本质的区别。市场定位是通过为自己的产品创立鲜明的个性，从而塑造出独特的市场形象来实现的。一项产品是多个因素的综合反映，包括性能、构造、成分、包装、形状、质量等，市场定位就是要强化或放大某些产品因素，从而形成与众不同的独特形象。产品差异化乃是实现市场定位的手段，但并不是市场定位的全部内容。市场定位不仅强调产品差异，而且要通过产品差异建立独特的市场形象，赢得顾客的认同。

需要指出的是，市场定位中所指的产品差异化与传统的产品差异化概念有本质区别，它不是从生产者角度出发单纯追求产品变异，而是在对市场分析和细分化的基础上，寻求建立某种产品特色，因而它是现代市场营销观念的体现。

（二）网络营销战略

网络营销（on-line marketing 或 e-marketing）是随着互联网进入商业应用而产生的，尤其是万维网（www）、电子邮件（E-mail）、搜索引擎等得到广泛应用之后，网络营销的价值才越来越明显。

网络营销是企业整体营销战略的一个组成部分，是为实现企业总体经营目标所进行的，以互联网为基本手段营造网上经营环境的各种活动。其中可以利用多种手段，如E-mail 营销、博客与微博营销、网络广告营销、视频营销、媒体营销、竞价推广营销、SEO 优化排名营销、大学生网络营销能力秀等。总体来讲，凡是以互联网或移动互联网为主要平台开展的各种营销活动，都可称为整合网络营销。简单地说，网络营销就是以互联网为主要平台进行的，为达到一定营销目的的全面营销活动。

网络营销的特点有两个方面：一方面是基于互联网，以互联网为营销介质；另一方面它属于营销范围，是营销的一种表现形式。企业网络营销包含企业网络推广和电子商务两大要素。网络推广就是利用互联网进行宣传推广活动。电子商务指的是利用简单、快捷，低成本的电子通信方式，买卖双方无须谋面就可进行各种商贸活动。网络营销与传统营销一样都是为了实现企业营销目的，但在实际操作和实施过程上还是有比较大的区别。

1. 网络营销战略概述

网络营销战略是企业根据自身所在市场中所处地位不同而采取的一些网络营销组合，包括网页策略、产品策略、价格策略、促销策略、渠道策略和顾客服务策略。它是以国际互联网络为基础，利用数字化的信息和网络媒体的交互性来辅助营销目标实现的一种新型的市场营销方式。简单地说，网络营销就是以互联网为主要手段进行的，为达到一定营销目的的营销活动。

网络营销在国内企业中的应用正逐步走向深入，但是相比国际优秀企业，国内的应用才刚刚起步，中国网络营销网是首家网络营销资讯门户，那里提供了丰富的信息资源。

"中国网络营销网"Tinlu 提供的相关资料表明，随着网络经济对于传统经济的不断渗透，国内企业，特别是广大中小企业，如果不能有效地利用低成本高效率的网络营销的手段，将面临极大的竞争劣势。

2. 网络营销战略的种类

（1）网络品牌战略。网络营销的重要任务之一就是在互联网上建立并推广企业的品牌并快速树立品牌形象，达到提升。网络品牌建设是以企业网站建设为基础，通过一系列的推广措施，达到顾客和公众对企业的认知和认可。在一定程度上说，网络品牌的价值甚至高于通过网络获得的直接收益。

（2）网页战略。中小企业可以选择比较有优势的地址建立自己的网站，建立后应有专人进行维护，并注意宣传，这一点上节省了原来传统市场营销的很多广告费用。

（3）产品战略。中小企业要使用网络营销方法必须明确自己的产品或者服务项目，明确哪些是网络消费者选择的产品。定位目标群体，因为产品网络销售的费用远低于其他销售渠道的销售费用，因此，中小企业如果产品选择得当，就可以通过网络营销获得更大的利润。

（4）价格战略。价格策略也是最为复杂的问题之一。网络营销价格策略是成本与价格的直接对话，由于信息的开放性，消费者很容易掌握同行业各个竞争者的价格，如何引导消费者做出购买决策是关键。中小企业者如果想在价格上网络营销成功，就应注重强调自己产品的性能价格比，以及与同行业竞争者相比之下自身产品的特点。

除此之外，由于竞争者的冲击，网络营销的价格策略应该适时调整，中小企业营销的目的不同，可根据时间不同制定价格。例如，在自身品牌推广阶段可以以低价来吸引消费者，在计算成本基础上，减少利润而占有市场。品牌积累到一定阶段后，制定自动价格调整系统，降低成本，根据变动成本市场供需状况及竞争对手的报价来适时调整。

（5）促销战略。销售促进。营销的基本目的是为增加销售提供帮助，网络营销也不例外。大部分网络营销方法都与直接或间接促进销售有关，但促进销售并不限于促进网上销售。事实上，网络营销在很多情况下对促进网下销售十分有价值。以网络广告为代表。网上促销没有传统营销模式下的人员促销或者直接接触式的促销，取而代之的是用大量的网络广告这种软营销模式来达到促销效果。

对中小企业来说，这种做法可以节省大量人力支出、财力支出。通过网络广告的效应可以与更多人员到达不了的地方挖掘潜在消费者，可以通过网络的丰富资源与非竞争对手达到合作的联盟，以此拓宽产品的消费层面。网络促销还可以避免现实中促销的千篇一律，可以根据本企业的文化，以及帮助宣传的网站的企业文化相结合来达到最佳的促销效果。

（6）渠道战略。为了促进消费者购买，应该及时在网站发布促销信息、新产品信息、公司动态，为了方便购买还要提供多种支付模式，让消费者有更加多的选择，在公司网站建设时候应该设立网络店铺，加大销售的可能。

（7）客服战略。网络营销与传统营销模式不同还在于它特有的互动方式。传统营销模式人与人之间的交流十分重要，营销手法比较单一。网络营销则可以根据自身公司产品的特性设立。

（三）品牌营销战略

品牌是目标消费者及公众对于某一特定事物心理的、生理的、综合性的肯定性感受和评价的结晶物。品牌战略就是公司将品牌作为核心竞争力，以获取差别利润与价值的企业经营战略。品牌战略是市场经济中竞争的产物，近年来，一些意识超前的企业纷纷运用品牌战略的利器，取得了竞争优势并逐渐发展壮大。战略的本质是塑造出企业的核心专长，从而确保企业的长远发展。在科技高度发达、信息快速传播的今天，产品、技术及管理诀窍等容易被对手模仿，难以成为核心专长，而品牌一旦树立，则不但有价值并且不可模仿，因为品牌是一种消费者认知，是一种心理感觉，这种认知和感觉不能被轻易模仿。

1. 品牌营销战略概述

品牌营销战略是企业以品牌的营造、使用和维护为核心，在分析研究自身条件和外部环境的基础上所制订的企业总体行动计划。品牌营销战略包括核心战略、辅助战略和维护战略三个组成部分。企业在实施品牌营销战略中必须正确处理好三者之间的关系，分清轻重缓急，有序推进。品牌营销战略的核心是从消费者角度出发，将品牌在消费者心中进行差异化定位，通过以品牌价值打造为核心的营销动作和资源配置，达到持续提升销量和利润的营销目的。

品牌营销战略包括品牌化决策、品牌模式选择、品牌识别界定、品牌延伸规划、品牌管理规划与品牌远景设立六个方面的内容。

1）品牌化决策

品牌化决策解决的是品牌的属性问题。是选择制造商品牌还是经销商品牌，是自创品牌还是加盟品牌，在品牌创立之前就要解决好这个问题。不同的品牌经营策略，预示着企业不同的道路与命运，如选择"宜家"式产供销一体化，还是步"麦当劳"（McDonalds）的特许加盟之旅，总之，不同类别的品牌，在不同行业与企业所处的不同阶段有其特定的适应性。

自创品牌建设的目的是要为企业形成强大的品牌资产，而品牌资产源于目标消费者心中对品牌个性、品牌价值的良好认知和丰富联想，这种认知和联想又必须是企业所期望的。因此，品牌定位就是要在目标消费者头脑中抢占一个有利于强大品牌资产形成的最佳位置。

虽然独特的、强有力的核心价值只能有一个，但品牌个性和品牌价值是多维度的，因此，品牌定位的内容不仅要对核心价值和核心诉求进行提炼，还应当对品牌主要方面的特征进行提炼，形成品牌识别系统，以便顾客更好、更详细地识别品牌，为购买提供更充分的理由，同时使品牌价值链上的各项价值创造活动有行动的准绳，持续、一致地为打造品牌而努力，使每一次营销传播活动都演绎出品牌的核心价值、品牌的精神与追求，确保企业的每一份营销广告投入都为品牌做加法，都为提升品牌资产作累积。

2）品牌模式的选择

品牌模式的选择解决的则是品牌的结构问题。如是选择综合性的单一品牌还是多元化的多品牌，是联合品牌还是主副品牌。品牌模式虽无好与坏之分，但有一定的行业适用性与时间性。如日本丰田汽车在进入美国的高档轿车市场时，没有继续使用"TOYOTA"，而是另立一个完全崭新的独立品牌"凌志"，这样做的目的是避免"TOYOTA"会给"凌志"带来低档次印象，而使其成为可以与"宝马""奔驰"相媲美的高档轿车品牌。

3）品牌识别界定

确立的是品牌的内涵，也就是企业希望消费者认同的品牌形象，它是品牌战略的重心。它从品牌的理念识别、行为识别与符号识别三个方面规范了品牌的思想、行为、外表等内外含义，其中包括以品牌的核心价值为中心的核心识别和以品牌承诺、品牌个性等元素组成的基本识别。如2000年海信的品牌战略规划，不仅明确了海信"创新科技，立信百年"的品牌核心价值，还提出了"创新就是生活"的品牌理念，立志塑造"新世纪挑战科技巅峰，致力改善人们生活水平的科技先锋"的品牌形象，同时导入了全新的VI视觉识别系统。通过一系列以品牌的核心价值为统帅的营销传播，一改以往模糊混乱的品牌形象，以清晰的品牌识别一举成为家电行业首屈一指的"技术流"品牌。

从品牌体系结构上确定打造的重点。由于发展历程和企业结构不同，不同的企业打造的重点应当不同，是选择企业品牌、专业品牌还是产品品牌因现实情况而定。第一，对于实力强大、声誉好、定位包容性较强的企业品牌，如果实行多品牌战略规划，打造的重点可以是企业品牌，以便让旗下的所有产品品牌共同借势。第二，为了体现各产品品牌的定位差异性，对产品品牌的打造也不能忽视，所以产品品牌次之。第三，对于历史原因，企业品牌的实力不强或档次不高，而企业又希望向中高档品牌发展，应区别考虑：对于现有产品品牌而言，可以继续重点打造企业品牌，改善其形象，同时打造专业品牌；对于计划发展的中高端专业品牌，应重点打造，同时采取隐身品牌策略，弱化企业品牌对专业品牌的不利影响。丰田的雷克萨斯是成功的例证。

4）品牌延伸规划

品牌延伸规划是对品牌未来发展领域的清晰界定。明确了未来品牌适合在哪些领域、行业发展与延伸，在降低延伸风险、规避品牌稀释的前提下，以谋求品牌价值的最大化。如海尔家电统一用"海尔"牌，就是品牌延伸的成功典范。

创建强势品牌的最终目的是持续获取较好的销售与利润。由于无形资产的重复利用是不用成本的，只要用科学的态度与高超的智慧进行品牌战略规划延伸战略，就能通过理性的品牌延伸与扩张充分发挥品牌资源这一无形资产的杠杆作用，实现企业的跨越式发展。因此，品牌战略规划管理的重要内容之一就是对品牌延伸的下述各个环节进行科学和前瞻性品牌战略规划：对企业品牌专业品牌提炼具有包容力的品牌核心价值，预埋品牌延伸管线；抓住时机进行品牌延伸扩张；有效回避品牌延伸的风险；强化延伸的产品品牌的核心价值与主要联想并提升品牌资产；成功推广品牌延伸中新产品。

5）品牌管理规划

品牌管理规划是从组织机构与管理机制上为品牌建设保驾护航，在上述规划的基础上为品牌的发展设立远景，并明确品牌发展各阶段的目标与衡量指标。企业做大做强靠战略，"人无远虑，必有近忧"，解决好战略问题是品牌发展的基本条件。

有了品牌战略后，战略能否有效实施还有赖于战略管理体系是否科学、合理。从管理职责来看，品牌管理主要有两大方面的工作：①依据品牌规划对企业的一切品牌创建活动（包括产品研发、制造、销售、服务、广告、公关传播、渠道建设等）进行监督、检查和指导；②对品牌创建活动的结果——品牌资产的状况和目标的完成情况进行评估检核，调整下一步的品牌资产建设目标与策略。企业品牌管理部门一般要评估的是消费者认知角度的品牌资产，即知名度、品质认可度、品牌联想、品牌忠诚度等。另外，商标、特许经营权等是品牌的法律资产，也可以纳入品牌管理部门的职责内。

从管理流程来看，科学合理的品牌战略规划管理应当有合理层次的组织机构及相应的职责、人员编制、工作流程为保障。对大型企业集团来说，应当有集团层面的品牌综合管理部门、专业品牌层面的品牌管理部门、产品品牌层面的品牌经理。

6）品牌远景设立

在多品牌战略规划下，为了竞争的需要，不同品牌对于企业发展的使命应当是有差别的。有以确保市场份额为使命的品牌，有确保企业利润的品牌，有打乱竞争对手阵脚的别动队品牌（主要是产品品牌），因此，有必要设定不同品牌的历史使命。

建立强势品牌是一个渐进的过程，品牌资产有初级、中级和高级之分，不可一蹴而就。因此，有必要根据企业的实际情况设定分阶段的努力目标，使品牌建设具有计划性、可操作性，同时使考核工作有目标依据。品牌还应当有一个鼓舞人心的发展愿景，使品牌建设有一个明确、长远的奋斗方向。

2. 品牌营销战略的类型

1）单一品牌

单一品牌又称统一品牌，是指企业生产的所有产品都同时使用一个品牌的情形。这样在企业不同的产品之间形成了一种最强的品牌结构协同，使品牌资产在完整意义上得到最充分的共享。单一品牌战略的优势不言而喻，商家可以集中力量塑造一个品牌形象，让一个成功的品牌附带若干种产品，使每一个产品都能够共享品牌的优势。比如，大家熟知的"海尔"就是单一品牌战略的代表。海尔品牌2005年以702亿元的品牌价值连续四年蝉联榜首，比第二名高出222亿元。在2005年世界品牌500强中海尔荣登第89位。海尔集团从1984年起开始推进自己的品牌战略，从产品名牌到企业名牌，发展到社会名牌，现在已经成功地树立了"海尔"的知名形象。海尔产品从1984年的单一冰箱发展到拥有白色家电、黑色家电、米色家电在内的96大门类15100多个规格的产品群，并出口世界100多个国家和地区，使用的全部是单一的"海尔"品牌。不仅如此，海尔也作为企业名称和域名来使用，做到了"三位一体"。而作为消费者，人们可将海尔的"真诚到永远"的理念拓展到它名下的任何商品。一个成功的海尔品牌，使海尔的上万种商品成了名牌商品，单一品牌战略的优势尽显其中。

单一品牌的另一个优势就是品牌宣传的成本要低，这里面的成本不仅包括市场宣传、广告费用的成本，同时还包括品牌管理的成本，以及消费者认知的清晰程度。单一品牌更能集中体现企业的意志，容易形成市场竞争的核心要素，避免消费者在认识上发生混淆。

当然作为单一的品牌战略，也存在一定的风险，它有"一荣共荣"的优势，同样也具有"一损俱损"的危险。如果某一品牌名下的某种商品出现了问题，那么在该品牌下附带的其他商品也难免会受到株连，至此整个产品体系可能面临重大的灾难。单一品牌缺少区分度，差异性差，往往不能区分不同产品独有的特征，这样不利于商家开发不同类型的产品，也不便于消费者们有针对性的选择。因而，在单一品牌中往往出现"副品牌"。

2）副品牌策略

采用副品牌策略的具体做法是以一个成功品牌作为主品牌，涵盖企业的系列产品，同时又给不同产品起一个富有魅力的名字作为副品牌，以突出产品的个性形象。人们依然以海尔为例，海尔虽然在他所有的产品之上都使用同一个商标，但是为了区分彼此的特点仅就冰箱来说就分为变频对开门的"领航系列"；变频冰箱"白马王子系列""彩晶系列"；电脑冰箱"数码王子系列"和"太空王子系列"；机械冰箱"超节能系列""金统帅系列"；等等。所以，仅仅冰箱这种产品在海尔名下就有 15 种副品牌。在家电行业使用副品牌已经成为行业的通行做法，这样有效地划分了不同产品的功能和特点，使每组商品的特点各显其彰，同时也弥补了单一品牌过于简单、不生动的缺点。

3）多品牌战略

一个企业同时经营两个以上相互独立、彼此没有联系的品牌的情形，就是多品牌战略。大家众所周知，商标的作用是就同一种的商品或服务，区分不同的商品生产者或者服务的提供者的。一个企业使用多种品牌，当然具有的功能就不仅仅是区分其他的商品生产者，也包括区分自己的不同商品。多品牌战略为每一个品牌各自营造了一个独立的成长空间。

多品牌的优点很明显，它可以根据功能或者价格的差异进行产品划分，这样有利于企业占领更多的市场份额，面对更多需求的消费者；彼此之间看似竞争的关系，但是实际上很有可能壮大了整体的竞争实力，增加了市场的总体占有率，避免产品性能之间的影响，比如把卫生用品的品牌扩展到食品上，消费者从心理上来说就很难接受。而且，多品牌可以分散风险，某种商品出现问题了，可以避免殃及其他的商品。缺点则在于：宣传费用的高昂，企业打造一个知名的品牌需要财力、人力等多方面的配合，如果想成功打造多个品牌自然要有高昂的投入作为代价；多个品牌之间的自我竞争；品牌管理成本过高，也容易在消费者中产生混淆。

4）背书品牌战略

宝洁在使用它的品牌的时候不会忘记指出"飘柔——宝洁公司优质产品"。背书品牌依附于产品，贯穿整个公司品牌和项目品牌之中，背书品牌的管理通过在价值链的各环节实施，确保开发项目能够成为公司区别于其他品牌的鲜明特征体现。

为什么宝洁使用背书品牌而欧莱雅却不使用。其实仔细分析，人们可以看到宝洁公司也并非所有的品牌都使用了背书品牌的方式。在美容化妆品领域中 SK-Ⅱ及玉兰油也同样是宝洁的产品，但是却没有使用背书品牌。就是因为宝洁在人们心目中已经成为大众消费品的代表，它大量出现在洗涤、卫生用品的领域，如果再把它使用在高档化妆品上，很可能会影响这些产品的身价。再如"品客"薯片也是宝洁的产品，在这里它也不会使用"宝洁"的背书商标，因为这样会使消费者在购买薯片的时候联想到洗发水、洗衣粉等大家熟知的宝洁产品，而这样很有可能影响它在公众中的形象。欧莱雅也是这样。巴黎欧莱雅在化妆品领域中只能算上一个中档品牌，如果让它背书在兰蔻等高档产品之上显然是不合适的，所以在这种情况下，商家采用的是淡化总品牌的策略，让这些高端品牌以更优越的良好形象树立自己的形象，打造自己的领地。通过这样的战略，反而提升了整体的竞争实力，也关照了不同档次的消费人群。

3. 品牌战略规划制定

（1）提炼品牌的核心价值作为企业的灵魂，贯穿整个企业的所有经营活动。品牌核心价值的提炼，必须进行全面科学的品牌调研与诊断，充分研究市场环境、行业特性、目标消费群、竞争者及企业本身情况，为品牌战略决策提供详细、准确的信息导向，并在此基础上，提炼高度差异化、清晰的、明确的、易感知、有包容性、能触动和感染消费者内心世界的品牌核心价值，一旦核心价值确定，在传播过程中，把它贯穿到整个企业的所有经营活动里。

（2）规范品牌识别系统，并把品牌识别元素执行到企业的所有营销传播活动中去。以品牌核心价值为中心，规范品牌识别系统，使品牌识别与企业营销传播活动的对接具有可操作性；使品牌识别元素执行到企业的所有营销传播活动中，使每一次营销传播活动都演绎和传达出品牌的核心价值、品牌的精神与追求，确保企业的每一次营销广告的投入都为品牌做加法，从而为品牌资产作累积。同时，还要制定一套品牌资产提升的目标体系，作为品牌资产累积的依据。

（3）整合所有的资源，实现品牌价值的提升。规划科学合理的品牌化战略，并且考虑和优选品牌化战略，是品牌战略规划中重要的环节。在单一产品格局下，营销传播活动都是围绕提升同一个品牌的资产而进行的，而产品种类增加后，就面临很多难题。对大企业而言，有关品牌化战略与品牌化决策中一项小小决策都会体现在企业经营的每一环节中，并以乘数效应加以放大。品牌化战略与品牌化决策水平高低，将会有不同的结果。如果决策水平高的话，企业多赢利几千万元、几亿元是很平常的事情；如果决策水平低的话，导致企业几千万元、上亿元的损失也会发生。

（4）进行理性的品牌延伸扩张，避免"品牌稀释"的发生，追求品牌价值最大化。品牌战略规划的另外重要内容之一，就是对品牌延伸进行科学和前瞻性的规划，因为创建强势品牌的最终目的是持续获取较好的销售与利润，使企业能够持续健康地发展。为了实现企业的跨越式发展，就要充分利用品牌资源这一无形资产，由于无形资产的重复利用是不花成本的，因而只要用科学的态度与高超的智慧来规划品牌延伸战略，就能实现品牌价值的最大化。

（5）加强品牌管理，避免"品牌危机"事件的发生，从而累积丰厚的品牌资产。如果要创建强势品牌，累积丰厚的品牌资产，就要加强品牌的日常管理和维护，尽量避免"品牌危机"事件的发生。避免"品牌危机"事件发生的主要方法如下。

首先，要完整理解品牌资产的构成，透彻理解品牌资产各项指标如知名度、品质认可度、品牌联想、溢价能力、品牌忠诚度的内涵及相互之间的关系。

其次，在此基础上，结合企业的实际，制定品牌建设所要达到的品牌资产目标，使企业的品牌创建工作有一个明确的方向，做到有的放矢，减少不必要的浪费。

再次，围绕品牌资产目标，创造性地策划低成本提升品牌资产的营销传播策略，并要不断检核品牌资产提升目标的完成情况，调整下一步的品牌资产建设目标与策略。

最后，建立"品牌预警系统"，避免"品牌危机"事件的发生。如果"品牌危机"事件真的发生了，要及时处理和用一种声音说话，尽量减少品牌的损失。

第二节　创新创业营销战略规划实训材料

一、汽车企业创新创业营销战略规划

本项实验的材料是奇瑞汽车公司营销战略规划。

（一）奇瑞汽车的市场细分与定位

现代市场营销非常重视 STP 营销，即 segmention（市场细分）、targeting（目标市场）、positioning（产品定位）。任何一个企业无法在所有市场上为所用户服务，汽车企业应该在汽车市场细分的基础上选择对本企业最为有利的那部分市场为目标，并制订相应的产品计划和营销计划为其服务。STP 营销的主要任务是要帮助企业选择那些与企业任务、目标、资源相一致的，与竞争者相比有较大优能产生较大利益的细分市场作为企业的目标市场，并做出合理的市场和产品。一个汽车生产或销售企业开展营销时，面对的是一个十分复杂的市场，这个市场中的消费者由于收入、爱好、生活习惯等因素的不同，对汽车商品和服务也就有不同的要求。企业只有选择其中某一部分需求与爱好加以满足，才是上策。

企业在选择目标市场时，首先要对市场进行考察，以了解市场的大量需求点、竞争激烈点及供货空缺点等不同的市场态势，从而为企业实施目标市场营销找切入点，为此，在此之前必须进行市场细分。然后把一个或几个细分市场作为目标，为每个市场制定产品开发和营销方案。目标市场营销能帮助企业更好地识别营销机会，为每个目标市场开发适销对路的产品。

1. 市场细分

奇瑞汽车公司首先对汽车消费市场进行了深入分析，针对市场细分做出了较准确的定位。

奇瑞汽车以国内汽车为营销目标，奇瑞按消费用途将国内汽车市场细分为国人首选的家用车市场、回报率最高的出租车市场、实惠大方的公务车市场。奇瑞按消费水平将国内汽车市场细分为四类，即经济型轿车市场、中级轿车市场、中高级轿车市场、高级豪华轿车市场。中低端轿车市场是奇瑞汽车关注的重点。

2. 目标市场

奇瑞公司对国内汽车目标消费群体有着准确把握。奇瑞汽车尽可能避开外资汽车和合资汽车的主流市场，深度开发汽车的空白市场。在家用车市场，重点关注经济型轿车、中低端城市休闲 SUV。在公务车市场，重点关注民营及私营企业中低端商务用车。

3. 产品定位

奇瑞旗下的 QQ3、QQ6、A1、瑞麒 2、旗云、开瑞 3、A5、瑞虎 3、东方之子、东方之子 CROSS 等十个系列数十款产品基本涵盖了整个中低端轿车市场。从品牌的市场定位来看，瑞虎3定位于9万～12万元的市场，东方之子定位于9万～12万元的市场，旗云定位于5万～8万元的市场，QQ定位于5万元以下的市场，奇瑞A系列定位于5万～10万元的市场，市场定位十分明确。

奇瑞汽车的总体产品定位是：以微型车QQ扩大市场覆盖率；以旗云系列作为市场主打，跟现阶段车市的需求相适应，旗云作为家庭车和经济型出租车广受欢迎；以东方之子进入经济型商务用车市场，获取更多利益。并且随着市场的发展，东方之子价格下降后，又考虑抢进出租车市场，以扩大市场份额。拓展家庭用的小型MPV市场和家庭城市休闲SUV市场。

（1）QQ的市场细分与定位是较成功的。汽车产品一般是以价格档次定位，奇瑞QQ是以细分消费群体为微型经济型轿车明确客户定位的汽车产品。"年轻人的第一辆车"，QQ提出了年轻的上班族这群人崭新的生活方式——拥有汽车、拥有一个属于自己的移动空间，享受驾驭乐趣，不只是有多年工作经历的上班族的专利，年轻的上班族同样也能进入汽车时代。而在此前，年轻的上班族的出行方式基本上是公交或自行车，打出租车只是偶尔的事情。国内的汽车厂商一般都认为，年轻的上班族不会买车，或者说上班族需要多年积累才有实力买车，而且即使在有了一定经济实力之后，上班族在买房与买车之间一般是选择前者，而不是后者。而奇瑞QQ打破了传统的社会理念和消费观念，为年轻的上班族提出了汽车消费新理念。奇瑞公司经过调查得知，金融信贷工具在国内的广泛使用和信贷市场的成熟，增强了年轻上班族的购买力，培育了他们信贷消费的全新理念，而且年轻人注重生活质量，崇尚时尚的生活方式，这些使年轻人提前拥有自己的轿车成为现实可能和主观需要。另外，随着年轻人的成长，他们对社会的贡献越来越大，他们所占据的社会位置越来越重要，社会对他们的经济回报也一定是越来越大，年轻的上班族到那时还会更换更高价位的轿车。这就是奇瑞QQ"年轻人的第一辆车"产品定位的创意初衷。

（2）奇瑞经过对AS购买者的跟踪调查显示，奇瑞AS的消费者具有很大的共性。据数据显示，奇瑞AS消费者的社会属性集中于民营及私营企业，占用户总数的41%，用户年龄集中于26～40岁，占全部用户的72%，创业初期的个体工商业者和发展较好的企事业单位高层管理人士占AS用户的53%。AS消费者这种明显的族群特征，说明了奇瑞AS这款车市场定位非常准确和清晰，而且这个定位也符合消费者对奇瑞AS的心理预期，深受广大消费者的认可。所以奇瑞AS用户特征定位于事业起跑中的新生代创业者是准确的。

（3）奇瑞东方之子系列轿车当初上市时的主打市场是以商务车和公务车为主，因为这款车4.785米长，2.4升进口变速箱，动力总成设计是非常成熟的，奇瑞东方之子通过2007年4月的降价增配举动，提高了产品的"含金量"，各款车型在不断升级和改进中，其市场定位也随着汽车市场的发展而不断变化。从对东方之子降价的幅度、调整的跨度、产品整合的力度上来看，奇瑞继续打造东方之子"商务座驾新坐标"的目标和决心也非常明显。东方之子系列产品具有大气豪华的外形，动力强劲，油耗经济，配置丰富，并以杰出的动力性、超凡的驾乘舒适感、实用的配置及标杆性的价格为经济型商务车创立了高性价比的典范。经过多年的发展，东方之子无论是在销量、品牌影响力还是客户满意度等方面都有了长足进步，使东方之子成了消费者心目中经济实用的经典车型。它极大地满足了中国消费者对经济型商务轿车的多层次需求。

（4）东方之子 CROSS 是奇瑞汽车在国内首推的文化产品。CROSS 就是 creat（创新车型、酷越风格）、room（休闲品位、多变空间）、overall（全能用途、宜商宜家）、science（智能科技、人性关怀）、safety（全面安全、填密呵护），东方之子 CROSS（休闲轿车）的基本文化特征正是来自 CROSS 这个单词中的五个字母。外观方面奇瑞东方之子 CROSS 外观大气，44662 毫米×1820 毫米×1505 毫米的三围尺寸，以及 2800 毫米长的轴距使车身足够宽大，更接近全尺寸 MPV 的级别。内饰设计是奇瑞的一大突破，对称式内饰设计新颖，布局和造型沿袭了概念车的设计，拱形仪表台、中控台及在中央上方的半圆形仪表都是左右对称的。虽然在车内安置了三排座椅，但纵向空间充足，当最后排座椅不用时，中排座椅可以充分后移，即使满载 7 个人，通过对座椅的调整，也能让所有乘客拥有合理的空间。东方之子 CROSS 配备了双安全气囊、电加热后视镜、电动天窗、ABS+EBD 等，高配车型还有 DVD 系统，以其售价来看是物有所值的。东方之子 CROSS 搭载的是三菱 2.0 和 2.4 两款发动机，其市场定位为家庭用的小型 MPV。

（5）旗云是奇瑞公司精心打造的一款"全新 A 级豪华轿车"。旗云是奇瑞与世界著名发动机设计公司进行合作的结果，其市场定位为"中国中档轿车的典范"。旗云有三大特点：一是搭载世界名牌发动机，也是旗云最主要的卖点之一，该款 1.6L 发动机被评为"2002 年世界十大最佳发动机之一"，并相继装备于宝马 MINRCOOPER 跑车及克莱斯勒 PT 漫步者等世界顶级车型，最大功率为 85KW，0～100KM/H 加速时间为 10.55，90KM/H 等速油耗为 5.9L/100KM。二是外形设计风格独特，采用双色大包围结构，平稳中透露出勃勃生机，整车线条平滑流畅，前大灯的设计取材于东方之子，而格栅采用了竖条结构，看起来与国产蓝鸟有几分相似。三是全新精改内饰，人性化设计处处可见。旗云采用了奇瑞公司全新开发的新型米黄色内饰，配合流线型中控仪表台，显得大方、舒适。此外，旗云加装了一些人性的配置，为车主提供了方便。比如中央扶手，可以前后推拉，掀起来又是一个小的储物箱，前中控台内置一个阻尼式弹出杯架，可以放置两杯饮料。07 款旗云正式上市，产品定位于都市家庭轿车，并有针对性地在外观、内饰、舒适、科技等方面进行 28 项升级。据了解，这也是旗云历史上显著的一次升级。07 款旗云集"四新"于一体：新外观、新感受、新科技、新舒适。都市家庭轿车的定位，使已经在中国汽车市场上驰骋 8 年之久的旗云迈入新纪元。

（6）奇瑞瑞虎作为一款国产低端 SUV，其市场定位是城市休闲 SUV，而国内市场上的 SUV 市场，价格基本都集中在 20 万元以上，最低的欧蓝德也要近 17 万元，奇瑞瑞虎以 10 万元左右的价格区间进入市场，可以说是找准了这个市场的空档，其他的竞争对手如三菱欧蓝德、本田 CRV，它们在价格上基本无法和瑞虎抗衡。2007 年 5 月，自上市以来多次蝉联 SUV 销量冠军、被称为"三冠王"的瑞虎 NCV 已被正式命名为"瑞虎 3"。"瑞虎 3"以原瑞虎 NCV 产品技术平台为基础，推出了新动力、新感观、新品质三大系列 45 项升级改进，其中外观与内饰方面包含七大类 100 多个改进点，从而突显"能驱能省，快意驰骋"的新品牌形象。以"瑞虎 3"为代表的新一代多功能车有别于传统

SUV，摆脱了传统 SUV 过分强调越野性、经济性不佳、体积庞大、内饰粗糙等缺点，可以说是介于传统轿车与纯越野车辆之间的新车型，这类车型更适合现代都市消费者的需要。

奇瑞的主要几款车型（QQ、旗云、AS、瑞虎 3、东方之子、东方之子 CROSS）基本体现了市场细分的原则即差异性、可衡量性、可盈利性、可进入性、相对稳定性和独特性。尤其是有盈利则说明汽车的市场细分是正确和可行的。

（二）奇瑞公司市场营销战略的选择

奇瑞在发展之初就定下了自己的美丽愿景与宏伟目标——"聚集优秀人力资本，追求世界领先技术，拥有自主知识产权，打造国际知名品牌，开拓全球汽车市场，跻身汽车列强之林"，以"震撼价格，震撼技术，震撼服务"为内涵的营销理念在国内汽车市场创造出骄人业绩。

奇瑞将继续深化多品牌战略，通过集最先进技术的高端产品上市带动品牌形象提升；以满意度为抓手，继续提升产品品质和服务品质；发挥人员、价格、广告、营业推广、公共关系等在销售促进方面的整合优势；建立分网分销模式，创新终端销售方式，加强渠道管理，全面提升对经销商和消费者的价值；继续创新国际发展思路，推动国际市场发展，实现从"走出去"到"走进去，扎根发展"。

二、金融企业创新创业营销战略规划

本项实验的材料是南京银行营销战略规划。

（一）南京银行的营销理念

当前南京银行营销的基本理念应具备以下几点。

1. 以市场为导向

以市场为导向是指银行的各种资源的利用和配置，始终要追随市场的变化而进行调整。以市场为导向，是因为市场存在比较经济效益，这是市场经济条件下每一位经济主体追逐的主题。银行也不例外，否则，就会被同业市场竞争淘汰。

2. 以客户为中心

客户是上帝，是银行利润的来源，是银行赖以生存和发展的基础。以优质的服务赢得客户的信赖，扩大客户的数量和质量，从而完成银行自身的利润目标，最终获得客户和银行的双赢局面，是银行的基本目标。银行应先满足客户的核心需求再满足客户的边缘需求，先满足客户的现实需求再满足客户的潜在需求，先满足客户的功能需求再满足客户的价格需求

3. 诚信经营理念

市场经济是信用经济，商业银行面临的最大经营问题之一是社会诚信不足，尤其是顾客的诚信资源。商业银行除了要广泛充分挖掘客户的诚信资源，建立诚信约束外，自己也要树立起诚信理念，以信誉至上面对广大顾客和公众，以坚不可摧的高信誉度赢得客户的信赖。商业银行必须充分培育自己的诚信经营理念，在激烈的竞争中树立起诚信的榜样，取信于民，只有这样，商业银行才会开辟更广泛的国际国内市场。

（二）南京银行的营销定位策略

在分析了营销环境之后，就要通过市场细分和目标市场选择来确定自己的重点服务对象。由于银行服务的特殊性，银行营销的市场细分，理论上需要包括存款和贷款这样一个"两极市场"，但由于南京银行存贷款市场实际上存在很大的关联性，本节不进行细分。

1. 市场细分

南京银行所面临的市场与一般商业银行一样，大体上可以分为个人客户市场、企业客户市场和机构客户市场。个人客户主要是其所在城镇的居民，根据人口因素、心理因素、行为因素等可以进行不同的细分。对南京银行来说，比较有实际意义的细分方法主要有两种。一种是从人口因素的角度考虑，根据性别、收入、职业、教育等为标准将个人市场划分为大众市场、中层市场和较富裕阶层；对于要求基本服务的大众市场，将服务电子化；对于教育程度较高的中层，除基本银行服务外，还可以提供各类私人借贷、住房贷款、各类保险、信用卡等服务，并将电话理财服务推广至此阶层；对于较富裕的人士，可提供更优质的服务。另一种是按生命周期群体分，可以分为未成年人、独立生活未婚、新婚无子女、子女未独立、退休养老等细分群体，南京银行可以有针对性地为有子女家庭提供教育储蓄、教育贷款，为老年家庭提供养老余账户等服务。

企业客户主要是中小企业，由于其成分复杂，多种所有制并存，管理水平良莠不齐，经营效益有好有坏，可以根据不同行业的市场收益水平及发展潜力，研究各产业与银行业务往来中给银行带来的业务量进行细分。一类是成长型、潜力型客户，经营机制灵活。市场前景广阔，在其发展初期给予及时支持，将隐藏极大商业机会。另一类是成熟型客户，产品比较稳定，增长潜力已不大，更愿意与能提供快捷、方便、微笑等金融服务的银行合作。还有一类是劣势客户，管理水平低，资产负债率高，经营效率差，这类客户贷款安全性、流动性、效益性均无保障，一般不宜介入。

目标市场的选择要求有充足的客源，并要求与商业银行所具有的资源实力相一致。个人客户市场应该从客源及自身条件出发，着重开发针对资信较高、中等水平的个人客户产品，为其提供个人金融套餐，包括代理收付款、代理理财、抵押消费贷款等一系列的服务。企业客户市场应着重扶持处于新兴行业的、有发展前景的中小企业，为其提供理财、项目评估、投资咨询、预（决）算审查等金融套餐。

2. 市场定位选择

南京银行在选定目标市场之后，就要决定怎样进入目标市场，即在分析现有的竞争对手的基础上，以顾客接受为最终目的，决定银行的企业形象和产品形象。

首先要在企业形象上与竞争对手区别开来，实施品牌定位。很多大银行都为自己设计了一套完整的企业识别系统（corporate identity system，CIS），通过塑造和设计其经营观念、标志、企业外观建筑、户外广告等在客户心目中留下别具一格的形象，如花旗银行把自己定位于"富有进取心的银行"，并在世界各地启用相同的企业标志和户内设置。目前，我国的国有商业银行和股份制商业银行一般都形成了各自的初步形象识别系统，有自己的企业标志。而南京银行只是笼统定位于"市民的银行"，却在硬设置上缺乏跟进，更缺乏有针对性的或突出个体特色的经营观念定位，如可定位于"最贴心的银行""最便捷的银行""行动最快速的银行"等。品牌化定位有助于避免价格恶性竞争，有助于加强顾客的忠诚度，增加银行利润。

南京银行对当地客户的资信状况、经营效果掌握得更翔实，更准确，具有较强的相对优势。所以，结合南京银行特色型总体发展战略，以求异为主，以跟随型为辅的定位策略，一方面将其独特的专门服务技术优势融入与竞争对手相似的竞争业务中去；另一方面不断开发多元化的核心业务，努力做到"人无我有、人有我新、人新我特"。

总之，南京银行作为区域性的商业银行，应充分发挥自身的"地缘""人缘"和"文化认同"优势，以城市为中心，以支持地方经济发展为己任，将市场目标准确定位于"立足地方、面向全国、突出重点、服务四市"，即立足服务于市企、市政、市民和市场。

（三）南京银行的营销组合策略

在目标市场确定以后，南京银行就要考虑如何将既定市场营销战略加以展开，用什么方法达到目标，这就要求用最适合的产品，以最适宜的定价，配合最适当的促销方法和分销渠道，最有效地满足市场需求，以取得最好的营销效果和收益。

1. 金融产品定价策略

我国还处在金融管制之下，存款利率由官方定价，贷款利率稍有放松，比如，从1999年9月起，金融机构对中小企业贷款利率可在法定贷款利率基础上上浮30%，对大型企业贷款最高上浮10%，金融机构贷款最低下降10%。与此同时，城商行的中间业务还处于发展的初级阶段，业务发展侧重于扩大存款市场份额、盘活存量资产、加速资金周转等方面，绝大部分业务是免费的。目前，我国南京银行定价主要集中在信贷上，并主要采取简便易行，却无法准确实现成本分摊的成本加成定价策略。

银行定价不仅要考虑产品成本，还要考虑顾客对产品价值的认知程度，以价格和非价格需求弹性及其决定因素的分析为前提的需求导向定价法，不仅更符合银行的盈利性要求，也更符合南京银行特色型的营销策略。南京银行应以确立品牌形象为重点，并逐步利用差别定价的方式来挖掘潜在收益，根据不同客户、不同服务制定不同的价格。例如，根据顾客对服务需求量的大小确定服务费用，或对一些基本服务之外的内容适当收费等。

2. 产品分销渠道策略

分销渠道策略是将商业银行投入市场的产品与客户联系在一起的不可或缺的纽带和桥梁。现代分销渠道策略要求城商行着力加快间接分销渠道的建设，逐步建立电话银行、网上银行、自动柜员机及销售点终端机等，把销售触角延伸到社会公众的身边，建立疏而不漏的营销网络。

3. 产品促销策略

要保证南京银行品牌策略的顺利实施，就必须很好地制定促销组合策略。近年来，尽管南京银行开展了形式各异的促销活动，但是各种促销手段大多流于形式，层次不高；并且缺乏总体策划与创意，具有一定的盲目性和随机性；在各种促销方式的有机组合、综合运用方面更显缺失，不能体现整体的促销决策，也不能收到良好的促销效果。南京银行应该根据品牌主打产品的特点和属性，综合运用广告、人员推销、营业推广和公共关系等促销组合，不只促销新产品更要促销品牌。在广告促销时，南京银行要考虑自己的整体定位，根据促销产品的特点，针对目标客户群的需求和兴趣，着重于本行与他行之间的服务差异，做到有的放矢；进行人员推销时，应该摒弃以往只注重推销存款商品的做法，也要多发展上门提供贷款、财务顾问服务等推销活动，效仿国外的"理财顾问""关系经理"等，通过面对面地接触，及时、直观地了解客户的愿望、需求等偏好，并根据反馈信息及时调整产品和服务。营业推广主要是以赠品、抽奖等方式着眼解决一些具体问题，短期效益比较明显，但限于银行产品的特殊性，不宜频繁使用，以免降低"身份"。此外，还要善于运用公共关系，参加一些公益活动，与社会各界加强联系，创造良好的银行形象，赢得公众的信任与支持。

三、建材企业创新创业营销战略规划

本项实验的材料是大连实德集团营销战略规划。

通过对大连实德型材的营销环境进行详尽的分析，大连实德集团认为按照市场营销学的思路，通过对实德型材营销过程中的产品、价格、渠道、促销四个方面加以改进和完善，将有助于实德型材走出目前发展中面临的困境，使企业在日益激烈的市场竞争中立于不败之地，并最终能赢得市场份额，赶超对手。

于是，大连实德集团将营销战略分解为产品策略、价格策略、渠道策略及促销策略四个方面，并提出了相应的策略方案。

（一）产品战略的制定

大连实德集团的产品战略主要包括以下方面。

（1）进行产品改良：改进型材配方、改进型材断面结构。

（2）强化产品质量：不但严格按照 ISO9000 标准建立质量管理体系，还要建立全员的质量管理网络。

（3）加强产品开发：如双色共挤型材、彩色覆膜型材。

（4）改善生产计划：根据销售季节和客户需求调整生产计划。

（二）价格策略的制定

大连实德集团的价格策略主要如下。

（1）统一经销商提货价格和销售价格：严格要求各地经销商统一销售价格。

（2）经销商年终返利政策：制定经销商返利标准。

（3）工程特价特批政策：对于工程需求较大的客户经过审查后可根据竞争对手及市场状况实行特价特批。

（三）渠道策略的制定

大连实德集团的渠道策略主要包括以下方面。

（1）将以直销为主模式转为以经销为主模式，大力发展经销商，精简机构，用经销商取代原二、三级城市的销售公司，加强经销商审批管理，降低实德型材的销售成本。

（2）省级营销机构的职能着重于市场分析与经销商管理。

（四）促销策略的制定

大连实德集团的促销策略主要如下。

（1）采取非人员促销与人员促销两种方式并进。

（2）非人员促销通过采用媒体广告、建立门窗博物馆、营业推广来进行。

（3）人员促销着重加强销售团队建设及人员管理，完善绩效制度。

四、软件企业创新创业营销战略规划

本项实验的材料是用友软件公司营销战略规划。

用友的整体战略是扩张，用友软件采取的竞争战略是差异化，以及以比竞争对手更低的成本、更快的速度为渠道与客户提供产品和服务相结合。营销战略是为整体战略服务的，支持整体战略的实现，下文依据 4Ps 理论，制定用友软件股份有限公司的营销战略。

（一）产品战略

产品战略的总体原则是，根据细分市场来进行产品开发，全面规划，逐步整合各项业务应用，使产品易学、易用、易管理、易成长。在全面规划的前提下，突出关键应用，完善各种行业专业插件。

1. 用友通标准版以及用友通普及版

用友通标准版目前处在金牛产品类顶端，接近明星产品类；用友通普及版处在明星产品类下端，刚刚高出明星产品类。这两个产品，尤其用友通标准版，是小型事业部的主要收入、利润及现金来源。然而，由于对市场仍然将快速增长的预期，对这两个产品应继续加大投入，以保持它们的迅速增长。

这两个产品功能较为丰富，可以继续进行拆分，形成更细的、可以独立使用的模块以便企业根据需要选择，更重要的是降低进入门槛。

由于用户关注产品易用性的权重达到30%，因此应重点解决这两个产品的易用性问题，重新设计产品界面，合理安排人机交互系统，切实地做到易学、易用、易管理、易成长。同时根据东南亚地区企业需求，增加如多语言等功能，来满足当地应用需要。

2. 商贸通标准版与商贸通普及版

这两个产品目前同属问题类，虽然市场增长很高，但相对市场占有率却不高。究其原因，一方面是重视这个领域较晚，正在努力抢占市场的过程中；另一方面就是产品本身还有财务软件的烙印，没有很好地把握用户需求。因此，对这两个产品建议是继续加大研发力度，尤其在需求调研环节引入成熟人才，不断完善产品的功能。

整体目标是通过 3 年的开拓，使用友通标准版基本保持现在地位；用友通普及版进一步扩大市场占有率；商贸通标准版及普及版进入明星类范围。同时为了避免产品同质化，陷入价格竞争，按行业/应用角色来细分低端市场，并根据细分市场需要，进行产品设计与开发，重点突出关键应用（财务、业务），保持核心产品领先优势。对于细分的行业市场，尤其需要注意完善行业插件，关注后续的数据及产品升级。

最后，为了方便客户使用，产品需要能够支持用户在线注册及远程的简单维护；充分利用互联网大范围应用的便捷，为客户提供移动应用及 ASP 应用式。

（二）渠道战略

1. 产品渠道流程策略

用友软件采取全线分销策略，事业部各级机构都不从事直销业务。在渠道策略方面，建议主体采用宽渠道策略，部分领域或地区采用窄渠道策略。宽渠道策略是指在同个地区设置多个合作伙伴，这样便于把产品更充分地推入市场各个地区、领域，同时又能使合作伙伴之间保持一定的竞争性；窄渠道策略是指在一定地区或领域给予合作伙伴一定时期的独家经营权，这样做主要是鼓励合作伙伴主动开拓市场，对市场进行投入，并且能够根据市场需求控制各种地区性销售政策，避免内部无序竞争。

一方面，根据地区经济状况，在经济状况较差的地区采用窄渠道策略，设立地区唯一伙伴，鼓励伙伴主动开拓市场，并对已开拓的市场给予一定程度的保护。

另一方面，在某些特殊的行业或领域在一定的区域内采用窄渠道策略，如装饰装修行业，与地区该行业的委员会合作，由该委员会或其下属单位，独家代理在该地区该行业的业务。

2. 渠道政策策略

现有渠道全部是传统渠道，这种渠道的每一个成员均是独立的，各自为政，各行其是，都为追求其自身利益的最大化而展开激烈竞争，最终使整个渠道效率低下。因此，这种传统渠道成员之间的关系正面临严峻的挑战。关系型分销渠道正是适应形势的变化而产生的一种新型分销模式。伙伴型成员关系将原有的供应及销售体系视作共同发展的经营伙伴，以共生共赢为核心，把不同经营渠道的成员视为各专业职能伙伴，在统一的经营理念指导下合作发展，其价值在于经营战略过程的协同性、信息沟通的多样性、分销活动的互利性等。

发展这种关系型伙伴关系，非常重要，建议首先在白金级伙伴中进行尝试，3 年内覆盖 1000 家核心伙伴中的 30%。先行的渠道分级分类经营策略运行良好，维持这种状况无须调整。

3. 渠道分布策略

进一步扩大覆盖面。现有渠道覆盖国内 36 个省及直辖市，基本上覆盖了国内各个省份。由于小型企业数量多，分布广，因此，在现有基础上，下一步应该在 3 年内在全国所有区级市都发展合作伙伴，部分经济发达的县级市也应发展。

基于东南亚地区的市场机遇，在该地区发展合作伙伴，开拓东南亚地区市场可以考虑以国家为单位各设一个总代，由总代来负责该国业务的开拓，包括下级渠道发展等。

（三）价格战略

1. 产品总体定价策略

基本维持现行利润导向的高价策略，但部分产品进行一些调整，如表 10-2 所示。

表 10-2 产品定价调整

产 品	调 整	目 的
用友通标准版	微降	维持并扩大市场份额，同时保持较高利润
用友通普及版	不变	维持现有市场份额，又不与商贸通系列产生冲突
商贸通标准版	上调	增加利润
商贸通普及版	微降	扩大市场份额
行业专版	上调	增加利润

（1）用友通标准版及普及版。

由于不断激化的竞争，用友通标准版定价在现有基础上进行微降，以进一步扩大市场份额，同时又保证较高的利润，维持用友在小型市场上整体形象；用友通普及版定价维持不变。

（2）商贸通标准版及普及版。面向初级应用需求，将商贸通普及版定价微降，争取更大初级应用客户份额；商贸通标准版定价在原有基础上调高10%。这样做，一方面是因为初级应用客户对价格敏感度最高，为了增加市场占有率，微调价格可以有利于扩大份额；另一方面初级应用客户随着业务的发展，需求逐步增加，会升级到商贸通标准版，适当调高标准版价格，可以部分弥补因为普及版降价而损失的利润。

（3）适当调高行业及专业版产品。随着用户需求日益的多样化，个性化需求将会越来越多，行业专版或专业应用产品需求就会增加，可以将这类产品根据市场发展情况适当上调。

2. 地区定价策略

小型事业部目前采用统一定价策略，即全国统一定价，无论任何地区都实行统一的公开报价。

在小型企业市场这样做并不合适，而应该采用多元定价策略。由于中国地域很大，各个省市、地区经济状况差别很大，企业的承受能力差别也非常大，应该根据各个地区的实际情况，适当调整地区价格。例如，在华东、华南等经济较发达地区将价格上调一定幅度，而在西北、西南等地区降低一定幅度，在华中、华北、东北地区维持现行价格不变。具体的调整方案需要进行进一步市场调查后才可以确定。

（四）促销战略

根据调整后的产品战略、渠道战略及定价战略，促销战略也需要进行相应调整。

1. 广告

（1）区域选择。从区域上来说，广告仍然以全国性广告为主。地区性广告只在极个别市场需求特别大的地区考虑投放。

（2）媒体选择。在广告媒体的选择方面，随着网络的进一步普及，增加在互联网各相关网站的投放量。这样做的原因一方面是随着网络应用的普及，企业越来越关注网络媒体信息，尤其是电子商务的普及，网络媒体的广告将有更多的机会为企业所关注；另一方面是相对传统媒体而言，网络广告的成本也低。

在传统媒体方面，除了财务类期刊外，应更多地选择除财务之外的企业经营、企业管理类的期刊。

2. 公共关系

通过参加公益活动，回报社会，树立企业的良好形象，往往比广告能够取得更好的效果，因此需要加强在这方面的力度。

（1）加强与政府相关部门的合作。参与政府相关部分组织的具有较大影响力的培训、比赛等活动，借助政府的影响扩大用友软件影响力。例如，国家信息产业部承担有国家信息化人才培养计划，其中"653"工程就是其中一项。可以与国家信息产业部合作，承担"653"工程中企业信息化人才的培训工作。

（2）设立民间的信息化基金。自行或与产业相关厂商，如硬件厂商合作，设立信息化专项基金。依据一定标准对小型企业进行信息化建设资助与奖励，并帮助受助企业进行宣传。

（3）与高校合作。与高校，尤其是普通本科或职业院校合作，建立实验室，使学生在学校掌握软件的使用方法，从而降低产品今后推广进入壁垒的可能。

3. 营业推广

营业推广如果运用得当，能够在短期内明显促进销售，但运用过多就会产生一些负面影响。因此，营业推广应当适时采用，不宜过多。

（1）购买折扣。目前折扣推广方式使用频率过高，造成部分渠道商压货严重，应严格控制使用购买折扣次数，仅在年中或年底等关键时期才考虑进行折扣推广的模式。

（2）市场活动资助。扩大活动经费支持的范围，采取与伙伴共同承担的模式，让更多的伙伴能够参与其中。

五、通信企业创新创业营销战略规划

本项实验的材料是中兴通讯公司营销战略规划。

（一）中兴通讯有限公司产品战略

中兴品种繁多的产品，各自都处在不同的生命周期，它们之间的此消彼长，交错地形成了中兴总体利润的高中低端。这是一个"进可攻、退可守"的动态业务结构。针对技术和市场结合的程度，中兴采取三种不同的策略。

第一种是处于萌芽期，或者尚未进入成长期的产品，中兴在投资上的策略是不落后、不争先。比如在有线领域，以软交换为核心的 NGN 将继交换机之后成为新的基础平台，可以延伸出多种成长性业务，中兴在这一市场上一直与国际保持同步；在数据方面，核心路由器获国内首张高端路由器入网证书，但没有像华为那样急于打入美国市场；在 3G 领域，三大标准齐头并进。

第二种是进入成长期的产品，中兴则采取短时间加大投入的突破策略，如 CDMA、PHS 和手机。

第三种是逐步进入衰退期的产品，中兴的态度是不放弃，并且将其转移到海外市场，使其产生新的活力。相对于经济基础比较薄弱的国家和地区，交换与接入、GSM 等产品，依然是一种相对先进的技术。

（二）中兴通讯有限公司价格战略

国内的通信设备企业为了争取市场份额，纷纷打出价格战，使企业的利润空间降低。中兴也不例外，在产品定价时，为了维持住市场份额，不得不按照顾客的目标价格或低于竞争对手的价格进行定价，这种定价方法无疑降低了企业的利润。这种行业内的恶性循环尽管在短时期内不会消失，但是随着行业链的不断成熟会逐渐淡出。因此，中兴通讯有限公司在定价策略上，一方面是根据产品的成本合理定价；另一方面在保持利润的基础上适当调整价格，以维护市场份额。

（三）中兴通讯有限公司市场渠道战略

作为中国最大的通信制造业上市公司，中兴通讯在通信设备市场和手机市场相继迈出成功的脚步之后，全面开辟被外界认为是公司"第三战场"的企业网市场。中兴通讯近年非常重视渠道建设，把进军企业网市场作为公司最重要的发展战略之一。

为了更好地服务企业网市场，中兴通讯在 2005 年年初成立了渠道营销事业部，并在全国组建了七个专门负责企业网市场的区域办事处，以期进一步加强与合作伙伴的沟通。同时，还对与企业网有关的产品、服务进行了一系列调整，以更好地适应市场需要。

自 2005 年以来，中兴通讯针对渠道市场的特殊需要，全面加大了在各地的宣传力度，力求在产品、技术、品牌、商务、管理、培训与服务等方面给予渠道合作伙伴更多的支持，与渠道合作伙伴结同心、共成长。中兴通讯始终向着业界渠道商敞开合作大门，期待着与更多的渠道合作伙伴共同开拓国内潜力巨大的企业网市场。

公司近年来一直致力于海外市场的开拓，因此，在渠道策略上肯定会做一些调整和转变。除了在国内采取的直接销售模式外，在海外市场主要通过以下几种方式进行。①代理：加强与现有代理商的合作深度，提高现有客户通信产品的采购份额，同时寻找新的代理商进行业务合作。②通过展会与最终客户建立直接联系；通过增加海外出差时间及客户沟通频率，组织专项技术讲座及技术沟通等方式积极推进客户的直接采购。③寻找国外相关产品制造商建立战略合作伙伴关系。利用其现有的客户资源，通过产品研发、制造合作，将产品推入印度市场，提高市场占有率。

面对日益成熟的渠道建设，中兴通讯将其总体规划概括为"一个中心，两个基本点"：以数据产品渠道建设为中心；坚持渠道营销模式，坚持渠道建设服务行业销售。

经过两年的发展，中兴通讯利用完善的全球服务体系结合企业网市场需求，同时依靠广大渠道合作伙伴的服务网络，全面改进企业网市场服务流程，建成了遍布全国的多级服务网络，进一步提升了自身对合作伙伴和用户的全程服务能力。此外，中兴通讯强化了全国 29 个备件中心的职能，并在积极开展各种培训活动的同时启动了全国高校合作，推行中兴通讯网络产品培训课程项目。

中兴通讯渠道营销事业部组织架构的较大变化就是增加了商务技术部这一专业服务平台。该部门专门针对渠道设立了相应的产品、品牌、商务支持团队，以加强对客户的全面支持及服务。

六、家电行业创新创业营销战略规划

本项实验的材料是格兰仕集团营销战略规划。

营销策略要根据企业的发展变化而变化，不同时期，企业都会制定适合当前发展的营销策略。格兰仕比较有代表性的营销战略是 2002 年和 2010 年新的营销战略，本节主要对这两个阶段的营销战略进行概括。

（一）格兰仕集团营销概况

2002 年度制订的营销计划是：确保微波炉销售 1000 万台，力争 1200 万台（内销 45%，外销 55%）；空调确保 80 万台，力争 120 万台（内销 70%，外销 30%）。

在国内市场上，首先重点抓好市场规范和管理，积极发展网络，增强不同业态的平衡，尽快展开品种分流。根据不同业态进行品种分割，平衡发展不同的流通业态，避免品种同质化的恶性竞争。加强市场研究和跟踪，有针对性和区域性的精耕细作，密切关注竞争对手的市场动态。及时调整营销策略。在海外市场上，首先巩固和发展欧洲市场，重点抓好美国市场的开发，加强网络建设，加快国际跨国公司间的强强合作，团结一切可以团结的力量。发挥自己的优势，力争做成世界最大的家电生产基地。

除了在中国是规模最大的微波炉生产企业外，在全球的规模也属其最大，格兰仕微波炉已覆盖到欧、美、亚、非、大洋等五大洲的 100 多个国家和地区，目前，格兰仕微波炉已占欧洲市场的 40%，南美市场的 60%，非洲市场的 70%，东南亚市场的 60%，全球市场占有率已突破 35%。与国际市场占有率迅猛提升形成正比的是，格兰仕出口创汇连年攀升：1999 年，出口创汇突破 1.1 亿美元，成为中国家电出口二强之一；2000 年达到 1.5 亿美元；2001 年超过 2 亿美元。

2000 年 9 月，格兰仕携 20 亿进军空调制冷业，计划用 3～5 年时间将空调年产规模支撑到 800 万台，创建微波炉之后的第二个世界级生产制造中心。格兰仕空调定位于"全球最大空调专业化制造中心"，高起点快速切入市场，在第一个冷冻年度（2001 年度）就实现产销 50 万台。2002 年产销 180 万台，其中内销 60 万台，外销 120 万台。

格兰仕作为空调业中的新进品牌，2010 年 2 月，发动了春季降价风暴，对其畅销的喷涂系列近 20 款高档空调进行大规模降价，降幅达 30%；继 2 月刚刚对高档空调"动刀"之后，3 月紧接着又对黑金刚系列中高档微波炉"下手"，降幅高达 25%，直逼中低档价格底线。

（二）格兰仕集团"新"的营销理念

1. 强化一种市场观念：全球市场无"内""外"

格兰仕定位于全球化家电生产企业，又要创建微波炉之后的第二个世界级生产制造中心——"全球最大空调专业化制造中心"，2002 年预计产销 180 万台，其中内销 1/3，外销 2/3。入世后的市场已经变成统一的全球市场，格兰仕必须强化一种全球化的市场概念。国内的空调市场还有一定空间，但集中在中低档范围，而国外的空调市场范围和空间相对比较大，特别是第三世界国家。不论是微波炉还是新涉足的空调都应开拓全球市场，格兰仕距创造世界级品牌或名牌还是有很长的路。全球化的市场观念应该成为格兰仕未来发展战略的理念基石，市场、研发、生产都必须用全球的眼光来审视。

2. 新一种设计概念：人性化设计

家电产品的成熟、消费者的高层次需求及国际颁布的各种标准，要求家电产品向环保、人性化等趋势发展。格兰仕的微波炉和空调，特别是新进入的空调，必须顺应这种发展趋势，提供人性化的产品及服务，产品概念的创新成为核心，要么引领潮流，要么被淘汰。塑造强的概念创新力、产品创新力，是格兰仕在市场上"抢"得一份蛋糕的利器。依靠深层次的市场调查、嫁接超前的研发技术来发展自身在市场的创造能力。在现实市场中，卖概念比卖产品更重要，因为消费者已经超越了简单消费的时代，而进入享受时代，如负氧离子空调、数字冰箱等。

3. 整合一种共生资源：渠道力

近十年的发展，格兰仕在微波炉的销售过程已经培养和掌控了比较通畅、丰富的市场渠道和销售网络，这对新进入的空调来说无疑是可以共生的市场资源。首先，调整原有单一产品的销售渠道，以商业信用优化经销商，以市场需求组建机构，以质量效率强化售后服务；其次，建立综合的物流、信息流、资金流交互平台，用网络信息技术整合渠道资源，加速渠道建设的全面升级，保证集团内部销售系统的信息数据统一、与交易同步、反馈通畅，从根本上解决市场监管和决策难度。

4. 发挥一种竞争优势：成本

格兰仕发展到今天，有一个鲜明不变的主旋律——价格战。在前不久该公司副总经理俞尧昌做客中央电视台《对话》节目中，主持人问他，"价格战是格兰仕致胜的一个战术呢，还是说企业的一种策略？"俞尧昌回答说："应该是一种策略，价格战是一种薄利多销的、最基本的策略。"他同时表示，认为价格战是一种最低级的竞争方法是一种误解，因为从市场学角度来说，价格战还是最基本的。例如，日本打开欧美市场，就搞价格战；韩国打开欧美市场也靠价格；500强第一号种子选手沃尔玛，也是靠价格，薄利多销。在节目结束时，俞尧昌声称"价格战仍要打下去，还要5年8年10年地打下去。打它一个明明白白。"

格兰仕善于使用"价格战"这张王牌的原因在于：它首先具有了成本优势，本质上是产品的升级换代，是一种以消费者最敏感的价格为借口的市场创新行为。不论在以后空调的价格战中格兰仕扮演什么样的角色，成本优势必须具有很强的竞争性。规模化的大生产是塑造成本优势的一方面，更重要的是技术的改进、效率的提高。欲实现"全球最大空调专业化制造中心"的梦，技术是关键。没有一流的技术、高水准的研发，就没有较高含金量的产品，就没有生产制造的市场价值。

5. 推行一种特色服务：增值服务

以诚心、精心、细心、安心为基础的"四心"服务模式是格兰仕长期坚持的，有了空调产品的加入，对于服务的要求将比微波炉更为专业，更为复杂，推行特色的服务成为格兰仕市场营销策略的又一不可分割的部分，这是产品的"软质量"，所以建议实施增值服务。所谓增值服务，除了基本的运输、安装等体力型服务外，重点在于售前、售中、售后全面的产品消费讲解、教育、引导的知识型服务，使消费者能合理地使用产品，并具有一定的操作技巧，如微波炉的免费烹饪学校等，开阔消费者的知识面，培养免费的宣传员。组建专业、高素质的服务队伍成为解决此问题的"瓶颈"，一方面自己培养，另一方面还要借助专业的服务公司，让体系的服务制度得以实施。通过一系列的增值服务，建立客户对格兰仕的品牌忠诚。

（三）格兰仕集团营销战略定位

1. 打造核心竞争力，即先做专，再做多

核心竞争力是企业立于不败之地的法宝。格兰仕在成长时期的战略是以集中一点为核心的，即将原有行业的经营资源大规模地转移到新选择的"微波炉"项目上，从原有行业中撤离出来，集中全部资源来经营这个新的"点"，走专业化之路。主要内容包括：第一，在总成本不变或降低的前提下，不断开发新产品和专有技术。第二，利用总成本领先的优势，向市场推出质好价廉的产品，扩大市场占有率。第三，关键元器件的开发，在上述基础之上，格兰仕开始利用自己的技术力量开发关键元器件，并投入生产，进一

步降低总制造成本。

格兰仕以前是一家羽绒服生产企业，1992 年时转向微波炉，这时羽绒服产业年利润已达 800 万元，出口 3000 万元。随着我国经济的发展，每个企业面临越来越广阔的市场。在这样的背景下，企业可能有两种选择战略：一是多产业、小规模、低市场占有率；二是少产业、大规模、高市场占有率。格兰仕选择的是后者，放弃了原来众多与微波炉无关的产业，集中精力做微波炉。

1992 年，格兰仕引进当时最先进的东芝微波炉生产线，在半年内建成投产。在 10 年时间里，格兰仕的生产规模不断扩大，产量从投资建厂当年生产微波炉 1 万台到 1996 年增至 60 万台，1997 年激增至接近 200 万台，目前已拥有全球最大的微波炉生产基地，年生产能力达 1500 万台。格兰仕从 1996 年开始屡屡掀起"降价风暴"，大量小规模的厂家被迫退出市场。几年后，能与格兰仕一争高下的仅剩下处市场第二位的韩国 LG。格兰仕集团副总经理俞尧昌说，就格兰仕的实力而言，什么都干，就什么都完了，所以我们集中优势兵力于一点。格兰仕的战略就是把一个产品做精、做深、做透、做大、做强，之后再做第二个。

格兰仕从 1993 年至 1997 年，一直只做微波炉产品。经过 8 年的积累，技术已经很成熟，在增长有限的情况下，格兰仕于 2000 年由单一的微波炉产品扩展到空调、电风扇、电饭煲等多种产品，但从产业上来看，仍然是专，只是产品的多元化，而不是产业的多元化。这种同一产业类的产品多元化，是相关度很高的多元化。首先是品牌相关，所有的产品都用格兰仕品牌；其次是营销网络相关，可以共享；再次是一部分生产能力相关，有些设备可以共用；最后是管理相关，现有的管理体系和管理者的经验，都可以延伸到新的产品上。格兰仕由微波炉单一产品的最大化到微波炉、空调、电风扇等产品的相关多元化，是由规模经济的最大化，到范围经济效益的最大化。

2. 运用低成本领先战略，采用价格战占领市场

格兰仕于 1993 年进入微波炉行业，到 1996 年，微波炉产量增至 60 万台，从而在全国掀起了大规模的"降价风暴"，当年降价 40%。因为专业做微波炉，格兰仕在微波炉市场上很有成本优势，近年来格兰仕的核心竞争力在于价格。其集中在少数产品，由于大批量低成本，通过价格战迅速占领市场是格兰仕成功的法宝。格兰仕利用搬来的设备，由于大批量生产，低劳动成本，大的管理跨度，采购方垄断等，在很长的时间内获得了成本优势，使格兰仕有比较大的降价空间。降价的结果使格兰仕的销量大增，产量也跟着大增，市场占有率不断增大，随后又是一连串的降价。

目前我国家电等行业价格战已成白热化状态，价格战是一把"双刃剑"，不仅使许多小企业破产，同时也使现存的大企业元气大伤，出现两败俱伤的局面，并没有达到大企业原来想"清理门户"的目的。格兰仕的价格战运用得非常成功，在我国竞争激烈的制造业中可以说是一个奇迹。关键就在于，格兰仕的价格战不是在产品成本之下进行的倾销，而是建立在成本降低的基础之上，成本的降低又来自它独一无二的规模优势。微波炉生产的最小经济规模为 100 万台，早在 1996—1997 年，格兰仕就达到了这一规模，随后，规模每上一个台阶，生产成本就下降一个台阶。这为企业的产品降价提供了条件。格兰仕的做法是：当生产规模达到 100 万台时，将出厂价定在规模 80 万台企业的成本以下；当规模达到 400 万台时，将出厂价又调到规模为 200 万台的企业成本以下。

格兰仕降价有几大特点：一是降价的频率高。几乎是每年降一次。二是降价的幅度大。每次降价，一般都在 30% 之下。由于连续大幅度降价，格兰仕的产品销量每年上了一个新台阶，其市场占有率也随之上了一个新的台阶。格兰仕持续的"价格战"形成了双重效应，通过降价，减少竞争者。正是通过一次又一次的大降价，使竞争者一批又一批地出局。三是通过降价，阻止进入者。格兰仕已经将微波炉的成本和利润都降到很低，任何一个跨国公司，要把微波炉的成本降到格兰仕之下，是相当困难的。

（四）格兰仕集团的品牌战略

当电视广告红透半边天，公共关系还不为大众所知的时候，格兰仕就已经意识到了公共关系的价值，一路走来，公共关系的魅力在其市场培育、品牌塑造、产品推广中不断绽放。

1. 媒体传播：润物细无声

格兰仕是如何从默默无闻做到家喻户晓的呢？答案是媒体传播。实践证明，媒体传播更容易在消费者心目中形成固定的品牌联想，而且这种联想是竞争对手难以改变的。20 世纪 90 年代中期，当各大家电厂商忙于用广告来打响品牌的时候，格兰仕却选择了另外一种方式——在 400 多个媒体（主要是报纸）进行大规模的微波炉知识普及，传播全新的烹饪文化。在这些媒体中，格兰仕开辟了"微波炉菜谱 500 例""微波炉知识窗"等栏目，通过专栏文章向消费者全面介绍微波炉的相关知识，并建立了微波炉即格兰仕的品牌联想。除此之外，格兰仕集团常务副总裁俞尧昌一线亲征，频频出席各种财富论坛、行业峰会、企业对话等活动，谈论有关格兰仕的种种话题，不断制造新闻点。这种做法在新闻界产生了连锁反应，有关格兰仕微波炉的文章大批量诞生。这种规模化和持续性的媒体传播策略，将市场培育、品牌推广和产品营销有机地结合在一起，起到了非常好的效果。随着市场的日渐成熟，格兰仕发现，大多消费者对微波炉的认知仅仅停留在初级层面，他们尚未了解和接受微波炉所具有的全部功能。为此，格兰仕一年一届的"微波炉节"的一个重要公关目标就是，从根源上解决消费者对微波炉认知不足的现状。

在 2007 年首届"微波炉节"期间，格兰仕与央视活跃度最高的频道 CCTV-2 的"美食美客·三人餐桌"栏目进行密切捆绑，以产品软性植入的方式，突出微波炉的使用过程及细节，帮助消费者掌握微波炉所具有的全部烹饪功能。这种做法是格兰仕在坚持既定的公共关系为主导的传播思路的同时，所做出的适合本阶段的媒介策略和内容设计。

2. 中国红：购物即行善

近年来，在履行企业社会责任时，格兰仕聚焦受灾群体，关注食品安全，倡导节能环保。可以说，正在举行的"中国红行动"是格兰仕对"购物即慈善"公益模式的初次尝试。

众所周知，"购物即行善"的红色潮流曾风靡整个欧洲，不少国际著名品牌为支持慈善事业纷纷推出红版产品。2008 年，格兰仕正式将公益概念注入"中国红"系列产品，每销售一台中国红微波炉，即向中国红十字基金会捐赠人民币 1 元钱，用于"红十字天使计划"和"博爱助学计划"。凡是在活动期间购买"中国红"产品的消费者，都可以获得由中国红十字基金会颁发的"购物也慈善，我为中国红"的慈善证书。俞尧昌表示，

"'中国红行动'是格兰仕的一个长期投入，也是一种新的尝试。通过这种企业、消费者、受助群体三方共赢的公益模式，企业不仅可以履行社会责任，树立良好形象，赢得社会关注，而且还可以使'中国红'产品成为消费者在同类商品中的首选。企业无须在这种包装和掩饰上花费更多的精力，慈善行为和盈利目标的结合可以更加坦诚，更加光明磊落。"为了延续"中国红行动"的成果，2008年11月15日，格兰仕将第二届"微波炉节"主题定为"中国红行动·暖冬行"，并以"购物也慈善 我为中国红"为行动口号，旨在借助微波炉节的影响力，扩大"中国红行动"的影响范围。这个活动符合经济低迷时期的消费者心理，"慈善"卖点对消费者在选择产品时产生一定的正面作用。事实上，市场推广活动成功与否，更多地取决于整个活动的细节设计和执行力，一旦确立了主题，则应该尽可能借这个主题统领和带动整个推广活动的各个环节，并提升消费者的参与度。"中国红行动·暖冬行"作为第二届微波炉节的主题，其情感诉求的成分比较明显，而按照格兰仕的传统策略和务实风格来讲，其功能诉求的成分和要素设计就应充分呈现出来。

3. 大篷车：激活农村市场

除了培育主力市场，格兰仕还注重开发、整合边缘市场。在这个过程中，大篷车显示了独特的传播优势，成为格兰仕切入和激活农村市场的销售平台。在2007年的"上山下乡"运动中，格兰仕将大篷车促销和电影播放紧密地结合在一起，利用露天电影特有的接触力、感染力，为渠道商借助大篷车开展微波炉知识普及教育营造氛围。俞尧昌指出："在'上山下乡'活动中使用大篷车作为传播载体是经过企业详细的市场分析后得出的。由于二、三级市场复杂、多样的消费特点明显区隔于一级市场，将一级城市高辐射、高创意的营销策略照搬到二、三线市场，显然会水土不服。只有大篷车这种贴地的传播方式，能够实现与农村消费者的零距离接触，更能直接影响他们的购买行为。"事实上，早在1998年，格兰仕就将满载微波炉的大篷车开进农村市场，可以说大篷车是格兰仕教育农村市场的独门秘诀。最初的做法很简单，就是把微波炉用皮卡车或者是货车拉到农村或是乡镇，在大集或庙会、山会时沿街叫卖。对二、三级市场而言，"大篷车"是一个优质的传播载体，格兰仕在大篷车两侧及前后悬挂以活动主题和产品卖点为主的喷绘宣传版，并且随车播放关于企业及产品、活动的录音来吸引眼球。

这种长期的投入与精耕细作已经使大篷车转化为格兰仕品牌资产和企业资产中具有特殊价值的成分，不过当进军和占领广阔的农村市场越来越成为家电厂商今后的战略选择时，大篷车模式会被更多的本土厂商所借鉴和采用，格兰仕作为先行者将面临市场竞争和营销创新的压力。

（五）格兰仕集团有限公司的产品战略

产品战略（product strategy）与市场战略密切相关，是企业对其所生产与经营的产品进行的全局性谋划，也是企业经营战略的重要基础。企业要依靠物美价廉、适销对路、具有竞争实力的产品，去赢得顾客，占领与开拓市场，获取经济效益。产品战略是否正确，直接关系企业的胜败兴衰和生死存亡。

格兰仕以专业化经营取得了巨大成功，而随着微波炉产品市场的成熟，企业要想谋求进一步的发展，不得不拓宽产品生产线，走多元化经营道路。

2000年9月，格兰仕携20亿元进军空调制冷业，计划用3～5年时间将空调年产规模支撑到 800 万台，创建微波炉之后的第二个世界级生产制造中心。格兰仕空调定位于"全球最大空调专业化制造中心"，高起点快速切入市场。

2008 年 3 月底，格兰仕宣布将尝试进军国内冰洗领域。在消息宣布之前 3 年，格兰仕已经在冰洗领域上进行研发，并成立了日用电器有限公司。

2010 年，格兰仕进军整体厨卫领域。集团旗下厨房电器销售公司正全面扩充产品线，除现有的电蒸炉、嵌入式微波炉等产品外，计划在 2011 年 1 月全面上市吸油烟机、燃气灶、消毒碗柜、电热水器、燃气热水器等产品。据统计，目前国内涉足厨电产品的企业不下 400 多家，年销量在 100 万台以上的寥寥无几。随着市场竞争的日趋激烈，厨卫电器市场格局正面临新一轮行业重整。格兰仕整体厨卫的出现，很可能将成为行业洗牌的"导火索"，有力打击和改变厨电产品市场上龙蛇混杂、乱打概念战、价格混乱的现状，从而提高行业门槛，淘汰效益低下、企图浑水摸鱼的小企业。

在产能扩张上，2009 年 9 月，格兰仕在广东中山扩建白电新厂区，前后共投资 13 亿元，扩大了冰箱、洗衣机、洗碗机的配套、研发、生产能力，预计该厂区将于 2010 年 10 月投产。除此之外，格兰仕生活电器也在 2010 年扩大生产线，由原来的 11 条生产线扩大到 50 余条，实现产能升级。

七、房地产企业创新创业营销战略规划

本项实验的材料是北京万通地产公司营销战略规划。

北京万通地产股份有限公司根据营销战略制定背景的 SWOT 分析，确立了"打造品牌、文化营销"的营销战略。本部分将介绍万通地产营销战略制定中的价格战略、产品战略、品牌战略和市场渠道战略。

（一）北京万通地产股份有限公司价格战略

房地产价格营销策略是房地产营销策略中的一个重要环节。科学合理地制定房地产价格，以及灵活运用定价策略和技巧，对项目成功及开发商的生存和发展具有积极意义。

1. 定价方法

在市场营销定价策略中，定价的方式主要有成本导向的定价、竞争导向的定价和需求导向的定价。总之，在制定价格的时候应根据成本、楼盘情况、顾客能够接受的价格、同类楼盘的竞争因素、房屋设计、装修、配套设施等方面进行合理的定价。

目前房地产项目定价方法主要有：一是成本定价法，即销售价格=房地产开发生产成本+营销推广成本+利润+税金；二是楼盘对比法，即一般根据已供应上市的楼盘的价格作为参考，对新楼盘进行定价，以此方法定价，一般不少于 5 个楼盘；三是目标群体消费力预测法，即通过对消费者的调查，获得消费者对项目单价预期和总价承受力，一般消费者给的价格预期往往比较低，实际定价时，可以作为底价来适当上浮，消费者的总价承受能力是其家庭年收入的 3～6 倍；四是市场价值定价法，即结合消费者对产品的价值预期来定价，因为在市场中，对于一些具有极强唯一性和高品质的产品，成本定价和竞争楼盘对比并不能真实反映其在市场中应有的价值；五是租金还原法，地产投资的合理回收周期在 10～15 年，在此投资回报周期内，应结合市场的实际状况，考虑租金收益逐年增幅的问题，这样定出的参考价格才比较贴近物业的实际价值。

万通地产开发的楼盘对象是针对高档住宅区的，体现的是高端的商品住宅，为此万通地产的定价方法主要是市场价值定价法，以此来对所开发的项目进行定价销售。

2. 定价策略

房地产定价策略主要有以下几种方式：一是"试探性"定价策略。指售房者根据销售情况不断地调整定价的一种方法。这是房地产经营者综合分析同类商品房价格情况后，先以较低的价格出售少量的商品房，然后根据买房的人多或少的情况适当地提价或降价的一种方法。二是折扣优惠。房地产公司为了加速资金回笼，常常会给予客户一定的价格优惠，可以通过不同的付款方式来实现。例如，如果分期付款房价要付全额，而一次性付款，房价可给予5%~10%的折扣优惠。三是分期付款。为了避免让购房者一次性支付过多的金额，有的公司允许购房者分期付款。常用的方法是，购房者在签订合同时付 1/3 的房款，房屋施工过半时再付 1/3，完工时付剩下的 1/3。有的公司采取预付定金的办法，然后余额在一个规定的期限内分几次付清。四是楼宇按揭。随着金融资本介入房地产业，一些房地产公司和银行开展了楼宇按揭业务。所谓的楼宇按揭，是指由购房者交纳房价30%的首期款，取得购房合同，然后凭购房合同向银行申请抵押贷款支付70%的余款，以后，购房者定期向银行还本付息，直到付清本息时才能收回产权。这是目前国际上房地产交易中通用的一种付款方式，值得借鉴和探索。

目前，国家针对房价过高这一现象实施了一系列的措施，借此来给过热的房地产市场降温，其中包括前进利率、上调购房的首付比例、暂停发放采办第三套，以及以上住房贷款与惩罚圈地的开发商等，甚至在有些城市，国家已经开始征收房产税。对于国家政策的不断变化，房地产市场受到了很大的影响。但是万通地产在房地产定价策略上仍保持原有的定价策略，按照原先的高档住宅区和中心商务区的定价策略进行，仍旧采取的是市场价值定价法，坚持建设中国房地产市场的高端品牌之路。

（二）北京万通地产股份有限公司产品战略

产品战略是企业对其所生产与经营的产品进行的全局性谋划。它与市场战略密切相关，也是企业经营战略的重要基础。企业要依靠物美价廉、适销对路具有竞争实力的产品，去赢得顾客，占领与开拓市场，获取经济效益。产品战略是否正确，直接关系企业的胜败兴衰和生死存亡。本节分别从以下五个方面来介绍万通地产的产品战略，具体如下。

1. 围绕客户需求的"产品策略"

万通是一个真正把"客户"放在战略高度上来做的企业。从万通做产品上就可以略见一斑。万通把自己的产品定位在"金领客户"（形象地形容就是"脖子"这一段的客户，而另一家知名的公司"万科"是定位在"白领客户"即"胸脯"这一段）。万通先后在北京开发了以"新新家园"为品牌的一系列住宅产品，与其他公司做的项目不一样，万通做的所有项目是围绕客户的需求在做的。其中"万泉新新家园"是最早完成的一个项目，在海淀中关村地区，是 20 世纪 90 年代末完成的一个项目。这个项目是当时万柳地区最高档的住宅区，建筑形式主要为"小高层"。这个项目提升了万柳整体的地域居住价值。入住的客户群主要是众多中关村大型 IT 企业 CEO、社会名流、文化名流。之后，又在亚运村地区开发"亚运新新家园"，主要是 Townhouse 连排别墅。天然的自然环境与三面环高尔夫球场的区域优势，吸引了众多以海归为主的高端客户。这两个项目是万通高端客户的基础。之后，万通的产品看似无意实为有意地开始围绕这些客户进行开发。上述两个项目为"第一居所"，即常住地。万通看出这些客户的需求和购买力，在离北京40 多公里的怀柔开发出适合周末休息和老人小孩生活的"新新小镇"，其实是"第二居所"的概念。之后，又在 CBD 地区核心地段开发出"新城国际"，为高档公寓，实为"投资产品"。其定位出于万通客户的"投资需要"。同时，在海南三亚，正在建设度假别墅，实为"第三居所"。这些项目，不难看出，万通的企业理念，就是围绕客户的需求在进行产品的研发和开发。正因为这样，从客户需求出发，万通的产品大约有 70%是老客户重复购买或老客户推荐的新客户购买的。这不仅在房地产界即使比起其他行业也是一个非常了不起的数字。

2. 清晰定位"客户管理"

在很多企业还停留在做"客户服务"时，万通已经开始做"客户管理"了。矩阵式的管理，设立"CCO"（客户总监）也是业内甚至国内所有行业的一个领先举措。CCO负责的不是"客户服务"，而是"客户管理"。"客户管理"不等同于"客户服务"，也不等同于"客户关系管理"，而是一种更高或范围更大的管理理念。说详细点，"客户管理"包括三个主要任务：客户忠诚度管理、客户价值开发与促进企业运营效率的提升。

客户忠诚度管理包括客户服务、客户忠诚度建设。客户价值开发，即开发客户除购买产品之外的价值，比如把客户转变为公司投资者，购买公司发行的"信托"等。促进企业运营效率的提升，即从客户的角度来检讨企业的流程、产品的设计、营销的策略等。万通的 BPI（流程再造）、产品标准完善、直复营销能力建设无不是通过客户管理的组织（CCO 及其领导的部门）来发起的。

3. 从战略高度进行客户忠诚度建设

很多企业进行"客户忠诚度建设"仅仅停留在如何把客户服务好这个层次。而万通的做法更高度，可以说在战略高度上。万通客户忠诚度建设方面最核心的做法称为"客户价值倍增计划"。"客户价值倍增计划"是以为客户提供价值、为客户提供增加价值作为指导思想的一系列工作的总称，是万通地产客户关系的内核。目前，已实施的计划包括"积分计划""二次规划"等，将来还将实施"换屋计划"等一系持续性的其他计划。

"积分计划"：万通的客户可因购买或推荐他人购买万通的住宅、商铺、写字楼而获得积分，也有一些其他渠道获得积分，积分可以用于再购或兑换奖品等。如果说"积分计划"跟其他公司的做法大同小异的话，那么"二次规划"就是创地产界的先河。

"二次规划"：万通地产对已入住一段时间的项目，根据居住需求的变化与时代的要求，自出资金对社区进行重新规划与改进，以保证社区的高品质与时代同步，使客户的资产得到"保值增值"。"二次规划"一是根据物业公司的客户满意度调查与客户提出的意见、建议，在已知消费需求、客户偏好的基础上进行"规划升级"，规划内容将更加关注住宅的安全、健康及使用的便利，如将更新综合布线系统、增加医疗设施等；二是对项目因分期开发造成的一些临时性设施重新规划，不仅满足功能需求还要满足审美需求，如将用作临时停车场的硬铺装改为草坪进行绿化。"二次规划"的总目标是提升客户在产品使用中的舒适感、安全感和尊贵感。

"换屋计划"：当万通的老客户在居住多年后购买万通的新产品时，万通将协助他们将现有房产出租或出售，使这些忠诚客户能够不断享有万通的最新产品。公司和客户形成双赢，客户还可以继续享用万通提供的高品质服务与更高新、更好的产品，万通也从客户那里得到长期的收益。

4. 运作"大万通"的概念，注重不同类型客户的相互转化

万通的子公司或万通关联企业比较多，除几个住宅与商用项目外，万通最主要的几个子公司还包括万通筑屋、万通鼎安物业公司、万通商城等。万通筑屋业务主要是为客户定制住宅或办公楼，它的目标是"房地产界的戴尔"。它的业务发展非常良好，很多客户都是来自万通的住宅客户。例如一些企业的CEO，他们的企业总部就是由万通筑屋来建的。再如，万通有些住宅客户是联想公司的高管，他们对万通非常的认可。于是，联想北京总部的联想大厦是由万通鼎安物业管理的。而万通鼎安物业公司管理北京很多高尚的住宅小区、别墅项目，很多是其他开发商开发的，但他们又是万通的目标客户群，于是物业公司的客户又变成万通地产的购买住宅的客户。还有，万通商城的商业租户也有一些成为万通写字楼的租户或购买客户。不同类型的客户相互转化为万通节省了大笔的营销费用，也使万通更有信心运作"大万通"的概念。

5. 注重细节，实事求是使用客户管理诸多方法

万通没有大规划实施"CRM"平台。万通认为，CRM是一种管理理念，购买一个平台很简单，但是不是符合企业的实际需要，是不是能够使之产生现实的投资回报，这是万通所考虑的。万通认为，包括CRM平台在内的一些技术手段跟企业的战略、流程、管理架构等诸多因素有着紧密关系，应该在适当的时候实施适当的技术手段来做客户管理。万通还认为，细节在某种程度上决定了事情的成败。比如，万通在实施数据库营销中，已经开始自觉地在把opt-in或opt-out思路应用在客户联络上。目前，国内绝大部分公司还在盲目收集客户信息，盲目使用客户信息，将来一定会面临巨大的危机。

（三）北京万通地产股份有限公司品牌战略

品牌战略是指公司将品牌作为核心竞争力，以获取差别利润与价值的企业经营战略。品牌战略是市场经济中竞争的产物。战略的本质是塑造企业的核心专长。

1. 房地产业的品牌建设

房地产市场似乎每年都有一个热点，但是品牌越来越被各大房地产公司所看重，成为不变的热点，也成了房地产公司发展的重要方向之一。

而现阶段，由于房地产品牌的根基太浅，我国房地产品牌成熟尚须假以时日。其主要原因有三：一是品牌的形成在很大程度上有赖于消费者的成熟，而商品房消费者的品牌意识尚未形成；二是国内开发企业普遍缺乏清晰连贯的品牌策略和完善的识别系统，未建立有效的品牌管理架构及体制，品牌在消费者心目中的形象定位模糊不清；三是房地产开发具有明显的地域性特征，由此开发商开发的各项目之间、项目与开发商之间的品牌形象连接容易脱节，这是房地产品牌经营最难克服的先天存在的阻力。

虽然房地产的品牌之路刚刚起步，但这并不妨碍善于学习的房地产人创造拥有行业知名度和美誉度的地产品牌。其中就有走高端的万通地产悉心经营的"万通"和"新新家园"等专业化与类型化的系类品牌都已经得到市场的认可。

2. 万通的品牌建设历程

万通地产成立 12 年来，一直致力于高档商用物业与高端住宅的开发，在业内及市场有一定的品牌知名度与美誉度，早在 1999 年由零点调查公司组织的全国房地产企业综合竞争力排名的专项市场调研中，万通地产排名第五。在后来数年的发展中，万通地产逐渐完成了多次品牌建立和梳理工作，形成了成熟的"新新家园"等产品品牌，在业内树立了万通品牌的高端形象。

万通在北京的第一个房地产项目——万通新世界广场当时创造了写字楼市场的销售奇迹，是北京房地产市场发展的一个里程碑。

万通发展大厦项目整盘销售给中国国际航空公司，创造了北京楼市单笔大额交易的记录。

北京第一个住宅项目——"万泉新新家园"创造了市场奇迹，并在 2000 年年底被媒体评为"北京十大明星楼盘"之首。

随后"新新家园"成为第一个已经实施商标注册的房地产行业品牌，并且在品牌、营销，以及其他类别的评选中获得大大小小数十个奖项。

经过在地产的 12 年运作，万通在商铺、写字楼、住宅等地产主要领域都有自己的招牌式项目，最终这些项目共同支撑了万通地产的品牌价值，使万通成为高端物业的标志。

3. 万通的品牌观

对于品牌的意义及万通品牌观，万通集团主席冯仑认为："好的品牌是由三个方面来支撑的，就是好的产品、好的服务和好的形象，而在这三个支撑中，产品是主体，服务是增值，形象是辅助，绝对不能本末倒置。"至于万通地产品牌建设的三维空间就是公司品牌、产品品牌和服务品牌。房地产品牌的价值不在于投资者，其实是在消费者，而且当前房地产行业竞争的重点恰恰就在于品牌竞争，也就是公司价值的竞争。

4. 万通的品牌建设模式

房地产品牌的建设，通常有两种操作模式：一种方式是做公司品牌，以此提升公司知名度（比如深圳万科，所有的项目案名都是"万科"）；另一种方式是做项目品牌，借此促进项目销售（比如"现代城"，据说有很多品牌附加价值，但项目销售结束，品牌价值就无法实现了）。万通地产董事局主席冯仑：品牌的发展是阶段性的，现在的消费者不再局限于通过产品获得满意，而是希望能够通过产品、品牌文化内涵、服务、消费环境等获得心理上的满足，因此万通选择了第三种方式即二维品牌建设——在建设公司大品牌"万通地产"的同时也注重系列产品品牌"新新家园"的建设。其选择一个目标市场，针对这一市场进行系统服务，由此推出不同的以"新新家园"品牌命名的项目，供同一个消费群体选择，这也被称作"专业化加产品类型化"的品牌建设方向。

万通地产在明确"高档住宅地产专业化"发展战略的同时，独创性地推出"新新家园"这一住宅品牌。为了确保这一品牌的成功，万通花巨资请中国台湾地区登泰的 CT 大师林磐耸先生领衔担纲的"新新家园品牌规划"战略，动用数百人次，耗资百万，历时 24 个月，规划出目前北京市民熟知的亲和力极强的"新新小鸟"标识。

"万泉新新家园"的火爆热销，使万通地产加速了"新新家园"品牌建设。"亚运新新家园"成为"万泉新新家园"的升级产品。"亚运新新家园"是亚运村区域唯一的低层、低密度产品。建筑结构延续了"万泉新新家园"的特点。"亚运新新家园"项目规划设计由国际一流设计公司王董国际担纲，采用环境设计先行的思路，项目大量保留现成树和水面。而在顺义的"龙山新新小镇"是万通地产的又一力作。万通在了解市场的需求后，及时捕捉到郊区住宅的发展方向。利用"新新家园"在市场上已经竖立的良好形象，结合"万通造镇计划"适时地推出"龙山新新家园——新新小镇"。

"新新家园"系列项目成功，使万通在商业项目之外，创建了自己的高档住宅品牌，完成了万通的"专业化加产品类型化"的品牌构件体系。

此外近年来，万通在以往二维品牌建设的基础上，又拓展出三维品牌建设即增加了企业文化服务品牌的建设。比如，万通地产建立了包含"万通地产整合网""万通感恩日""万通地产生活节""万通反省日""万通英雄会""万通历史陈列馆"，以及"万通生活家"在内的多种企业文化服务品牌维护工具。

（四）北京万通地产股份有限公司市场渠道战略

渠道战略，即营销渠道策略，是整个营销系统的重要组成部分，它对降低企业成本和提高企业竞争力具有重要意义，是规划中的重中之重。随着市场发展进入新阶段，企业的营销渠道不断发生新的变革，旧的渠道模式已不能适应形势的变化。本节主要从万通地产的传统营销渠道和网络营销渠道两个方面来论述万通地产的渠道战略。

1. 传统营销基本策略

（1）设置户外广告。万通在房地产推出时机确定后，先竖立大型围墙型宣传牌，宣告房地产即将推出，诱导消费者购屋欲望。户外广告还包括霓虹灯塔、指示路标气球等。

（2）邮递说明书。针对目标市场，邮寄具有说服力、激发好奇心的说明书，吸引潜在购买者到公司或工地参观。预售说明书的制作一并附有平面配置图、透视图，将产品格局、面积标示清楚，以取信于消费者。

（3）以报纸、电视为主媒体，以本地市场为目标，广为宣传，制造声势，造产品独特形象。广告时机主要放在星期六、星朝日及法定节假日，版面著有生动的文字和画面诉求，制作大型版面效果。

（4）布置精致样品屋。由于预售房地产的产品还没存在，消费者很难从一片荒芜的空地上激起美丽的幻想，平面图上的几何图形也不具空间感，首先设计样品屋，表现完美格局和完善生活机能，并加强装修与施工，让消费者产生具体的临场感。消费者很容易被美丽精致的样品屋所吸引，根据国外经验，由样品屋而产生购买决策的人数很多。

（5）采取海报张贴方式。海报是房地产众多广告媒体费用较低廉且最重要的媒体。房地产海报印制精致美观才能引起消费者购买欲望。海报除张贴于特定的标志外，还可以选择特定地区，挨家挨户地密集派送，积极配合房屋产品区域性市场需要。

（6）设置接待中心展厅。接待中心展厅是购屋者与销售人员接洽的第一现场。布置舒适气派，且设置模型、图表说明的接待中心，可以让顾客产生良好的印象，得到翔实的信息。接待中心也象征房地产公司的企业形象，应讲求稳重、整洁和高格调，并选择能力高、反应机智、经验丰富、服务热情、熟悉市场行情及居习性的销售人员留守现场，进行产品说明与销售。万通地产在各地区设置了多处接待中心展区，来为客户展示其产品。

（7）建立直销店。房地产销售渠道的另一方主要方式是由母公司以连锁的形式在各地设立直销店，负责某地区的销售业务。直销店应设立在交通便利地点，方便区域内顾客上门。这种销售方式的优点是人员精简，讲究服务质量，强调企业形象。万通地产在北京商务区及天津地区都建立了直销店，促进该地区产品的销售。

（8）派员销售。这种销售方式即由公司派大量销售人员到市场主动寻找开发，即采取人海战术，主动出击。推销人员携带产品说明书、广告传单上门推销，可以起到针对性较强、销售效果较好、服务成功率较高的作用。

2. 网络营销基本策略

在具体的营销策略上，房地产企业也可以从网络技术上发现巨大的能量。

（1）网页宣传策略。房地产企业或房地产项目的网页，可以涵盖项目书的全部内容，利用先进的互联网多媒体技术，可以多角度、多层次、全面地介绍项目的情况。一个完整的网页应该包括文字介绍、图片、声像等内容，具有信息检索、信息拷贝下载、信息在线打印、提问、转发、下载有关的法律合同文书、在线预订等功能。例如，在介绍项目的网页中可以通过色彩的变化来表现某个房间一天 24 小时的光线变化情况，利用三维动画技术可以 360 度地展示项目周边的实际情况。可以说，网页技术可以弥补纸媒介的不足，能够更加逼真地显示项目的真实情况，并且所提供的内容更加丰富和全面。万通地产在其官方网站上都布置了其目前开发项目的成品形象，对公司的产品起到了宣传的作用，有力地促进了公司产品的销售，提高了公司知名度。

（2）网络公关策略。在制定市场营销策略阶段，我们可以采用如下方式来开展网络公共关系：一是建立企业自己的发布平台或应用现有的网络平台发布企业消息；二是设立专门的制度，由专人负责网络公关，或拓展现有的公关人员的业务内容；三是利用网络无地域限制的特点，与各个门户综合型知名站点、房地产网站、新闻媒体、网络社区开展信息互换、共享服务；四是建立反馈意见处理制度，在了解顾客评价的基础上，改进与顾客之间的关系；五是不定期地举行网络活动，激发访问者参与的积极性。

（3）网络广告策略。首先，房地产企业的网络广告策略要明确企业网络广告的目标。不同的目标对应的广告策略、广告设计和广告预算都不同。其次，要确定广告的互动程度，即广告设计为单向交流还是双向交流，一般而言，网络广告大部分为双向交流。最后，要确定广告的形式和整体发布方式。企业常用的网络广告形式有网页、专业销售网、旗帜广告、视觉广告、二维动态广告、文字链接和电子邮件等。对房地产企业而言，网络广告具有极强的互动性，可实现多种交流功能，例如查找、咨询、提出意见等，其针对性大大高于一般的传统媒体。同时，网络广告还具有声音、图像、文字、动画等多种表达方式，可以传递丰富的信息。网络广告的成本低，效率高，消除了时间和空间的限制，几乎可以影响每一个有购买欲望的消费者。万通地产在多数房地产网络中都有自己品牌的广告，很好地宣传了万通的产品，让客户对万通产品有了更深的印象。

第三节　创新创业营销战略规划实训方法

一、注册与登录

（一）注册

（1）任课教师或实验管理员通过教师平台对选课学生统一注册并确认。

（2）选课学生打开实验网址，如图 10-1，单击【注册】，任课教师通过教师平台确认即可。

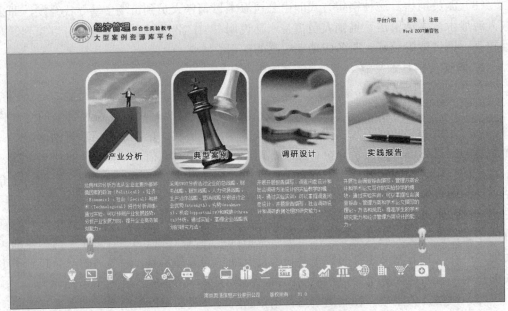

图 10-1　经济管理大型案例资源库平台

（二）登录

（1）选课学生打开网址，单击【登录】。

（2）选课学生进入【登录】窗口，选择【学生】，输入事先注册的用户名和密码，单击【登录】后进入主界面，如图 10-2 所示。

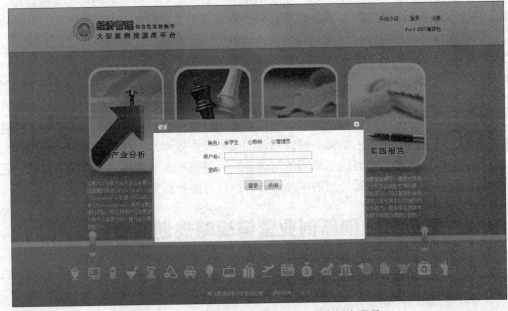

图 10-2　经济管理大型案例资源库平台用户登录

二、学习与实验

（1）录进入后，选择要学习和实训的【典型案例】模块，单击【典型案例】图标进入各类典型企业实训平台，如图 10-3 所示。

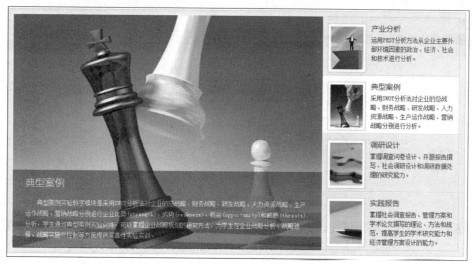

图 10-3　典型企业战略管理案例模块

（2）进入【典型案例】模块后，如图 10-4 所示，浏览【实验资源】，根据专业特征或创业兴趣在左边选择相关产业的企业学习。同时，浏览【实验内容】，做好案例分析与讨论作业。单击【V1.0】图标进入相关产业的企业分析平台实训，如图 10-5 所示。

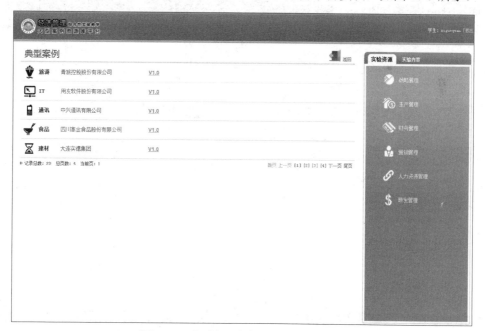

图 10-4　典型企业案例实训模块的选择

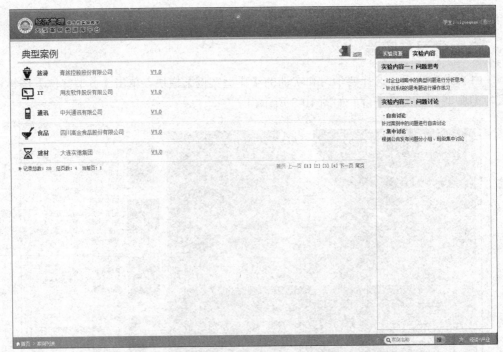

图 10-5 典型企业案例实训模块的实验内容与方法

（3）进入某典型企业案例分析模块后，如图 10-6 所示。在左边目录中有企业总战略菜单，依次选择进行学习，并回答右侧的实验实践模块中的问题，再加以保存。如图 10-7 所示。

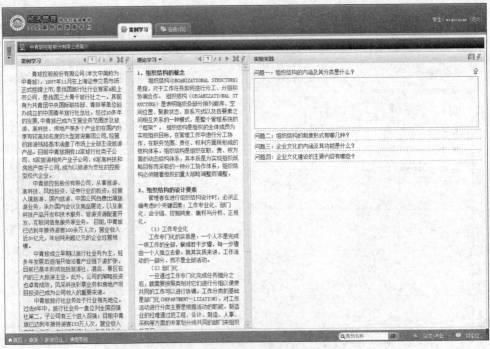

图 10-6 典型企业案例分析模块界面

图10-7　典型企业营销战略分析

提示：

- "实验实践"部分，是根据该界面理论部分所设的问题，供同学进行回顾和思考，学生可以根据右上角指示灯了解解决问题的思路。
- 右下角为学生讨论区，学生可以单击【打开】，进行讨论和交流。

第四节　创新创业营销战略规划实训报告

（一）汽车企业创新创业营销战略规划实训

（1）奇瑞汽车公司的营销战略有哪几个部分组成？

答案要点：①产品开发策略；②产品定价策略；③产品促销策略，包括人员促销、价格促销、广告促销、销售促进、公共关系等；④产品分销策略；⑤产品服务策略；⑥国际化战略。

（2）奇瑞汽车营销战略的未来转变方向是什么？

答案要点：以前奇瑞可以采用"以点突破"的游击战术来打开市场，但现在它只有"整体突破"一条路可以选择。整体突破，靠的是整体战斗力。而要形成整体战斗力，奇瑞必须制定一个整体性的发展战略，其中重点要突出以下几个方面：品牌战略、产品战略、营销战略、国际化战略。

（二）金融企业创新创业营销战略规划实训

（1）薪酬管理是事关公平和激励的基础，也是影响企业流失率的重要因素，薪酬要兼顾外部公平和内部公平。结合实际谈谈如何设计南京银行的薪酬体系。

答案要点：职位薪酬；技能薪酬；绩效薪酬。

（2）银行文化是银行生存、发展、取得最佳经济效益的基本条件，是银行在同业竞争中抢占市场制高点的"云梯"。结合实际谈谈南京银行的企业文化建设。

答案要点：突出本银行特色，准确定位企业文化；把握市场需求，密切联系客户；为全体员工所认同和接受。

（三）酿酒企业创新创业营销战略规划实训

（1）大连实德集团目前的营销网络是怎样的？

答案要点：大连实德集团设有东北、华北、南方、西部 4 大国内销售公司和国际贸易公司，辖 19 个销售分公司和 126 个营销中心和办事处，销售人员近千人，营销网络遍及全国绝大多数大中型城市。

（2）大连实德集团营销战略分析主要是从哪几个方面进行的？

答案要点：大连实德集团营销战略分析包括 SWOT 分析、塑钢型材市场细分、塑钢型材目标客户锁定、塑钢型材市场定位四个方面。

（3）大连实德集团的营销战略是从哪几方面实施的？

答案要点：大连实德集团的营销战略是从产品策略、价格策略、渠道策略及促销策略四个方面实施的。

（4）大连实德集团的产品策略主要有哪些？

答案要点：大连实德集团的产品策略主要包括：①进行产品改良；②强化产品质量；③加强产品开发；④改善生产计划。

（四）软件企业创新创业营销战略规划实训

（1）根据波士顿矩阵，用友软件股份有限公司通系列的标准版和普及版分别处在什么位置？

答案要点：用友通标准版目前处在金牛产品类顶端，接近明星产品类；用友通普及版处在明星产品类下端，刚刚达到明星产品类。

（2）用友软件股份有限公司在价格战略实施时主要采取哪几种定价方法？

答案要点：价值定价、竞争定价、交易定价。

（3）用友软件股份有限公司在中高低端目标市场分别对应哪几条产品线？

答案要点：针对大型的多组织的跨国公司，用友推出了 NC 系列；针对中型公司的高端市场，用友推出了 U9 系列，针对中型的低端市场，用友推出了 U8 系列；针对小型公司，用友推出了"通"系列产品；针对入门级的企业，用友推出了"用友在线"。

（五）通信企业创新创业营销战略规划实训

（1）中兴通讯在营销的过程中怎样建立顾客忠诚度？

答案要点：与顾客建立关联，形成互助、互求、互需的关系，将企业和顾客联系在一起，与客户建立长期的合作关系，进而提高客户的忠诚度。

（2）中兴通讯如何调整营业部，扩张海外市场？

答案要点：销售体系将原有的三个营销事业部调整为六个营销事业部，即"5+1"的销售体系。

（六）家电行业创新创业营销战略规划实训

（1）如何评价格兰仕公司的营销战略？

答案要点：①格兰仕最成功的营销战略当然是它的核心产品微波炉的营销，评价它的成功之处可以对格兰仕微波炉产品的发展历程进行梳理，通过它的发展历程总结其成功的原因。②格兰仕的多家代理制网络模式也是它成功营销的关键。③重视营销队伍人才的建设等。

（2）格兰仕集团有限公司新的营销战略的理念是什么？

答案要点：新的营销战略的理念是"五个一"工程，即，①强化一种市场观念：全球市场无"内""外"。②新一种设计概念：人性化设计。③整合一种共生资源：渠道力。④发挥一种竞争优势：成本。⑤推行一种特色服务：增值服务。

（七）房地产企业创新创业营销战略规划实训

（1）万通地产的企业文化是什么？

答案要点：主要从形成期"摸着石头过河"、发展期"以领导者思想促企业文化"、成熟期"返璞归真"三个方面来论述。

（2）万通地产的产品战略是如何实施的？

答案要点：主要从围绕客户需求的产品战略，清晰定位客户管理，从战略高度进行客户忠诚度建设，运作大万通的概念、注重不同类型客户的相互转化，注重细节、实事求是使用客户管理诸多办法几个方面来实施的。

（3）房地产营销的市场渠道主要有哪些？

答案要点：主要有传统的营销基本策略，包括设置户外广告、邮递说明书、布置精致样品屋、采取海报张贴方式、设置接待中心展厅、建立直销店、派员销售等。此外还有网络营销，包括网页宣传策略、网络公关策略、网络广告策略等。

（八）实训报告

试以国内某企业为例，写一份企业创新创业营销战略规划报告。

第十一章

创新创业人力资源战略规划实训

第一节　创新创业人力资源战略规划原理

一、创新创业人力资源战略

（一）人力资源战略

人力资源战略是指企业为实现公司战略目标，通过科学地分析预测组织在未来环境变化中人力资源的供给与需求状况，制订必要的人力资源获取、利用、保持和开发计划，强化在雇用关系、甄选、录用、培训、绩效、薪酬、激励、职业生涯等方面的管理，确保组织在需要的时间和需要的岗位上，对人力资源在数量上和质量上的需求，并使组织和个人获得不断的发展与利益。

从不同学者对人力资源战略不同的分类方式可以看出，不同的研究角度和不同的关注重点使人力资源战略呈现不同的运用方式，人力资源战略不同的分类为制订具体规划和实施措施提供了很好的指导方向。在进行人力资源战略制定和实施时，研究人员可以根据不同的关注重点选择更为适合的战略，从而使人力资源战略更好地为公司战略服务，更能够适用环境的变化。

（二）人力资源战略的特征

1. 企业人力资源战略是企业发展战略的重要组成部分

企业战略可分为三个层次：企业总体发展战略、战略单元战略和职能战略。企业人力资源战略是企业一项重要的职能战略。企业总体发展战略是企业人力资源的前提和基础，企业人力资源战略为实现企业总体发展战略提供有力的人力资源支撑平台。

2. 企业人力资源战略是确保人力资源供需平衡的调节器

企业人力资源供给和需求总存在一定的差距，特别是在质的方面，高层次人才对企业来说，往往供不应求；而低层次人力资源又总是供过于求。人力资源供求平衡不会自发地形成，需要通过有针对性地制订人力资源战略规划来加以调节。否则，就会出现一方面企业需要的关键人力资源短缺；另一方面又存在大量人力资源过剩的尴尬局面，不利于企业发展战略的实现。

3. 企业人力资源战略为企业人力资源管理开发提供指引

人力资源管理的主要目的是推动人力资源开发与管理工作的发展。因而要把企业人力资源战略与企业人力资源管理开发工作紧密结合起来，并作为企业人力资源管理与开发工作的重要一环牢牢地把握住。企业人力资源管理开发的具体工作如招聘、调配、培训、绩效考核、薪酬制度等都应该以企业人力资源战略为指导，为实现人力资源战略服务。

4. 企业人力资源战略强调具有可操作性

战略不是用来看的，是用来做的。制定人力资源战略必然具有一定的超前性，但这种超前性是建立在对企业现实的科学分析和未来发展准确预测的基础之上，能够指导企业人力资源管理和开发工作，否则，便失去了存在的意义。

5. 企业人力资源战略具有相对稳定性

企业人力资源战略是对企业人力资源方向性、全局性、根本性和长远性的规划。要贯彻执行企业人力资源战略，必须确保人力资源战略的相对稳定性，不能朝令夕改，一届领导一个战略，否则人力资源战略便没有意义。人力资源战略是企业对人力资源未来的一种谋划，而未来总是变化莫测的，总有一些预料不到的情况，这就要求企业人力资源战略具有一定的弹性空间。

（三）人力资源战略规划的基础

1. 人力资源战略的三种模式

美国康奈尔大学在通过对企业人力资源管理的相关研究后，总结企业员工参与公司管理的不同方法，将人力资源战略划分为三种模式：吸引式战略、投资式战略和参与式战略，分别对应成本领先战略、差异化经营战略和高品质集中战略。从实际情况看，人力资源战略和企业战略的具体配合方式如表 11-1 所示。

表 11-1　人力资源战略和企业战略的配合方式

企业战略	人力资源战略	特　点
成本领先战略	吸引式战略	集权式管理，生产技术稳定，市场成熟度高；企业注重员工的可靠性与稳定性；工作高度分工，严格控制
差异化战略	投资式战略	以创新和独特的产品战胜竞争对手；注重员工独立思考和创新能力；工作内容模糊，非重复性，具有一定的风险
集中化战略	参与式战略	产品的优良依赖员工的积极参与；重视培养员工的归属感和忠诚感，授予员工参与决策的权利

1）吸引式战略

这是与成本领先战略相匹配的人力资源战略。吸引式战略主要是指通过丰厚的薪酬制度去诱引和培养人才，从而形成一支稳定的高素质的员工队伍。

该类企业以低成本取得竞争中的领先地位，与之匹配的人力资源战略主要是在工作分析和工作岗位设计上确保减少工作中不必要的风险，形成一支稳定的高素质员工队伍。确保稳定性，不仅员工队伍要稳定，而且员工在工作职责范围内的工作表现也要稳定，从而防止技术骨干员工突然离职，以及员工在工作中表现不佳造成的生产成本增加。在员工激励方面，依靠利润分享计划、奖励政策、绩效奖金、附加福利等薪酬制度的设计选择人才，并严格控制员工数量，以减少不必要的支出。

2）投资式战略

这是与差别化战略相匹配的人力资源战略。投资式战略主要是指通过招聘数量较多的员工，形成一个备用的人才库，以提高企业的灵活性，并储备多种专业技能人才。

此类企业通过提供与众不同的产品或者服务获取竞争优势，因而在人力资源战略方面要重视人才储备和人力资本投资。企业与员工建立长期工作关系，视员工为投资对象，使员工感到有较高的工作保障。重视发挥管理人员和技术人员的作用，为了培育良好的劳动关系，注重员工的培训和开发。

3）参与式战略

这是与集中化战略相匹配的人力资源战略。参与式战略谋求员工有较大的决策参与机会和权利，使员工在工作中有自主权。

这类企业主攻某个特殊的细分市场或某一种特殊的产品，为特定的地区或特定的购买者集团提供特殊的产品及不同服务。这种战略要求企业决策权下放，员工参与管理，员工有较大的决策参与机会和权利，在工作中有自主权，归属感较强，注重发挥员工的积极性、主动性和创造性，管理人员在工作中为员工提供必要的咨询与帮助。日本企业中的质量小组就是该战略的典型运用。

史戴斯和顿菲从企业环境变换角度出发，关注不同环境变化情况下人力资源战略的应对方式，将人力资源战略做出模型归纳，从而将人力资源战略分为四类。即按照企业变革程度不同将战略分为转型式人力资源战略、任务式人力资源战略、发展式人力资源战略、家长式人力资源战略。其中转型式人力资源战略对应的是企业整体变革；任务式人力资源战略对应的是企业局部变革；发展式战略对应的是循序渐进，不断变革局的企业；家长式战略对应的是企业基本稳定，微小调整。

舒勒根据人力资源在企业产生的不同效用将人力资源战略分为累积型战略、效用型战略、协助型战略。其中累积型战略是从长远的角度看待人员管理，效用型人力资源战略是从短期的角度来看待人员管理，协助型人力资源战略是介于累积型和效用型之间的一种人力资源战略。

各种人力资源战略的分类都有其产生的时代、环境背景，相对的，各种类型的人力资源战略都有其适用的时代、环境条件。我国企业所处的环境、企业管理现状、人力资源构成等均与西方社会有所差别，因此上面所列的人力资源战略类型很难完全照搬并实际运用到我国企业中，例如美国康乃尔大学研究的诱引战略主要是通过高薪酬制度引诱和培养人才，适用该战略的企业通过控制员工数量控制成本。我国是一个人力资源相对丰富的国家，但是专业技术高的人才相对匮乏，因此对于企业高薪聘请的专业技术水平高的稀缺专业人员，企业不会仅仅与员工保持纯利益关系，而会通过多种方法与员工保持长期合作关系，因此，诱引战略并不完全适合我国的企业现状。而我国丰富的低成本的人力资源，吸引了大量的外商在我国投资建厂，这种工厂通常是技术和设备先进，只需要人员简单的操作即可，那么企业为了降低成本会从劳动力市场聘用大量的低成本工人，而这种战略在康乃尔大学的人力资源战略的类型中也没有提及。

2. 人力资源战略规划的要素

结合目前我国人力资源管理的现状，可以从人力资源最根本的功能角度，即识人选人、用人育人、留人激人三个方面对人力资源战略进行分类。如表 11-2 所示。

表 11-2　人力资源战略类型

识人选人	用人育人	留人激人
外部招聘战略	低成本战略	裁员战略
内部配置战略	投资开发战略	薪酬战略
综合获取战略	职业发展战略	企业文化战略

二、人力资源战略规划体系

（一）人力资源战略规划的目标

在制定公司战略的最初阶段，企业需要制定公司的战略展望，即公司将去向何方？公司竭尽全力所要进入的事业是什么？公司未来的业务组合是什么？战略展望是公司未来的一幅前进蓝图，那么人力资源战略作为企业战略的一个重要组成部分，在制定人力资源战略的最初阶段，也要先确定人力资源部门的战略展望。制定战略展望有以下两项明确的任务：界定公司的当前业务；确定公司的长期战略道路。因此，人力资源部门的战略展望必须将人力资源部门应该为组织使命所做的贡献、人力资源部门主要的角色和活动、人力资源部门必须遵循的前进方向等因素表达出来。以下是一个企业的人力资源战略。

2001—2005 年，盘活人力资本存量，调整现有人力资源结构，建立健全的以管理及技术专家人才维护为骨干的人力资源队伍，切实将人力资源由数量型向质量型转变。实现人力资本和物质资本的较佳结合，构建全国一流的人才体系。

由此可见，实施该战略的人力资源部门为企业使命所做的贡献即盘活人力资本存量，主要活动是调整现有的人力资源结构，建立以管理及技术人才为骨干的人力资源队伍。人力资源部门的前进方向即实现人力资本与物质资本的较佳结合，构建全国一流的人才体系。

人力资源战略展望，是一幅企业人力资源发展的前进蓝图。要实现战略展望，必须建立一套人力资源战略目标体系，将人力资源部的战略展望和前进方向转化为具体的各项职能活动目标。目标体系的设立使公司的管理者对获得具体的业绩结果做出承诺，如果人力资源部的战略展望和发展方向没有转化为具体的各职能活动的目标，人力资源部的战略展望只能是一些美丽的空话。如果要使战略性思维和战略驱动性渗透到整个部门中，那么，业绩目标的对象就不应该是整个人力资源部门而应该为人力资源开发与管理活动的每一个职能领域设立目标。例如在上例中提到的：在"将人力资源由数量型向质量型转变"这一目标指导下，可以细化出很多相关的职能活动目标，例如在招聘活动中，拟招聘的各种学历的人员数量目标的确定；在培训活动中各种培训方式以及数量的确定；绩效评价活动评价的目标设定更倾向于技术提高；薪酬设计的目标可能把知识含量作为重要考虑因素。由此可见，只有当每一项职能活动的目标都支持整个人力资源部门的战略目标时，人力资源战略目标的制订才算完成，人力资源战略实施成功才有了保障。

此外，目标体系必须是具体的、可衡量的，在建立目标的同时，决策者应该确定如何衡量和评价这些目标的事项过程中的工作业绩。例如，根据"将人力资源由数量型向质量型转变" 这一方向性的目标，可以制定更细化"技术工种持证率"提高到 100%，人员构成中大学以上文化的比例达到 90%等具体可衡量的目标，从而提高目标体系的指导性和可衡量性。

（二）人力资源战略规划的制定

人力资源战略的制订首先要考虑的是企业总的发展战略的要求和企业内外部环境条件的变化，而由于企业环境是不断变化的，所以人力资源战略的制订过程也是不断地修改、调整的过程。如图 11-1 所示。

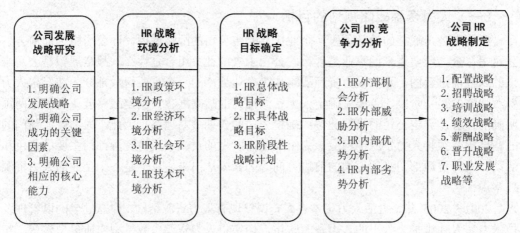

图 11-1　人力资源战略规划的制订

1. HR 环境分析

1）宏观环境分析

主要包括政治、经济技术人口统计环境、技术等四方面内容。其中政治法律环境是约束企业人力资源管理活动的政治要素和法律系统。对政治法律环境的分析，关键的问题是要确定其可能对本企业人力资源状况造成的影响。例如，《中华人民共和国劳动法》规定了各级工会组织是员工利益的代表，有权对执行劳动法律法规的情况进行监督，该法规也对员工的最低工资及社会养老保险等方面有相关的规定，因此《中华人民共和国劳动法》的修改、变动对企业人力资源管理活动影响重大。经济环境主要是指社会经济状况及国家的经济政策，包括社会经济结构、经济体制、发展状况、宏观经济政策等要素。经济环境的变化同样对企业人力资源管理活动有很大的影响。经济环境是所有企业面临的大环境，及早预测到环境的变化，对于制定人力资源战略意义重大。技术是生产及分销产品和服务的技巧与科学。技术的进步可以从产品本身中反映出来，也可以从设计、生产和分销产品与服务的过程中反映出来。技术可以对一个组织的工作设计产生实在的影响，而工作设计是人力资源管理活动的重要工作；技术也可以对组织生产的产品和服务的需求状况产生重要影响，从而改变企业的经营运作方式；技术的改进还可以提高组织生产效率，生产效率的提高又带来整个经济社会中工资的提高等。技术不仅改变了机构的工作方式，而且改变了管理员工的方法。社会文化和人口统计环境。这一因素与人们思考和反应的方式、与他人相处及享受生活的方式有关。这些因素对企业的产品和服务的市场需求有影响，也是进行人力资源分析的基础。

2）劳动力市场分析

劳动力市场分析是制定人力资源战略时需要考虑的一个重要因素。在某个特定的地理区域内，无论是国家、地区，劳动力市场都代表了可获得劳动力的结构。

对劳动力市场的考察主要有以下四个维度：失业率、受教育水平职业水平年龄、性别等。这四方面的信息直接影响人力资源战略的制定。

3）行业环境分析

行业环境分析对人力资源状况的影响主要集中体现在两个因素上，即竞争者和顾客。

（1）竞争者的人力资源管理策略。在新经济时代，企业之间的竞争日益激烈，而竞争的焦点又集中在人力资源上，因此，竞争者的人力资源策略是组织制定人力资源战略时需要考虑的重要因素。

（2）组织的顾客变化。市场需求是企业存在的根本，市场需求的变化直接决定企业的生产方式、产品及服务的变化。而企业的生产方式、产品及服务的变化会改变公司的生产流程，从而造成员工的过剩或不足，需要重新招聘或解聘员工，甚至这些变化也会涉及对员工的培训、绩效考评及薪酬设计的改变。因此，对组织的顾客的关注也是制定人力资源战略应该考虑的一个重要因素。

4）内部环境分析

内部环境分析主要包括组织人员现状、组织结构和组织文化。组织的现有人员是企业发展的基础，因此，在制定人力资源战略时必须对现有的人员状况有充分的认识和全面的了解。组织可以通过建立组织人才库，了解企业员工的数量、素质、从业经验、分布状况、目前的利用状况等信息，也可以通过定期的绩效考评和问卷调查，了解员工的工作状况、能力提升状况及个人工作目标等情况。充分了解现有人员状况是制定人力资源战略的基础。

组织结构是指企业内部部门和岗位的设置及组合方式。不同的组织结构，其岗位和部门的设置与组合方式是不同的，而人力资源管理一个很重要的目标是实现人与岗位的相互匹配，因此，不同的组织结构会导致人力资源管理活动也不同。不同的人力资源管理方式适应不同的组织结构，因此，在构建人力资源战略时，组织结构也是必须要考虑的重要因素之一。

企业文化是在长期生产经营中，逐步形成和发展起来的日趋稳定的价值观、企业精神、行为规范、道德准则、生产信念、传统习惯等。当较多的可以看得见的文化因素指向一个单一的、始终一贯的情形时，则该机构具有强大的企业文化。强大的企业文化能够产生可以预见的、明确具体的行为方式。企业文化对提高企业的绩效、个人满意度、问题如何处理的确定感，以及其他工作生活方面具有潜在的影响。但是，如果企业的文化与外界的利益相关人所希望的变化不合拍时，它就会阻碍机构效能的发挥。且企业文化具有很强的稳定性，即一旦形成并规模化后就很难改变。鉴于企业文化对员工的影响之大及其短时间难以改变的特性，构建企业人力资源战略时，必须给予考虑。

2. 人力资源战略的选择

通过对人力资源战略的分析，战略展望和目标的确立，接下来要选择一个与企业相适应的人力资源战略。在对人力资源战略进行选择时，企业主要需要考虑以下几方面的因素：企业战略、企业所处生命周期的阶段、企业生产力类型。

企业战略分为公司战略、业务战略和职能战略。企业在选择人力资源战略时，需要考虑选择与公司战略相适应的人力资源战略。例如，公司实施的是收缩型战略，企业的人力资源战略就需要重点考虑员工的解雇问题，以及现有员工的情绪稳定问题，同时，企业实施的业务战略也是企业选择人力资源战略时必须考虑的要素，例如，如果企业实施的是低成本战略，则在选择人力资源战略的时候可以考虑尽量低成本的战略与之相适应。

企业所处的生命周期也是企业人力资源战略选择时需要考虑的重要因素，企业的生命周期可以分为以下四个阶段：初创阶段、成长阶段、成熟阶段和老化阶段。各不同阶段企业的特点不同，人力资源特点也不同，因此对人力资源管理的要求也不同，在不同的阶段需要不同的人力资源战略与之相适应。

依据不同产业在社会再生产过程中对劳动力、资金、技术等依赖程度的差别，可将社会产业分为劳动密集型、技术密集型和资金密集型产业。因此，可以将处于不同产业的企业也分为劳动密集型、技术密集型和资金密集型企业。不同类型的企业，人力资源的构成、企业结构及产出的类型均不同，因此，不同类型的企业需要不同类型的人力资源战略与之相适应。

以上各因素是选择人力资源战略的必要基础。综合以上各因素的分析结果，才能选择一种适应本企业的人力资源战略。

（三）人力资源战略规划的内容

1. 招聘战略

招聘是一个招募求职者和选拔未来员工的过程，是人力资源管理工作的重要组成部分。有调查表明，招聘和挑选工作常常是当今公司人力资源部工作的第一位。招聘活动的内容包括招聘的来源和方法。

招聘的来源主要有：内部劳动力市场和外部劳动力市场。在内部劳动力市场和外部劳动力市场招聘员工即为内部招聘与外部招聘。通常内部招聘有以下几个优点：首先，对于申请人的情况了解，企业拥有有关员工工作绩效的资料，能够对申请人的工作习惯、工作技能和能力、和他人相处的能力，以及与组织的适应性等方面有一个全面了解；其次，内部招聘为员工提供了更多的发展机会，对员工有一种激励作用；再次，内部招聘还能缩短培训和组织适应的时间。因为内部员工对企业的基本情况、程序、政策等都了解，同时已经与同事建立了关系；最后，内部招聘还有所需时间短、成本低的特点。当然，内部招聘也存在一些缺点，例如：内部招聘可能会由于内部争夺，而发生不健康的冲突；落选的员工可能士气低落、业绩下降；组织无法补充新鲜血液，近亲繁殖。同样外部招聘也存在一些优点：例如，外部招聘可以带来新的思想和观点，扩大组织的知识库。它的缺点是：新进入者需要培训和适应的时间较长；有时会伤害内部员工的感情；招聘的时间会比较长成本也会较高。

招聘的方法因选择的申请人来源不同而不同。内部招聘的方法有：口头发布职位空缺或新职位信息；在内部网站或公司布告栏内发布正式招聘通知；如果公司有员工的档案库，可以通过对所需人员的特征进行搜索，找到适合的员工。外部招聘的方法主要有：现有员工的推荐；在选定的媒体上刊登正式招聘广告；利用网络招聘；通过中介机构招聘等。

2. 培训战略

培训工作是组织的重要行动之一，它是企业通过自身努力，帮助员工在技能、知识等方面进行提高，进而获得一支优秀的员工队伍所开展的行动。更具体地说，培训是指提高企业目前和企业未来即将需要的技能。通常培训的目的是通过提高员工的技能和知识来改善具体岗位工作的表现。培训通常包括：新进入员工对公司认知的入职培训、技术的改变或岗位的重新设计所需要具备的新的岗位技能培训，以及员工因工作的调动或提拔而接受的培训。培训活动的程序是：首先进行培训需求评估，然后确定培训的目标和方法，最后培训活动的实施与培训效果的评估。培训的方式通常有在岗培训、脱岗培训和就地不在岗培训。

3. 绩效管理战略

一个组织在实现其战略目标方面的长久成功取决于员工绩效管理能力，以及确定绩效标准与组织的需要相一致的能力。

绩效评估系统是一种正式的结构化过程，用它来测量、评价和影响员工那些与岗位工作相关的特性行为和业绩成果。绩效评估系统的设计主要要解决：由谁来评估、评估什么，以及怎样评估和评估的方式等问题。评估的主体可以是上司、自己、同事、客户或下属，选择评估的人越多，评估工作量越大，成本也就相对升高；评估的标准可以是以员工的特点、行为或成果为基础的。其中以员工特点为基础的标准重点放在个人特点上，这些标准关注的是被评估是一个什么样的人；以员工行为为基础的标准重点放在如何工作上；以员工工作成果为基础的标准重点是实现了什么或产出了什么，而不是如何去生产或实现。对员工的绩效评估可以在绝对的基础上进行，也可以在相对的基础上进行。绝对的评估即根据工作绩效的要求和标准严格地评估员工，相对的评估是指通过与同事的对比来评估员工。

4. 薪酬管理战略

薪酬设计活动作为组织的关键人力资源管理职能活动，影响雇主吸引求职者、留住员工，以及为了实现组织的战略目标确保员工最佳表现的能力。

组织的薪酬通常包括三个独立的部分。第一部分也是最大的部分，是基本薪酬或薪金体系；第二部分是激励工资体系，是根据个人、部门或整个组织的绩效而额外支付给员工的薪酬；第三部分是间接薪酬体系，主要是指提供给员工的一些福利，其中一部分是法定的固定福利，另外一部分是组织自主提供给员工的福利。

不同人力资源战略对公司薪酬的设计要求不同，进而要求企业薪酬设计的方法。低成本战略下的薪酬设计，企业直接薪酬设计会参考市场水平，而间接薪酬基本没有。吸引战略下，薪酬体系设计的特点是：直接薪酬的制定不参考市场上相类似工作的薪酬水平，而由企业根据自身的情况制定，其中基本工资比例较低，激励工资比例较大，但激励工资的设计并不是以工作结果为指标计算，而是以员工的行为、工作的过程及工作的结果等几方面综合表现为基础制定的。为了进一步激励员工，组织的间接薪酬的设计，除了有法定福利外，非法定福利也相当有吸引力。

5. 职业发展战略

职业发展战略规划是企业和员工长期利益的统一，每一个具有高度责任感的企业都有义务为其员工指明职业发展方向，设计职业发展通道，使员工看见个人发展的希望，实现人才的长期稳定性。

职业发展通道是进行职业生涯管理的基础条件，是通过整合企业内部各个岗位，设置多条职业发展系列并搭建职业发展阶梯；然后，通过岗位能级映射，探测岗位间的关联，为员工提供广阔的职业发展平台，如行政序列、技术序列、销售序列、管理发展序列等。公司在澄清企业发展战略的基础上，明确不同序列的职位任职资格，融合企业的长期发展愿景和个人的职业目标，为员工设计清晰、明确和公平的职业发展通道，并与员工培训、绩效管理相结合，形成企业的人才梯队建设方案，提高员工的企业归属感，降低员工流失率，实现人力资源的可持续开发。

总之，职业发展战略规划包含价值设定、价值开发和价值分配三大内容。组织与员工结合自身需求，共同确定职业目标的过程，实际上就是企业吸纳适宜素质的人才进行的价值设定的过程；员工自我职业探索与组织为员工量身定制职业发展策略，也可看作企业基于自身与员工需要所进行的价值开发活动；组织与员工的职业评价及职业目标修正就是组织科学评价员工为组织所做的贡献，并分配价值的过程。

三、创新创业人力资源战略规划的设计

创新创业型企业就是创业者发现市场机会，收集各项优势资源，组织特定团队实施创业活动而组建的一个工作组织。创业型企业在战略、思维方式上都有不同的特点，如须具有创新意识、在发展中成长性高与不确定性大、资源可控性弱、管理结构简单、核心团队的变动存在较大风险。而我国在创新创业型企业发展的过程中，也存在诸多问题，如企业规模较小，以小型微型企业为主；企业的发展起点偏低；企业在资金与技术方面薄弱明显；企业信誉度不高；管理水平仍须进一步提高；人力资源管理能力不强等。特别是员工管理工作不能很好适应其企业自身发展特征，从而进一步阻碍创新创业型企业的成长。

创新创业型企业的发展对人才需求相比于一般企业显得更加迫切，一方面是企业可持续经营性质的诉求；另一方面是因为创新创业型企业在发展过程中的特征所决定的。归纳企业与人的关系，可以用"企无人则止"来形象地概括，企业组织中的人是保持企业活力、动力与竞争力的源泉。

在创新创业企业人力资源战略管理中，要有一种"破冰之旅"的态度，要向"人才就是资本"的理念转变，将人力资源管理提升到战略性的高度，充分树立科学的人才观，制订人力资源规划。

（一）组织结构与人员配置战略规划

1. 创新创业企业的组织设计

创新创业公司的组织设计，须考虑以下几个原则。

（1）精干原则。这一原则的基本要求就是，部门尽量减少，企业业务尽量实行职能

归类管理。一般生产型企业，有这样几个部门就基本足够——生产管理部门、质量管理部门、技术开发部门、营销管理部门、财务部门、人事行政部门(包含办公室在内)，其他如采购、仓库管理等职能，要么就归并到以上某个职能部门内，要么只设岗位，不设部门，指定某个领导负责就是。组织精干是企业有效运行的基础，这是一个大致的框架，大框框定好了，台子搭起来了，里面唱戏相对就方便了。

（2）垂直管理原则。大家都很反感多头管理，同样一件事，这个领导交代要这样做，那个领导吩咐要那样做，办事的人就会头疼，在组织设计上就要尽量避免出现这样的状况。垂直管理体现的一个基本原理就是只听一个领导的安排，而不是很多人都来安排同一件事。同样，垂直管理对日常业务的开展而言(非重大决策)，对效率的提升是非常有效的，否则，往往很多事转了好些弯还可能办不成。

（3）独立原则。独立原则就是组织中的各部门要分工明确，权责清楚。这个部门负责什么，那个部门负责什么，尽可能清晰明了，不要相互交织，而且，权责一旦清晰，就要尊重这些权责的所属，不是停留在书面上，而是在具体的业务开展中都要做到这一点。是哪个部门的事就归哪个部门负责，不要随便去插一杠子，要尊重部门的独立性。

（4）扁平化原则。中小企业的组织设计，本着效率原则，管理层级能够尽量缩减最好。一般设 4 个层级基本就够了：总裁—部门经理—部门主管——一般员工。指令下达，或者报告审批，如果需要经过很多程序，往往贯彻起来速度变慢，甚至指令失真。当然，从另外一个角度而言，因为管理层级偏少，不利于员工职业通道的发展，但是，这个问题不一定要通过这方面来解决，而应从企业业务的发展空间来进行拓展，以及在薪酬福利等方面进行调整。

2. 创新创业企业的人员配置设计

人力资源配置的核心内容是人力资源的供给、人力资源的需求及供需综合平衡三个方面。创业企业在进行人力资源规划时，首先要进行调研，分析创业企业战略目标、经营环境及人力资源现状(人员数量、质量、结构等)，对企业人力资源需求与供给进行分析。其次要采用定性与定量相结合的方法，以定量为主，制订人力资源的供需平衡的总计划与各项业务计划，确保人员规划与企业目标相协调。再次要及时对各项业务的执行过程进行监督、评估，关注信息的反馈，对人员规划进行调整，采取有效政策和措施以达到人力资源供求协调平衡。最后要对人力资源配置规划进行评价与修正，使其更切合实际，促进企业目标的实现。

管理专家詹姆斯·柯林斯曾说道：将合适的人请上车，将不合适的人请下车。创业企业的人力资源管理工作更应当注重人员的配置，充分使用公文筐测验、心理测试、情景测试、胜任能力测试等素质测评技术，以求真正地将合适的人放在合适的位置，真正地做到人适其事，事宜其人，人岗匹配。

企业的人员流动总是不可避免的，这也是当下许多创业企业遇到的"瓶颈"之一，对核心人才的流动，创业企业除了要有一套留人计划外，同时也要有接替的计划。在韩国企业里许多员工工作约两年的时间，岗位之间就会相互地轮换，这是非常值得我们借鉴的。创业企业更多的时候应该建立自己的人才梯队，采用管理人员接替模型，培养有胜任能力的人员接任。

（二）员工激励战略规划

在人力资源管理工作过程中，将员工与企业的关系纳入管理内容，以此提高企业优势，并达成既定目标。员工激励管理更加强调以员工为中心，将管理者与员工的地位尽量做到平等，处在同一水平进行对话，使沟通交流、劳动关系与情感关系等方面的建立和维护更有效。

1. 精神层面的激励设计

我国新生代员工更加需要获得自我价值的认同，对精神层面要求较高，事业心、求胜心理较重，目标性强。随着我国高等教育扩招等政策影响，新生代员工的知识水平明显提高，并在就业中更加注重企业文化与发展平台同自身的匹配程度。创新创业型企业在加强员工关系管理、实施激励措施的过程中，须结合新生代员工的特点，这样才能保障创新创业型企业良性发展。一是通过分配适合新生代员工特点的工作任务。在合适的职权范围内，准许员工参与企业事务，树立主人翁意识，进而将其内在的工作热情激发出来，即工作性激励。二是通过设定适当目标，在工作的过程中不断学习与进步，即目标型激励。三是强化企业与员工之间的沟通与交流，在情感上建立更加牢固的员工关系，即情感型激励。

2. 职业生涯规划设计

如何很好地捆绑住员工，使员工与企业形成利益共同体，并忠诚于企业，就成为员工激励管理的重点。帮助员工进行个人潜能测评、合理准确的自我定位，并磨合员工个人利益与企业利益之间的冲突，才是创新创业型企业实现自身与员工双赢的有效办法。

通过职业生涯规划提高企业员工激励管理的水平。创新创业型企业由于其经济基础和组织构架的双薄弱，使之成长发展"瓶颈"期较长。许多创新创业企业对新员工的职业生涯规划指引和指导不足，并且注重企业效益忽视新员工职业生涯规划。因此，创新创业型企业应该给予员工应有的职业规划指导。

第一，帮助员工了解该企业的特点与该行业的特点。创新型企业在很多方面区别于一般企业，其所处的行业一般也表现出很大的特殊性。这就需要企业加强岗前培训与教育。

第二，协助员工测评个人潜能。企业可以用业绩评估等各种方法，来测评员工的自身潜能与各项自身条件，并给员工提供合适的岗位和发展方向。

第三，寻找员工个人职业生涯和企业发展的契合点。只有企业的发展与员工的个人职业生涯相契合，才能为企业留住人才，实现企业员工的长久忠诚。

3. 学习型组织战略规划设计

学习型组织（learning organization），美国学者彼得·圣吉（Peter M. Senge）在《第五项修炼》（*The Fifth Discipline*）一书中提出此管理观念，企业应建立学习型组织，其含义为面临变遭剧烈的外在环境，组织应力求精简、扁平化、弹性因应、终生学习、不断自我组织再造，以维持竞争力。知识管理是建设学习型组织的最重要的手段之一。

学习型组织不存在单一的模型，它是关于组织的概念和雇员作用的一种态度或理念，是用一种新的思维方式对组织的思考。在学习型组织中，每个人都要参与识别和解决问题，使组织能够进行不断的尝试，改善和提高它的能力。学习型组织的基本价值在于解决问题，与之相对的传统组织设计的着眼点是效率。在学习型组织内，雇员参与问题的识别，这意味着要懂得顾客的需要。雇员还要解决问题，这意味着要以一种独特的方式将一切综合起来考虑以满足顾客的需要。组织因此通过确定新的需要并满足这些需要来提高其价值。它常常是通过新的观念和信息而不是物质的产品来实现价值的提高。

创新创业要制订长期培训计划，建立学习型组织。俗话说得好"思想决定行为"，创新创业型企业必须真正从思想上重视对企业员工的培训和教育。企业的管理者特别是高层领导者的重视才能真正收到良好的效果。为了企业长久性可持续的发展，人力资源管理必须制订长期培训计划，并把培训当作长期的工作来抓。在培训需求分析、确定培训目标、制订培训计划、培训的实施、培训过程的监督、培训效果的反馈、培训效果评估几个方面开展具体的工作。根据员工实际的表现，采取奖惩措施，并建立相应的激励制度，确保培训实施的效果。

企业建立学习型组织是提高企业员工素质与能力的必要条件。在实际工作当中，创新创业企业可按如下几点来建立学习型组织。

（1）最高管理者应首当其冲，引导企业员工自觉地建立积极向上的主人翁态度，培养学习员工的自觉行为。

（2）把学习作为企业不可缺少的一个部分，使员工充分认识学习也是工作的一部分，成为全员必须参与的活动。

（3）建立学习标杆，树立企业模范，建立公正公平的奖罚制度。

（4）让员工都愿意接受挑战，从中提升自我。

（三）企业文化战略战略规划设计

1. 创新创业型企业需要企业文化

创新创业型企业拥有巨大的创新性、市场性、动态性及其适应性。所谓创新性，是指不断地突破原有的技术或者产品格局，用创造性的新产品、新方案来满足消费者的新需求；所谓市场性，是指始终以市场为导向，根据市场的动态需求变化状态来调整企业的业务及其发展方向；所谓动态性，既包括内部的组织结构、管理模式，又包括外部的运营策略、竞争方式，都是因时制宜、不停变化的，没有既定的格局和模式；所谓适应性，是指创新创业型企业更加灵活地配置资源，更加主动地迎接变化，更加积极地应对风险，以适应不断变化的内、外部环境，确保生存。

创新创业型企业虽然抓得住机会，但是缺乏品牌影响力、足够的资金投入、稳固的经营团队、必要的机制保障。那么，一个创新创业型的企业依赖什么才能实现可持续发展呢?是文化，是精神，是价值观。

对创新创业型企业来说，企业文化是战略。权且不谈战略和企业文化之间究竟有何关系，但创新创业型企业的企业文化本身就是战略，就是一个创业团队所共有的价值观和共同的理想，就是企业未来的发展方向。即便是不够准确的语言表达，也是创新创业型企业所有员工对于企业的创立初衷、业务范围、资源运作和远景蓝图的共同认识。

对创新创业型企业来说,企业文化是组织的凝聚力。创业企业的组织结构不会最优、创业阶段的业务困难难以想象，在不断地迎接市场冲击和竞争挤压的情况下，创业企业的组织何以不散?那是因为有一种独有的企业文化在支撑、感召和吸引。很多创新创业型企业正是由于企业文化内涵中最光辉的一点,在最困难的时候吸引了人才、稳固了团队。

对创新创业型企业来说，企业文化是市场需求。可以说，任何一家从小到大的创新创业型企业都会经历市场从不理解、嫌弃，到逐渐认可、欣然接受的过程。在"我时代"特征愈加清晰的今天，在产品同质更加明显的今天，消费者选择主权倾向于认知一致、行为一致的创新创业型企业就无可厚非了。

企业文化作为企业生存与发展的重要源泉，也是企业参与市场竞争的重要保障。对创新型企业来讲，营创合适的企业文化更为重要。

2. 初创期的企业文化设计思路

创新创业型企业在开展人力资源管理工作中，需要通过优秀的企业文化来建立员工共同的发展愿景，进而吸引与留住大批人才。要想留住优秀人才，就需要创新创业型企业能够营造合适的企业文化，进而凝聚与激励人心，使他们的能力得到最大程度的释放与发挥。创新创业型企业需要建立起一个创新求异又能包容失败的合适的企业文化，进而才能够使创新型企业的内部优秀人才拥有生存的土壤，从而吸引与留住更多的创新型人才。

创新创业型企业处于快速成长阶段，愿景在企业中应该处于核心地位，为企业指明前进方向，并能很好地激起员工的认同感与工作激情，从而实现提高企业凝聚力的目的。创新创业型企业由于自身发展特点，更需要重视如何有效定位企业愿景，以达到与员工关系的建立与维护，增进团队合作与凝聚力的目的。将员工关系管理的规划纳入企业愿景，实现企业愿景和个人愿景的融合是创新型企业员工管理的有效措施。第一，愿景规划中须重点体现营造良好和谐的企业创业文化氛围。创新创业型企业的愿景中应该包含兼容并蓄鼓励创业的企业文化，给员工开拓工作业务提供成长的土壤。第二，创新创业型企业愿景应制订合理的长期人力资源目标。我国创新创业型企业由于其自身先天不足，这就需要靠资源载体的人力资源，要在企业愿景中体现出来，就要依靠长久稳定的人力资源目标的制订而实现。第三，推销测试企业愿景，使企业愿景与员工关系管理相结合。推销即向员工传播企业愿景，使愿景达到员工的赞同；测试即通过问卷会议等形式测试员工对愿景的支持情况并收集改进意见，最终使企业愿景与员工愿景能够融合。

3. 创新创业型企业文化的战略规划内容体系设计

创新创业型企业在相当长的时间中所面临的都是苛刻的经营环境，这样的企业需要什么样的企业文化?不同的企业已经给出了答案，但是其共性的企业文化特征依然十分明显。可以说，创新创业型企业的企业文化是再普通不过却最了不得的二十个字：激情、学习、互敬、冒险、直觉、少说多做、亲如一家、向上。

（1）激情。不再墨守成规，愿意另辟蹊径开创一份新的事业，首要的是激情。据说，微软的企业文化中就渗透着一种激情，每一个员工都认为自己做的事业是世界上最伟大的事业，甚至连看门的人也会觉得能给微软看门是一件异常荣耀的事，正是这种引以为傲的工作激情像心理基石一样支撑着微软王国多年来在 IT 界傲视群雄。

（2）学习。毛泽东主席曾经说过，"在战争中学习战争"。针对在今天的企业创业上来讲就是：在创业中学习创业。创新创业型企业不像守业型企业那样一切有模式、有制度、有经验，都需要大家不断地通过各种途径学习。学习是创造力和竞争力的源泉，"学习型组织"所倡导的各阶层所有成员全心投入，并持续不断学习的理念是任何企业的创业之本。

（3）互敬。斯坦福大学著名管理学家吉姆·科林斯在《从优秀到卓越》一书中总结道："在我们采访的那些从优秀到卓越的公司中，员工对工作的热爱，很大程度上是源于对与之共事的伙伴的热爱。"可以说，互敬是投入工作的前提，投入工作是创业成功的保障。

（4）冒险。冒险是创新创业型企业的禀赋，冒险的另一个侧面就是创新，创新创业型企业"敢为天下先"的文化品质必不可少。大家可以想象一下，苹果不冒险、乔布斯不敢为天下先，哪里还有今天炙手可热的苹果系列产品？

（5）直觉。其实笔者一直犹豫，是用"直觉"还是用"个性"来表达创新创业型企业文化的第五个特征，最终觉得"直觉"更加准确。创新创业型企业必须尊重商业上的直觉，其实就是尊重员工发展的个性，接受更多"直觉"的东西并渗透到创业企业的经营管理中是能使本企业与众不同的法宝之一。

（6）少说多做。少说多做就是务实精神，就是把激情和直觉真正变成产品与方案的风格。在创新创业型企业中，少说多做甚至是不说只做应该是一种良好的习惯。创业之初的宏愿要想能变为实现，必须有少说多做的务实精神。

（7）亲如一家。许多大公司、老公司最羡慕创新创业型企业的就是亲如一家的氛围，相互之间没有阶层分割，没有人心隔膜，有的只是自由、任性、放松和关心的家庭氛围。这一点，是创新创业型企业同创业、共患难所形成的最真实的文化内涵。

（8）向上。向上的企业文化就是勤奋、积极、主动，它是企业凝聚人心并调动和发挥员工积极性、主动性和创造性的精神动力，也是企业在当前激烈的市场竞争中寻求改革发展的动力。

第二节　创新创业人力资源战略规划实训材料

一、汽车企业创新创业人力资源战略规划

本项实验的材料是奇瑞汽车公司人力资源战略规划。

（一）公司人力资源战略的选择

从奇瑞的发展现状来看，奇瑞在开创初期的人才战略主要是人才引进和人才环境建设。特别是在人才引进方面很成功，为奇瑞的发展奠定了基础。近几年来，虽然也比较重视人力资源，但战略意识不强，没有明确的战略目标和长远规划，比较注重人才的实用价值，着眼于企业的现实需要来引进和培养人才。

这对创业中的奇瑞无疑是一条正确的选择和捷径。但随着奇瑞的进一步发展和壮大，由导入期进入成长期，要实现"游击队"向"正规军"的转变，创业时期的人才战略已不能完全适应新时期发展的需要。奇瑞的进一步发展仍然遭逢人才"瓶颈"。随着企业的发展，培养具有创新性的新人和储备人才后备力量更加重要。所以，实施科学的人力资源战略才是奇瑞真正的长远之计和根本出路，也是奇瑞公司可持续发展的必然选择。

奇瑞的总体战略目标是"聚集优秀人力资本，追求世界领先技术，拥有自主知识产权，打造国际知名品牌，开拓全球汽车市场，跻身汽车列强之林"。所以，奇瑞的人才战略目标也应从属并服务于企业发展的总体目标。要实现这个总体战略目标，就必须未雨绸缪，人才战略的重点应从人才引进向人才开发转移。因为，一方面人才引进成本高，也不是长久之计，一个以国际化为目标的大企业，总不能长期靠"挖人"过日子；另一方面，人才开发和培养不是一朝一夕的事，不只是个系统过程，更是一个长期的战略任务，所谓"十年树木，百年树人"。所以，人才开发要早做规划、早做准备。

（二）公司人力资源战略的目标

人力资源战略目标是人力资源战略规划的重要内容之一，要围绕组织目标运行。组织目标可分为长期目标、中期目标和短期目标，人力资源战略目标相应地也要设立长期目标、中期目标、短期目标。

1. 短期目标

一般指年度目标，包括每年的人才招聘计划，对新进员工的上岗培训，对现有员工的常规培训，包括总公司、分公司、子公司每年应不少于 5000 人次进行短期培训、进修、考察等；每年举办一次技能大赛；每年派出 100 名管理人才、研发人才、技术人才、营销人才出国培训、考察。

2. 中期目标

一般指 1～3 年的目标。3 年内，奇瑞人才库要达到 400 人，建立完善的后备人才选拔制度、职业规划制度；进一步优化学历结构，使硕、博学历达 500 人约占 20%，大专以上学历达 60%；员工满意度达 60%以上。

3. 长期目标

一般指 3～5 年以至更长。5 年及以后，奇瑞人才库要达到 1000 人，硕、博学历达1000 人，约占 40%，大专以上学历达 70%；员工满意度达 70%。工程技术和管理人员要达 8000 人。奇瑞大学要实现跨越式发展，专业师资要达到 300 人以上的规模，并筹办成立汽车学院。高级人才自主开发比例达 50%以上。从奇瑞实际需要来分析，其人才开发的类型主要有高级管理人才、高级汽车研发人才、高级营销人才和高级技术人才，应考虑这 4 类人才的均衡匹配，合理发展。

二、金融企业创新创业人力资源战略规划

本项实验的材料是南京银行人力资源战略规划。

城市商业银行要构建以岗位评价为基础的、开放的、竞争的、与市场接轨的人力资源管理机制，就需要在现有条件下，不断创新人力资源管理机制。

（一）实现人力资源规划与战略和业务规划的有机结合

从南京银行的实践经验来看，人力资源规划和业务规划经常是各自制订，业务部门在开发业务规划时，没有考虑人力资源的影响或支持，经常是事后把人员需求作为补充项加在后面，或者干脆到急用人时通知人力资源部门。人力资源部门在做人力资源开发规划时缺乏和业务部门的沟通，没有在近期或远期发展方向上考虑人员配置的需要，从

而使两项规划不能有机整合。人力资源部门作为一线部门的事业伙伴，在组织发展过程中要同这些部门一起制订业务发展规划和人力资源规划，使人力资源规划和组织发展战略相适应，满足组织变革的需要，为业务发展提供人力保障。

（二）创建对内公平、对外有竞争力的薪酬福利体系战略

科学合理的薪酬体系是建立在职务分析和评价的基础之上的，分配给每一项职务的薪酬必须与该职位所承担的责任，完成工作需要的知识、技能和能力相符，这就是薪酬设计的内部公平性。同时，在组织设计和调整薪酬时，要根据竞争对手和劳动力市场的情况对自身定位，确保外部竞争力。

福利对员工来说，是和单位提供的工资收入同等重要，甚至更重要。在许多国际公司，员工福利构成了单位给员工总薪酬的相当大的部分，典型的福利包括医疗和住房保险、企业年金、带薪休假、住房补贴、文化娱乐等。目前福利创新主要体现在为员工提供自选机会的菜单式福利，满足不同层次、不同年龄段人员的多样化需求，这样既不会额外增加企业负担，又能整体提高员工效用，是值得各商业银行实践的方向。

（三）构建以战略为导向、以信息技术为基础的绩效管理体系战略

绩效管理是人力资源管理的核心内容之一，根据美国国际人力资源管理协会的定义，它包括绩效评估、纪律约束、个人发展和自我学习、指导和咨询四个部分。绩效评估可以说伴随人类活动而产生，但直到今天反对之声不绝于耳，他们认为绩效评估不符合团队导向的文化，给员工心理上带来负面影响，他们希望在不采取具体强制性的评估方法下满足员工的需要。

但从总体上说，当今绩效管理体现了以企业战略为导向，关注客户需求和团队工作的趋势，从而使员工的努力方向体现了企业战略规划的方向，使个人绩效和组织绩效挂钩。在绩效评估方面要充分利用信息技术手段，保证考核结果的公正、及时、准确。更为重要的是，要将考核的结果进行反馈，因为考核不是目的，利用考核结果发放绩效奖励也不是目的，绩效管理的目的是帮助员工改进绩效，提升价值。所以请记住下面这段通用的原则：简单的评估系统需要辅以具体的反馈意见，这样才能给雇员足够的信息以便他们改进工作。即使在使用自动化的系统来记录绩效评估时也是如此。

（四）完善多元化的职业发展通道战略

传统的"独木桥"式的单一管理职务系列，使员工以管理职务晋升为主要目标，不利于专业人才的成长及责任目标的完成，还会造成管理人员能上不能下，不利于优化人才资源配置。有的企业为了留住优秀人才，通过不断增加副职、助理编制，甚至会因人设置部门。但是这种办法治标不治本，既使组织结构层次增加，加大管理难度，又会让员工催生"官本位"思想。

要解决这个问题，必须在企业推进职业化建设，完善多元化的职业发展通道，让更多优秀的人员在专业技术的道路上发展提高，并得到认可，真正做到合适的人的做适合的事。在薪酬待遇上，一定要摒除专业人员就要比管理人员低的思想，员工无论选择何种工作，企业都应建立一套系统而完整的职业发展路标，并且让员工知道如何在不同的职种职类间异动。

（五）倡导并践行以人为本的企业文化战略

银行文化是商业银行生存、发展、取得最佳经济效益的基本条件，是商业银行在同业竞争中抢占市场制高点的"云梯"。由于它将银行的管理从过去的单一化转向全方位，把管理的核心定格在"凝聚人""引导人""振奋人"的基点上，所以在实践中显示出了巨大的"魔力"。现代人力资源管理理念的变化，将员工视为愿意承担责任，并能够自我指导与控制的人，并将员工满意度视为企业发展的关键。正如美国西南航空公司董事长 Herb Kelleher 所言："你必须像对待客户那样对待你的员工，如果你正确对待他们，他们会正确对待你的客户。"通用公司前 CEO Jack Welch 认为，"企业的关键，不是建筑、机器或技术，而是人"。考察这些成功企业的文化体系不难发现，他们均将员工视作企业最宝贵的财富，将"以人为本"奉为企业核心的管理理念。

1. 银行文化的内容

银行文化是一种企业文化，是社会文化、民族文化的亚文化，是商业银行在特定的社会文化背景下，在经营、管理的整个实践过程中通过全体的共同营造、认同和遵守而形成的银行哲学、银行精神、价值观念、银行道德、行为规范、制度规章等意识形态，以及银行在长期的经营活动中所折射出来的银行形象的总和。

银行哲学是企业哲学的分支。企业哲学经历了"以物为中心"到"以人为中心"的转变。人是生产力中最活跃、最能动的因素。以人为本是构建银行文化的根本。培育银行文化的目的是创造一种有利于职工内在潜能充分发挥的文化氛围，所以商业银行的银行哲学应建立在"以人为本"的思想之上。以人为本，将银行员工及其素质的提高作为银行的根本性资产，充分激发银行员工的潜能，调动他们内在的主动性和积极性，使其以饱满的热忱和高度负责的精神完成本职工作。

银行精神是一种特殊、具体的企业精神，是银行在长期的经营实践中逐步而自觉地形成的，为全体员工认同和接受，代表了员工信念、精神面貌及体现本行特色，从而能激发银行活力，实现银行发展目标的团体精神。银行精神渗透于银行的整个经营活动之中，并通过银行的经营行为和经营环境反映出来。它是银行最高的行为准则、生存和发展的精神支柱，也称为银行的灵魂。在我国商业银行的经营管理实践中，银行的管理者一般是通过银行的行风、行纪、行容、行誉，尤其是行风对银行精神进行高度的概括，并以文字或其他事物形象展示给社会公众。

银行道德是银行在经营活动中所应遵循的，旨在调整银行与国家、银行与银行、银行与服务对象，以及银行内部各方面关系的道德规范的总和。银行道德的主体是银行本身，核心内容是银行整体的道德义务和责任。它体现在经营宗旨、规章制度、领导风范、职工行为等许多方面，集中表现为银行的道德风尚。银行道德对银行的经营有着积极的促进作用，如果银行缺乏良好的经营道德，必然会出现在同业竞争中的违规举动，这时候会必然损害客户的利益，这样也必然危及银行自己的生存和发展。银行规范，也称为银行规章、制度，主要包括银行的法律、规章制度，以及具体的工作、管理程序和标准。它制约和保障着银行的"举动"，并为维护银行文化其他内容发挥作用服务。如果这种作用是隐性的、内在的，靠的是感召和激励，那么银行规范作用的发挥则是明显的、外在的，靠的是硬性的强制。

银行形象是银行文化中不可分割的组成部分，是社会公众对某一银行全部经济、社会行为形成的综合的、整体的印象和评价。银行形象通过银行的整个经营活动折射出来，是银行在多方面留给社会公众的印象。它不单单局限于某一方面，而是银行的人、事、物在社会公众头脑中所形成的印象的总和。银行形象越来越被视为银行的珍贵资产。

2. 银行文化定位

银行文化定位，是指找准银行文化的基点，确立符合实际的目标。银行文化是更高层次的企业文化，但在一个银行系统中，银行文化的具体内容到底应从什么样的层次上起步，需要策划者在谋划之处就应该找准。银行文化的定位首要的是银行精神、价值观念、经营宗旨的定位。为此，要求银行文化的策划者，在调查分析的基础上，以本银行的经营意识、员工的素质及社会、市场背景等因素为参照，预测明年、后年乃至 5 年、10 年、20 年以后的情况，有的放矢地确定本银行的发展目标、经营行为。

与此同时，将本行现存的银行精神或银行作风、道德规范等与目前的市场、未来的前景相对照，从而规划出既符合本行实际又适应市场发展和社会公众要求的银行精神、价值观念及经营宗旨。应注重确定本银行的事业领域，以较高的品位体现时代道德感、审美感和社会责任感，并以适当的语言予以表达，从而将本行的使命揭示出来，以求给员工精神上的感召，给社会留下独特而深刻的印象。即明确表达出"本银行的工作是什么""将要达到什么样的标准和目的""本银行存在于社会上的意义是什么""员工将以什么样的工作态度对待每一位顾客"等理念。

银行文化的定位还包括银行经营目标的确立。银行的经营目标是银行的决策者以高度的理性，根据银行的实际确立的。从某种意义上说，银行经营目标的确立是客观的，而不是主观的，否则它就不会得到本行员工及社会公众的认同和接受。因此，确立银行经营目标应做到两点：一是明确、具体；二是目标的提出要具备可行性和控制性。由于银行文化的本质就是体现银行的个性与特色，塑造银行形象应是一个充满创意的过程。不同的银行有不同的风格，简单的模仿和雷同只能将自己淹没在众多形象之中。银行形象定位就是寻求银行自我的过程。作为总行，要确立标准色、标准字、标准用语、标准图案等，并在全行范围内进行统一，而作为总行下属的分支机构，要在统筹性原则指导下，与总行保持系统识别标志统一的同时，策划自己的银行形象。银行文化定位是否标准，直接关系到银行文化的品位和档次，所以银行文化的定位必须注意一定要突出本银行的优势，围绕银行精神和经营宗旨、目标，表现出本银行的特色和与竞争对手的区别；要把自己的银行文化与客户紧密地联系在一起，并充分考虑本行的银行文化能够不断承受住市场竞争造成的威胁；另外，银行文化的定位一定要为全体员工所认同和接受。

3. 确立以人为本的文化理念

人是银行的主体，是银行活力的源泉，"以人为本"是现代银行哲学的本质特征。在商业银行的经营管理中，人是最活跃、最积极并起决定性作用的因素，银行文化的构建关键在于银行员工的文化意识和整体素质。因此，银行文化构建的核心问题就是人才资源的开发，即重视人的因素，尊重人的价值，增强人的文化意识，激发员工的积极性和创造性，为优秀人才的脱颖而出创造条件，并使全体员工的素质在市场竞争中切实得到提高。银行的管理者不仅应该慧眼识才，而且应珍惜人才。金无足赤，人无完人，管理者要知人善用，用其所长，避其所短，要重用人才，培养人才，为人才创造学习的条件，让他们有更多的机会接受新知识、新业务。

实践证明，当银行的文化价值观念在系统内部得到持续一致的沟通时，可以赋予员工很大的自主权并产生高度的责任感。在此基础上，如果员工得到激励、信息支持和良好的培训，就会焕发出极大的工作热情。银行要加大人力资源方面的投资，使用技术支持员工而非监督或更换他们，重视招聘与培训，将员工的表现与报酬挂钩。激发员工自我实现的愿望，使员工与银行的利益有机结合，达到共同发展的目的。

南京银行人力资源战略制定的指导思想是：以增强综合竞争力为主线，贯彻"着眼发展、立足培养、控制总量、优化结构、全面提升"的基本方针，进一步转变观念，坚持市场化改革方向，持续创新管理模式，不断完善体制机制，使全行员工队伍形成合力、提高能力、激发活力、增强凝聚力，使人力资源管理工作为全行战略目标的实现提供有力支撑。

坚持六个基本原则：一是控制总量，提高质量。立足全局，在保障业务发展的前提下，注重人力资本效率，有效控制人员数量增长。二是立足培养、多管齐下。引进人才，优化配置等多管齐下，加强培训、轮岗、辅导和实践锻炼，不断提高员工综合素质和能力。三是分类管理，分级实施。按照流程银行的要求，对营销、风险控制、管理、执行操作等不同类别岗位的人员，探索实施差异化的人才培养、人事管理、考核评价和激励约束等机制，并由总、分、支行分级实施。四是突出重点，储备骨干。以"四支队伍"建设为重点，带动全行员工队伍整体素质的提升。五是德才兼备，全面发展。进一步强化员工职业道德教育，坚持德才兼备的选人用人导向。六是以人为本，制度保障。积极稳妥推进干部人事制度改革，促进员工与企业的共同发展，努力提高员工忠诚度，维护和谐稳定的用人环境。

三、软件企业创新创业人力资源战略规划

本项实验的材料是用友软件公司人力资源战略规划。

人力资源战略是科学地分析预测组织在未来环境变化中人力资源的供给与需求状况，制定必要的人力资源获取、利用、保持和开发策略，确保组织在需要的时间和需要的岗位上，对人力资源在数量上和质量上的需求，使组织和个人获得不断的发展与利益，是企业发展战略的重要组成部分。用友软件股份有限公司一直将人力资源工作作为公司的战略性管理工作予以加强以推进人才工程，从而加强企业的人力资源开发。作为一个为企业提供解决方案的公司，用友软件股份有限公司不仅重视 EHR 软件的开发，而且重视企业人力资源管理战略的制定、实施、评估及控制。用友软件股份有限公司的人力资源战略从人力资源开发战略、人才结构优化战略、人才使用战略三方面制定。

（一）人力资源开发战略制定

人力资源开发战略，就是指有效地发掘企业和社会上的人力资源，积极地提高员工的智慧和能力，所进行长远性的谋划和方略。兵贵精不贵多，在公司运作时要清楚需要什么样的人，而不是多多益善，企业是商业机构，必须讲究成本。可供选择的人力资源开发战略方案有：①引进人才战略；②借用人才战略；③招聘人才战略；④自主培养人

才战略；⑤定向培养人才战略；⑥鼓励自学成才战略。

作为知识和技术密集型产业的管理软件业，人才已成为促进技术创新的核心力量和重要的战略资本。优秀人才是企业最宝贵的财富，提高企业竞争力、建立和扩大竞争优势离不开一流的人才。针对当前高素质人才匮乏、人才流失现象比较严重的问题，国产管理软件企业必须树立强烈的人才意识、全新的人才观念，通过长远的育才战略、真诚的聚才方式，营造良好的用才环境，建立留住人才、引进人才、培养人才、用好人才的灵活机制，以尽快培养一支数量充足、结构合理、素质较高的人才队伍，为企业的长远发展奠定坚实基础。

积极引进优秀人才是给企业注入新活力的有效手段，企业要走国际化道路、参与国际化竞争就必然要拥有国际化的人才。目前，国外知名管理软件厂商为了提高其本土化程度，非常重视人才引进，使国内众多优秀人才向这些企业单向流动，大大拓展了这些公司在我国市场的业务。鉴于此，用友软件股份有限公司应努力拓宽人才引进渠道，不仅要积极发掘和吸引国内人才，还要根据需求适当引进国外人才，以改变人才流动的单向性为双向性。

国产管理软件企业可发掘引进有以下经历的几类人才。

（1）设计国内外知名管理软件的总架构师和系统分析员，这些软件业的精英在很大程度上可以决定研发出的软件产品是否具有市场竞争力。国产管理软件之所以较长时期徘徊在中低端市场，缺乏优秀的软件总架构师和系统分析员是一个重要原因。在人才日趋国际化的今天，国内厂商应摒弃"国人开发国产软件"的观念，进一步拓宽眼界，努力在世界范围内发掘吸引高级软件技术人才。

（2）在国内外知名管理软件企业里从事技术、营销、服务工作的中高级人才，他们一般具有良好的教育背景，并接受过先进、科学、系统的培训，对管理软件理解深入，行业和项目管理经验较为丰富。

（3）国内外知名管理软件企业中的中高级管理人员，企业经营战略的制定、内外部关系的协调、大项目的运作与控制离不开这些资深的管理人才。

（4）国内外管理咨询公司中的优秀咨询顾问，这类人才一般具有丰富的行业咨询服务和项目管理经验。

（5）成功应用管理软件的客户企业项目组成员，在经历了软件系统的全程实施后，此类人才在行业、管理软件应用和项目管理方面的经验有了一定的积累。

（二）人才结构优化战略

可供选择的企业人才结构优化战略方案有：①人才层次结构优化战略；②人才学科结构优化战略；③人才职能结构优化战略；④人才智能结构优化战略；⑤人才年龄结构优化战略。人才优化战略可以采取以下几个方面的措施。

1. 全面建立科学的培训体系

企业中的大部分老员工知识结构较为单一，而企业提供的软件产品和服务却日益多元化。为了解决这一矛盾，加强员工培训是提高员工综合素质的一条有效途径。

从员工来看，通过培训可以帮助他们充分发挥和利用潜能，更大程度地实现其自身价值，提高工作满意度，增强对企业的组织归属感和责任感。从企业来看，对员工进行培训是企业应尽的责任，有效的培训可以降低成本，提高工作效率和经济效益，从而增强企业的市场竞争能力。

科学的培训体系能有效提高员工在理论知识、实践技能、道德水平方面的综合素质，使他们更加深刻地理解企业文化、增强团队意识、端正工作态度，逐步使个人发展目标与企业发展目标相一致。以往企业对员工的培训往往只强调软件技能本身，这不利于服务人员综合素质的提高，因而难以有效改善工作质量。要改变目前的状况就需要：①使培训体系制度化、科学化、规范化；②依据企业发展阶段、发展水平和发展方向制订培训计划；③根据不同层次、不同岗位、不同知识背景的员工进行内容、重点和方式各不相同的培训；④定期对员工的综合素质进行考核，以便掌握培训效果。

针对不同员工，在培训的内容和方式上必须有一定的差别性。如：①针对软件技术人员，需要在培训先进计算机技术的基础上，加强对财务管理、生产运作管理、人力资源管理等课程的学习。通晓管理知识的程序员可以开发出更加令客户满意的软件产品；②针对营销人员，不仅要强调营销技能的培训，还要学习多种行业知识和软件产品知识。熟悉客户所在行业特点，并掌握丰富软件产品知识的营销人员具有更强的市场拓展能力；③针对服务人员，学习软件产品知识仅仅是培训内容的一部分，通过加强项目管理知识和沟通能力的培训，可以进一步提高客户满意度；④针对中高级管理人员，由于在日常工作中大部分时间与人打交道，所以除了专业管理知识的学习外，更应该加强诸如沟通能力、协调能力、冲突处理能力等领导才能和人际技能的培训。

2. 与高校合作，共建 ERP 实验室

参与管理软件企业与高校共建管理信息化实验室的教师和学生，他们的理论基础较为扎实，对管理软件有一定程度的理解，潜质较好，可为软件行业的储备人才。校企共建的 ERP 实验室，能让学生全盘掌握企业在各个环节中的应用，全面了解企业各部门的运营形式及内容，从而缩短教育与实践的距离；更可为研究生、教师从事企业信息化建设和现代化企业管理研究提供科研基础平台，还可以利用实验中心进行现代企业制度设计、信息化项目合作与开发等多项活动，也为进一步实现校企合作，为企业培养高层次管理人才及实现科研成果转化带来不可估量的作用。

（三）人才使用战略

可供选择的企业人才使用战略方案有：①任人唯贤战略；②岗位轮换使用战略；③台阶提升使用战略；④职务、资格双轨使用战略；⑤权力委让使用战略；⑥破格提拔使用战略。

人力资源工作将作为公司的战略性管理工作予以加强继续推进人才工程，加强人力资源的开发：加强各级经营班子建设、下部管理和后备经理培养工作；重视和加强专业人才发展工作；建立对公司关键人才的发展和管理体系；加强人员外包，与院校合作培养人才公司将继续实施《用友软件股份有限公司股权激励计划（修计稿）》以完善公司薪酬与绩效考核体系及激励机制，进一步提升员工的积极性、创造性，促进公司业绩持续增长，在提升公司价值的同时为员工带来增值利益，实现员工与公司共同发展

人才使用战略最重要的是建立合理的激励机制，合理的激励机制可以增强企业凝聚力，稳定员工队伍，充分发挥员工的能动性。因此，要想引进、留住、用好国内外优秀

人才，采取足够有效的物质激励是必不可少的。为了最大限度地发挥物质激励的作用，针对不同员工的激励方式也应有所不同，如①针对软件总架构师等高级技术人员，为了能真正吸引这类精英，首先要为他们制定与国际接轨的薪资标准和福利待遇，同时根据其研发产品的科技含量、客户认可度、实际销售额提取相应比例的产品奖金或项目奖金；②针对营销人员，薪资待遇一方面要与销售业绩挂钩，同时依据其挖掘潜在客户资源的数量、质量及这些资源对市场拓展的重要性给予奖励；③针对服务人员，制定的薪资福利除了建立在实施、维护等项目金额大小的基础之外上，还要综合考虑客户满意度、服务难度、服务效率，给予他们相应的奖励；④针对中高级管理人员，一般可实行年薪制，按其所在部门的业绩完成情况发放相应薪酬，另外，可依据他们所带领团队的凝聚力、稳定性和成长性等软性指标发放奖励。为了进一步稳定员工队伍，国产管理软件企业应鼓励员工持股，使员工的个人利益与企业的整体利益联系起来，如员工持股计划等。

同时还要进行多种形式的非物质激励，包括：①给员工创造舒适的工作环境，有条件的情况下改善员工的生活环境，增强员工的归属感；②尊重员工的岗位和价值，重视员工的感受，促进和谐的员工关系，加强企业团队凝聚力；③赋予不同级别、不同岗位的员工参与管理的权利，营造员工与企业共同发展的氛围；④给予员工发挥才干的事业发展空间，满足员工自我实现的需要；⑤善于肯定员工的努力和贡献，对于工作成绩突出、代表性强的优秀员工，进行必要的荣誉奖励并适时提供提升机会，以提高员工的工作积极性。

四、建材企业创新创业人力资源战略规划

本项实验的材料是大连实德集团人力资源战略规划。

（一）人力资源协同管理战略规划

大连实德集团在坚持"人才强企"战略的前提下，采用了人力资源协同管理模式，具体如下。

1. 加强企业文化建设，努力营造良好的人才成长氛围

企业文化建设既注重外在的工作、生活等"硬件"环境的完善与修正，又注重塑造员工价值观、行为准则和团队精神等内在的"软性"文化氛围。企业文化的建设，极大地提高了员工的向心力和凝聚力，同时，也创造了吸引人才的氛围。在集团系统内统一集团徽标，总部员工统一着装等，这些做法在很大程度上提高了集团的知名度，基本上建立了企业形象的标志。

2. 进一步加强人力资源管理部门的自身建设

（1）要全面提高人力资源管理部门人员的政治和业务素质。各单位也要把优秀人员充实到人力资源管理部门，对人力资源管理部门的工作人员要严格要求，严格管理，严格监督，同时也要关心他们的学习、生活和成长。集团将创造条件对从事人力资源管理工作的人员进行业务培训，使其不断更新知识、更新观念。

（2）做好集团人力资源管理的最基础工作，是指集团人力资源基础信息系统的完善，组织相关部门召开集团人力资源基础信息系统操作及信息录入等培训，并完成系统的建立工作。

（3）不断增强改革创新意识，开拓进取。当前，人力资源管理部门面对的新事物、新问题较多，矛盾也错综复杂，要善于用改革的思路解决前进中遇到的问题，不断创新机制，改进方法，形成人力资源管理工作的新格局。

（4）不断改进工作作风，提高工作效率。在工作中要处处体现以人为本的管理思想，按照"三个代表"的要求去分析问题、解决问题，客观公正地处理问题，一丝不苟地做好每项工作，要牢固树立为人民服务的思想，使人力资源部门真正成为"职工之家"。

3. 完善绩效考核和薪酬制度，创造良好的吸引人才、留住人才的环境

绩效考核是一项系统性的评价工程，是具有总结性和承接性的人力资源管理活动，它是员工薪酬、奖惩、晋升的依据，同时也能让员工清楚企业对自己的评价和期望。在绩效考核时坚持实事求是、公平合理、奖罚分明、及时反馈的原则。

在完善绩效考核制度的基础上，制定合理的薪酬制度，提高员工的满意度。薪酬分配按照公平理论和共享经济成果理论，所制定的薪酬制度以贡献为原则，做到内外均衡，结构简单，采取以岗位工资为主的多种分配形式。对于高层经理和技术骨干采取年薪制或分红，股份公司高管人员采取股权激励等措施，完善激励约束机制。

4. 建立动态的人才管理机制

以人为本的管理思想认为"企业缺的不是人才，而是出人才的机制"，企业内部要创造一种竞争机制来选拔人才，管理人才。

为真正在系统内实现"三能机制"，即管理人员能上能下、工资能增能减、员工能进能出的企业用人机制，在集团系统大力提倡"全员考核""全员竞聘上岗"的管理理念，并首先在集团总部实行，从而推动全集团范围内的全员竞聘上岗，全员考核机制逐步实施，为提高工作效率及经济效益提供机制保障。目前，集团总部和所属单位都已实施全员竞聘上岗、全员考核管理机制。为集团系统经营团队、科技技术团队搭建一个公平、公开、公正的展示舞台。针对经营团队改变传统的考察委任制为竞岗聘任制，针对科技技术团队在职称评定、聘任等方面同样打破了学历、资历等限制，加速促进他们的成长。

5. 认真抓好各类人才教育培训工作

人才教育培训工作是人力资源管理工作的重要方面。近年来，集团积极开展各类培训工作，有力地促进了员工队伍素质的提高。今后集团还应继续大力加强和改进集团人才教育培养工作，培养和造就一支适应集团发展需要的高素质人才队伍。今后教育培训的总体构想是：方式上要分层次、分类别、分渠道等，将在职学习和脱产培训相结合；内容上要坚持理论联系实际，重在培训质量，重在培训应用，明确各级各类人员在理论素养、思想品德、业务能力、知识水平等方面的要求。力争利用三年的时间，将所属单位领导班子成员及后备领导人员培训一遍，各所属单位负责各自管理范围的骨干人员的培训。根据这一构想，要在总结"十一五"干部培训规划进展情况的基础上，研究制订今后五年集团人才教育培训规划。

6. 认真做好各项社会保障工作

自1997年7月国务院《关于建立统一的企业职工基本养老保险制度的决定》实施以来，1998年12月，国务院又发布了《关于建立城镇职工基本医疗保险制度的决定》，要求城镇所有用人单位及职工都要根据属地管理的原则参加基本医疗保险，目前已经初步

建立城镇职工基本养老保险制度、基本医疗保险制度、失业保险制度和城市居民最低生活保障制度，形成了社会保障体系的基本框架。因此，大连实德集团参加了各项社会保障，认真研究属地的社会保障政策，积极按照有关政策参加社会保险，按时足额缴纳各项社会保险费用，保证职工的切身利益，确保稳定和改革发展目标的实现，这也有利于公司吸引和稳定人才，有利于公司的长远发展。

（二）实德大学教育培训战略

1. 实德大学简介

为了进一步规范大连实德集团的培训工作，提高培训工作的效益，突出培训工作的战略核心地位，公司于 2003 年 1 月 16 日正式成立实德大学，直接归集团领导，并由集团副董事长任实德大学校长。实德大学的教育培训是一种以思想政治教育为基础，以岗位技能培训为重点，以提高员工全面素质为核心的员工素质教育培训。

2. 实德大学培训工作的具体安排

实德大学的培训工作要求在做好新员工入职培训的基础上，重点做好在职员工的培训。将按岗位、层次对全体员工组织培训，并对受训情况及培训效果进行监督和追踪考核。

1）新员工入职培训

根据实德集团战略发展目标，由于新招员工数量比较多，培训任务比较重。根据以往培训经验，入职培训视新员工招聘情况随时确定，有时因培训场地、人员及师资力量等条件的制约，培训效果会受一定影响。培训将尽可能集中安排，利用 12 天左右的时间，采用全封闭军事化管理，将军训和企业文化等公共课相结合进行培训。军训包括队列训练、军体拳、一日生活制度养成等内容，公共课包括"集团总体发展战略""企业文化""老三篇""安全生产""ISO 认证知识"等内容。

2）在职员工能力素质培训

在职员工能力素质培训按管理人员、技术人员、营销人员、基层员工四类人员的能力素质要求，设置不同的培训课程，采用不同的培训形式有针对性地进行。

（1）管理人员。提高管理人员的综合素质是实现集团战略目标的有力保障，对这类人员的培训是培训工作的重点。管理人员的培训分为高级管理人员、中级管理人员、一般管理人员三个层次进行。

一是高级管理人员。主要培训领导艺术、先进的管理理念和方法、国家政策的掌握和运用能力、企业制度的建立运用能力、财务成本管理能力等方面。

二是中级管理人员。主要培训其激励能力、团队建设能力、运用科学管理手段及模式的能力、企业决策及政策的理解和贯彻能力等。

三是一般管理人员。主要培训沟通及协调能力、创造性解决问题、业务能力的持续提高和专业技术知识的培训等。

（2）技术人员。对技术人员的培训除统一安排管理方面的公共课外，要充分发挥各单位的力量，有计划地进行岗位技能培训和脱产、半脱产培训。

（3）营销人员。营销人员能力素质的高低会直接影响集团效益。在对集团营销人员普遍培训的基础上，计划采取按地域、分层次培训的形式，即将营销网络分成东北、华北、南方、西部四大区域，每个区域选拔 1 至 2 名兼职培训师，由培训中心先对兼职培训师进行培训，再由培训师在销售淡季期间分别按区域、层次对业务员、售后服务人员等进行培训，各销售中心经理的培训由培训中心统一组织。培训中心对培训师的工作情况进行监督管理，培训效果可采用定性考核及案例测试等方式进行，并通过分析总结及时对培训计划进行调整。

（4）基层员工。培训的重点是"三应知识技能"培训，即应知、应做、应会。通过培训使员工了解企业发展战略，熟悉岗位工作要求，掌握岗位职业技能。通过培训提高员工的职业素质，并对组织产生认同感，形成集团向心力、凝聚力。

3. 实德大学培训效果的控制及反馈工作

加强对员工培训效果的控制与反馈工作，是切实提高员工培训效果的保障。实德大学在这方面做了许多工作，比如将培训效果的控制工作细分到培训前、培训中、培训后三个阶段，分别加强控制，在实践中取得了一定的成效。

1）培训前的控制工作

一般在某个具体培训课程实施前一周，实德大学就将培训师与所培训部门的负责人召集在一起，与教务部三方共同探讨培训课程的具体内容，明确此次培训哪些内容是最必需的，哪些工作中出现的问题是培训所需解决的。培训双方往往在协调会上能够就培训内容及培训重点达成一致，从而加强了培训的针对性。

2）培训中的控制工作

在培训进行当中，实德大学加强了培训现场的组织控制工作，如课前签到、课堂纪律的维持、培训工具的准备等，尽量防止任何培训中的突发事件的产生，有效保障了培训课程的顺利进行。有时在培训间歇，实德大学还及时将学员的意见及建议反馈给培训师，以帮助培训师不断地根据培训现场状况调整其培训内容或培训方法，进一步提升培训效果。

3）培训后的控制与反馈工作

实德大学在培训效果的控制工作中，特别加强了培训后对培训效果的评估与反馈工作。具体措施如下。

（1）进一步完善培训效果调查表。在每一次现场培训前，实德大学均要求培训师亲自将《实德大学培训效果调查表》发放到学员手中，并阐明填写该表的重要性，要求学员认真填写。培训结束后，再由培训师现场回收该表交还实德大学。这样做的目的有二：一是保证学员能够认真负责地填写，为实德大学培训效果的评估提供有效信息；二是给培训师以足够的现场压力感，自觉地努力提升培训效果。《实德大学培训效果调查表》，共分为五个部分：一是调查学员对此次培训的目的及培训方式的看法；二是调查学员对此次培训内容的理解与掌握程度；三是调查此次培训的工作关联度及培训安排的满意度；四是调查此次培训对学员今后工作的支持度；五是以开放式的问题调查学员对此次培训的感受。

（2）实施培训追踪调查措施。实德大学在实践中正在逐步实施培训追踪调查措施，即在每次培训之后的两到三个月之间，采用各种追踪措施调查该次培训是否取得了应有的效果，效果是否明显。例如：召开部门领导会议，谈谈部门工作效率是否因培训而有所提高；现场追踪，观察该部门工作效率是否因培训而有所提高；要求培训对象写一份培训心得，谈谈培训的时效问题，等等。这些措施的实施必将大大提高以后培训工作的针对性和有效性。

（3）建立良好的评估反馈系统。培训评估的目的是要为培训计划的执行或以后的培训提供关于怎样改进培训工作的若干相关信息。因此，在实施评估的同时必须建立良好的反馈系统。反馈系统的基本路径有以下三条。

一是把培训评估结果反馈给学员，以激励和帮助他们更好地学习，使培训效果长久地保持下去，并树立起终身学习的习惯。如果评估结果辅以奖励、表彰，则反馈效果更佳。

二是要求学员所在的各部门将培训后学员的工作表现和组织效益反馈给实德大学。肯定培训工作的优点，指出培训工作的不足，以帮助实德大学不断地总结经验教训，提高服务水平，并将集团培训工作做得更好，更切合生产经营实际。

三是由学员、实德大学和各部门将培训师的培训工作反馈给培训师本人，以帮助培训师改进其培训工作，并促使其实现自我教育、培训能力的提高和自我素质的提升。

（4）使评估制度化。企业培训中的任何一项评估都应是长期的、连续不断的，只有这样，评估才有可能真正发挥其作用。一次评估，可以提供无数的改进培训工作的有效信息，但难以形成对管理者、学员、培训师和培训机构持续的动力和压力。因此，实德大学正在着手使评估工作制度化、连续化。此外，实德大学还要尽力克服评估中的走过场形式，因为这也是导致消极行为的主要因素。只有让评估工作科学化、制度化，并不断注入激励等因素，评估才有意义，才有价值。当然，必要时也应给予某些评估对象以必要的警示，评估才更加科学、有效。

（三）营销人员的管理战略

在渠道策略中，直接撤离原二级、三级城市营销机构势必会对实德型材的销售造成短期影响，为了弥补这一影响，需要加强保留后营销机构的销售队伍建设。保留的营销机构要保留工作能力突出、品德良好的骨干人员，净化员工素质。

追求良好的工作绩效，无疑是工商企业的重要目标，而企业的绩效又与员工个人的工作绩效直接相关。因此，对员工绩效的有效控制，是企业人力资源管理的重要职能之一。员工个人的工作绩效，在相当程度上取决于他们素质的良莠和工作行为的得当与失当。企业的绩效考评系统就是绩效控制的有效手段，通过绩效考评，可给员工提供其工作反馈，使其扬长避短，改善绩效，提高能力与素质，起培养作用。考绩结果，又是迁升奖惩、培训等人事决策的重要依据。对于业务人员，绩效考评应从以下几个方面考核，包括：每个销售人员每天平均的销售访问次数；每次会晤的平均访问时间；每次销售访问的平均收益；每次销售访问的平均成本；每次销售访问的招待成本；每百次销售访问预订购的百分比；每个期间增加的新顾客数；每个期间流失的顾客数；销售成本对总销售额的百分比。

销售人员每天的访问次数是否太少，每次访问所花时间是否太多，是否在招待上花费太多，每百次访问中是否签订了足够的订单，是否增加了足够的新顾客并且保留住原有的顾客。当销售人员的效率改善后，通常会取得很多实质性的改进。具体实施步骤如下。

1. 明确差距

要改善员工绩效，首先要明确员工绩效的差距，要让员工明白自己在哪些方面存在差距，这些差距究竟有多大。差距可通过员工工作目标与实际工作绩效相比较来寻找，也可以通过员工与员工之间的相互比较得到，或者是员工的工作绩效与社会同行的平均相比较。

2. 归因分析

归因分析是研究产生差距的原因。产生绩效差距的原因可能是多方面的。但归纳起来不外乎两大类：内因与外因。内因主要是指员工的能力与努力程度；外因则是指工作的环境、组织的政策等。归因分析具体可通过以下几个方面来进行：①能力；②工作的兴趣；③明确的目标；④个人的期望；⑤工作的反馈；⑥奖励；⑦惩罚；⑧个人晋升与发展的机遇；⑨完成工作必要的权力。

3. 改善绩效

对低能力、低绩效者采取的措施是辞退、再培训或惩罚，而对于由外部环境或条件引起的低绩效情况，则可以努力改善工作环境与条件，或改变组织政策。以下则是另一些较为有效的方法。

（1）工作态度强化。这种方法是指当员工达到绩效目标时，立即给予肯定、认可或表扬。该方法要求首先根据工作分析、建立一个工作行为标准体系；其次建立一个绩效目标体系，该目标体系应具体明确，必须富有一定的挑战性；最后当员工的绩效达到目标要求时，立即实行正向强化。

（2）员工帮助计划。员工帮助计划主要是帮助员工解决工作中一些习惯的缺点，而这些缺点是影响他们绩效的主要因素。这种计划在实施过程中，必须得到高层管理者、部门主管理者、部门主管和员工本人四方面的密切配合。

（3）员工忠告计划。这种方法常用于员工经常出现低绩效，且正向强化不起作用的情况。这种方法首先要确认经常出现低绩效的员工，记录这些员工的有关信息，如能力、原因、频次、周期等，并将记录的信息分析处理。其次主管人员要让这些员工意识到问题的严重性，并让他们熟悉组织的绩效标准；若这些低绩效员工不能主动改进不足，提高绩效，主管人员的上级应与违纪员工两方进行面谈，并限期整改。若限期整改无效，则可让其停职反省；若还无提高绩效的迹象，则需解雇该员工。

（4）强化奖惩政策。不同于前三种方法，这种方法是指一旦员工出现不希望出现的行为后，立即给予惩罚，防止该行为再次发生。在使用该方法时要注意：惩罚要根据具体情况有轻重之分，如首次违纪，则给予口头警告，第二次则给予降职处分，第三次则给予解雇。惩罚要做到公平及时，对事不对人，不公平的惩罚可能引起员工的不满，不及时处罚，失去了处罚的意义，若因人而异的进行处罚，同样也失去了公平的原则。对于表现优异的员工，应该给予精神与物质的双重奖励，如授予员工光荣称号、给与月度、季度、年度奖金等。

五、通信企业创新创业人力资源战略规划

本项实验的材料是中兴通讯公司人力资源战略规划。

（一）主要优势（**Strengths**）

1. 产学研合作提供了大量人才

如今，中兴通讯与很多科研机构和高校建立了产学研合作体系。产学研合作体系为中兴通讯在当今激烈的人才竞争中，给中兴通讯的研发、生产，包括营销的发展提供了提供了很多优秀的人才。人力资源优势决定了公司长期的竞争优势，通信设备企业的竞争最重要的是研发和服务的竞争，需要不断快速推出新产品，这最终归结为人力资源的竞争。中兴通讯的核心研发基地主要在拥有大量优秀工程师人才的中国，相比主要研发基地在欧美的国际竞争对手，研发人力成本的巨大优势决定了公司长远的竞争优势。

2. 内部培训机制健全

中兴通讯注重员工的培训和发展，其内部培训机制较为健全。员工的知识经验得到了有效交流，可以使公司整体的人力资本得到有效的提升。经过多年实践，公司构建了成熟的三级培训体系：公司级培训、体系级培训和部门级培训，并有专司培训的组织机构——中兴通讯学院。中兴通讯学院已拥有一支具备专业技能的职业化、高素质的培训团队。近 100 名专职培训讲师均为大学本科学历以上，30%具有硕士或博士学位。

中兴通讯学院还在公司培养了近 300 名经过认证的中高层管理人员、研发专家和工程维护专家担任兼职讲师。

管理类的培训讲师多为中兴通讯中高层管理人员及各业务领域专家，具有扎实的管理理论基础和丰富的实战管理经验。国内外一些知名专家学者、资深讲师也是我们的长期合作伙伴。技术类的培训讲师全部具有丰富的专业技术知识和工程维护经验，50%的教师具备良好的英语表达能力，通过了涉外培训讲师的认证，完全适应国际培训需求。

针对新加入公司的员工，中兴通讯为之设计了为期 10 天的全封闭入职导向培训，以帮助新员工更快了解并融入公司。入职导向培训内容包括企业文化、公司产品及服务、职场礼仪、时间管理等。新员工入职导向培训结束后进入部门工作，公司构建了"以师带徒"的岗位培训制度，以保证新员工顺利融入公司文化氛围，快速熟悉公司制度和工作流程。

3. 丰厚的待遇吸引众多人才

美国次贷危机引发的金融海啸对全球经济造成严重影响，业界纷纷采取裁员降薪等手段压缩运营成本。而面对严峻形势，中兴通讯仍然视员工利益为第一，继续维护和强化员工福利。

2008 年，公司率先在业界启动"全国高校圈人计划"，邀请优秀应届毕业生人才加盟。通过招聘宣传，公司积极向外界传递了公司完善的人力资源管理体制、积极有效的全球人才招聘措施、健全完善的福利和互相尊重的企业文化。随后，公司在深圳、南京等地启动"安居工程"，以公平公开的方式推出 7000 套安居房，解决员工的实际住房困难，被业界传为佳话。11 月，公司董事会通过相关决议，再次拿出 671.72 万股 A 股，对 794 名公司骨干员工实施期权奖励，让更多人分享公司发展成果。优厚的待遇吸引了众多人才加入中兴通讯的队伍中。

4. 和谐的企业文化

中兴通讯努力创新一种亲情文化，坚持"现员工、再股东、后社会"，让每个研发人员把这里当家。公司老总侯为贵从不轻易否定一个人，也容忍不同的文化存在。中兴通讯不仅为员工提供了一流的薪资和福利保障体系、培训体系，同时在公司内部大力营造互相尊重、和谐的文化氛围，以感情留人，同时强调诚信的重要性。中兴通讯的企业文化，使员工更加感觉到安定和温馨，使团队更加团结，从而工作起来更加卖力。

（二）主要劣势（weakness）

1. 绩效反馈缺乏效果

绩效考核一方面是决定员工报酬、奖惩、淘汰与升迁的重要依据；另一方面对员工业绩进行检讨分析，可以帮助他们进步。绩效考核的目的包括改善员工的工作行为、特征、结果，考核的结果必须让员工知道，这就是绩效考核的反馈。反馈是双向的，如果考核者没有留出充分的时间让被考核者发表意见，那么绩效考核工作就无法对员工造成正面、有效的引导作用。

2. 激励措施不足

激励就是创造满足员工各种需要的条件，激发员工的动机，使之产生实现企业目标行为的过程。它是人力资源管理的一个重要内容。一个员工，只需发挥个人潜力的20%～30%即可保住饭碗，但没有通过恰当的激励，这些员工的个人潜力无法发挥出剩余的80%～90%。虽然中兴通讯注重人才的引进，但是对中兴通讯目前的员工状况来看，没有使员工的知识、能力方面进行合理调配，没有起到加强员工激励的作用。中兴通讯的期权激励措施仅仅惠及少数的管理层和骨干员工，而90%以上的员工都享受不到期权的待遇。

（三）主要机会（opportunities）

1. 知识经济的迅猛发展

人类社会正步入知识经济时代，随着全社会科学技术的不断提高，现代经济发展所倚靠的动力来源，正逐渐由倚重物质资源向倚重人才资源转变。资源密集和资本密集型产业的比重逐步下降，技术密集和智力密集型产业的比重显著上升，人才资源在地区综合竞争力中发挥着越来越具有决定性的作用。人才资源是知识经济时代推动经济增长的第一资源的理念，已经成为现代社会的主流意识。这使人才资源受重视的程度越来越高，从而使人才工作更加充满生机，也为通讯公司的人才战略注入了极大的活力。

2. 新生代员工的出现

如今，"80后""90后"成为企业用工的主体，对于这些个性鲜明的新生代员工的管理也成了最近几年人力资源管理的重点和话题之一。这些新生代员工个性鲜明，接受新事物能力强，随着义务教育的普及、素质教育及高等教育的加强，新生代员工都具备良好的知识技能，反应灵敏，理解能力极强，勇于创新。如何有效管理，让新生代员工充分利用自身知识，发挥特长为企业创造产出是近几年一个热点话题。

（四）主要威胁（threats）

以人为本的理念如今被各个企业所重视，加上国内经济复苏，各大经济板块活跃起来，全国各地出台了人才引进的各类优惠政策，这就加剧了人才竞争。国内的通讯制造业竞争较为激烈，其中很大一部分的竞争体现在人才的竞争上，为企业对优秀人才的吸引和招聘带来一定的困难；公司还存在骨干、优秀员工的流失等威胁，不仅面对国内优秀企业的人才竞争压力，而且还要面对跨国公司的人才抢夺。因此，建立有效的组织结构，保证内部员工的不流失和外部员工的招聘是一个迫不及待的问题。

六、家电行业创新创业人力资源战略规划

本项实验的材料是格兰仕集团人力资源战略规划。

格兰仕在培养人才上采取了很多机制，灵活变通，共同发挥效应。具体有核心小组制、分裂繁殖制、全员参与制、师徒制、接班人制、别动队制、下乡锻炼制、干中学制、调离考察制、换岗体验制及赛马制等。

（一）人才竞争机制战略

人才总是长江后浪推前浪，一代更比一代强，这是一种社会发展的规律。多年来，格兰仕一直坚持"能者上，平者让，庸者下"的原则，格兰仕的门永远向高素质人才敞开，一直大胆采用新人，形成"F1方程赛"一样的格局。

对于应届生的聘用是：先将其放到基层锻炼，然后从中筛选出优秀的人才，选拔提用。格兰仕把这一举措称为"人才蓄水"。最近几年来，格兰仕已经有数位大学生脱颖而出，担任区域经理、营销中心经理等重要职务。2007年，格兰仕启动"Elite实习生计划"，向北京大学、清华大学、南京大学、武汉大学等名校研究生院抛出了在校研究生实习计划的橄榄枝，由此来吸引和培养优秀的人才。格兰仕通过建立一个人才竞技场，为企业高速健康的发展打下坚实的基础。

（二）人才培养机制战略

在人才机制方面，格兰仕不断建立适应企业发展的人力资源管理机制，确立"以人为本"的人才观，充分体现"人是格兰仕第一资本"的价值观，公司通过多种渠道和形式，建立了具有格兰仕特色的企业文化环境，要从"告诉型企业"向"学习型企业"转变。人力资源部制订了三大计划、四大流程、五大制度的人才培养机制。

1. 三大计划

向日葵计划——大面积地培养基层后备力量。

长青藤计划——有计划地培植中层后备力量。

红高粱计划——培养接班人，为每个关键岗位培养接班人。

2. 四大流程

招聘——把第一个纽扣对准，招好合适的人，"招才进宝"。

选拔——把种子选对，放到合适的岗位，优化优选。

培训——把苗子育好，精心培育，提高成活率，提高成才率。

留用——把根留住，把心留住，提高人心占有率，提高口碑影响力。

3. 五大制度

导师制：所有新人进行入职教育后，分配到新岗位，要指定部门负责人，找到前辈作为新人的职业技能和精神态度的导师，定期辅导并反馈情况。

1369制：新人进入一家公司的心理变化波动最大的几个关键点就是，第1天，第30天，第60天，第90天。因此，在这几个重要的关键点上，公司人力资源部与相关部门

的负责人要与试用期员工进行面谈，掌握其心理动态，及时给予指导建议。

职业规划制：新员工进入公司时，要与新员工签订目标协议书，给予其挑战性的工作，提出希望，塑造新员工、帮助其制订职业生涯规划。

轮岗换岗制：新员工进入公司后，经过几年的培养，要根据个人条件与能力，进行轮岗与换岗，培养其综合全面的素质，通过不同岗位的轮换能培养其团队协作精神。

终身交往制：对于核心员工与关键人才，要保证"流而不失"终身交往，即使由于各种原因离开了公司，人力资源部也要与其保持联络，离职前要进行面对面的沟通，了解离职原因，以便进一步改善人力资源工作的不足。

（三）人才激励战略

为使员工获得更大的发展空间，格兰仕建立了科学的人才激励机制。格兰仕鼓励集团内部树立正气，树立好典型，大力表彰好人好事。不仅如此，梁庆德还率先拿出巨额奖金，成立总经理鼓励基金，上不封顶地频频重奖好干部、好员工。这些措施大大地激发了广大员工的工作积极性，越来越多的年轻人在格兰仕锻炼、成长，走上了重要岗位。

格兰仕对待不同的员工，采用不同的激励方法和策略。如，对待基层工作人员，多采用刚性的物质激励；而对待中层管理人员，则更注重采用物质和精神相结合的长期激励。

格兰仕基层工人的收入与自己的劳动成果、所在班组的考核结果挂钩。这样，既激励了个人努力又激励了他们形成团队力量。基层人员的考核规则、过程和结果都是公开的，在每个车间都有大型的公告牌，清楚地记录各生产班组和每个工人的工作完成情况与考核结果。对生产班组要考核整个团队的产品质量、产量、成本降低、纪律遵守、安全生产等多项指标的完成情况，同时记录每个人完成的工件数、加班时间、奖罚项目等。根据这些考核结果，每个人能清楚地算出自己该拿多少，别人强在什么地方，以后需要在什么地方改进等。依靠这个严格、公平的考核管理体系，格兰仕将数十个车间和数以万计工人的业绩有效地管理了起来。

格兰仕中高管理层是企业的核心队伍，关系到企业战略执行的效率和效果，他们往往也是企业在激励中予以重视的对象。同样，格兰仕对这样一支队伍也高度重视，但并没有一味地采用高薪的激励方式，因为他们认为金钱的激励作用是递减的，管理者需要对企业有感情投入和职业道德，不能有短期套利和个人私心出发的心态。格兰仕对中高层管理者更强调用工作本身的意义和挑战、未来发展空间、良好信任的工作氛围来激励他们。

七、房地产企业创新创业人力资源战略规划

本项实验的材料是北京万通地产人力资源战略规划。

万通地产明晰的发展战略，万通的核心价值观——"诚信、专业、团队、学习、创新"，以及万通地产董事长冯仑的个人魅力，形成了万通对人才的吸引力；而万通开放的、透明的、民主的人力资源管理体系，则创造了一个十分宽松的环境，让人才在万通有更大的发展空间。

（一）内部岗位竞聘机制战略

万通的升职机会，向所有员工开放。万通地产人力资源部经理宋英环向笔者介绍说，万通近年来发展很快，不断有新的职位需求。对所有需要招聘的岗位，万通都会在对外发布招聘信息的同时，在公司内部通过局域网向所有员工发送招聘信息。任何员工有兴趣，认为自己具备条件，都可以发邮件提出申请，包括申请跨部门的较高职位。经过部门经理面谈等必要的审核后，在同等条件下，万通会优先录用本公司员工。而无论员工的应聘申请是否被接受，人力资源部最后都会给员工一个正式反馈。

为了对企业人才的发展潜力有更深入、全面的了解，万通地产对员工逐级进行了一次发展评估。其中包括各部门经理对现有主管的评估：其未来的发展方向、可能发展的职位，比如是否可能担任经理、项目经理，甚至是副总经理，等等。与此同时，人力资源部门也和相关员工进行了一次沟通，了解员工对自己未来发展的评估。

这种评估将在万通地产制度化。因为"发展评估"已成为万通人力资源管理的一个有机的组成部分。现在，万通的部门经理在制订部门发展规划的同时，还要制订本部门的人力资源规划，即根据部门业务发展规划，提出人力资源上将有哪些需求，将有哪些岗位空缺。人力资源部门可以根据各部门的人力资源规划与现有人员的发展评估，确定人力资源部的工作重点，帮助员工制订个人的未来发展规划。

由于注重在公司内部培养人才，万通的很多经理都是万通的"老人"；许多项目总经理、副总经理都是在万通一步步发展起来的；公司总部的一位副总，5年前还是万通的一个普通员工。

万通不仅为员工提供发展机会，还通过各种内部培训，为员工的成长积极创造条件。万通对所有部门经理都进行了"内部讲师"培训，以便经理们都能成为员工的讲师；不仅给本部门的员工授课，而且根据业务发展需要给其他部门的员工授课，普及相关的业务知识。除了业务讲座，万通还在全体员工中免费开设了员工自我发展规划的课程。在课上，员工通过自我测试，了解自己的特点，包括自己的性格特征、自己的价值观、自己职业发展的优势，规划自己的职业发展前景；同时也了解别人的风格和长处，学习如何与人相处，如何在团队的工作中扬长避短。

（二）新人力资源管理制度战略

内部岗位竞聘制度，是万通与泰达合作后实行的新制度之一。

2004年4月10日，泰达集团与万通地产对外宣布战略合作。舆论普遍认为，泰达看中的是万通在高端物业的经验与执行力。对万通而言，与泰达合作，可谓具有里程碑式的战略决策，万通希望以此为契机，切实提升公司整体的执行力和员工的主观能动性，以确保公司的战略目标得以实现。

5月8日，在万通地产的发源地，也是万通地产的项目之一——怀柔龙山"新新小镇"，举行了一次特殊的活动，万通地产的所有员工包括各部门、各项目的员工全体出席。

活动的主题是"执行力——目标与行动"，是万通为此次合作专门进行的内功训练。为了体现震撼力和公司的决心，活动取名为"雷霆行动"。

活动期间，北京万通颁布了2004年万通地产的4项新制度：经理人聘用制度、内部竞聘制度、保荐入职制度及绩效管理制度。每项制度的颁布都针对万通一些需要改进的部分，并且当场分析了其他企业因为在这些方面犯错误以致公司整体瘫痪的案例。

这四项新制度，从选择人、使用人和评价人等方面进一步提出了严格合理的规范。例如，根据保荐制度，被保荐人将与保荐人的绩效考核挂钩；在绩效管理中实行末位淘汰制度，考评结果排在末位 5% 的员工将调岗、降薪，甚至离职。新制度强调重奖重罚，过去绩效工资差别不明显，现在季度可能差三倍以上，年度最多可能差十倍；如果没有完成工作目标，将没有绩效工资。培训后所有的经理都做了执行计划，管理方面将会更严格。

（三）透明的薪酬体系战略

新的绩效管理制度使万通的薪酬体系更为合理。万通与美国的一家薪酬咨询公司合作，利用他们的岗位评估体系，评出每个岗位的职级；在这个基础上，再对每个职级都制定相应的薪酬标准。

根据公司产品的市场定位，万通的薪酬定位于市场薪酬的 75% 以上，即房地产行业的中高水平。为了达到公司既定的行业薪酬水平，万通每年都参加行业的薪酬调查，以了解本公司每个岗位在市场的薪酬水平。员工每年都会根据其绩效进行调薪。无论上调还是下调，都会给员工发通知，说明调整的原因。

调薪的主要依据是绩效考核。逐级考核的最上一级，是董事会对公司总经理的绩效考核，包括财务、内部流程、客户满意、学习创新。对不同部门的经理有不同的考核指标。这些指标既有业务上的，也有类似"学习创新"这样公司发展所必需的能力。

对项目及部门经理绩效考核的主要依据，则是年初与公司签订的"目标责任书"。签订责任书的过程是一个庄严的仪式：所有项目及部门经理都要到台前签署自己的"目标责任书"，在签署的同时，屏幕上会打出这位经理当年的目标责任是什么，例如项目公司总经理"要完成销售额 2 个亿"之类。签署完毕，还把他将要完成的目标向当场宣读，让在场所有的人了解他的目标。最后，经理手执这份责任书与整个团队合影。这张合影将挂在这位经理办公室的墙上，时时提醒走进这间办公室的主人和他的团队，自己曾经做出的承诺和肩负的责任。

部门经理有责也有权，员工的薪酬水平实际上是由部门经理决定的。新员工入职时的能力评定由部门经理负责，能力评定决定员工的职位（职级），而职级直接关系到员工的薪酬标准。每个季度的绩效考核将决定员工的绩效工资（奖金），这项考核也由经理进行。

对异地开发的项目，万通实行的是财务人员由公司总部派出制。财务、工程预算等重要部门的负责人，既要对项目经理负责，也要对公司总部负责；在绩效考核时，项目经理与公司总部对其各有 50% 的考核权限。在客户服务、人力资源等部门，总部则有 20% 的考核权限，项目经理的意见占分数权重的 80%。

第三节　人力资源战略分析实训操作方法

一、注册与登录

（一）注册

（1）任课教师或实验管理员通过教师平台对选课学生统一注册并确认。

（2）选课学生打开实验网址，如图 11-2，单击【注册】，任课教师通过教师平台确认即可。

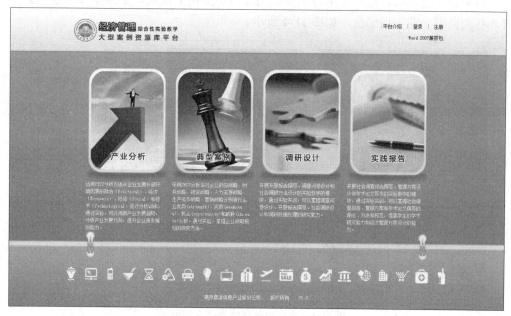

图 11-2　经济管理大型案例资源库平台

（二）登录

（1）选课学生打开网址，单击【登录】。

（2）选课学生进入【登录】窗口，选择【学生】，输入事先注册的用户名和密码，单击【登录】后进入主界面，如图 11-3 所示。

图 11-3　经济管理大型案例资源库平台用户登录

二、学习与实验

（1）登录进入后，选择要学习和实训的【典型案例】模块，单击【典型案例】图标进入各类典型企业实训平台，如图 11-4 所示。

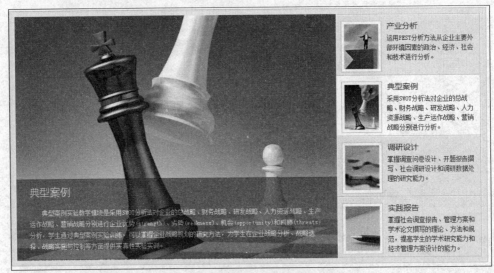

图 11-4　典型企业战略管理案例模块

（2）进入【典型案例】模块后，如图 11-5 所示，浏览【实验资源】，根据专业特征或创业兴趣在左边选择相关产业的企业学习。同时，浏览【实验内容】，做好案例分析与讨论作业。单击【V1.0】图标进入相关产业的企业分析平台实训，如图 11-6 所示。

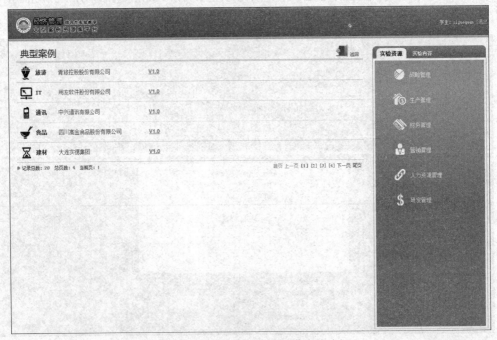

图 11-5　典型企业案例实训模块的选择

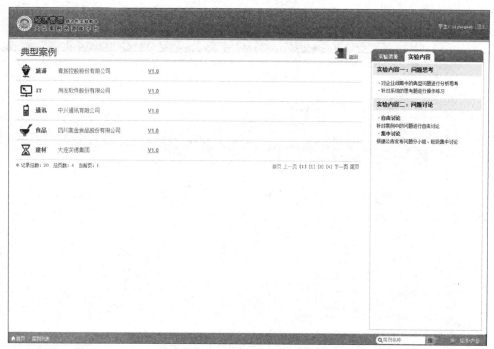

图 11-6　典型企业案例实训模块的实验内容与方法

（3）进入某典型企业案例分析模块后，如图 11-7 所示。在左边目录中有企业总战略菜单，依次选择进行学习，并回答右侧的实验实践模块中的问题，再加以保存。如图 11-8 所示。

图 11-7　典型企业案例分析模块界面

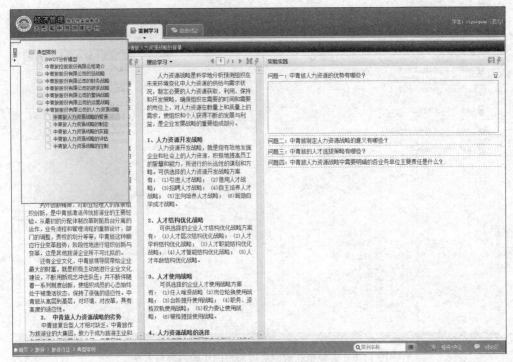

图 11-8　典型企业人力资源战略分析

提示：

- "实验实践"部分，是根据该界面理论部分所设的问题，供学生进行回顾和思考，学生可以根据右上角指示灯了解解决问题的思路。
- 右下角为学生讨论区，学生可以单击【打开】，进行讨论和交流。

第四节　创新创业人力资源战略规划实训报告

一、汽车企业创新创业人力资源战略规划实训

（1）奇瑞公司是如何培育支持人力资源战略的企业文化的？

答案要点：①树立新观念，重视企业文化建设；②总结和提炼企业文化特征；③营造以人为本的"人和"环境；④加强宣传，树立企业良好形象；⑤通过规范化、制度化的活动建设企业文化；⑥重视跨文化的研究和融合。

（2）奇瑞公司保障人力资源战略实施的措施有哪些？

答案要点：①组织保障。建立相应的组织结构和有效的指挥系统。

②人才保障。体现在人力资源管理各环节。

③资金保障。主要是指人力资源管理各环节的专项资金安排。

④设施保障。包括人才开发、培训所需的软硬件设施建设。

⑤企业文化保障。主要是指企业营造尊重知识、尊重人才的文化氛围，形成"学习型企业"的文化环境，制定和完善与人力资源有关的相关制度。

二、金融企业创新创业人力资源战略规划实训

（1）员工培训作为人力资源开发的主要手段，是开发人的潜能、提高人的综合能力的有力保障。结合实际谈谈南京银行是如何进行员工培训的。

答案要点：南京银行从三个层次对员工展开培训：高层管理人员培训、中层管理人员培训、普通员工培训。

（2）薪酬管理是事关公平和激励的基础，也是影响企业流失率的重要因素，薪酬要兼顾外部公平和内部公平。结合实际谈谈如何设计南京银行的薪酬体系。

答案要点：职位薪酬、技能薪酬、绩效薪酬。

（3）银行文化是银行生存、发展、取得最佳经济效益的基本条件，是银行在同业竞争中抢占市场制高点的"云梯"。结合实际谈谈南京银行的企业文化建设。

答案要点：突出本银行特色，准确定位企业文化；把握市场需求，密切联系客户；为全体员工所认同和接受。

三、软件企业创新创业人力资源战略规划实训

（1）要提高国产软件的竞争力，可以采取怎样的人才引进措施？可发掘引进哪些方面的人才？

答案要点：用友软件股份有限公司应努力拓宽人才引进渠道，既要积极发掘和吸引国内人才，也要根据需求适当引进国外人才，以改变人才流动的单向性为双向性。

可发掘的人才：

①设计国内外知名管理软件的总架构师和系统分析员；

②在国内外知名管理软件企业里从事技术、营销、服务工作的中高级人才；

③国内外知名管理软件企业中的中高级管理人员；

④国内外管理咨询公司中的优秀咨询顾问；

⑤成功应用管理软件的客户企业项目组成员。

（2）用友软件股份有限公司科学的培训体系体现在哪些方面？

答案要点：①一般企业对员工的培训往往只强调软件技能本身，用友软件股份有限公司更注重综合素质的培养；②针对不同的员工，培训的内容和方式有所不同。

（3）用友软件股份有限公司的激励机制表现在哪些地方？

答案要点：①物质激励方面；②非物质激励方面。

四、建材企业创新创业人力资源战略规划实训

（1）大连实德集团的人力资源协同管理模式是怎样的？

答案要点：大连实德集团的人力资源协同管理模式包括：①加强企业文化建设，努力营造良好的人才成长氛围；②进一步加强人力资源管理部门的自身建设；③完善绩效考核和薪酬制度，创造良好的吸引人才、留住人才的环境；④建立动态的人才管理机制；⑤认真抓好各类人才教育培训工作；⑥认真做好各项社会保障工作。

（2）实德大学的在职员工能力素质培训有哪些？

答案要点：实德大学的在职员工能力素质培训按管理人员、技术人员、营销人员、

基层员工四类人员的能力素质要求，设置不同的培训课程，采用不同的培训形式有针对性地进行。

（3）实德大学培训后的控制与反馈工作有哪些具体措施？

答案要点：实德大学培训后控制与反馈工作的具体措施包括：①进一步完善培训效果调查表；②实施培训追踪调查措施；③建立良好的评估反馈系统；④使评估制度化。

五、通信企业创新创业人力资源战略规划实训

（1）谈谈中兴通讯以人为本的战略。

答案要点：以人为本，是中兴公司在竞争激烈的 IT 行业中赖以生存的信条，这也从员工待遇、晋升、培训过程中充分体现出来。

（2）中兴通讯是怎样培养学习型组织的？

答案要点：一是文化营造，包括高层关注、引导宣传、奖励激励等；二是制度保障，包括制度建立、实施考核等。建立一整套完整的培训体系和制度，管理干部"读书班"，各岗位员工每年都可以接受与其岗位技能相关的各种培训。

六、家电企业创新创业人力资源战略规划实训

（1）格兰仕公司的人力资源战略对其他家电企业有什么启发？

答案要点：①对公司的人才背景分析深入，全面了解其优劣势、机遇与面临的威胁；②格兰仕在用人方面始终能做到情感至上；③有完善的人才培养方针与计划，为员工提供发展空间等。

（2）格兰仕集团有限公司人力资源战略理念是什么？

答案要点：①在相关领域具有极高的专业水平的人才——市场运作、产品销售、技术开发、管理人才；②具有良好的道德修养及人格魅力的人才；③具有创造力及合作精神的，能够担负起开拓 21 世纪重任的人才；④具有国际化意识及相关能力的人才。

七、房地产企业创新创业人力资源战略规划实训

（1）万通地产主要是从哪些方面来进行人力资源管理的？

答案要点：主要是从建立人才吸纳机制、改进激励措施、完善绩效考核体系三大方面。

（2）万通地产的人力资源战略是如何实施的？

答案要点：万通地产的人力资源战略通过以下几种途径来实施：内部岗位竞聘机制、与泰达合作带来管理的新契机、透明的薪酬体系与考核制度、董事长约见制与反省日、国际化的职位评估等。

八、实训报告

试以国内某企业为例，写一份企业创新创业人力资源战略规划报告。

第十二章

创新创业战略管理前沿问题

第一节　精益创业战略

一、精益创业概述

精益创业（lean startup）理念是由美国硅谷创业家埃里克·莱斯 2012 年首度提出的。与传统创业不同的是，精益创业强调先在市场中投入一个极简的原型产品，然后通过不断的学习和有价值的用户反馈，对产品进行快速迭代优化，以期适应市场。这一理念在互联网脸谱、推特等强大科技公司的缔造和发展中得到诠释与施行。实践证明，精益创业不但适用于新创企业，而且可推行至企业打造新的产品，尤其是适合客户需求变化块，但开发难度不高的软件、电影电视、金融服务等领域。

传统创业一般都遵循这样的创业流程：依照传统智慧，每位公司创始人必做的第一件事就是撰写商业计划书，用一堆静态的文字描述当前机会的大小、待解决的问题及公司可提供的解决方案。商业计划书通常会预测公司在未来五年内的收入、利润和现金流。实质上，商业计划书就是"纸上谈兵"的演练，因为此时连产品开发都未开始。这个演练假定，在筹集资金和真正执行想法之前，创始人能提前预知未来业务中的绝大多数"未知领域"。创业者用令人信服的商业计划书打动投资者。在获得注资后，他们就会投入闭门造车式的产品开发中。产品研发者在产品发布前要投入成千上万小时的工时，但消费者根本没有介入整个过程。只有当产品开发和发布完成后，销售人员尝试进行销售时，公司才会获得消费者反馈。然而，在经历数月甚至数年的开发后，创业者不得不面临残酷的现实：产品的大部分功能常常是多余的，消费者不想要也不需要。

最近出现的一种反传统的模式，极大地降低了创业风险。这种模式叫作"精益创业"。精益创业源于互联网行业，是软件开发的一种新模式。但其背后的"客户验证"思想在大量非 IT 领域得到应用。例如美剧的拍摄，往往都会先拍摄一部几十分钟的先导片，交代主要的人物关系、矛盾冲突、故事背景，然后邀请几十位观众参加小规模试映会，再根据观众的反馈来决定剧情要做哪些修改，是否需要调整演员，最终决定是否投拍。在每一季结束时，制作方又会根据收视率和观众意见，决策是砍掉该剧还是订购新一季内容。这种周拍季播的模式，把所有的决策权交给观众，使制作方的投资及失败成本降到了最低，是一种典型的精益创业方式。

初创公司与大企业最根本的不同在于，大企业执行商业模式，初创公司寻找商业模式。精益创业模式的定义是：一个为寻找可重复和可扩展的商业模式而设立的临时组织。精益创业相对于传统创业，有如下特点。

（1）注重实验而非精心计划。

（2）用聆听用户反馈代替相信直觉。

（3）采用迭代设计而非"事先进行详细设计"的传统开发方式。

二、精益创业的原则

（1）创业者无处不在。你不一定非要在车库里折腾才算是创业。在笔者定义的创业企业中工作的任何人，都算得上是创业者。所谓的新创企业，就是在充满不确定性的情况下，以开发新产品和新服务为目的而设立的个人机构。这意味着创业者无处不在，而且精益创业的方法可以运用到各行各业中，在任何规模的公司，甚至是庞大的企业中。

（2）创业即管理。新创企业不仅代表了一种产品（的问世），更是一种机构制度，所以它需要某种新的管理方式，特别是要能应对极端不稳定的情况。事实上，我相信"创业企业家"应该是一个在所有现代企业中使用的头衔，因为企业未来的增长需要依靠创新。笔者将在后文中详细论述这一点。

（3）经证实的认知。新创企业的存在不仅仅是为了制造产品、赚取金钱、服务顾客，它们的存在更是为了学习了解如何建立一种可持续的业务。创业者们可以通过频繁的实验检测其愿景的各个方面，这种认知是可以得到验证的。

（4）开发—测量—认知。新创企业的基本活动是把点子转化为产品，衡量顾客的反馈，然后认识到是应该改弦更张还是坚守不移。所有成功的新创企业的流程步骤都应该以加速这个反馈循环为宗旨。

（5）创新核算。为了提高创业成果，并让创新者们负起相应责任，我们需要关注那些乏味的细枝末节：如何衡量进度，如何确定阶段性目标，以及如何优先分配工作。这需要为新创企业设计一套新的核算制度，让每个人都肩负职责。

三、精益创业的作用

一是快速。精益创业模式下，所有的创新行为和想法都必须在最短的时间呈现出来，抛弃一切暂不重要其他功能，把极简的功能展现给客户，无论成功或失败，都能够以最快的速度知道结果。

二是低成本。过往"十年磨一剑"式的长期研发，其最终成果推出后，有可能发现花费了大量人力、物力和时间所开发出的产品，并不是客户所需要的。这种巨大的浪费除了会给创业者、企业带来绝大的经济损失之外，还对团队的士气形成巨大打击，不少团队成员会纷纷出走。而精益创业所采用的"频繁验证并修改"的策略，确保不会在客户认可之前投入过高的成本。

三是高成功率。虽然创新充满风险，成功系数低，但也不是没有套路可遵循。按照精益创业的模式，从"最小可用品"出发，过程中每一次迭代都可以寻找客户进行试用，了解客户对产品的看法，寻找产品的不足和客户希望增加乃至修改的功能点。当一路上持续遵循客户的意见进行开发后，项目组的不断纠偏的成果就是产品越来越符合客户想要的效果，而不是开发团队闭门想象的样子。通过持续的"测试—调整"及快速迭代，创新的成功率能够大大提升。

四、精益创业路径

精益化创业的核心就是在尊重客户价值的前提下降低成本，而不是在降低客户价值的情况下降低成本。低成本策略强调在与竞争对手同等条件下的低成本，而不是牺牲产品或服务质量的低成本。要知道，全世界没有一个质量差、光靠价格便宜的产品或服务能够长久地存活下来的。西方管理界有这样一句名言："客户用脚来投票。"可见，客户的需求满足了，企业也就会得到相应的回报。客户是善变的，价值需求是波动的。创业企业想盯住客户并不是一件容易的事。对于创业企业，无论是随需而变，还是引领客户的精准创新，想做到都很不容易。但是，企业又不能不变，面对客户这个移动靶，创业企业必须学会打移动靶的本领。通常来说，价格是价值的标签，而成本则是价格的晴雨表。客户价值在变，价格也要变，成本更需要具备变的空间。因此，创业企业应建立柔性成本管理思想，使精益化创业理念落地。刚性成本管理是根据成文的规章制度，依靠组织的职权对企业的各种成本进行程式化的管理，又可称为准则导向型成本管理。而柔性成本管理则在此基础上，将环境这一外生变量导入组织的决策模型中，并将其作为显著影响企业经济行为和经济后果的重要参数之一，以此实现对企业的各种成本进行柔性化的管理，属于原则导向型成本管理。柔性化的企业不仅在企业内部实现生产成本与管理成本的降低，更重要的是增加产品的创新速率和多样性，增强企业内部管理的灵活性，有效地应对客户的善变。

1. 全过程——不放过任何一个环节

台塑集团董事长王永庆认为，经营管理与成本分析，追根究底要分析到最后一点。确实，创业企业对产品设计、工艺、采购、制造、销售、使用的整个过程发生的成本进行控制，既要对构成产品生产成本的发生过程进行控制，也要对生产前的设计、工艺，以及生产后的销售、使用所发生的成本进行控制。而实施有效的成本控制，主要是要加强事前、事中和事后全过程的控制。事前控制，是指需要认真对可能出现的结果进行预测，然后将其同计划要求进行比较，从而在必要时调整计划和控制影响因素，以确保目标的实现。事中控制，又称执行控制，这是成本控制的基础与核心工作。事后控制，又称反馈控制，主要是分析执行情况，将其与控制标准相比，发现问题，分析原因，以及对未来可能产生的影响及时采取措施并实施，防止问题再度发生。瑞典汽车制造商沃尔沃公司采取的就是全程化降低成本的策略，如简化分销、减少存货、消减员工。降低成本的解决方式取决于增加 IT 使用、消除中间机构、引入客户基础生产系统与过程管理。最终效果是降低存货成本、缩短交货时间、发货更为及时、客户满意度更高。

2. 全员化——上下拧成一股绳

创业企业要树立全员成本控制的理念，而不是仅靠创业者自己。

每一个企业员工都要增强成本意识，努力降低生产成本，这就是所谓的全员参与成本控制。创业企业要充分整合和利用内外资源，建立良好的企业文化，在核心理念上形成内部共识。事实上，也只有全员参与的成本控制，才能真正实现费用成本、时间成本和质量成本的有效控制。成本控制如果没有全员的自觉参与，不仅不容易实行，而且一旦产生对立情绪，还会发生更多的成本，与成本控制的初衷背道而驰。因此，创业企业要积极构建"大家管，管大家，人人抓，抓人人"的全员成本管理模式，分解指标，明确责任，严格考核，牢固树立干部员工"效益为先、降耗为本"的理念，确保企业效益最大化。创业企业可从下述三个方面做出努力：一是科学合理地进行成本指标分解。根据各职能部门的实际条件与职能分工，将成本指标按年、季、月进行分解，层层落实，实行归口分级管理，明确责任，落实到人，做到从上到下，人人肩上有任务，个个头上有指标，构成严密、细致的全员成本管理责任体系。二是严肃月度成本计划，超前控制。创业企业要制订成本计划，逐月公布下发，月底严格考核兑现，节奖超罚。月底对当月成本完成情况进行预测，分析成本费用超降原因，总结经验，寻找差距，提出降低成本意见，上报企业决策层，作为成本改进决策参考。三是坚持勤算账、算细账，要求企业内部职能部门及所属员工都要算成本账，分析成本情况，明确投入与产出关系，进一步提高成本管理水平，坚决完成计划任务下的成本指标。

3. 标准化——有目标才会有成功

成本管理要力求做到量化，能够定量的要定量，不能定量的要定性，做到成本管理有标准可依。

标准成本也称为应该成本，是一种计划成本，这是进行成本管控的标杆。创业者还要明确一点，标准成本具有时效性，随市场变化具有动态性。因此，创业企业要根据实际情况调整成本标准。在此，重点介绍一下成本定额。企业把成本标准化就是要使创业者建立各种成本定额，如采购成本定额、生产工艺定额、劳动工资定额、销售成本定额等。定额成本是创业企业项目运营成本的现行定额，它反映了当期应达到的成本水平。合理的成本定额是衡量企业成本节约或超支的尺度。通过定额化管理，创业企业可避免费用开支的盲目和随意，提高资金使用效率、运营和管理效益。当然，成本定额也是对成本责任考核的重要基础和依据。

4. 责任化——既是压力也是动力

创业企业成本管理和控制一旦失去了应予承担相应责任的明确对象，成本目标和手段等均将因失去实际载体而形同虚设。

实行目标成本责任管理，就是要将指标层层分解，实行定额定量管理和限额消耗承包，从而形成人人身上有指标、个个肩上有担子，真正落实到个人，并起到促进员工"天天精打细算，月月经营核算"的作用。同时，还要根据员工的管理权限和管理范围，承担相应的经济责任。这种经济责任要与企业的费用、支出、利润相关联，更要与员工个人的经济利益及其个人在企业的发展相关。只有企业内部的每个员工都来努力完成自己的责任，避免不必要的损失与消耗的发生，企业才会具有低成本竞争力。这就是企业的成本责任。只有成本责任清晰，才能发挥员工的积极性和主观能动性，上下同心来共同降低成本。

第二节　多元融资战略

一、一般融资渠道

2014 年六部门联合发布《关于大力推进体制机制创新扎实做好科技金融服务的意见》（下称《意见》）。《意见》促进了科技和金融的结合，为高科技创新创业企业提供融资服务。《意见》提出了拓宽适合科技创新发展规律的多元化融资渠道。

1. 支持科技企业上市、再融资和并购重组

推进新股发行体制改革，继续完善和落实促进科技成果转化应用的政策措施，促进科技成果资本化、产业化。适当放宽科技企业的财务准入标准，简化发行条件。建立创业板再融资制度，形成"小额、快速、灵活"的创业板再融资机制，为科技企业提供便捷的再融资渠道。支持符合条件的科技企业在境外上市融资。支持科技上市企业通过并购重组做大做强。推进实施并购重组分道制审核制度，对符合条件的企业申请实行豁免或快速审核。鼓励科技上市企业通过并购基金等方式实施兼并重组，拓宽融资渠道。研究允许科技上市企业发行优先股、定向可转债等作为并购工具的可行性，丰富并购重组工具。

2. 鼓励科技企业利用债券市场融资

支持科技企业通过发行企业债、公司债、短期融资券、中期票据、中小企业集合票据、中小企业集合债券、小微企业增信集合债券、中小企业私募债等产品进行融资。鼓励和支持相关部门通过优化工作流程，提高发行工作效率，为科技企业发行债券提供融资便利。对符合条件的科技企业发行直接债务融资工具的，鼓励中介机构适当降低收费，减轻科技企业的融资成本负担。继续推动并购债、可转债、高收益债等产品发展，支持科技企业滚动融资，行业收购兼并和创投公司、私募基金投资和退出。

3. 推动创业投资发展壮大

发挥政府资金杠杆作用，充分利用现有的创业投资基金，完善创业投资政策环境和退出机制，鼓励更多社会资本进入创业投资领域。推动各级政府部门设立的创业投资机构通过阶段参股、跟进投资等多种方式，引导创业投资资金投向初创期科技企业和科技成果转化项目。完善和落实创业投资机构相关税收政策，推动运用财政税收等优惠政策引导创业投资机构投资科技企业，支持符合条件的创业投资企业、股权投资企业、产业投资基金发行企业债券；支持符合条件的创业投资企业、股权投资企业、产业投资基金的股东或有限合伙人发行企业债券。鼓励发展天使投资。

4. 鼓励其他各类市场主体支持科技创新

支持科技企业通过在全国中小企业股份转让系统实现股份转让和定向融资。探索研究全国中小企业股份转让系统挂牌公司的并购重组监管制度，规范引导其并购重组活动。探索利用各类产权交易机构为非上市小微科技企业提供股份转让渠道，建立健全未上市科技股份公司股权集中托管、转让、市场监管等配套制度。加快发展统一的区域性技术产权交易市场，推动地方加强省级技术产权交易市场建设，完善创业风险投资退出机制。支持证券公司直投子公司、另类投资子公司、基金管理公司专业子公司等，在风险可控前提下按规定投资非上市科技企业股权、债券类资产、收益权等实体资产，为不同类型、不同发展阶段的科技企业提供资金支持。

二、项目融资

项目融资，或称项目筹资，是以项目为主体、偿还贷款来源仅限于融资项目本身的融资方式。它分为无追索权与有限追索权两种方式。项目融资始于 20 世纪 30 年代美国油田开发项目，后来逐渐扩大范围，广泛应用于石油、天然气、煤炭、铜、铝等矿产资源的开发。它不需要以投资者的有形资产作为担保，也不需要政府部门的还款承诺，贷款的发放是专门为项目融资和经营而成立的项目公司。项目融资于 20 世纪 80 年代传入我国，首先在一些大型项目中得到了成功运用，越来越受到广大筹资者的青睐和推崇，如辽宁省移动通信系统、广西来宾电厂 B 厂、北京东郊热电厂等。项目融资的类型主要有四个方面：融资租赁、建设—经营—转让融资、资产证券组合融资、境外基金方式。

项目融资的特点如下。

（1）项目导向。项目融资主要是以项目的现金流和资产而不是依赖项目的投资者或发起人的资信来安排融资的。贷款者在项目融资中的注意力主要放在项目的贷款期间能够产生多少现金流量用于贷款，贷款的数量、融资成本的高低及融资结构的设计都是与项目的预期现金流量和资产价值直接联系在一起的。

（2）有限追索或无追索。在其他融资方式中，投资者向金融机构的贷款尽管是用于项目，但债务人是投资者而不是项目，整个投资者的资产都可能用于提供担保或偿还债务。也就是说，对债务有完全的追索权，即使项目失败也必须由投资者还贷，因而贷款的风险对金融机构来讲相对较小。而在项目融资中，投资者只承担有限的债务责任，贷款银行一般在贷款的某个特定阶段(如项目的建设期)，或特定范围可以对投资者实行追索，而一旦项目达到完工标准，贷款就会变成无追索。

（3）实现资产负债表外融资。即项目的债务不表现在投资者公司的资产负债表中。资产负债表外融资对项目投资者的价值在于使某些财力有限的公司能够从事更多的投资，特别是一个公司在从事超过自身资产规模的投资时，这种融资方式的价值就会充分体现出来。

（4）项目融资提供了杠杆与融资便利。项目发起人在搞新项目时，都确定了收益率目标。如果投资后未能达到预定的收益率，就有可能被视为投资效果不佳。项目融资有时可以用来改善投资收益。项目融资具有某种杠杆作用。具体做法是寻找对该项目感兴趣的其他组织，通过直接或间接保证书的方式将某些债务责任转移到这些组织身上。同时，项目融资适用于各种规模的项目，不只限于大项目，不受项目发起方资产规模限制。

项目融资的以上特点，对贷款者来说具有能力强、风险分散等优势，但是不难看出，这些特点对投资者或者银行来说具有风险大、融资成本高等缺点。

三、众筹

众筹的雏形最早可追溯至 18 世纪，当时很多文艺作品都是依靠一种叫作"订购"（subscription）的方法完成的。例如，莫扎特、贝多芬采取这种方式来筹集资金，他们去找订购者，这些订购者给他们提供资金。当作品完成时，订购者会获得一本写有他们名字的书，或是协奏曲的乐谱副本，或者可以成为音乐会的首批听众。类似的情况还有教会捐赠、竞选募资等，但上述众筹现象既无完整的体系，也无对投资者的回报，不符合商业模式特征。

众筹作为一种商业模式最早起源于美国，距今已有 10 余年历史。近几年，该模式在欧美国家迎来了黄金上升期，发展速度不断加快，在欧美以外的国家和地区也迅速传播开来。2012 年，美国研究机构 Massolution 在全球范围内对众筹领域展开了一项调查。结果显示，该年度全球众筹平台筹资金额高达 28 亿美元，而在 2011 年只有 14.7 亿美元。2007 年，全球众筹平台的数量不足 100 个，截至 2012 年年底已超过 700 个。2012 年 12 月 27 日，美国福布斯网站发布一项报告，该报告预测：2013 年，全球众筹平台的筹资总额将会达到 60 亿美元；到 2013 年第二季度，全球众筹平台增至 1500 家。未来，众筹模式将会成为项目融资的主要方式。

相对于传统的融资方式，众筹更为开放，获得资金也不再是由项目的商业价值作为唯一标准。只要是网友喜欢的项目，都可以通过众筹方式获得项目启动的第一笔资金，为更多小本经营或创作的人提供了无限的可能。众筹并不是一种单纯的投资行为，而是一种有资金、认知、时间盈余的精英社群成员彼此分工协作，互相提升价值的项目实操过程，最终的盈利点也是多元化的，除实实在在的金钱收益之外，社群成员之间彼此的价值互换和人脉、资源、经验等隐性提升也是关键，社群和众筹如果结合得好，会产生"1+1 大于 2"的双赢效果。众筹的本质在于筹人、筹智、筹力、筹钱，从梯级上来看，筹人是第一位的，筹钱是最后一位的。

从某种意义而言，众筹是一种 Web3.0，它使社交网络与"多数人资助少数人"的募资方式交叉相遇，通过 P2P 或 P2B 平台的协议机制使不同个体之间融资筹款成为可能。构建众筹商业模式要有项目发起人（筹资人）、公众（出资人）和中介机构（众筹平台）这三个有机组成部分。

同其他商业模式一样，众筹商业模式的核心逻辑是创造价值。该逻辑性主要表现在层层递进的三个层面：价值发现、价值匹配和价值获取。

1. 价值发现

明确价值创造的来源，这是对机会识别的延伸。通过可行性分析，企业所认定的创新产品、技术或服务只是创业的手段，是否最终盈利取决于是否拥有顾客。在对创业机会、创新产品和技术识别的基础上，进一步明确和细化顾客的价值存在，确定价值主题，这是众筹商业模式成功的关键环节。若绕开价值发现的思维过程，就会陷入"供给决定需求"的片面思维和错误逻辑。

当前，大众力量推动商业已成为一种趋势，商业民主化的后果是"草根"公众投资者将更多地介入个人或企业的创业过程，他们渴望成为该过程的参与者甚至主导者，而不再只是旁观者。而富有创造力的创业者们的融资需求迫切，想绕开中间商的盘剥并更多地与大众接触，但又缺乏推广渠道。

2. 价值匹配

明确合作伙伴，实现价值创造。众筹平台不可能拥有满足顾客需求的所有资源和能力，即使亲自打造和构建所需要的所有资源和能力，也常常面临很高的成本和风险。因此，为了在机会窗口内取得先发优势，并最大限度控制风险和成本，众筹平台往往要和其他企业形成合作关系，以使其商业模式有效运作。

众筹平台的主要功能包括项目审核、平台搭建、营销推广、产品包装和销售渠道等。

众筹平台只有围绕其所掌握的核心能力和关键资源开展业务，才能节约成本、提高效率和改善市场的进入速度，并最终建立自己的竞争优势。

众筹平台可以将核实发起人身份、调查完成项目能力、制作推广计划、网站设计和维护等专业性和独特性较高的环节作为自己的核心业务开展，并提供差异化服务，把对构建竞争优势不太重要的其他业务外包给合作伙伴，与合作伙伴实现资源、要素和竞争力的优势互补，从而降低总成本、增加超额利润并提高企业的敏捷性和柔韧性，最终建立以众筹平台为中心的价值网络。

3. 价值获取

制定竞争策略，占有创新价值。这是价值创造的目标，是众筹商业模式的核心逻辑之一，也是众筹平台能够生存并获取竞争优势的关键。一些众筹平台是众筹商业模式的开拓者，但并不是创新利益的占有者，根本原因在于它们忽视了对创新价值的获取。

价值获取的途径主要有两方面：一是众筹平台要担当价值链中的核心角色。价值链中的每项价值活动的增值空间都是不同的，众筹平台若能通过利用自己的核心资源，占有增值空间较大的价值活动（具有核心竞争力且难以被模仿和复制的价值活动），也就占有了整个价值链价值创造的较大比例，这直接影响创新价值的获取。二是众筹平台要设计难以复制的商业模式并对商业模式的细节采取最大程度的保密。这要求众筹平台尽可能构建独特的企业文化，设计具有高度适应能力的组织结构，组织高效标准化的团队，实现优秀的成本控制。

众筹商业模式的优势主要如下。

（1）可以降低融资门槛，有效促进微创业。

微创业，是指使用微小的成本，以微平台或网络平台为重要载体，在细微的领域进行创意开发的创业活动。其主要特点是可批量复制、投资微小、产生效益快。微创业是缓解当前我国大学生就业压力的有效途径之一。

但是，在目前金融管制的大背景下，民间融资渠道不畅、融资成本较高等问题阻碍了微创业的发展，而众筹是一种更大众化的融资方式，它为微创业者提供了获得成本更低的、更快捷的资金的可能，可以很好地解决"融资难"的问题。项目发起人通过众筹平台把大众的微小资金汇集，获得从事某项创业活动的资金，突破了传统融资模式的束缚，使每个投资者都可以参与项目的策划、咨询、管理与运营。

由于互联网的开放性特征，投资者不受地区、职业和年龄等限制，只要具有一定的资金能力、管理经验和专业技能即可。这种依托众筹平台的微创业活动在实现了"众人集资、集思广益、风险共担"的众筹理念的同时，也积累了经验和人脉。

（2）可以激发"草根"创新，拉近生产者与消费者的距离。

众筹模式不只是一种投融资活动，还是一种创新模式，可以激发"草根"创新。互联网的技术特征和商业民主化进程决定了"草根"创新时代的到来，每个人（文艺、科技人才等）都可以发挥自身的创新与研发能力，并借助社会资源把自己的创意变为现实的产品。

众筹模式为每个"草根"创新者（即项目发起人）提供了获取资金、市场和人脉等重要资源的平台，而不同的投资者因为有着不同的专业背景及不同的价值观，他们可以直接对项目提出自己的观点和意见，项目发起人会对此认真评估并进一步完善方案。双方的互动拉近了生产者与消费者之间的距离，这种注重用户交流和体验的行为类似"大规模定制"行为，极大地降低了产品的市场风险。

第三节 平台战略

一、平台战略概述

平台战略就是构建多主体共享的商业生态系统并且产生网络效应实现多主体共赢的一种战略。首先，平台是一种现实或虚拟空间，该空间可以导致或促成双方或多方客户之间的交易。平台经济学是指研究平台之间的竞争与垄断情况，强调市场结构的作用，通过交易成本和合约理论，分析不同类型平台的发展模式与竞争机制，一并提出相应政策建议的新经济学科。在现实生活中，有很多平台产业的例子，如电信业、银行卡、互联网站、购物中心、媒体行业等。它们涵盖了经济中最重要的产业。平台的存在是广泛的，它们在现代经济系统中具有越来越大的重要性，成为引领新经济时代的重要经济体。平台的消费关系具体表现为：平台上卖方越多，对买方的吸引力越大；同样，卖方在考虑是否使用这个平台的时候，平台上买方越多，对卖方的吸引力也就越大。平台的经济功能实质上就是提供或实体、或虚拟的交易环境，从而降低消费市场中各方寻找交易伙伴的成本。

平台战略跟传统战略的区别主要体现在如下几个方面。

（1）结构差异。传统的商业模式只有单边顾客，每个企业都会面临上游供应商和下游顾客，这种线性商业模式获利的唯一途径就是压低上游成本，提高下游价格，或者增加周转率，从而获得更大的差价。而平台战略模式则是通过构建一个平台生态系统，使上下游两类顾客在其搭建的平台上充分互动，并决定对哪类顾客收费，对哪类顾客补贴，从而寻找整体盈利契机。

（2）价值差异。在价值逻辑上，平台模式下存在两类逻辑：一类是供应商与终端顾客的价值逻辑；另一类是平台企业、供应商与终端顾客的价值逻辑，前者是后者的前提。而传统商业模式中单边企业是开环的上下游线性关系，单边顾客相互影响较弱，一般都是通过一定的分销渠道将产品服务传递给终端顾客，是一种推式策略。

二、平台战略的演化

平台（platform），原指船体结构中作为安装设备、人员工作等用途的局部水平板架。自从被应用于汽车制造业并产生巨大成效以来，平台的概念、思想和战略便逐渐推广。因此，通常认为，平台战略起源于20世纪90年代的汽车制造业，其中又以轿车平台诞生地——德国大众汽车公司最负盛名。产品平台是一系列核心子系统与各种相关接口组成的一个公共架构，在这个公共架构上能源源不断地派生产品。产品平台战略的基本思想是以若干产品所共有的根基为基础，用尽可能少的模块选配组合尽可能多的产品，其基本功能在于快速有效、低成本地开发系列新产品[1]。随着网络经济和电子商务的发展，针对 Google、Facebook、Apple、Amazon 等新兴平台巨头的崛起和重大影响力，学者对基于平台的联盟和交易产生了极大的兴趣，这直接催生了平台经济学与双边平台战略学的诞生。因此，近来所谓的平台多指双边（多边）平台，是指通过促进双边（多边）用户群体间的互动而创造价值。

哈佛大学的平台研究专家 Carliss Y. Baldwin and C. Jason Woodard（2008）通过综述认为，平台有三种基本类型：产品平台、技术平台、双边平台。产品平台通常指系列性产品中的一项基础或核心技术，依靠组织自己的力量生产产品。而产业双边平台，依靠外部企业来生产补足品，且存在网络效应[2]。技术平台一般指基于一定开放标准而共通的技术基础构架和信息技术支撑体系。三种形式的平台不仅具有一些共同点，而且存在一些逻辑关联[3]。第一，在结构上具有根本的一致性，均由稳定的核心元素和不稳定的互补元素、可演化的模块构成，这也是被贴上平台标签的根本理由。第二，都具有一定程度的开放性，这是所有平台的一致属性，只是开放的程度、方向与对象有所不同，如技术平台向供应者开放技术标准。第三，由于结构的一致性，在功能方面也有着相似的地方：资源能力的开放共享实现了成本的降低和生产的统一性。第四，三者都具有动态演化性，且在一定条件下相互转化。从理论上说，技术平台、产品平台只要将生产与运作的部分权利或将其补足品的生产开放给外部其他群体，就可以演变为双边平台。

三、平台战略基本原则

平台研究专家 MichaelA.Cusumano 认为，在不确定的世界中，平台管理战略及创新应遵循六条原则：关注平台，不仅仅是产品；关注服务，不仅仅是产品（或平台）；关注能力，不仅仅是战略；拉动，不仅仅是推动；关注范围，不仅仅是规模；关注柔性，不仅仅是效率。这就意味着平台组织要懂得产品生产与经营的开放，提高开放管制的能力与平台领导力，但同时注重提供平台型服务，服务的范围经济、多元化创新与柔性化运作。

平台战略要想获得成功，需要吸引生态圈成员加盟与通力合作，同时不断完善自身的服务能力，保障平台的可靠性和服务质量。平台战略成功必须遵循以下基本原则和必备条件。

一是符合社会发展趋势，这是最根本的成功法则。在平台的世界里，标准的答案是不存在的，任何组织可以根据大势的变化及自身特点去量身定做自己的策略。前提是必须意识到：自己生活在一个平台的时代，产品、服务都必须按照平台的原理去供给。为了达到平台战略目的，可以在大环境、技术、服务、商业模式等各个方面做文章。因此，推行平台战略最重要的一点就是选择一个正确的发展方向，以符合时代和社会的发展趋

1　Meyer M H，Lehnerd A P.The Power of Product Platforms[M].1997.

2　Baldwin C Y，Jason W C.The Architecture of Platforms: A Unified View[J]. Social Science Electronic Publishing，2009.

3　Cusumano M A. Staying power: six enduring principles for managing strategy and innovation inanun certain world (lessons from Microsoft，Apple，Intel，Google，Toyotaandmore)[M]. Oxford University Press，2012.

势，包括政治、经济、社会和技术的发展趋势。

二是能够累计庞大规模的用户，平台产品或公共服务能够提供给用户巨大黏性的服务。平台的制胜之道在于有能力为各方用户提供最大利益和最能满足用户需求。因此，将平台建在人流汇聚之处，吸引多元用户的进驻，激发用户群体之间相互依赖、互利共生的网络效应并提高用户满意度和黏性尤为关键。

三是选择平台战略的组织能够具备合作共赢、先利人后利己的运作理念和模式。平台战略的法则是平衡地利用关联组织、利益相关群体组成一个合作系统，合作主体和关联组织按照多方共赢、互利互惠、共同受益的原则，平衡享有合作系统带来的增值利益。只有在平台上的合作伙伴获得较好成长，平台才能生存和发展。只有让合作伙伴实现预期价值，平台才能长期运作。生态圈的权益平衡一旦打破，有些群体就会退出，平台共同体将会瓦解。

四、平台战略构建

1. 以价值创造为出发点

从本质上讲，商业模式是企业的价值创造逻辑。而企业价值创造的出发点则一定是整个产业链中谈判能力最强的一方，一切价值创造都应以这个原点为中心，兼顾其他各方。盈利模式是创造价值的商业系统，它的核心就是创造价值。营销渠道的主权演化更替经历了生产者主权——渠道中间商主权——消费者主权这样的演化路径。生产者主权时代是卖方时代，厂商具有绝对的发言权，一切商业模式设计都以其价值实现为中心，当市场由卖方进入买方之后，上游竞争越来越激烈，生产消费的矛盾便越来越突出，大量大型连锁零售企业的出现垄断了中间渠道，一切价值创造都必须首先服务满足大型零售企业。当随着信息技术的快速发展，消费者可以随时随地连接起来时，消费者力量开始快速集聚，消费者权利开始快速回归，此时一切商业模式价值创造又都必须服务于原点。因此，在消费主权时代，作为平台零售企业必须沿着终端用户需求——平台架构设计——产品设计——商业推广这样的价值路径进行平台商业运作。这种路径是一个闭环的反馈路径，不管是平台零售企业还是平台供应商都要从终端用户及平台反馈的信息中制定下一步的战略。

2. 以平台价值和顾客价值最大化为目标

在平台模式中，任何一边顾客的价值都取决于另一边，平台零售企业通过提供免费基本服务对双边顾客形成大量引流，双边顾客通过交叉网络效应会不断放大价值。平台零售企业是平台领导者，上游供应商与终端顾客属于平台零售企业的双边顾客，三方的价值目标是使平台价值最大化。平台零售企业与上游供应商属于价值创造的主体，平台零售企业应充分构建上游供应商与终端顾客良性互动的平台，为二者提供各种相关服务。平台零售企业可以采取对双边顾客均采取基本服务免费或补贴，而深度服务收费的模式。与此同时，大型零售企业实施平台信息免费向上游开放，进一步通过交叉网络外部效应放大双边顾客价值。

3. 改变提供产品/服务的路径

改变提供产品/服务的路径就是要改变分销渠道，分销过程中的流通和服务提高了产品的附加值，企业可以通过增加/压缩渠道的层次和环节，改变与分销商的合作形式，或者采用全新的渠道，节省成本，提高分销的效率。分销渠道的调整和改变，最终目的是增加对目标顾客的覆盖，使顾客更便捷地得到产品和服务，创造更多的顾客价值。例如，戴尔消除了分销商的环节，创造了直销商业模式。戴尔通过电话、邮件、互联网，以及面对面与顾客直接接触，根据顾客的要求定制电脑。通过直接接触，特别是互联网，戴尔能够掌握第一手的顾客需求和反馈信息，为顾客提供"一对一"的服务。

参 考 文 献

[1] 吴婷. 《第一财经日报》的 SWOT 分析[D]. 华中科技大学, 2007.

[2] 马佳慧, 张文静. Apple 公司 iPhone 产品在中国的营销案例分析——基于 SWOT 的分析方法[J]. 消费导刊, 2016, (4).

[3] 栾凯. SWOT 法在企业竞争战略中应用的案例分析[J]. 商业会计, 2014, (5): 107-109.

[4] 金丽丽, 黄琦, 田兵权. SWOT 分析法在项目风险管理中的应用[J]. 建筑设计管理, 2007, (2): 55-58.

[5] 陈淑娇, 聂玉波. 创新创业背景下宁波大学生创业行为的 SWOT 分析及对策建议[J]. 企业技术开发, 2016, 35(6): 103-104.

[6] 袁帅. 当当网管理模式创新探讨——基于 SWOT 分析视角[J]. 赤峰学院学报(自然版), 2016, 32(16): 159-160.

[7] 徐萤雪, 黄芳. 基于 C2C 电子商务平台下大学生创业 SWOT 分析及对策研究[J]. 创新与创业教育, 2015, (2): 43-46.

[8] 赵书泉, 王川, 秦皓. 基于 SWOT 分析的地勘单位可持续发展路径——以赞比亚中资矿业企业为视角[J]. 中国国土资源经济, 2014, (1): 65-68.

[9] 高洪, 郭明军. 基于 SWOT 分析的应用型人才创新创业能力培养[J]. 北方经贸, 2015, (4): 254-254.

[10] 封华, 王爽. 基于 SWOT 理论的大学生创业分析及对策研究[J]. 商场现代化, 2016, (4): 257-258.

[11] 魏杨. 基于波特五力模型的中国移动通信行业竞争战略浅析[J]. 商情, 2013, (14): 194-194.

[12] 李雪. 基于波特五力模型对运动品牌李宁公司战略制定的启示[J]. 文体用品与科技, 2016, (12): 12-13.

[13] 戴姣. 腾讯公司竞争环境及其发展和竞争战略研究——基丁波特五力模型[J]. 中外企业家, 2012, (6): 70-71.

[14] 林嵩, 张帏, 姜彦福. 创业机会的特征与新创企业的战略选择——基于中国创业企业案例的探索性研究[J]. 科学学研究, 2006, 24(2): 268-272.

[15] 霍彬. 创业型企业战略规划特征分析[J]. 合作经济与科技, 2009, (13): 48-49.

[16] 王一军, 王筱萍, 林嵩. 创业战略的维度构建——概念内涵及发展模式[J]. 江西财经大学学报, 2009, (3): 46-50.

[17] 林嵩, 张帏, 姜彦福. 创业战略的选择: 维度、影响因素和研究框架[J]. 科学学研究, 2006, 24(1): 79-84.

[18] 马鸿佳, 侯美玲, 宋春华, 等. 创业战略态势、国际学习与国际创业绩效的关系研究[J]. 科学学研究, 2015, 33(8): 1203-1214.

[19] 林嵩. 创业者的个体特质与创业绩效——基于战略的传导机制[J]. 未来与发展, 2009, (12): 52-55.

[20] 戚振江, 王重鸣. 公司创业战略、人力资源结构与人力资源策略研究[J]. 科研管理, 2010, 31(4): 146-155.

[21] 林嵩, 姜彦福. 公司创业战略模式及应用—— 一个系统化过程模型[J]. 中国工业经济, 2008, (9): 109-117.

[22] 张茉楠. 国际创新创业发展战略新趋势及启示[J]. 宏观经济管理, 2016, (1): 85-88.

[23] 陈建明. 基于创业机会导向的中小企业创业战略制定模式分析[J]. 企业经济, 2010, (12): 20-22.

[24] 包建华, 方世建, 罗亮. 战略创业研究演进与前沿探析[J]. 外国经济与管理, 2010, (8): 1-9.

[25] 付宏, 夏清华, FUHong, 等. 中国创业企业的战略选择: 差异化还是低成本战略[J]. 技术经济与管理研究, 2009, (2): 28-32.

[26] 张沁园. SWOT 分析法在战略管理中的应用[J]. 企业改革与管理, 2006, (2): 62-63.

[27] 严然. 基于 ANP-BOCR 方法的波特五力模型研究[M]. 材料与冶金工程学院, 2011.

[28] 刘平, 鲁卿. 基于 SWOT 分析的企业专利战略制定研究[J]. 管理学报, 2006, 3(4): 464-467.

[29] 周增, 孙雯. 基于波特五力分析模型的桔子酒店创新模式解析[J]. 经济师, 2010, (3): 65-66.

[30] 杨青松, 李明生. 论波特五力模型及其补充[J]. 长沙铁道学院学报: 社会科学版, 2005, (4): 95-96.

[31] 方宪成. 新创企业管理中的几个重要问题研究[D]. 云南大学, 2011.

[32] 阮平南, 宋晋娜. 基于战略网络的企业关系分析[J]. 企业经济, 2007, (7): 8-10.

[33] 刘家明. 双边平台战略研究的进展与趋势[J]. 企业经济，2016，(2)：58-63.

[34] 苑慧玲，王向荣，刘新民. 拓宽中小企业融资渠道的新方式——项目融资[J]. 企业经济，2012，(8)：172-176.

[35] 李靖华，叶浅吟. 物流企业商业模式创新过程分析[J]. 企业经济，2013，(11).

[36] 庞鹏，揭筱纹. 基于中小企业战略规划的战略能力研究[J]. 城市发展研究，2008，15(6)：147-150.

[37] 杨锡怀，段晓强. 中国企业战略规划系统的研究[J]. 东北大学学报自然科学版，1998，19(1)：86-90.

[38] 张洁，安立仁，张宸璐. 开放式创新环境下创业企业商业模式的构建与形成研究[J]. 中国科技论坛，2013，1(10)：81-86.

[39] 王水莲，常联伟. 商业模式概念演进及创新途径研究综述[J]. 科技进步与对策，2014，(7)：154-160.

[40] 埃里克·莱斯. 精益创业：新创企业的成长思维[M]. 中信出版社，2012.

教师服务

感谢您选用清华大学出版社的教材！为了更好地服务教学，我们为授课教师提供本书的教学辅助资源，以及本学科重点教材信息。请您扫码获取。

>> 教辅获取

本书教辅资源，授课教师扫码获取

>> 样书赠送

创业与创新类重点教材，教师扫码获取样书

 清华大学出版社

E-mail: tupfuwu@163.com
电话：010-83470332 / 83470142
地址：北京市海淀区双清路学研大厦 B 座 509

网址：http://www.tup.com.cn/
传真：8610-83470107
邮编：100084